満鉄経営史

株式会社としての覚醒

平山 勉 著
Tsutomu Hirayama

名古屋大学出版会

満鉄経営史

目　　次

第I部　「国策会社」としての挫折

凡　例

1 満洲の表記について，本書では「満州」で統一する。

2 「満州国」の表記に際しては本来「　」を付すべきだが，煩雑となるため本書では省略する。

3 引用に際して，史料に頁番号がなく，引用者が補足的に付した場合は［　］を用いて区別した。

4 『協和』の引用にあたっては，書誌情報を以下の原則にしたがって記した。

(i) 号数は巻号で統一し，通算号数は採用しない。

(ii) 記事のタイトルは，目次のものではなく掲載頁のものを採用する。

(iii)「社員会ニュース」「評議員会議事」などに含まれるものについては，見出しをタイトルとして採用する。

(iv) 著者名に役職などが付されている場合，そのままあわせて掲載する。

(v) 文末に署名がある場合，これを著者名として採用する。

(vi) 巻頭言については，頁番号を記さず「巻頭言」と記す。

(vii) 月二回刊の時期の記事については，年月日を表記する。

5 閉鎖機関資料の書誌情報を記すにあたって，資料番号として「簿冊番号」を採用した。

序　章
満鉄の歴史的位置づけを問いなおす

本書は，南満州鉄道株式会社（以下，満鉄）の経営について，日本の株式市場メカニズムとの因果関係を明らかにしつつ，社員＝職員層の能力・技能・認識・活動の点から歴史実証的に解明するものである。

本書が解明しようとすることは，満鉄に関する先行研究が，課題として明示的に掲げてきたものではない。むしろ，過去30余年間の先行研究が構築してきた経済・経営の「歴史像」において，潜在的に，または，暗黙のうちに前提とされてきた事柄を課題として捉えなおすことに，本書は取り組もうとしている。その意味で本書は，満鉄史研究の歴史学的アプローチそのものの対象化をも試みている。そこでこの序章では，多分に迂回的な方法ではあるが，満州における植民地支配の歴史研究と中国東北地域史研究を本書の視点から整理し，これを満鉄史研究に重ね合わせることで，満鉄の「歴史像」の今日的到達点を浮かび上がらせ，そこに潜む課題を析出したい。

1　侵略と支配の歴史研究から

1）政治的・経済的支配という「基点」

なぜ，日本の国家権力が，アジア諸国を侵略し，支配するようになったのか。この問いは，戦後民主主義という同時代的な熱気の中で，日本の植民地研究における分析視角を定めるように作用してきたといえよう。なかでも，柳沢遊や岡部牧夫による植民地研究のサーベイが再評価してきたように[1]，井上晴丸と宇佐美誠次郎が提示した理論的分析は，その初発として大きな影響力をもってきた[2)]。国家独占資本主義＝戦時統制経済という，レーニン的で古典的な定義にとどまらずに，植民地・勢力圏を含めた，国家と独占企業の緊密な関係，公的な企業の役割，さまざまな統制政策の内実などを視野に入れたその理論的分析は，その後の侵略と支配の歴史研究に，壮大なマクロの「物語」としての幕開けを提供した。

この「物語」が，マルクス経済学にもとづいた認識で貫かれていることは言うまでもない。国家独占資本主義の段階にあっては，国家と独占資本は補完しあう関係にあり，政府・官僚組織・政党・政治家・経済官僚・外交官といった政治主体と，市場への支配力を確立した財閥や大企業・大地主といった経済主体は，支配階級として基本的には同一の立場にあるとみなされた。別言すれば，表裏一体となった国家と独占資本にある種の「人格」が認められており，独占資本と政策立案者が人格的な矛盾を引き起こすこともほとんどないとされた。そのような「物語」が無意識的に前提としていることは，政治的・政策的な内部情報を経済主体もまた共有しているということであり，そこでは公的部門と私的部門の対立・矛盾もさりげなく排除されている。すなわちそこには，政治的動機と経済的動機が乖離しない支配者の姿がある。この統一された姿を見せる支配者に対して批判的な研究を進めるとき，その基点は政治的・経済的支配に求められた。

植民地支配の基本政策を金融・鉄道・土地の 3 つの部門に見出し，日本の植民地支配に固有の特徴を土地支配に求め，日本植民地研究の黎明期を支えた浅田喬二の諸研究に，上記の井上・宇佐美の分析視角による影響は色濃く残る[3)]。そして，同様の分析視角に立って，満州史研究会が，満州国の成立前後を対象に，経済統制政策や通貨政策・労働政策・移民政策など一連の植民地支配政策が立案・実施・展開・修正されるプロセスを詳らかにした[4)]。さらに，浅田喬

1　柳沢遊・岡部牧夫「解説・帝国主義と植民地」同編『帝国主義と植民地』展望日本歴史 20，東京堂出版，2001 年。岡部牧夫「帝国主義論と植民地研究」日本植民地研究会編『日本植民地研究の現状と課題』アテネ社，2008 年。

2　井上晴丸・宇佐美誠次郎『危機における日本資本主義の構造』岩波書店，1951 年。

3　浅田喬二「日本植民史研究の現状と問題点」『歴史評論』300，1975 年 4 月。浅田喬二『日本帝国主義と旧植民地地主制——台湾・朝鮮・満州における日本人大土地所有の史的分析』御茶の水書房，1968 年（増補版：龍渓書舎，1989 年）。

二と小林英夫の共編著では，満州事変期以降についても明らかにされ，また金融政策・通貨政策の展開については，柴田善雅が，非公式帝国や占領地への「通貨帝国主義」において，金融面での「専門知」の格差が侵略と植民地支配の展開を支えていたことを示した[5)]。

2）矛盾と抵抗と崩壊と

金融政策・通貨政策の研究は，その「効果」を農村社会の中で検証するなかで，政策を受容する側の存在をクローズアップする。それは，垂直的な支配政策がストレートには貫徹しない世界に光を当てるとともに，政策におけるある種の矛盾を浮かび上がらせる。この点で風間秀人らの貢献は小さくなく[6)]，糧桟（穀物問屋）を土着流通資本ないし民族資本と位置づける視角によって，侵略と支配に抵抗も従属もする存在が浮き彫りにされている。こうした矛盾は，糧桟とそれに連なる満州農民によって引き起こされるものであり，いわば，政策の対象であるミクロな次元における，ヒトのレベルでの矛盾である。この矛盾の抽出は，被支配側の「痛覚」を内包する研究との接続を可能とした。

植民地支配政策によってヒトのレベルで発生する矛盾は，とりわけ，移民や労働者の辛苦というかたちで表出する。農業移民政策が反満抗日武装闘争を引き起こしたことを，山田豪一が史料的制約の著しい時代にすでに看取していたように[7)]，「上からの支配」と「下からの抵抗」の動態の統一的な全体像は，満州移民研究の初発から示されていた。そして，満州移民史研究会が満州移民の「歴史的生涯」を明らかにし，松村高夫・解学詩・江田憲治の編著書によって中国人・朝鮮人の労働者にまで研究対象が広がると，「下からの抵抗」は支配体制を崩壊させていく決定的な内的要因として位置づけられるにいたる[8)]。

4　満州史研究会編『日本帝国主義下の満州――「満州国」成立前後の経済研究』御茶の水書房，1972 年。

5　浅田喬二・小林英夫編『日本帝国主義の満州支配――一五年戦争期を中心に』時潮社，1986 年。柴田善雅『占領地通貨金融政策の展開』日本経済評論社，1999 年。

6　風間秀人「農村行政支配」浅田喬二・小林英夫編『日本帝国主義の満州支配――一五年戦争期を中心に』時潮社，1986 年。飯塚靖・風間秀人「農業資源の収奪」同上。風間秀人『満州民族資本の研究――日本帝国主義と土着流通資本』緑蔭書房，1993 年。

7　山田豪一「満州における反満抗日運動と農業移民」上・中・下・下の 2『歴史評論』142・143・145・146，1962 年 6～10 月。

侵略と支配の歴史研究は，植民地支配政策の矛盾を押しつけられた政治的・経済的弱者に注目し，彼らの活動を明らかにすることによって，壮大なマクロの「物語」を完結させたのである。

3）営利の追求

侵略と支配が矛盾・抵抗・崩壊へと結実するストレートな「物語」では，支配者の姿は「日本帝国主義」の語によってつねに単色的に彩られてきた。こうした硬直的なイメージの切り崩しは，国家と表裏一体となった企業や会社の「パフォーマンス」を分析する研究を中心に見られる。こうした研究は，日本の満州進出時点にまで遡って分析を始め，段階的に変容する支配に関心を寄せて，「支配者」の姿の多面性を明らかにした。

国家資本を「国家」的側面と「資本」的側面の複合体と定義した金子文夫は，鉄道と金融を軸に，対満州投資の構造と機能の段階的変容を明らかにした[9]。満鉄の絶対的安定を看取する一方で金子は，特殊銀行と東洋拓殖（以下，東拓）を通じた投資が失敗に終わったことも示した。また，大倉財閥の再編成をめぐっても研究があり，金子は，同財閥の発展が国家によって制約されたことが，また，村上勝彦は，例外的な成功例である本渓湖煤鉄公司の資金調達が，この再編成を引き起こしたと評価した[10]。そして，政治的・経済的支配に内包された営利の追求が，多くの失敗を引き起こしていたことは，鈴木邦夫の網羅的な研究によって示された[11]。約 6,000 とされる法人企業の満州国における投資活動を分析対象とした鈴木の研究は，必ずしも段階的ではない，不規則的な変容を抽出してみせたといえよう。

4）植民地経済の「揺らぎ」

営利の追求をめぐる研究は，植民地支配が「被支配側」と「支配側」の日本

8　満州移民史研究会編『日本帝国主義下の満州移民』龍渓書舎，1976 年。松村高夫・解学詩・江田憲治編著『満鉄労働史の研究』日本経済評論社，2002 年。

9　金子文夫『近代日本における対満州投資の研究』近藤出版社，1991 年。

10　金子文夫「満州における大倉財閥」大倉財閥研究会編『大倉財閥の研究――大倉と大陸』近藤出版社，1982 年。村上勝彦「本渓湖煤鉄公司と大倉財閥」同上。

11　鈴木邦夫編著『満州企業史研究』日本経済評論社，2007 年。

人との双方に，さまざまな影響や「意図せざる問題」を引き起こしたことを示している。こうした「被支配側」に起こったことを，侵略と支配の研究はそれほど詳らかにすることができていない。例外的に風間秀人と張暁紅による成果があるとはいえ[12]，このような研究動向には，政治的・経済的支配を基点として研究が進展したことにともなう，ある種の制約と限界が表れていると見ることができよう。

とはいえ，その制約の下で進められた研究は，一方では，植民地支配政策の展開過程を精緻化するものであったがゆえに，被支配側の実証分析へ展開する以前に，支配側である日本人を対象とした個別研究として蓄積され，植民地経済における「揺らぎ」を浮き彫りにすることとなった。別言すれば，政治権力と表裏一体的な関係を構築することのできない小規模な経済主体が，侵略と支配の「現場」でさまざまな問題に直面していたことを浮かび上がらせ，「被支配側」の民衆のみならず，植民地に進出したこれら小規模な経済主体もまた，植民地支配政策を「規定」していた側面がクローズアップされたのである。

柳沢遊は，日本人社会からの要望について，植民地団体の分析を通じて明らかにする一方で，戦争による占領地の拡大，すなわち帝国主義的侵略が経済的苦境を解決するという言説にとらわれていた商工業移民について，具体的な個人の経済活動を解明してきた[13]。中小資本と中小商工業移民とが活動を繰り広げる場から帝国主義的侵略を把握する柳沢は，戦争による占領→占領地への商工業移民の進出→投機的営業の展開→急激な好況の崩壊→侵略による新たな占領地確保という植民地の再編図式を枠に，植民地支配政策に翻弄される経済主体による，居留民保護の政治経済的要請と「帝国主義的衝動」を明らかにしようとしてきた。

12　風間秀人「1930 年代における「満洲国」の工業――土着資本と日本資本の動向」『アジア経済』48-12，2007 年 12 月。風間秀人「1930 年代における「満洲国」工業の地域的展開」『日本植民地研究』20，2008 年 6 月。張暁紅『近代中国東北地域の綿業――奉天市の中国人綿織物業を中心として』大学教育出版，2017 年。

13　柳沢遊「大連商工会議所から関東州経済会へ」柳沢遊・木村健二編著『戦時下アジアの日本経済団体』日本経済評論社，2004 年。柳沢遊「「満州」における商業会議所連合会の活動」波形昭一編著『近代アジアの日本人経済団体』同文舘，1997 年。柳沢遊『日本人の植民地経験――大連日本人商工業者の歴史』青木書店，1999 年。

このような柳沢の研究は，政治的・経済的支配という基点をふまえつつも，ある種の異質さを示している。この異質さは，支配体制の崩壊へとつながる「下からの抵抗」とも，「営利の追求」という研究上の視角が浮かび上がらせた民間部門の論理とも異なる，植民地経済における複雑かつ重層的なせめぎあいを浮き彫りにしている。植民地支配政策に翻弄された日本人中小商工業者の行き詰まり，または，在満日本人社会の経済的停滞が満州事変のような「帝国主義的衝動」を惹起するのは，帝国日本による通常の植民地支配政策ではどうしても打ち破ることのできない，「在来経済」の頑強さゆえであったことを示唆している。すなわち，植民地の再編図式を前提としたミクロレベルの分析は，「帝国主義的衝動」の向こう側に，中国人の活発な経済活動を，無視することのできない要素として見出したのである。

2　地域史の中の東北経済

1）在来的なビジネス界とその射程

地域史研究は，垂直的な支配という歴史観そのものに一国史的な歴史研究の狭隘さを見ている。それは，中国人社会が植民地支配を受け入れることしかできない脆弱さを抱えていたとする想定への懐疑に根ざすものであって，こうした認識ゆえに，地域史研究はミクロレベルの経済主体に着目して展開してきた。そこで注目されてきたもののひとつが，在来的なビジネス界のもつ「したたかさ」であろう。

柳沢遊が研究対象とした大連は，日本人にとってロシア・中国から奪った「処女地」であったが，中国人にとってもかつては「処女地」であり，歴史的に見ればそこに進出したのは日本人だけではなかった。松重充浩は大連の中国人商人を，植民地支配という現実の中にビジネスチャンスを見出す存在としてだけでなく，近代的諸価値とナショナリズムを実現する理路をもつ存在として理解している[14]。大野太幹もまた，満鉄付属地を中国人にとっての「就業機

14　松重充浩「植民地大連における華人社会の展開――一九二〇年代初頭大連華商団体の活動を中心に」曽田三郎編著『近代中国と日本――提携と敵対の半世紀』御茶の水書房，

会」と捉えたほか，付属地外の中国人社会との関係を維持した華商が生き残る事例を示している[15]。一方で塚瀬進は，排日運動が起きた奉天城内の日本人商人と，それがなかった付属地の日本人商人がそれぞれ有する利害関係の差異に注意しつつも，日本人に多い小売商が中国人との接点を全般的にはもっていなかったとし，日本人と中国人の商人世界が棲み分けられていたという結論に至っている[16]。これらの研究は，日本の侵略と支配から，在来的なビジネスが相対的な自立性を保っていた面を照射している。

もっとも，在来のビジネス界について考察する際，大連以前に成立した都市，すなわち，営口における中国人商人のことを避けては通れないだろう。倉橋正直は，国際的なネットワークに圧しつぶされてしまう在来的なビジネス界を描いた[17]。しかし，営口の中国人商人の破綻とその処理について研究を進展させた松重充浩は，この処理過程が中国東北における在来の政治権力（張作霖）の確立に寄与したことを示して，「在来的な政治と経済」という対立軸を浮かび上がらせている[18]。

2）東北経済の内と外

中国人商人のミクロレベルの活動の背後に見えてくるものは，中国東北地域におけるヒト・モノ・カネの流れであろう。そして，ヒト・モノ・カネの流れる経済への着目は，植民地支配政策の影響を相対的に分析する志向へとつながっていく。

1910 年代の朝鮮銀行の店舗拡大が在来の地域通貨の需給調整システムと補

2001 年。松重充浩「第一次大戦前後における大連の「山東幇」中国人商人」本庄比佐子編『日本の青島占領と山東の社会経済 1914–22 年』東洋文庫，2006 年。

15　大野太幹「満鉄附属地華商商務会の活動——開原と長春を例として」『アジア経済』45–10，2004 年 10 月。大野太幹「満鉄附属地華商と沿線都市中国商人——開原・長春・奉天各地の状況について」『アジア経済』47–6，2006 年 6 月。

16　塚瀬進「奉天における日本商人と奉天商業会議所」波形昭一編著『近代アジアの日本人経済団体』同文舘，1997 年。塚瀬進『満洲の日本人』吉川弘文館，2004 年。

17　倉橋正直「営口の公議会」『歴史学研究』481，1980 年 6 月。倉橋正直「営口の巨商東盛和の倒産」『東洋学報』63–1・2，1981 年 12 月。

18　松重充浩「営口」安冨歩・深尾葉子『「満洲」の成立——森林の消尽と近代空間の形成』名古屋大学出版会，2009 年。

完しあう関係にあったとする石川亮太は，日本の植民地支配政策が在来経済との接続によって効果を挙げたことを示した[19]。こうした在来的なカネとモノの流通は根強いもので，安冨歩らによる研究もまた，商品流通の確立と県流通券の成功を明らかにしている[20]。別の角度から見れば，幣制統一の試みが中国の闇経済を前に敗退して経済統制が破綻する様態を安冨が明らかにしたその背景には，相対的自立性を保持した中国在来の金融システムと帝国の資本とが接続できなかったという事情があったといえよう[21]。

在来的なヒト・モノ・カネの流通ネットワークとの接続を明らかにするという点では，塚瀬進はまさにその初発に位置づけられる[22]。塚瀬は，鉄道の敷設・開通によって形成された新しい流通ネットワークが東北経済に与えた影響を，人口移動，大豆増産，鉄道後背地の経済成長という在来経済の発展として明確に浮かび上がらせていた。しかし，塚瀬自身認めるように[23]，このような流れは中国東北地域内のみで完結したものではない。中国東北経済は開放的な性格をもっており，別言すれば，域外経済に大きく依存していた。それゆえ地域史研究は，時間的により長く，空間的により広く，中国東北経済を把握しようとしてきた。

山本進は，19 世紀までの中国東北経済を近代との接続に着目して把握する研究に立脚して，この地域をより長い時間の中に位置づける研究へのシフトを要求する[24]。それは，近代以前の中国東北経済に内発的な経済成長を見出そうとする態度でもあった。こうした見方は最近の研究において通底しており，中国東北に流れ込み，そして，そこから流れ出るヒトの動きは，より長期的かつ広域的に理解されている。荒武達朗は，1920～30 年代の華北から満州への移

19　石川亮太『近代アジア市場と朝鮮——開港・華商・帝国』名古屋大学出版会，2016 年。

20　安冨歩「定期市と県城経済——1930 年前後における満洲農村市場の特徴」『アジア経済』43-10，2002 年 10 月。安冨歩・福井千衣「満洲の県流通券——県城中心の支払共同体の満洲事変への対応」『アジア経済』44-1，2003 年 1 月。

21　安冨歩『「満洲国」の金融』創文社，1997 年。

22　塚瀬進『中国近代東北経済史研究——鉄道敷設と中国東北経済の変化』東方書店，1993 年。

23　塚瀬進『満洲国——「民族協和」の実像』吉川弘文館，1998 年。

24　山本進『環渤海交易圏の形成と変容——清末民国期華北・東北の市場構造』東方書店，2009 年。

民を人口の過剰地域からの放出として認めつつも，そもそもの満州移民の性格は清朝乾隆年間に形成されたとする[25)]。上田貴子は満州国期の人口移動について，前近代以来の商業を契機とする移民，把頭を介した肉体労働移民，大量募集による移民とに分け，把頭は信頼できる仲介に基づいたがゆえに安全性の確保された移民が可能となったが，満州国期の大量募集はそうした信頼関係を基盤としないために強制連行の温床となったと結論づける[26)]。

こうした地域史研究の潮流は，石田興平の再評価につながるものであろう。石田は，ロシアと日本による植民地投資と中国人による植民地への移住が交わる焦点で生じたのが，営口貿易における過爐銀問題であったと考えていた。石田は1960年代すでに，関内からの労働移民・農業植民と商業資本の進出がロシアと日本の植民地経営を可能にしたと捉え，中国・ロシア・日本による相互利用と支配権をめぐる闘争を視野に入れていたのである[27)]。

3）地域の中の満州国

空間的により広く，時間的により長く，研究対象を把握しようとする点では，山本有造もまた同様の立場にあると本書は理解する[28)]。山本らの研究は，侵略と支配の研究が描写した満州国を，時間と空間の両軸において，長く広く相対的に把握しようとするもので，そのことは「満州国＝傀儡国家」という戦後研究者の認識に対して，傀儡性の指標が不明確であると山室信一が批判しているところにも表れている[29)]。山室は満州国を，日清・日露・日中・太平洋戦争と近代日本が拡大的に引き起こした戦争が最後に流れ込んだところとして捉えるだけでなく，中国東北という時空間で展開した歴史的文脈において，満州国消滅後の現代中国史と連続したかたちで，また近代世界史・近代東アジア史の一環として把握することの重要性を認めていた[30)]。

25　荒武達朗『近代満洲の開発と移民――渤海を渡った人びと』汲古書院，2008年。
26　上田貴子「東北アジアにおける中国人移民の変遷 一八六〇～一九四五」蘭信三編著『日本帝国をめぐる人口移動の国際社会学』不二出版，2008年。
27　石田興平『満洲における植民地経済の史的展開』ミネルヴァ書房，1964年。
28　山本有造編『「満洲国」の研究』京都大学人文科学研究所，1993年。
29　山室信一「「満洲国」統治過程論」同上。
30　山室信一『キメラ――満洲国の肖像』増補版，中公新書，2004年。

満州国期を14年余りの歴史として完結させない把握の仕方は，西村成雄の研究では張学良政権からの連続面として強調される。そこでは，国民政府の地方政府としての張学良政権が，国家資本がほぼ主導する輸入代替型の工業化政策と，それを支える鉄道・金融というインフラの整備によって，日本の満州経営に対抗する民族主義的な経済体系を形成しつつあったことが重要となる。東北政府の蓄積を奪ったからこそ，満州国は特殊会社・準特殊会社を通じた経済統制を展開しえたのであり，さらには，満州国崩壊後の国民政府・共産党政権も，こうした国営・官営の経済を継承したと考える[31)]。

もっとも山本有造は，内発的な経済成長を評価する立場になく，むしろ原朗の研究に依拠しながら，統制政策の効果を，山本ならではのマクロ統計分析で実証した点に，他の追随を許さない到達水準がある[32)]。しかしながら，山本もまた，満州国の経済を，その基盤を農村経済に見出しつつも，①関内からの人口移動，②世界商品としての大豆・石炭，③生活必需品の中国本土依存の3点から，開放経済として把握していた。さらに山本によれば，満州国成立後の華北進出は，満州国の経済が本来的に有するその非完結性ゆえに引き起こされる[33)]。その非完結性とは，①満州経済の非自立性，②満州資源の不完全性の2点に集約される。満州国は，生産・流通・消費の在来のネットワークを人為的に切断するものであったが，法の網をくぐってでもネットワークは再生する。つまり，満州と華北はつながったままであった。

4）長期を貫く自然条件

時間的により遡って歴史を叙述しようとするとき，自然環境のもつ普遍性が地域を根底から規定するものとして浮かび上がる。安冨歩と深尾葉子はその編著書で，F. ブローデルの歴史観をモチーフに満州のもつ「在来性」を解明した[34)]。それによれば，鉄道敷設が起爆剤となって，県城・鉄道駅が県全体の独

31　西村成雄「日本政府の中華民国認識と張学良政権――民族主義的凝集性の再評価」山本有造編『「満洲国」の研究』京都大学人文科学研究所，1993年。

32　山本有造「「満洲国」をめぐる対外経済関係の展開――国際収支分析を中心として」前掲山本有造編『「満洲国」の研究』。

33　山本有造『「満洲国」経済史研究』名古屋大学出版会，2003年。

34　安冨歩・深尾葉子編『「満洲」の成立――森林の消尽と近代空間の形成』名古屋大学出

占的結節点として定期市ネットワークに代替する樹状組織を形成しえたのは，まさに長白山の森林で得られた木材とモンゴルの馬による馬車輸送システム，すなわち，乾燥した厳冬という自然条件の下で馬車が凍土を駆けぬける伝統のためであった。鉄道敷設は，近代満州の原動力なのではなく，ひとつの必要条件であり，清朝の皇産として守られてきた森林と馬による既存のネットワークこそが，満州近代化の最大要因ということになる。

自然環境による規定は，清朝の皇産を含む「土地」をめぐる諸権利にも，さまざまな慣習を埋め込んだ。江夏由樹は，土地をめぐるそうした権利関係が長期にわたって錯綜して複雑になったために，植民地支配が貫徹しなかったことを明らかにしている[35)]。また，江夏によれば，満州国が成立してからも，土地の権利関係の問題は容易に解決をみなかったという[36)]。広川佐保によれば，土地所有権の一元化を方針として掲げた満州国の地籍整理事業は，それぞれの土地の「実態」に妨げられて，漢人とモンゴル人が土地所有権を争う熱河省・錦州省の蒙地では頓挫し，遊牧形態の残る非開放蒙地では管理方法を制定するにとどまっていた[37)]。

3　満鉄史研究

このように満州における植民地支配史と中国東北地域史の研究潮流を別々に

版会，2009年。

35　江夏由樹「清朝の時代，東三省における八旗荘園の荘頭についての一考察——帯地投充荘頭を中心に」『社会経済史学』46-1，1980年6月。江夏由樹「辛亥革命後，旧奉天省における官有地の払い下げについて」『一橋論叢』98-6，1987年12月。江夏由樹「旧錦州官荘の荘頭と永佃戸」『社会経済史学』54-6，1989年3月。江夏由樹「関東都督府，及び関東庁の土地調査事業について——伝統的土地慣習法を廃棄する試みとその失敗」『一橋論叢』557，1987年3月。江夏由樹「東亜勧業株式会社の歴史からみた近代中国東北地域——日本の大陸進出にみる「国策」と「営利」」江夏由樹・中見立夫・西村成雄・山本有造編『近代中国東北地域史研究の新視角』山川出版社，2005年。

36　江夏由樹「満洲国の地籍整理事業について——「蒙地」と「皇産」の問題からみる」『経済学研究』一橋大学，37，1996年3月。

37　広川佐保『蒙地奉上——「満州国」の土地政策』汲古書院，2005年。

分けて整理したとき，その間で満鉄史研究はどのような位置を占めてきたことになるのだろうか。以下，これまで蓄積されてきた満鉄史研究の特徴を 5 つに整理して，位置づけてみよう。

1）巨大であること，安定していること

特徴の第一は，井上・宇佐美以来の研究潮流の中で，満鉄は中心的な地位を占めたことである。侵略と支配の歴史研究の黎明期を支えたベンチマーク的な研究であった安藤彦太郎による成果は，それを象徴するものであった[38)]。満鉄を日中関係を全構造的に把握する「カギ」と評価する態度の背後には，満鉄こそが植民地支配の中心にあるという確信があり，この確信が政治的・経済的支配を基点とする研究の大前提となっていた。そして，政治的・経済的支配を基点とする黎明期の満鉄研究から進んで，宇田正や桜井徹が，満鉄のもつ性質の解釈を深化させてきた[39)]。

こうした研究潮流に，「段階的変容」という視点を持ち込んだのは，前述したように金子文夫である[40)]。国家と資本の矛盾と相克を分析し，国家資本の国家からの相対的自律性を認める視点を確保したからこそ，満鉄における国策志向と営利追求のバランスの変質を抽出することが可能となった。しかしながら，国策と営利は，対立的な局面を迎えることはあっても，最終的には協調的に解消され，満鉄が空中分解を起こすようなことはなかった。内在的にも，外在的にも，満鉄が危機を迎えることはなかったのである。そうした意味において，巨大な満鉄はいつも安定した存在であった。

2）調査活動という「情熱」

第二の特徴は，政治権力と経済主体の表裏一体的な安定した関係を構築・維持するうえで，満鉄が見せた「主体性」について，多面的な分析が進んでいる

38　安藤彦太郎編『満鉄――日本帝国主義と中国』御茶の水書房，1965 年。
39　宇田正「日本資本主義の満州経営――南満州鉄道株式会社の役割を中心に」『社会経済史学』39–2，1973 年 6 月。桜井徹「南満州鉄道の経営と財閥」藤井光男・中瀬寿一・丸山恵也・池田正孝編『日本多国籍企業の史的展開』上，大月書店，1979 年。
40　前掲金子文夫『近代日本における対満州投資の研究』。

ことである。満鉄の調査活動をめぐる膨大な研究がその代表といえる。

関東軍に協力する経済調査会について，統制政策の調査・立案の過程をクロノロジカルに詳述した原朗は，満鉄の調査資料を植民地支配政策の立案資料として読み込むという研究スタイルを確立しただけでなく，資料の中に表出する帝国主義の構造的な矛盾を初めて総合的に把握した[41]。この研究は，満州国経済を統制経済として把握することに成功し，その後の歴史研究に多大な影響を与えた。その一端は，原自身の研究の中では，後述する満鉄改組と満州重工業開発株式会社（以下，満業）の設立の研究へと結実する。しかし，ここでは，経済調査会が帝国主義の矛盾を観察・修正する，帝国日本の「最先端」を行く存在と位置づけられ，さらに，そこに満鉄の「主体性」と「優位性」が読み込まれるようになった研究動向に注意したい。

経済調査会・調査部・大調査部でのキャリアを自ら有する野間清は，調査活動における「主体性」を主張し，また野間は，満州国臨時産業調査局の農村実態調査における，満鉄の調査員のイニシアティブ＝「優位性」も訴えていた[42]。このような「主体性」と「優位性」にもとづいた満鉄の調査活動の歴史的イメージは，小林英夫の一連の研究に刻印されている。野間が訴えてきた調査活動の「主体性」と「優位性」に，宮崎正義の「情熱」を重ねる小林の一連の研究は，満鉄が「実現しようとしたことの歴史」と「実現できたことの歴史」が混在する状況を生み出している[43]。別の言い方をすれば，経済調査会の調査資料に記された，満鉄が中心となって実現しようとした事柄の背後に，それらを

41　原朗「1930 年代の満州経済統制政策」前掲満州史研究会『日本帝国主義下の満州』。

42　野間清「解説」『満鉄調査部・綜合調査報告集』亜紀書房，1982 年。野間清「満鉄調査部改組・拡充の意義とその統一調査企画」『愛知大学国際問題研究所紀要』66，1980 年 1 月。野間清「「満洲」農村実態調査遺聞」井村哲郎編『満鉄調査部——関係者の証言』アジア経済研究所，1996 年。

43　小林英夫『「日本株式会社」を創った男——宮崎正義の生涯』小学館，1995 年。小林英夫『超官僚——日本株式会社をグランドデザインした男たち 宮崎正義・石原莞爾・岸信介』徳間書店，1995 年。小林英夫『満鉄——「知の集団」の誕生と死』吉川弘文館，1996 年。小林英夫「満鉄経済調査会小史」遼寧省档案館・小林英夫編『満鉄経済調査会史料』1，柏書房，1998 年。小林英夫『満鉄調査部——「元祖シンクタンク」の誕生と崩壊』平凡社新書，2005 年。小林英夫『満鉄調査部の軌跡 1907〜1945』藤原書店，2006 年。

実現しようという「情熱」を見出すのみならず，それを実現したはずだという予断をも下すことで，満鉄の調査活動のステータスを実際以上に引き上げてしまっている。その結果が，満鉄調査の戦後の日本経済への貢献まで視野に入れた主張であろう。満鉄の調査活動は，侵略と支配の歴史研究においても，中国東北地域史研究においても例をみない，唯一無二の孤立した研究対象となった。

しかし原朗は，関東軍・経済調査会・日満財政経済研究会による立案が大蔵省から拒絶されたこと，すなわち満鉄が日本本国を巻き込んで「実現しようとしたこと」が日本政府に受け入れられなかったことを冷静に叙述している。そして井村哲郎もまた，総じて満鉄の調査が成果に乏しいものであったと評価してきた[44)]。つまり，満州事変以後の帝国日本の国策を打ち立てるための調査においても，また，帝国日本の国策を遂行するための調査においても，満鉄の調査活動が果たした役割は，きわめて限定的であったのである。

松村高夫・柳沢遊・江田憲治による共編著は，小林による「評価のインフレーション」を是正したものである[45)]。松村らは，満鉄の調査活動を，調査主体・方法・企図と実際の調査結果に即して検討することで，その脆弱性を実証的に明らかにした。そして，これらの研究成果は，「なぜ，満鉄の調査活動は，不十分・不完全な調査に終始したのか」という問いを生み，調査の現地・現場に，地域史研究が明らかにしてきた在来経済の頑強さを見出すにいたる。同時に，現地調査のできない満鉄の調査活動が，机上調査に依存しつづけたことは，資料を略奪する行為との結びつきも容易に想起させる。それが，侵略と支配をめぐる研究に連なることは自明であろう。つまり，松村らの研究は，自らの成果を2つの研究潮流の中に位置づけることに成功している。ある種の独善性を内包しながら，「孤高」の研究対象としてあった満鉄の調査活動が，研究史の中に正当に位置づけられたのである。

44　井村哲郎「拡充前後の満鉄調査組織——日中戦争下の満鉄調査をめぐる諸問題」1・2,『アジア経済』42-8・9, 2001年8・9月。井村哲郎「「日満支インフレ調査」と満鉄調査組織」『アジア経済』44-5・6, 2003年5・6月。井村哲郎「日本の中国調査機関——国策調査機関設置問題と満鉄調査組織を中心に」末廣昭編『地域研究としてのアジア』岩波講座「帝国」日本の学知6, 2006年。

45　松村高夫・柳沢遊・江田憲治編『満鉄の調査と研究——その「神話」と実像』青木書店, 2008年。

3)「対立者」としての満鉄

満鉄の調査活動への評価を是正する研究動向は，植民地支配を一枚岩的に把握する態度の修正へとつながるものでもある。満鉄史研究の第三の特徴として，支配者の内実をふまえながら，満鉄の「変質」を明らかにしたことが挙げられよう。

調査活動に限らない満鉄の全般的活動，すなわち，満鉄経営をめぐる「不協和」は，政治史・外交史の文脈において顕著である。外交における政治的な意思決定を辿る研究は，この「不協和」を巧みに抽出している。加藤聖文や芳井研一は，満州事変以前の政党政治に規定された外交政策が，満鉄との一体感を喪失させていたことを明らかにしている[46]。加藤はこうした状況をふまえて，国策が場当たり的で，およそ一貫したものではなかったという評価を下すにいたっている[47]。そして，波多野澄雄や兒嶋俊郎の研究では，満州事変を満鉄が関東軍に支配される契機と位置づけ，関東軍の「指導」や「承認」など，支配の内実を実証的に明らかにしている[48]。最終的に，満鉄をめぐる「不協和」は，満鉄改組というかたちでピークを迎える。

満鉄改組の契機をめぐっては，さまざまな評価がなされている。満鉄が重工業投資へのチャネルとしての役割を低下させていったと見る槇田健介に対して，原朗は満業が経済統制の展開のなかで重要性を高めていったとしているが，原の叙述をつねに貫いているのは軍主導の満鉄改組であった[49]。浜口裕子もまた，軍の主導性の重みを示している[50]。一方，満鉄の「内からの改組計画」を跡づ

46　加藤聖文「松岡洋右と満鉄——ワシントン体制への挑戦」同上。芳井研一『環日本海地域社会の変容——「満蒙」・「間島」と「裏日本」』青木書店，2000年。

47　加藤聖文『満鉄全史——「国策会社」の全貌』講談社選書メチエ，2006年。

48　波多野澄雄「満州国建国前後の鉄道問題——鉄道処理をめぐる関東軍・満鉄・満州国」『軍事史学』12-2，1976年9月。兒嶋俊郎「在満鉄道に対する軍事的支配をめぐる葛藤——満州国線の満鉄への経営委託をめぐって」上，『生涯学習研究年報』長岡大学，11，2008年3月。兒嶋俊郎「在満鉄道に対する軍事的支配をめぐる葛藤——満州国線の満鉄への経営委託をめぐって」中・下，『長岡大学研究論叢』6・8，2008年7月・2010年8月。

49　槇田健介「1930年代における満鉄改組問題」『歴史評論』289，1974年5月。原朗「「満州」における経済統制政策の展開——満鉄改組と満業設立をめぐって」安藤良雄編『日本経済政策史論』下，東京大学出版会，1976年。前掲原朗「1930年代の満州経済統制政策」。

ける山本裕の研究は，商事部門の主体性を評価しており，また，高橋泰隆は日本人商工業者からの改組案に目を配りながら，専門経営論に基づく経営合理化説の立場から満鉄首脳が改組に協力的であったとした[51]。

満鉄は受動的に改組される立場にあるのか，それとも，満鉄自身が改組を望んでいたのか，という差異はあるものの，絶対的に安定していた支配者としての満鉄が動揺する様態を詳らかにしたこれらの研究からは，軍事産業育成，重工業開発，鉱産物流通再編，合理的企業経営など，さまざまな「論理」が満鉄の内外で交錯していたことがわかる。それは，植民地支配の地域的拡大と傀儡国家成立の段階における，権力闘争の出現でもあった。そして，それぞれの論理を代弁する政治主体・経済主体の間で落着点が見出されたとする点で，各研究の結論は共通している。すなわち，最終的な解決は，関東軍が主導ないしは誘導する「政治決着」であったとするのである。

4）重工業部門の分離から「経済成長」へ

改組によって満鉄から切り離された重工業部門（関連統制政策を含む）がもたらした効果について，満州国崩壊後の社会主義中国までを対象期間として分析している点を，満鉄史研究の第四の特徴として挙げることができよう。

満鉄の重工業部門と満州経済の「成長」の関係を示す研究は少なくない。電力業については堀和生や須永徳武の研究があり，松本俊郎もまた中国東北の鉄鋼業の増産を重要視する[52]。奈倉文二も，鞍山製鉄所の成長をインド資本が台頭する銑鉄市場の中で評価している[53]。さらにいえば，鞍山の製鉄事業が土地収奪と張作霖による侵略行動の容認によって成立したことを追及する解学詩も

50　浜口裕子「満鉄改組問題をめぐる政治的攻防——1930年代半ばを中心として」『法学研究』慶應義塾大学，73-1，2000年1月。

51　山本裕「「満州国」における鉱産物流通組織の再編過程——日満商事の設立経緯1932～1936年」『歴史と経済』178，2003年1月。高橋泰隆『日本植民地鉄道史論——台湾，朝鮮，満州，華北，華中鉄道の経営史的研究』日本経済評論社，1995年。

52　堀和生「「満州国」における電力業と統制政策」『歴史学研究』564年，1987年2月。須永徳武「満洲における電力事業」『立教経済学研究』59-2，2005年。松本俊郎『侵略と開発——日本資本主義と中国植民地化』御茶の水書房，1992年。

53　奈倉文二『日本鉄鋼業史の研究——1910年代から30年代前半の構造的特徴』近藤出版社，1984年。

また，日本政府による経営の安定化を認めていた[54)]。

しかし，松本の研究の特徴は，この成功と成長を戦後の社会主義中国における鞍山の鉄鋼基地化にリンクさせて考察したことにあり，生産設備の残存に焦点をあてて，植民地支配に侵略と開発の両面があることを問うた点にある。堀，須永，奈倉，解らの研究とはこの点で大きく異なる。加えて，松本は，産業の広がりと人的資源・技術の面でも継承があったことを示し，連続説の立場から満鉄事業の歴史を把握しようとする[55)]。この連続説は，撫順でのオイルシェール（飯塚靖），化学工業（田島俊男，峰毅）など，他の満鉄事業の研究にも大きな影響を与えた[56)]。

満鉄事業の戦後中国への継承に関心を寄せるこうした研究は，満鉄事業の研究に長期的な視点を導入するもので，日本の満州進出や満鉄の設立からではなく，それよりもはるかに遡って歴史を叙述してきた地域史研究と呼応するように，満州国の崩壊・満鉄の解散以後にまで歴史像を膨らませている。長期的な経済発展の中に満鉄の事業を位置づけることによって，それらが「経済成長」の歴史の一部を積極的に構成していることを示したものといえよう。

5）満鉄改組の同時代的な評価

満鉄から切り離された重工業部門が超長期の「経済成長」史の中に位置づけられる一方で，改組そのものの同時代的な効果についての分析も進んでいる。

政治的・経済的支配を基点とするとき，市場独占によって経済的覇権が確立され，そこに超過利潤の源泉が見出される。こうした立場からの研究は，満鉄改組をコンツェルンの解体＝経済的覇権の崩壊として理解してきた。花井俊介や柳沢遊は，こうした太平洋戦争期以降のコンツェルンとしての影響力の低下

54　解学詩「鞍山製鉄所の変遷」1・2（松野周治訳）『立命館経済学』37-6・38-1，1989年2・4月。

55　松本俊郎『「満洲国」から新中国へ——鞍山鉄鋼業からみた中国東北の再編過程 1940〜1954』名古屋大学出版会，2000年。

56　飯塚靖「満鉄撫順オイルシェール事業の企業化とその展開」『アジア経済』44-8，2003年8月。田島俊男「中国化学工業の源流——永利化工・天原電化・満洲化学・満洲電化」『中国研究月報』57-10，2003年10月。峰毅『化学工業を中心にみた継承の実態——中国に継承された「満洲国」の産業』御茶の水書房，2009年。

を認めている[57)]。満鉄の地位を引き下げた満業についても，原朗，大竹愼一，井口治夫，岡崎哲二が，その傘下企業も含めた経営の失敗を明らかにしている[58)]。植民地支配の終焉の中で，満鉄も満業もそのまま終わりを迎える存在であった。

しかし，企業経営の面から見れば，矛盾・抵抗・崩壊という筋書きはそれほど直線的ではなかった。満鉄を企業経営体としての業績面から評価する研究の先駆けは，岡部牧夫によるものだった[59)]。岡部は，改組による鉄道部門の拡大を満鉄経営の「改善」と評価した。高橋泰隆も同様に，社線と国線の統合に規模の経済性の高まりを見て，太平洋戦争期に営業利益が大きく伸びていることを見逃さなかった[60)]。平井廣一は鉄道部門の「好成績」を資料批判的に指摘している[61)]。また，改組を通じて満鉄が手放した付属地行政は，平井が示すように，その財政収支が明らかに赤字であった[62)]。これを満州国の側から見た平井の別の研究では，付属地返還によって満州国が得た税収よりも，満鉄などから引き継いだ施設経費の方がはるかに大きかったことが明らかにされている[63)]。

このように，改組が及ぼした満鉄への影響がさまざまに分析されてきたなかで，柴田善雅は満鉄とその関係会社の事業について総合的に実証した[64)]。柴田

57 花井俊介「南満州鉄道系企業」鈴木邦夫編著『満州企業史研究』日本経済評論社，2007年。柳沢遊「満鉄傘下企業の設立——一九二〇〜三〇年代を中心に」岡部牧夫編『南満洲鉄道会社の研究』日本経済評論社，2008年。

58 前掲原朗「「満州」における経済統制政策の展開」。大竹愼一「鉄鋼増産計画と企業金融——産業開発五ケ年計画期の昭和製鋼所」『経営史学』12-3，1978年6月。井口治夫『鮎川義介と経済的国際主義——満洲問題から戦後日米関係へ』名古屋大学出版会，2012年。Tetsuji Okazaki, 'Development and Management of the Manchurian Economy under Japan's Empire,' Marcel Boldorf, Tetsuji Okazaki eds., *Economies under Occupation : The Hegemony of Nazi Germany and Imperial Japan in World War II*, London : Routledge, 2015.

59 岡部牧夫「日本帝国主義と満鉄——一五年戦争期を中心に」『日本史研究』195，1978年11月。

60 前掲高橋泰隆『日本植民地鉄道史論』。

61 平井廣一「日中戦争期の満鉄の貨物輸送」『北星学園大学経済学部論集』42，2002年9月。

62 平井廣一「満鉄「附属地経営」の財政収支」『經濟學研究』北海道大学，59-4，2010年3月。

63 平井廣一「満州国における治外法権撤廃及び満鉄附属地行政権移譲と満州国財政」『北星学園大学経済学部北星論集』48-2，2009年3月。

の分析によれば，改組によって満鉄は，鉄道・港湾事業という創業以来の中核事業は保持しつつ，関係会社の整理＝株式譲渡によって得た資金を満州国に貸し付け，満州国経済の成長軌道下で安定した利子配当を受けた。別言すれば，連結子会社の切り離しによる事業資産の急減は，鉱工業への巨額の投資から解放されたことを意味するとともに，格段に整理された「縮小均衡状態」の実現ともなったと評価したのである。

4　本書の課題と分析視角

1）満鉄の「歴史像」とその陰影

政治的・経済的支配を基点とする歴史研究においては，満鉄の歴史を明らかにすることは，侵略と支配の「主役」を明らかにし，それが果たした役割を具体的に解明することであった。満鉄の性質についての解釈が深化したのも，満州経済の「主役」としての満鉄の座が揺るがないからであった。満州事変後についても，満鉄の調査活動を辿ることは，帝国日本の権力が満州の経済をどのように統制するのか，という支配のための政策過程を明らかにすることに他ならなかった。いわば満鉄を解明することは，植民地支配の研究の中で「王道」とされてきたのである。だからこそ，満鉄改組は重要な転換点として，特別な関心を寄せられてきた。

このことは，満鉄が満州の経済に適応できなかったことを意味しているわけではない。東拓や朝鮮銀行，大倉財閥系の企業などが業績面で不振に陥ったことが明らかにされても，満鉄はそうした状況に左右されないままだった。在満日本人社会を中心に，植民地経済が揺らぎ，内部矛盾を深化させた時期においても，満鉄は超越した存在として位置づけられてきた。それゆえに，さまざまな論理を内包していたとはいえ，満鉄改組は満州支配をめぐる「権力闘争」を政治的に解決したものとして描かれてきた。これらの研究において満鉄は，統制政策の変容の中で，その位置づけを人為的に変えられたのであって，満州経

64　柴田善雅『満洲における政府系企業団体』日本経済評論社，2017年。

済の変化・変質によって市場競争から脱落したわけではなかったのである。

中国東北地域における在来のビジネス界の研究でも，満鉄は巨大で安定した存在として位置づけられている。在来の中国人商人がどんなにタフで，個々の日本人商工業者に対抗しえても，満鉄を脅かすことはなかった。それほどまでに，地域史研究において在来のビジネス主体は小さい。競合相手を見据える彼らの視線の先に満鉄はなく，支配者間の権力闘争などおおよそ無縁であった。巨大な満鉄と小粒な商人とが交差することなく，地域経済の歴史は構成されてきた。

もっとも満鉄は，植民地社会・地域社会のいずれにおいても，インフラの提供者として機能していた。鉄道がインフラとして機能するのは周知のことであるが，満鉄はモノ・ヒトだけでなく，カネも情報も運んだ。それゆえに，巨大すぎる満鉄は，地域史研究において，多くの場合，「与件」として位置づけられた。満鉄がどのように支配しようとしたのかではなく，満鉄による支配がどのような影響を与えたか，という点に関心が寄せられてきた。

自然環境からの規定をふまえ，清代の在来経済から戦後中国の社会主義経済までを視野に入れた超長期的な分析の中でもまた，満鉄は鉄道を敷設しただけの，生産設備を建設しただけの，いわば「与件」を変えただけの存在であった。さらにいえば，中国東北地域の域外経済への依存度が高いがゆえに，満州の内と外の流通ネットワークを結びあわせる満鉄は，進出・定着することが可能となったのであり，かつ，華北へと膨張することにもなったのであった。政治的な動機と経済的な動機だけが満鉄の行動を決めていたのではなく，そうした動機を醸成する在来的な伝統が中国世界にあった。それほどまでに中国在来の経済と社会による規定が大きいものであると認識するとき，満鉄の役割は縮小され，その侵略と支配に対する批判は弱くなっていく。

このように２つの研究潮流の中に満鉄史研究を位置づけるとき，植民地支配の側に立つ満鉄は最終的な帝国日本の「敗北」の体現者であり，中国東北の地域経済はそうした満鉄の政治的・経済的行為と「遺産」を受けとめつつ「成長」を続けてきた，という歴史像が私たちの前に提供される。

しかし，この歴史像には，企業組織そのものの重層性への視点と市場の動態的な把握が欠落している。侵略と支配の歴史の中で，満鉄の最終的な意思決定は政治主体・経済主体の人為的な営みから説明され，また満鉄の行為は，地域経済の「成長」の中で，窮極的には在来的なシステム・制度・慣習に回収されている。満鉄とその周辺における政治的・経済的・経営的な動向や具体的な事象が，歴史的事実として多く明らかにされてきたものの，企業組織のマネジメントと市場のメカニズムとの因果関係が解明されることがないという意味で，満鉄はいまだ歴史の中に位置づけられていない。満鉄の継続の論理が未解明のまま，歴史の帰結だけが提示されているのである。

もっとも，松村・解・江田の研究のように，満州の労働市場に参入した満鉄が動揺・破綻にいたる経緯を実証したユニークな研究もある[65]。伊藤一彦による，満鉄の労務体制の手際良い整理を土台とした，満鉄の個別事業ごとの労働問題の分析が浮かび上がらせた「共通項」は，言うまでもなく，把頭制であった[66]。張声振は土木建築において把頭制が終始一貫して維持されたことを描き，郭洪茂は鉄道荷役における把頭制の導入を労働力不足が顕在化する1930年代後半以降に見出した[67]。それに対して，柳沢遊は大連埠頭で福昌華工が碧山荘経営を通じて行った巧妙な華人労働者統括などを事例として，把頭制が弱体化して荷役労働者の直轄支配が進んだことを明らかにした[68]。そして，松村高夫は撫順炭鉱において展開した把頭制→直轄管理→把頭制復活という複雑な制度変化を抽出した[69]。地元で人材を募集して熟練工育成を進めた昭和製鋼所を扱った趙光鋭は，把頭制の影響の分析は行っていないものの，非熟練労働者の移動率の高さを指摘している[70]。

松村・解・江田の研究は，侵略と支配の歴史研究の「王道」を基本路線としつつも，労働市場の中に把頭制という在来的な慣習を発見するだけでなく，食生活も含めた「労働力の再生産」の点からも，満鉄が最終的に破綻していく経緯を解明し，満鉄の労働者管理の段階的変容とともに，部門ごとの多様性を明

65　前掲松村高夫・解学詩・江田憲治編著『満鉄労働史の研究』。
66　伊藤一彦「満鉄労働者と労務体制」同上。
67　張声振「土木建築」（李旭・江田いづみ訳）同上。郭洪茂「鉄道運輸」（江田いづみ訳）同上。
68　柳沢遊「大連埠頭」同上。
69　松村高夫「撫順炭鉱」同上。
70　趙光鋭「昭和製鋼所」（伊藤一彦・王紅艶訳）同上。

らかにした。労働市場の内部化についても切り込んだ研究ともいえる。その意味では，2つの研究潮流の双方に足場を置いて，それを労働史という次元から統一する方向性をもっていた。しかし，松村・柳沢・江田の研究では，満鉄のマネジメントはもっぱら労務対策に切り縮められ，最終的な破綻に至るまで，満州国の労働政策とパラレルに把握された。つまり，満鉄破綻の説明は，やはり日本と満州国の植民地支配政策の失敗という文脈を超えることがなかったのである。

2）研究史における「前提」と会社としての二面性

満鉄が歴史の中に確固とした位置づけを得られていないことは，その「歴史像」を満鉄史研究の側から捉え返すことで，より明らかになるだろう。

すなわち，従来の研究においては，植民地支配を担う中心的存在として巨大で絶対的安定を誇っていたとされる満鉄が，最終的には改組によって多くの事業を分離することになった原因は，支配者内部の権力争いがもたらした動揺に求められている。そして，この改組によって切り離された重工業部門は，先導的・直接的に働きかけるかたちで満州経済の「開発」を牽引したとされている。このように満鉄の「歴史像」を捉え返すとき，そこには2つの「前提」が暗黙のうちに内包されていることに読者は気づくはずである。

第一の前提は，満鉄では，上層部による経営管理・組織運営が末端まで貫徹するという，「上意下達」的な意思決定メカニズムの存在である。

満鉄が，関東軍・満州国・日本政府といった政治主体と同じ土俵に上がり，時にそれらと表裏一体的な関係を構築して絶対的な安定を維持し，時にそれらとの「権力闘争」に陥って動揺する存在として把握されつづけてきたのは，総裁や副総裁，理事といった経営上層部が満鉄を代表するだけでなく，代表者としての彼らの決定が満鉄の経営の末端にまで貫徹するからであった。別言すれば，満州や中国東北，さらには，帝国日本というマクロの経済・社会において，満鉄はつねに意思決定の点で一元的な組織として設定され，他の政治主体との間の「力関係」によってのみ，その行動が規定されていた。つまり先行研究は，権力者の意思決定を上層部を通じて甘受する，「従順な満鉄像」を承認する傾向をもっていた。それは，満鉄の政策決定の研究が，史料上の制約により，総裁・副総裁・理事クラスに対象を限定してきたことに照応している。

もちろん，満鉄改組の時期のように，社員からの主張・要望が現れることはあったものの，それもまた，重役会議における上層部の意思決定に対抗する立場としての登場であった。そうした意味では，調査活動をめぐる研究もまた，こうした満鉄の一元的な設定を暗黙裡に想定している。つまり，いかに満鉄の調査員に「主体性」があったとしても，調査の「成果」が意味をもちえたのは，その「成果」が満鉄の上層部を経由して，統制政策として実現されるという前提があればこそであろう。

このような前提が置かれることと密接に関連して満鉄は，アプリオリに「国策会社」として分析される傾向をもつ。日本政府が資本金の半分を負担し，半官半民の株式会社として，植民地支配の中軸を担わせるという構図の中に満鉄は置かれ，その中軸たる地位が 1930 年代に後退していくというのが，これまでの満鉄史研究の理解であった。しかし，そこに株式会社としての満鉄の「躍動」は見られない。資本的にも人事的にも満鉄が日本政府の管轄下にあるという図式は，満鉄の上層部による経営管理が貫徹することと相まって，「国策会社」としての満鉄を研究者の前に出現させる。別言すれば，「国策会社」である理由が，満鉄という企業組織に内在的に見出されることはない。先行研究は，「国策会社」としてどのように変質していくのか，または，「国策会社」としての幅の広さがどこまであるのか，という射程で満鉄を把握する傾向が強いために，政治状況の変化に翻弄される満鉄とその上層部の動向にもっぱら焦点をあててきた。しかし，そうした視角からは，何が満鉄の経営を窮極的に律していたのかが判明せず，満鉄の命運は「国策会社」であるがゆえに，満鉄の「外」から規定されるという固定的な理解に陥りがちになる。

第二の前提は，満鉄の経営は市場からの制約を受けずに進展するというものである。

満鉄が，鉄道と炭鉱という中核事業で利潤を獲得するだけでなく，獲得した利潤を付属地行政や重化学工業部門に投下することで植民地支配の中心的な地位を占め，それが中国東北経済の開発・成長にも寄与していたというように解釈されうるのは，市場からの制約によって，または，市場での競争への対応として，満鉄の経営に変更が生じることを想定していないからであろう。それゆえに，従来の満鉄史研究は，満鉄の「内部」での資金的やりくりに目を奪われてきた。

鉄道を敷設・運営する満鉄は市場を創出する立場にあり，また，経済の「開発」を担う満鉄は「先導者」として市場を独占的に支配する立場にもあるとされてきた。つまり満鉄は，満州，または，中国東北というマクロの経済環境に，市場を介在させることなく，直接的に働きかけることのできる存在とみなされてきた。たしかに，労働市場からの制約には直面していたものの，それは満鉄破綻の要因として機能するのみで，制約への対応として満鉄の経営が「改善」されるという見方はされてこなかった。

先行研究からは，こうした経済環境への働きかけを通じて，満鉄が営利を追求していた事実は明らかとなる。しかしながら，なぜ満鉄が，国策立案と営利追求の相克の中で，意識的・自覚的に営利を追求しなくてはならないのかが判然としない。先行研究は，半官半民の株式会社であるという制度面にその根拠を求めてはいるものの，営業報告書などに表れた実績にもとづいて，事後的にその行動を株式会社的であったと解釈するのみである。別言すれば，株式会社としての営利を追求することと公的組織として採算を維持しつづけることとが，論理の上でも実証においても区別されてこなかった。従来の研究は，どちらにも解釈できるものなのである。

3）課題と視角

このような前提を疑われることなく，先行研究において満鉄は，植民地に設立された半官半民の会社，つまり，「国策会社」でありながら株式会社でもあるという二面性を分裂させたままで研究対象としてありつづけたために，その経営が統一的に把握されることがなかった。言い換えれば，マクロ経済の中で，満鉄という企業組織を，ミクロ的に分析する視角を，先行研究はもっていないのである。よって，本書の課題はこの点を解決することにある。巨大で絶対的に安定していた「国策会社」としての満鉄が，改組によって株式会社としての経営パフォーマンスを改善させたことを，企業組織のマネジメントと市場のメカニズムの因果関係の中で実証的に解明する，これが本書の課題なのである。

この課題のために，分析視角と研究対象を，以下の 3 つにしぼることとした。

第一に，社員レベルの視点から満鉄の経営の実態を解明することにより，総裁・副総裁・理事などの上層部にとどまっていた満鉄経営史の枠組みを広げて，考察の第一歩を踏み出すことである。

外部からの政治的な論理が満鉄上層部を通じて満鉄の内部に入り込んだとしても，それが満鉄の経営における意思決定，別言すれば，経済環境や市場への対応をめぐる選択をも「支配」していたとは限らない。政治権力の暴力性に抵抗することが難しいように，市場のメカニズムの規定から免れることもまた容易ではない。後者の規定を表現しうるのは，満鉄経営の現場を担っていた社員となる。ここで設定する社員とは，課長級以上の職員，または，ミドルマネジメントのことであって，彼らの「業務」と「活動」を記した史料に依拠しつつ，どのような理念をもって経営に「参画」しようとしていたのかという視点を確保する。

第二に，社員の技能・能力・認識・活動を明らかにしたうえで，社員が満鉄の経営において実現したこと，そして，実現できなかったことを解明することである。

社員の主張や要求への着目は，政治的論理が満鉄に及ぼす規定を相対化するうえで有用ではあるけれども，満鉄経営のパフォーマンスを説明するものとはいいがたい。社員の主張や要求が説明するのは満鉄のもつ多面性であって，企業組織としての満鉄の経営実績そのものではない。これを説明しうるのは，現場の従業員を管理しつつ上層部の意思決定を補助するというかたちで「経営参画」を担う社員の技能・能力，そして，それにもとづいた認識である。本書が設定する技能・能力とは，主に調査活動における方法によって規定されるもので，その利点と限界をふまえつつ，社員がどのように経済環境を認識・把握していたのかを明らかにする。そして，その認識にもとづくマネジメントが，満鉄という企業組織の中でどのような位置を占め，経営全般において何を実現しえたのかを解明する。

第三に，市場のメカニズムが社員の認識と意思決定に与えた影響を明らかにしたうえで，満鉄の経営がどのように変化したのかを解明することである。

本書が分析対象とする市場とは株式市場，より具体的には，満鉄の発行した株式が流通する市場のことで，株式取引所での売買に限定されるものではない。

また，株式の流通に表れる市場のメカニズムとは，株式の名義書換によって把握されるもので，株価だけでなく，株主そのものの変動をもともなう。この「変動する株主」のもつ意義は大きい。そもそも，株主からの出資金＝資本金は，社債発行と銀行融資の基礎要件であり，満州事変後の満鉄における資金需要の膨大化，換言すれば，増資の必然性が日常化しつつあるなかで，満鉄株主の位置づけは大きくなるばかりであった。資金調達面からの制約，より端的にいえば，株主からの制約が，どのように満鉄に事業の選択をさせるにいたったのかを解明することで，1930 年代の満鉄が，外的要因のみならず，「変動する株主」の利害に大きく規定されていたことを明らかにしていきたい。

第I部

「国策会社」としての挫折

第1章
満鉄経営を担った人々
——課長級以上社員の分析——

はじめに

満鉄の経営における「主体性」をどこに求めるべきか。それを求めうる対象から，どのように「主体性」を明らかにするべきか。本章の問題意識の初発はこの2点にある。

序章でも見たように，植民地支配をめぐる歴史研究であれ，地域経済を明らかにする歴史研究であれ，先行研究は満鉄総裁・副総裁などの経営陣の意思決定を満鉄の「主体性」とみなしてきた。これに対して，本書の問題関心は，その「主体性」が満鉄の経営においても見出しうるものなのか，という点に寄せられている。広く知られるように，満鉄の組織としての規模は，資本金，従事員数などのいずれをとっても，他に例を見ないほどに巨大であった。これを総裁・副総裁がマネジメントして満鉄の「主体性」を担うのは，決して容易なことではない。満鉄総裁を務めた者の伝記の類は，彼らの資質と能力を顕彰してきたが，最終的な意思決定を行うことと組織をマネジメントすることとは同義ではない。

そこで本章では，満鉄のすべての総裁・副総裁・理事の「在籍期間」を定量的に把握することから始めたい。在籍期間は，「任期」のように計画された数値という面をもちながら，同時に，任期満了前の辞任・解任など予定外の結果としての数値という面ももつ。また，実行したことは在籍期間と比例するであろうから，在籍期間が伸びるほどに実現できたことも多くなり，また，その効果も出てくると考えられよう。一定の在籍期間のもとで実際に何事かを成し遂げずしては，経営の「主体性」を発揮することはできない。

この在籍期間は，本章における分析のポイントとなる。本章では，総裁・副総裁・理事だけでなく，満鉄社員，とくに，課長級以上の社員についても，在籍期間の定量分析を進める。そのために，『南満州鉄道株式会社課級以上組織機構変遷並に人事異動一覧表』（以下，『人事異動一覧表』）をもとにデータベースを作成した[1]。対象とする期間は満鉄創業から満鉄改組直後の1938年9月までで，分析の対象となった課長級以上社員は1,072名に上る。この在籍期間の定量分析を通じて，本書が主な対象とする1920年代後半から30年代の満鉄経営における「主体性」を，総裁・副総裁・理事と課長級以上社員のいずれに求めるべきかを明らかにしたい。

結論を先取りすれば，満鉄経営の「主体性」は，課長級以上社員に求める方が妥当である。それゆえに，重役による最終的な意思決定のみを分析するのではなく，課長級以上社員による「経営参画」の内実として，彼らの活動と主義・主張などを分析する必要がある。そして，それらは満鉄社員会に集約されている。

本章後半では，満鉄社員会について，規約の変遷をふまえつつ，制度・組織・本部役員・財政収支を分析することで，その基盤を明らかにする。とくに，社員会本部役員については，『人事異動一覧表』のデータベースと連結することで，彼らが会社において（以下，社員会との対比において満鉄を指すときは，「会社」という表現を用いる），どのような地位を占めていたのかを明らかにする。そのうえで，彼らの活動と主義・主張・思想などが論説・記事として掲載された社員会機関誌『協和』について，前身の雑誌・刊行形態・発行部数などの基本情報に加え，巻頭言の執筆者の定量分析，編集方針の変遷と読者の反応などを明らかにする。

『協和』は，先行研究でも用いられてきたのみならず，近年では海外における満州研究でも活用されている。ただ，その使われ方には，研究者の問題関心に応じるものを引用する傾向が否めず，社員会そのものについての基本的な考察は省略されている。本章が留意することのひとつは，『協和』を刊行する満

1　満鉄会監修『南満州鉄道株式会社課級以上組織機構変遷並に人事異動一覧表』満鉄史料叢書12，龍渓書舎，1992年。

鉄社員会の意図をふまえることである。満鉄社員会がどのように運営され，また，誰がその活動を実質的に担い，そして，彼らが満鉄の中でいかなる地位にあったのかという点をふまえながら，『協和』の編集方針や特質を明らかにする。それは，満鉄経営における「主体性」を明らかにするうえで不可欠な手続きとなるだろう。

なお，具体的な「経営参画」の内実の分析は，第2章で展開することとなる。本章では，そのための基礎を提供していきたい。

1　満鉄の組織と人事異動

1）重役と職制改正

満鉄のトップは「総裁」と呼ばれ，時期によって，理事長（1917年7月～19年4月），社長（1919年4月～29年6月）と名称を変えている。この下に「副総裁」，または，副社長（1919年4月～29年6月）がおり，さらにその下に複数の「理事」が置かれた。これらを総称して「重役」と呼ぶ。いわば，満鉄のトップマネジメントであり，彼らは最高意思決定機関である重役会議を構成した（以下，原則として，総裁・社長・理事長の呼称を「総裁」で，副総裁・副社長を「副総裁」で統一する）。

重役の下には，「部長」「課長」「主任」が置かれていた。満鉄の組織は，鉄道部や商事部のようにおおむね事業ごとに「部」が設けられ，その下に庶務課や会計課などの「課」が，さらにその下に業務係や統計係などの「係」が置かれ，それぞれの責任者として部長・課長・主任が置かれた。これを基本型として，他に部長級，課長級の役職があるが（後述），これらの人々が，いわば，満鉄のミドルマネジメントに相当する。

広く知られているように，満鉄は半官半民の会社であり，発行株式の半数が大蔵大臣名義になっているため，重役の任免権は日本政府（≒首相）にあった。任免状況を見るために，重役の在籍期間を棒線で示したものが図1-1である。これによれば，総裁17人，副総裁17人，理事74人でのべ108人が重役に任命されている[2)]。このうち，国沢新兵衛・松岡洋右・山崎元幹は理事・副総裁・総裁（国沢は副総裁を 2 回）を，中村是公・大村卓一は副総裁・総裁を，小日山直登は理事・総裁を，松本烝治・佐藤応次郎・佐々木謙一郎・平島敏夫は理事・副総裁を務めており，また，野村龍太郎は総裁を，大平駒槌は副総裁を，大蔵公望・猪子一到は理事を 2 回務めているため，重役の実数は 90 名となる。

図 1-1 の棒線は重役それぞれの任命時を基準に 3 つに分類されている。当然のことながら，設立からしばらくの間は，社外からの起用（▨）が圧倒的であった一方で，1920 年代の後半からは社員からそのまま昇格した者（■）が多くなっている。

総裁・副総裁に注目すると，副総裁が置かれていない期間があるものの，基本的に両者の任免がセットになっていることがわかる。在籍期間では，3 代総裁・副総裁の野村龍太郎・伊藤大八のそれが短かったことを除いて，5 代総裁の国沢新兵衛までは，安定的な長さを維持している。2 代総裁・中村是公は初代総裁・後藤新平の下で副総裁を務めて，そのまま総裁になっているほか，後藤の下で理事だった国沢新兵衛は中村是公の下で副総裁を務め，4 代総裁・中村雄次郎の下でも副総裁を務めた後に総裁になっている。つまり，重役の在籍が継続的であったという意味で，この時期は総裁・副総裁は「安定的」であった。

しかし，6 代総裁・野村龍太郎以降，総裁・副総裁の交代が激しくなり，在籍期間も短くなっている。従来の研究でも指摘されてきたように[3)]，ここからは政権交代に連動した満鉄の重役人事を看取することができよう。この短さをより正確に把握するために，表 1-1 では，重役の在籍期間の分布をまとめた[4)]。

満鉄の定款によれば，総裁・副総裁の任期は 5 年，理事のそれは 4 年とされていた[5)]。また，上述したように重役を連続して務めた者が 6 人あり，そのう

2　「事務取扱」として重役にあった者（中村是公と島安次郎）については入れていない。

3　松沢哲成『日本ファシズムの対外侵略』三一書房，1983 年。

4　総裁・副総裁・理事それぞれの在籍期間を見るために，副総裁・総裁を連続して務めた中村是公（1906.11.13～13.12.18）・国沢新兵衛（1914.07.20～19.04.11）・大村卓一（1935.09.21～43.07.14）・山崎元幹（1942.04.20～45.08.15）と理事・副総裁を連続して務めた国沢新兵衛（1906.11.13～13.12.18）・佐々木謙一郎（1934.07.25～42.03.30）・佐藤応次郎（1935.07.25～44.03.23），そして，敗戦時に重役であった 11 人を除いてある。

5　「南満州鉄道株式会社定款」『官報』6949 号，1906 年 8 月 27 日，10 頁。

図 1-1　重役の在籍期間

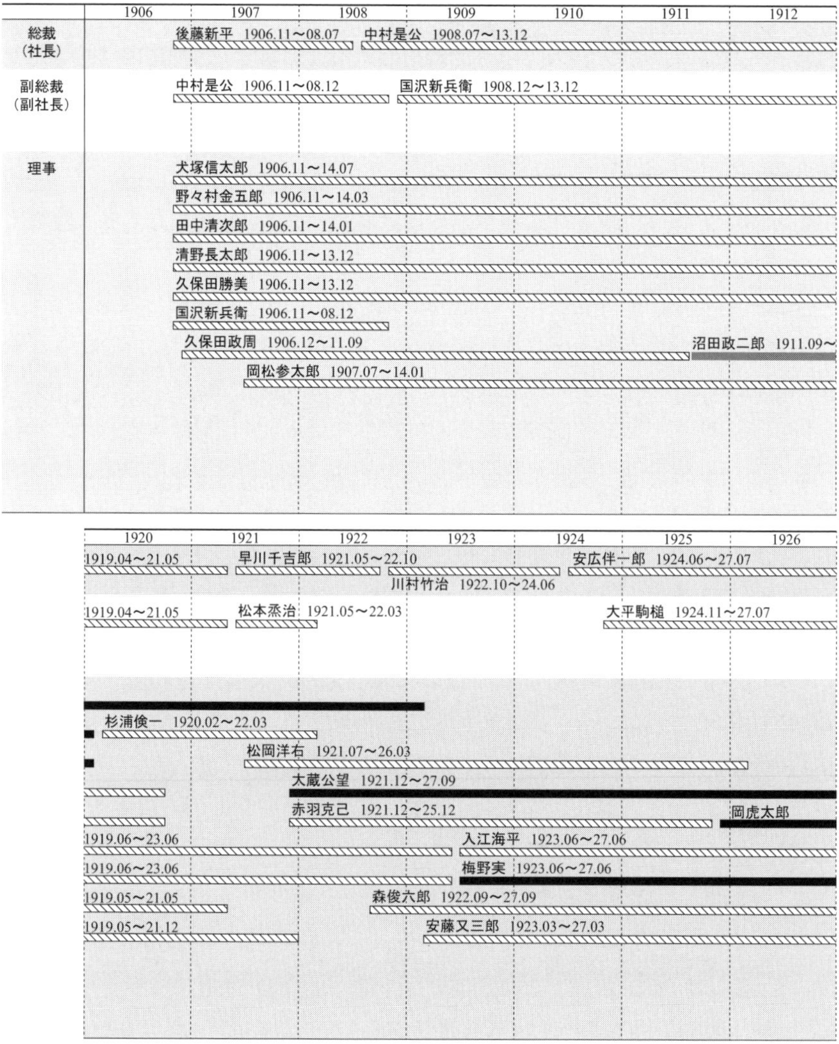
1906
1907
1908
1909
1910
1911
1912
総裁
（社長）
後藤新平 1906.11〜08.07
中村是公 1908.07〜13.12
副総裁
（副社長）
中村是公 1906.11〜08.12
国沢新兵衛 1908.12〜13.12
理事
犬塚信太郎 1906.11〜14.07
野々村金五郎 1906.11〜14.03
田中清次郎 1906.11〜14.01
清野長太郎 1906.11〜13.12
久保田勝美 1906.11〜13.12
国沢新兵衛 1906.11〜08.12
久保田政周 1906.12〜11.09
沼田政二郎 1911.09〜
岡松参太郎 1907.07〜14.01
1920
1921
1922
1923
1924
1925
1926
1919.04〜21.05
早川千吉郎 1921.05〜22.10
安広伴一郎 1924.06〜27.07
川村竹治 1922.10〜24.06
1919.04〜21.05
松本烝治 1921.05〜22.03
大平駒槌 1924.11〜27.07
杉浦倹一 1920.02〜22.03
松岡洋右 1921.07〜26.03
大蔵公望 1921.12〜27.09
赤羽克己 1921.12〜25.12
岡虎太郎
1919.06〜23.06
入江海平 1923.06〜27.06
1919.06〜23.06
梅野実 1923.06〜27.06
1919.05〜21.05
森俊六郎 1922.09〜27.09
1919.05〜21.12
安藤又三郎 1923.03〜27.03

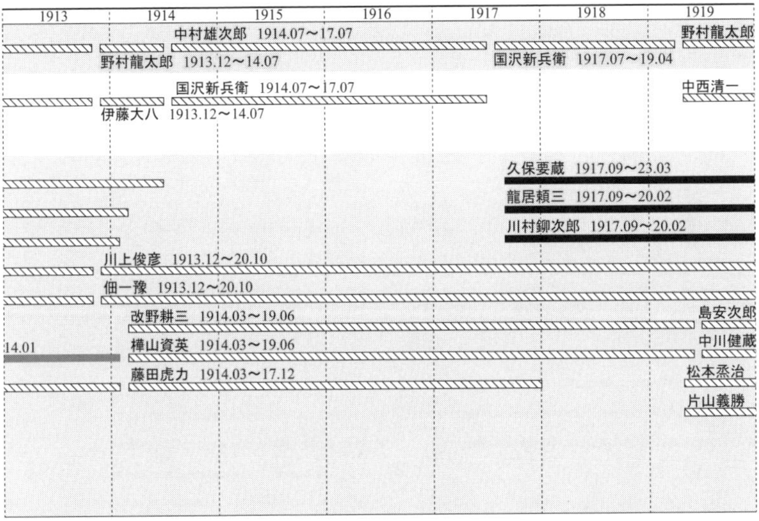
1913
1914
1915
1916
1917
1918
1919
中村雄次郎 1914.07〜17.07
野村龍太郎
野村龍太郎 1913.12〜14.07
国沢新兵衛 1917.07〜19.04
国沢新兵衛 1914.07〜17.07
中西清一
伊藤大八 1913.12〜14.07
久保要蔵 1917.09〜23.03
龍居頼三 1917.09〜20.02
川村鉚次郎 1917.09〜20.02
川上俊彦 1913.12〜20.10
佃一豫 1913.12〜20.10
改野耕三 1914.03〜19.06
島安次郎
14.01
樺山資英 1914.03〜19.06
中川健蔵
藤田虎力 1914.03〜17.12
松本烝治
片山義勝

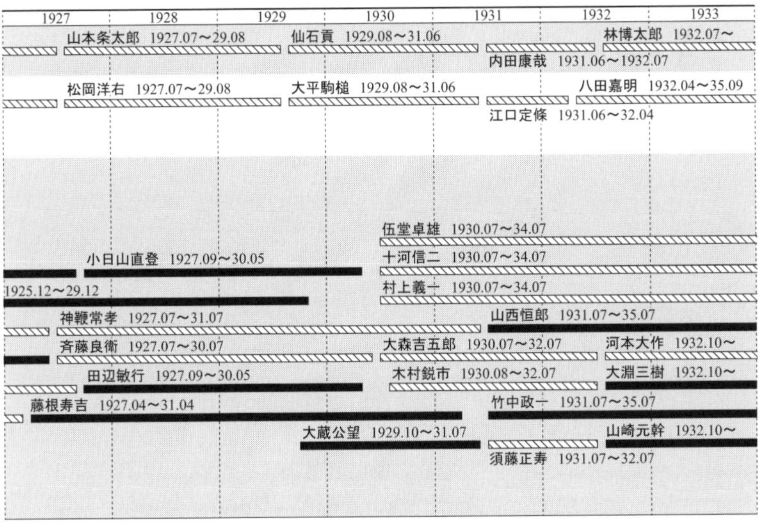
1927
1928
1929
1930
1931
1932
1933
山本条太郎 1927.07〜29.08
仙石貢 1929.08〜31.06
林博太郎 1932.07〜
内田康哉 1931.06〜1932.07
松岡洋右 1927.07〜29.08
大平駒槌 1929.08〜31.06
八田嘉明 1932.04〜35.09
江口定條 1931.06〜32.04
伍堂卓雄 1930.07〜34.07
小日山直登 1927.09〜30.05
十河信二 1930.07〜34.07
1925.12〜29.12
村上義一 1930.07〜34.07
神鞭常孝 1927.07〜31.07
山西恒郎 1931.07〜35.07
斉藤良衛 1927.07〜30.07
大森吉五郎 1930.07〜32.07
河本大作 1932.10〜
田辺敏行 1927.09〜30.05
木村鋭市 1930.08〜32.07
大淵三樹 1932.10〜
藤根寿吉 1927.04〜31.04
竹中政一 1931.07〜35.07
大蔵公望 1929.10〜31.07
山崎元幹 1932.10〜
須藤正寿 1931.07〜32.07

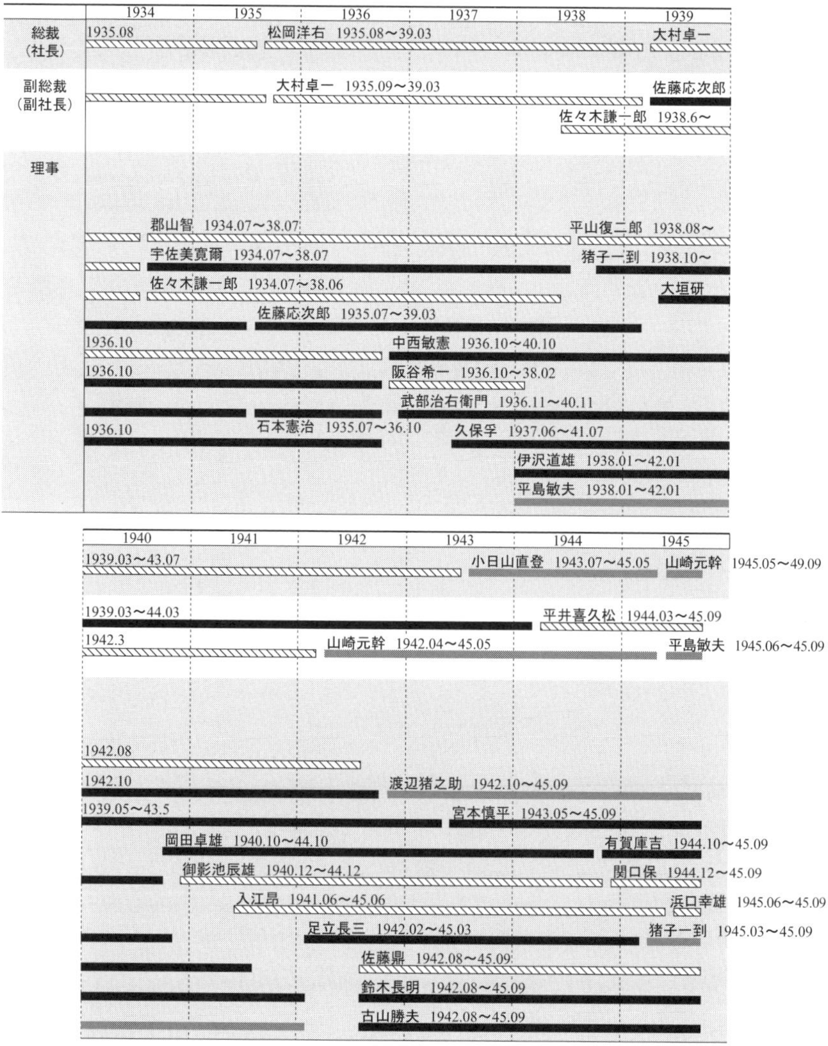

出典）岡部牧夫「南満州鉄道会社の 40 年」岡部牧夫編『南満州鉄道会社の研究』日本経済評論社，2008 年。満鉄会監修『南満州鉄道株式会社課級以上組織機構変遷並に人事異動一覧表』満鉄史料叢書 12，龍渓書舎，1992 年。

注）▨ 満鉄の課長級以上社員としてのキャリアをもたずに重役に就任した者
■（灰色）満鉄の課長級以上社員としてのキャリアをもつものの，重役就任の前職は満鉄以外である者
■（黒）満鉄の課長級以上社員から重役に昇進した者

ち，中村是公は総裁の，国沢新兵衛は副総裁（1回目）の任期を全うしている（両者とも1908年12月19日～13年12月18日）。しかし，表1-1によれば，それ以外の総裁・副総裁が任期を満了することはなかった。総裁の平均在籍期間は2.0年，副総裁のそれは1.9年である。

これに対して，理事は任期を全うする者が圧倒的に多い。62人中32人が任期を満了しており，それ以外に14人が最初の任期4年を超えて理事を務めている。総裁・副総裁のように1年未満で退任する者もなく，平均在籍期間は4.0年で，総裁・副総裁のほぼ倍になる。ただし，在籍が4年を超えた14人の理事は，久保田政周・松岡洋右（以上，4年＜n＜5年），久保要蔵・大蔵公望・森俊六郎（5年≦n＜6年），岡松参太郎・川上俊彦・樺山資英・改野耕三（6年≦n＜7年），清野長太郎・久保田勝美・田中清次郎・野々村金五郎・犬塚信太郎（7年≦n＜8年）であり，設立当初からの者とそれと入れ替わった者がほとんどで，遅くとも1927年9月までに退任している。

表1-1　重役の在籍期間の分布

（人，年）

在籍年数	総裁	副総裁	理事
n＜1	1	2	0
1≦n＜2	6	1	6
2≦n＜3	2	3	8
3≦n＜4	4	1	2
4	0	0	32
4＜n＜5	0	0	2
5≦n＜6	0	0	3
6≦n＜7	0	0	4
7≦n＜8	0	0	5
計	13	7	62
平均年数	2.0	1.9	4.0

出典）前掲満鉄会監修『南満州鉄道株式会社課級以上組織機構変遷並に人事異動一覧表』。

注1）副総裁・総裁を連続して務めた中村是公・国沢新兵衛・大村卓一・山崎元幹，理事・副総裁を連続して務めた国沢新兵衛・佐々木謙一郎・佐藤応次郎を除く。

2）閉鎖時に重役であった平井喜久松・平島敏夫（以上，副総裁）・有賀庫吉・浜田文雄・関口保・古山勝夫・猪子一到・鈴木長明・渡辺猪之助・佐藤鼎・宮本慎平（以上，理事）を除く。

これらのことからは，1920年代に入ってからの満鉄重役は，総裁・副総裁の在籍状況が不安定だった一方で，理事のそれが安定していたことがわかる。しかし，在籍期間について見れば，総裁・副総裁が短いだけでなく，理事も必ずしも長いわけではなかった。

もっとも，総裁の専権事項的なものとして「職制改正」があり，これによって満鉄の組織は変更されていた。この職制改正は，総裁の在籍状況の不安定さと在籍期間の短さを補うものだったかもしれない。総裁の望むような組織変更を通じて効率的なマネジメントを実現し，これを維持・展開していた可能性も

表 1-2　職制改正一覧

年月日	『人事異動一覧表』	社史	総裁
1906 年 12 月 2 日	現在（会社設立時期）		
1907 年 4 月 23 日	職制改正	職制改正	後藤新平
1908 年 12 月 15 日	職制改正	職制改正	中村是公
1914 年 5 月 20 日	職制改正	職制改正	野村龍太郎
1918 年 1 月 15 日	職制改正	職制改正	国沢新兵衛
1919 年 7 月 16 日	職制改正	職制改正	野村龍太郎
1920 年 10 月 6 日	職制改正	なし	〃
1922 年 1 月 17 日	職制改正	職制改正	早川千吉郎
1923 年 4 月 21 日	職制改正	職制改正	川村竹治
1930 年 6 月 14 日	職制改正	職制改正	仙石貢
1931 年 8 月 1 日	職制改正	職制改正	内田康哉
1932 年 12 月 1 日	職制改正	職制改正	林博太郎
1936 年 10 月 1 日	職制改正	職制改正	松岡洋右
1937 年 6 月 19 日	なし	職制改正	松岡洋右
1937 年 12 月 1 日	職制改正	職制改正	〃
1938 年 4 月 1 日	なし	職制改正	〃
1938 年 9 月 18 日	職制改正	職制改正	〃
1939 年 4 月 1 日	職制改正	職制改正	大村卓一
1939 年 12 月 5 日	なし	職制改正	〃
1940 年 4 月 1 日	なし	職制改正	〃
1940 年 9 月 15 日	社報以降	なし	〃
1942 年 6 月 1 日	社報号外以降	職制改正	〃
1942 年 9 月 18 日	なし	職制改正	〃
1943 年 5 月 1 日	社報以降	職制改正	〃
1944 年 4 月 1 日	社報現在	なし	小日山直登
1944 年 11 月 15 日	なし	職制改正	〃
1945 年 2 月 1 日	現在	なし	〃

出典）前掲満鉄会監修『南満州鉄道株式会社課級以上組織機構変遷並に人事異動一覧表』。
注）『南満州鉄道株式会社課級以上組織機構変遷並に人事異動一覧表』には，1940 年 9 月 15 日以降，改正規模が大きく，「根本的」と判断された職制改正だけが掲載されている。

ある。しかし，表 1-2 にまとめたように，職制もまた，たびたび改正されていた。

表 1-2 からは，職制改正を実施していない総裁は，安広伴一郎と山本条太郎の 2 名だけで，在籍期間中に何度も職制改正を実施している松岡洋右や大村卓一のような者もいることがわかる。『人事異動一覧表』の「解題」も指摘するように，部レベルの改廃を含む「職制の改正」と，部分的な改正（主に課レベ

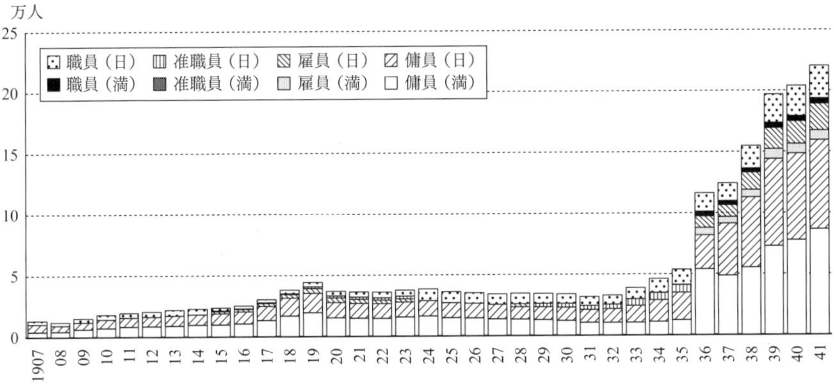

図 1-2　満鉄の従事員の推移

出典）伊藤一彦「満鉄労働者と労務体制」松村高夫・解学詩・江田憲治編著『満鉄労働史の研究』日本経済評論社，2002 年。

ル）を行う「分課規程の改正」とが厳密に区別されず[6)]，職制改正の定義があいまいであるために，1937 年 6 月以降は『人事異動一覧表』と社史との間で職制改正に関わる記述にずれが生じている。しかし，いずれにしても，部分的な改正のひとつひとつを拾っていけば，表 1-2 で挙げた以上の頻度で満鉄の組織変更が繰り返されていたことは明らかである。この表は，ある総裁によって変更された組織のあり方が，そのまま継続していたわけではなかったことを示している。また，後述するように，人事異動から見た職制改正の「効果」も見出しにくい。

むしろ，ここで注意したいことは，職制改正による組織変更の多さの基調には，満鉄の組織拡大があったことである。満鉄の従事員数を示した図 1-2 からは，それが一目瞭然であろう。1907 年度末に総数 13,217 人だった従事員は，1912 年度末には 2 万人を，1917 年度末には 3 万人を，1919 年度末には 4 万人を超えた後，満州事変直後の頃まで 3 万人以上を維持している。そして，1934 年度以降，再び増加を始めて，1936 年度末には 10 万人を，1940 年度末には 20 万人を超えた。

6　藤原豊四郎・野間清「解題」前掲満鉄会監修『南満州鉄道株式会社課級以上組織機構変遷並に人事異動一覧表』8 頁。

以上の特徴をまとめると，満鉄では，総裁・副総裁の在籍状況が不安定であり，その在籍期間も短く，さらには，それに連動して職制改正（または，組織の部分的改正）も頻繁であった。このことは，満鉄の経営分析において，総裁・副総裁のパーソナリティに注目する有効性が限定的である可能性を示唆している。図 1-1 に示したように，総裁・副総裁のほとんどが満鉄外からの起用であり，満鉄の固有の事情に通じないまま，短期間でその任務を終えている。4 年の任期を超えて在籍した理事も 14 名を数えたが，その在籍期間は図 1-1 の前半の期間に集中しており，理事のパーソナリティに焦点を当てた分析が有効性をもつのは，設立から 1920 年代半ばまでが限度であろう。満鉄の重役に関する資料として名高い村上義一・八田嘉明・山崎元幹の 3 文書は，この有効性を認めにくい 1930 年代のものであり，とくに村上と八田については，満鉄に在籍したのは重役としてのみで，その期間に限定された資料であることにも注意する必要がある。その一方で，満鉄の従事員は増加を続けた。図 1-2 では，1930 年代後半からの急増に眼を奪われがちになるが，1919 年度末までにも大幅な増加があり，以後も 3 万人以上をつねに維持していた。まぎれもなく満鉄は「大会社」であり，マネジメントの対象となる人数は絶対的に多かったのである。

このような状況でも満鉄の経営が維持されてきた原因を，先行研究はしばしば半官半民の会社としての巨大さに帰してきた。しかし，そのような外在的な理由からは，実際どのように経営が維持・展開されてきたのかが見えてこない。つまり，在籍状況の不安定な総裁・副総裁が増加する従事員をマネジメントすることを支えた，いわば満鉄の「組織化」が，果たしてどのようなものであったのかがブラックボックスになっている。上述したように，職制改正と部分的な組織変更が頻発した満鉄において，ある時点の組織図を「制度」として分析しても，「組織化」の本質を明らかにすることにはならないのである。重役から一段下がって，部長級・課長級の社員を分析する必要がここにある。

2）課長級以上社員の把握――データベースの作成

『人事異動一覧表』の原本は，「幅四五センチメートル（第四巻は，四〇センチメートル）の長尺の巻物四巻」からなっているという[7]。これは，「『職制改正」によって制定された組織機構に，次の「職制改正」までの中間期間に加えられたすべての手直し的改正がそれらの改正の年月日とともに書き加えられ」た，いわば「会社の組織機構の変遷動態表」ともいうべきもので，同時に，「これらの機構の課長級以上の人事が，その離就任の年月日とともに記録され」，会社設立から敗戦までの「課級以上の組織機構の変遷推移の全貌」と「幹部人事の離就任，異動の全容」を示したものとされている[8]。本章では，この『人事異動一覧表』をもとにデータベースを作成した（以下，会社人事異動データベース）。以下，作成の流れを見ておこう。

『人事異動一覧表』によれば，課長級以上社員は，職制改正ごとに新しい役職に任命されており，自動的に前の職制での役職を免じられたことになっている[9]。また，次の職制改正までに人事異動があれば，それにあわせて罷免年月日が記されており，次にその役職に任命された者の氏名が記されている。ここでいう「罷免」とは，懲戒などによる免職ではないことに注意されたい[10]。原則的に，前任者の罷免年月日と後任者の任命年月日は同日であるが，まれにラグをともなう場合もある。以上をふまえて，まず，任命されるごとに，「氏名」「所属①」「所属②」「所属③」[11]「役職」「任命年月日」「罷免年月日」と「専任 or 兼任」「任免年月日の性質（職制改正 or 部分的組織変更 or その他）」（後述）に関する情報を1件ずつ入力した。これが，このデータベースの基本的な入力作業である。

いわゆる満鉄改組によって，1936年に商事部が日満商事へと分離・独立し，1937年に付属地行政権が満州国に移管されて地方部が消滅し，1938年に重工業部門が満業へと分割された。そのため，これらの大きな組織変更の時期を境

7　前掲藤原豊四郎・野間清「解題」15頁。
8　同上，8-9頁。
9　満鉄社内の人事異動は「社報」で日々告知されているが，職制改正時のものは「号外」となっており，『南満州鉄道株式会社 社報』（マイクロフィルム版，柏書房，1994年）には，「号外」がほとんど収録されていない。
10　関係会社への出向や社費留学の場合も「罷免」として処理されている。
11　「所属①」から「所属③」へと組織内の階層が下がるように分類してあり，たとえば，「庶務部社会課 課長」の場合は，「所属①＝庶務部」「所属②＝社会課」「所属③＝ブランク」「役職＝課長」となる。おおむね，「所属①」には「部」が，「所属②」には「課」が入力されている。

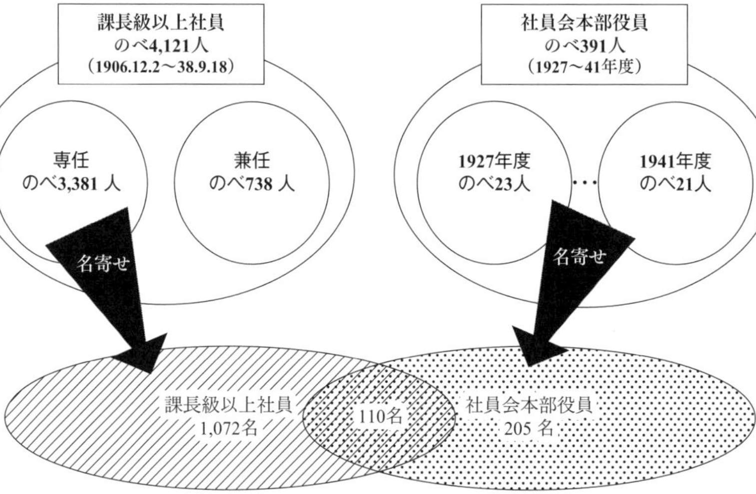

図 1-3　課長級以上社員データベースの概要

出典）①前掲満鉄会監修『南満州鉄道株式会社課級以上組織機構変遷並に人事異動一覧表』。宣伝部編『満鉄社員会概要』1936 年。
②「社員会を育てた人々」『協和』7 巻 6 号，1933 年 3 月 15 日，30 頁。「社員会を育てた人々――現在までの本部役員名簿」『協和』8 巻 4 号，1934 年 2 月 15 日，7 頁。「社員会を育てた人々――現在までの本部役員名簿」『協和』9 巻 6 号，1935 年 3 月 15 日，40 頁。「社員会を育てた人々――現在までの本部役員名簿」『協和』10 巻 6 号，1936 年 3 月 15 日，51 頁。「社員会を育てた人々」『協和』11 巻 6 号，1937 年 3 月 15 日，44 頁。「八年度社員会本部及全連合会総陣容一覧表」『協和』7 巻 7 号，1933 年 4 月 1 日，53 頁。「昭和九年度社員会　本部及全連合会総陣容」『協和』8 巻 7 号，1934 年 4 月 1 日，42 頁。「昭和十年度社員会役員総陣容」『協和』9 巻 7 号，1935 年 4 月 1 日，50 頁。「本部役員会を構成する人々」『協和』10 巻 7 号，1936 年 4 月 1 日，47 頁。「本部役員会を構成する人々」『協和』11 巻 7 号，1937 年 4 月 1 日，49 頁。「昭和十三年度本部首脳部」『協和』12 巻 8 号，1938 年 4 月 15 日，46 頁。「本部役員名簿」『協和』13 巻 7 号，1939 年 4 月 1 日，39 頁。「昭和十五年度本部の陣容」『協和』14 巻 8 号，1940 年 4 月 15 日，50 頁。「昭和十六年度本部の陣容」『協和』15 巻 8 号，1941 年 4 月 15 日，30 頁。
③「会報」「社員会々報」「社員会の動き」「全般的報道」「会務半月誌」「社員会ニュース」「本部ニュース」「本部の動き」など，『協和』各号。

に，設立からの人事異動との接続が取りにくくなる。また，後年になると，『人事異動一覧表』からは掲載した職制改正の具体的な内容とその後の人事異動が明らかにならないことが少なくない。そこで，以下では，表 1-2 の 1937 年 12 月 1 日職制改正までのデータ，すなわち，1938 年 9 月 18 日現在までのデータベースを分析対象とする。

最初に，図 1-3 で，このデータベースを俯瞰しておこう。

まず，1 件ずつ入力した数は 4,121 となる。上述したように，これは『人事異動一覧表』に名前が出てくるたびに入力したものであるから，同一人物が何度も入力されていることになる。ここでは，この数値を「のべ人数」と定義して，「のべ 4,121 人」と表記する。以下，データベースの作成において 1 件ずつ入力した人数を「のべ人数」とする。

ここで，「役職」について見ておこう。『人事異動一覧表』に挙げられた役職は実に多種多様である。まず，部長級の役職としては，撫順炭鉱や鞍山製鉄所，奉天事務所，上海事務所，経済調査会，技術委員会などが「部」と同レベルで設置されていたため，炭鉱長（鉱長），所長，委員長などがあり，その他に，支社長（東京支社など），局長（鉄道総局，北支事務局など）などがある。課長級になるとより煩雑で，主査（経済調査会），局長（各鉄路局など），処長（各鉄路局経理処など）のような各部署の「長」に加えて，秘書役，調査役，審査役，監察役，監査役，参与，参事なども課長級の役職として入ってくる。また，現業関係では，採炭所や鉄道工場，機械工場，製油工場のほかに，火薬製造所，瓦斯作業所，電気作業所，発電所などの長として，採炭所長，工場長，所長などが，さらに付属地行政に関していえば，地方事務所，公所，学校，病院・医院，図書館などの長として，所長，校長，院長，館長などが課長級の役職として入ってくる。そして，これらの役職の後に，心得，代理，事取（事務取扱），嘱託などが付いたり，前に「副」が付く役職や次席，次長（部長級のそれとは別）などもある。『人事異動一覧表』にもならって，以下，本章では，これらの役職に就いた者を総称して「課長級以上社員」と称し，また，これらのポストを「課級以上ポスト」と表記する。

次に，「専任 or 兼任」について見よう。のべ 4,121 人は，「専任」と「兼任」に分類される。満鉄の課級以上ポストは，すべてが専任者で占められているわけではなく，重役が部長を，部長が課長を，課長が別の課長を兼ねることがあり，ある課の課長級未満の社員が他課の課長を兼ねることもあった。分類の結果は，専任がのべ 3,381 人で，兼任はのべ 738 人となる（残り 2 人は専任・兼任が不明）。兼任は一時的なことが多く，継続性がないため，以下の分析では専任ののべ 3,381 人を対象としよう。

専任ののべ 3,381 人について，同じ氏名でまとめる「名寄せ」をしてみると，1,072 名となる。すなわちこれが，設立（1906 年 12 月 2 日）から 38 年 9 月 18

表 1-3　課長級以上社員の名寄せ例

会社

任命年月日	罷免年月日	所属・役職	備考
専任			
1918.02.23	1919.07.16*	大連管理局庶務課・課長	課長級以上①/開始
1919.07.16*	1920.06.08	運輸部庶務課・課長	課長級以上①/終了
1922.01.17*	1923.04.21*	社長室紐育事務所・所長	課長級以上②/開始
1923.04.21*	1923.11.08	社長室・審査役	
1923.11.08	1925.12.25	庶務部社会課・課長	
1925.12.25	1930.06.14*	興業部・部長	課長級以上②/終了（退職）
兼任			
1919.07.16*	1920.04.18	運輸部営業課・課長（兼）	
1927.03.02	1930.06.14*	興業部中央試験所・所長事取（兼）	
1929.03.30	1929.12.16	興業部庶務課・課長事取（兼）	

社員会

年度	役職
1927	常任幹事

出典）図 1-3 に同じ。
注 1）年月日の後の「*」は，職制改正による任免を意味する。
　2）表は，田村羊三のもの。

日までの課長級以上社員の実数である。以下では，名寄せをした実数を，「名」で表記する。この名寄せによって，課長級以上社員それぞれの履歴が判明する。

表 1-3 では，一例として，田村羊三を挙げた。この表の一行が，図 1-3 の課長級以上社員のべ 4,121 人のうちの 1 人に該当する。

田村は 1918 年 2 月 23 日に大連管理局庶務課長として課長級以上社員となると，1919 年 7 月 16 日の職制改正で運輸部庶務課長になり，これを 1920 年 6 月 8 日まで務めた。ここで課長級以上社員から一度外れるが，1922 年 1 月 17 日の職制改正で社長室紐育事務所長として課長級以上社員に復帰すると，1923 年 4 月 21 日の職制改正で社長室の審査役となった。同年 11 月 8 日から庶務部社会課長を，1925 年 12 月 25 日から興業部長を務めた後，1930 年 6 月 14 日の職制改正で課長級以上社員から外れるとともに，満鉄を退職した。また，この専任職と並行して，運輸部庶務課長のときに同部営業課長（1919 年 7 月 16 日～20 年 4 月 18 日）を，興業部長のときに同部中央試験所長（1927 年 3 月 2 日

～30年6月14日）と同部庶務課長事取（1929年3月30日～12月16日）を兼任している。

この田村の役職歴のうち，庶務課長と社会課長の経歴から，社員の人事・福利厚生などを管掌してきたタイプとして分類することができそうだが，紐育事務所長や興業部長の経歴にも目を向けると，そうした分類が当てはまりにくくなってくる。もっとも，1,072名の履歴をつぶさに見ていけば，衛藤利夫のように，1930年6月14日から1938年9月18日まで一貫して奉天図書館長を務めた者もおり[12]，他にも，採炭所長や医院の院長だけを務めた者もいる。こうしたタイプの者をスペシャリストとして，一方で，田村羊三のような者をゼネラリストとして分類することは可能かもしれない。

しかし，満鉄の分課規程は，きわめてその文言が短く，シンプルに書かれている。1930年職制改正によって「分課規程」が定められたものの，その「適用，取扱いは必ずしも厳密ではなかったようである」とされている[13]。つまり，なすべき業務が厳密に明文化されているわけではなく，課長級以上社員の「裁量」を認める余地が残されたものになっている。また，スペシャリストが特定の業務のみを担っていたわけではなく，ゼネラリストに得意分野がないわけでもない。さらにいえば，同じ「庶務課長」でも，分課規程による定めがつねに同じというわけでもない。これらの点を考えると，規程にもとづいて，課長級以上社員がどのポストに就いていたのかを分析することは，彼らを分析する手法として，あまり妥当ではない。むしろ，裁量を認められた課長級以上社員としての経験をどれくらい有し，また，どれだけ役職の入れ替わりがあり，さらには，より決定権のある理事に昇進したのかといった「動態」を総合的に分析する方が，総裁・副総裁の在籍状況が不安定で，また，在籍期間が短い満鉄について，その「組織化」の本質と「主体性」の内実を明らかにすることにつながる。

12　衛藤利夫は，1915年に東京帝大図書館司書に就任，1919年に満鉄入社して大連図書館司書となると，1922年から奉天図書館長を務めた（井村哲郎「満鉄調査関係者人名録」井村哲郎編『満鉄調査部——関係者の証言』アジア経済研究所，1996年，723頁）。なお，奉天図書館長は，1930年職制改正より課級以上ポストとされた。

13　前掲藤原豊四郎・野間清「解題」8頁。

3）課長級以上社員の動態

そこで，まず，課長級以上社員 1,072 名について，昇進パターンをまとめたのが表 1-4 である。

表 1-4 によれば，満鉄の課長級以上社員のすべてが，その役職を課長級から始めていたわけではないことがわかる。すなわち，部長級から始まる者が 11 名，課長級からの者が 1,061 名であった。その後の昇進について見ると，前者の 11 名から理事に昇進した者は 1 名であり[14]，後者の 1,061 名からは，65 名が部長級に昇進し，さらにそのうちの 20 名が理事に昇進している[15]。また，これとは別に，理事に昇進した者が後者には 11 名いる[16]（1938 年 9 月 18 日以降に，部長級に昇進した 2 名を含む）。部長級から理事への昇進について見れば，課長級ポストを経た者の方が抜擢されやすかったということになる。

もうひとつ見ておきたいことは，課長級以上社員から外れた「空白期間」の問題である。表 1-3 の田村羊三の例では，1920 年 6 月 8 日から 22 年 1 月 17 日までがそうであるように，1,072 名の役職歴を分析すると，課長級以上社員となった後に空白期間のある者がいる。この空白期間は，他の機関や会社への出向・移籍だけでなく，社費留学などによっても生じるもので，空白期間が複数回になる者もいる（最大で 4 回）。表 1-4 によれば，1,072 名中，空白期間のない者が 845 名，ある者が 227 名であった。課長級から始まった 1,061 名について見れば，空白期間が「左遷」の意味をもつことはほぼなく，むしろ，空白期間がある方が，部長級へ昇進しやすかったことがわかる（空白期間なし 836 名中 31 名が部長級に昇進，空白期間あり 227 名中 34 名が部長級に昇進）。

そして，この空白期間を差し引いて，課長級以上社員としての在籍期間の分布を示したものが表 1-5 である。なお，ここでは，この会社人事異動データベースの最終年月日である，1938 年 9 月 18 日現在で課級以上ポストにあった者と，任免年月日が不明で在籍期間を算出できない者（13 名）を除いてある。

14　大蔵公望がこれに該当する。

15　該当者は次の通り。龍居頼三・梅野実・岡虎太郎・藤根寿吉・小日山直登・田辺敏行・山西恒郎・竹中政一・山崎元幹・大淵三樹・宇佐美寛爾・佐藤応次郎・石本憲治・中西敏憲・武部治右衛門・久保孚・伊沢道雄・大垣研・岡田卓雄・古山勝夫。

16　該当者は次の通り。沼田政二郎・久保要蔵・川村鉚次郎・安藤又三郎・平島敏夫・猪子一到・足立長三・鈴木長明・渡辺猪之助・宮本慎平・有賀庫吉。

表 1-4　課長級以上社員の昇進

	空白期間なし	空白期間あり 1 回	2 回	3 回	4 回	計
部長級社員から開始	9	2				11
（内，理事に昇進）		(1)				(1)
課長級社員から開始	836	184	34	5	2	1061
（内，部長級に昇進）	(31)	(23)	(9)	(0)	(2)	(65)
（内，さらに理事に昇進）	(10)	(7)	(3)			(20)
（内，理事に昇進）[1)]	(6)	(3)	(2)			(11)
合計	845	186	34	5	2	1072

出典）前掲満鉄会監修『南満州鉄道株式会社課級以上組織機構変遷並に人事異動一覧表』。
注 1）課長級社員のうち，部長級社員を経ずに，理事に昇進した者。ただし，1938 年 9 月 18 日以降，部長級社員に昇進した 2 名を含む。
2）「部長級社員」の 11 名には，後に課長級になった 3 名を含む。

表 1-5　課長級以上社員の在籍期間の分布と理事への昇進年度

（年，名）

課長級以上社員 在籍年数	社員数	内，理事昇進	1911	1916	1917	1921	1922	1923	1925	1927	1931	1932	1934	1935	1936	1937
n < 1	120	0														
1 ≦ n < 2	122	1				1										
2 ≦ n < 3	95	1														1
3 ≦ n < 4	87	2					1			1						
4 ≦ n < 5	59	1	1													
5 ≦ n < 6	43	0														
6 ≦ n < 7	49	1			1											
7 ≦ n < 8	41	4						1	1	1				1		
8 ≦ n < 9	20	3			1							1			1	
9 ≦ n < 10	19	2		1						1						
10 ≦ n < 11	16	1														1
11 ≦ n < 12	7	1										1				
12 ≦ n < 13	12	3									1		1		1	
13 ≦ n < 14	5	1									1					
14 ≦ n < 15	7	1												1		
15 < n	4	1														1
計	706	23	1	1	2	1	1	1	1	3	2	2	1	2	2	3

出典）前掲満鉄会監修『南満州鉄道株式会社課級以上組織機構変遷並に人事異動一覧表』。
注 1）在籍期間は，課長級以上の役職になかった期間（本文における「空白期間」）を除いて，年数で算出している。
2）1938 年 9 月 18 日現在で，課長級以上社員だった者を除く。

表 1-5 によれば，おおむね，在籍年数が長くなるほど，課長級以上社員が少なくなっている。一方で，理事に昇進した者について見ると，課長級以上社員

表 1-6　課長級

年度	1906	1907	1908	1909	1910	1911	1912	1913	1914	1915	1916	1917	1918	1919	1920
課級以上箇所	9	38	26	27	30	30	32	32	47	47	48	64	103	115	109
課長級以上社員	3	19	18	19	22	22	28	27	34	34	35	62	95	116	102
昇進者	3	24	6	3	5	2	9	2	11	1	1	38	41	49	20
新規昇進者	3	23	6	3	4	2	5	1	8	1	1	37	36	49	18
改正と関係なし		5	3	2	3	2	3	1	2	1		7	8	24	16
職制改正と同じ	3	17	3						6			30		14	
部分改正と同じ		1		1	1		2				1		28	11	2
退任者	0	8	7	2	2	2	3	3	4	1	0	11	8	28	34
最終退任者	0	6	5	2	2	0	1	3	2	1	0	7	8	23	21
改正と関係なし		3	1	2	2		1	3	1	1		5	7	16	9
職制改正と同じ			4						1			2		7	5
部分改正と同じ		3											1		7

出典）前掲満鉄会監修『南満州鉄道株式会社課級以上組織機構変遷並に人事異動一覧表』。
注 1）理事へ空白期間を置かずに昇進した場合は在籍扱いとした。
2）旧役職と新役職の空白期間が 2 日以上の場合，一度退任扱いとしたうえで，再び昇進扱いとした。
3）最終退任は，退任者の中で，該当期間中での再昇進がなかった者の数。また，新規昇進は，昇進者の中で，初めて昇進
4）在籍者・課級以上箇所・職員は年度末現在（3 月 31 日）の数値。退任者・昇進者は年度中のもの。
5）課級以上箇所は，出典に記載されたもののうち，箇所長が明記されている箇所。
6）在籍期間を算出できなかった者（13 名）を含まない。

としての在籍年数にはばらつきがあるものの，昇進年度が後になればなるほど，在籍年数が長くなっていることがわかる。この表 1-5 と先に示した図 1-1 からは，1930 年代に課長級以上社員から直接昇進した理事には，短い者でも約 7 年，ほとんどの場合は 10 年以上の課長級以上社員としての経験があり，この点で設立からの理事とは異なった安定性があったと言うことができよう。

理事へ昇進する者が課長級以上社員として安定した在籍期間をもっていたことは，両者の間に安定的な連続性があるということを意味する。しかし，これに該当する者は 11 名だけであって，これをもって，不安定な総裁・副総裁の下での膨大な従事員のマネジメントを可能にした満鉄の「組織化」として評価することは難しい。言うまでもなく，理事へ昇進しなかった残りの課長級以上社員について，もうひとつ掘り下げた分析が不可欠であろう。仮に，総裁・副総裁のように彼らが短期間で退任していたとすれば，課長級以上社員の動態に，満鉄の「組織化」を見出すことができなくなるからである。

そこで，表 1-6 では，年度ごとに，課長級以上社員の任免状況をまとめた。

課級以上箇所は，部レベル・課レベルの部署の数を集計したもので，おおむね「長」の付く役職の数と等しくなる。表 1-6 によれば，設立当初から 1910

以上社員の動態

（名，箇所）

1921	1922	1923	1924	1925	1926	1927	1928	1929	1930	1931	1932	1933	1934	1935	1936	1937
117	121	139	142	147	148	138	136	136	176	184	245	248	277	286	306	292
143	156	175	175	158	160	152	149	147	172	169	248	258	294	317	354	340
56	31	73	· 28	63	28	52	17	19	81	72	114	46	65	77	133	133
46	22	56	17	50	16	40	10	10	58	57	84	41	54	61	103	111
12	22	34	15	26	16	35	8	9	16	20	18	29	33	29	40	63
25		20							33	29	26				57	36
9		2	2	24		5	2	1	9	8	40	12	21	32	6	12
15	18	54	28	80	26	60	20	21	56	75	35	36	29	54	96	147
8	11	33	21	45	19	37	15	14	44	51	21	27	17	38	70	136
4	11	11	21	38	17	35	13	12	12	18	14	18	14	32	27	77
4		22							32	33	7				41	48
				7	2	2	2	2				9	3	6	2	11

した者の数。

年代末頃までは，箇所数が課長級以上社員数を上回っている。これは，課長級以上の役職を兼任する者が多いためで，重役もまた課級以上ポストを兼任していた。つまり，それだけ課長級以上社員の数が少なく，重役との距離も近かったことになり，この時期の満鉄を「家族主義」的とすることの裏づけとなっているともいえよう。逆に，1920 年代になってこれが逆転するのは，審査役や調査役などのように，「長」ではない課長級以上社員が増加したためである。

推移を見てみると，1916 年度末に課級以上箇所が 48 箇所，課長級以上社員が 35 名だったものが，翌 17 年度には 64 箇所 62 名となり，その後も大きく増加して，23 年度末には 139 箇所 175 名となっている。前掲の図 1-2 の従事員数とあわせて見ると，1917 年度末は従事員が 3 万人を突破した年度で（30,262 人），19 年度末に 4 万人を突破した後は，3 万 5000 人程度で推移しており，従事員数・課長級以上社員数・課級以上箇所数の増加をともなう組織の拡大がこの時期にあったことを確認できる。そして，1930 年度から再び増加を始めていく。

次に，昇進者と退任者について，表 1-3 の田村羊三の例を再度参照しつつ見てみよう。表 1-6 の昇進者とは，課長級以上社員に昇進した者のことで，初めて昇進した者だけでなく，空白期間の後に「再」昇進した者が含まれている。田村羊三の場合では，1918 年 2 月 23 日の大連管理局庶務課・課長と 1922 年 1 月 17 日の社長室紐育事務所・所長の両方がこの昇進者の中に含まれている。また，退任者も同様で，最終的な退任だけではなく，空白期間を経て再び課長級以上社員になる場合でも，退任者として数えてある。田村の場合では，1920 年 6 月 8 日に罷免となった運輸部庶務課・課長と 1930 年 6 月 14 日の興業部・部長の両方が退任者として数えられている。

この昇進者と退任者のうち，初めて昇進した者を「新規昇進者」とし，1938 年 9 月 18 日までに課長級以上社員として再び登場することなく退任した者を「最終退任者」としている。そのうえで，新規昇進者ないし最終退任者となったことが，「職制改正」によるのか，組織の「部分改正」によるのか，それら「改正と関係なし」なのかに分類した。田村羊三についていえば，1918 年 2 月 23 日の大連管理局庶務課・課長への昇進が「改正と関係なし」の新規昇進として，1917 年度の 7 名のうちの 1 名分にカウントされ，1930 年 6 月 14 日の興業部・部長退任が「職制改正と同じ」で 1930 年度の 32 名のうちの 1 名分となっている。

以上のように，表 1-6 には，課長級以上社員の昇進と退任が，一時的なものも含めて，年度別にまとめられている。これによれば，1916 年度のみ退任者が 0 人なのを除けば，課級ポストへの昇進者も課級ポストからの退任者も毎年度存在しており，また，新規昇進者と最終退任者も，1911・16 年度の最終退任者が 0 名なのを除いて，毎年度出ている。つまり，課長級以上社員への昇進とそれからの退任は恒常的に行われていたのである。

また，新規昇進者および最終退任者と職制などの改正との関係を見れば，1937 年度末（1938 年 3 月 31 日）までの新規昇進者 1,033 名のうち，502 名が改正とは無関係であり，299 名は職制改正に，232 名は部分改正にともなう者である一方，最終退任者 688 名のうち，425 名が改正とは無関係で，206 名は職制改正に，57 名は部分改正にともなう者であった。新規昇進者と最終退任者との比較でいえば，組織の部分改正は新規昇進に効果があったものの，新規昇進も最終退任も職制改正・部分改正とは関係なしに実施されることの方が圧倒的に多かった。つまり，表 1-6 からは，歴代の総裁が実施した職制改正は，課長級以上社員を刷新するという点において，それほどの効果があったわけではないということになる。

もっとも，この新規昇進・最終退任と職制などの改正との関係の有無は，任免年月日と改正年月日が同日であるかどうかで分類されている。つまり，改正直後の異動でも，1日でも日が異なれば「関係なし」となるため，職制改正・部分改正の効果を低く評価することにもなる。しかし，同時に，職制改正・部分改正にともなう新規昇進者・最終退任者には，短期で課長級以上社員を退任する者も含まれるから，逆に，職制改正・部分改正の効果を高く評価することもある。同様のことは，「改正と関係なし」にもいえる。

また，1917年度のように，職制改正による新規昇進者が集中することもあれば（新規昇進者30名，最終退任者2名），1920年度のように，職制改正による最終退任者だけが生じた年度もあり（新規昇進者0名，最終退任者5名），さらに，1923・30・31年度のように，職制改正による新規昇進者と最終退任者がほぼ均衡していることもある。これらを職制改正の効果として，同列に把握することもまた難しい。

要するに，職制改正・部分改正などのイベントという「静態」と，課長級以上社員の人事異動のような「動態」とを，関連づけて実証的に把握するには，課長級以上社員ひとりひとりの情報が不足しているのである。表1-6からは，課長級以上社員の異動（昇進と退任）が激しいために，満鉄の「組織化」を解明することができないという解釈も可能であるし，一方で，職制改正の新規昇進と最終退任への影響を明確には見出しにくいため，課長級以上社員は総裁・副総裁の不安定さからは独立して，安定的にミドルマネジメントとして機能していた，という解釈も成り立つ。

このようなあいまいさに一定の決着をつけるために，ここでは「平均」在籍期間を採用したい。年度末現在で在籍した課長級以上社員の平均在籍期間と，当該年度中に退任した者のそれとを図示したものが図1-4である。

表1-5でも示したように，新規昇進年月日が不明の者（13名）と1938年9月18日現在で課長級以上社員だった者を除いた平均在籍期間は4.0年となる。繰り返しになるが，平均の元となる在籍期間は，新規昇進から最終退任までの期間から空白期間を引いたものとなっているから，課長級以上社員として名実

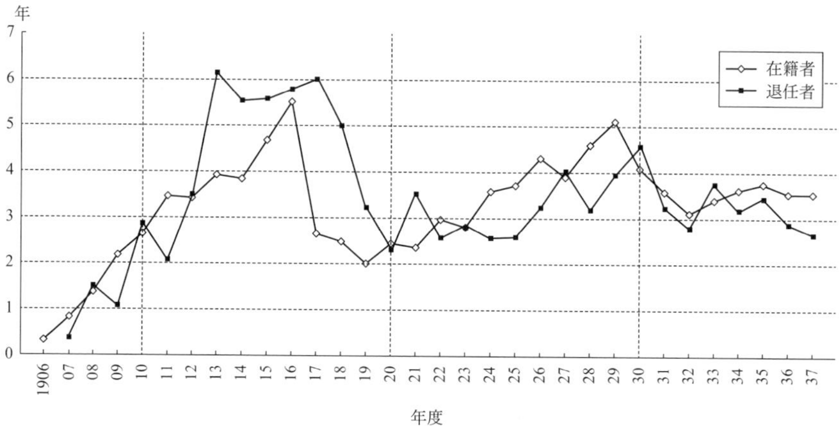

図 1-4　課長級以上社員の平均在籍期間

出典）表 1-6 に同じ。
注）表 1-6 に同じ。

ともにマネジメントを担当していた期間ということになる。

図 1-4 を見てみよう。「在籍者」は表 1-6 の「課長級以上社員」のことで，平均在籍期間は年度末現在での平均値となっている。一方，「退任者」は表 1-6 の「退任者」のことで，退任した時点での在籍期間から平均値を求めている。この図 1-4 によれば，平均在籍期間の趨勢は，上昇（1906～16 年度）→下降（1916～19 年度）→上昇（1919～29 年度）→下降（1929～32 年度）の 4 つの局面を経て，フラットな状態に入っているといえるだろう。

在籍者の平均在籍期間が上昇するということは，昇進者と退任者があったにしても，課長級以上社員全体では，安定的かつ継続的にマネジメントを続けていたということである。職制改正によって部や課の管掌規程が変化したとしても，つまり，明文化された改正が大掛かりなものだったとしても，改正後の職制を担う課長級以上社員に，大きな変化はなかったといえよう。別言すれば，これまでの経験を活用できる課長級以上社員が，それだけ多く残り続けたことも意味しており，短期間で在籍を終える総裁・副総裁の実質的な影響力が弱かったということになる。つまり，図 1-4 には，職制改正や組織の部分改正のすべてが，大きなインパクトをもっていたわけではないことが示されている。

むしろ，職制改正がインパクトをもちえたのは，平均在籍期間が下落傾向にあった2つの時期である（1916～19年度，1929～32年度)。退任者の平均在籍期間が在籍者のそれに準じていることからも，これらの下落傾向下において，課長級以上社員の入れ替わりがあったことが示唆されている。

1917～19年度の下落傾向下では，昇進者の数（38，41，49人）の多さも目立つ一方で，退任者の数（11，8，28人）も創立以来で多くなっている。この数値を詳細に分析すると，2つの特徴を観察することができる。第一に，1917～19年度の最終退任者38名（7+8+23）のうち17名が，後藤新平・中村是公・国沢新兵衛が総裁・副総裁を安定的に務めた1906～13年度の間に新規昇進した者であり，この時点で設立からの課長級以上社員がほとんど最終退任者となった。第二に，1920年度も加えて，1919・20年度の最終退任者44名(23+21）のうち30名が，平均在籍期間が下落を始めた1917年度以降に新規昇進した者であった。つまり，創立からの課長級以上社員と新規昇進者の交代が大幅になされたものの，新規昇進したばかりの課長級以上社員は安定して在籍しなかったのである。まずはこの期間に，課長級以上社員の大幅な入れ替えがあった。

もうひとつの下落期，すなわち，1930～32年度は，第2章で分析対象とする時期である。ここでふまえておきたいことは，それ以前の1921～29年度において，1921年度に昇進者数が，23・25・27年度には退任者・昇進者数がいずれも跳ね上がるなかでも，在籍者の平均在籍期間が上昇傾向にあったことである。満鉄社員会の設立は1927年のことであり，この上昇傾向の中にそれは位置づけられ，また，その活動が展開するなかで1930～32年度の下落傾向に直面した。では，満鉄社員会とはどのような団体なのであろうか。次節で見てみよう。

2　満鉄社員会の制度と本部役員人事

1）規約――投票による代表の選出

1927年の創立時に制定された規約から見ていこう[17]。

規約は「第1章　総則」「第2章　目的」「第3章　機関（第1　評議員会，第2　幹事会，第3　本部，第4　顧問）」「第4章　分会及地方連合会」「第5章　会計」「第6章　附則」という構成となっている。「満鉄社員会」を正式名称とした社員会は（満鉄社員会規約〔以下同〕：第1条），入会資格を「南満州鉄道株式会社社員，嘱託，消費組合従事員，本会従事員」のうちの希望者に認めた（第2条）。目的を「綱領ノ貫徹ヲ計ル」（第4条）こととしており，綱領は以下の3つから成る。

一　自主独立ノ精神ヲ涵養シ自律自治ノ修養ヲ積ムコト
二　会社ノ使命ニ立脚シ其真正ナル地位ヲ擁護スルコト
三　会社ノ健全ナル発達ヲ基調トシ社員共同ノ福祉ヲ増進スルコト[18]

社員会の「最高ノ決議機関」は「評議員会」とされ（第5条），社員会の代表である幹事長が毎年1回召集して開催した（第6条）。これに連動するかたちで評議員が年1回の選挙で決められており，会員は所属する分会（会社組織の箇所ごとに設けられた「選挙区」のようなもの）で評議員を選出した（第7条）。投票は「単記無記名」，すなわち，「投票用紙ニ自ラ被選挙人ノ氏名ヲ記載シテ投函」した[19]。

社員会の「執行機関」としては「幹事会」が設置され，「評議員会の決議事項」を執行した（第13条）[20]。幹事会を構成するのは幹事長と幹事で，いずれも評議員の互選による（第14条）。投票は「記名単記投票」とされた[21]。社員会創立時点では，幹事の定員は正員44名予備員44名とされ，それぞれの半数を全評議員中より互選して，それぞれの残り半数については各箇所所属評議員中より2名ずつ互選することとされた（第14条）。創立時の各箇所は，社長室・庶務部・鉄道部・地方部・興業部・経理部・撫順炭鉱・鞍山製鉄所・東京支社・哈爾濱事務所・社員消費組合であり，会社全体から万遍なく幹事が選出

17　「満鉄社員会規約」『協和』2巻4号，1928年4月1日，181-183頁。
18　「満鉄社員会綱領」『協和』1巻2号，1927年5月1日，1頁。
19　「評議員選挙細則」（第5，6条），『協和』2巻4号，1928年4月1日，183頁。
20　また，幹事会は，評議員会の事後承諾を条件として，緊急を要する事項を審議・決行するとができた（同13条）。
21　「幹事長及幹事選挙細則」（第3，4条），184頁。

されるようになっている（第14条）[22]。幹事会は，毎月1回，例会を開いた(第15条)。なお，常任幹事が幹事会で5名互選された（第17条)。評議員・幹事・幹事長の任期は1年となっている（第7，14条)。

また，幹事会の「事務機関」として「本部」が置かれ，幹事長・常任幹事・部長・部員で組織された（第18条)。部長・部員が所属する部は，創立時においては，庶務部・組織部・会計部・調査部・編輯部・共済部・事業部・宣伝部・運動部・青年部・婦人部・相談部の12部とされ（各々の「職能」は後述)，幹事会が部長と部員を任免した（第21条)。幹事長は社員会を代表して，「本部一切ノ事務ヲ統括」するものとされ，常任幹事はこれの補佐ならびに代理をするものとされている（第19，20条)。

評議員選挙の選挙区のような機能をもっていた分会は，その業務を，会員名簿の整理，会員の入退会手続，会費の徴収，評議員の選挙に関する事項およびその他と定められている[23]。また，分会の合同・合併による組織化についても定められており，同一地方で分会のいくつかをあわせ，会員が100名以上になった場合には，「地方連合会」としてまとめることが可能であった（第25条)。この地方連合会は，「評議員会ニ提出スヘキ議題ニ関スル事項」と「幹事会ノ諮問ニ対スル事項」を取り扱い[24]，分会よりも社員会運営への関与が強い。後に見るように，1933年度以降にはその強化が図られた。

社員会規約は，1933年に2度（1月，10月）改正された。1月の改正[25]では，「第1章　総則」「第2章　目的」「第3章　事業」「第4章　機関（第1　評議員会，第2　幹事会，第3　本部，第4　顧問，第5　辞任)」「第5章　分会及地方連合会」「第6章　会計」「第7章　附則」という構成になった。「第3章　事業」が設けられたことが大きな変化で，社員会の目的を定めた第4条（これのみが第2章）に，第4条の2（これのみが第3章）を加えて，社員会の事業を「本会ハ其ノ目的遂行ノ為必要ナル諸般ノ倫理運動及左記事業ヲ行フ」と明記

22　各箇所は会社の職制改正などに連動して再編された。たとえば，1933年1月の改正では，総務部，計画部，鉄道部，地方部，商事部，東京支社，哈爾濱事務所，撫順炭鉱，鞍山製鉄所，経済調査会，社員消費組合，となっている。

23　「分会及地方連合会通則」（第1条)，184頁。

24　「分会及地方連合会通則」（第2条)，184頁。

25　「満鉄社員会規約（昭和八年一月改正)」『協和』7巻7号，1933年4月1日，50–53頁。

したうえで，具体的には「①機関雑誌の発行，②社員宿泊所の経営，③人事相談所の経営，④講演会，講習会などの開催，⑤その他」を列挙した（第4条の2)。

評議員会の開催が年2回とされる一方で（第6条），毎月開催された幹事会の例会は隔月1回となったものの，幹事長は臨時幹事会を召集できるようになった（第15条)。また，予備員を廃止して，幹事の定員が正員48名とされた。幹事の半数を全評議員中より互選し，残り半数を各箇所所属評議員中より2名ずつ互選する点は基本的に変わりがない（第14条)。いまひとつの変更点は，地方連合会に関することで，同一地方で100名以上の会員を集めれば地方連合会の設立が可能となる点に変更はないものの，規約を作成して本部に届け出ることが義務づけられた（第25条)。

この改正の直後，すなわち，1933年10月に再び規約は改正された[26)]。規約は，「第1章　総則」「第2章　目的」「第3章　事業」「第4章　役員」「第5章　機関（第1　評議員会，第2　幹事会，第3　本部)」「第6章　分会及連合会」「第7章　会計」「第8章　辞任」「第9章　顧問」「第10章　附則」という構成となった。

10月の改正では，1月改正で追加された社員会の事業に関する規定がすべて削除された。むしろ，社員会の目的をより明確にして，「本会ハ左ノ綱領ノ貫徹ヲ計ルヲ以テ目的トス」という文言の後に，前述した社員会綱領を明記するようになった（第4条)。その上で，この改正の特徴ともいえる「第4章　役員」を設け，「一，幹事長　二，常任幹事及幹事　三，評議員　四，連合会長　五，分会代表　六，本部部長及部委員　七，連合会部長及部委員　八，会計監督」を役員として列挙した（第6条)。そして，本部役員会については，「本部役員会ハ幹事長，常任幹事又本部部長ヲ以テ組織シ，幹事会ノ委任ヲ受ケ各部門ノ計画実行ニ当ル」と明確に定義し（第27条)，社員会全体の「事務機関」として本部に「事務局」と「編輯局」を置いた（第31条)。

また，幹事長は「全会員中」から評議員が選出するものとされ，評議員として選ばれていない者でも幹事長に就くことができるようになった（第18条)。

26　「満鉄社員会規約」『協和』8巻7号，1934年4月1日，40-41，45頁。

加えて，常任幹事は5名以上とされた（第25条)。さらに，連合会長もその所属会員の中から評議員が選び，選出された連合会長には「評議員及幹事タル資格」が認められた（第38条)。このほか，「満鉄社員会連合会規約準則」「社員会連合会準則説明」を設けて連合会の強化が図られている[27)]。

この後，社員会の規約が大きく改正されたのは，1941年2月のことである[28)]。最大の変更点としては，評議員会が廃止されたことが挙げられる。代わりに「中央協議会」が設けられたようだが，これへの出席は原則的に連合会長にのみ認められた。この改正を「対策委員長」として主導した常任幹事・高田精作は，「少数の人が集りデータをとりよせ膝つき合せて討議した方がいい結果を生む」としている。後に見るように，改正後の1941年度以降，13部あった各部も8部にまで減っている。また，「組」「班」といった下部組織が設けられたほか，「分会協議会」「連合会協議会」が設置された[29)]。

2）組織——社員会本部の活動

このように規約で定められた社員会は，その組織を図1-5・1-6のように図示した。図1-5は1936年，図1-6は1934年2月のものである。図1-5は，社員会の役職者の位置づけと選出方法を示したもので，下から上へ，全会員→評議員→幹事→本部役員（幹事長・常任幹事・本部各部長）と絞り込まれていく「ピラミッド」で表していた。図1-6が「運行系統」と称したのは，いわば社員会の意思決定の流れであり，評議員会で決まったことが幹事会を経て，本部役員会と同各部，または，連合会役員会と同各部へと伝達され，手続きが進むことが示されている。

そして，本部各部の職能については，以下のようにまとめている[30)]。

---

27 「満鉄社員会連合会規約準則」『協和』8巻7号，1934年4月1日，45頁。「社員会連合会準則説明」『協和』8巻7号，1934年4月1日，45頁。

28 1934年5月にも規約改正がなされたが，これは会員資格に「鉄路総局々員」を加えただけで，他に目立った変更点はない（「満鉄社員会規約」『協和』9巻7号，1935年4月1日，63-64頁)。1936年刊行の『満鉄社員会概要』も，1933年10月改正の規約を掲載している（「満鉄社員会規約」宣伝部編『満鉄社員会概要』1936年，14-17頁)。

29 以上，「社員会新体制確立す 十万会員注視裡に規約改正案を可決 歴史的臨時評議員会」『協和』15巻5号，1941年3月1日，34-35頁。

30 「各部の職能」『協和』8巻4号，1934年2月15日，9頁。なお，『満鉄社員会概要』で

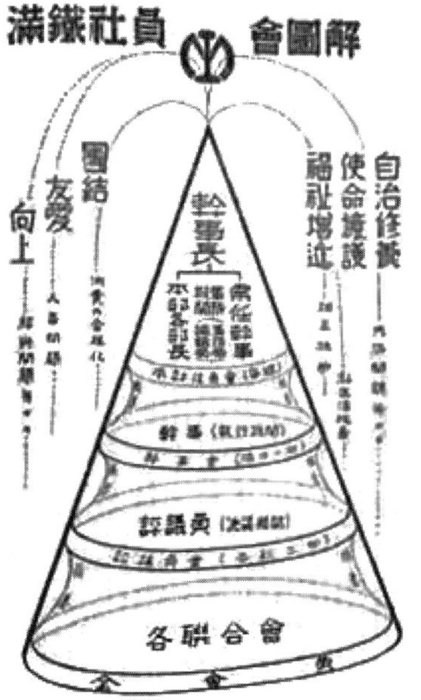

図 1-5　社員会役員選出の構図

出典）「各部の職能」宣伝部編『満鉄社員会概要』1936年，12頁。

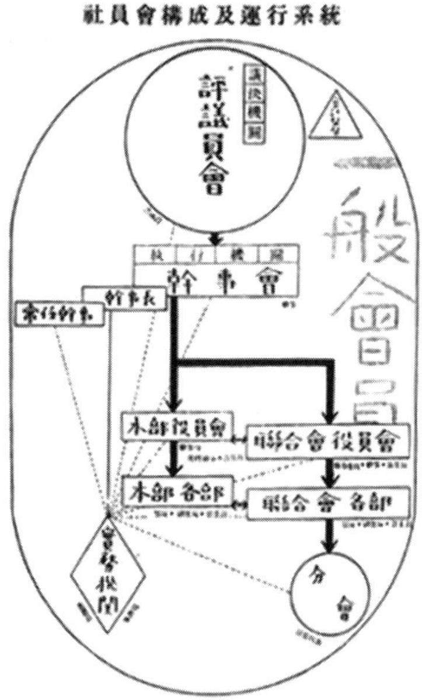

図 1-6　社員会における意思決定の流れ

出典）「社員会構成及運行系統」『協和』8巻4号，1934年2月15日，8頁。

庶務部「会議・選挙に関する事項・其他・他部に属せざる会務一般」
会計部「予算・決算・一般経理」
組織部「会社職制其他内外の新情勢に基く社員会組織の改廃充実」
調査部「会社業務・待遇問題等社員会関係事項各般の調査による資料整備」
編輯部「機関誌「協和」の編輯大綱・社員会叢書・其他出版諸企画」
　連合会通信部「各連合会の動静を「協和」記事として本部へ通報の任に当る」
宣伝部「社員会意識の深化徹底に努め特殊事件の解説宣伝に当る」
事業部「収益事業により基金及び経常費の充実を図る」
福祉部「共済福祉に関する研究並に奥地派遣社員の慰問」

も全く同じ内容が明記されている（13頁）。

相談部「結婚・家庭・法律・其他対人関係諸問題の解決斡旋」
消費部「消費経済の研究及消費組合との連絡提携」
修養部「精神修養を目的とする事項並に余暇善用・生活改善諸事項」
体育部「保健衛生・健康増進に関する諸事項」
婦人部「婦人社員独自の立場に於ける諸事項並に社員家庭の向上を図り慰安に当る」
（事務機関）
事務局「本部・連合会等全般的の連絡並に行事一切の実行」「即ち会計一般事務・文書受発・会合斡旋・各部連絡等万般の実務遂行」
編輯局「本部・連合会等全般的の動静並に行事一切の報道」「即ち機関誌・叢書等全編輯・執筆及出版関係万般の実務遂行」

なお，途中で名称が変更されたものもある。修養部は，1927年度以来青年部だったものが，1929年度の途中から修養部となり，さらにこの後の1936年度の途中に再び青年部へと改称されている。体育部は1933年度まで運動部であったものが，1934年度から体育部に改称され，福祉部は1933年度まで共済部で，1934年度から福祉部となった。また，消費部は1932年度の途中で設置されたものである。そして，1941年度からは，本部各部の削減が実施され，総務部・会計部・弘報部・厚生部・生計部・保健部・青年部・婦人部の8部となった。

3）本部役員の動態――データベースの連結

幹事長・常任幹事・部長で構成される本部役員を把握するために，会社人事異動データベースとは別にデータベースを作成した（以下，社員会本部役員データベース）。作成の流れを簡単に辿っておこう。まず，資料は，歴代役員名簿と年度初めに発表される本部役員一覧，そして，役員の交代人事を随時発表する「社員会ニュース」などである。入力項目は，「氏名」「年度」「役職」「部」「就任年月日」「辞任年月日」で，「部」は部長として担当した部のことである。のべ人数の定義などは，課長級以上社員データベースに準じている。

図1-3にも示したように，1927年度から41年度までの社員会本部役員は，

表 1-7　社員会本

役職	分類	1927	1928	1929	1930	1931	1932
幹事長	③現職	1	1	1	2	1	1
常任幹事	①なし						4
	②昇進		2	1	2		
	③現職	5	3	3	5	4	1
	④再昇進			1		1	
	⑤元職		1				
部長	①なし	2	2	7	3	4	4
	②昇進	7	7	5	8	9	10
	③現職	6	2	1	2		4
	④再昇進	2	1	2	1	1	
	⑤元職		1		2		
計	①なし	2	2	7	3	4	8
	②昇進	7	9	6	10	9	10
	③現職	12	6	5	9	5	6
	④再昇進	2	1	3	1	2	0
	⑤元職	0	2	0	2	0	0
合計		23	20	21	25	20	24

出典）付表 1-1 より作成。

のべ 391 人となり，これを名寄せすることで，社員会本部役員の実数 205 名を得る。そして，会社人事異動データベースと社員会本部役員データベースを氏名で連結することで，1906 年 12 月 2 日から 38 年 9 月 18 日までに課長級以上社員であった 1,072 名のうち，110 名が 1927 年度から 41 年度までの期間に社員会本部役員を務めていたことが判明する。なお，前掲表 1-3 の田村羊三の例で確認すれば，データベースの連結を反映して，左ブロックに課長級以上社員としての経歴を，右ブロックに社員会本部役員としてのそれを載せてある（以下，会社人事異動データベースと社員会本部役員データベースを連結したものを，「課長級以上社員データベース」とする）。

ちなみに，社員会本部役員 205 名から課長級以上社員の職歴をもつ 110 名を差し引いた 95 名のうち，37 名が 1938 年 9 月 19 日から 42 年 6 月 1 日までに課長級以上社員となっている。よって，1942 年 6 月 1 日までを対象とすると，社員会本部役員 205 名のうち，課長級以上社員の職歴をもつ者は 147 名，もたない者は 58 名となる。つまり，社員会本部役員の 71.7 % が，課長級以上社員

部役員の会社職歴

（人）

1933	1934	1935	1936	1937	1938	1939	1940	1941	計
1	1	1	1	2	1	1	1	1	17
4	3	1	2	1	1	4	2	1	23
5	4	3	1	2	2		1		23
	4	4	6	8	11	7	10	10	81
									2
						1			2
7	7	6	10	10	6	3	8	1	80
13	8	7	7	3	6	5	2		97
2	2	4	3	4	5	5	7	7	54
						1			8
								1	4
11	10	7	12	11	7	7	10	2	103
18	12	10	8	5	8	5	3	0	120
3	7	9	10	14	17	13	18	18	152
0	0	0	0	0	0	1	0	0	10
0	0	0	0	0	0	1	0	1	6
32	29	26	30	30	32	27	31	21	391

としてのキャリアをもっていた，または，もつことになる人々であったことになる。このことは，社員会本部役員が会社課長級以上社員としてマネジメントを担うだけでなく，社員会を通じて「もうひとつのマネジメント」を展開したことを示している。同時にまた，会社課長級以上社員としてマネジメントを担っていく人材を社員会において育成・養成していたということでもある。

この連結したデータベースをもとに，付表1-1では，1927〜41年度の社員会本部役員を新たに一覧にした（本表は長大にわたるため，章の末尾に添付したので，適宜参照いただきたい）[31]。この表では，会社創立から1942年6月1日までの会社課長級以上社員としての経歴を，以下の①〜⑤に分類した。年度ごとに，以下の①〜⑤を集計したものが表1-7である。

①なし：課長級以上の職歴なし

②昇進：課長級以上の職歴はないが，当該年度の本部役員就任後に課級以

31　1942年度以降の社員会本部役員については判明していない。

表1-8　社

年度	1927	1928	1929	1930	1931	1932	1933
収入							
基本収入	62,276 (84.0)	68,000 (88.1)	69,065 (74.3)	65,063 (79.7)	58,530 (79.3)	59,429 (64.8)	121,274 (75.8)
補助金	20,000 (27.0)	20,000 (25.9)	20,000 (21.5)	16,030 (19.6)	10,156 (13.8)	10,000 (10.9)	10,000 (6.3)
会費	42,276 (57.0)	48,000 (62.2)	49,065 (52.8)	49,033 (60.1)	48,374 (65.5)	49,429 (53.9)	109,406 (68.4)
利息							1,868 (1.2)
寄付金							
出版収入	10,932 (14.7)	8,400 (10.9)	15,715 (16.9)	10,034 (12.3)	9,829 (13.3)	20,925 (22.8)	29,076 (18.2)
『協和』広告	5,357 (7.2)	8,400 (10.9)	15,715 (16.9)	10,034 (12.3)	8,620 (11.7)	10,655 (11.6)	11,840 (7.4)
出版物販売	5,575 (7.5)		0 (0.0)	0 (0.0)	1,209 (1.6)	10,270 (11.2)	15,466 (9.7)
『協和』会員外販売							1,770 (1.1)
事業収入			2,377 (2.6)	2,625 (3.2)	2,816 (3.8)	5,325 (5.8)	9,400 (5.9)
宿泊所			2,377 (2.6)	2,625 (3.2)	2,576 (3.5)	4,932 (5.4)	9,032 (5.6)
社員会館							
天幕					240 (0.3)	393 (0.4)	368 (0.2)
特殊事業収入							99 (0.1)
雑収入	947 (1.3)	800 (1.0)	5,756 (6.2)	3,870 (4.7)	2,678 (3.6)	6,044 (6.6)	41 (0.0)
収入計 (a)	74,155 (100.0)	77,200 (100.0)	92,914 (100.0)	81,593 (100.0)	73,853 (100.0)	91,723 (100.0)	159,890 (100.0)
支出							
人件費	5,026 (7.5)	12,236 (14.2)	13,653 (18.6)	8,359 (11.4)	9,661 (10.6)	14,677 (15.2)	20,466 (14.3)
俸給	5,026 (7.5)	12,236 (14.2)	13,653 (18.6)	8,359 (11.4)	9,661 (10.6)	11,987 (12.4)	9,752 (6.8)
給与							2,758 (1.9)
在勤手当							3,387 (2.4)
住宅料							2,705 (1.9)
賞与金						2,690 (2.8)	1,863 (1.3)
運営経費	1,740 (2.6)	3,515 (4.1)	4,803 (6.5)	5,482 (7.5)	1,812 (2.0)	3,982 (4.1)	4,473 (3.1)
旅費	1,465 (2.2)	5,988 (6.9)	2,923 (4.0)	3,118 (4.2)	5,929 (6.5)	8,664 (9.0)	10,112 (7.1)
本部経費							
各部経費							
事務局							
編輯局							
連絡会合費	722 (1.1)	788 (0.9)	420 (0.6)	450 (0.6)	706 (0.8)	961 (1.0)	4,459 (3.1)
社員会大会費							
出版諸費	57,810 (86.0)	49,830 (57.7)	49,610 (67.5)	49,402 (67.2)	54,797 (60.0)	59,366 (61.3)	72,890 (50.9)
『協和』発行費	47,786 (71.1)	42,380 (49.1)	46,712 (63.6)	43,435 (59.1)	48,329 (52.9)	48,591 (50.2)	50,374 (35.2)
『協和』広告諸経費							6,829 (4.8)
出版物刊行費	6,737 (10.0)		0 (0.0)	0 (0.0)	1,500 (1.6)	6,821 (7.0)	11,595 (8.1)
原稿料	2,976 (4.4)	6,950 (8.0)	2,898 (3.9)	5,118 (7.0)	3,998 (4.4)	2,992 (3.1)	3,292 (2.3)
懸賞金	312 (0.5)	500 (0.6)	0 (0.0)	850 (1.2)	970 (1.1)	962 (1.0)	800 (0.6)
事業諸費	454 (0.7)	2,204 (2.6)	713 (1.0)	1,697 (2.3)	11,491 (12.6)	3,686 (3.8)	5,447 (3.8)
講習講演費	454 (0.7)	2,204 (2.6)	18 (0.0)	183 (0.2)	125 (0.1)	176 (0.2)	681 (0.5)
宿泊所費			695 (0.9)	1,514 (2.1)	8,150 (8.9)	3,284 (3.4)	3,414 (2.4)
天幕経費					2,956 (3.2)	207 (0.2)	744 (0.5)
奨励費・飼畜補助金					260 (0.3)	20 (0.0)	607 (0.4)
奥地社員・残留家族慰問費							
社員会館費							
特殊事業費							
連合会割当金		2,389 (2.8)	1,365 (1.9)	1,801 (2.4)	3,858 (4.2)	5,465 (5.6)	12,880 (9.0)
予備費		9,407 (10.9)		3,230 (4.4)	3,090 (3.4)	0 (0.0)	12,421 (8.7)
支出計 (b)	67,217 (100.0)	86,357 (100.0)	73,487 (100.0)	73,539 (100.0)	91,344 (100.0)	96,801 (100.0)	143,148 (100.0)
本年度損益 (a)−(b)	6,938	-9,157	19,426	8,054	-17,491	-5,078	16,741
前年度繰越金	2,219	9,157	22,939	42,356	50,411	32,920	27,842
基金							
退職手当基金							
次年度繰越金	9,157	0	42,365	50,411	32,920	27,842	44,583

員会の財政

（円，％）

1934		1935		1936		1937		1938		1939		1940		1941	
170,874	(69.2)	180,243	(61.1)	236,694	(61.3)	254,055	(46.7)	333,551	(57.1)	410,895	(56.0)	493,447	(50.6)	474,540	(51.7)
21,500	(8.7)	20,000	(6.8)	20,000	(5.2)	20,000	(3.7)	20,000	(3.4)						
144,262	(58.4)	152,708	(51.8)	205,153	(53.1)	225,469	(41.4)	296,090	(50.7)						
3,382	(1.4)	4,800	(1.6)	9,522	(2.5)	7,180	(1.3)	13,291	(2.3)						
1,730	(0.7)	2,735	(0.9)	2,018	(0.5)	1,406	(0.3)	4,169	(0.7)						
57,874	(23.4)	95,459	(32.4)	102,238	(26.5)	139,288	(25.6)	142,089	(24.3)	177,979	(24.2)	217,477	(22.3)	212,023	(23.1)
27,147	(11.0)	58,990	(20.0)	67,907	(17.6)	76,405	(14.0)	79,297	(13.6)	88,847	(12.1)	60,722	(6.2)	47,378	(5.2)
29,573	(12.0)	35,429	(12.0)	34,097	(8.8)	62,735	(11.5)	57,765	(9.9)	89,132	(12.1)	156,756	(16.1)	164,645	(17.9)
1,155	(0.5)	1,040	(0.4)	234	(0.1)	148	(0.0)	5,026	(0.9)						
15,484	(6.3)	17,833	(6.0)	36,241	(9.4)	64,302	(11.8)	62,049	(10.6)	53,225	(7.2)	79,626	(8.2)	229,305	(25.0)
14,846	(6.0)	17,178	(5.8)	21,847	(5.7)	33,118	(6.1)	41,997	(7.2)						
				13,577	(3.5)	30,917	(5.7)	19,857	(3.4)						
638	(0.3)	655	(0.2)	817	(0.2)	266	(0.0)	195	(0.0)						
2,473	(1.0)	1,520	(0.5)	7,993	(2.1)	79,033	(14.5)	45,811	(7.8)	82,566	(11.2)	174,281	(17.9)		
371	(0.2)	0	(0.0)	3,023	(0.8)	7,738	(1.4)	1,014	(0.2)	9,518	(1.3)	10,670	(1.1)	2,486	(0.3)
247,077	(100.0)	295,054	(100.0)	386,190	(100.0)	544,416	(100.0)	584,513	(100.0)	734,182	(100.0)	975,501	(100.0)	918,354	(100.0)
27,501	(14.7)	30,774	(11.3)	34,484	(9.8)	40,585	(8.1)	48,475	(9.3)						
9,964	(5.3)	10,923	(4.0)	12,391	(3.5)	15,325	(3.1)	16,451	(3.1)						
3,819	(2.0)	4,134	(1.5)	5,022	(1.4)	6,343	(1.3)	8,631	(1.7)						
4,350	(2.3)	5,668	(2.1)	6,009	(1.7)	6,704	(1.3)	8,210	(1.6)						
3,589	(1.9)	3,928	(1.4)	4,684	(1.3)	4,750	(0.9)	4,899	(0.9)						
5,779	(3.1)	6,121	(2.2)	6,378	(1.8)	7,462	(1.5)	10,284	(2.0)						
5,458	(2.9)	9,265	(3.4)	10,413	(3.0)	12,065	(2.4)	11,737	(2.2)						
11,818	(6.3)	23,193	(8.5)	21,272	(6.0)	16,565	(3.3)	30,598	(5.9)	32,111	(4.4)	49,437	(5.4)		
														54,960	(5.7)
										46,188	(6.3)	47,934	(5.2)		(0.0)
										49,852	(6.8)	75,567	(8.3)	84,606	(8.7)
										42,067	(5.7)	48,507	(5.3)	63,815	(6.6)
4,577	(2.5)	6,162	(2.3)	6,781	(1.9)	9,441	(1.9)	6,354	(1.2)						(0.0)
														20,000	(2.1)
104,862	(56.2)	147,907	(54.3)	168,903	(47.9)	216,696	(43.2)	266,870	(51.0)	370,285	(50.3)	385,090	(42.0)	363,252	(37.5)
65,525	(35.1)	84,585	(31.0)	94,427	(26.8)	113,831	(22.7)	165,373	(31.6)	244,934	(33.3)	224,722	(24.5)	224,988	(23.2)
14,290	(7.7)	36,124	(13.3)	41,281	(11.7)	53,174	(10.6)	52,418	(10.0)	48,901	(6.6)	27,180	(3.0)		
22,016	(11.8)	23,597	(8.7)	28,359	(8.0)	44,273	(8.8)	43,133	(8.2)	76,450	(10.4)	133,189	(14.5)	138,264	(14.3)
2,260	(1.2)	2,500	(0.9)	4,578	(1.3)	5,293	(1.1)	5,846	(1.1)						
771	(0.4)	1,100	(0.4)	258	(0.1)	125	(0.0)	100	(0.0)						
11,931	(6.4)	18,821	(6.9)	59,799	(17.0)	63,285	(12.6)	62,678	(12.0)	38,822	(5.3)	49,695	(5.4)	192,285	(19.8)
452	(0.2)	774	(0.3)	990	(0.3)	111	(0.0)	561	(0.1)						
8,525	(4.6)	10,823	(4.0)	30,337	(8.6)	24,578	(4.9)	29,903	(5.7)						
484	(0.3)	410	(0.2)	330	(0.1)	1,066	(0.2)	374	(0.1)						
846	(0.5)	1,814	(0.7)	6,086	(1.7)	4,402	(0.9)	12,754	(2.4)						
1,624	(0.9)	5,000	(1.8)	5,439	(1.5)	693	(0.1)	2,273	(0.4)						
				16,618	(4.7)	32,436	(6.5)	16,813	(3.2)						
47	(0.0)	60	(0.0)	761	(0.2)	73,411	(14.6)	40,233	(7.7)	70,980	(9.6)	151,191	(16.5)		
14,324	(7.7)	26,991	(9.9)	41,054	(11.6)	37,369	(7.4)	40,091	(7.7)	62,657	(8.5)	94,148	(10.3)	150,000	(15.5)
5,975	(3.2)	9,451	(3.5)	8,967	(2.5)	32,636	(6.5)	15,979	(3.1)	23,337	(3.2)	14,278	(1.6)	40,000	(4.1)
186,493	(100.0)	272,624	(100.0)	352,434	(100.0)	502,050	(100.0)	523,015	(100.0)	736,299	(100.0)	915,847	(100.0)	968,918	(100.0)
60,584		22,430		33,756		42,312		61,499		-2,117		59,653		-50,564	
6,054		30,638		31,764		30,520		37,832		64,331		27,214		71,867	
30,000		30,000		30,000		30,000		30,000		30,000		10,000		10,000	
6,000		5,000		5,000		5,000		5,000		5,000		5,000		5,000	
30,638		18,068		30,520		37,832		64,331		27,214		71,868		6,303	

出典)「昭和二年度 社員会収支決算報告」『協和』2巻6号，1928年6月1日，49頁。「昭和三年度 社員会収支予算更正案」『協和』2巻6号，1928年6月1日，50頁。「昭和四年度 社員会収支決算」『協和』4巻12号，1930年6月15日，18頁。「昭和五年度 社員会収支決算表」『協和』5巻12号，1931年6月15日，49頁。「昭和六年度 社員会収支決算表」『協和』6巻12号，1932年6月15日，8頁。「昭和七年度 社員会収支決算表」『協和』7巻10号，1933年5月15日，9頁。「昭和八年度 損益表」『協和』8巻11号，1934年6月1日，8頁。「昭和九年度 社員会総括予決算対照表」『協和』9巻11号，1935年6月1日，10頁。「昭和十年度 社員会総括更正予算表」『協和』9巻22号，1935年11月15日，5頁。「昭和十一年度 社員会総括決算対照表」『協和』11巻11号，1937年6月1日，7頁。「昭和十二年度 社員会総括予決算対照表」『協和』12巻12号，1938年6月15日，8頁。「昭和十三年度 損益表」『協和』13巻13号，1939年7月1日，9頁。「昭和十四年度 総括決算書」『協和』14巻13号，1940年7月1日，11頁。「昭和十五年度 決算総括説明書」『協和』15巻10号，1941年5月15日，33頁。「昭和十六年度 総括予算表」『協和』15巻10号，1941年5月15日，34頁。

注1）1928・35・41年度は，予算または更正予算。よって，「次年度繰越金」が翌年度の「前年度繰越金」と一致しない。
2）1933年度は損益表しか判明しないため，「次年度繰越金」が翌年度の「前年度繰越金」と一致しない。
3）「『協和』広告」は1932年度まで「広告料収入」。
4）「出版物販売」は「叢書売却代収入」「社員会叢書収入」「特別出版物収入」の合計。
5）「宿泊所」は大連・哈爾濱・新京・北京の各宿泊所の合計。
6）「特殊事業収入」は「社員会名刺販売収入」「書籍取次手数料収入」「球根花環其他取次手数料収入」「婦人部映画収入」「養兎場収入」などの合計。
7）「運営経費」は「文具費」「図書費」「器具費」「交通通信費」「雑費」の合計。
8）「旅費」は「旅費」「評議員会幹事会旅費」「各部旅費」の合計。
9）「連絡会合費」は1932年度まで「会合費」，1933年度から「会合費」「印刷費」の合計。
10）「『協和』発行費」は1932年度まで「印刷費」，1933・34年度が「協和印刷費」。
11）「『協和』広告諸経費」は，1934年度まで「協和広告印刷費」，1935年度から「協和広告諸掛費」。
12）「出版物刊行費」は「叢書印刷代」「叢書及特別出版物刊行費」「社員会叢書刊行費」「特別出版物刊行費」の合計。
13）「宿泊所費」は大連・哈爾濱・新京・北京の各宿泊所の合計。
14）「特殊事業費」は「社員会名刺販売諸費」「書籍取次諸費」「球根及花環其他取次諸費」などの合計。
15）「連合会割当金」は1932年度まで「連合会費」，1933～40年度まで「連合会割当額」。
16）「予備費」は「予備費」「第一予備費」「第二予備費」の合計。
17）1933年度の「予備費」には「臨時費」を含む。

上ポストに昇進
③現職：当該年度の本部役員就任時に課級以上ポストに在職
④再昇進：課長級以上の職歴をもつが，当該年度の本部役員就任時に課級以上ポストになく，就任後に再昇進
⑤元職：課長級以上の職歴をもつが，当該年度の本部役員就任時に課級以上ポストになく，就任後も再昇進せず

付表1-1と表1-7からは，すべての幹事長が「③現職」，すなわち幹事長就任時に課長級以上社員であったことがわかる。一方，常任幹事についていえば，1931年度までは②～⑤だけ，すなわち，何らかの形で課長級以上社員としての職歴を有した者だけで占められていたが，1932年度以降になると「①なし」，すなわち，課長級以上社員としての職歴を何ら有することのない者が出てくるようになった。また，本部役員全体で見ると，創立当初から徐々に「③現職」の比率が低下しており，1933年度の3人を底として，再び上昇しているのに対して，「①なし」の比率は設立から上昇を続け，1940年度まで30％前後の水準を維持している。このような傾向からは，社員会の本部役員における課長

級以上社員の占有力（≒影響力）は次第に低下していったものと考えられる。

しかし，年度ごとに本部役員を見てみれば，「③現職」「②昇進」を合わせた比率は60～70％の水準にあった。また，注意したい点として，1936～38年は幹事長が総裁室（総務部）人事課長という会社の人事全般を統轄する課のトップであったことがある。これらの点は，社員会が，いわゆる労働組合のような経営側と対立的な団体にも，社員の親睦のためのレクリエーション団体にも収まりきらない性質をもっていたことを示唆している。

4）財政収支——『協和』刊行の位置

表1-8で，社員会の財政収支についてもまとめておこう。

社員会では会費を徴収しており，設立当初は職員が20銭/月，傭員が10銭/月であった[32)]。設立直後に1927年5月の評議員会で，職員・傭員ともに20銭/月と決定されたものの[33)]，1933年4月からは「給額別会費制」となって，原則として「月給」の0.6％が会費となっている[34)]。表1-8によれば，「会費」は「収入」の半分以上を占めていた。また，「補助金」は会社から出されたもので，社員会の前身である読書会が，会員1人につき年1円で計9,000円の補助金を受けていた先例に倣って，年2万円の補助金を受けるようになった[35)]。これら「会費」と「補助金」が，社員会の「基本収入」を構成している。

これらとは別に，「収入」で目立つのは，「出版収入」である。機関誌『協和』に掲載された広告からの収入である「『協和』広告」が「収入」全体の10～20％を，社員会叢書などの販売収入である「出版物販売」が10％前後を占めている。また，社員会は，社員が出張の際に利用する宿泊所や集会・会合に使用する社員会館を運営するほかに，社員会の名の入った天幕の有料での貸出もしており，これらが「事業収入」として計上されている。

一方，「支出」では，「出版諸費」が突出して大きかった。創立の1927年度に「支出」全体の86.0％を占め，以後は低下傾向を示しながらも，1932年度

32　「社員会十年史(3)」『協和』11巻16号，1937年8月15日，24頁。
33　「社員会小史（未定稿）」宣伝部編『満鉄社員会概要』1936年，7頁。
34　「給額別会費制 愈々四月新年度より実施」『協和』7巻6号，1933年3月15日，26頁。
35　「社員会小史（未定稿）」前掲宣伝部編『満鉄社員会概要』7頁。

まで60％前後を，1939年度まで50％前後を占めた。「事業諸費」は変動が大きく，1％前後の年度もあれば，20％近い年度もある。一方で，各連合会の運営に充てる「連合会割当金」は実額・比率ともに，増加・上昇傾向にあった。なお，社員会専従者の「人件費」はおおむね10％前後であった。

1927年度の71.1％から逓減してはいるものの，「支出」でつねに最上位にあったのは「『協和』発行費」であった。社員会の活動の基礎は，この『協和』の刊行にあったといえよう。最後に，『協和』について見ておこう。

3　社員会機関誌『協和』の特性

1）前身雑誌・刊行形態・発行部数

『協和』には，『自修会雑誌』『読書会雑誌』という前身雑誌がある。まずは，『自修会雑誌』から見てみよう。

『自修会雑誌』は1909年4月に月刊誌として創刊された。自修会の目的は，鉄道部職員に業務上の知識を提供することにあったとされている。内容は，「雑誌と云ふより，講義録と云つた方が当つてゐる」とされ，「講演，論説，案内，紀行散禄，雑報，文苑，会報，自習科目」に分かれていた。「自習科目」とは，「鉄道，電気運転，機械，車輛，建築，支那語，英語，露語，簿記」などで，これらが毎号掲載されており，会員は自由に科目を選択して，試験を受けることができた。鉄道部以外の所属でも入会は認められ，会員数は約2,000名だったという。初代会長は，副総裁の国沢新兵衛だった[36)]。

自修会の活動とは別に，「知識階級の青年社員」の一部が読書会を組織していた。彼らもまた，講演などを実施した。このような状況の中，会社が自修会で全職員を網羅することを企図して，両者を統合することになった。これが「満鉄読書会」となる。満鉄読書会は全職員に入会が義務づけられ，会費を20銭/月として，講演・講習などとあわせて雑誌を充実させることとなり，1914年6月に『自修会雑誌』は『読書会雑誌』に改称された。

36　以上，「協和の沿革」『協和』7巻12号，1933年6月15日，13頁。

1915年頃からは，翻訳小説を掲載するようになり，『自修会雑誌』よりも「雑誌らしい体裁」となったとされている。『読書会雑誌』の編集には，八木沼丈夫や河瀬松三など，後の『協和』の編集長が従事していた。後述する社員会創立時のパンフレットの発行にも，読書会の従事員があたっており，「読書会は内容的に社員会の仕事をやつてヮゐた」とされる。

1927年4月に社員会が創立されると，『読書会雑誌』は『協和』に改称されて，社員会の機関誌として「創刊」された。その目的を，「全社員を一丸として連帯意識の構成と，融和的精神の長養を期するにある」としたことから，「その意味を象徴し『協和』と決定するに至つた」とされる。題字は総裁（当時の呼称は社長）の安広伴一郎が寄せた。

このように，満鉄創立の頃より，職員自らが雑誌を編集・刊行するという文化活動が展開されており，当初こそ，その活動は鉄道部職員や「知識階級の青年社員」の一部に限られていたものの，徐々に全職員に及ぶようになった。『協和』は，こうした職員層の文化活動を母胎としながら，傭員を含めたすべての満鉄従事員を対象とする雑誌として，新しい試みの下に始まった。

創刊以来，『協和』は月刊とされていたが，1928年8月からは週刊となっている。この背景には，「内容実質共にもう少しくだけたもの」，「社員会の動きを刻々に知らしむる報道」に「主力」を注ぐ提案が編輯部員・加藤新吉からあり，また，第2章で見るように，傭員の退職手当や待遇改善問題が社員会の評議員会などで取り上げられたことで，「会の動きは寸刻も早く知りたい」というニーズが生まれたことがある。

週刊によって，『協和』の表紙は写真版となり，サイズも菊判から菊倍判へと大きくなるとともに，本文中にふりがなが付くようになった。また，満鉄消費組合が刊行していた『文化と経済』を合併し，「『読書会雑誌』で敏腕を振った」八木沼丈夫を編輯長として迎えた。また，橘樸らの時事解説が巻頭に掲載されることが多くなり，週刊による時事報道への傾斜がうかがえる。

しかし，実際に週刊にしてみると，「読む方が些か追はれ勝ち」ということになり，1929年4月に週刊は38号で終わりとなり，翌5月からは月二回刊となった。その理由としては，「月刊に逆戻りして月一回では淋し過ぎる。十日々々の旬刊では週刊と大差ない……といふので半月刊，月二回，一日と十五日に出す事になつた」とされる。当時の幹事長は保々隆矣，編輯部長は上村哲彌（新任）で，新たに城所英一を「編輯主務」に迎えた。月二回刊とするに際しては，「第一に機関誌としての機能を発揮し，第二に権威のある綜合雑誌としての機能，色彩を愈々深めようといふ建前で懸命な更生を試み初めた」という。「懸命な更生」とは，週刊によって「社員会に対する検討論説」を多く発表したものの，橘樸を中心とする時事解説の方が「優勢」であったことの反省より出たものであった[37)]。

『協和』の月二回刊は 1941 年 12 月まで続いた。龍渓書舎からも復刻されているように，1930 年代の社員会機関誌は，月二回刊という刊行のペースで一貫していた。ただ，日中戦争勃発後の「印刷諸材料」の急騰を背景に，印刷所が「値上嘆願書」を提出してきたことを受けて，1938 年 11 月より毎号 16 頁を削減することになった[38)]。そして，1942 年 1 月からは，紙不足に対応するため，また発行回数を増加することで連絡を緊密にするために，「雑誌型」から「新聞型」へと刊行形態を改め，大きさもタブロイド版になった。これは，広報活動に重点を移したことも意味しており，1942 年 3 月からは月 3 回刊行を予定していた[39)]。

『協和』の刊行部数については，公式発表はないが，各会員に 1 冊を届けていたことから，おおむね会員数に比例していたと考えられる。参考までに，さまざまな論説に出てきた部数を列挙すると，設立翌年（1928 年）の時点で約 3 万部とされたものの[40)]，1929 年 5 月の巻頭言では，「『協和』は二万数千の読者を有する」とある[41)]。1934 年 10 月に，読者アンケートの反響を掲載した際には，「三万何千人から，僅かに，千分ノ一の反響ではチト心細い」としていたが[42)]，翌 35 年 1 月の会議録では「『協和』は四万も印刷してるのに」[43)]，同

---

37 以上，同上，14–15 頁。

38 「「協和」が薄くなる 諸材料の昂騰による用紙節約で 十一月十一日号から一頁広告も廃止」『協和』12 巻 19 号，1938 年 10 月 1 日，46 頁。

39 「「協和」の形態を変更 雑誌から新聞へ，弘報活動の活発化をはかる 本部提案」『協和』15 巻 23 号，1941 年 12 月 1・25 日，7 頁。

40 武居郷一「協和の読者として」『協和』2 巻 4 号，1928 年 4 月 1 日，59 頁。

41 T・K「「協和」の使命」『協和』3 巻 17 号，1929 年 5 月 1 日，巻頭言。

42 編輯部長「第一回「協和」読後感成績」『協和』8 巻 19 号，1934 年 10 月 1 日，25 頁。

43 「我等の“協和”を生かせ 第二回 全連通報部長会議」『協和』9 巻 2 号，1935 年 1 月

年3月も「四万の現実発行部数」となっており[44]，1935年頃の発行部数は約4万部だった。その後も，発行部数の増加は続き，1938年10月には「現在八万五千部を発行」とあり[45]，また，1941年12月には「社外に約三千部」という数字も出ている[46]。

このように，発行部数の絶対数は，満鉄の従事員の増加に比例して，つねに増加傾向にあった。他の満州系雑誌と比較しても，『協和』の発行部数は圧倒的に多かったようである。1928年4月の時点（約3万部）で武居郷一は，「歴史的にも古く，発行部数も多いと云はれる『満蒙』は，月二千五百部位ださうである」と引き合いに出して，『協和』の発行部数の多さを誇っていたし，伊藤武雄もまた，1935年3月時点で，発行部数4万部を「満州に於て第一」と自賛している[47]。

発行部数の多さは，『協和』における広告を華やかなものにもした。満鉄消費組合の『文化と経済』を合併した後には「価格表」を継承して掲載しており，また，家庭欄や娯楽関係の記事もあったため，『協和』は社員だけでなく家族にも読まれていた。そのため，広告申込が集中するようになり，全申込を掲載すれば「優に廿四頁位の頁を要する」として，1935年4月には，広告掲載価格の値上げが可能となっていた[48]。

2）巻頭言の執筆者

このように刊行された『協和』は，内容的にどのような性質をもっていたのだろうか。巻頭言を定量的に分析してみよう[49]。

15日，31頁。

44　編輯部長伊藤武雄「九年度の「協和」編輯は何を目指したか」『協和』9巻5号，1935年3月1日，47頁。

45　「「協和」が薄くなる 諸材料の昂騰による用紙節約で 十一月十一日号から一頁広告も廃止」『協和』12巻19号，1938年10月1日，46頁。

46　「「協和」の形態を変更 雑誌から新聞へ，弘報活動の活発化をはかる 本部提案」『協和』15巻23号，1941年12月1・25日，7頁。

47　編輯部長伊藤武雄「九年度の「協和」編輯は何を目指したか」『協和』9巻5号，1935年3月1日，47頁。

48　「「協和」の広告値上 純利益年二万円の見込」『協和』9巻7号，1935年4月1日，42頁。

表1-9は，『協和』の創刊号（1927年4月）から15巻23号（1941年12月，月二回刊の最終号）までの巻頭言についてまとめたものである。1927年は巻頭言が掲載されることはなく，最初の掲載は1928年1月のことであった。同年8月に『協和』が週刊になると，再び巻頭言はなくなって，「時論」がトップに掲載された。表1-9では，これを巻頭言に代わるものとして算入してある。結果として，全354号のうち，巻頭言があるのは335号で，94.4％にのぼる（以下，巻頭言を「件」でカウントする）。

巻頭言335件を総数（100％）として，まず，署名の有無を見ておくと，「署名なし」が57件（17.0％）なのに対して，「署名あり」は278件（83.0％）となっている。次に，この「署名あり」のうち，その形式を分類してみれば，「フルネーム」で明記されたものは132件（39.4％），名字などだけを記す「略ネーム」が56件（16.7％），幹事長や編輯部長など社員会の役職だけ記した「社員会」が29件（8.7％）で[50]，巻頭言掲載時に誰が書いたかおおむね判別できるものは計217件（64.8％）となる。これに対して，「ペンネーム」「イニシャル」「匿名」は，それぞれ，46件（13.7％），14件（4.2％），1件（0.3％）で，あわせて61件（18.2％）となっている[51]。

巻頭言が掲載された当初は，「略ネーム」で署名することが多かった。これが変わるのは1929・30年で，「イニシャル」が急増している。この時期は，山本条太郎から仙石貢に総裁が交代した前後にあたり，巻頭言で堂々と名乗ることを回避している様子がうかがえる。翌1931年からは再び「フルネーム」「略

49　巻頭言は，編輯部の「義務」のようになっていたものを，「本部役員会の決定による巻頭言」として，「役員の責任で執筆することで，社員会の態度・方針を明らかにしてきた」とされており（編輯部長伊藤武雄「九年度の「協和」編輯は何を目指したか」『協和』9巻5号，1935年3月1日，47-48頁），また，「巻頭言，巻頭論文の決定，重要記事の研究等は常に編輯部長，副部長，部委員（本部）の深甚な注意が拂はれてゐる」ともされている（社員会編輯部「「協和」の存在意義　実状の一端と編輯態度の表明」『協和』8巻21号，1934年11月1日，72頁）。ただし，これらはいずれも伊藤武雄が幹事長・編輯部長のときの記事であり，この方針が『協和』全体を貫くものとは言いがたい。

50　その他に，「満鉄社員会」「編輯部」などと社員会組織だけが記されている場合がある。

51　なお，伊藤武雄は後に，「止戈」が自身のペンネームであることを明かしている（止戈生「故石本理事と社員会」『協和』10巻21号，1936年11月1日，13頁）。「止戈」はペンネーム14件のうちの13件を占めている。

表 1-9 『協和』の巻頭言

刊行年			1927	1928	1929	1930	1931	1932	1933	1934	1935	1936	1937	1938	1939	1940	1941	計	(%)
刊行号数			9	28	31	24	23	24	24	24	24	24	24	24	24	24	23	354	
巻頭言	なし		9	1	1						1	4	1			1	1	20	
巻頭言	あり			27	30	24	23	24	24	24	23	20	23	24	24	23	22	335	(100.0)
署名	形式	署名なし		5	3		5	2	3	1	1	1	1	1	1	15	18	57	(17.0)
署名	形式	署名あり		22	27	24	18	22	21	23	22	19	22	23	23	8	4	278	(83.0)
署名	形式	フルネーム		2	3	5	10	7	7	11	16	9	20	23	13	2	4	132	(39.4)
署名	形式	略ネーム		15	2	8	3	12	8	3	2	2				1		56	(16.7)
署名	形式	「社員会」		1			2			3	1	5	2		10	5		29	(8.7)
署名	形式	ペンネーム			1				6	5	2							14	(4.2)
署名	形式	イニシャル		4	21	11	3	3		1	1	2						46	(13.7)
署名	形式	匿名										1						1	(0.3)
署名	役職	社員会役職あり		1						2	4	5	9	19	19	8	1	68	(20.3)
署名	役職	会社役職あり								1				3				4	(1.2)
執筆者の役職	社員会			7	3	6	7	16	16	16	13	13	14	14	16	7	3	151	(45.1)
執筆者の役職	社員会	幹事長		5	3	3	2	3	8	5	3	5	5	5	4	2	1	54	(16.1)
執筆者の役職	社員会	常任幹事		1		1				3	1		3			1		10	(3.0)
執筆者の役職	社員会	部長		1		2	5	13	8	8	9	8	6	9	12	4	2	87	(26.0)
執筆者の役職	会社			5	4	4	3	3	9	11	9	7	11	11	10	4	1	92	(27.5)
執筆者の役職	会社	総裁								1	1			3				5	(1.5)
執筆者の役職	会社	理事					1											1	(0.3)
執筆者の役職	会社	部長			3	2					2	2				1		10	(3.0)
執筆者の役職	会社	委員長		5	1													6	(1.8)
執筆者の役職	会社	課長				1	2	1	1	1	1	3	11	8	8	2		39	(11.6)
執筆者の役職	会社	主査								2	2	2						6	(1.8)
執筆者の役職	会社	所長				1			1						1			3	(0.9)
執筆者の役職	会社	幹事長															1	1	(0.3)
執筆者の役職	会社	幹事								1	2				1	1		5	(1.5)
執筆者の役職	会社	審査役						2	7	6								15	(4.5)
執筆者の役職	会社	監査役									1							1	(0.3)
同時に役職				5	3	4	2	3	8	9	7	7	11	8	7	3	1	78	(23.3)

出典 1）『協和』各号。
　　2）図 1-3 に同じ。
注 1）2 巻 11 号（1928 年 8 月），3 巻 2 号（1929 年 1 月），5 巻 14 号（1931 年 7 月 15 日）を除く。
　2）週刊の巻頭言は，巻頭の「時論」を採用した。
　3）「社員会の役職」「会社の役職」を明らかにするに際しては，「略ネーム」と当該年度の社員会本部役員の姓，または，名と一致した場合にのみ，それと判断した。また，「ペンネーム」のうち「止戈」は伊藤武雄のものと判明しているため，伊藤武雄として社員会役職などを処理した。

ネーム」が増え，1937 年からは「フルネーム」に「社員会役職」が付くことが多くなる。だが，1940 年以降は「署名なし」がほとんどになり，57 件ある「署名なし」のうち 33 件が 1940〜41 年に集中している。

では，巻頭言の執筆者は，掲載時に社員会と会社でどのような地位にあったのだろうか。課長級以上社員データベースで社員会における役職を明らかにすると，巻頭言の 151 件（45.1 %）が，社員会本部の幹事長・常任幹事・各部長によって執筆されている。幹事長による巻頭言は 54 件（15.5 %）となっており，部長はこれを超えて 87 件（25.4 %）となっている。この 87 件のうち，最多は編輯部長の 37 件で，青年部長（修養部長）13 件，宣伝部長 10 件，庶務部長 8 件がこれに続き，また，常任幹事も 10 件ある。幹事長は，時期的な偏りもなく，つねに安定した巻頭言の執筆者であった。

一方で，会社の役職を見てみると，重役によるものが 6 件（1.8 %）ある。重役による初めての巻頭言は，第 2 章で見る「社業能率増進号」とされた 5 巻 3 号（1931 年 2 月 1 日）のことで，理事・伍堂卓雄の「社業能率増進の要諦」と題したものが掲載された。また，残る 5 件はすべて総裁によるもので，うち 4 件は松岡洋右，1 件は林博太郎である。

次に課長級以上社員について見てみよう。会社の部長は 10 件（3.0 %）あり，同じく部長級の役職である委員長が 6 件（1.8 %）ある。1929・30 年の部長 5 件は保々隆矣（地方部長），1935・36 年の部長 4 件は中西敏憲（地方部長と総務部長），1940 年の部長 1 件は木村常次郎（経理部長）であり，委員長の 6 件はすべて石川鉄雄（臨時経済調査委員会委員長）となっている。課長は「会社の役職」の中でも最多の 39 件（11.6 %）あり，とくに 1937〜39 年に集中している。課長の属する部は，総裁室・総務室・総務部などの総務系の他に，鉄道総局・鉄道部・経理部・用度部・産業部となっているが，特徴的なのは「人事課長」が 10 件あることで，そのすべてが 1936〜39 年にあたる。石原重高と人見雄三郎の 2 名がこれに該当する。また，1934〜36 年に 6 件ある主査は経済調査会の主査で，中島宗一・古山勝夫であり，1932〜34 年の 15 件の審査役は，総務部と技術局に属する審査役で，郡新一郎・伊藤武雄・粟屋秀夫の 3 名である。

上に挙げた部長の保々隆矣・中西敏憲・木村常次郎と人事課長の石原重高・人見雄三郎は，巻頭言の掲載時に社員会の幹事長であった。また，石川鉄雄も，

6件のうち4件の時点で幹事長，1件の時点で常任幹事であり，郡新一郎も2件すべてが幹事長，伊藤武雄も10件が幹事長のときで，残る2件は編輯部長のときの巻頭言であった。つまり，社員会においては幹事長を中心とする本部役員であり，会社では課長級以上（時には，部長級）の職にあった者が，『協和』の巻頭言を執筆していた。巻頭言335件のうち，社員会本部役員によるものが151件，会社課長級以上社員によるものが86件あるが，「社員会本部役員かつ会社課長級以上社員」による巻頭言は78件（23.3％）となる。

巻頭言の内容が執筆者の会社役職と所属の経営方針を反映しているかは，その時々によってさまざまであるが，総務部審査役といういわば社内フリーな立場にあった伊藤武雄が幹事長のとき（1933年度）には，満鉄改組問題で社員会は徹底的な独自路線を展開したし，理事・伍堂卓雄による巻頭言は明らかに総裁・仙石貢による経営合理化を反映したものであった。その意味で，『協和』の巻頭言は，社員会だけの論説としてのみ位置づけられるものではなく，会社経営との関係の中で読み込まれるべきであろう。別言すれば，『協和』の巻頭言をはじめとするさまざまな論説・記事を通して，課長級以上社員が「もうひとつのマネジメント」を展開しており，ここに「主体性」の内実を求めることができる。

3）編集方針の変遷

では，『協和』は，どのように編集されていたのであろうか。

上述のように，社員会本部の編輯部は部長と編輯部員によって構成されていたが，年度ごとに交代する部長・部員とは別に，『協和』の編集の専業者が数名おり，編輯長（または，編輯主任）はこの中の一人であった。編集方針については，本部役員である編輯部長がイニシアティブを発揮することができたが，「役員会の方針が即ち『協和』の編集方針となつてゐる」という発言もあり[52)]，また，編集会議において「編輯局案を編輯長から披露して之に対する意見を求める」こともあるなど[53)]，年度によって様子は異なっていたようである。いず

52　編輯部総会「吾等の「協和」の為に」『協和』7巻15号，1933年8月1日，6-7頁。なお，発言者は編輯部長・加藤新吉である。
53　「『協和』の出来るまで——編輯局の日常」『協和』7巻12号，1933年6月15日，19頁。

れにせよ，本部役員会と編輯部，そして，『協和』専従の編輯局の間で編集方針が決められていたと考えるのが妥当であろう。

編集方針は，『協和』においてたびたび公表されている。創刊号の「発刊の辞」では，社員会の「理想実現の一手段」となって，内に対しては「最も自由，公明なる会員相互の意志発表機関」「意志疎通の手段」となることを宣言した[54)]。別言すれば，「連帯意識の構成」と「融和的精神の長養」こそが『協和』の最も期するところであり，そのためにも「全会員に依つて読まるゝと共に全会員に依り作らるゝものでなければならぬ」と考えていた。

職員層だけを対象としていた満鉄読書会と異なり，社員会はすべての従事員を対象として設立されたため，「全会員」の「意思疎通」や「連帯意識の構成」が『協和』の目的となったのは自然の流れと言ってもよい。しかし，全会員に読まれ，かつ，全会員が作る，という理念を実現するために，編輯部はかなりの苦労をした。早くも1928年2月号の中で，『読書会雑誌』以来の論説中心主義から脱却できておらず，『協和』が難しすぎるため，「我々の実生活に縁遠すぎる」ことを認めている。そして，次のように編集方針の変更を告知した[55)]。

一　満鉄社員及び社員会員としては，もう少し会社及び社員会の事情内容を知りたいとも思ふであらうし，知ることが心要でもある。その意味から満鉄及び社員会関係記事をより重く取扱ふこと，及びより豊富にすることは当然と認められる

二　専門学校や大学を出た所謂一部の智識階級の人に歓迎される雑誌を作るより，多数会員に向く雑誌を作ることが必要である。その意味から多数会員が知り度いと思ひ，また知つて然るべきことを，普通の教育ある人なら誰でも読み得る程度の文章で書き表すべきだと思はれる

その結果，社員会関連の記事を毎号の前方に配置する一方で，「この頃の問題」というコーナーを新たに設けて，「最近の重要問題」を平易に解説するようになった。これ以降，満鉄組織の規模が拡大し，従事員の増大に比例して会員が増加していく社員会において，『協和』は，社員会の精神を会員に徹底す

54　「発刊の辞」『協和』1巻1号，1927年4月1日，2-3頁。
55　編輯部「協和の編輯方針は今後斯うする」『協和』2巻3号，1928年3月1日，12頁。

るための編集と，全会員の関心を引きつけるための編集を試行錯誤していくことになる。

1928年8月から『協和』が週刊とされたのは，傭員待遇問題の速報化のためだけでなく，会員相互の連絡を円滑にしつつ，社員会の精神についての「誤解を一掃する」ためでもあった[56)]。同時に，「内容実質共にもう少しくだけたもの」となることをも求めていた。それゆえに，橘樸らによる時事問題の解説を巻頭に配置するようになった。しかし，今度は，橘らの時事解説の方がアピールが「優勢」となった。全会員に広く読まれるために掲載した時事問題は，彼らの関心を集めることができたものの，社員会精神の理解・普及・徹底という機関誌としての機能を果たすことには十分つながらなかったのである。1929年5月からの月二回刊への移行は，このような「反省」に根差していた[57)]。

月二回刊の最初の号の巻頭言は「「協和」の使命」と題されている[58)]。そこでは，業務・在勤地・教養的背景・趣味・嗜好・思想が異なる2万数千人の社員を同時に満足させることを「信じもしなければ希みもしない」と明確に断ったうえで，「唯，真摯なる試行錯誤の繰返しによつて，可及的最大多数者の満足に近きものを見出さん」と，編集方針の難しさを率直に吐露している。

しかし，そこでなされたのは単なる苦悩の吐露だけでもなかった。『協和』では，「「くだけた社報」としての職能」を果たすべく，社報の中でも「特に一般社員の興味を惹く可き重要事実」を詳しく解説し，また，「重要なる人事の異動，会社幹部の動静」などは，社報と重複しても掲載するとした。さらには，「社長を始め会社幹部の一般社員に対する訓諭，希望」を『協和』に発表して，「その私かなる温情，人生観，詞想の如きもの」を伝えて，「上下融合の機関」とすることを目指すともしている。そして，社員は満州・満鉄への各国の批判や中国の世論や動静を正しく知る必要があると，満鉄の「使命」と「特殊地位」のために『協和』があることを謳った。

このように宣言された『協和』の使命を実践に移したのは，1932年度幹事長・郡新一郎と33年度幹事長・伊藤武雄とされている[59)]。1932年度の編集方

56　編輯部「予告――協和を週刊とするに就て」『協和』2巻7号，1928年7月1日，69頁。
57　以上，「協和の沿革」『協和』7巻12号，1933年6月15日，14-15頁。
58　T・K「「協和」の使命」『協和』3巻17号，1929年5月1日，巻頭言。

針は明確だった。それは，『協和』を議論の場から，社員会の実情を認識させるための「忠実な報道機関」にするというものだった。そのために，編輯長が毎週役員会に出席して記事にするほか，編輯員もまた各部の部会を報道することにした[60]。これによって，従来は簡潔な記述だった会報が改められ，「半月ニュース」「社員会の動き」がコーナーとして定着するようになる。また，編集方針の変更は地方連合会にも及び，各連合会に通信員を置いて，「不断に情報を寄せらるゝやう手配」するシステムを整えている[61]。

このような編集方針の転換は，全会員を『協和』に「巻き込む」ことを基調としていた。『協和』が会員のためにあり，ゆえに，会員の意思を自由に発表する場であることからさらに一歩踏み込んで，「『協和』は従つて貴下の日記であり写真である」とまで述べている。その上で，「論説　研究　感想　主張　批判　文芸　家庭　絵画　写真等から漫画・笑話等一切」のいずれでも寄稿を求めた[62]。これまでの「『協和』の使命」が上滑り状態であったのとは一線を画すように，地に足の着いた『協和』の姿をわかりやすく全会員に伝えたのである。

翌1933年度は，社員会綱領，すなわち，社員会の精神の徹底を図る方向で編集が進められ，また，「社員会のニュースを真っ先に掲載」するようになった[63]。「百号記念特集号」となった『協和』7巻12号（1933年6月15日）では，『協和』の編集過程などが詳らかにされ，巻頭言ではあらためて「「協和」の使命」が掲げられた[64]。そこでは，「三万全社員」が「一堂に会すると同様の効果を挙ぐる方法によつて，可及的頻繁に意志の疏通を図りたい」として，この点に「『協和』の存在理由」を求めている。実際，連合会の通信員が中心となって原稿を寄せるかたちで，1933年8月から翌34年3月まで地方連合会の特集号を刊行することが決定され[65]，それが実現した。

59　「社員会の十年を語る座談会（完）」『協和』11巻10号，1937年5月15日，2頁。
60　「協和の沿革」『協和』7巻12号，1933年6月15日，15頁。
61　「機関誌を活用せよ　編輯部の提言」『協和』6巻23号，1932年12月1日，17頁。
62　「「協和」は？」『協和』6巻23号，1932年12月1日，17頁。
63　「協和の沿革」『協和』7巻12号，1933年6月15日，15頁。
64　英「「協和」の使命」『協和』7巻12号，1933年6月15日，巻頭言。
65　特集の割当は，1933年8月1日号（8.1）新京，8.15 本渓湖・橋頭，9.1 鞍山，9.15 営

伊藤武雄は，翌1934年度も編輯部長として社員会本部に残り，『協和』の編集への積極的な関与を継続した。『協和』への投稿を奨励するために「社員会ポスト」が本部に設置され[66]，「『協和』改善メモ」と題した読者アンケートも3回実施された[67]。また，1934年7月には，編輯部の正副部長，在大連の通報部長などで，『協和』の批判会が開催されている。ここでは，連合会でも同様の批判会を開催して本部に意見を送ることが求められている。これ以外にも，11月には「奥地」の地方連合会役員と在連通報部長，編輯局員で編集会議が[68]，翌12月にも湯崗子温泉で第2回全連通報部長会議が開かれた。

翌1935年8月に大連社員倶楽部で再び全連通報部長会議が開催されて以降，各連合会から『協和』の編集を絶賛する発言が相次ぐようになる。翌1936年4月にも大連社員倶楽部にて，通報部長会議が開催され，この模様を伝えた記事は，「会員雑誌としては寔に完璧の組織と言はねばならぬ」と自賛している。その理由は，「各会員は年数回「協和」に添付される「紙上編輯会議」用紙を以て，或は随時に直接又は通報部長を通じて，編輯部に自己の意見を述べることが出来る」ところにあった[69]。そして，翌1937年5月の全連通報部長会議では，編輯部長・平貞蔵が，「各通報部長の熱心な意見の開陳」に対して，「これほど各位が熱心であらうと思はなかった，むしろ慚愧に堪へぬ」と述べたことが報じられている[70]。

口，10.1 奉天，10.15 四平街，11.1 大石橋，11.15 撫順，12.1 鉄嶺，12.15 開原，1934. 1.1 安東，1.15 遼陽，2.1 公主嶺，2.15 沙河口，3.1 埠頭，3.15 鉄道部・連鉄，となっており，「連合会地方色」として，ほぼ予定通りに実施された。

66 「『社員会ポスト』　先ず試みに本部へ」『協和』8巻13号，1934年7月1日，43頁。

67 編輯部長伊藤武雄「九年度の「協和」編輯は何を目指したか」『協和』9巻5号，1935年3月1日，47頁。

68 「編輯会議「協和」をよりよく」『協和』8巻22号，1934年11月15日，43頁。

69 「「協和」の編輯について 全会員の希望を述べる 全連通報部長会議」『協和』10巻10号，1936年5月15日，50頁。

70 「全連通報部長会議　「協和」を明るくつよく……全会員の希望を述べる」『協和』11巻10号，1937年5月15日，43頁。また，1936年度には，本部宣伝部によって，新入社員向けに「社員会結成の意義・精神・構成・運用・実績・歴史」などを紹介するパンフレット『社員会概要』が『協和』の付録として出され，1937年度も『社員会便覧』に改題のうえ発行された（「会員必読の書として　「社員会便覧」を作成 四月十五日号「協和」に付録」『協和』11巻7号，1937年4月1日，44頁）。

『協和』を創刊した当初，全会員に読まれ，かつ，全会員が作る，という理念を実現するために，編輯部はかなりの苦労をしていた。それが，1933年度以降になると，読者からの批判を受けながら，全会員の意向を集約したものとして『協和』が位置づけられるようになっている点に注意したい。ここからは，『協和』の編集方針の完成型を自認する様子が浮かんでくる。

しかし，これ以降，『協和』の編集方針を実現するための制度は形骸化した。1940年にも全連通報部長会議は開催されていたものの，「年一回通報部長会議を開いて編輯内容の検討を行ふことになってゐる」と，記事が伝えるところもごくわずかであった[71]。翌1941年には，「全連弘報部長打合会」と名称を変えながらも，開催の事実を淡々と伝えるのみである[72]。「「協和」の使命」と題された巻頭言も，1939年1月と41年6月に掲載されたが，内容的にはそれまでのものとほとんど変わりがなかった[73]。かろうじて，1941年6月のそれに，「就中最も重要な問題は会社使命に対する認識であり，それに基く満鉄精神の昂揚である」として，「愛社心の振興」を加えているくらいである。そして，月二回刊の最終号（1941年12月）では，満鉄と社員会を家族に喩えた記事が掲載された。わかりやすさの一方で，もはや，『協和』誌上で何かが議論されることはなかった[74]。以後，『協和』は新聞型となる。

71　「催されるから，その折考究される筈 「協和」のための集ひ 全連通報部長会議」『協和』14巻10号，1940年5月15日，43頁。

72　「「協和」を熱心に検討 全連弘報部長打合会」『協和』15巻11号，1941年6月1日，29頁。

73　編輯部長菊地清「「協和」の使命」『協和』13巻2号，1939年1月15日，巻頭言。「「協和」の使命」『協和』15巻11号，1941年6月1日，巻頭言。

74　編集長河瀬悌二郎「「協和」とはこんなもの」『協和』15巻23号，1941年12月1・25日，56頁。具体的に，河瀬は以下のように記していた。「近年青年錬成と称して，若い諸君に対し「そんなことでは駄目だ，しっかりしろ」といふやうな記事がときどき出るが，これは苦労して家産を築いたお爺さんが，どんなに自分が苦労したかを孫達に話して，夢おろそかに無駄使ひをしてはならんぞと教へてゐるやうなもので，自分はシッカリしてゐると考へるなら別段お爺さんのいふことを気にする必要はない。いやむしろお爺さんがお説教をしないですむやうに，お互ひに戒め合ってゆくべきだらう。そんな戒め合ひのために「協和」が使はれるならば大いに結構である」（同上，56頁）。

おわりに

創業当初，総数 13,217 人だった満鉄の従事員は，満州事変の頃には 3 万人以上となっており，さらに 1936 年度末に 10 万人を，1940 年度末に 20 万人を超えるようになった。このような満鉄の経営において，「主体性」を担ったのは誰か。本章ではこの問いに答えるために，総裁・副総裁・理事と課長級以上社員について，満鉄での「在籍期間」にもとづいて定量分析を進めた。

総裁の平均在籍期間は 2.0 年，副総裁のそれは 1.9 年であった。彼らのほとんどが満鉄外から起用されたことをふまえると，満鉄の個別事情に通じないままに，任期満了前に短期間で満鉄から去っていった姿が浮かび上がる。総裁・副総裁と比べて理事は，4 年の任期を全うすることが多く，その点で安定していたものの，本書が対象とする 1920 年代後半以降は任期満了前の退任が少なくなく，そこには満鉄外部からの起用ということも関係していた。

そこで，総裁・副総裁・重役で構成される重役よりひとつ下がって，部長級・課長級の社員（課長級以上社員）について，『南満州鉄道株式会社課級以上組織機構変遷並に人事異動一覧表』にもとづいてデータベースを作成し，「在籍期間」を分析した。このデータベースによれば，創業から 1938 年 9 月 18 日までの課長級以上社員は 1,072 名あり，その平均在籍期間は 4 年であった。そして，年度末現在での平均在籍期間を取って，その趨勢を見ると，上昇（1906～16 年度）→下降（1916～19 年度）→上昇（1919～29 年度）→下降（1929～32 年度）となっていたことがわかった。同時に，このデータベースによれば，課級以上ポストへの新規昇進も，それからの最終退任も，職制改正・部分改正とは関係なしに実施されることの方が多かった。

以上のことからわかるように，課長級以上社員は，総裁による専権的な職制改正・部分改正によって断絶させられることなく，平均在籍期間の上昇期には安定的・継続的にそのキャリアを重ねていた。その結果，10 年以上の在籍の後に理事に昇進する課長級以上社員が，1930 年代には誕生するようにもなった。1920 年代後半以降の時期について，満鉄経営の「主体性」を課長級以上社員に求める理由がここにある。

満鉄社員会は，課長級以上社員の平均在籍期間が上昇するさなか，1927 年 4 月に設立された。社員会は，会員による投票で評議員を選出して，評議員の互選で代表である幹事長を選んだ。幹事長を常任幹事と庶務部・編輯部などの各部の部長が支え，彼らは「本部役員」として社員会の運営を担った。本章ではこの本部役員についてもデータベースを作成し，これを課長級以上社員のデータベースと連結することで，本部役員の会社での位置を明確にした。1927〜41 年度までの社員会本部役員は 205 名となり，このうちの 147 名が 1942 年 6 月までに課長級以上社員としての職歴をもっていることが判明した。

社員会の財政収支を見ると，つねに支出の最上位にあったのは，機関誌『協和』の刊行費であった。その意味で，『協和』は社員会の活動の基礎であった。1927 年 4 月から 41 年 12 月までの『協和』全 354 号のうち 335 号に巻頭言が掲載されており，これを総数とすると，巻頭言の 4 割以上が社員会本部の幹事長・常任幹事・各部長によって執筆されていた。一方で，会社の役職で見てみると，課長級以上社員による巻頭言は全体のおよそ 4 分の 1 となる。これらを総合すると，幅広いポジションの人々が執筆者となっていたなかで，「社員会本部役員，かつ，会社課長級以上社員」による巻頭言は 2 割以上に上った。このことは，『協和』の巻頭言が，社員会だけの論説としてのみ位置づけられるものではなく，会社経営との関係の中で読み込まれるべきことを示唆している。

『協和』は，社員会が全従事員を対象として設立されたこともあり，そのタイトルの通り，「全会員」の「意思疎通」や「連帯意識の構成」を目的とした。そして，全会員に読まれ，かつ，全会員が作る，という理念を実現するために，編輯部はさまざまに試行錯誤を重ねていた。『協和』は，全会員の関心を引きつつ，社員会の精神を会員に徹底するべく編集されていたのである。1930 年代になると，社報の中で関心度の高いトピックを解説し，重役らの人事異動も伝え，社員会の活動についても「報道」するようになった。さらには，単なる上からの押しつけとなることを回避するべく，論説・感想・主張・文芸・絵画・漫画・笑話など，あらゆる分野での寄稿を全会員に求めた。読者からの批判も積極的に取り上げるようになった。

このような「努力」を重ねた末，1930 年代の後半になると，『協和』は全会員の意向を集約したものとして自らを位置づけるようになっていった。この自己評価がどこまで妥当なのかは別として，巻頭言をはじめとするさまざまな論説・記事を通して，課長級以上社員が『協和』において，いわば「もうひとつのマネジメント」を展開していたことは明らかであろう。彼らの活動と主義・主張・思想などを社員会，とくに，『協和』に着目して分析することが，満鉄経営における「主体性」の内実を求めることになる所以である。

では，満鉄社員会は，具体的にどのような活動を通じて「経営参画」を展開していたのだろうか。第 2 章で見てみよう。

付表1-1　社員会本部役員一覧

年度		1927				1928		
幹事長		木部守一	③	(庶務部・部長)		石川鉄雄	③	(臨時経済調査委員会・委員長)
常任幹事		田村羊三	③	(興業部・部長)	◇	平島敏夫	③	(地方部地方課・課長)
		石川鉄雄	③	(社長室・審査役)		市川数造	③	(鉄道部営業課・課長)
		宇佐美寛爾	③	(鉄道部・次長)		市川健吉	③	(地方部庶務課・課長)
		富永能雄	③	(経理部購買課・課長)		宮崎正義	②	
		市川健吉	③	(地方部庶務課・課長)		上村哲彌	②	
					.	佐藤貞次郎	⑤	
編輯部		奥村愼次	④			佐藤貞次郎	⑤	
	12.21	上村哲彌	②					
庶務部		五十嵐保司	④			貴島克己	②	
会計部		白浜多次郎	③	(経理部会計課・課長)		伊ヶ崎卓三	②	
	06.25	植田貢太郎	①					
	12.21	長山七治	③	(経理部会計課・課長代理)				
事業部		松島鑑	②			松島鑑	③	(興業部農務課・課長)
	12.21	植田貢太郎	①					
宣伝部		加藤新吉	②			加藤新吉	②	
調査部		平島敏夫	③	(地方部地方課・課長)		二村光三	②	
組織部	06.25	宮崎正義	②			中西敏憲	②	
青年部		荒木章	②			中島宗一	②	
(修養部)	12.21	中西敏憲	②		10.29	小田島興三	①	
婦人部		石原重高	②			五十嵐保司	④	
	12.21	松島鑑	③	(興業部農務課・課長)				
相談部						平山敬三	②	
運動部 (体育部)		小倉鐸二	③	(庶務部社会課・課長)		岡部平太	①	
共済部 (福祉部)		工藤雄助	③	(興業部庶務課・課長)		工藤雄助	③	(興業部庶務課・課長)
消費部								

1929	1930
保々隆矣　③（地方部・部長）	保々隆矣　③（地方部・部長） 07.05　市川健吉　③（総務部検査課・課長）
市川健吉　③（地方部庶務課・課長） 富永能雄　③（経理部用度事務所・所長） 西田猪之輔　④ 中西敏憲　③（地方部地方課・課長） 宮崎正義　②	中西敏憲　③（地方部地方課・課長） 山岡信夫　③（鉄道部電気課・課長） 結城清太郎　② ◇　市川健吉　③（地方部庶務課・課長） ◇　富永能雄　③（経理部用度事務所・所長） 07.05　三宅亮三郎　③（経理部主計課・課長代理） 07.05　竹森愷男　②
上村哲彌　②	上村哲彌　②
花井修二　① 松尾盛男　①	松尾盛男　② 07.05　多田晃　①
松本貫一　①	広崎浩一　③（経理部会計課・課長代理）
植田貢太郎　① 千葉豊治　①	長井租平　⑤
八木沼丈夫　②	中山晴夫　⑤
野中時雄　②	野中時雄　① 06.**　伊藤武雄　②
二村光三　②	佐藤晴雄　②
笠木良明　① 07.15　竹森愷男　②	竹森愷男　② 07.05　荒木章　②
伊藤真一　④	波田吉太郎　② 07.05　青柳亮　④
波田吉太郎　④	松浦開地良　②
山岡信夫　③（鉄道部電気課・課長）	二村光三　③（庶務部社会課・課長）
松浦開地良　①	松浦開地良　①

年度	1931	1932
幹事長	山岡信夫 ③（鉄道部保安課・課長）	郡新一郎 ③（技術局・審査役）
常任幹事	粟野俊一 ③（地方部地方課・課長） 鹿野千代槌 ③（用度部購買課・課長） 結城清太郎 ③（鉄道部鉄道工場・庶務長） 白井喜一 ③（鉄道部埠頭事務所・庶務長） 亀岡精二 ④	粟屋秀夫 ③（地方部地方課・課長） 渡辺柳一郎 ① 曽田正彦 ① 石川常長 ① 桜井弘之 ①
編輯部	上村哲彌 ②	加藤新吉 ②
庶務部	加藤新吉 ②	有賀庫吉 ③（地方部学務課・課長） 10.01 堀義雄 ②
会計部	伊藤成章 ②	山崎善次 ② **.** 川口清次郎 ①
事業部	江崎重吉 ②	中根信愛 ①（地方部学務課）
宣伝部	八木沼丈夫 ②	加藤新吉 ②（総務部人事課） 05.15 竹森愷男 ②
調査部	松木侠 ① 07.14 奥村慎次 ④	奥村慎次 ③（経済調査会第二部・主査） 11.02 古賀叶 ②
組織部	宮崎正義 ②	板倉真五 ②
青年部（修養部）	中島宗一 ②	武田胤雄 ② 12.27 鈴木正雄 ③（地方部工事課大連工事事務所・所長）
婦人部	篠原吉丸 ② 06.15 加藤新吉 ②	三溝又三 ③（商事部銑鉄課・課長）
相談部	植田貢太郎 ①	堀義雄 ②
運動部（体育部）	石川常長 ①	直塚芳夫 ①
共済部（福祉部）	松浦開地良 ①	松浦開地良 ①
消費部		星野龍男 ②

1933	1934
伊藤武雄　③（総務部・審査役）	中島宗一　③（経済調査会第四部・主査）
◇　渡辺柳一郎　① 阿部勇　② 落合兼行　② 曽田正彦　① 桜井弘之　① 12.15　里村英夫　① 12.15　本庄進　② 12.15　菊田直次　② 12.15　九里正蔵　②	石原重高　③（鉄道部庶務課・課長） 伊藤太郎　③（経済調査会第三部・主査） 千種峯蔵　③（地方部衛生課・課長） 山崎善次　③（鉄道建設局庶務課・課長） 平松百治　① ◇　渡部通業　① ◇　江口胤秀　② ◇　斉藤輪之助　① 09.15　関弘　② 09.15　菊田直次　② 10.15　渡辺諒　②
加藤新吉　②	伊藤武雄　③（総務部・審査役）
江口胤秀　②	北条秀一　② 10.20　八木伊勢吉　①
小林完一　②	石橋信延　②
中根信愛　①	九里正蔵　②
竹森愷男　② 04.15　片岡節三　② 11.01　渡辺柳一郎　① 12.15　加藤蕾二　①	加藤蕾二　① 06.16　粕谷益雄　②
古賀叶　② 11.01　坂田謙二　②	内山新治　①
板倉真五　② 06.15　神守源一郎　②	神守源一郎　③（地方部庶務課・課長）
石橋信延　②	稲嶺一郎　①
能登博　②	湯地利市　①
中根信愛　① 11.01　吉村繁義　②	吉村繁義　②
二宮宗太郎　① 12.15　高橋忠之　②	高橋忠之　②
松浦開地良　① 11.01　八木伊勢吉　①	八木伊勢吉　① 10.20　草柳英一　①
清水豊太郎　③（商事部庶務課・課長） 12.15　石原重高　③（鉄道部庶務課・課長）	高田精作　② **.**　境米市　②

年度	1935	1936
幹事長	中西敏憲　③（地方部・部長）	石原重高　③（総務部人事課・課長）
常任幹事	内海治一　③（総務部東亜課・課長） 神守源一郎　③（地方部庶務課・課長） 沖田迅雄　③（鉄道部庶務課・課長） 菊田直次　② 九里正蔵　② 一宮章　② 山崎善次　③（鉄道建設局庶務課・課長） 桜井弘之　①	押川一郎　③（経済調査会・幹事） 古山勝夫　③（経済調査会第三部・主査） 奥田直　③（商事部用度事務所購買課・課長） 江崎重吉　③（鉄道部貨物課・課長） 菊田直次　③（鉄道部大連鉄道事務所庶務課・課長） 山崎善次　③（鉄道建設局庶務課・課長） 鈴木鷹信　② 桜井弘之　① 種村吉衛　①
編輯部	内海治一　③（総務部東亜課・課長）	板倉真五　② 10.22　松本豊三　③（総裁室弘報課・課長）
庶務部	神守源一郎　③（地方部庶務課・課長）	山崎善次　③（鉄道建設局庶務課・課長） 10.22　岩田三平　①
会計部	石橋信延　②	石橋信延　② 12.30　赤塚尚友　①
事業部	北条秀一　② **.**　丸山堯　①	天方宗昭　①
宣伝部	渡辺諒　② 05.15　古家誠一　①	古家誠一　① 10.22　城所英一　①
調査部	中島宗一　③（経済調査会第四部・主査）	斉藤忠雄　② 12.15　永野賀成　①
組織部	伊藤太郎　③（経済調査会第三部・主査）	松尾四郎　②
青年部 （修養部）	鈴田正武　② 02.15　大槻輝男　①	草ヶ谷省三　② 05.21　古山勝夫　③（経済調査会第三部・主査）
婦人部	湯地利市　①	湯地利市　①
相談部	直塚芳夫　①	古賀董　②
運動部 （体育部）	高山宗寿　②	斉藤兼吉　①
共済部 （福祉部）	八木伊勢吉　①	八木伊勢吉　①
消費部	内山新治　② 07.15　粕谷益雄　②	粕谷益雄　② 10.22　大槻輝男　①

1937	1938
石原重高 ③ （総裁室人事課・課長） 09.27 古山勝夫 ③ （産業部交通課・課長）	人見雄三郎 ③ （総務室人事課・課長）
◇ 伊ヶ崎卓三 ③ （経理部会計課・課長） ◇ 竹村勝清 ③ （鉄道総局大連鉄道事務所工務課・課長） 鈴木鷹信 ② 平松百治 ① ◇ 古山勝夫 ③ （産業部交通課・課長） 星名秦 ② 倉橋泰彦 ③ （地方部奉天地方事務所・副所長） 江崎重吉 ③ （鉄道総局産業課・課長） 梅本正倫 ③ （撫順炭鉱古城子採炭所・副長） 菅野誠 ③ （新京事務局庶務課・課長） 12.01 山岸守永 ③ （産業部庶務課・課長）	山岸守永 ③ （調査部庶務課・課長） 有賀庫吉 ③ （総務室庶務課・課長） 関弘 ③ （鉄道総局奉天鉄道局大連埠頭事務所・所長） 鈴木鷹信 ② 江夏清 ① ◇ 三浦敬三 ② ◇ 鈴木長明 ③ （鉄道総局奉天鉄道局・副局長） 山崎善次 ③ （鉄道総局経理局第一経理課・課長） 後藤俊二郎 ③ （撫順炭鉱工作課・課長） ◇ 浜田有一 ③ （新京支社鉄道課・課長） ◇ 古賀叶 ③ （鉄道総局哈爾浜鉄道局総務課・課長） 11.12 宇木甫 ③ （鉄道総局奉天鉄道局・副局長） 11.12 井上浜介 ③ （新京支社庶務課・課長） 11.12 本多静 ③ （鉄道総局哈爾浜鉄道局総務課・課長）
平貞蔵 ① 12.01 土井章 ①	土井章 ① 12.01 菊地清 ②
安部慎一 ②	酒井節司 ①
赤塚尚友 ①	赤塚尚友 ①
黒瀬勝美 ②	山本駿平 ② 05.18 岡本敬一 ① 07.12 熊本政之 ②
城所英一 ①	松本豊三 ③ （総務室弘報課・課長）
青柳龍一 ②	永田久次郎 ③ （総務室監理課・課長） 01.15 大石龍彦 ②
武田胤雄 ③ （地方部学務課・課長） 09.15 永田久次郎 ③ （産業部商工課・課長）	高田精作 ③ （総務室文書課・課長）
佐藤晴雄 ③ （総裁室文書課・課長） 02.18 高田精作 ③ （総務室文書課・課長）	小佐厚 ③ （用度部倉庫課・課長）
湯地利市 ①	宮沢宏平 ①
山本孫市 ①	湯地利市 ①
小名吉雄 ①	吉村繁義 ②
田中幸雄 ① 八木伊勢吉 ①	和田宗雄 ②
大槻輝男 ①	奥田直 ③ （用度部購買課・課長）

年度	1939				1940			
幹事長		菅野誠	③	（総裁室監理課・課長）		木村常次郎	③	（経理部・部長）
常任幹事		人見雄三郎	③	（総裁室人事課・課長）		高田精作	③	（総裁室文書課・課長）
		桜井弘之	①			高野与作	③	（鉄道総局工務局保線課・課長）
		園田一房	③	（鉄道総局輸送局運転課・課長）		草ヶ谷省三	③	（鉄道総局人事局人事課・課長）
		坂田謙二	③	（鉄道総局奉天鉄路局総務課・課長）		鈴田正武	③	（鉄道総局輸送委員会・幹事）
		角田一雄	③	（撫順炭鉱総務局経理課・課長）		森景樹	③	（鉄道総局奉天鉄路局総務課・課長）
		本多静	③	（鉄道総局哈爾浜鉄道局総務課・課長）		阪口麗	③	（調査部庶務課・課長）
		石関信助	①			横山重夫	①	
		小池文雄	⑤			上阪清一	①	
		井上浜介	①			松岡功	②	
		草ヶ谷省三	③	（鉄道総局人事局人事課・課長）		本多静	③	（鉄道総局哈爾浜鉄道局人事課・課長）
		横山重夫	①			石関信助	③	（鉄道総局大連埠頭局総務課・課長）
	.	高野与作	③	（鉄道総局工務局保線課・課長）	**.**	加藤郁哉	③	（鉄道総局錦州鉄道局総務課・副課長）
					.	尾崎久市	③	（新京支社鉄道課・課長）
編輯部		浜本一人	①			浜本一人	①	
					.	平野栄	①	
庶務部		鈴田正武	③	（鉄道総局輸送委員会・幹事）		橋爪政男	①	
					.	浜本憲治	①	
会計部		戸倉能時	②			戸倉能時	②	
					09.**	松浦松巳	①	
事業部		高野与作	③	（鉄道総局工務局保線課・課長）		西畑正倫	③	（鉄道総局建設局計画課・課長）
宣伝部		佐藤真美	①			芝田研三	③	（総裁室弘報課・課長）
調査部		山内丈夫	③	（鉄道総局鉄道総局企画委員会第五部・主査）		丸尾毅	②	
					.	笠井重光	①	
組織部		野間口英喜	③	（鉄道総局営業局旅客課・課長）		酒井節司	①	
青年部（修養部）		丸尾毅	②			山内丈夫	③	（鉄道総局鉄道総局企画委員会第五部・主査）
婦人部		高橋威夫	②			坂田謙二	③	（鉄道総局奉天鉄路局人事課・課長）
	05.15	酒井節司	①					
相談部		小沢恒三	②			古賀叶	③	（鉄道総局人事局養成課・課長）
運動部（体育部）		浜田有一	③	（鉄道総局自動車局営業課・課長）		村上国平	①	
共済部（福祉部）		久山卓二	②			入江理	③	（鉄道総局奉天厚生事務所・所長）
消費部		新井静二郎	④			石毛公済	③	（鉄道総局人事局厚生課・福祉生計事務所長）

		1941		
		高田精作	③	（鉄道総局鉄道総局企画委員会・幹事長）
		坂田謙二	③	（鉄道総局人事局人事課・課長）
		鈴田正武	③	（鉄道総局輸送委員会・幹事）
		山内丈夫	③	（鉄道総局建設局計画課・課長）
		江崎重吉	③	（鉄道総局自動車局・局長）
		横山重夫	①	
		石関信助	③	（鉄道総局大連埠頭局総務課・課長）
		尾崎久市	③	（新京支社鉄道課・課長）
		高野与作	③	（鉄道総局哈爾浜鉄道局・副局長）
		園田一房	③	（鉄道総局奉天鉄道局・副局長）
		山岸守永	③	（鉄道総局錦州鉄道局・副局長）
	06.20	村田稔	③	（総裁室庶務課・課長）
総務部		板倉真五	③	（総裁室文書課・課長）
会計部		松浦松巳	①	
弘報部		芝田研三	③	（総裁室弘報課・課長）
厚生部		村田稔	③	（鉄道総局人事局厚生課）
	.	梅本正倫	③	（撫順炭鉱総務局庶務課・課長）
生計部		石毛公済	⑤	
保健部		千種峯蔵	③	（鉄道総局人事局保健課・課長）
青年部		古賀叶	③	（鉄道総局人事局養成課・課長）
婦人部		塚原鬛智三	③	（鉄道総局工務局電気課・課長）

出典）課長級以上社員データベース。

注1）幹事長・部長が複数いる場合は，任期中での交替を意味している。上段が前任者，下段が後任者（または，年度途中で就任した者）。氏名の前の月日は任命月日。

2）常任幹事のうち，氏名の前に「◇」がある者は任期中で辞任した者。氏名の前に任命月日のある者は，後任者，または，年度途中で就任した者。

3）年度当初に常任幹事・部長が決まっていない場合も，4月1日を任命月日としてある。

4）（　）は年度当初（4月1日）の会社内の所属と役職。年度途中で社員会本部役員に就任した場合は，その時点での会社の所属と役職。

5）任命月日が明らかでない場合は，任命が報告された幹事会・本部役員会などの開催日を掲げた。それも不明な場合は，掲載された『協和』の発行日を掲げた。それでも不明な場合は「**」としてある。

6）任命月日に「**」が含まれる16名の内訳は，(a)課長級以上の職歴のない者が4名，(b)当該年度に課級以上ポストにない者が8名，(c)当該年度に課級以上ポストにあった者が4名。(c)の4名は，任命月日が「**.**」の場合は年度当初（4月1日）時点での，任命日のみ「**」の場合は月頭（1日）時点での会社内の所属・役職を示してある。

7）1939年度当初の会社内所属の課級以上ポストは，1939年4月1日職制改正でのものを採用。

8）氏名の後の①～⑤は，会社創立から1942年6月1日までの会社の課長級以上職歴を分類したもの。分類の内容は以下の通り。

①なし：課長級以上の職歴なし。

②昇進：課長級以上の職歴はないが，当該年度の本部役員就任後に課級以上ポストに昇進。

③現職：当該年度の本部役員就任時に課級以上ポストに在職。

④再昇進：課長級以上の職歴をもつが，当該年度の本部役員就任時に課級以上ポストになく，就任後に再昇進。

⑤元職：課長級以上の職歴をもつが，当該年度の本部役員就任時に課級以上ポストになく，就任後も再昇進せず。

9）「青年部（修養部）」は，1927年度から青年部，1929年度途中から修養部，1936年度途中から再び青年部。

10）「運動部（体育部）」は，1933年度まで運動部，1934年度から体育部。

11）「共済部（福祉部）」は，1933年度まで共済部，1934年度から福祉部。

12）「組織部」は1927年度，「消費部」は1932年度の途中で設置されている。

13）1941年度は，規約改正にともなう改廃により，本部が8部となっている。

第2章

社員の経営参画

――課長級以上の人事異動と社員会の活動――

はじめに

本章では，第1章での課長級以上社員の分析を基礎として，満鉄社員会での活動を通じて彼らがどのように満鉄経営で「主体性」を発揮したのかを明らかにする。

満鉄社員会をめぐるこれまでの研究は，満州青年連盟や大雄峰会などの植民地民間団体と在満日本人との関係を明らかにしてきた。松沢哲成は，聞き取り調査をもとに，満鉄社員会の設立を「民族協和」の諸運動の淵源として[1)]，中西勝彦は，「国民革命の展開に対応した新たな在満日本人の存在根拠の追求」として位置づけている[2)]。また，近年では，エマー・オドワイヤーが満鉄社員会の評議員制度と大連における「民主的な社会」との相互作用を見出している[3)]。

これらの先行研究に対して本章が企図することは，創刊号（1927年4月）から満州重工業開発株式会社（満業）へ社員が転出したタイミングで出された12巻6号（1938年3月）までの『協和』を分析して，「国策会社」としての満鉄の経営における課長級以上社員の「主体性」の内実を明らかにすることにある。

1　松沢哲成『日本ファシズムの対外侵略』三一書房，1983年。

2　中西勝彦「中国国民革命期における在満日本人の意識――橘樸の「方向転換」との係わりで」『法学雑誌』（大阪市立大学）25巻2号，1978年12月。

3　Emer O'Dwyer, *Significant Soil : Settler Colonialism and Japan's Urban Empire in Manchuria*, Harvard University Asia Center, 2015.

その際に留意したいのは，満鉄の課長級以上と社員会本部における人事の連関，すなわち課長級以上社員がどのように社員会本部役員に就いていたのか，または，社員会本部役員がどのように課長級以上社員になっていくのか，という問いである。このようなアプローチによって，数多くある『協和』の論説・記事の「言説」に流されることなく，それらの筆者の「身元」を確定しながら，課長級以上社員の「主体性」の内実を明らかにすることができよう。

『協和』の分析では，具体的には，満鉄経営に参画するうえで不可避な社員の理事への昇進に焦点をあてる。これは，課長級以上社員の「上へ」の動きであり，同時に，満鉄そのものの主体性を確立する，別言すれば，社外からの政治的干渉と対峙する動きでもある。本章では，その実現と挫折が有する経営政策上の意味を明らかにしつつ，この動きを辿る。次いで，課長級以上社員から「下へ」のマネジメントとして，実行面では待遇をめぐる問題を，精神面では「精神作興運動」を跡づける。前者は会社の「公式のマネジメント」とも密接不可分であり，後者はこの「公式のマネジメント」を補完する社員会に特徴的な活動のひとつである。これらを検討するにあたっては，第II部での分析を見据えて，民間株主などの「出資者」との関係にも留意する。そして，「国策会社」としての満鉄経営，別言すれば，満鉄を中心とした経済統制に向けた動きを，社員会の活動を通じて明らかにする。これは，満州事変後に設置された経済調査会・産業部を，社員会の活動の側から照射しようとするものである。これによって，「国策会社」としての満鉄経営における課長級以上社員の「主体性」の内実を把握したい。

1　満鉄社員会の設立

1）設立経緯

満鉄社員会が社員の親睦・交流のための一般的な団体と異なるのは，この会が社員自らの満鉄経営を実現するために活動した点にある。

前章で示したように，満鉄の重役はその出自によって2つに分けることができる。社外から招聘される重役と，社員が昇格する社員理事である。社員会が自分たちの歴史を振り返るなかで，「最初に社員理事登用に関する声明を発したのは課長会議」としているように[4)]，この社員理事を要求する声は1920年代半ばから上がっており，「満鉄人による満鉄経営」の要求は脈々と受け継がれていた。「課長会議」とは明記されていないものの，「大連南満洲鉄道株式会社社員幹部一同」の名で，『満鉄ノ使命ニ鑑ミテ吾人ノ衷情ヲ披瀝ス』が出されたのは1924年7月8日のことであった。

『満鉄ノ使命ニ鑑ミテ吾人ノ衷情ヲ披瀝ス』は，「会社ノ最高幹部ハ座席暖マルノ暇ナク政変ニ伴ヒテ飄然トシテ来リ，卒然トシテ去ル，故ニ迎送ノ宴徒ニ多クシテ大策ノ敢行動モスレハ遷延遅渋ス」と揶揄しつつ，重役人事の不安定さを糾弾した。そして「社員幹部一同」は，「将来我満鉄ニ於テハ幹部ヲ政争ノ外ニ置キ，新ニ採用スル場合ハ満蒙ヲ了解シ，卓越セル経綸ヲ有スル人才ヲ擢用スルノ方針ヲ確立シ，以テ妄ニ政変ニ因リテ幹部ヲ進退セシメサルコト」を希望しながら，「斯ノ如クニシテ初メテ帝国ノ満蒙ニ於ケル対策ハ其堅実ヲ加フヘク，数万ノ社員ハ益々其業ニ精励スヘシ」と主張する[5)]。

この「満蒙ヲ了解シ，卓越セル経綸ヲ有スル人才ヲ擢用スル」こと，すなわち，社員を重役に昇格させることが，社員の心の内の願望としてのみあったのではなく，パンフレットという形で公にされている点に注意したい。『満鉄統計年報』で「従事員」としてカウントされた存在は，満鉄の経営において，「もの言う社員」としてのアクティブな性質を備えていた。そのような存在は，課長会議とは別の団体にも見られた。「主任級を中心とする進歩的な中堅社員の団体」[6)]，または，「当時の中堅社員であった課所長級を以て組織されてをつた」[7)]とされた共鳴会がそれに該当する。

このパンフレットが出された日の課長級以上社員の一覧を，巻末付表1としてまとめてある。本章が対象とする満鉄社員会は，この巻末付表1で示された「課所長級」よりも一つ下の社員から発起者を出している。「満鉄が政党の党略

---

4 「社員会十年史(1)」『協和』11巻12号，1937年6月15日，20頁。
5 『満鉄ノ使命ニ鑑ミテ吾人ノ衷情ヲ披瀝ス』大連南満洲鉄道株式会社社員幹部一同，1924年7月8日，5-7頁。
6 「社員会十年史(1)」『協和』11巻12号，1937年6月15日，20頁。
7 「社員会の十年を語る座談会」『協和』11巻8号，1937年4月15日，3頁。

のために災いされる」点に「根本の動機」があり，この点では上述の「社員幹部一同」と同じであった。そして，彼らによる「志を同じうするものの一つの団体」は，名前もない「秘密団体」として誕生した[8]。

この発起者として具体的には，奥村慎次・岡田卓雄・加藤新吉・宮崎正義・中島宗一・五十保保司・伊ヶ崎卓三・荒木章らの名前が挙がる[9]。また，唯一の会社課長として山崎元幹が加わっていた。彼らは，『新天地』という社外の雑誌に寄稿を重ねていたが，その中から社員会結成の運動が起こり，その際に，石川鉄雄が「陰になり日向になりこれ等の人達を指導もし援助も」しただけでなく，社員としての経歴をもつ理事・大蔵公望もまた，間接的に彼らの面倒を見た。彼らは，「大正元年」以降の大卒者の会である「新緑会」を起点に，各学校の同窓会を通じて社員会の結成を企図した。1925 年 10 月の各学校代表との会合では，「これをきっかけに社員連盟を作るということなら大いに賛成」という意見が多く，これが社員会結成への突破口となる[10]。彼らは，「全体の意向が社員会結成に傾いたので，これら発起団体の代表者連は数十回の秘密会を開いて方法を協議することを重ねた」[11]。

このように，秘密団体に集った社員は，社外の雑誌への寄稿など，さまざまな形で議論を重ねる活力をもっていた。彼らの多くは大学を卒業しており，それぞれの同窓会を中心にして，社員会の結成へと動いている。彼らが教育水準の高さとそれを背景にした議論を基盤として，社員会の結成を模索していたことのもつ意味は小さくない。この社員団体は，設立に至るまでに確かな思想的な歩みを積み重ねており，彼らも自分たちの歴史を振り返るうえで，自らの「思想」を捨象することがない。

加藤新吉は，彼らが入社した 1920 年代の「青年社員の思想的中心」として，石川鉄雄を挙げ，石川を「品のいい洗練された人，哲学家であり理想家」と評している[12]。そして，彼らの世代の中で「精神的な指導者」とされるのが奥村

8　同上，2–4 頁。
9　「社員会十年史 (1)」『協和』11 巻 12 号，1937 年 6 月 15 日，20 頁。
10　「社員会の十年を語る座談会」『協和』11 巻 8 号，1937 年 4 月 15 日，2–6 頁。
11　「社員会十年史 (1)」『協和』11 巻 12 号，1937 年 6 月 15 日，20 頁。
12　「社員会の十年を語る座談会 (2)」『協和』11 巻 9 号，1937 年 5 月 1 日，5 頁。

慎次であり，その指導的思想とは「国家的使命に向って，上も下も一緒になって進む為の，一つの団体を作る」というものであった[13)]。

奥村が『読書会雑誌』(1925年6月）に寄せた「個人我より社会我へ」は，彼らの思想をはじめて表したものとして位置づけられている[14)]。奥村は，文明人の特徴である「自我の覚醒」こそがあらゆる意味での自由の要求につながり，それが個人の「向上の動機」となり，社会の「進歩の原動力」となると認識していた。しかし，「個人我」にとどまっていては，「たとえよく破壊の業を成し得可きも，よく建設の業を営む事を得ない」として，労働組合間の紛争を例に挙げながら，日本人の場合は「自我の覚醒」そのものが「中途半端」であり，「自我の意識を拡張して，広く社会我を高調し，自治協力の風を養成する」べきだと主張したのである。要約すれば，奥村の問題意識は，日本人の「自治的訓練の欠乏，社会的自覚の幼稚なる事」にあった[15)]。

この奥村の主張は，社員会の前身として結成された「満鉄社員同志会」の綱領に反映されている[16)]。社員同志会綱領を挙げておこう。

> 満鉄社員同志会は満鉄の社員自治をその最終の目標として活動するものにして，全社員の協力を以て左記各項の貫徹を期す
> 一，会社の自主独立の地位を擁護し，外部的勢力が不当に会社に及び，其の健全なる発達を阻害せんとするときは全力を以て之を排除すること
> 二，会社の重役に社員の推薦する者の中より政府之を任命することの原則を確立すること
> 三，満鉄社員共同の福祉を増進すること[17)]

しかし，この綱領は会社の重役や彼らの上司の知るところとなり，「呼びつけられて手ひどい叱言」[18)]を受けて，修正を余儀なくされた[19)]。奥村自身の主

13　「社員会の十年を語る座談会」『協和』11巻8号，1937年4月15日，3頁。
14　同上，4頁。
15　奥村慎次「個人我より社会我へ」『読書会雑誌』1925年6月号，15-21頁。
16　当初，綱領の前文は，「満鉄社員同志会は満鉄会社の社員自治を以て最終の目的として活動せんとするものにして満鉄会社の社員自治とは次の三個の意義を有するものとす」とされており，三綱領は社員自治を定義するものであった（同上，4頁)。
17　同上，2-3頁。

張にも変化が表れている。奥村は，『読書会雑誌』(1926年1月）に寄せた「満鉄社員団結の意義とその目的」において，第一に，「知識階級」以外の労働者も団結の視野に入れる一方，第二に，重役更迭を社員が阻止することは不可能としたうえで，「社員が会社の使命を自己の理想とし，其の理想の下に団結」することで，政権交代にともなう重役更迭という「会社の欠陥」を補い，なおかつ会社の「独立的地位」を擁護することを唱え，第三に，社員共同の利益と会社の利益が矛盾しないことを主張した。そして，「社員自治」については，「同一の使命の下に団結せられたる社員とその中より選任せられたる重役との協力に依つて経営せらるゝの理想的状態」として，「政府の重役任命権会社監督権を云謂するものに非る」としている[20)]。

このような「調整」を経て，1926年2月には，「社員会発起団体代表者」32名の連名で，会社に対して「社員会」設立が申請され，これが認められて「社員会創立準備委員会」(以下，準備委員会）が設置された[21)]。配布されたパンフレット『満鉄社員会創設に際して』では，「満鉄社員会創立に際し社員諸氏に告ぐ」と題して，「会社幹部も前記発起団体代表者会の精神のある所を諒とせられ快く之が創立を許可されましたから，ここに準備委員会を組織して広く全社員に対し本会入会を勧誘するに至った次第」と説明されたという[22)]。入会者は順調に集まり，同年8月末までに1万8300人（当時社員数約2万人）に達した[23)]。

そして，同年5月19日には，準備委員会の名で社員会設立の経緯・綱領・宣言・規約などを公表することが決められた[24)]。「社員会宣言」は荒木章によって，規約は日本農民組合のそれを参考に宮崎正義によって原案が作られ，同月31日には，「綱領，宣言，規約等の前言の訂正」について「修正定義の精

18　「社員会十年史(1)」『協和』11巻12号，1937年6月15日，20頁。
19　「社員会の十年を語る座談会」『協和』11巻8号，1937年4月15日，3頁。
20　以上，奥村慎次「満鉄社員団結の意義とその目的」『読書会雑誌』1926年1月号，7-13頁。
21　『南満州鉄道株式会社第三次十年史』南満州鉄道株式会社，1934年（復刻版：龍渓書舍，1976年)，164頁。
22　「社員会十年史(1)」『協和』11巻12号，1937年6月15日，21頁。
23　「社員会十年史(2)」『協和』11巻14号，1937年7月15日，6頁。
24　「社員会十年史(1)」『協和』11巻12号，1937年6月15日，20頁。

神を容れ執筆者奥村幹事に於て修正すること」とされた[25]。その結果，「社員会綱領」は前章でも示したとおりとなった。以下に再掲しよう。

満鉄社員会は全会員の一致協力を以って左記各項の貫徹を期す
一，自主独立の精神を涵養し自律自治の修養を積むこと
二，会社の使命に立脚し其の真正なる地位を擁護すること
三，会社の健全なる発達を基調とし社員共同の福祉を増進すること[26]

上述の同志会綱領と比較すると，第二項「会社の重役に社員の推薦する者の中より政府之を任命することの原則を確立すること」が完全に削除され，第三項の「社員共同の福祉を増進すること」に「会社の健全なる発達を基調とし」の語が加えられている。これを加筆したのは保々隆矣であった[27]。この「落着」は，「課所長級よりも一つ下」の社員と，課所長級の「課長会議」「社員会幹部一同」「共鳴会」とが融和して，社員会が設立されたことを示している。

「社員共同の福祉」をめぐっては，「消費組合，共済会，読書会，音楽会，運動会の移管経営」を視野に入れて，福祉部・相談部・消費部・修養部・体育部・婦人部を社員会本部に置き，「その可否を研究」していた。会社で消費組合等の各種団体を管轄していたのは，庶務部社会課であった。課長は田村羊三で，準備委員会の委員としても名を連ね，社員消費組合の代表（専務理事）も務めていた[28]。しかし，社会課の協力は頓挫する。結局，「会社が関係している連絡親睦の機関としては職員全部を以て組織する満鉄読書会」[29]を除いて，「尽く社員会において経営するは不可或ひは時期尚早なり」という結論になった[30]。

社員会はその設立時，さまざまな点からの大同団結に止血を注いでいたものの，結局のところ『読書会雑誌』を継承するにとどまった。では，『読書会雑誌』を引き継いだ『協和』で，社員会はどのような活動を展開したのだろうか。

25　「社員会の十年を語る座談会」『協和』11巻8号，1937年4月15日，4-7頁。
26　「社員会綱領」『協和』1巻2号，1927年5月，1頁。
27　「社員会の十年を語る座談会」『協和』11巻8号，1937年4月15日，4頁。
28　同上，5頁。
29　「社員会十年史⑴」『協和』11巻12号，1937年6月15日，20頁。
30　「社員会十年史⑵」『協和』11巻14号，1937年7月15日，7頁。

2）「鵺の如き」という批判

1927 年 4 月 1 日，満鉄 20 周年記念式の後，社員会は発会式を挙行して，公式に設立された。これと前後して，岡虎次郎と藤根寿吉が会社理事に昇進しており，4 月 11 には「藤根理事就任祝賀会」が社員会主催で開かれた[31]。幹事長・木部守一は開会挨拶で，藤根と岡の両名を「最初から会社に居られた方」として社員理事の誕生を祝し[32]，武村清も「満鉄はえ抜きの社員」であることを喜び[33]，さらに田所耕耘は，社員理事の起用が「或る程度迄「コンファーム」された」と評価するにいたっている[34]。

社外理事に対する不信感と低評価には根深いものがあった。木部は，外部からの理事が「奇想天外的な遣口で稍もすれば会社に損を懸ける」[35]と批判し，田所も「我々の先輩の優秀な人に比べて見て……どうしても劣って居るとより外考えることが出来ない」としたうえで，そのような社外の人を理事に起用することは「我々の先輩に対する侮辱であるのみならず，我々社員に対する侮辱を意味する」とまで記している[36]。この点は奥村慎次も同様で，「真に満鉄の精神を理解せず，満鉄の理想に対する明確な意識を持たない外来者によって理事の地位が占められると云うことは，単に業務の遂行上の便不便の問題に止まらない」と強く批判していた[37]。

別言すれば，設立前後において，社員会の目的のひとつである「社員理事の登用」は早々に達成されており，その点では順調な船出であった。会社との対立的な構図を穏便に回避する努力の成果といえるかもしれない。そのようななかでも，部長級の木部も課長級未満の奥村も，「社外理事」の弊害を社員理事誕生の祝いの場で声高に主張している。社員会の会員は「もの言う社員」としての姿勢を崩すことがなかったのである。しかし，この「もの言う社員」の物言いは，社員会本部内で奥村ら本部役員にも突きつけられることになる。その

31 「藤根理事の就任を祝して」『協和』1 巻 2 号，1927 年 5 月 1 日，16 頁。
32 木部幹事長「開会挨拶」『協和』1 巻 2 号，1927 年 5 月 1 日，19 頁。
33 武村清「会員所感」『協和』1 巻 2 号，1927 年 5 月 1 日，22 頁。
34 田所耕耘「会員所感」『協和』1 巻 2 号，1927 年 5 月 1 日，23 頁。
35 木部幹事長「開会挨拶」『協和』1 巻 2 号，1927 年 5 月 1 日，19 頁。
36 田所耕耘「会員所感」『協和』1 巻 2 号，1927 年 5 月 1 日，23 頁。
37 奥村慎次「会員所感」『協和』1 巻 2 号，1927 年 5 月 1 日，26 頁。

急先鋒は，常任幹事の富永能雄だった。富永は『協和』創刊号に，「社員会の改造を望む」と題した論説を発表している。

共鳴会経由で「満鉄は将来満鉄多数社員の意見に依って支配せられるべき」という意気込みを聞いていた富永は，社員会綱領第二項の「自律自治」を指して，「初等教育の修身本であるまいし」と揶揄し，「何と云う鵺の如き主義綱領」と痛烈に批判した。富永に言わせれば，この社員会設立によって，重役と社員との間に過去になかったほどの「深い々々溝」ができてしまったのであった。それゆえに富永は，会社重役も社員会員とし，社長を会長，副社長を副会長，理事を顧問とする服従的体制に改造すべしとした[38)]。社員会の全面否定である。

富永からの批判に，秘密団体の頃から社員会の設立を担ってきた社員は敏感に反応した。『協和』は，翌月号（1927 年 5 月）に，「富永氏の社員会改造論を駁す」との特集で，反論のために頁を割いている。宮崎正義は，満鉄の使命の達成も地位の擁護も，社員が「愛社心の発露」として主張することに意義があるとしたうえで，重役が「社員を其羽翼とする一大団結をつくり……政党政商に対抗する」という富永の主張は，「重役の立場より見て会社の存在を忘れたる狂気の沙汰」であり，「国家を代表する政府に対して会社を対抗せしめ之を政争渦中に陥れんとする底意を有する」と返した[39)]。また，伊ヶ崎卓三は，4 月 1 日の社員会発会式が，会社の 20 周年祝賀会後に引き続いて「殆んど同じめでたさ」で挙行され，重役による祝福と今後の希望が述べられた事実をさして，富永の言う重役と社員との溝が，自己の幻影におびえた疑心暗鬼であるとした[40)]。

富永・宮崎・伊ヶ崎の論説は，いずれも感情的になっている点が少なくない。実際，富永からの再反論「宮崎君及伊ケ崎君に答ふ（個人として）」は 8 頁にわたるものでありながら，建設的な内容とはなっていない[41)]。しかし，他の会員

38　富永能雄「社員会の改造を望む」『協和』1 巻 1 号，1927 年 4 月 1 日，13–17 頁。
39　宮崎正義「社員会を理解せざる言説」『協和』1 巻 2 号，1927 年 5 月 1 日，56 頁。
40　伊ヶ崎卓三「幻におびへたる言なり」『協和』1 巻 2 号，1927 年 5 月 1 日，61 頁。
41　富永能雄「宮崎君及伊ヶ崎君に答ふ（個人として）」『協和』1 巻 3 号，1927 年 6 月 1 日，20–27 頁。

も，これを傍観することがなかった。社員会はどうあるべきか，という論点をめぐって，それぞれの立場からの主張が掲載されている。たとえば，1927年度常任幹事で，翌28年度に幹事長となる石川鉄雄（社長室審査役）は，「社員会の存立乃発展の前提は満鉄会社そのもの」として，会員が「公人的意識」で団結する必要を訴えた[42]。一方，27年度調査部長の平島敏夫（地方部地方課長）は，富永の主張を「筆の立つ同〔富永〕君が君独特の修辞法に依って筆を走らせ過ぎた点と，君の明敏な頭脳と冷静な性格から来る独断とが多量にあるのを感ずる」とたしなめつつ，利害の異なる会員が綱領を実行するにはさまざまな困難を覚悟する必要があることを説きながらも，社員会が「その第一歩を正しく踏み出してゐる」と評価していた[43]。

このような状況に対して，奥村慎次は冷静であった。彼は，社員会が「下級社員と若い社員に発言権を与え」ている点を評価し，多数の発言によって満鉄に活気が満ちてくることを期待する一方，満鉄に対する「最高権力」が政府であることから眼を逸らさず，問題が政党政治にあり，「国内的，地方的関心」の強さゆえに満州をないがしろにすることにあると把握していた[44]。奥村によれば，社員会は「満鉄社員の地位と環境の産物」であり，「社会理想について十人十色の違った分子を包含して居る会に於いては，曖昧模糊として捕える所のない様なのが面白い」のであった[45]。そして，その面白さの向こう側に，奥村は会社人事に社員会が与える間接的な影響を見てもいた。それは，「今までは少数の上の人間の気に入る事が一番必要であったらうが，社員会の様なものが出来るとその間接の作用として，社員一般からの評価と云う様なものが漸次考慮さるる」ためであった[46]。

では，社員会はどのように進んでいくべきか。この点について奥村は，上述のような感情論・精神論と一線を画し，社員会の枠を超えて，満鉄経営と産業組織とを有機的に連関させるビジョンをも示している。

42　常任幹事石川鉄雄「社員会の理想と現実」『協和』1巻3号，1927年6月1日，5頁。
43　調査部長平島敏夫「社員会の歩める道」『協和』1巻3号，1927年6月1日，11-14頁。
44　奥村慎次「社員会問答(2)」『協和』1巻3号，1927年6月1日，16-18頁。
45　奥村慎次「社員会問答(3)」『協和』1巻4号，1927年7月1日，25-26頁。
46　奥村慎次「社員会問答(2)」『協和』1巻3号，1927年6月1日，15頁。

奥村は，時代がどのように変わるかを明らかにすることを先決ととらえ，また，満鉄だけを切り取って構想を描くことに意味を感じてもいない。そして，「産業の国家的統整と各産業組織内に於けるデモクラテックな傾向とは必然的なもの」として，「国家資本主義或は国家社会主義」を見据えている。「凡ての産業に公益性を有しないものはない」と考える奥村は，資本家の配当受取を公債の利子程度に抑制して，余った利益を国家と従事員に分配することを考える[47]。

そもそも奥村にとって一般的な株式会社の株主は，少しでも配当が多ければよいと考えるだけで，経営上の発言権をわざわざ求めない存在であり，ゆえに配当も「一種の利息」でしかなかった[48]。加えて，「少数の資本家階級から産業経営上の才幹を常に発見することは甚だ困難だ」とも言う[49]。

それゆえに奥村は，産業の経営が従業員によって担われ，株主総会に代わって「従業員代表会議」が実施されるべきとする。この際，従業員には相当の教養が求められるが，奥村は「その点が凡ての問題の基調」として，「サラリーマン」と「肉体労働に従事する人々」の「完全なる提携」が不可欠であり，資本家と無産階級という対立は非現実的とする。別言すれば，奥村は，サラリーマンなどの新中間階級に重きを置いており，「勤労によって生活する者」と「利子・配当によって生活する者」を「区別」することが「現実的」だと考えていた。

このように考える奥村にとって，満鉄は理想に「一番近い形」にあった。なぜならば，満鉄は特殊会社であり，株主の発言権が弱く配当も抑制され，「社員の間に会社の特殊使命なる観念がしみ込んで居る」からであった。それゆえに，社員の「自治的訓練」が肝要となり，これがまた団体行動を有意義なものにするという。「組織の力を知らず，団体的行動の価値を知らないものは，既に時勢遅れだ」とする奥村は，このような観点から社員会を社員の「自治的訓練の道場」と位置づけるのであった[50]。

47　奥村慎次「社員会問答(3)」『協和』1巻4号，1927年7月1日，26–28頁。
48　奥村慎次「社員会問答(2)」『協和』1巻3号，1927年6月1日，18頁。
49　奥村慎次「社員会問答(3)」『協和』1巻4号，1927年7月1日，28頁。
50　以上，同上，28–31頁。

しかし，奥村は社員会に思いを寄せ続けることができなかった。「我々の先輩に期待を持つ事は勿論出来ないが，我々階級のものも駄目だと思う只頼む可きは後より来る人々だ」として，自分たちに対する自惚れがあったことを反省しつつ，「真の革新」を後進に期待していた[51]。そして，1927年度の第一回幹事会で，早々に編輯部長の辞任を申し出た。同時に富永も常任幹事の辞任を申し出ている。この申出に対して幹事会は投票を実施しており，奥村については全員反対，富永には賛成12，反対19という数字が残っている[52]。結果として，両者とも辞任を認められず，この点については幹事長・木部が会報において，丁寧な説明と両者の擁護を行っている[53]。

3）傭員の待遇改善要求

社員会が抱えたもうひとつの問題は，職員よりも下の身分にある「傭員」からの待遇改善要求にあった。満鉄では，職員・雇員・傭員の三層を設けていたのを，1924年4月に雇員を職員に統合にして二層にしていた[54]。

この要求は，1926年12月早々に「第一回評議員会」で出されており，翌27年1月には傭員を多く抱える撫順で最初の地方連合会が結成された[55]。そして，第2回評議員会では，議題36〜66がこの改善要求に関するものとして出され，緊急動議で，幹事会において待遇改善の実現を促進することと，常設委員会（職員と傭員を同数）を置いて改善方法などを研究することが決まった[56]。幹事長に一任された人選の結果，職員からは奥村慎次・宮崎正義・石原重高らが，傭員からは佐々木登らが指名され[57]，委員長には石川鉄雄が就いた[58]。

51　奥村慎次「社員会問答⑵」『協和』1巻3号，1927年6月1日，17頁。

52　「第一回幹事会開催の件 五，富永常任幹事及奥村編輯部長辞任申出の件」『協和』1巻3号，1927年6月1日，29頁。

53　「富永，奥村両君の常任幹事並編輯部長辞任申出審議の件」『協和』1巻3号，1927年6月1日，49頁。

54　伊藤一彦「満鉄労働者と労務体制」松村高夫・解学詩・江田憲治編著『満鉄労働史の研究』日本経済評論社，2002年，125頁。

55　「社員会小史：未定稿」宣伝部編『満鉄社員会概要』1936年，7頁。なお，連合会会長は山崎元幹である。

56　「第二回評議員会開催の件 会員待遇改善に関する部」『協和』1巻3号，1927年6月1日，43-46頁。

傭員の主張は，社長・山本条太郎を中心とする重役陣の経営方針に対して，冷静に向けられている。佐々木は，満鉄が国策遂行会社であることを措いて，民間他社に遠慮して待遇改善を進めないことは，結局のところ「不健全な商工業」の育成につながり，また，薄給で傭員子弟が十分な教育を受けられなければ「第二の国民」も養成できないと主張した[59]。そして，傭員が15年勤務しても「日給2円30〜40銭が関の山」であり，かつ，退職手当も15年勤続職員が90ヶ月分なのに対して，傭員は日給500日分でしかないと訴える。この訴えの根底には，彼ら傭員が「職員と何等異ならぬ業務に従事」しているという自負があり[60]，太田藤三郎もまた，「推理思考力に於て，技能に於て，能率と勤務精神に於て，敢て遜色を看ざる」と同様の認識を示している[61]。事実彼らは，『協和』において堂々と論説を披露してもいた。

社員会本部役員，すなわち，職員の対応は実に抑圧的であった。木部守一は，「社員会本位」は大事だが，それは「下級社員本位」ということではなく，傭員が自身の待遇問題ばかり考えてはならぬと強く釘を刺した[62]。田村羊三は，フォード社を例に挙げて，その成功が資本家・経営者・労働者の利害一致にあり，そこに見出しうる「協働主義」がまさに社員会綱領第三項であるとしたうえで，「自己の現在の職分をも充分に遂行し得ずして，徒に其の待遇の薄きを憤慨し，又は会社自体の健全なる発達を念とせず，社会一般に及ぼす影響を考

57　「会員待遇改善常設委員任命」『協和』1巻4号，1927年7月1日，148頁。なお，委員は以下の通り。二村光三・小田島興三・石川鉄雄・藤飯三郎左衛門・奥村慎次・宮崎正義・野中秀次・石原重高・竹林安吉・秋山宇八・田中賀寿太・平島敏夫岡本覚太郎・中原ひろ・羽根木清・村上深了・中村正夫・佐々木登・小池秀男・福井松代・木村浅吉・金光秀三。

58　「待遇改善常設委員会」『協和』2巻2号，1928年2月1日，95頁。

59　埠頭佐々木登「大蔵前理事に答ふ」『協和』1巻8号，1927年11月1日，166-167頁。大蔵公望は理事退任に際して，傭員の待遇が他社と比べて悪いことはなく，待遇を改善すれば，在満日本人の商工業を「萎縮せしむる結果を招来する恐がある」と述べていた（大蔵公望「去るに臨んで親愛なる満鉄社員諸君に訴ふ」『協和』1巻7号，1927年10月1日，13頁）。

60　埠頭佐々木登「大蔵前理事に答ふ」『協和』1巻8号，1927年11月1日，166頁。

61　太田藤三郎「傭員の立場を述べて社長の御賢察に献る——社員は社長に何を求むるかの応稿」『協和』2巻2号，1928年2月1日，40頁。

62　木部守一「幹事長を退くに当りて」『協和』2巻4号，1928年4月1日，24頁。

慮せず，其の待遇の増進のみ要望するが如き利己一点張の主張は，協働主義から看れば誤ったもの」と切って捨てている[63]。そして，後に 1935 年度の幹事長に就く中西敏憲に至っては，社員会は「一部階級の幸福のみ」を求める「私利的団体」ではなく，「徹頭徹尾会社本位，会社の使命本位の公人的団体」であり，「特殊使命の遂行の為には吾人の福祉も亦犠牲に供するの覚悟あることを必要とする」と，「公人」の立場から傭員の待遇改善要求を完全に拒絶した[64]。

常設委員会委員長・石川鉄雄は，両者の間にあって，1928 年 1 月に社長・山本条太郎に請願を試みるだけでなく[65]，同年度幹事長就任に際しては，「社員及会社全体の利害より見て」さらなる「努力」をすると約束した[66]。そして，「生活の安定よりも更に大切なものを目指せるが故に待遇改善の要求も堂々と主張し得る」[67] というスタンスで，両者を取り持つ立場を堅持していた。

しかし，傭員はより行動的であった。1928 年度の評議員選挙では 136 名の傭員を当選させ，幹事 44 名中 9 名を占めるにいたった（27 年度は 4 名，26 年度は 0 名）[68]。その結果，1928 年度第一回幹事会では，「傭員退職手当増額決定促進の件」「傭員退職手当増額の件」「傭員退職手当問題に付経過報告希望の件」が議題として出されている[69]。そして，同年 7 月の評議員会では，再び緊急動議を出すにいたっている[70]。

この評議員会では，それまで以上に傭員からの要求が過激化しており，「松岡副社長を評議員会の席上に呼んで来い，そうして責任ある言質を取れ」といった声も上がったという[71]。中西敏憲が傭員の行動を糾弾するだけでなく[72]，

63　田村羊三「満鉄の事業と社員会の使命」『協和』2 巻 4 号，1928 年 4 月 1 日，33-34 頁。
64　中西敏憲「団結と自律自修」『協和』2 巻 4 号，1928 年 4 月 1 日，39-40 頁。
65　「傭員退職手当改善に関し社長との会見記事」『協和』2 巻 2 号，1928 年 2 月 1 日，47 頁。
66　幹事長石川鉄雄「就任に際して」『協和』2 巻 4 号，1928 年 4 月 1 日，26 頁。
67　石川「巻頭言」『協和』2 巻 3 号，1928 年 3 月 1 日，2 頁。
68　佐々木登「社員会の歩み」『協和』2 巻 4 号，1928 年 4 月 1 日，56 頁。
69　「第一回幹事会」『協和』2 巻 6 号，1928 年 6 月 1 日，37 頁。
70　佐々木登「我等の社員会」『協和』2 巻 12 号，1928 年 9 月 1 日，11 頁。
71　埠頭中山光忠「「シドロ・モドロ」」『協和』2 巻 15 号，1928 年 9 月 22 日，17 頁。
72　中西敏憲「奉仕第一」『協和』2 巻 13 号，1928 年 9 月 8 日，6 頁。

佐々木登自身も「社員会の破壊的行為として遺憾に思う」と評するほどであった[73]。最終的には,「社長より昭和三年十月一日迄に全社員に対し，傭員退職手当改善実施期を声明方請願の件」が通り,「傭員退職手当問題の速かに解決せられんことを希望す，之が実行に関しては現幹部を信任し之に一任す」という妥協案を出すことで閉会にいたった[74]。

このような動きのなかで，石川はある意味で無力であった。投げ出すことはなかったものの，傭員への怒りを抱くようになっている。石川は，いわゆる労働運動として待遇改善を進めた傭員を,「社員会の異端者であり，反逆者であり，結局は自滅の運命を辿る」と強く非難するようになった[75]。

そして9月14日に，石川幹事長・宮崎常任幹事の立会いで，待遇改善委員会委員長・神鞭理事・木村人事課長・山崎文書課長による懇談が実施され，会社に損失をかけぬ程度の待遇改善，具体的には退職手当率を職員・傭員で同等にする要求を出した。神鞭理事は社長裁決を取ることを「強く約束」した[76]。そして，約束通り，12月15日に木村人事課長が第五回幹事会に出席して,「会社が極秘扱とせる退職手当に関する内規」を説明した[77]。そして，職員と傭員の間に「准職員」を設けることとなり，准職員の退職慰労金は職員の約2分の1，傭員のそれは職員の約3分の1とされた。15年以上の勤続者にはさらなる優遇をはかり，傭員から准職員への選抜も「相当数」とされた[78]。

73　佐々木登「我等の社員会」『協和』2巻12号，1928年9月1日，11頁。

74　橘樸「『議事要項』を読む」『協和』2巻19号，1928年10月20日，8頁。

75　石川鉄雄「社員会の正道ど邪道」『協和』2巻8号，1928年8月4日，4頁。

76　佐々木登「退職手当案に関し 会社幹部との会見報告」『協和』2巻20号，1928年10月27日，8頁。

77　「第五回幹事会議事要項」『協和』2巻29号，1928年12月29日，5頁。

78　木村人事課長「退職慰労金そのほか」『協和』2巻29号，1928年12月29日，5頁。その一方で,「仕事本位の論功行賞という美名の下に臨時賞与が極めて秘密裏に社員の一部に与えられ」,「高級社員に厚く下級社員に薄き点，現業方面より事務方面に厚き点」があり（先憂後楽人「秘密賞与と社員会」『協和』2巻24号，1928年11月24日，6頁),「職員はいい方で本俸の三倍，悪い方で本俸額，傭員は一ヶ月分がいい方で，二十日分が普通だ」という噂があった（納富勇「幹部への公開状」『協和』2巻24号，1928年11月24日，6頁)。

4）離脱と融和

このように，設立当初の社員会は，課長級以上の職にあった社員とそれよりひとつ下の社員の間での「社員会のあり方」をめぐる議論，そして，職員と傭員の間での「待遇格差」をめぐる運動，という2点で揺れていた。

1927年度編輯部長の辞任を認められなかった奥村慎次は，傭員の下には中国人労働者がいるため，傭員をむしろ職員に近い「俸給生活者」として，心理的にも変わらない存在と見ていた。15～20年の勤続を予期して退職手当を問題にしていること，また，関東州や付属地が「準植民地」であることからしても，傭員が自らを「被搾取階級」と称すのは不自然とする。ただ同時に，「全く同じ立場に立ち得る人々と充分融和して一緒にやって行けない様な社員なら，これから会社の前途にむらがって来る幾多の困難をどうして排除して行けようか」とも主張しており，つまるところ，傭員の待遇改善はなすべきことと考えていた[79)]。この渦中，奥村はイギリスにいた。そして，現地より文書課長・山崎元幹宛に通信をしており[80)]，これが『協和』誌上に掲載されている。

イギリスの労働者が，間接的であれ「後進国及領土の労働者」から搾取している，別言すれば，イギリス植民地から資本家が得る利益を分け与えられていると理解していた奥村は，これを満鉄の傭員に重ねていた。そして，その他の問題も含めて，「英国の現在及将来を知る事が最も日本の参考」になると述べ，また，「凡ての政治問題が経済問題に帰する」として，イギリスの対中・植民地問題を研究することの重要性を説く[81)]。

その奥村が注目したのは，「「産業合理化問題」Rationalization」であった。奥村は，「明確なる自覚の下に全国を通じて大仕掛に行はんとする」点に新しさを認め，「独占問題，合同問題，組織問題，金融問題，販売問題まで包含し，能率問題の如く一部局又は機械的の方面にのみ目を注がず，むしろ大局問題よりその視点を働かす所に妙味あり」と高く評価している。奥村の中では，ドイ

79　奥村慎次「社員会問答(1)」『協和』1巻2号，1927年5月1日，48-50頁。

80　奥村慎次「滞英通信」『協和』2巻26号，1928年12月8日，7頁。

81　奥村慎次「滞英通信」『協和』2巻29号，1928年12月29日，8頁。同「滞英通信」『協和』2巻27号，1928年12月15日，6頁。同「滞英通信」『協和』2巻26号，1928年12月8日，7頁。

ツのそれと肩を並べるほどに，イギリスの Rationalization も「日本の参考」になるものであった[82]。

奥村の視野の広さは，産業合理化を労働問題と切り離さずに考えていた点にある。イギリスの産業合理化も「基礎工業に於ける組織，機械の近代化を中心とした」ものであることを押さえつつ，「産業の国有，私有財産の廃止の如き問題まで至らずとももっと卑近なる点にても政治行動に依る労働階級救済の手段は実に多々ある」として，租税による所得の再分配の効果を感じていた[83]。また，イギリスの労働問題については，強い関心を寄せ続けていた[84]。

傭員の待遇改善問題が一応の決着を見せた後，1928 年度幹事長に就任したのは，地方部長の保々隆矣であった。保々は，『協和』を週刊から月二回刊に改めた際に，社長以下の重役が「政府の任命する被雇人」であり，社員はまた「官公吏と何等相違はない」として，満鉄で一般的な労使関係が成立しないことを確認しながら，「吾人は重役に迎合する要はない。同時に重役諸公も社員会を煙たがる要はない」と社員会を代表する者としての気概を示している。この主張は，山本条太郎以下の重役との親密な関係の上に成立していると見た方が無難であろう。保々は，会社から刊行補助を受ける『協和』では，「満鉄の消息」「会社事業の概略」「研究」などを「全員に知らしむる義務がある」として，その蜜月関係の上で社員会内の「融和」を促進した[85]。具体的には，「満鉄業態」「満鉄だより」といった連載を始めた。

「満鉄業態」では，沙河口工場を皮切りに，大連埠頭・大連駅・撫順炭鉱・鞍山製鉄所など，現場労働者が集中する箇所を取り上げて，業務内容の先進性と現業員の待遇の良さをアピールした。その他，中央試験所・地質調査所・衛生研究所・技術研究所・満蒙資源館などの研究機関や撫順工業実習所・公主嶺

82　奥村慎次「滞英通信」『協和』3 巻 5 号，1929 年 2 月 2 日，4 頁。
83　奥村慎次「滞英通信」『協和』3 巻 7 号，1929 年 2 月 16 日，3 頁。同「滞英通信」『協和』3 巻 10 号，1929 年 3 月 9 日，2 頁。
84　奥村慎次「滞英通信――英国・政治経済社会の検討(1)」『協和』3 巻 14 号，1929 年 4 月 6 日。同「滞英通信――英国・政治経済社会の検討(2)」『協和』3 巻 15 号，1929 年 4 月 13 日。同「滞英通信――英国・政治経済社会の検討(3)」『協和』3 巻 16 号，1929 年 4 月 20 日。
85　保々隆矣「社員会私見」『協和』3 巻 17 号，1929 年 5 月 1 日，10–11 頁。

農業実習所といった養成機関にもスポットライトを当てている。また，「満鉄だより」では，撫順の製油工場の完成，日本精鑞株式会社の設立，撫順炭鉱の増産と鞍山の出銑増産の計画が伝えられたのを皮切りに[86]，鉄道乗客数，取扱貨物量，大連港の輸出入量，石炭販売高を挙げながら，1925～28 の毎年度で収入が 4～7 % 増加したことを示し[87]，さらには，創業以来の付属地経営に投じた「事業費と経費の損失額」の累計に金利を加算すると，大体 2 億 8000～9000 万円となり，これを「僅か」約 20 万人の移民が享受している現状を嘆いてもいる[88]。

「我々の禍福は満洲と云う外国の領土及び第三者なる支那人であり」とまで言い切る保々にとって，地方部長としての職責からも，付属地行政は社員会運営における中心的案件であった[89]。保々が幹事長を務めた 1929・30 年度本部では，地方部の中西敏憲（地方課長）と市川健吉（庶務課長）が常任幹事として運営を支え，彼らは満州青年連盟の運営にも積極的に参加した。また，1929 年度の修養部長には，後に大雄峰会を主催する笠木良明が就任しており，この時期の社員会は在満日本人社会の政治団体と密接な関係にあった。

保々は会社地方部の機能を活かしつつ，社員会では青年部を修養部に改めて，「生活改善運動」を推し進めた。保々はもともと，日曜の夜からほぼ徹夜でなされる麻雀を糾弾するなど，「修養」の重要性を唱えており[90]，「生活改善運動」はその延長であった。その端緒として，富永能雄の提案で社員会内に「生活改善委員会」が設置されると，8 月 9 日と 13 日に開催された委員会の内容が「生活改善座談会」として『協和』に掲載された[91]。そこでは，掛買いによ

86　「満鉄だより――先ず知って欲しい満鉄本年度の新装」『協和』3 巻 18 号，1929 年 5 月 15 日，16-17 頁。
87　「満鉄だより――記憶して欲しい満鉄最近の数字」『協和』3 巻 20 号，1929 年 6 月 15 日，10-11 頁。
88　「満鉄だより――記憶して欲しい満鉄最近の数字」『協和』3 巻 21 号，1929 年 7 月 1 日，10-11 頁。
89　保々隆矣「社員会私見」『協和』3 巻 17 号，1929 年 5 月 1 日，10 頁。
90　同上，11 頁。
91　「生活改善座談会」『協和』3 巻 25 号，1929 年 9 月 1 日，26-29 頁。出席者は，保々隆矣（委員長），富永能雄（副委員長），井出正寿，三宅亮三郎，竹森愷男，波田吉太郎，上村哲弥」，市川健吉，花井修治，西田猪之輔，千葉豊治，二村光三。欠席者は，中西

る浪費や冠婚葬祭・歳暮中元の贈答などを批判しつつ，読書のような「高尚な」趣味を推奨している。

次いで，1929 年 9 月 7 日には，「生活改善」のための臨時評議員会が開催された。富永を中心として，「消費組合現金買実施に関する件」「貯金奨励の件」「家庭経済改善の件」（①家庭副業の奨励，②家庭経済改善講習会開催，③冠婚葬祭の贈答の改善，④中元歳暮の贈答並に見舞返礼物廃止，⑤虚礼に渉る送迎廃止）「疾病防止の件」などが議案として出され，中西敏憲の提案で，これらを通じて「社員会は母国の現在と在満邦人の実状とに顧み協力一致しあらゆる方面に於て率先日常生活の徹底的改善に努力せんことを期す」ことが「満場一致」で決議された[92]。

石川鉄雄が「節約されたる冗費が，真に有数なる使途に向つて運用せられて，始めて節約の意義がある」[93]としたように，「生活改善」は在満日本人社会への健全な経済効果を目的としていた。満鉄社員による花柳界での出費も，浪費として退けられている。「満鉄だより」では，生活改善運動には社員の私生活の向上にとどまらず，社業発展のための改善をも期待できるとも主張していた[94]。

2　1930 年職制改正と満州事変

1）仙石貢の総裁就任と 1930 年職制改正

1929 年 8 月，内閣交代と連動して，満鉄の総裁・副総裁は山本条太郎・松岡洋右から仙石貢・大平駒槌へと交代した。社員会としては，その設立直後に山本と松岡を新社長・副社長として迎えており，会社トップの交代は 2 度目のことであった。ただ，その歓迎のムードには大きな落差がある。

敏憲，小倉鐸二，宮崎正義。

92 「生活改善臨時評議員会議事要項」『協和』3 巻 27 号，1929 年 10 月 1 日，15-17 頁。

93 石川鉄雄「何がための消費節約？」『協和』3 巻 26 号，1929 年 9 月 15 日，巻頭言。

94 「満鉄だより——社員の生活改善と満鉄財政との関係に就て」『協和』3 巻 26 号，1929 年 9 月 15 日，12 頁。

当時の幹事長・木部守一は，山本が「事業経営の偉材」であり，また，「内地外交に深き御造詣」を有しており，これらは満鉄首脳として必須の「資格」と評価するだけでなく，会社としても，政府に対して力が弱く「意見が通らない」過去を払拭できると期待した。同様に，松岡に対しても，渡米後の経歴のすべてが「満鉄の外交を管理されるに最も重要な御経歴」と持ち上げた[95]。これに呼応するように，山本自身も，社員会綱領に対して「大なる賛成の意」を示し[96]，松岡もまた，自由奔放な挨拶をしながら，最後にユーモアを込めて「謹しんで諸君の云はれる事を拝聴する」と締めている[97]。そして，退任に際しては，「山本・松岡正副総裁在任中の業績」と題して4頁を『協和』で割き[98]，「満鉄だより」でも「功績」をまとめていた[99]。

しかし，新たに総裁に就任する仙石貢に対しては，親しいところを何ひとつ示すことがないどころか，挑発的でさえあった。保々の巻頭言「正副総裁を迎ふ」をそのまま引けば，「吾が満鉄は伏魔殿ではない，社員は党人ではない。吾等社員は自己の職務を以て国家の使命と考えて居る。従て総裁の更迭の有無によって，吾等は何等の有色にもならぬ。吾等は純白である，見る人の眼鏡に色が有るか無いかが問題である。その眼鏡次第で白とも赤とも黒とも見えようが，それは吾等の知った事ではない。吾等は娼婦的心底は寸毫も持合せぬ。吾等の心頭には国家あり国益あるのみである」と，山本条太郎のときとは正反対の態度で，総裁に対する敬意も，協力していこうとする姿勢も示さなかった[100]。和田敬三・伊澤道雄・堀三之助といった九州鉄道や鉄道省時代に仙石の下で働いていた人々も，とくに親しいわけでもないと断っている[101]。他方，副総裁として再任した大平に対しては，田村羊三・竹中政一といった古くからの社員は，親しみを隠すところがなかった[102]。

95　木部幹事長「歓迎の辞」『協和』1巻7号，1927年10月1日，23–24頁。
96　山本社長「社長挨拶」『協和』1巻7号，1927年10月1日，28頁。
97　松岡副社長「副社長挨拶」『協和』1巻7号，1927年10月1日，29–30頁。
98　「山本・松岡正副総裁在任中の業績」『協和』3巻25号，1929年9月1日，16–19頁。
99　「内閣の更迭と関連して山本満鉄内閣の功績調」『協和』3巻22号，1929年7月15日，12–14頁。
100　社員会幹事長保々隆矣「正副総裁を迎ふ」『協和』3巻25号，1929年9月1日，巻頭言。
101　「仙石総裁を迎ふ」『協和』3巻25号，1929年9月1日，2–3頁。
102　「大平副総裁を迎ふ」『協和』3巻25号，1929年9月1日，4–5頁。

このようなこともあり，大平が大連到着当日に協和会館で社員に挨拶をしたのに対して[103)]，仙石の方は埠頭到着時に訓示を求められると，「茲に，本日呼び出されたのは甚だ不本意で，会社のことは殆ど知らぬので何も申上げることもありません」と言い放つ有様であった[104)]。しかし，その仙石も，翌1930年4月になって訓示をした[105)]。それは『協和』で6頁にも及ぶもので，一貫して満鉄経営のあるべき姿を説いていた。

仙石は，第一に，保々が否定した「満鉄伏魔殿」にメスを入れる姿勢を示した。「会社に色々な事情もあり，色々な仕事もして居るやうだが，皆蓋を開けて見て臭いかどうか，臭くなければ其の儘で宜しい臭ければ療治する」という宣言にはその姿勢がはっきりと表れている。株主が会社重役を選び，重役は互選で社長・副社長などを選び，仕事を与え，社長が責任を取ることが一般的であるとする一方で，部長に責任を取らせる満鉄において，総裁・副総裁・理事は何のためにいるのかと詰め寄りながら，「そこで一寸蓋を明けて見たい」としたのである[106)]。

次いで，「業務調査委員会」を設置して[107)]，他社や欧米での事例を集め，新会社を設立するときのように「こうしなければならぬといふ創意」を示すことを求めた。それこそが「社会の進歩の一助」であるとする仙石によれば，「自分及公衆の経験を利用して会社を成功発達させると云ふことを組織的に研究する」という意味での「会社学」を満鉄が実践しておらず，ひとつの例として，鉄道経営を請負にしていることについて，「殆んど私は狂気の沙汰であると思ふ」とまで言い切る[108)]。

103　大平駒槌「挨拶」『協和』3巻26号，1929年9月15日，12頁。

104　「我等の総裁を迎ふ」『協和』3巻29号，1929年11月1日，10頁。

105　巻頭言『協和』4巻10号，1930年5月15日。

106　仙石総裁「総裁より社員に御相談」『協和』4巻10号，1930年5月15日，2頁。

107　この委員会は①会社業務を全般的に点検すること，②そのために全社員から意見を募ることを目的として，「臨時業務調査会」として設置された。委員は，伍堂卓雄，副島千八，根橋禎二，向坊盛一郎，石川鉄雄，田所耕耘，築島信司，佐田弘治郎，増永茂重郎，井上到也，和田久一，伊沢道雄，金子利八郎。幹事は塩谷利済，右近又雄，花井修治，五十嵐保司，由利元吉（「総裁の御相談に対する社業改善意見の提出に就いて」『協和』4巻10号，1930年5月15日，10頁）。

108　仙石総裁「総裁より社員に御相談」『協和』4巻10号，1930年5月15日，3-4頁。

言い方を変えれば，20世紀が「統一」の世紀であり，分業でやっていたものを「合理的に綜合統一して経営する」ことが原則となっているのに，満鉄はそうなっておらず，「どこの会社でもして居らぬことをして居る」との評価を下す。これらの重役への批判と経営の根本的改革の根底には，「労働者」の管理が内包されている。働きに応じた賞与・昇給は当然のこと，「人間を働かして，其の力を利用して事業を発達さすと云ふには，人間をして欲心を満足せしめ，之に楽しみを与へなければならぬ」と仙石は言う。「人間を余計働かすと云ふ発明」をしたとフレデリック・テーラーを称える彼は，「能率の増進」，つまり，「能率学」が満鉄経営に不可欠だと訓示したのである[109]。

仙石と社員会の対立はさらに続く。仙石は，上述の生活改善運動に対して「けんか腰」で，「酒や煙草に耽溺し，社業に支障を来たす様な薄志弱行の者はわしはいらん」とし，時間励行をしない社員にも「よして貰ふ」と言い放つなど，仙石は社員会が社員を大人扱いできないことを批判していた[110]。訓示を受けた社員会もまた，「総裁未だ吾ら満鉄社員を知らず」と返したように，仙石と社員会の間で冷静沈着な応酬は成立していなかった[111]。しかし，仙石は，実行の人でもあった。1930年6月14日に職制改正を断行したのである。

この職制改正で注目すべきは，それまで社員が務めていた部長級ポストを理事が兼務することになった点にある。よって，社員の最高位は「次長」となった。課長級以上社員データベースで異動を見てみると，部長級社員の退任と降格が実施されたことがわかる。12あった部長級ポストのうち10を社員が務めていたが，このうち，保々隆矣（地方部長），田村羊三（興業部長），千秋寛（鞍山製鉄所長），貝瀬謹吾（技術委員会委員長）が部長級からの退任に追い込まれ，入江正太郎（東京支社長→交渉部奉天公所長），宇佐美寛爾（鉄道部長→地方部哈爾浜事務所長）は，課長級に降格となった。次長として残ったのは，山西恒郎（撫順炭鉱長→地方部次長），築島信司（哈爾浜事務所長→炭鉱部次長），竹中政一（経理部長→経理部次長），石川鉄雄（臨時経済調査委員会委員長→交渉部次長）の

109　同上，5-6頁。
110　「わしは知らん 禁酒・禁煙運動に就て 仙石総裁と竹森修養部長の一問一答」『協和』4巻13号，1930年7月1日，28頁。
111　T・K「巻頭言」『協和』4巻10号，1930年5月15日。

4名である。

一方，次長職に就いた社員を見てみると，木村通（総務部次長←総裁室人事課長），富永能雄（製鉄部次長←経理部用度事務所長），向坊盛一郎（計画部次長←総裁室業務課長），小川逸郎（販売部次長←興業部販売課長），武部治右衛門（殖産部次長←興業部商工課長），鈴木二郎（鉄道部次長←鉄道部奉天鉄道事務所長），佐藤俊久（工事部次長←鉄道部次長），白浜多次郎（用度部次長←経理部会計課長）および山西・築島・竹中・石川となっている。

また，課長級以上社員全体で見ると，表1-6にあるように，この職制改正は32名の最終退任を出した。この32名を含めて，1930年度は，最終退任が44名，退任者は56名となった。図1-5の平均在籍年数で確認してみると退任者のそれは4.6年であり，結果として，年度末時点での在籍者の平均在籍期間は1929年度末の5.1年から30年度末の4.1年へと落ち込むにいたっている。そして，この落ち込みは，以後も続くことになる。

社員会の活動を通じた社員の「主体性」に焦点を当ててきた本書の立場からすれば，保々隆矣の退任は象徴的な人事異動といえよう。社員全体の総意として選出された社員会幹事長，それも，前年度（1929年度）から連続して就任していた現職幹事長が，部長級ポストからの退任に追い込まれ，最終的に満鉄を去ったのである。社員会本部役員の経歴と照らしあわせると，田村羊三（1927年度常任幹事）もまた退任しており，宇佐美寛爾（1927年度常任幹事）は降格となっている。石川鉄雄だけが，かろうじて次長級を維持しているものの，臨時経済調査委員会委員長から交渉部次長への異動となっており，安定的な異動とは言いがたい。

改正後の次長で，社員会本部役員としての経歴をもつのは，富永能雄と白浜多次郎の2名のみで，社員会本部役員としての経歴を有さない者の起用が目立つ（巻末付表2参照）。富永・白浜の両名は経理部で課級以上ポストにあり，また，部長から次長への「横滑り」で，経理部の竹中政一も同じく大きな異動とならなかったことを考えあわせると，経理部での経歴が富永・白浜の起用に寄与していたのかもしれない。

社員会は，幹事会で市川健吉（常任幹事）を幹事長に選出して，保々隆矣の後任に当てた。この市川もまた経理の人である。また，富永能雄が製鉄部次長として鞍山に異動となったために常任幹事を辞した[112]。これを補うために新たに常任幹事 2 名を選出し，これに連動するかたちで部長の交代が起きている。

このように，部長級ポストから社員会色を排除すると同時に，仙石は図 1-1 にあるように，職制改正の翌月以降，伍堂卓雄・十河信二・村上義一・大森吉五郎・木村鋭市という，いずれも満鉄社員としての経歴をもたない者を新理事として起用した。これは，設立以来，社員の理事登用を声高に主張してきた社員会の活動を，全面的に否定するものであった。

2）社員会と仙石の対立——2 つの特集から

仙石の訓示とこのような人事に対して，社員会は自らの存在を示そうとした。「幹部の指令，方針が無いので働き様がない」と仙石以下の重役を責めながら，「満鉄現下の悲願は一切を挙げて吾一人の罪である」という心情こそが「特殊使命の上に立つ満鉄社員たる者の持つ社員スピリット」であるとして，「受難期満鉄の打開策」を社員会でまとめることを企画した[113]。その結果は，懸賞論文「受難期の満鉄とその局面打開策——仙石総裁に贈る公開状」として『協和』4 巻 22 号（1930 年 11 月 15 日）の特集となり，会員からの論説が 33 頁にわたって一挙に掲載された。著者とタイトルを一覧にしたのが表 2-1 である。

これらの論説に共通する主張は 2 点ある。第一は「経費節減」であり，第二は「減配」である。

一等入選の南大麓が，マクロの視点から節約可能な領域を探し出し，仕入のコストを削減することを唱えたのを筆頭に[114]，金丸精哉・野上増美・島山曲川・朝野透（「満鉄更正の道」）・川合正勝・山田健二・米倉調・福田政晴のいずれの論文も「節約」を主張する。これらの懸賞論文は，「消費節約」「支出の削減」をより細かく具体化して，「用紙節約」「燃料節約」といったことにまで言及する。また，減配については，仙石の訓示直後の巻頭言が，減配と「政府上納金の廃止」を通じて生じた資金を満州に再投下することを主張していたのと

112　「第三回幹事会」『協和』4 巻 14 号，1930 年 7 月 15 日，10 頁。
113　「満鉄だより」『協和』4 巻 21 号，1930 年 11 月 1 日，11 頁。
114　南大麓「経営合理化の提唱——百年の大計を樹てよ」『協和』4 巻 22 号，1930 年 11 月 15 日，2-4 頁。

表 2-1 社員会と仙石貢の対立

懸賞論文「受難期の満鉄とその局面打開策――仙石総裁に贈る公開状」(『協和』4 巻 22 号，1930 年 11 月 15 日)	
一等入選	南大麓「経営合理化の提唱――百年の大計を樹てよ」
二等入選	金丸精哉「減配を断行せよ」 永野賀成「積極的及消極的」 広田虎雄「どうしたらコオペレーションの実をあげうるか――科学的経営法に於ける触媒理論の応用に就て」
三等入選	野上増美「社員精神振興の秋」 朝野透「先ず禍根を絶て」 島山曲川「因習の衣を棄てよ」 梨本勇「緊褌一番」 斉藤進次郎「社員の待遇改善」
選外佳作	朝野透「満鉄更正の道」 川合正勝「満鉄受難問答」 北条秀一「過去を清算して新しき将来へ」 山田健二「先ず足下から」 粟屋賀門「吾等はかく語る」 北林忠三郎「物品係より社員各位へ御相談」 米倉調「現場からの献策二三」 太田藤三郎「満鉄の予算に就て」 福田政晴「減収恐るゝに足らず」 紫尾田醇一「工程賃金制度の確立――現業労働者の立場から」
「社業能率増進号」(『協和』5 巻 3 号，1931 年 2 月 1 日)	
	伍堂卓雄「巻頭言――社業能率増進の要諦」 能率課長田所耕耘「要は方寸の中に在り」 貝瀬謹吾「世界合理化運動の大勢(1)」 金子利八郎「足尾の鉱山バンド」 文書課長岡田卓雄「四個の問題」 主計課長三宅亮三郎「三つの要件」 渉外課長山崎元幹「能率漫語」 衛生課長・医学博士金井章次「国際連盟事務局員の執務振り」 結核療養所長・医学博士遠藤繁清「我国の能率を害する二大病根」 能率課大内次男「能率増進の着眼点」 理学試験所加藤蕾二「能率増進と人の心理」 能率課玉名勝夫「文書整理 中央集中の長所」 鉄道工場高橋忠之「工場管理」 鉄・貨物課長谷川銀一「貨物自働車 能率増進法の実験に就て」 能率課岸本一「統計図表的統制方法」 工事部庶務課北村忠三郎「物品事務改善に関する研究」

出典)『協和』4 巻 22 号，1930 年 11 月 15 日。『協和』5 巻 3 号，1931 年 2 月 1 日。

内容的に共通する[115]。金丸精哉は満鉄が営利会社ではないことを殊更に主張したし，永野賀成・梨本勇・朝野透（「満鉄更正の道」）のいずれも減配を強く主張した。

むろん，この2点とは異なる角度からの主張もあった。広田虎雄は「コオペレーションは忠告（ひろくいえは相談をもちかけること）にはじまり，ぎろん（かいぎ）を媒体として，反省（自己を客観的にみること）を経て具体化されます」として，計画，実行，考査のほかに，「かいぎ」での全社員による問題提起と議論の重要性を説いた[116]。斉藤進次郎は「下給社員の増給」と「高級社員昇給逓減」を主張していたし[117]，北条秀一は，「満蒙の工業化」「南満の電化」「北満の積極的開発」など，後の経済統制政策につながる展望を開陳している[118]。また，紫尾田醇一は，能力にもとづいた賃金支払と能率増進，「増収分割制」を推奨していた[119]。その点では仙石の訓示にも通底する。

このような33頁におよぶ内容を総括して編輯部は，応募者の受難期についての認識を，「一時的なもの」と「従来の成績があまり恵まれすぎたもの」と二分したうえで，対策も「減収の原因を討究して，積極的に，増収の実を挙げやうとする方面，即ち満鉄繁栄策を提唱した」積極策と「減収の今日，何よりも消極的の方面に力を注ぎ，出来る限り，支出を減ぜようとする消極策」に二分して，率直に，「具体策は，……大きな径庭は認められない。それは蓋し当然な結論である」とまとめている[120]。つまるところ，社員会が懸賞論文で英知を集めて示したことの核心は「精神論」にあった。

しかし，社員会から贈られた「受難期の満鉄とその局面打開策」は，仙石の胸に響くものではなかった。それどころか，翌年の『協和』5巻3号（1931年

115　荒木生「巻頭言」『協和』4巻11号，1930年6月1日。
116　広田虎雄「どうしたらコオペレーションの実をあげうるか――科学的経営法に於ける触媒理論の応用に就て」『協和』4巻22号，1930年11月15日，7-8頁。
117　斉藤進次郎「社員の待遇改善」『協和』4巻22号，1930年11月15日，13頁。
118　北条秀一「過去を清算して新しき将来へ」『協和』4巻22号，1930年11月15日，16-17頁。
119　紫尾田醇一「工程賃金制度の確立――現業労働者の立場から」『協和』4巻22号，1930年11月15日，23頁。
120　編輯部「打開策を聴く――応募原稿を通じて」『協和』4巻22号，1930年11月15日，33-34頁。

2月1日）を「社業能率増進号」と題して，仙石は完全に乗っ取ってしまう。

そもそもは，外部起用された理事の伍堂卓雄と村上義一が，就任に際して，仙石の考えを『協和』誌上で代弁していた。伍堂は，1日あたりの「仕事量」を科学的に算出するテーラーの科学的管理法について紹介しながら，計画・実行・考査の各機関が緊張関係をもって対立する組織としてのあり方を説いており，「上で計画し下で実行せしめ鑑査せしむる」ような「軍隊式管理法」は否定された[121)]。村上義一もまた，満鉄の鉄道部について，「約二万の大衆が複雑なる分業組織の下に全線に散在して居る」という認識を示すなど，満鉄における経営管理が杜撰であることを指摘していたのである[122)]。

「社業能率増進号」の巻頭言で伍堂は，今度は科学的管理法の効果を大局的に説く。科学的管理法は第一次世界大戦後のドイツとアメリカで広まり，「産業の合理化」から始めて「技術的並に経済的合理化」を行うことで「国産振興と輸出増進」に成功した，「戦後の世界を通じて，無二の経済的療法」とされた。そして，伍堂は，産業合理化の「根本目的」を，「国民経済の改善，即ち国民厚生」をともなう「国産振興」に求めた。これを支える社業振興に向けた，内部組織の完全統一の必要性を訴える伍堂は，「職制や経営法が奈何程巧みに出来てゐても，人の扱いが合理的に行はれねば，結果は「描ける餅」に異ならぬ」と主張する。すなわち，「すべての人を平等に人として扱い，自発的に能力を発揮させて，上下の「相識信頼」の醸成」を進めることが大事なのであった[123)]。

究極的には人の問題と捉えること，これが伍堂以下の執筆者に共通する。岡

121　伍堂理事「人的要素」『協和』4巻17号，1930年9月1日，6頁。

122　村上理事「協調諧和の精神」『協和』4巻17号，1930年9月1日，6頁。また，これまでにも，科学的管理法や産業合理化については，玉名勝夫・大内次男による論説が掲載されていた（玉名勝夫「新しい事務組織 コレスポンデンス・デパートメントに就て」『協和』1巻9号，1927年12月1日。大内次男「独逸経済界に於ける産業合理化と科学的管理法」『協和』2巻1号，1928年1月1日。玉名勝夫「科学的管理と労働問題」『協和』2巻2号，1928年2月1日。大内次男「能率係にて計算せる適性検査――事故防止の為機関車乗務員に試みんとす」『協和』3巻21号，1929年7月1日。大内次男「無駄を省く卑近な例」『協和』3巻28号，1929年10月15日）。しかし，さまざまな論説のひとつであって，ほとんど見向きもされていなかった感すらある。

123　満鉄理事伍堂卓雄「社業能率増進の要諦」『協和』5巻3号，1931年2月1日，巻頭言。

田卓雄もまた，「社業能率増進」を「人の問題」と設定しており，「人の奴隷的酷使」「人の力の強制的搾取」とは対極にある能力の自発的発揮にこそその核心があり，そのためにも「精神教育」が不可欠とした[124]。大内次男は，能率研究をしてきた立場から，「各企業に共通の，非能率的な点」について，技術レベルの異なる者を混在させると，低いレベルに合わせてしまうことや，技能優秀者が仕事を早く済ますと油を売っているとみられ，技能稚拙者がコツコツやっていると勤勉家とみられることなど，35ヶ条を挙げた。要するに，大内は能率増進を「人の問題」であり，「常識的なこと」と理解している[125]。

むろん，ここでいう常識は，因習とは異なる。加藤薔二は，「古いものになじみ，新しいものには何かとけちをつけたがる人々の通有の心持ち」こそが障害であるとして，因習の打破が「能率増進へと心ざす第一歩」とする。そして，「人々は心から能率研究者の努力を貴び，古い習はしにとらはれない，へり下った心持ちで，その人達の言葉に聞かうではありませんか」と呼びかけた。つまり，能率増進は労働者の心理と結びつくことでいっそう成功すると考えていた[126]。

「社業能率増進号」は実践面でも具体的で，「受難期の満鉄とその局面打開策」の精神論とは異なっていた。三宅亮三郎は，目的を定めた後の「手段，方法」に能率の核心を求め，「自転車は到底自動車の敵ではない」「達筆の人も到底タイプライターにはかなわぬ」といったわかりやすい例を挙げている[127]。山崎元幹は，「単に因襲や伝統に捉われた感情論」から反対することを止めるよう説きつつ，使用する漢字を制限したり，横書きを推奨しながら，筆書きでの達筆な清書による時間のロスを指摘する[128]。結核療養所長の遠藤繁清に至っては，今日の旧字，つまり，画数の多い漢字を正しく書くことだけでなく，名前の読み方や同音異字など，漢字の知識を身につけるために体力を消耗して，過労となるがゆえに結核にかかるとして，今日の新字を用いることを提案す

124　文書課長岡田卓雄「四個の問題」『協和』5巻3号，1931年2月1日，7-8頁。
125　能率課大内次男「能率増進の着眼点」『協和』5巻3号，1931年2月1日，13-14頁。
126　理学試験所加藤薔二「能率増進と人の心理」『協和』5巻3号，1931年2月1日，14-15頁。
127　主計課長三宅亮三郎「三つの要件」『協和』5巻3号，1931年2月1日，8頁。
128　渉外課長山崎元幹「能率漫語」『協和』5巻3号，1931年2月1日，9頁。

る[129]。

因果関係として正しいかどうかには議論の余地がある。しかし，仙石以下の人々が主張する科学的管理法は，労働者への眼差しに温もりがある。節約ばかりでなく，福利厚生を正面から受け止めている。金子利八郎は，給与の増加，勤務時間の短縮といった労働時間に関わる問題のみに焦点を当てるのではなく，非労働時間＝余暇時間のあり方にも目を向け，足尾銅山の音楽隊の活動を紹介している。「如何にして多数の産業従事員の人間味を救済すべきかは，産業改善そのものよりも，もっと基本的な大きな問題」とする金子は，満鉄の労務課が，所管する音楽会に「年額七千円の補助金」を出しながら，「春秋二回の管弦楽演奏により，選ばれたる少数の人々に芸術の天国を与えて」いるに過ぎないとする[130]。

田所耕耘の論説を引用して，彼らの主張をまとめてみよう。田所は，因習や迷信・妄想・錯覚・早呑込み・勘違いを退けて，「本当の因果関係を知り正しい完全な理法を捉えるには……心的態度を整え」る必要があり，それが「科学研究の成果」とする。つまり，「広く関係事実を集め，過去の経験を参考にし，出来るだけの実験もして，細かく考えることは工夫判断を正確にするために，是非共必要な条件で」，このような態度で「生産事業を管理すること」が「科学的管理」であり，また，「企業管理に関する各因子及其相互関係を研究して得た結果」が，「経営論」や「私経済学」であった。このような研究と管理の目的は，「最小の犠牲を払って最大の効果を得ること」にあり，田所は，能率増進の要諦を「頭の使い方を合理的にすること」とした[131]。

「能率増進」特集が貫いた，人の問題として科学的管理法を導入する態度は，社員会による傭員待遇問題への対応に向けられた痛烈な批判と考えるべきであろう。傭員による激烈な要求を，社員会綱領を盾に上から押さえつけていた本部役員，そして，課長級以上社員の論理を真っ向から否定した。「社業能率増進号」が，傭員の人間性の回復，差別の解消，そして，生産性の向上を企図し

129　結核療養所長・医学博士遠藤繁清「我国の能率を害する二大病根」『協和』5巻3号，1931年2月1日，12頁。

130　金子利八郎「足尾の鉱山バンド」『協和』5巻3号，1931年2月1日，5-7頁。

131　能率課長田所耕耘「要は方寸の中に在り」『協和』5巻3号，1931年2月1日，2頁。

ていたことは，留意されるべき点である。

巻末付表2にあるように，このような科学的管理法の導入を実施したともいえる1930年職制改正では，新たに計画部が設置されている。部長には理事の大蔵公望が，次長には向坊盛一郎が就いている。また，課レベルでは，業務課長に小沢宣義，技術課長に根橋禎二，能率課長に田所耕耘，理学試験所長に渡辺猪之助が就いた。これら次長・課長・所長はいずれも，社員会本部役員としての経歴を有していない。また，これ以後も社員会本部役員に就くことはなかった。社員会との断絶がここにある。

さらに留意すべきは，この科学的管理法による満鉄経営の先に，産業と経済の合理化が展望されていることである。それについては，「社業能率増進号」の巻頭言で伍堂が言及しただけではない。岡田卓雄もまた，ドイツの復興は産業合理化に基づいており，ドイツと日本は似ていると指摘した[132)]。そして，この特集の後に，貝瀬謹吾が3回に分けて掲載した「世界合理化運動の大勢」では，「産業合理化は産業の科学化であると共に，統制化でなければならない」と，経済統制が主張されるようになる[133)]。「社業合理化の精神は産業合理化の大精神に外ならない」とする貝瀬は，「合理化とは技術及秩序的組織に依って，経済性を増進し得べき凡ゆる手段を案出し，使用する事を云ふ。其の目的は材貨を廉価多量良質ならしめ，以て国民の福利を増進するに在る。此の目的の為には凡有関係方面の協同事業を必要とする」というドイツ産業合理化協会の「合理化運動の定義」を引用しながら[134)]，「産業合理化の究極の目的は，全国民全社会の福利増進であらねばならぬ」と述べ，終始一貫して合理化による統制を説いた[135)]。

ここで指摘したいことは，仙石の意向を反映して産業の合理化・統制化を主

132　文書課長岡田卓雄「四個の問題」『協和』5巻3号，1931年2月1日，7頁。

133　たしかに貝瀬は，仙石の職制改正によって，技術委員会委員長の座を退いている。しかし，能率課の前身の総裁室能率「係」では，一貫して係長を兼任しており，能率化の推進役として数少ない存在であった。仙石の人事に対する私情を吐露したこともあったものの，仙石の経営政策が，貝瀬のそれと矛盾しないこともまた明らかであろう（貝瀬謹吾「能率係誕生記」『協和』5巻4号，1931年2月15日。同「退社に際して」『協和』5巻13号，1931年7月1日）。

134　貝瀬謹吾「世界合理化運動の大勢」1『協和』5巻3号，1931年2月1日，3頁。

135　貝瀬謹吾「世界合理化運動の大勢」3『協和』5巻6号，1931年3月15日，12頁。

張した貝瀬謹吾と,「社員会問答」の中で「産業の国家的統整」を志向した奥村慎次とが,広義の「産業の統制」という点で,方向性を同じくしていたことである。たしかに,産業の合理化・統制化といっても,統制主体や方法の違いなどもあり,その意味するところはあまりに広い。しかしながら,伍堂卓雄が「社業能率増進号」の巻頭言で「国民経済の改善」を表明し,貝瀬が「全国的経済単位」での産業の合理化・統制化を主張したことは,「最も集約的な能率的な産業経営が必然的に要求され」「国家資本主義或は国家社会主義なるものが,国民生活の必要として発達して来る」という展望を示した奥村の思想と,多分に重なりあうものであったと見てよいであろう[136]。

3）待遇悪化の中の「特別調査委員会」

1930年職制改正はさまざまな変化を社員会にもたらしている。前掲表1-9でも見たように,『協和』各号で代表的な主張を披露する巻頭言の署名は,山本条太郎の在籍末期から仙石の職制改正までの間,イニシャルでなされることが多かった。堂々と名前を出していたのは,石川鉄雄と保々隆矣くらいである。一面においては,この巻頭言のコソコソとした態度にも,仙石はメスを入れたと評価できるかもしれない。市川健吉は保々隆矣から幹事長職を引き継ぐと,巻頭言をフルネームで掲載した[137]。その後の年度内の巻頭言の筆者を見ると,「編輯部識」「T・Y」「亜三」「編輯部識」「木原兆三」「笠木良明」「T・K」「荒木生」「久松五郎」「高木秀夫」「伍堂卓雄」「那須」となっており,イニシャルでの署名は減っている。このうち,内容的に「荒木生」は荒木章と考えられ,これが唯一の本部役員（修養部長）であった。それまで幹事長を中心に本部役員が執筆していたのに比べると,巻頭言はおとなしくなっている。翌1931年

---

136 なお,この特集において,統計について論じたものがひとつある。能率課岸本一「統計図表的統制方法」(『協和』5巻3号,1931年2月1日)がそれで,「統計図表……が現はれると,一人の人が充分に,どんな厖大な機関でも自由自在に運用して行ける様になった。それは統計図表が,透徹した洞察力となり,精巧な指針となり完備した鳥瞰図となるからである」として,科学的管理法を進めるうえで統計図表が不可欠であることを主張している。それと同時に,「試みに我社中に於ける統計図表を見てみるがよい。統計的図表は殆んど皆無である」とも暴露しており,この点は第3章で密接に関連するところである。

137 市川健吉「個々の自覚」『協和』4巻16号,1930年8月15日,巻頭言。

5 月 1 日の巻頭言がこの時期のことについて，「実際の満鉄の主人公なりと平素自負する社員」が，「満鉄首脳部に恒久性無きを憂ひ，総裁の更迭する毎に会社根本方針の動揺することを嘆ずるならば，何故に確固不抜の社是と信ずるものを総裁に上申し，総裁の期待に添ふと共に社是を擁護することを為さなかったか」[138]と反省している。それほどまでに，職制改正後の社員会はおとなしかった。

年度が改まって，1931 年度は，幹事長に山岡信夫が選出された。山岡は，前年度に常任幹事を務めた一方，課長級職としての経歴は鉄道部の電気課・保安課の課長で，これまでの幹事長と異なる技術畑の人であった。会社の重役もまた，動きがあわただしかった。仙石貢が総裁を辞したのである。仙石は体調を崩しており，在籍期間はわずか 1 年 10ヶ月であった。大平も，仙石に付き従うかたちで辞任している。これに代わって，内田康哉が総裁に，江口定条が副総裁に就任した。山岡信夫は，仙石を迎えたときの保々と変わらぬ態度を示すように，「親しく社員を実相のまゝに諒察して離間の憂を除き，又その報告の精神を信じ，愛社の誠意を恃んで所懐を披瀝されんこと」を新総裁・副総裁に希望しながらも，「既に功成り名遂げられたる人々が我国にとつて満蒙の重要性に鑑み，満鉄の使命を重大なりとし奮つて難局に当るの大覚悟をもつて起たれたことを多とし」て，好意的に両首脳を迎えた[139]。

社員会幹事長として，山岡の置かれた状況には厳しいものがあった。第 5 章で見るように，1930 年度の営業収支は大幅に減少して，前年度の 4551 万円から 2167 万円へと半減以下になっていた。そのため，1931 年 7 月に臨時評議員会が開催された。山岡は，会社経営と社員会運営との間に立たざるを得なくなる。

この臨時評議員会には，就任したばかりの内田康哉と江口定条も出席しており，総裁・副総裁の出席は初のことであった[140]。評議員会は議題を出さずに，「常任幹事会の意向」として「社員の覚悟抱負を声明する事」「正副総裁に対す

138　宮崎「病める老総裁に対する我等の真情」『協和』5 巻 9 号，1931 年 5 月 1 日，巻頭言。
139　社員会幹事長山岡信夫「正副総裁送迎の辞」『協和』5 巻 13 号，1931 年 7 月 1 日，巻頭言。
140　「臨時評議員会議事録」『協和』5 巻 15 号，1931 年 8 月 1 日，2 頁。

る希望を開陳する事」「特に人件費問題を討議する事」の3項について議論することとなった。言うまでもなく，最大の焦点は「人件費問題」にある。山岡は議長として，評議員に発言の機会を与え，さまざまな意見を吸収する姿勢を見せた[141]。巻頭言は「人件費に就ては，社員生活の実相と時代の推移に鑑み，慎重に合理的にこれに処されんことを希望し，幹事長をして本会の総意を適切に反映さるべく一任し」，「堂々と其幕を閉ぢた」としている[142]。

しかし，その結果は，残酷ですらあった。1931年8月1日付の示達で，「在勤手当給与方中改正」「家族手当給与規程中改正」「社員旅費規程中改正」「住宅料支給規程中改正」が実施された[143]。『協和』では，本俸10％減，住宅料20％減，家族手当50％減と記している[144]。同時に1,000人以上が解雇された。山岡は，一文を寄せ，「此の満鉄甦生の希望の前に，周密なる思慮をめぐらされ，毀誉を忘れて遂に人件費節減を決行されたと信ずる」と経営判断に配慮を示しつつ，これまでも会社の使命のために社員はよく忍んできたが，今回もまた「給与の減額を忍ばねばならぬ」とした[145]。表4-1にあるように，民間配当率は11％から，政府配当率は5.3％からダウンしているが，このことは，社員全般の待遇を悪化させながら，民間配当率8％と政府配当率4.3％を実現したことを意味する。社員会の代表は，これを拒絶することができなかったのである。

1930年度の営業収支が芳しくないことはすでに多くの社員が知るところとなっていた。そのようななかで6月の巻頭言は，多くの株主の関心が「配当の多寡」にあり，「国利国益」とは何の関係ももたず，この傾向が大株主に強いとする。その大株主による満鉄の「統制」が経営の「恒久性」をもたらすとしながらも，それは満鉄を「商事会社として完全に営利化する」こと，すなわち，「日本の国策と関係を断ち，全国民の関心絶縁する」ことに他ならず，それは

---

141 同上，2-7頁。
142 八木沼丈夫「臨時評議員会の収穫」『協和』5巻15号，1931年8月1日，巻頭言。
143 「在勤手当給与方中改正」『南満州鉄道株式会社 社報』7290号，1931年8月1日。「家族手当給与規程中改正」同上。「社員旅費規程中改正」同上。「住宅料支給規程中改正」同上。
144 隠岐猛男「満鉄財政考」『協和』5巻17号，1931年9月1日，7頁。
145 幹事長山岡信夫「大試練の時」『協和』5巻15号，1931年8月1日，6-7頁。

社員会が要求してきた恒久性ではないと，株主との対決姿勢を鮮明にする[146)]。

また，「営利会社の尺度を以て満鉄の財政を検討する」として営業報告書を分析した隠岐猛男は，「減配断行すべし，整理亦止むを得ず」という声に対して，「一般的不況さへなかったら，元来儲かる可き会社であるとの観念は断然清算されなければならない」としていた[147)]。隠岐は「懸賞論文　満鉄局面打開の具体的方策」の一等入選にも選ばれており，ここでも，「事業費」「有価証券」「貸金」「未収金」の「重要資産四項目」が計4億1000万円あるものの，これらは「水膨れ資産」とも称すべき，実際には使っていない「過剰資産」であって，このために配当をすることになるとして，重ねて減資を主張した[148)]。続く二等当選の朝野透もまた，「政府配当の廃止」と「株主配当の減額」を訴えている[149)]。社員会と民間株主の関係は親和的ではなかったのである。

そして，「在勤手当給与方中改正」が実施された8月1日には，同時に職制改正が実施された。課長級以上社員データベースで確認してみると，この職制改正によって33名が退任した。その33名の内訳を見ると，1917年12月〜22年6月に課長級以上に新規昇進した者が12名あり，具体的には，三宅亮三郎・向坊盛一郎・白浜多次郎・市川数造・築島信司・入江正太郎・木村通・五十嵐保司などが該当する。この職制改正によって，社員会本部役員の現職者が退任に追い込まれることはなかったものの，社員会本部役員経験者としては，三宅亮三郎（1930年度常任幹事）・白浜多次郎（1927年度会計部長）・市川数造（1928年度常任幹事）・五十嵐保司（1928年度庶務部長）の4名が含まれている。傭員の待遇改善問題に取り組んだ木村通も退任した。また，前年の職制改正で新規昇進した4名とそれ以後に新規昇進した6名も退任者に含まれる。この1931年の職制改正は，新総裁・副総裁の就任直後になされたことからして，前年の職制改正と連続したものと理解する方が妥当であろう。在職者の平均在籍期間は，4.1年（1930年度末）から3.6年（1931年度末）までさらに低下した。

146　「巻頭言」『協和』5巻11号，1931年6月1日。

147　隠岐猛男「満鉄財政考」『協和』5巻17号，1931年9月1日，7-9頁。隠岐猛男「満鉄財政考（完）」『協和』5巻18号，1931年9月15日，4-6頁。

148　大連駅隠岐猛男「減資断行の秋」『協和』5巻23号，1931年12月1日，38-42頁。

149　朝野透「断行あるのみ」『協和』6巻1号，1932年1月1日，21-22頁。

表 2-2　特別調査委員会のメンバー

第一分科委員会　主査：未定
①対支政策　主査：奥村慎次
穂積哲三，三浦義臣，上野充一，大矢信彦，宮本通治，古山勝夫，船橋半三郎，大塚令三，中島宗一，大泉甲三，中浜義久，伊藤武雄，野田蘭蔵，伊藤太郎，山領貞二，横山重起，佐伯文郎
②対露政策　主査：宮崎正義
森永不二夫，安増一雄，伊藤太郎，熊野季雄，戸泉憲溟，大塚令三，岸谷一郎，片岡節三
③対英米政策　主査：伊藤武雄
関屋悌蔵，上村哲弥，下津春五郎，鹿野千代槌，武田胤雄
④特殊国策　主査：笠木良明
八木沼丈夫，宮本通治，宮崎正義，伊ケ崎卓三，板倉真五，植田貢太郎，奥村慎次，中島宗一，加藤新吉，上村哲弥

第二分科委員会　主査：未定
①重工業　主査：野中秀次
阿部勇，上加世田成法，赤瀬川安彦，宝珠山芳樹，岸一郎，堀亮三，高木佐吉，世良正一，松浦梁作，木原二壮，渡辺猪之輔，笹本重瑠，高橋忠之，山本純次，井上愛仁，千石真雄，広田虎雄
②其他工業　主査：深水寿
星野龍男，三上安美，安村義一，広田虎雄，三箇功，高森芳，佐藤正典，郡新一郎，太田宗太郎，木村六郎，岩竹松之助，阿部良之助，渡辺猪之輔，世良正一，加藤二郎，千石真雄，田中猶三
③農・林・畜・水産業　主査：佐藤義胤
横瀬花兄七，三隅英雄，実吉吉郎，青山敬之助，野中時雄，岡川栄蔵，加藤二郎，小沢清三，三田了一，星野龍男，三箇功
④商業　主査：山田直之助
永田久次郎，内海治一，川上喜三，細村千勝，夷石隆寿，斉藤征生，中浜義久，安盛松之助，坂田謙吉，郡新一郎，隈元昻，青柳龍一，江口胤秀，佐藤健三，刀根吉応，江間江守
⑤金融　主査：安盛松之助
南郷龍音，石橋東洋夫，川合正勝，永田久次郎，伊藤成章，村角克衛，木村一恵，隈元昻，青柳龍一，江口胤秀
⑥交通　主査：伊藤太郎
猪子一到（第四分科鉄道港湾主査），古山勝夫，芳賀千代太，小池文雄，小林五郎，森永不二夫，穂積哲三，鈴木清，星田信隆，相馬英雄，西川総一，是安正利，山本広，江崎重吉，中富清美，宮井隆次，吉田久平，川口達郎，郡新一郎，橋口勇九郎，山領貞二，下津春五郎，小島憲市，中村英城，太田久作，菊地秀之，管井直三郎，高木小二郎，伊藤成章
⑦植移民　主査：野中時雄
中西敏憲，石岡武，船橋半三郎，向井俊郎，横瀬花兄七，田中倎，千葉豊治，藤森円郷
⑧労働　主査：堀義雄
山本紀綱，結城清太郎，山口重次，後藤英男，伊ケ崎卓三，宮本通治，大塚令三，篠崎健一，岸本一

第三分科委員会　主査：未定
①教育　主査：太田雅夫
秋山真造，柚原益樹，柿沼介，大久保準一，斉藤留男，岡大路，阿部勇，金井章次，武田胤雄，加藤蕾二，岸本一，芳賀千代太，甲斐政治，伊豆井敬治
②学術　主査：柿沼介
八木奘三郎，松崎鶴雄，渡辺猪之輔，世良正一，小山朝佐，村田治郎，紫藤貞一郎，加藤蕾二，薪帯国太郎，佐藤正典，阿部良之助
③宗教　主査：佐藤達三
北条秀一，後藤英男，野田蘭蔵，藤木幹

④芸術　主査：能登博 松崎鶴雄，原田信行，太田宗太郎，長谷川不二夫，村田治郎，岡大路，芥川光蔵，渕上白揚，伊藤順三，板倉真五，山城竹次，河瀬松三，石原秋朗，阿部勇，隈元昴，高津敏，三溝又三，新井光蔵 ⑤言論機関　主査：八木沼丈夫 岡田卓雄，宮崎正義，加藤新吉 ⑥社会及保健　主査：上村哲弥 岡部平太，千種峯蔵，松浦開地良，関屋悌蔵，田中僎，能登博，石川常長，金井章次，遠藤繁清，村川五郎，後藤英男，沖弥作，紫藤貞一郎，郡新一郎	
第四分科委員会　主査：未定 ①鉄道港湾　主査：猪子一到 伊藤太郎，古山勝夫，芳賀千代太，小池文雄，小林五郎，森永不二夫，穂積哲三，鈴木清，星田信隆，相馬英雄，西川総一，是安正利，山本広，江崎重吉，中富清美，宮井隆次，吉田久平，川口達郎，郡新一郎，橋口勇九郎，山領貞二，下津春五郎，小島憲市，中村英城，太田久作，菊地秀之，管井直三郎，高木小二郎，伊藤成章 ②炭鉱　主査：永井三郎 升巴倉吉，宮沢惟重，佐藤哲雄，高畑信三郎，馬場彰，今泉卯吉，岡雄一郎，宇木甫，安田勇造 ③製鉄　主査：楠田喜久二 鈴木七八，水津利輔，星原責，八木宗一，石橋毅，黒川秀孝，中谷光五郎 ④産業助成　主査：星野龍男 中島宗一，山田直之助，内海治一，前島秀博，横瀬花兄七，三隅英雄，佐藤義胤，青山敬之助，高木佐吉，三箇功，野中時雄，安盛松之助，西田猪之輔，小林五郎，松原菊蔵，広田虎雄，深水寿 ⑤生産品販売　主査：三溝又三 堀亮三，弟子丸相造，岸一郎，永田久次郎，片桐慎八，林正春，宝珠山芳樹，久保田正次，奥田直，細海栄治郎 ⑥地方行政　主査：中野忠夫 田中僎，清水豊太郎，合田徳松，石岡武，千種峯蔵，板倉真五，岡田卓雄，太田雅夫，金井章次，上田水足，荒井静雄，高柳保，田中盛枝，関屋悌蔵，山田隆禧，宮島忠雄 ⑦経理用度　主査：植田貢太郎 清水豊太郎，上田水足，山崎善次，細海栄治郎，奥田直，小佐厚，隈元昴，宇山兵士，川口清次郎，長広隆三，村角克衛，佐久間章，伊ケ崎卓三，岸本一，鹿野千代槌，早川与之吉，佐藤達三 ⑧組織人事　主査：加藤新吉 古賀叶，梅原小次郎，板倉真五，三溝又三，奥村慎次，斉藤忠雄，植田貢太郎，中島宗一，鹿野千代槌，結城清太郎，清水三郎，上村哲弥，山岸守永，小佐厚，甲斐政治，辻茂樹，松浦開地良，中根信愛，中西敏憲，青柳亮，飯沢重一，加藤栄之助，中谷彦太，伊藤吾一，田村仙定，岡田卓雄，門野昌二，大里甚三郎，青木信一，西川総一，山本広，村角克衛，小林完一	
第五分科委員会　主査：中西敏憲 土肥顓，岡田卓雄，金井章次，伊藤武雄，結城清太郎，江崎重吉，田中僎	

出典）「特別調査委員会委員氏名」『協和』5巻18号，1931年9月15日，33頁。

もっとも，社員会に会社からもたらされたことは，8月1日の職制改正と待遇悪化だけではなかった。この年，社員から会社理事が誕生しているのである。

4月6日の第一回「常任幹事部長会議」でも，本年度社員会の「根本問題」として社員理事の要求について議論していた。また，阪谷芳郎が，満鉄首脳の恒久性が不可欠とする立場から「満鉄評議会」を設置して，この会が推薦する者を政府が任命するという方策をまとめようとする動きの中で，「満鉄首脳部の恒久性に就て」と題する「ステートメント」を社員会幹事長宛に送ってきていた。「ステートメント」には，首脳部の恒久性を保つための方法として，高級社員の重役への「擢用」が提起されていた。つまり，総裁・副総裁と正面衝突するだけではなく，外部の支援者の存在を示そうとしている[150]。そうしたなかで，山西恒郎と竹中政一が，社員から理事に登用された。山西は就任挨拶で，「社員年来の希望であり，又世論も其の必要を認めました所謂社員理事実現の一端であらう」と述べている[151]。

もうひとつ，社員会として重要なことは，満蒙経営における専門家を自認する立場から，第7回常任幹事・部長打合会（6月11日）で，「会社の特殊使命擁護」を体現すべく「満鉄を中心とする満蒙国策の研究」に邁進することを宣言して，社員会内に特別調査委員会を設置したことである[152]。

「満鉄を中心とする満蒙国策を研究立案す」ることを目的とした特別調査委員会は，委員長（1名）に幹事長が当たり，委員（200名以内）は幹事長の推薦で選出された。また，第一から第五まで分科委員会を置いて個別に研究を行うものとされた。各委員会の中身を見てみると，第一分科委員会は「満蒙外交国策」を研究して，①対支政策，②対露政策，③対英米政策の小委員会を，第二分科委員会は「満蒙経済国策」を研究し，①重工業，②其他工業，③農・林・畜・水産業，④商業，⑤金融，⑥交通，⑦植・移民，⑧労働，⑨其他の小委員会を，第三分科委員会は「満蒙文化国策」を研究して，①教育，②学術，③宗教，④芸術，⑤言論機関，⑥社会及保健，⑦其他の小委員会を，第四分科委員会は「第一，第二及び第三分科委員会の立案せる計画に基き……実行すべき会社の業務計画を立案す」るとして，①鉄道港湾，②炭鉱・製鉄，③産業助成，④生産品販売，⑤地方行政，⑥経理，用度，⑦組織，人事其他の小委員会をもった。これら4つの分科委員会は，1932年度以降の「五箇年間に実行すべき其具体的綜合的計画を立案す」るとされ，第五分科委員会は「将来の満蒙国策を研究し其具体的総合的計画を立案す」るとされている[153]。

150　「満鉄首脳部恒久性問題」『協和』5巻9号，1931年5月1日，14–15頁。
151　山西恒郎「御挨拶」『協和』5巻15号，1931年8月1日，13頁。
152　「『社員の声』を募る」『協和』5巻13号，1931年7月1日，8–9頁。
153　「特別調査委員会規則」『協和』5巻13号，1931年7月1日，11–12頁。

表2-3　特別調査委員会メンバーの経歴

社員会本部役員としての経歴

（名，%）

兼任頻度	なし		あり		1930年度までに本部役員	1931年度に本部役員	1932年度以降に本部役員	計	
1	112	(62)	19	(35)	5	1	13	131	(56)
2	44	(24)	13	(24)	0	2	11	57	(24)
3	20	(11)	17	(31)	4	8	5	37	(16)
4	4	(2)	4	(7)	0	2	2	8	(3)
5	0	(0)	1	(2)	0	0	1	1	(0)
計	180	(100)	54	(100)	9	13	32	234	(100)

会社課長級以上社員としての経歴

（名，%）

兼任頻度	なし		あり		1931年9月15日以前に課長級以上	1931年9月15日現在課長級以上	1931年9月15日以降に課長級以上	計	
1	81	(69)	50	(43)	5	12	33	131	(56)
2	24	(21)	33	(28)	1	7	25	57	(24)
3	10	(9)	27	(23)	4	6	17	37	(16)
4	2	(2)	6	(5)	0	3	3	8	(3)
5	0	(0)	1	(1)	0	1	0	1	(0)
計	117	(100)	117	(100)	10	29	78	234	(100)

出典）「特別調査委員会委員氏名」『協和』5巻18号，1931年9月15日，33頁。課長級以上社員データベース。
注）兼任頻度は表2-2でそれぞれの氏名が掲載された回数。

表2-2は，特別調査委員会の委員を一覧にしたもので，表2-3は，この委員の社員会本部役員および課長級以上社員としての経歴をまとめたものである。委員を兼務している場合もあり，それを除いて実数を取ると234名になる。社員会本部役員としての経歴を見ると，これをもつ者が54名あり，そのうち，32名が翌1932年度以降に就いている。一方，会社の課長級以上社員は117名あり，1931年9月15日以降に課級以上ポストに就く者が78名となっている。結果としてではあるが，この特別調査委員会には，社員会と会社双方の中心を担っていく人材が集められていたことになる。

特別調査委員会の体制が整った1931年9月に『協和』に掲載された2つの

巻頭言は，この委員会に社員会が込めた意義を的確に表現している。「満鉄を中心とする国策の確立」を通じて「具体策」を提示することで，「吾等の三大綱領も名実共に達成さる」と，社員会綱領の実現形態をこの特別調査委員会に見出し，より具体的には，「満蒙の原始産業の工業化，交通網の完成，工業統制システムの確立等の条件の上に其経済的文化的レベルの向上を力強く叫び，満蒙繁栄の基礎の上に在住諸民族の正常なる関係を設定し，我国民の利益をも交錯させる如き政策を立案すべき」として，「行詰れる日支関係を展開し得る満蒙政策及之に基く満鉄社業の根本的見直し案の確立」することを希求し，「社員会が言ふ国策とは統一せられたる根本方針に基く精細なる具体的綜合的五年計画を其内容とするもの」とした[154)]。もうひとつの巻頭言にある「社員会の画期的事業たる特別調査委員会の事業」[155)]という表現からは，彼らの主体性が透けて見えてくる。

この直後，9月18日，満州事変が勃発した。

4）満州事変の作用①——1932年職制改正と経済調査会

社員会は一次・二次と2つの声明書を発表している。いずれも，社員が曝されている生命の危険について訴えているものの[156)]，特別調査委員会を事変前に準備していた立場からは，「用意周到」なアピールも出されていた。『協和』編集長の八木沼丈夫は，「満蒙一切の諸問題について最も豊富なる経験と有力なる資料とを有し，且つ重要なる分野を担当し得る力量を兼有する満鉄は，其使命に立脚して深き用意と，必要なる協力に敢為でなくてはならぬ」と述べている[157)]。翌年には，「日満両者の協力による満蒙五ヶ年計画等の具体的プランが練成され発表さるゝの日を渇望する」と経済調査会の設置を示唆する書き方をしており[158)]，幹事長・山岡信夫も，「満鉄を中心とする満蒙国策の樹立」から経済調査会へ連なることを，「我等の大に期待をかくる所由」とした[159)]。

154　「社員会の前途」『協和』5巻17号，1931年9月1日，巻頭言。
155　宮崎「特別調査委員会の陣容成る」『協和』5巻18号，1931年9月15日，巻頭言。
156　「声明書」『協和』5巻20号，1931年10月15日。満鉄社員会「満州事変第二次声明書」『協和』5巻22号，1931年11月15日。
157　八木沼丈夫「満鉄当面の諸問題」『協和』5巻20号，1931年10月15日，巻頭言。
158　八木沼丈夫「建設期に入る」『協和』6巻2号，1932年1月15日，巻頭言。

満州事変の当初，社員会は関東軍に協力することから行動を開始した。幹事長の山岡は「協心一致」を訴えながら[160]，社員会から，軍司令官に5,000円，警務局長に500円を贈呈して，その拠金を10月分の給料から差し引くということをしている[161]。あわせて『協和』では，「満鉄社員奮闘記」特集を組み[162]，満鉄社員健闘録を出版することが宣言されたりもしている[163]。問題は，社員の奮闘だけでなく，「此の非常時に於る服務に壮烈なる犠牲」が生じたことにあった[164]。

1932年度の幹事長に就いた郡新一郎は，会社では技術局審査役の職にあり，前任の山岡と同様に技術系の出身であった。ただ，山岡とは異なって，社員会のプレゼンスを高めることに積極的で，「歴史的大事業の計画」において，「計画の中心となれ」「認識不足者には認識を与えよ」「我等の正論を顧みざるものあらば飽く迄も忍耐を以てその蒙を啓け」といった文句が「現時局に際しての我等のスローガンであらねばならない」と勇ましさを見せる[165]。それは，戦場となった満州で，生命の危機に曝されているのが満鉄社員である旨を，隠さずに訴えるということでもあった。『協和』は社員の犠牲を隠すことなく，切々と報じ続けている。以後の満鉄経営と社員会運営において，この社員の犠牲は大きな基調となる。

1932年8月25日現在で，事変以来の殉職者16，負傷者53，拉致被害者37，不帰還者15と巻頭言が伝え[166]，犠牲者が続出するゆえに，「中間小駅」などで不安が増大するなか，各地方連合会からも警備増強の要請が届くようになる[167]。これに対応するために，会社の理事が中間駅や社外線に派遣された社

159　山岡信夫「巻頭言」『協和』6巻6号，1932年3月15日。
160　満鉄社員会幹事長「御挨拶」『協和』5巻19号，1931年10月1日，18頁。
161　「出動軍隊及警官の慰問――山岡幹事長現地へ出発」『協和』5巻19号，1931年10月1日，18頁。
162　「巻頭言」『協和』5巻24号，1931年12月15日。
163　久松五郎「巻頭言」『協和』6巻4号，1932年2月15日。
164　「巻頭言」『協和』6巻3号，1932年2月1日。
165　幹事長郡新一郎「吾人の覚悟」『協和』6巻7号，1932年4月1日，巻頭言。
166　加藤「我等をして武装せしめよ」『協和』6巻17号，1932年9月1日，巻頭言。
167　「警備問題の経過 屢次の陳情・会社の蹶起」『協和』6巻17号，1932年9月1日，20頁。

員の慰問に出向くようになり，『協和』はこれを詳しく報じている[168]。留意したい点は，理事の行動が，社員会からの要請で起きていることである。有体にいえば，満州事変による社員の犠牲が，そして，犠牲になるかもしれない可能性が，重役と社員会の力関係に作用するようになっている。『協和』はそれをわざわざ報じているのである。

社員からの声は，重役人事に対しても大きくなっていた。副総裁が八田嘉明に急遽交代したときから，「政党政治の通弊たる党利党略の露骨なる発現に非ざるやの疑念を濃厚ならしむ」と声明を出し[169]，また，営業成績の悪いなかで多数の新理事を任命することは，「社員思想の悪化を来す恐れあり」と非難をぶつけ[170]，理事を定款での最少人数としたうえで「部長には満州並に会社事情に精通し多年の経験に富む社員中より任命すべき」と新副総裁に打電している[171]。きわめて強い要求である。これは，「営業状態不良其他の会社の都合に依り，社員が或る犠牲を忍ばねばならぬ事情に立到る様な場合には，予め，その止むを得ざる事情をよく社員間に徹底させて頂き度く」という要求にもつながり，前年度幹事長・山岡のように，一方的に耐え忍ぶことを是としなくなっている[172]。

そして，総裁が林博太郎に代わると，「新理事の任命」において，「満蒙の事情並びに社業に精通したる社員より必ず登庸せられむことを切望す」と，それまでの社員部長制だけでなく，社員理事制の要求も復活・追加されるようになる[173]。新総裁の紹介に至っては，「既に禿頭ではあるがまだ五十九歳でこの点

168　編輯部員佐藤真美「慰問班巡訪記 恐怖の安奉線をゆく〔第一班〕」『協和』6巻18号，1932年9月15日。編輯部城所英一「慰問班巡訪記 北満に健闘する人々〔第三班〕 呼海・斉克・洮昂・四洮各線」『協和』6巻19号，1932年10月1日。編輯部員石黒直男「慰問班巡訪記 東満の空を翔けりて〔第四班〕 吉長・吉敦線及び間島方面」『協和』6巻19号，1932年10月1日頁。編輯部員加藤郁哉「慰問班巡訪記 遼西の鉄路を護る〔第二班〕 奉天以南社線・奉山線」『協和』6巻20号，1932年10月15日。

169　「声明書」『協和』6巻8号，1932年4月15日，30頁。

170　「政府及新副総裁へ要請」『協和』6巻8号，1932年4月15日，30頁。

171　「理事減員と社員部長制の要望――第三回役員会」『協和』6巻8号，1932年4月15日，28頁。

172　幹事長郡新一郎「八田副総裁歓迎挨拶辞」『協和』6巻10号，1932年5月15日，27頁。

173　満鉄社員会「要請電」『協和』6巻15号，1932年8月1日，3頁。

は働き盛りといふ可きであらう。但し経済的方面の手腕は未知数である」としながらも[174]，「一脉の涼風我等の胸裡に通うものあるを頁覚ゆる」と巻頭言で迎えたのである[175]。

結果として，図1-1にあるように，山崎元幹・大淵三樹・河本大作の3人が次長から理事に就任した。巻頭言は「満鉄理事八名中半数迄社員出身者」と歓びを隠さない[176]。新任の社員理事の中でも大淵は，社員理事は満鉄にとって「レデイーメイド」であり，「全部の消息に通暁してゐる」として，その効果を明言しつつ，社員会からの人事行政についての意見にも賛成の意を示し，資本家に配当，社員にも好待遇，という好循環を生むことを唱えている[177]。

このような良好な関係もあり，1932年12月職制改正は，1930・31年のそれとは異なっていた。まずは，総裁の専権事項である職制改正について，その実施前に，「一，現職制の総括的な不合理　二，現職制上に於ける無駄な課・係　三，日常痛感する事務上の不便」の三項目について「佯らざる回答」を求めている[178]。つまり，職制改正について社員会で議論しているのである。次に，総裁の林自身も「最も著き変革」としたように，社員部長制が復活した[179]。社員会もこの転制改正が，「当然の必要に出でたるものであり，しかも其の変更が案外に最少限度を出なかった」と評し，「甚だ社内外に好評を以て迎えられた」としている[180]。

結果，社員会本部役員の経歴をもつ者が4名，すなわち，市川健吉（経理部長），中西敏憲（地方部長），宇佐美寛爾（哈爾濱事務所長），富永能雄（鞍山製鉄所長）が部長級職に就いた（巻末付表4）。それ以上に特徴的なのは経済調査会の人事で，委員長こそ理事の十河信二が務めるものの，副委員長の石川鉄雄，主査の宮崎正義（第一部），奥村慎次（第二部），中島宗一（第四部），幹事の貴島克己と，ことごとく社員会本部役員の経歴をもつ者が課級以上ポストを占め

174　「満鉄新総裁 林博太郎伯 東京にて語る」『協和』6巻15号，1932年8月1日，3頁。
175　加藤「林新総裁を迎ふ」『協和』6巻16号，1932年8月15日，巻頭言。
176　加藤「我等の意中」『協和』6巻20号，1932年10月15日，巻頭言。
177　「共調共働で行かふ 大淵理事を囲んで」『協和』6巻23号，1932年12月1日，13頁。
178　「職制！ 職制！ 職制！ 職制！ 職制！」『協和』6巻17号，1932年9月1日，14頁。
179　総裁「職制改正の趣旨」『協和』6巻24号，1932年12月15日，13頁。
180　「職制改正解説概要」『協和』6巻24号，1932年12月15日，13頁。

表 2-4　経済調査会と社員会本部

役職	任命年月日		罷免年月日	氏名	社員会本部役員の経歴
委員長	1932.01.27	～	1934.07.11	十河信二	
	1934.07.11	～	1936.10.01	河本大作	
副委員長	1932.01.27	～	1933.09.06	石川鉄雄	27 常任幹事，28 幹事長
	1933.09.06	～	1936.10.01	田所耕耘	
第一部　主査	1932.01.27	～	1933.09.06	宮崎正義	27 組織部長，28・29 常任幹事，31 組織部長
	1934.08.27	～	1934.11.12	高田精作	34 消費部長，37 青年部長，38 組織部長，40 常任幹事，41 幹事長
第二部　主査	1932.01.27	～	1936.10.01	奥村慎次	27 編輯部長，31・32 調査部長
第三部　主査	1932.01.27	～	1932.12.12	佐藤俊久	
	1932.12.12	～	1935.10.07	伊藤太郎	34 常任幹事，35 組織部長
	1935.10.07	～	1936.10.01	古山勝夫	36 常任幹事・青年部長，37 常任幹事・幹事長
第四部　主査	1932.01.27	～	1936.10.01	中島宗一	28 青年部長，31 修養部長，34 幹事長，35 調査部長
第五部　主査	1932.12.01	～	1934.07.17	岡田卓雄	
第六部　主査	1935.02.26	～	1935.11.22	野中時雄	29・30 調査部長
	1936.06.13	～	1936.10.01	田中九一	
幹事	1932.01.27	～	19330.9.01	貴島克己	28 庶務部長
	1933.09.01	～	1935.02.26	内海治一	35 常任幹事・編輯部長
	1935.05.02	～	1936.10.01	押川一郎	36 常任幹事
	1934.03.07	～	1934.11.16	阿部勇	33 常任幹事
	1934.11.16	～	1936.10.01	伊藤武雄	30 調査部長，33 幹事長，34 編輯部長
	1933.12.01	～	1936.10.01	宮崎正義	27 組織部長，28・29 常任幹事，31 組織部長

出典）課長級以上社員データベース。
注 1）表中の第一部・第五部主査の不在期間は兼任者が就いている。具体的には以下の通り。
第一部：1933.09.06～1934.08.27 主査事取・田所耕耘，1934.11.12～1935.03.11 主査事取・田所耕耘，1935.03.11～1935.08.01 主査事取・三浦義臣，1935.08.01～1936.10.01 主査・三浦義臣。
第五部：1932.01.27～1932.12.01 主査・奥村慎次，1934.07.17～1934.11.16 主査・伊藤武雄，1934.11.16～1934.12.22 主査事取・田所耕耘，1934.12.22～1935.08.01 主査・三浦義臣，1935.08.01～1936.10.01 主査・田中盛枝。
なお，三浦義臣・田中盛枝は社員会本部役員の経歴なし。
2）社員会本部役員の経歴欄の数字は，年度の下 2 桁。

た。岡田卓雄も，社員会本部役員としての経歴こそもたないものの，秘密会時代の担い手であった。表 2-3 にあるように，その後の異動まで含めても，社員会本部役員の経歴をもつ者が実に多く，経済調査会に配置されている。社員による「主体性」は，社員会の活動を通して，会社の経済調査会に集約されていた。

このような社員会への歩み寄りの一方で，会社は 1931 年度決算が赤字にもかかわらず，民間株主に対して 6％配当を実施していた（第 4 章参照）。社員からの反応もさまざまで，満鉄の資金調達難を解消するために，社債と株の「国民化」を企図して，少額発行で広く国民に株式を保有させることを提唱するものや[181]，寄託株 700 万円分に加えて身元保証金 4155 万円と社員貯蓄 764 万円を拠出してさらに計およそ 5000 万円分の株を買い足すことで，結果として「社員団が政府に次ぐ民間最大の大株主」となって，常任監事を社員株主から出すことを展望するものもある[182]。いずれも，6％配当断行の向こう側の資本家＝大株主の存在を「悪」として認識していた。

ただ，このようなときでも，経済調査会の主査は冷静だった。奥村慎次は，満州の「主表産業」のうちの「基本産業」，すなわち鉄鋼・炭鉱・重工業などは満鉄自身が経営を進め，「第二次産業」も，徹底的な調査・研究を通じて有望な事業を「発見」し，「満鉄の指導の下」に置くとした。いうまでもなく，このような考え方は経済調査会の主査としての調査・立案に裏打ちされたものであるが，奥村は満鉄を「事業会社」ともしていた。事業会社の使命を「営利を通じての社会経済への寄与」とする奥村は，「営利を無視したる経済計画」が実現しないことをふまえつつ，「営利を通じての国策への寄与」を満鉄の方針として確立することを求めていた。ここには，株式会社としての満鉄の本質と「産業の国家的統整」のバランスを俯瞰する視点が確保されていたといえよう。

5）満州事変の作用②――殉職者の増加と待遇改善要求

しかし，社員の犠牲は待遇改善の声を大きくさせた。鉄道会社の社員にもか

181　野々村生「愛国株（社債）の提唱」『協和』6 巻 13 号，1932 年 7 月 1 日，5-6 頁。
182　江口胤秀「常任監事制の提唱」『協和』6 巻 20 号，1932 年 10 月 15 日，2-4 頁。

かわらず，戦場となった満州で同僚が殉職していく状況下で，彼らに忍従と沈黙を強いるのは困難であった。幹事長の郡も，待遇復活のために，総裁・副総裁への請願をためらわなかった。

1932 年度より 2 日間開催となった評議員会[183]は，その議事録で各議題を「待遇復活の諸問題」「待遇復活問題に就いて議場更に白熱す」「住宅料を低下前に還せ」「家族手当を合理的に支給されたし」「旅費改正要望」などとまとめている。議事のすべてが可決されたわけではなく，「待遇復活」「在勤手当復活」「家族手当復活」などは「保留」として，次回の評議員会までに社員会調査部で研究・調査することとなっている[184]。その意味での冷静さはあった。ただ，先の特別調査委員会のように，社員会で待遇問題を主体的に扱おうとする動きとして，人事政策確立委員会を設置している[185]。委員長には 1932 年度修養部長の武田胤雄が就いた。

最終的に，この人事行政確立委員会は，幹事長・郡宛に委員会案を提示した。「第一章　人事行政の根本原則」では，「厳正公平」を第一として，昇格・昇給などが「功績」「人格」「力量」の 3 点から決せられるべきとしており，「人の和を図る」ために，不良社員への「断然たる処置」を取り，「人心をして倦ましめざるを要す」として，転勤先の人気・不人気を勘案して，在地期間の短縮と交替の促進を提案する。その上で，注目されるのは，「第二章　人事行政の執行機関」で，会社の人事課の発展的解消を企図していることである。この提案では，総裁直属の人事局を置き，その局長を重役待遇として，「十箇年以内に退職又は転職せしむべから」ざるものとしたうえで，「社内人事担当者の横断的連携」を狙う。満鉄がひとつとなるためには，統一的な人事が不可欠とされ，それを実行するしくみとして「人事局職制」を構想しているといえよう[186]。

幹事長の郡は，この案を副総裁・八田に説明して，会社組織の改正，すなわ

183　前掲「社員会小史：未定稿」9 頁。

184　「評議員会議事一覧」『協和』6 巻 12 号，1932 年 6 月 15 日，58–59 頁。

185　「人事行政の確立を期す——理想をめざして根本的に」『協和』6 巻 12 号，1932 年 6 月 15 日，23 頁。

186　委員長武田胤雄「人事行政の根本は斯くあるべし——人事行政確立委員会案」『協和』6 巻 22 号，1932 年 11 月 15 日，2–4 頁。

在大連軍人官吏會社員月收比較表

昭和7年10月調（配列は大体高率順）　　社員會調査部

給額別＼官廳會社別		A	B	C	D	E	F	G	官廳	滿鐵	陸軍	H
本俸 150.00	月收	478.00	375.50	365.00	335.00	280.00	285.00	258.00	255.00	256.30	231.63	210.00
	住宅料	社宅現物	75.00	50.00	70.00	70.00	50.00	70.00	現物	45.00	現物	50.00
	合計	—	450.50	415.00	405.00	350.00	335.00	328.00	—	301.30	—	260.00
100.00	月收	334.00	247.50	275.00	183.00	181.00	190.00	175.00	200.00	175.00	151.75	140.00
	住宅料	現物	60.00	50.00	50.00	50.00	40.00	50.00	現物	30.00	現物	36.00
	合計	—	307.50	325.00	233.00	231.00	230.00	225.00	—	205.00	—	176.00
75.00	月收	237.50	195.00	215.00	140.50	153.00	143.00	127.00	150.05	126.90	124.87	105.00
	住宅料	現物	30.00	40.00	40.00	50.00	35.00	45.00	現物	22.50	現物	24.00
	合計	—	225.00	255.00	180.50	203.00	178.00	172.00	—	149.40	—	129.00
50.00	月收	161.00	140.50	156.00	92.00	124.00	77.50	87.00	100.00	89.60	88.00	76.00
	住宅料	現物	25.00	40.00	30.00	40.00	30.00	35.00	現物	20.00	現物	24.00
	合計	—	165.50	196.00	122.00	164.00	107.50	122.00	—	109.60	—	100.00
40.00	月收	137.00	113.00	105.00	50.00	—	62.00	69.00	—	71.67	70.33	65.00
	住宅料	現物	25.00	40.00	—	—	30.00	30.00	—	20.00	現物	24.00
	合計	—	138.00	145.00	50.00	—	92.00	99.00	—	91.67	—	89.00
中等學校新卒業者	月收	116.83	92.40	65.21	58.41	56.25	46.50	58.67	40.50	准職員 51.00 / 職員 56.95	—	58.33
	住宅料	現物	—	25.00	—	—	15.00	8.00	8.00	准職員 — / 職員 10.00	—	—
	合計	—	92.40	90.21	58.41	26.55	61.50	66.67	57.50	准職員 51.00 / 職員 66.95	—	58.33

備考 1. 本表は滿鐵社員の月收と軍人官吏及主なる銀行會社員（何れも大連在勤員）の月收とを比較したるものなり。
2. 本表の月收とは本俸、在勤手當、家族手當及賞與月割額合計なり。

図 2-1 「在大連軍人官吏会社員月収比較表」

ち人事委員会の設立を要望した[187]。社員会本部としても待遇改善の攻勢を抑えることはなかった。また，図 2-1 のように，「軍人官吏及び主なる銀行会社員」の「大連在勤員」との比較を行って，満鉄社員が待遇の面でほぼ「全敗」に近い状態にあることを示している。この解説では，「相当の有識有位階級に属する者すら満鉄社員の諸給与が他に比し著るしく高率」として「引下ぐる必要ありと論断」していることに対して真っ向から反論した[188]。図 2-1 に示された社員会調査部による調査結果が，どこまでの正確さをもっているのかには議論の余地があろう。しかし，この表は年俸 40～150 円のケースを対象として

187 「人事委員会の設立を要望す 幹事長が八田副総裁を訪問」『協和』6 巻 22 号，1932 年 11 月 15 日，23 頁。
188 社員会調査部「満鉄社員の給与は果して高きに失するか」『協和』6 巻 23 号，1932 年 12 月 1 日，14 頁。

おり，かつてのような傭員の待遇問題ではなく，社員全般の問題が取り上げられていることがわかる。つまり，待遇改善をめぐって，社員会内で断絶が生じていない。社員会外・会社外に向かって，一致団結してアピールしているのである。

翌1933年1月の評議員会では，「物価騰貴及其の他の情勢に鑑み諸給与を昭和六年七月以前の状態に復活要望の件」「在勤手当支給率改正促進希望の件」「散宿料支給率を合理的に改正の件」が出されたものの，これらを決議せずに「会社現幹部に信頼する」として冷静に対処した[189]。もっとも，待遇改善について譲歩する気持ちはさらさらなく，「満鉄の新経営は利益には立脚してゐない。遠き将来は知らぬ，近き将来にそれが利益を挙ぐることを我等は考へ能はぬ」と巻頭言で宣言している[190]。

社員会からの要望が冷静さを保った一方で，会社としては満州事変後の人員不足に直面していた。とくに鉄道現業員の不足は早急に解決すべき問題であった。そこで，国内鉄道省や朝鮮鉄道などからの中途採用を実施している。『協和』の把握によれば，第一回が鉄道省から450人，第二回が鉄道省と南朝鮮鉄道から218人とされ[191]，1933年9月には，さらに修繕工，工作工などの「熟練工」のほか，機関車乗務員など約300人を鉄道省から採用している[192]。当然のことながら，戦地である満州に，鉄道現場の業務に熟練した労働者を連れてくるには，相応の待遇・条件が必要となる。それは，旧来の満鉄社員との待遇格差に直結する。結果として，1933年度になると，登格・待遇改善が連発された[193]。

社員会本部も，人事行政確立委員会の機構を前年度より充実・本格化させた。1933年5月の評議員会での可決をふまえて[194]，「現在の如く，人事課を単なる

189　「待遇復活の諸問題」『協和』7巻3号，1933年2月1日，13–14頁。
190　加藤「第八回評議員会の後に」『協和』7巻3号，1933年2月1日，巻頭言。
191　「鉄道省から満鉄へ！　新社員続々来満」『協和』7巻7号，1933年4月1日，20頁。
192　「近く鉄道省から　約三百名採用　人員不足に悩む鉄道部」『協和』7巻18号，1933年9月15日，18頁。
193　「道は拓けた　傭員から雇員へ　空前・五百余名登格発表」『協和』7巻13号，1933年7月1日，2頁。「予想を飛び越え　月棒社員への登格　三百五十八名」『協和』7巻13号，1933年7月1日，2頁。「雇員機関士全部を技術員に登格　鉄道部の英断」『協和』7巻23号，1933年12月1日，32頁。

機械的存在に堕さしめず，常に潑剌たる生気を沸かしむる源泉とし，社会環境を敏速に観取し，全社員人心の動向を善導してその暢達を図り，社員をして和気藹々欣んでこの光輝と歴史ある社業戦線に赴かしめたい」と巻頭言で主張した[195]。新たに，委員長に清水豊太郎，幹事に曽田正彦・内山新治，第一部部長に阿部勇，第二部部長に石橋信延を任命した[196]。ちなみに，第一部は，人事に関することおよび採用・養成・配属・登格・淘汰・賞罰を，第二部は，給与に関することを研究項目とした[197]。

3　満鉄改組問題と東京支社

1）伊藤武雄の戦術

このような待遇改善が進行した1933年度に，伊藤武雄は社員会幹事長に就任した。

自著で幹事長としての自らの軌跡を詳らかにしている伊藤は，本人も隠さないように，それまでは社員会に関心を寄せて積極的に活動的していたとは到底いえない会員であった[198]。1928年の留学時に『協和』に寄せたものも，同時期の奥村慎次のそれと比べれば，自由気ままな「支那研究」の報告であった[199]。

また，伊藤は就任時の年齢も歴代幹事長の中で最年少の39歳だった[200]。こ

194　「会社人事の正道を人事行政確立委員会で研究する」『協和』7巻10号，1933年5月15日，37-42頁。

195　英「人事課を拡充せよ――併せて『人事委員会』設置を提唱す」『協和』7巻11号，1933年6月1日，巻頭言。

196　「待望の人事行政確立委員会 陣容完く成り総会開催」『協和』7巻15号，1933年8月1日，3頁。

197　「会社人事の欠陥と不平を訊く 人事行政確立委員会 現業雇傭員座談会の計画」『協和』7巻16号，1933年8月15日，3頁。

198　伊藤武雄『満鉄に生きて』新装版，勁草書房，1982年，160頁。

199　伊藤武雄から寄せられたものを挙げておく。伊藤武雄「巴里雑筆」『協和』2巻16-17号，1928年9月29日～10月6日。伊藤武雄「伯林から――支那研究に於ける国際共働」⑴～⑷『協和』3巻12～15号，1929年3月23日～4月13日。

200　「晩餐後」『協和』9巻4号，1935年2月15日，26-27頁。ちなみに，木部守一51歳，

れと関連して，本書の問題関心から留意すべきは，本部役員の会社における役職であろう。前章付表 1-1 にあるように，1933 年度本部役員で就任時に会社課長級以上のポストにあったのは，伊藤武雄（総務部審査役）と清水豊太郎（商事部庶務課長）・石原重高（鉄道部庶務課長）の 3 名だけだった。社員会本部役員就任後に課長級以上になった者が，常任幹事で 4 名，部長で 13 名いるものの，33 年度内に新規昇進したのは，神守源一郎（地方部庶務課長，1933 年 9 月 6 日），阿部勇（経済調査会幹事，1934 年 3 月 7 日）の 2 名に過ぎない。幹事長が若いだけでなく，本部役員も課長級以上社員として会社のマネジメントに関与しているわけではない者がほとんどであった。

そうした意味では，1933 年度の社員会は，経営的視点から対外関係を構築する能力の面でやや不安要素を抱えていた。また，伊藤武雄自身が総務部審査役という閑職にあり，経済調査会の幹事になる前の段階でもあったから，最新の満鉄事情に精通していないところもあった。

しかし，若さには情熱がある。伊藤は，社員会内の団結・連携をあらゆる点で推し進めた。まず，「社員会の記事を一層拡充」することを根本方針として掲げ，具体的には，「社員会本部の活動をより精密に伝え」ることとして，巻頭言のすぐ後で，社員会の活動を伝えるようにした。また，「社業の全般を簡単に報道する」ために「協和満鉄新聞」を，「社員の如実な生活相を解剖する」ものとして「満鉄人――生活線 ABC」を，「満州の開発に極めて重要な意義を持っている」科学分野の概要を紹介としては「満鉄の科学」を，それぞれ連載化した[201]。他にも，「全満各地の風土記」として「連合会地方色」を連載している[202]。「協和満鉄新聞」では，年度早々に特集を組んで新入社員の増加を伝え[203]，「満鉄人――生活線 ABC」の初回では，女性社員を取り上げて，男性

石川鉄雄 43 歳，保々隆矣 47 歳，市川健吉 43 歳，山岡信夫 43 歳，郡新一郎 40 歳，伊藤武雄 39 歳，中島宗一 43 歳，中西敏憲 42 歳である。

201　「本年度の編輯部大綱決る 第一回編輯部会を開催」『協和』7 巻 8 号，1933 年 4 月 15 日，6 頁。

202　『協和』に掲載された「連合会地方色」の分析については，平山勉「鉄道附属地の「地域化」と満鉄日本人社員の「外部効果」」（柳沢遊・倉沢愛子編著『日本帝国の崩壊――人の移動と地域社会の変動』慶應義塾大学出版会，2017 年）を参照。

203　「鉄道省から満鉄へ！　新社員続々来満」『協和』7 巻 7 号，1933 年 4 月 1 日，20 頁。

社員に対する彼女たちの「声」も掲載した[204]。

そして，社員会の原点に回帰して，社員会綱領の再解釈を示した。富永能雄の批判以来，「鵺の如き」とされてきた社員会綱領を，社員自ら「軽んずる風があった」のを「甚だ卑屈な態度」と批判したうえで，「綱領を完全に理解し，その精神を完全に把握する事が先決問題」として「冷静に吟味」した[205]。そして，「一，自主独立　二，使命擁護　三，福祉増進」と綱領を標語化してみせたのである[206]。

2）満鉄改組問題

関東軍参謀・沼田多稼蔵の談話以前から，社員会においても満鉄改組問題はくすぶり続けていた。1932 年 6 月 23 日には，幹事長・郡が，満州統制機関の設置，満鉄改組，地方行政の移管などの問題が「騒がしい」ことを受けて総裁・内田と直接会談をしており，郡は社員への配慮を林から取りつける一方で，社員の暴発にも注意するよう言われたとしている[207]。この会談に続けて，『協和』の巻頭言は「満鉄の幹部は反省の必要があらうと思う。同時に軍部側にも

204　「彼女たちの世界――婦人社員はエネルギッシュな廊下の花だ」『協和』7 巻 7 号，1933 年 4 月 1 日，36–37 頁。これによれば，婦人社員は 1,075 名で，「学校医院関係」479 名，本社は 225 名でほとんどがタイピストとなっている。記事は，彼女たちの年齢，職務，収入まで明らかにしており，また，その内容は男性本位でもあった。

205　「社業の推進 福祉の助長 綱領の真意に立て――自覚へ→信念へ→団結へ」『協和』7 巻 8 号，1933 年 4 月 15 日，2–3 頁。なお，以下のように「再吟味」されている。「第一「満鉄は資本家の走狗なり」という近眼的謬見が，局外者の嗤うべき認識不足に過ぎぬ以上，労使対立的見解の滑稽なるは謂うまでもない。吾等の満鉄会社に於ける立場は「資本家」に対する所謂「労働者」ではないのである。／第二 「満鉄は特殊会社」なる事実が儼乎たる以上，国家を一半の株主とし国策遂行を大使命とするは更めて謂うまでもない。吾等は単なる労働者でないのみか，一個の国士たる見識を持たねばならない。社業の一端に連なる事が国策の一端に連なる事を意味する限り，会社を擁護する事は国民としての義務でさへある。／第三　社員が疲弊して会社の発達はあり得ない。同時に会社が涸渇して社員の福祉はあり得ない。会社の健全なる発達を念とするはとりも直さず自己の福祉を招来助長する事である。即ち社員の自覚は一挙両様の願望を達成する。換言すれば社業の発達に寄与する事は自己の生命の源泉を護る事になるのである。／第四　吾等の身分は斯くの如き特殊の立場にある。吾等の信念はこの特殊性に根ざすべきである。比類なきこの特殊性は吾等にとって実に尊き矜持であらねばならない」。

206　「綱領の略化・単純化 三標語が決定した」『協和』7 巻 14 号，1933 年 7 月 15 日，6 頁。

207　幹事長郡新一郎「緊急報告」『協和』6 巻 13 号，1932 年 7 月 1 日，3 頁。

反省の必要がなくはない」としながら，満鉄中心主義とは社員中心主義であるということを示していた[208]。別言すれば，満州開発が満鉄中心，そして社員中心であることは，社員会にとってある種の大原則であった。

『協和』誌上の1933年度報告によれば，伊藤武雄自身は，1933年5月12日の軍司令官への感謝状捧呈で小磯参謀長と会談した際に，改組問題の「ヒント」を得たとしている。伊藤は，6月初旬の幹事会で，「社員会独自の立場よりして研究しをくことは，社員会として当然」として，7月中旬より自身と常任幹事の阿部，そして，社員会組織部で秘密裡に会を重ね，『協和』の巻頭言に「経済戦闘に備へよ」を寄せた。さらに，10月14日には「満鉄改造問題に関し善処方請願」を幹事会で決議して，22日に伊藤がこの決議を会社当局に提出することを指示，翌23日に沼田談話による「満鉄改造案」の発表に至ったと振り返っている[209]。

幹事長就任に際して，満鉄が「満州経済建設当面の責任者たるの運命を担うに至った」と記していた伊藤武雄は[210]，「経済戦闘に備へよ」の中でも，「満鉄解体論」「満鉄解消論」を明確に否定していた[211]。また，上述の「満鉄改造問題に関し善処方請願」も，満鉄の内外の信用と社員の「義勇奉公精神」は「現在並に将来に於ける至難なる満州開発事業に対し，重要にして不可欠の要素」としているほか[212]，北条秀一は「満鉄が統制経済の主体となることを最も妥当」とし[213]，「不動の社員によって蓄積された知識技術，養成された人材等こそが満鉄の地位を擁護した」と満鉄が満州を支えるのを可能にしてきた要因を社員の能力に求めている[214]。これは，加藤新吉が巻頭言で，改組の決定の前に「専門家の研究に俟たなかればならぬ」と主張したことと矛盾するものではないだろう[215]。このように，改組問題に直面して，社員自身は自分たち

208　加藤「所謂「軍部の意思」に就て」『協和』6巻14号，1932年7月15日，巻頭言。
209　「改造問題に関する本部の処理を顧る」『協和』8巻6号，1934年3月15日，43頁。
210　伊藤武雄「環境と我等」『協和』7巻7号，1933年4月1日，巻頭言。
211　止戈「経済戦闘に備へよ」『協和』7巻15号，1933年8月1日，巻頭言。
212　「象牙の塔を出た 満鉄改造問題に対する第一声 近く研究委員会結成されむ」『協和』7巻21号，1933年11月1日，2頁。
213　経済調査会北条秀一「満鉄改造問題(1)」『協和』7巻21号，1933年11月1日，14頁。
214　北条秀一「特務部案の批判 満鉄改造問題(2)」『協和』7巻23号，1933年12月1日，7頁。

の満州経営における能力を自負している。満鉄中心・社員中心は，単なる原則ではなく，特別調査委員会を通じた矜持でもあった。

改組問題をめぐる10月27～28日の評議員会では複数の宣言が採択された。「帝国並満州現下の諸情勢は我満鉄と我等満鉄社員とに向って更に一層の躍進を要求す」を皮切りに[216)]，社員会内に設置した満鉄改造問題善処緊急委員会の宣言でも，「満鉄は明治大帝の御遺産にして，国民血肉の結晶なり」「満鉄は満州開発の根幹なり」と謳い，「対応策を樹つる為に「特別常設委員会」を設立すること」を決めた[217)]。

また，会社重役だけでなく，関東庁・関東軍の首脳との面談も重ねた。11月1日には，関東軍司令官・菱刈隆に，伊藤以下，渡辺・曽田・阿部・落合・桜井の常任幹事が5時間にわたって会見し[218)]，同9日には副総裁・八田と会見[219)]，18日には，幹事24名と総裁・林で40分の会見をもって，「社員会の態度を諒」とする言質を得ている[220)]。12月20日には幹事長・伊藤，常任幹事・落合らが新京を訪れ，関東軍参謀長・小磯国昭，副長・岡村と会見すると，多発する「新京特電」をひとつも取り消さなかったことを責め，小磯から事変以来の関東軍と社員会の協力を基礎に改組問題についても両者に「一点の私心」もないという発言を引き出した。これを受けて伊藤は「軍事工作一段落後の経済工作は軍の主宰すべき性質のものでなく，我等満鉄人の努力に俟つ所多く」と発言した[221)]。

「各委員は何れも社内枢要の地位に在る者のみ」[222)]とされた特別常設委員会

215　加藤新吉「満鉄改造問題」『協和』7巻21号，1933年11月1日，巻頭言。

216　伊藤武雄幹事長ほか4名「緊急動議 会社使命の遂行精神に関する宣言決議案」『協和』7巻22号，1933年11月15日，6-7頁。

217　「緊急委員会委員」『協和』7巻22号，1933年11月15日，16頁。

218　「菱刈長官と社員会幹部の会見 改造問題に対する態度を諒解」『協和』7巻22号，1933年11月15日，44頁。

219　「改造問題を繞って 副総裁と役員の重要会見」『協和』7巻22号，1933年11月15日，44頁。

220　「改造問題を憂慮し 林総裁と会見」『協和』7巻23号，1933年12月1日，12-13頁。

221　「小磯参謀長・岡村副長と改造問題を語る 伊藤幹事長の一行」『協和』8巻1号，1934年1月1日，12頁。

222　止戈「『社員会結束』」『協和』7巻24号，1933年12月15日，巻頭言。

では，改組の社員会案が練られ，その内容は「厳秘に付され，其の慎重なる態度は水も漏さぬものがある」とされたが[223]，11月30日にそれがまとまり[224]，同日，幹事長・伊藤が社員会案についての声明書を発表した[225]。この声明書は，原則として，「日満両国の経済協調関係を確立すること」「満州の経済開発は統制的に行はれること」「満州経済開発の中心機関として一つの有力なる機関を必要とすること」を提示して，この原則から中心機関の条件として，「満州の産業を統制すべき実力を有すること」「開発に必要なる資本誘致の実力を有すること」「該機関の機能を繁雑なる監督命令にて煩はされざること」「該機関内部の組織を能率的ならしむること」「該機関内部に永続的且直接的開発に携はる従事員の総意を反映せしむべき機構を創設すること」の5つを挙げ，これにもとづく「結論」が役員会で承認されて，社員会案の発表は幹事長に一任された[226]。

しかしながら，結局のところ，社員会案が公表されるには至らなかった。『満州日々新聞』『大連新聞』に掲載された「社員会独自案」も，社員会として全面的に否定している[227]。それは，伊藤武雄を中心とする1933年度社員会が，会社経営を具体的にいかにすべきかという議論を重ねてこなかったことをそのまま反映している。上述の5つの条件も，満鉄のことを表現しているにすぎない。プレスリリースやアクションが華やかであっても，彼らには中身がなかったのである。

3) 民間株主と東京支社の立場

1933年度社員会は，改組問題だけでなく，株主総会においても存在感を示すことができなかった。

社員会は，副総裁から社員会代表の派遣承認を得て，常任幹事の阿部・曽田

---

223 「慎重に対策を練る 特別委員会の活躍」『協和』7巻23号，1933年12月1日，11頁。

224 「我等の態度大綱決す 特別委員会総会大連に招集 発表の時機を重視し幹事長一任」『協和』7巻24号，1933年12月15日，17頁。

225 「コムミユニケ発表」『協和』7巻24号，1933年12月15日，17頁。

226 同上，17頁。

227 「新聞紙の掲載せる社員会独自案なるもの それに対する幹事長の声明」『協和』7巻24号，1933年12月15日，17-18頁。

に加え，江口，加藤，編輯長・城所を送り出した。社員会としての目論見は，満鉄の株式を所有する社員から委任状を集めて，株主総会で発言することであった[228]。委任状は「大型のトランク一杯に押詰められ……代表が……東京まで携行」とされているものの，実際どれほどの数集まったのかは判明しない[229]。結果として，社員会代表は，株主総会で発言することがなかった。代表からの報告によれば，「満鉄が国策遂行の機関としての実力を失ふ心配は全然なく，……問題が中央に於て更に慎重に考へらるゝことが明瞭になったので，代表は発言の必要を認めず」とある[230]。総会における副総裁・八田の発言は，関東軍の求めに応じて意見と資料を提出しただけで，「如何に改革されやうとも資本吸収に不便を感じ，仕事の上に不都合を生ずるやうな変革は行はれる筈がない」と報告された[231]。

八田は，満鉄が「国策会社」であるために，「国策の転向によって如何に改善せねばならぬかは政府によって決定さるる」とも発言した[232]。それを受けて『協和』巻頭言は，「満鉄改組の問題は中央に於て正しく且つ慎重に取扱はれる見込が確実である。今や我等は問題の行方を静観して居れば足る」と，明らかにトーンダウンした[233]。

代表団はその報告の中で，「社員会代表を東京に送ったことは各方面に大なるショックを与え」たとし[234]，また，「社員会の言動は中央各方面の注目を集めつつあり」とも打電したように「各方面を訪問」したこともわかるものの[235]，株主総会そのもので彼らが存在感を示した形跡はほとんどない。株主

228　「社員所有株 無記名委任状を 本部で一括取纏め 有効適切な処置考究」『協和』7巻24号，1933年12月15日，18頁。

229　「社員の委任状を一括し 断乎たる発言権を送る 事務局で臨時三名を加えて急遽整理」『協和』8巻1号，1934年1月1日，8頁。

230　「社員会の主張 殆んど貫徹に近し 愈中央に移った改組案」『協和』8巻1号，1934年1月1日，8頁。

231　「不利益なる改組は採らず 八田副総裁演説」『協和』8巻1号，1934年1月1日，10頁。

232　同上，10頁。

233　「巻頭言」『協和』8巻2号，1934年1月15日，巻頭言。

234　「社員会の主張 殆んど貫徹に近し 愈中央に移った改組案」『協和』8巻1号，1934年1月1日，8頁。

235　阿部勇・会田正彦・加藤新吉・江口胤秀・城所英一「東京派遣代表報告書」『協和』8巻2号，1934年1月15日，6-7頁。

総会において要所となるのは東京支社である。東京支社に置かれていた社員会東京支部が，東京地方連合会へ再編されたのは株主総会直前の 11 月 18 日であった[236)]。連合会長に東京支部長の平山敬三が就き，12 月 18 日に発会式が挙行されて，常任幹事の阿部・曽田と加藤，江口，城所が出席しているものの，彼らの出席が株主総会への代表派遣と兼ねたものであったことは言うまでもない[237)]。つまり，社員会がそれまで株主総会において民間株主とコンタクトを取るという試みを一切していなかったことを物語っている。

12 月 6 日に東京連合会から大株主名簿が到着しているが，これが有効に機能したかも怪しい。そもそも，1933 年度社員会は，増配の見込みを知らせるなかで，6% 配当でさえ一般的に低いとはいえず，「況んや満鉄の如き所謂満蒙経営なる特殊使命を帯びたる会社に於てをや」と民間株主への 8% 配当を批判していた[238)]。また，内部留保が多くなるだけ満鉄に主導権が生じるとして，政府への増配に反対する主張もあった[239)]。結局のところ，自分たちの待遇悪化の根拠となる経営不振から目を逸らさせるような表現で 1932 年度の決算を報告し[240)]，これに連動するかたちで 1933 年増資の公募成績が好調であることを会員に伝えた[241)]。満鉄有志株主会が結成された際も，その趣意書を紹介するのみで，彼ら民間株主が理事を選任したがっているという点も捨象した[242)]。結局のところ，社員会と民間株主の間に入った東京連合会も，結成によって一度は評議員会に出席するようになったものの，「遠隔の地にある関係上今後も評議員を送れるかどうか判らない」として，「東京から大連に出張中

---

236 「益々拡大する組織 東京連合会創立さる 連合会長は平山敬三君」『協和』7 巻 24 号，1933 年 12 月 15 日，21 頁。

237 「社員会の主張 殆んど貫徹に近し 愈中央に移った改組案」『協和』8 巻 1 号，1934 年 1 月 1 日，8 頁。

238 「株主配当の増加」『協和』7 巻 7 号，1933 年 4 月 1 日，21 頁。

239 土屋春雄「満鉄から搾取しようと目論む謬見を是正して社業の本質を示す」『協和』7 巻 8 号，1933 年 4 月 15 日，16–17 頁。

240 「満鉄未曾有の収益 配当・民間八分・政府四分三厘 昭和七年度決算」『協和』7 巻 11 号，1933 年 6 月 1 日，18 頁。

241 「新株申込 国民の圧倒的支持 公募数の三倍に達す プレミアムは五円見当」『協和』7 巻 17 号，1933 年 9 月 1 日，30 頁。

242 「満鉄株主の立場から 理事は株主が選任したい……と」『協和』8 巻 10 号，1934 年 5 月 15 日，5 頁。

の会員」の派遣で済ませることを認めさせている[243]。要するに，民間株主との間に立つ東京支社は，社員会の活動に対して消極的であった。社員会と民間株主との間に，協力的な関係が構築されることはなかったのである。

伊藤武雄を中心とする華やかな活動は，東京支社を含めた団結を促すことができなかった。何よりも，改組問題を社員会主導で解決するべく，課長級以上社員としての職歴をもつ本部役員を揃えることができていなかった。この1933年度の「空白」を埋めるように，社員会は新しい段階に入っていく。

1934年の幹事長の人選をめぐっては，本部役員会で推薦打合会が開かれている。候補として，12名の名前が挙がっており，このうち経済調査会の主査・幹事が5名を占めている。銓衡委員（伊藤武雄含む）は，社員会創立委員の一人であり発会式で社員会綱領を朗読した中島宗一を推薦している[244]。中島はこれを了承して，幹事長就任に際しては，経済調査会の主査らしく，「環境の正しき認識と之れに処するの方策とは倦まざる研究と精密なる思索に俟つの外はない。……知るは行ふの始めとか。自分の考えの妥当性，合理性に対する強き信念こそ力強き行動の素因を為すもの」と初心を表明した[245]。

1934年度の庶務部長に就いた北条秀一は，「満鉄の特殊使命は創立当時よりは一段飛躍し」たことを認め，「満鉄の改造は満鉄自身が最も先きに考へるべきであった」との反省を示したうえで，「我々は更めて満鉄改造問題を提出し，白日の下に国民と共に之を議し，以て国家百年の大計樹立に勇往邁進すべき」と年度初めに表明する[246]。「満鉄は日本の国策会社であったが，今では日満両国の経済国策代行機関といふ大使命を帯びるに至った」と満鉄の変化を認める北条は，社員会綱領を再検討することを訴え[247]，宣伝部長の加藤蕾二も，「先覚者たるの国士的自覚にもとづきて，満州経済開発に労むること」を綱領に追加するよう求めた[248]。

243　「東京連合会提出議案は特に代理説明を認める」『協和』8巻11号，1934年6月1日，11頁。
244　「満鉄社員会次期幹事長推薦打合会」『協和』8巻3号，1934年2月1日，11頁。
245　幹事長中島宗一「継ぐ者の心」『協和』8巻7号，1934年4月1日，2-3頁。
246　北条秀一「昭和九年度への希望」『協和』8巻7号，1934年4月1日，2-3頁。
247　北条秀一「綱領の再検討」『協和』8巻8号，1934年4月15日，巻頭言。
248　本部・宣伝部長かとう・らいじ「綱領よ！　社員会と共に伸びよ！——社員会綱領修正

『協和』誌上でも，商事部の独立と商事会社の設立が報じられるようになり[249]，付属地行政に関しても，まずは教育関係の移管が伝えられていた[250]。商事部が独立し，付属地行政を担当した地方部も満州国に移管されるという「結果」から見れば，これらの誌上報道には，一定の意味があったといえよう。つまり，1933年度とは異なって，1934年度社員会の議論には中身があった。

しかし一方で，改組問題を「在満機構改革問題」として再把握するなかで，監督機関，または，全般的な機構改革については，「立場上社員会としての発言を差控えふべきではないか」という主張が維持された[251]。本部から地方連合会の各会長へも，「在満最高機関統一問題は政治的問題であってこれに対し社員会が口を出すことは策を得るものではない」旨が伝えられている[252]。

特別委員会では，問題の静観を基調に，「不当なる監督」の拒否，日満経済委員会への満鉄総裁の参加などが結論として出され，「新情勢に処すべき満鉄の将来に対する用意を整える」ことで合意がなされ，これを評議員会で決議することが幹事会で確認された。とくに，「新情勢に処すべき満鉄の将来に対する用意を整える」ことについては，「前年の社員会案の再検討再吟味をする」とされた[253]。10月開催の評議員会では，緊急動議による秘密会で2時間の討論がなされ，声明書発表の保留が決まっている[254]。

の提唱」『協和』8巻7号，1934年4月1日，4頁。

249　「商事部独立するか 製品販売統制に 商事会社の設立 可否を委員会で調査」『協和』8巻9号，1934年5月1日，24頁。「商事会社設立問題 本格的研究に入る 大勢は設立に傾くか」『協和』8巻10号，1934年5月15日，30頁。なお，満鉄商事部門の「内からの改組計画」と日満商事の設立の分析については，山本裕「「満州国」における鉱産物流通組織の再編過程——日満商事の設立経緯1932-1936年」(『歴史と経済』178号，2003年1月)を参照。

250　「教育行政の移管 先決さるべき財源問題 早急実現は困難」『協和』8巻9号，1934年5月1日，24頁。

251　「在満機構改革問題に 社員会の態度を決定 第一回特別委員会開かる」『協和』8巻17号，1934年9月1日，44頁。

252　「在満機構改革問題 静観の趣旨を伝達」『協和』8巻18号，1934年9月15日，41頁。

253　「在満機構改革問題 特別委員会の結論を是とし 評議員会の決議として声明する」『協和』8巻20号，1934年10月15日，53頁。

254　「秘密会 在満行政機構問題 態度の決定 声明書の発表は保留して より強き監視を持続」『協和』8巻21号，1934年11月1日，20頁。なお，北条秀一は，声明書草案の漏洩で，庶務部長を引責辞任している（「評議員会での手違で引責 北条庶務部長辞任 後任は八

そして，年度の終わり近くになって，幹事長の中島が，改組問題の終結を宣言した。中島は，「改造か拡大か兎に角現状に対する変化は当然来るべき運命にある」としながらも，「要は最高の国家的見地から見て，最も合理的に，最も効果的に改められさへすればそれで満足」とした。ただ，無条件で同意したわけではなく，「既往の経験に照し，然るべき機構，然るべき方法により最も慎重に公明に審議決定せらるべき」と社員会の立場を擁護することを忘れなかった。その上で，「現満鉄の長所を利用し之を活かし其短所を矯正する工夫を為すべし」と「私見」を示した[255]。

満鉄改組問題をめぐる中島宗一の対応は，伊藤武雄を中心とした前年度社員会の活動を否定するものであった。別言すれば，1933年度社員会の活動の華やかさ，本部役員の巻頭言や論説，宣言などの勇ましい雰囲気に流されず，冷静に社員会を運営するものであった。1934年度社員会は，依然として残っていた待遇問題に対する不満への対処を通じて，より踏み込んだ活動を展開している。

4　社員会の体制化

1）社員の対立と精神作興運動

先にもふれた満州事変後の中途採用者の増加は，社員会に「新しい風」だけでなく，「違和感」をももたらしていた。その結果，中途採用者への「攻撃」が社員会内で起こるようになった。口火は，一条秀「人材自給主義の確立」とされる。一条は，中途採用者の評判が悪く，それを理由に満州事変以前からの雇員の登格さえも拒絶されてしまうと主張したのである[256]。1934年5月の評議員会では，「人材供給主義の決議文」が採択された[257]。むろん，中途採用者も反論を欠かさなかった[258]。

木伊勢吉君」『協和』8巻22号，1934年11月15日，37頁）。

255　中島宗一「満鉄改組問題に就て」『協和』9巻3号，1935年2月1日，巻頭言。

256　一条秀「人材自給主義の確立」『協和』8巻11号，1934年6月1日，巻頭言。

257　「人材自給主義確立の決議文」『協和』8巻11号，1934年6月1日，18頁。

このような状況に対して，1934年度常任幹事の石原重高は「先ず新社員採用に当っては優秀なる素質を有するものを充分に吟味銓衡すべきであると共に，苟み一度採用したるものに対しては飽くまで親切と真剣味とを以て指導訓練すべき」と，巻頭言で冷静さの回復に努めた[259]。また，夷石隆寿は，「人材自給主義の確立」は中間採用者への攻撃によってではなく，社内人材の登用をせずに「著しい不均衡なる待遇条件」で中間採用を行った「人事当局の失策に対する抗議」によってこそ実現するとして，両者の融和を会社の問題として再定置した[260]。

結局のところ，この対立は，社員全体の待遇改善が不十分であるという点に帰されている。この評議員会では，待遇改善に議論が再び集中するようになり，在勤手当の改正，家族手当水準の復活，初任給の引上げ，危険手当の支給などの7項目が全会一致で可決された[261]。登格についても，3項目が修正可決となっている[262]。これらを受けて幹事長・中島は，「給与を合理的に改正せられ度」「社員登格を促進せられ度」「人材自給主義確立せられ度」「社員住宅組合制度を復活せられ度」など10項目からなる請願書を[263]，会社の総務部長・石本憲治と人事課長・土肥顓に提出した[264]。

傭員・雇員の登格はすぐに実現した。9月18日付で鉄道部の傭員616名を雇員に登格したことに加えて[265]，11月22日付で，雇員から事務員（204名）・

258　山下火「「協和」の秩序を紊る者は誰ぞ？――一条氏の『人材自給主義の確立』につきて」『協和』8巻13号，1934年7月1日。氏家半人「狭量短見に非ずや」『協和』8巻13号，1934年7月1日。木山純夫「人材の自給主義に就て」『協和』8巻13号，1934年7月1日。

259　石原重高「人材の養成」『協和』8巻13号，1934年7月1日，巻頭言。

260　夷石隆寿「『人材自給主義の確立』の真意」『協和』8巻14号，1934年7月15日，30頁。

261　「全会一致を以て給与改善の件可決　議題一九　修正可決　幹事会及十連合会提出」『協和』8巻11号，1934年6月1日，12–14頁。

262　「登格促進要望可決　議題二〇　北条秀一外四名提出」『協和』8巻11号，1934年6月1日，21–22頁。

263　「請願理由及説明書」『協和』8巻14号，1934年7月15日，39–40頁。

264　「会社当局と会見　前記文書により社員の要望伝送」『協和』8巻14号，1934年7月15日，41頁。

265　「鉄道人事の英断　六百余名に上る　傭員の大量登格　我等の要望着々叶ふ」『協和』8巻

技術員（94名）への登格も発表された[266]。しかし，在勤手当，家族手当の改正は未決定であると伝えられている[267]。登格以外の要求は実現からはほど遠く，1934年秋の評議員会は，「給与改善決議の貫徹」を決議するにいたっている[268]。

このようなくすぶりの中で，社員会本部役員は一歩踏み込んだマネジメントを展開した。すなわち，精神作興運動である。精神作興運動は，本部修養部が中心となって実施しており，「社員の会社事務向上」を目標としつつも，間接的には「社員をして特殊使命の認識，社員自治の精神を作興」することに狙いがあった[269]。そして，10月には精神作興週間が設けられた。この段階で目標は，会社と協力して「総裁以下全満鉄四万社員を動員」し，「会社特殊使命の再認識」「創業精神の振起」「協同精神の強化」を図ることへと，全体的により高次に再設定された[270]。

精神作興週間は，10月15日の宣誓式を皮切りに，16日感謝日，17日戸外健康日，18〜20日各連合会行事，21日報告式と，月曜から日曜にかけて予定が組まれた[271]。宣伝班の「檄文」は，「「満鉄は満州開発の根幹なり」我等は嘗てこの宣言を天下に高唱した。我等の信念は不動なりと雖も東亜の情勢は更に満鉄特殊使命の飛躍的拡大を必要とする」としている[272]。また，「我等満鉄社員は確乎不抜の信念と燃ゆるが如き熱誠とを以て各その分を守り日夜社業の

20号，1934年10月15日，31頁。

266 「鉄道部の同僚三百名登格さる 雇員から事務員技術員へ」『協和』8巻24号，1934年12月15日，21頁。

267 「諸給与改善を会社に促進 特に在手と家族手当は急速に 会社当局に再三の請願」『協和』8巻22号，1934年11月15日，37頁。

268 「給与改善決議の貫徹 給与改善決議達成委員会組織案を可決し重役と会見」『協和』8巻21号，1934年11月1日，12-16頁。

269 「『公私生活の緊張』を目標に 社員精神作興運動 修養部の具体案成る」『協和』8巻14号，1934年7月15日，43頁。

270 社員会修養部「満鉄社員精神作興運動に就て 本月十五日より『精神作興運動』開始」『協和』8巻19号，1934年10月1日，3頁。

271 婦人部長湯地「本日より精神作興週間開始」『協和』8巻20号，1934年10月15日，2頁。

272 「精神作興運動について 全社員諸君に告ぐ（宣伝班の檄文）」『協和』8巻20号，1934年10月15日，57頁。

進展に努め満鉄特殊使命の大成を期するを以て不断の念願とす」るとしたうえで，「創業の大精神を喚起して使命の認識を新に」すると宣誓された[273]。

この種の「激しさ」は，仙石貢と対峙した1930年度社員会にも通じるところがあり，社員会としてそれを発展的に継承したようにも見える。しかし，この運動の「前提」として，「会社の組織機能の不足な足らざる点があるならば，其の点を社員会の機能に依て補ふと云ふことを期待したい」という副総裁・八田嘉明の「お墨付き」があったことに留意したい[274]。八田は，会社を補うような「マネジメント」を行うことを社員会に求めていた。仙石のときのような精神論の拒絶とは逆の，精神論の受容がここには認められよう。実際，1933年7月に，伍堂卓雄・十河信二・村上義一の社外理事3名が任期満了になると，後任に郡山智・佐々木謙一郎の外部理事として入る一方で，宇佐美寛爾が社員理事として起用された。社員会本部役員経験者からの初めての理事誕生である。

こうした背景のもとで，1935年度幹事長は選ばれている。そのプロセスは，これまでにないほどに「丁寧」であった[275]。1935年1月の巻頭言は，「社員会の意思，社員会の行動は幹事長の一身に体現される」としたうえで，「社員会の三綱領を体得した人物」「優れて統率の才ある人物」を求めた。そして，「満鉄改組の如きは既定の事実と伝えられる。社員会は如何にして此の難関を突破し，会社の使命を擁護するか」と展開した後で，「剛毅果断なる人物」を条件に加えた[276]。この後，同月の候補推薦打合会と地方連合会の意向を反映した中西が幹事長に選出される[277]。

273　「宣誓」『協和』8巻21号，1934年11月1日，45頁。

274　「会社の足らざるを補ひ　「鉄筋」の作用をなされよ　評議員会で　八田副総裁演説」『協和』8巻11号，1934年6月1日，28頁。

275　宣伝部長粕谷益雄「熟慮而して厳選」『協和』9巻1号，1935年1月1日，巻頭言。「真の代表者を戦ひ取れ！」『協和』9巻1号，1935年1月1日。Y・K生「評議員にはどんな人物を……──A君B君の問答」『協和』9巻1号，1935年1月1日。

276　組織部副部長高柳保「我等の新幹事長には」『協和』9巻2号，1935年1月15日，巻頭言。

277　「白羽の矢は中西敏憲君へ　新幹事長候補推薦打合会」『協和』9巻3号，1935年2月1日，21頁。「昭和十年度第九次幹事長　中西敏憲君当選　二月四日・正式に発表」『協和』9巻4号，1935年2月15日，25頁。

2）中西敏憲の幹事長就任

幹事長・中西敏憲は，「一致団結」を主義とする人であった[278]。ただ，今回の「一致団結」は，社員会内では収まらなくなっている。中西は，もうひとつの「社員団体」である社員消費組合にも「一致団結」を拡大した。

それまでも，消費組合の総代・理事を社員会評議員から選出することはできていたものの，「最高幹部」の専務理事・常務理事を社員会から送り出すことができなかった点を克服するため[279]，1935 年 2 月 6 日に組合問題対策協議研究委員会を設置して，『協和』号外を発行するなどの運動を展開した[280]。

その結果，総代 240 名のうち 167 名を社員会の現職評議員が占め，残る 73 名にも社員会の役員・評議員経験者が多数選出された[281]。総代から選出された理事には，幹事長の中西敏憲，常任幹事の沖田迅雄・九里正蔵・菊田直次・山崎善次，元幹事長の市川健吉，元常任幹事の鹿野千代槌・石原重高のほか現連合会長などが含まれていた。最終的に，理事 29 名のうち，1935 年度社員会役員（幹事長・常任幹事・部長・連合会長）が 21 名，役員経験者が 6 名を占めた[282]。そして，消費組合の代表である専務理事に中西敏憲が，常務理事に石原重高・沖田迅雄が選出された[283]。設立当初，消費組合を取り込むことに失敗していた社員会とすれば，ようやく実質的にその掌握を果たしたといえよう。社員会の幹事長と消費組合の専務理事のいずれも社員の投票で選出されたことからして，これらの要職を同時に占める中西の立つ基盤は非常に強固なものであった。

1935 年度の『協和』は，「給与問題解決す」というところから始まる[284]。

278　中西敏憲「北鉄接収に際して」『協和』9 巻 7 号，1935 年 4 月 1 日，巻頭言。

279　「我々の組合をまかせる総代・理事の理想選挙運動　「評議員より選べ」を標語に」『協和』9 巻 5 号，1935 年 3 月 1 日，27 頁。

280　「組合問題対策協議研究委員会を設置」『協和』9 巻 5 号，1935 年 3 月 1 日，27 頁。

281　「評議員会と組合総代 兼務者絶対多数 組合員の声は容易に組合に反映」『協和』9 巻 6 号，1935 年 3 月 15 日，25 頁。

282　「消費組合理事出揃ふ 会員の総意で運行」『協和』9 巻 7 号，1935 年 4 月 1 日，40–41 頁。

283　「「社員消費組合」専務理事当選者 中西敏憲君」『協和』9 巻 8 号，1935 年 4 月 15 日，42 頁。

284　「編輯局便」『協和』9 巻 7 号，1935 年 4 月 1 日，62 頁。

1931年8月に「悪化」した待遇が，3月31日付の「社員在勤手当支給規程」「社員在勤手当補給金支給規程」などで大きく改善した[285]。『協和』では，①月俸200円以上，②関東州内の月俸70円未満，③日給の三者は「恩典に浴してをらず」とするものの，「総体的には約五分の増額」と説明されている[286]。これに対して，前年度幹事長の中島宗一は巻頭言で，「一切不満を言わず，陳情もしない」としたうえで，社線外の在勤手当が「概ね減額」とされたことに対しても，治安の回復，交通の利便性向上，生活のしやすさの向上を考慮すると，「大勢として止むを得ざる」とした[287]。社員会の動向を伝える「本部ニュース」も，大きな見出しで「給与問題解決す」と報じつつ，「多少不満の向あらんも会社の誠意諒とすべきものありと信ず」としたのである[288]。

兵役中の社員や殉職社員なども含めた全方位的な待遇改善ではあるものの，これまでの社員会であれば，「もの言う社員」が待遇をめぐってさらなる主張・要求を打ち出していたであろう。しかし，今回は「給与問題解決す」と最初から結論づけ，反論の余地を文字通り与えていない。加えて巻頭言は，新入社員との協力を呼びかけている。1934年度常任幹事だった渡辺諒は，過去20年間に「満州建設に献身した」満鉄社員をして，「人生の最盛期の殆ど全部を黙々として此満州の地に注いでポイントを守りレバーを握った人々こそ真の建設者ではなかったか」と称えつつ，「卿等が社員会綱領の実践に於て快き協同の歩調に微笑む時，その時こそ卿等が真の満鉄人として満州建設の宣誓としての自覚に立つ時である」と訴えた[289]。中西もまた，「「社員第一課」の講習のプログラム」として，「会社使命の擁護と団結を強調」した「30分」の講演を行っている[290]。

285　「社員在勤手当支給規程」『南満州鉄道株式会社 社報』8371号，1935年3月31日。「社員在勤手当補給金支給規程」同上。

286　「明るくなった給与 減額後四年で新給与制が実現 在勤手当と家族手当」『協和』9巻8号，1935年4月15日，27頁。また，社員会福祉部よる解説も掲載された（福祉部「改正在勤手当に就て」『協和』9巻8号，1935年4月15日，3–4頁）。

287　中島宗一「給与改正に就て」『協和』9巻8号，1935年4月15日，巻頭言。

288　「給与問題解決す」『協和』9巻8号，1935年4月15日，42頁。

289　渡辺諒「実践と自覚――新入会員を迎へて」『協和』9巻9号，1935年5月1日，巻頭言。

290　「新たなる同僚を迎へ 社員会を認識さす 幹事長等から講習会で」『協和』9巻9号，

中西を中心としたこのような動きは，人事行政確立委員会の活動を否定するものであった。1932年度に社員会が進言した，会社各部門の人事担当者と経理部を網羅する「人事委員会」の設置は実現していなかったし，この設置運動を引き継いだ清水豊太郎委員長も1933年末に社外転出していた。結果として，社員会内の人事行政確立委員会は「請願の取次機関」のように「誤解」され，1934年度に樋口健太郎が委員長となっても，研究にもとづく会社への「献策」もできず，最終的に請願の「取次」もしなくなったとされている[291]。最終的には，人事行政確立委員会は廃止の方向で調整された[292]。その一方で，年末には，「給与の合理的改正」「登格問題の解決」など17項目の請願のうち1項目を除いて，すべてが「解決」したと総括するにいたった[293]。

待遇改善という物質面だけでなく，中西は精神面でも「一致団結」を求めた。中西は，団結・結束が「社員会一切の根本」であり，「心掛けに締りがなかつたなら決して立派な仕事はできぬ」と「精神作興」の意義を説き，給与問題の解決による放縦・放漫を戒める意味で「生活改善」を唱えた[294]。精神面での「一致団結」の深層には，言うまでもなく，満鉄の特殊使命を支える社員としての矜持がある。

そして，「青年部」が存在感を示すようになってくる。地方連合会では，個

1935年5月1日，38頁。

291 「人事行政確立委員会存廃に対する研究 五月の評議員会にかける」『協和』9巻7号，1935年4月1日，40頁。

292 「人政委員会の存廃は評議員会の裁断に委ね 営口の提案は保留」『協和』9巻11号，1935年6月1日，44頁。

293 「懸案中一七項目が解決された ポケット・ノート頒布だけが再請願」『協和』9巻24号，1935年12月15日，38-40頁。なお，解決とされた請願16項目は，以下の通り。「給与の合理的改正→作業手当の合理化実現」「登格問題の解決→会社の配慮歴然」「登格詮議上の制限撤廃→その精神で行はれつゝある」「内地の健康保険制準用→我々の共済制度は勝れてゐる」「X光線診査料→軽少となった故自弁せよ」「社宅の増改築→近年稀に見る積極策」「住宅料の問題→現物支給主義で緩和」「在勤手当改正の実施→減額者には補給期間設定特殊優等乗車扱→会社及社会一般に対し遠慮」「満州語の修得策→会社着々実施中」「私生活の改善運動→指導精神の一として徹底化」「郷土化精神の発揚→更に一層の実施を期す」「社員の生計調査→「家計日記」の利用政策」「勤続者の記念品→矢張り金盃銀盃がいゝ」「創業祝賀式と表彰→表彰状と記念品は別途伝達」。

294 幹事長中西敏憲「団結・結束を基礎に 精神作興 生活改善 社会協働 民族融和」『協和』9巻8号，1935年4月15日，43頁。

別に青年社員のための「青年部」を設置して，業務に不慣れな彼らを統制する対応を展開していた。これを，社員会本部にも設置しようという動きが現れたのである。青年部が追求したことは，「青年部員の徳育及智育」であった。修養部副部長の隠岐猛男は，青年部問題の背景として，満鉄幹部が自主的に改組を「解決」しないために，「社業は徒に膨張を続け新入社員は未曽有の多数に上り，社内人事の異動頻繁をきはめごたごたを繰り返へ」したと批判しながら，「風紀の乱れ」に言及している。

修養部が各連合会青年部を統制することが正式に決まると[295)]，7月21日に実践運動のひとつとして「青年祭」が実施された[296)]。宣誓文は，「我等ハ会社ノ大使命ト社業ノ振興ヲ期ス」としている[297)]。当日は，午前9時から午後10時までに，綱引，相撲，リレー，団体水泳などが行われ，夜は「合せ火」を囲んで歌い踊って締めくくるプログラムとなっていた[298)]。この青年祭には全重役連名で200余円の寄付があり，中西自身も寄付も行っている[299)]。

そしてこの年，松岡洋右が総裁として着任した。

3）松岡洋右の総裁就任

社員会による松岡洋右の歓迎は，歴代の総裁の中で，最も熱烈にして，すこぶる好意的なものであった。巻頭言は「衷心歓迎」として，社内・社外における「協力一致は追随ではない。理解と信頼による完全なる足並みの一致である」と記すほどに，松岡への親近感を隠すことがなかった[300)]。

事実，松岡をめぐる座談会まで組まれており，出席者は松岡の生い立ちから，英語力，服装の好み，事務上の細やかさ，山本条太郎との関係，葉巻好き，両親妻子のことまでを語っている。この座談会では，松岡が「資本を最も有利に

295　「青年部統制問題 先ず実際運動から 既存のものは修養部で統制」『協和』9巻14号，1935年7月15日，42頁。
296　「修養部の躍進 青年祭 七月二十一日に挙行」『協和』9巻15号，1935年8月1日，58頁。
297　「青年祭宣誓文」『協和』9巻15号，1935年8月1日，58頁。
298　「流汗鍛錬 心身錬磨 青年祭 修養部主催で挙行」『協和』9巻14号，1935年7月15日，45頁。
299　「青年祭に寄付金 各重役と中西幹事長」『協和』9巻16号，1935年8月15日，45頁。
300　「新総裁を迎ふ」『協和』9巻16号，1935年8月15日，巻頭言。

調達し得る手腕があるとは，何ぼひいき目に見ても言ひ得ない」ので「みんなで巧くやつて」いくことを確認しつつも，結局のところ，「「僕は満州の為に生まれてきたやうなものだ」と新聞にあつたが，あの満州は支那をも含めたもので，実によく松岡さんの決心を表してると思ふ」という発言が象徴するように，出席者一同が松岡に好感をもっていた[301]。

着任した松岡の挨拶もまた，社員会からの好意を受け止めて，それ以上に返すものであった。松岡は，着任前の天皇「拝謁」が松岡ひとりのためでなく，「満鉄社員に拝謁を賜はる」と理解したと冒頭から社員を持ち上げ，「自分の家に久し振りに帰った様な気持」ちとした。同時にまた，「白紙」で臨む態度，つまり，社員・重役の意見を聴きたいとして，総裁を差し置いて外向けに意見を発表しないことも求めた。さらには，満鉄改組について，満鉄を「バラバラに出来ると思ふ人はそれは気がどうかして居る人」とまで言い切っている[302]。

その後の評議員会での演説でも，松岡の社員会への対応はすこぶる好意的だった。着任挨拶で外部への意見発表を止めたことについて，「「協和」に発表するのは総裁に言つているのと同じこと」として，内輪のものとみなして，これまで通りの主義・主張の発表を許容した。その上これには続きがあって，「読ませる積もりなら赤線でも引つぱつて送つて下さると読みます」と続けており，社員が直接意見を言ってくるように仕向けてもいる。また，地方連合会にも気を配って，傭員待遇改善問題で最も過激であった撫順連合会の統制を評価しつつ，その幹部の意見にも「共鳴」すると述べた。

課長級職を中心に，社員への「信頼感」も表明している。松岡は，自分の名の印鑑を多数作成し，いつでも必要な時に押印することを認め，「その代わり仕事に責任を持て，結果と外に対しては自分が責任をとる」と鷹揚な姿勢を示す。また，課長が40歳前後であることを念頭に，上司の判なしで仕事ができないなら辞表を出すようにと言って会場の笑声を誘い，かつ，「判を押さねば

301　「松岡さんを語る座談会」『協和』9巻16号，1935年8月15日，7-9頁。座談会の参加者は田村羊三（大連取引所信託専務），村田懿麿（満州日々新聞社長），高柳保太郎（デイリーニュース社長），竹中政一（前満鉄理事），宇佐美寛爾（満鉄理事），中西敏憲（社員会幹事長）。なお，発言者には順にA～Zが付せられるのみで，誰が発言したかは判明しない。

302　松岡洋右「満鉄は大器なり」『協和』9巻18号，1935年9月15日，1-4頁。

ならぬ仕事が月に五つ以上あれば驚くべきことだ」と加えて，拍手を受けている[303]。

総裁・松岡と社員会の間の良好な関係は，社員の理事起用をめぐっても，意思疎通をより濃密にするように作用した。むろん，1935年度においても社員理事の要望は変わらずなされており[304]，結果的として，松岡の着任直前に社員理事の山西恒郎・竹中政一の後任に，石本憲治・佐藤応次郎が社員から起用されていた。また，佐藤が理事待遇だったのを踏襲して，撫順炭鉱長の久保孚が理事待遇となっている[305]。しかし，幹事長の中西が寄せた主張は，これまでの主張のひとつ上を行く。中西は，社員理事は単に社員が理事になったのではなく，「満鉄の使命にその心魂を捧げ多年満鉄に於て錬磨せられたる社員が此の重大使命を有する満鉄会社の運営に関与することを意味し，更に進んでは総裁副総裁も社員出身の人物を以て充つべきを意味する」と主張した。そしてその前提として，社員が「満鉄を荷ふに足る資格を有すること」と全社員協力を不可欠とした[306]。中島宗一もまた，「有能練達の社員」を部長級に起用して，理事の部長級職の兼任を解くことも求めた[307]。

これを受けてか，9月12日付で，理事・石本憲治が兼任していた総務部長に，地方部長の中西が異動した。『協和』は「予想されてゐた如く」としている[308]。この異動の意義は，理事による部長職の兼任を解いて，社員がこれに替わったことだけにとどまらない。これまで，給与問題の解決にあたってきた最高責任者は，社員会では幹事長であり，会社では総務部長であった。1935年度幹事長の候補に総務部人事課長の石原重高の名が挙がったときも，「会社の業務の関係上，同氏は立場上非常に困難だろう」として見送られたよう

303　「諸君に信頼す　印判で満鉄の仕事は出来る　上下一致満鉄の大業に当れ　評議員招宴席上松岡総裁演説」『協和』9巻22号，1935年11月15日，18-19頁。

304　蓼川守「社員理事登用について」『協和』9巻10号，1935年5月15日。「社員は理事から登用せよ　既定の方針――可決」『協和』9巻11号，1935年6月1日。「退任理事の後任には社員理事を主張　これは伝統的方針だ」『協和』9巻11号，1935年6月1日。

305　「久保炭鉱長　理事待遇」『協和』9巻17号，1935年9月1日，16頁。

306　中西敏憲「社員理事登用の意義」『協和』9巻16号，1935年8月15日，2頁。

307　中島宗一「社員部局長制の確立を望む」『協和』9巻16号，1935年8月15日，2頁。

308　「北支に人材配置　人事異動発表　総務部長……中西敏憲君　地方部長……宮沢惟重君」『協和』9巻19号，1935年10月1日，10頁。

に[309]，この異動によって中西の立場は難しいものとなった。実際，「業務の都合上社員会幹事長を辞任する」との予想もあったが，中西自ら辞任を否定した[310]。会社全般の人事を管掌する人事課を統轄する総務部の長として，そして，社員会を代表する幹事長として，残りの任期を全うしようとした。あらためて確認すれば，1935年度の社員会幹事長は，消費組合の専務理事でもあり，そして，会社の総務部長にもなったのである。

この「中西体制」の下で，二度目の精神作興運動が展開された。前年の「好成績」を背景に，11月1日からの3日間に短縮されたものの[311]，各地方連合会を動員して実施された[312]。今回の精神作興運動は，評議員会で宣誓文が可決されると，「満鉄魂作興運動」と名称を変えている[313]。その宣誓文は，「満鉄は第二の創業期に直面せり　社員の責務愈々重且大を加ふ，正に吾人奮起事に当るの秋なり　茲に精神作興の運動を起して会社特殊使命の認識を新にし創業精神を振起せむとす」というもので，満鉄が「第二の創業期に直面」していると位置づけていた[314]。

このような運動を経て，1935年度の終わりに，中西は次のような巻頭言を寄せた。すなわち，「我大満鉄の広汎多岐なる社業は，多年の体験と力ある伝統とによつて，不断間隙なき発展と統制とを持つが，この輝しき大世帯を横に貫く緊密なる連繋と，社員相互の友愛とは，終始，側面的に社業を推進し擁護する力となつて反映する。茲に我社員会の底力がある」と自らが率いた社員会に矜持を見せたのである[315]。

309　大連江上保「中西幹事長の立場」『協和』9巻20号，1935年10月15日，26頁。
310　「中西幹事長栄進」『協和』9巻19号，1935年10月1日，46頁。
311　「精神作興デー 十一月三日「明治節」と決定」『協和』9巻17号，1935年9月1日，40頁。
312　「全連合会を挙げて 精神作興運動 菊花薫る十一月一日から三日間」『協和』9巻20号，1935年10月15日，44頁。
313　「「満鉄魂作興運動」宣誓文と声明書 全員一致可決」『協和』9巻22号，1935年11月15日，17頁。
314　満鉄社員会「宣誓」『協和』9巻22号，1935年11月15日，25頁。
315　中西敏憲「要は大同団結」『協和』10巻6号，1936年3月15日，巻頭言。

4）総務部人事課長の幹事長就任

中西敏憲が会社の総務部長として1935年度を締めくくったその翌年度，幹事長の職を，総務部人事課長の石原重高が引き継いだ。石原は翌37年度も幹事長に就いている。1936年度の目標には，「士気の振興」として「日本精神の発揚」「満鉄精神の作興」「社員会意識の強化」「心身鍛錬の徹底」「健全生活の実践」が，「総意の暢達」として「評議員会運用の合理化」「執行機関の機能充実」「本部と連合会との連繫強化」「連合会の活動振起」「青年層の本領発揮」が掲げられた[316)]。

石原は，社員会本部に青年部が設置されると，部長に古山勝夫を，副部長に草ヶ谷省三・阿片久五郎・石原四郎を指名したうえで[317)]，大連第一・第二・鞍山・撫順・安東・新京などの地方連合会が青年部を設置したように[318)]，それ以外の連合会にも速やかな設置を求めた[319)]。

社員会本部の青年部は，青年社員の教育・指導を通じて世代交代に備えようとした。青年部長の古山勝夫は，青年層の「教育指導は現下の最緊急事」と位置づけたうえで，「蓋し輓近世情紛々として，吾等青年は内克く青年特有の真摯なる感激を満足せしむべき信条を固むるの道に乏しく，外又其の発揮の方途少く稍ともするば安居に慣れて無為に傾き，吾等の大使命を没却せんとする惧れある」としている。本部に青年部が設置されるにともなって，上からの教育・指導が全面化していることには，注意が必要であろう。7月26日には，青年祭が本部青年部の下で開催された。

このような青年社員の管理と表裏一体となって，社員顕彰も進むようになる。満州事変の論功行賞では，「勲一等瑞宝章二名」を筆頭に6,334名が叙勲対象となり，他にも「賜杯」2,021名，「賜品」13,089名などがあった。『協和』はこれを，「今回の行賞において我々の国家的功労は酬いられ，帯勲者六千三百余名といふ会社員としては他に類例のない栄誉」としている[320)]。また，旭日

316　「昭和十一年度の目標」『協和』10巻7号，1936年4月1日，2-3頁。
317　「青年部長は古山勝夫君に決す　副部長を増員し万全を期す」『協和』10巻12号，1936年6月15日，41頁。「青年部の陣容成る　副部長三名決定」『協和』10巻12号，1936年6月15日，44頁。
318　青年部「新設青年部より一報告」『協和』10巻12号，1936年6月15日，2頁。
319　「連合会に青年部設置慫慂」『協和』10巻12号，1936年6月15日，44頁。

章年金付が勲六等から勲八等までで計5名に授与された[321]。

1936年7月の評議員会の議題「満州国及傍系会社等に転出の社員は有能なる者を起用し会社人事との流通を図られ度件」が象徴するように[322]，満州国・関係会社への移籍が会社人事と連動することを求めるようになるなど，傭員の待遇改善などの要求は後景に退き，社員全般の人事管理に関する請願が主となってくる。そして，1936年10月に鉄道部と鉄路総局が一元化されて鉄道総局になった際，社員と総局員の「身分統一」と「給与改正」をめぐって，「社員一同何等動揺することなく，実に平静に，その新職制への準備に邁進し，而して又各々その示された部署に着任し終って，今や満鉄第二の創業に向って進軍を開始しつつある」ことを，「実は最も驚くべき事実」と自賛するにいたっている[323]。

また，秋の評議員会で奥地福祉施設調査委員会が設置されて，翌1937年度の評議員会で，「奥地従事員の諸給与を現地の実情に即する様更に合理化方要望の件」として議題提出された際も，幹事長の石原が，斉斉哈爾・牡丹江・哈爾濱の各連合会評議員からの「陳情」を積極的に聞き出しつつ，「具体的ないろいろな資料なり数字なりを蒐めまして，解決される問題」として，連合会から資料の提供を求め，「出来るだけの資料も社員会として蒐めまして，数字に基いて話をするやうにしたい」としている[324]。会社の総務部人事課長でもある幹事長に，人事課が収集する社内データとの突き合わせをすると言われれば，社員会としてはそれ以上の突き上げもできない。結局，この議題は幹事長に一任された。

このように1935年度から「もうひとつのマネジメント」が浸透するなかで，10月15日に職制改正が実施された（巻末付表5)。部長級職については，総裁

320　「栄誉に輝く満鉄社員 叙勲者六千三百 満州事変論功行賞発表」『協和』10巻8号，1936年4月15日，2頁。

321　「年金付旭日章及び勲六等以上叙勲者」『協和』10巻9号，1936年5月1日，2-3頁。

322　「第十五回評議員会決議事項中会社に請願」『協和』10巻16号，1936年8月15日，48-49頁。

323　福祉部「給与規程改正の諸点」『協和』10巻20号，1936年10月15日，巻頭言。

324　「本部提案 奥地福祉施設調査委員会成立」『協和』11巻4号，1937年2月15日，56頁。「奥地の諸給与を合理化 幹事長に一任」『協和』11巻11号，1937年6月1日，36-38頁。

室・経理部・用度部・産業部・産業部・地方部・撫順炭鉱・中央試験所・新京事務局・天津事務所・上海事務所・技術委員会の12ある部級箇所のうち，1936年度までに社員会本部役員の経歴をもつ者は，用度部長の鹿野千代槌と産業部次長の奥村慎次の2名のみであった。しかし，それぞれの部の直下にある庶務課・文書課・経理課・人事課・調査課・交通課・工作課などの45の課長職を見ると，17名が1936年度までに社員会本部役員に就いており，他に5名が1937年度以降に本部役員となっている。注目されるのは，中央試験所・東京支社・新京事務局・天津事務所・上海事務所の11の課級ポストには，社員会本部役員の経歴をもっている者・これ以降もつ者がひとりも就いていないことである。要すれば，大連本社の課長職34のうち半分を社員会本部役員の経歴をもつ者が占めていることになり，総裁の松岡の下で総務部長の中西と人事課長の石原が，大連本社の課長職に社員会本部役員経験者を集めた点にこの職制改正の特徴がある。また，東京支社では，社員会本部役員の人事と重なるところが全くないことにも留意が必要であろう。

この職制改正と連動して，河本大作・大淵三樹・山崎元幹が任期満了で，また，石本憲治が病気で理事を退任した。その後任として，外部から阪谷希一が起用される一方で，社員理事として武部治右衛門・久保孚，そして，中西敏憲が起用された。社員会幹事長の理事起用は初めてのことである。

この職制改正だけでなく，社員理事の起用，それも，前幹事長の理事就任は，満鉄経営における彼らの主体性を測るうえで見過ごすことのできない，大きな出来事である。石原は，「職制は社業運営の体系基軸をなすものであるが，その実際実行は偏えに人の力即ち重役社員打って一丸とする人の力による」として，社員の存在を高く重く意識づけたうえで，「更に意を強うすべき一事は，職制以外に，横に全同僚を繋ぐ強力なる組織――社員会――を我々は有つことである」と社員会と職制改正との有機的な接続への矜持を示した[325)]。

そして，満鉄創業30周年と社員会結成10周年が重なる1937年度が始まると，「第二の創業」が前面化されるようになる。年度初めの巻頭言は，「東洋和平の大理想達成のため民族的責務と国民的信念のもと満鉄に一身を捧ぐる我等

325　石原重高「心的一元化に就て」『協和』10巻21号，1936年11月1日，巻頭言。

社員は，清き矜持と烈々たる意気とを以て，外，全面的なる協調に向ふと共に，内，社業の有機的関係を深く体得し精神的結合を昂揚し，以て奮起躍進す可きである」と，「第二の創業」の担い手が社員であることを堂々と主張する[326)]。この社員が，社員会の会員として精神作興運動などを経験した社員を指すことは言うまでもないだろう。松岡もこれに同調して，満鉄の社業を大きく鉄道と産業の 2 つに分け，後者については，「事変前までの限られた地域から脱出して，今や私の年来唱えて居る所謂東北部亜細亜の大開発事業に，思う存分力を振うことが出来るのであって，三十年来養った経験を十二分に生かして使うのはこれからであります」と，社員たちの経験が「第二の創業」に不可欠であるとしている[327)]。

青年部長・佐藤晴雄も巻頭言で，「一度大局に立って満鉄の総合的組織力に依らざれば為し得ざる分野に対しては敢然として邁進し，一歩も譲るべきではない。我々は自ら内に深く省みると共に透徹せる認識と渾然たる団結力に立脚して大陸経営に大乗的精神を発揮さらるる様努力せねばならぬ」と「第二の創業」を担う社員を督励した[328)]。

このようななかで，日中戦争は勃発した。満州事変のときに社員会として宣言を出したのとは異なって，今回は幹事長が「全会員ニ告ク」と一文を出すにとどまっている。その意味では，一連の精神作興運動が効果を発揮して落ち着きをもたらしていたともいえる。石原は，「茲ニ時局ニ際シ任務ヲ帯ヒテ日夜検討セラレツツアル会員諸氏ニ対シ満腔ノ経緯ヲ表スルト共ニ全会員一同益々自重自愛協力以テ奉公ノ至誠ヲ発揮セラシムコトヲ望ム」と告げた[329)]。松岡も訓諭を出したものの，特派員からのレポートの中に小さなスペースを取っただけのささやかなものだった[330)]。

しかし，事態はさらに急転する。現職の幹事長が北支事務局への異動にとも

326　「満鉄第二の創業に邁進せよ」『協和』11 巻 7 号，1937 年 4 月 1 日，巻頭言。

327　松岡洋右「満鉄創業三十周年に際して」『協和』11 巻 8 号，1937 年 4 月 15 日，15–16 頁。

328　青年部長佐藤晴雄「大乗的精神に立て」『協和』11 巻 13 号，1937 年 7 月 1 日，巻頭言。

329　満鉄社員会幹事長石原重高「時局ニ際シ全会員ニ告ク」『協和』11 巻 15 号，1937 年 8 月 1 日，巻頭言。

330　「松岡総裁訓諭」『協和』11 巻 15 号，1937 年 8 月 1 日，7 頁。

なって，幹事長を辞することとなったのである[331)]。石原は社員会に対する「快心の矜持」の理由として，「満鉄社員は国策会社に職を奉ずる国士である」「母国日本を離れて活動してゐる」「満鉄社員は純真である」の3点を挙げた後，満鉄を去った[332)]。これに対して，常任幹事の伊ヶ崎卓三は，「我等社員会員にとりては，何といっても巨柱の失はれた感を禁じ得ない」としている[333)]。辞任を告げる緊急役員会も「別の情切なるものあり　場内寂として暫し声なし」との見出しを付けている[334)]。1930年度幹事長だった保々隆矣の辞任とは異なって，「栄転」の語を使われたが，社員会本部としては，喪失感を隠すことができなかった。幹事長代理を伊ヶ崎が務めたあと[335)]，古山勝夫が後任の幹事長に就いた[336)]。古山は巻頭言に寄せた幹事長挨拶の中で，年度初めに「「第二の創業に邁進せよ」との標語を掲げて全社員の一致協力を誓ったのでありましたが，支那事変勃発後の最近の東亜の情勢は，今や早くも「第三の創業」の胎動を感ぜしめるものがある」と，日中戦争の勃発や前幹事長の異動が予期されたものではないことを示唆している[337)]。

さらには，総裁・松岡が内閣参議に就任することが大きく報じられた。10月16日に総裁邸で，幹事長代理の伊ヶ崎は「誓って御期待に背かざるべく十分満鉄魂を発揮して社業に尽瘁する覚悟」と述べると，松岡も「参議の役も総裁在職のまま尽すので，今後も従来通り本職に努力するに変りない」と返している[338)]。とはいえ，副総裁の大村以下，誰もが松岡が「二重の責務」を担うにいたったと認識していた[339)]。松岡もまた，満鉄から離れることを余儀なく

331　「北支機関へ転出のため 石原幹事長辞任」『協和』11巻17号，1937年9月1日，46頁。

332　石原重高「満鉄に気風あり――幹事長の任を去るに際して思ふ」『協和』11巻18号，1937年9月15日，2頁。

333　常任幹事伊ヶ崎卓三「石原前幹事長を送る」『協和』11巻18号，1937年9月15日，3頁。

334　「北支事務局次長に栄転の 石原幹事長辞任挨拶 惜別の情切なるものあり 場内寂として暫し声なし」『協和』11巻18号，1937年9月15日，51頁。

335　「後任幹事長選挙は 九月廿五日執行 決定迄の幹事長代理は伊ケ崎常任幹事」『協和』11巻18号，1937年9月15日，52頁。

336　「衆望を担って 我等の新頭領に 古山勝夫君就任」『協和』11巻20号，1937年10月15日，44頁。

337　古山勝夫「幹事長就任挨拶」『協和』11巻20号，1937年10月15日，巻頭言。

338　T・K「総裁 参議に就任さる」『協和』11巻21号，1937年11月1日，13頁。

されつつあったのである。

5　満州重工業の設立

1）商事部・地方部などの分離との違い

そして，10 月 26 日，満業の設立が発表された。満鉄改組の最終決着である。この設立は，すでに 1934 年度末に改組問題に決着がついていたと見ていた社員会にとって，あまりにも突然のことであった。これに対する諦めにも似た反応は，商事部や地方部の分離・独立への対応からも浮かび上がる。

そもそも，1935 年 9 月に北条秀一は「満鉄経営の鉄則」を打ち立てること主張している。北条によれば，満鉄がなすべきことは一言で表すならば「大陸経済開発と云ふ日本帝国の重大使命の代行機関たること」であり，国民はこれを「満鉄の特殊使命」としているという。北条は，1935 年 12 月末の『協和』の巻頭言では，満州事変後に設立された各社への統制が不十分であり，満鉄もまた改組を拒否したままであるとの評価を下しつつ，「満州統制経済の確立と満鉄の改造強化」の「断行」が必要としていた[340)]。

北条の主張はいずれも，満鉄の強化が中心にある。あくまでも北条の念頭において，経済統制の主役は満鉄であった。この点は，1933 年度の「満鉄改組問題」以来変わることのない社員会の大原則でもある。それゆえに，付属地行政権の移譲（地方部の廃止）や日満商事の設立（商事部の分離・独立）に際して，社員会の対応は丁重で，そして，慎重なものであった。

『協和』は 1936 年 6 月に，治外法権撤廃にともなって勅令第 108 号で営業税・法人営業税が課せられたことを報じた際[341)]，「満鉄附属地行政権を調整乃至委譲すること」になったこととあわせて，関係社員の移籍もまた「国策に寄

339　「全社員一致し総裁を扶ける 松岡総裁の参議就任に就き 大村副総裁語る」『協和』11 巻 21 号，1937 年 11 月 1 日，43 頁。

340　北条秀一「満州問題を再認識すべし」『協和』9 巻 23 号，1935 年 12 月 1 日，巻頭言。

341　「治外法権撤廃に伴ふ 付属地営業税令発布」『協和』10 巻 13 号，1936 年 7 月 1 日，48 頁。

与するところあらむ」という総裁・松岡の訓諭をすぐ横に掲載した[342]。同年10月の職制改正で，地方部に地方行政権調整移譲準備委員会を設置した際も，「完全平穏なる委譲を行うため」と丁寧に説明しており[343]，地方部の商工課・農務課などが産業部へ移管された際にも「分離惜別式」が催されている[344]。そして，「記念事業の一つとして会社附属地経営沿革史を編纂」することも，抜かりなく伝えられている[345]。加えて，地方部が満州国に移管されるに際しては，『協和』で「地方部送別特集号」（11巻23号，1937年12月1日）を組んでいる。

商事部から日満商事への分離・独立もまた同様であった。1936年9月30日に送別式，翌10月1日に解散式と開業式が行われると[346]，日満商事の課長級社員も氏名が発表され，改組というよりは関係会社として連結した存在として伝えられている[347]。松岡もまた，挨拶の中で，商事部の独立が「十六年来の自分の理想」であったとして，これが満鉄の縮小でなく発展であるとしており，独立は国策にもとづくもので，国策遂行のために赤字を出すことにもなるだろうが，それを遂行できるのは商事部員しかいないと期待を寄せた[348]。

経済調査会から産業部への移行も丁寧であった。9月30日に解散式が行われ，大人数が出席している様子が写真からもうかがえる[349]。10月10日の産業部の結成式では「経済調査会の産婆役であり古老たる奥村慎次新産業部次長」が，「開口一番」に「産業部の仕事は自らの頭で案を造り出すことが必要でルーテングな事務は第二次的である，従って産業部員諸君は気宇を広大に単に

342　「治廃に関し総裁訓諭」『協和』10巻13号，1936年7月1日，48頁。
343　「地方行政権調整移譲準備委員会設置さる」『協和』10巻20号，1936年10月15日，34頁。
344　「地方部よりの分離惜別式」『協和』10巻20号，1936年10月15日，35頁。
345　「会社経営沿革史 地方部移管記念として二千頁余に亘る豪華版」『協和』11巻2号，1937年1月15日，24頁。
346　「日満商事の誕生 商事部解散式後直に開業」『協和』10巻20号，1936年10月15日，35頁。
347　「日満商事のスタッフ」『協和』10巻21号，1936年11月1日，22頁。
348　「商事部から商事会社へ 同僚六百の送別指揮 健闘の歴史を顧み未来に望む」『協和』10巻20号，1936年10月15日，50頁。
349　「経・調を去る人々」『協和』10巻20号，1936年10月15日，35頁。

満鉄の産業部でなく満州の北支の産業部である覚悟をもって欲しい」と述べたとされており，前向きな雰囲気が伝えられている[350]。

かつての，つまり，1933年度の社員会であれば，満業の設立には，大きなリアクションをしていたと思われる。それが起こらなかった理由のひとつは，社員会の幹事長を会社の総務部長と人事課長が務めたことによる「統制」が効いていたためであろう。社員会における主張と自由な議論は，会社における「人事評価」の前に屈せざるを得なかったともいえる。事実，評議員会も活気を失いつつあった。古家誠一（1935・36年度宣伝部長）は，評議員会が「最高決議機関として会の重要なる事項一切を審査議決するに適しなくなって居る」としており，会員数の増加が評議員数の増加を招き，評議員が1,000人を超えるようになっているものの出席率は50％以下という現実を明らかにしている[351]。

そして，1937年度になると，5月14・15日で開催予定の評議員会を，提出議案が少なければ15日のみ開催することに決められた（実際には2日間開催）[352]。その上，10月9日幹事会で，12月の評議員会は中止となったのである。理由は，「各地とも人不足で何れも任地から離れ難い状態」「会社としても此際中止してほしい意向」とされている[353]。満州事変の際には中止しておらず，また，奉天第一・撫順・遼陽・大石橋・瓦房店・鞍山の地方連合会は開催を希望し，新京・公主嶺・連鉄の各連合会も「出席できないほどではない」としていたことをふまえると[354]，本部役員は満業の設立を見越していたようにも思われる。結果として，社員会は過熱する場を失うこととなった。

2)『協和』に見える「経営感覚」

満業設立の影響を直接的に受けた産業部のスタッフの反応も冷静であった。

350　黒瀬勝美「経済調査会を閉づるの辞」『協和』10巻21号，1936年11月1日，16–17頁。
351　古家誠一「評議員会運用合理化の急務——評議員会をして権威あらしめよ」『協和』10巻9号，1936年5月1日，巻頭言。
352　「第十七回評議員会開催 提出議案少数の場合は 五月十五日一日限り」『協和』11巻9号，1937年5月1日，41頁。
353　「本年度秋期評議員会中止」『協和』11巻21号，1937年11月1日，49頁。
354　同上，49頁。

岡田一郎は，満業の設立を「五ヶ年計画遂行の行詰りを打開する」ための方策と理解しながら，「五ヶ年計画の立案並びに遂行の為に全力を傾注して来た満鉄産業部は，この設立に何等与らなかった」と率直に告白している。その上で，満州重工業の設立が五ヶ年計画の資金難を打開する「最も重要な理由」を，鮎川義介の「事業的手腕」が「満州重工業資源を十分に活用し得ると多くの人に認められたから」とした。加えて，岡田は，「満鉄に若し，斯る信用を有する事業家が生まれていたならば，今日重工業の分離を見る事は無かったであろう」と反省して，「満鉄若し他日の更生を期さんとするならば，経営的人材の養成に努めなくてはならない」と結んだ[355]。

岡田が指摘するように，『協和』を分析する限りにおいて，社員会で「経営的人材の養成」が射程に入っていたようには思われない。1937年3月に，満鉄株主会の代表・梅田潔が大連に来て，「満鉄の信用を高め事業資金の円滑を図」るために，副総裁を2名とし，理事を常務理事と参与理事の2種類に分けて，常務理事は3分の1ずつを政府，社員，株主から，参与理事は「無給名誉制」として「財界有力者」から選出することを提案しつつ，「株主配当八分確保を方針として声明すること」と「積立金の一部を配当準備積立金とすること」を求めた際も，『協和』は淡々と報じるのみで，経営問題として認識することができていない[356]。

むしろ，『協和』が伝え続けたのは，満鉄の好調な業績であった。その内容を以下に「再現」してみよう。

満鉄全体の成績から見ると，1934年度の満鉄の利益金4646万円は，前年度より354万円増加しただけなく，増資公募のプレミアムの特別収入を除けば，実質的には975万円増になると大きく伝えている[357]。翌1935年度の利益金

355　産・資岡田一郎「「満州重工業」設立の意義と満鉄の反省」『協和』11巻22号，1937年11月15日，4頁。伊藤武雄もまた，12月1日は①付属地行政権の離脱，②満州重工業の設立の2点で「記念日」であり，「満鉄の特質にして誇唱して来た「特殊使命」「国策会社」の性格に関する重大なる変質」で，「本事件〔満業設立〕は，唐突として社員の耳朶を打ちし事なれば，中外に相当の衝動を与えた事である」としている（伊藤武雄「昭和十二年十二月一日感」『協和』12巻1号，1938年1月1日，5頁)。

356　「梅田氏会社を訪問 改革意見を陳述 民間株主の希望」『協和』11巻7号，1937年4月1日，20頁。

357　「躍進を反映した好調の営業収入」『協和』9巻13号，1935年7月1日，26頁。

5000 万円は「創業以来の記録」であるが[358]，1936 年度上半期の営業成績はその前年度より 50 万円の収入増となり，「本年度の業績は十年度より遥かに好成績を示す」とされた[359]。実際に，1936 年度の営業収入は 2 億 9904 万円，支出が 2 億 4887 万円，利益金 5017 万円と，「創業以来の好成績」となり，「創業三十周年を迎えて第二の創業に邁進する会社の前途に多大の光明を与えた」としている。

このように収入増加を取り上げることは，『協和』が満鉄経営の好調を伝える際の特徴で，各事業にも適用された。鉄道では，1934 年度収入の 1 億 3153 万円が前年度より 1188 万円増加で，かつ，34 年度の収入予算を 1468 万円超え[360]，同年度の鉄路総局でも，「鉄道旅貨客収入」が前年度 5400 万円から 7500 万円に増加し，自動車・水運などの収入が 900 万円，北鉄収入が 3500 万から 4000 万円程度を見込めるため，合計で 1 億 2000 万円の突破も「難事でない」とされた[361]。翌 35 年度も，鉄道収入 1 億 3653 万 9732 円は前年度より 550 万円の増加で，創業以来の最高記録であり[362]，鉄路総局も同年度総収入が 1 億 1000 万円という「好成績」で足並みを揃えている[363]。結局，同年度の国線総収入は 9736 万 4000 円で，前年度 2579 万 6000 円と比べると 3.7 倍になった[364]。翌 36 年度上半期も，旅客・貨物・食堂車・旅館を足した国線収入が 4844 万 5268 円で，前年度同期と比べて 1050 万 8936 円の増収となっており，「これは新線建設に伴ふ鉄道増収と国線沿線における産業開発の積極的進展によるもの」とされた[365]。

358 「利益金約五千万円!! 創業以来の記録」『協和』10 巻 12 号，1936 年 6 月 15 日，18 頁。
359 「前年同期に比べ五十万円増収 会社上半期営業成績」『協和』10 巻 20 号，1936 年 10 月 15 日，34 頁。
360 「鉄道収入空前の好成績 一億三千万円を突破す」『協和』9 巻 8 号，1935 年 4 月 15 日，26 頁。
361 「国鉄躍進 九年度の鉄道総収入は 八千四百万円突破　本年は一億二千万円を破るか」『協和』9 巻 9 号，1935 年 5 月 1 日，22 頁。
362 「社業躍進を反映 昭和十年度鉄道収入は 創業以来の記録を示現」『協和』10 巻 9 号，1936 年 5 月 1 日，16 頁。
363 「総局も好成績」『協和』10 巻 12 号，1936 年 6 月 15 日，18 頁。
364 「昨年度の国鉄収入」『協和』10 巻 16 号，1936 年 8 月 15 日，38 頁。
365 「五千万円に迫り 昨年より千万円増 国線上半期鉄道収入」『協和』10 巻 20 号，1936 年 10 月 15 日，34 頁。

関係会社については，出資額の大きさを誇っている。1936年末時点で満鉄関係会社77社の公称資本金が7億円，払込資本金が4億8900万円であり，そのうち満鉄引受はそれぞれ3億4500万円，2億8500万円で，「満鉄関係会社は躍進満州の実情に適合して断然工業部内に多く」，「満鉄が如何に工業部門に力を注いで居るかが明瞭に見受けられる」と自賛する[366)]。翌37年度の投資予定額が，昭和製鋼所，満州拓殖，満州炭鉱の増資などで4000万円を突破することも，満鉄が中心にあることを示すものであるとされた[367)]。

また，株主総会での様子を見れば，1935・36・37年度もこれまで通りに東京連合会会長が社員株主代表として株主総会に出席している[368)]。総会における総裁の演説も，治安回復による経済全般の「好況」，北鉄接収と国有鉄道の委託による全満鉄道の網羅化，関係会社の株式公開・新設などを挙げて，1935年は「会社の社業も順調に進展致しまして良好なる業績を挙ぐるに至りました」と伝えている[369)]。翌36年は，1935年度決算をめぐって多少の緊張が生じたと伝えられるものの[370)]，鉄道・港湾・鉱業・製油などを中心に「事業報告等の概要を記し満鉄の健全財政ぶりを紹介」したと報じている[371)]。

社債による資金調達については，1935年に満鉄と満州中央銀行で内地証券団11名を招待した際に，「銀行シンヂケート団の下請業者として将来なほ多額の発行予定を有する満鉄社債の消化に緊密な役割を有する」と紹介して，社債売出しの「現場」への配慮を示しながらも，好調な関係が伝えられた[372)]。翌36年度は，曹達会社などの新設，満州炭鉱の増資，満州石油の増資などの

366　「満鉄関係会社 公称資本金七億円 内満鉄引受三億四千五百万円『協和』11巻5号，1937年3月1日，16頁。
367　「四千万円を突破 本年度の会社投資」『協和』11巻3号，1937年2月1日，26頁。
368　「株主総会に社員の発言権 委任状を纏め代表が出席する」『協和』9巻12号，1935年6月15日。「株主総会に社員株主代表出席」『協和』10巻12号，1936年6月15日。「社員株主代表として 東京連合会長出席 各連合会で委任状取纏」『協和』11巻12号，1937年6月15日。
369　「満州の近情と社業」『協和』9巻13号，1935年7月1日，26頁。
370　「定時株主総会終る 決算無事通過す」『協和』10巻13号，1936年7月1日，48頁。
371　「満鉄の健全財政 第三十五回株主総会より」『協和』10巻14号，1936年7月15日，28頁。
372　「内地証券団 満鉄視察」『協和』9巻21号，1935年11月1日，12頁。

「資金繰は既に十一年度資金計画に計上されている」とともに[373]，社債発行限度額の拡張に加えて[374]，1936 年度社債第一回分 6000 万円（4.3 %）が 5 月 1 日に売り出されると「即日満額」となったと報じている[375]。

もっとも，1936 年末からは，資金調達の不調面が伝えられている。12 月 20 日に満鉄の招待でシンジケート団懇談会が開かれ，満鉄の「特殊使命」の観点から事業計画と資金需要について理解を求めたものの，興銀総裁・結城豊太郎は「この程度のことを諒承して置くに止める」と返事をした[376]。これを含めて，『協和』は，「会社十二年度資金計画については一時シンジケート団との間にデットロックを生じ」たとするものの，「万一シ団側が不賛成の場合は新規事業遂行に支障なきやう政府に於て充分考慮する筈で会社としては目下のところ楽観的態度を持し今後政府及びシ団側と更らに折衝を遂げ既定方針の貫徹に邁進する」と前向きな見通しを表明している[377]。そして，興銀総裁の結城が蔵相に就任したことを「好転」ととらえ[378]，「結城蔵相は従来シ団側にあって満鉄資金問題に比較的好意を寄せて裏面的斡旋に努めて来た関係上」，興銀総裁・宝来市松も同様で「満鉄社債の将来の発行は容易に進められるものと楽観されている」とした[379]。結果的に，借換債 3500 万円，1937 年度新起債第一回 1500 万円について佐々木理事と宝来との間で「諒解が成立」となると[380]，「予約申込み殺到売れ行き頗る良好」と伝えている[381]。

373　「関係会社への投資 今年度一千六百万円」『協和』10 巻 12 号，1936 年 6 月 15 日，18 頁。

374　「社債限度拡張」『協和』10 巻 12 号，1936 年 6 月 15 日，18 頁。

375　「本年の社債」『協和』10 巻 12 号，1936 年 6 月 15 日，18 頁。

376　「懇談会に於てシ団へ説明」『協和』11 巻 2 号，1937 年 1 月 15 日，24 頁。

377　「十二年度資金計画 シ団同意に傾く 会社規定方針の貫徹を期す」『協和』11 巻 2 号，1937 年 1 月 15 日，24 頁。

378　「新規発行社債 具体化の機運 新蔵相就任で好転」『協和』11 巻 5 号，1937 年 3 月 1 日，16 頁。

379　「予算・資金・社債　楽観視さる」『協和』11 巻 5 号，1937 年 3 月 1 日，16 頁。

380　「懸案の社債 発行交渉成る 借換・新規　総額五千万円」『協和』11 巻 6 号，1937 年 3 月 15 日，16 頁。

381　「会社・社債発行 興銀正式に発表 売れ行き極めて良好」『協和』11 巻 7 号，1937 年 4 月 1 日，20 頁。

3）断行された改組

このような背景のもと，満業の設立は断行されている。そして，満鉄社員会の対応は，ある意味で，完全に受け身であった。

11月1日の重役会議で総裁・松岡が，「新国策」に即して「新会社に協力」して，産業部と監理課はそのまま残すと説明する一方で[382]，幹事長の古山は「満鉄社員として十分自重するやう訓戒した」[383]。その上で古山は幹事会を秘密裡に開催すると，「重工業会社設立に関する告示発表の件」を報告し，また，本部から「重工業会社設立に関連し今後の社員会の態度に関する件」，吉林連合会から「満州重工業会社の設立並北支開発と会社との関係を承り度件」などが議案として出された。この幹事会の様子は「会社の最重要な問題であるため出席幹事は最も慎重な態度を以て臨み，而も愛社の至誠は迸って声涙共に下るの議論となり，会場は昭和八年満鉄改組問題評議員会以来の緊張と熱意に満たされた」と伝えられている。最終的に，時局対策のための特別委員会を「社内最強力のメンバー」で設置することとなった[384]。

その特別委員会は，委員長に古山勝夫が，委員兼幹事に山岸守永・江崎重吉（以上，常任幹事）・安部慎一（庶務部長）・青柳龍一（調査部長）・山崎進が就き，委員には他に中島宗一・上村哲弥・人見雄三郎（1938年度幹事長）・菅野誠（39年度幹事長）・木村常次郎（40年度幹事長）・高田精作（41年度幹事長）が就き，総裁に「上申書」を提出することに決定した[385]。上申書は，11月27日に，「今回の満州重工業会社設立及北支那対策に対する本会の意思表示」として松岡に提出された[386]。その内容は，言うまでもなく，満業設立の内容と設立方法に対する「異見」であったものの，非常時ゆえに「国家的大局に立ち一切の異論を措いて新会社の事業に協力」するとした。しかし，満鉄を中心とするこ

382 「産業部と監理課の機構改革行はず 松岡総裁重役会議で説明」『協和』11巻23号，1937年12月1日，44頁。

383 「満州重工業会社新設に関し 「全会員ニ告ク」を配布 古山幹事長名を以て」『協和』11巻22号，1937年11月15日，45頁。

384 「重工業会社設立後の新情勢と満鉄今後の方向に対処するため 特別委員会を設置 秘密会議を以て決定」『協和』11巻23号，1937年12月1日，50頁。

385 「第一回臨時対策委員会」『協和』11巻23号，1937年12月1日，53頁。

386 「全会員の意思を表示した上申書を総裁へ提出 別に印刷して全会員に配布」『協和』11巻24号，1937年12月15日，46頁。

とへの未練も断ち切れない。「大陸の経済開発に当っては満州を根幹としたる鉄道の一貫経営並に之と不可分の関係にある諸事業との密接なる相互関係を必須条件」として，その中心は「我国大陸政策遂行の先駆者として三十年の久しき経験を有し常に国運に殉ずる覚悟と総合的組織力とを有する我等社員たるべき」と主張している[387]。

満業転出社員送別式は1938年2月に実施された。この転出者の中には奥村慎次が含まれている。奥村は最後に一文を寄せた。

日本が「激浪の中を超スピード」で進んでいると認識する奥村は，日中戦争の勃発によって「国策会社」である満鉄もまた「遅かれ早かれ本質的変化」を受けることは明らかで，さらにいえば，満州国の建国より「大陸に於ける満鉄の使命の本質的変化」は自明であり，「我ら経済調査会又は産業部に席を有したるものは，最も明白に時代の流れを看取せざるを得なかった」とした。つまり，奥村は，産業部成立時に「行き詰り」を感じ，その打開策を中国本土に求めるも，日中戦争の拡大で「益々前途の閉塞」を感じたために，「名目上の満鉄，満鉄のレッテルを超越し，満鉄社員又は元満鉄社員が随所に満鉄の開拓的精神を生か」すより他にないとの考えにいたったという。そして，今回の満業の設立を，「満州内の活動はパイオーニアの活動より本隊の活動期に入り，パイオーニア満鉄の分解作用が必然の結果として発生し来りたるは，歴史の法則の外に立ち得ざるものの運命である」と総括した。「満鉄の為とは六万の株主の為か十五万の社員の為か」とも投げかける奥村は，「凡ての社員が満鉄の籍を離るるを諾せずそのレッテルの下にのみ働かんことを希望し，その結果満鉄機構の中に於ての事業の拡大のみを望むとせば，愛社の名の下に於ける利己心以外の何物でもない」として，社員会が設立された当初からの主張を一貫させている[388]。

387　満鉄社員会幹事長古山勝夫「上申書」『協和』11巻24号，1937年12月15日，46-47頁。

388　前産業部次長奥村慎次「満州の日既に三竿」『協和』12巻5号，1938年3月1日，2頁。

おわりに

満鉄社員会を通じた満鉄経営における社員の「主体性」とはいかなるものだったか，本章の最後に総括しておこう。

満鉄社員は1920年代の半ばより，満蒙経営に通じた自分たちが，重役として起用されることを要求していた。社員会もまた，社員理事による満鉄の経営を大きな目標としていた。その意味では，社員会設立のタイミングで藤根寿吉が社員理事となったことは，順調な船出を象徴していた。しかし，総裁が山本条太郎から仙石貢に交代した際，1930年6月の職制改正と連動して起用された新理事5名（伍堂卓雄・十河信二・村上義一・大森吉五郎・木村鋭市）はことごとく外部者であった。この職制改正では，理事が部長級職を兼ねるようにもなり，社員の理事への道は完全に閉ざされたともいえよう。また，現職の社員会幹事長・保々隆矣が課長級社員からの退職に追い込まれている。ただ，その後の理事の人事は緩やかに社員会の要求を満たすようになっていく。仙石の退任直後の1931年7月には山西恒郎・竹中政一が社員から理事に就任し，その後も，山崎元幹・大淵三樹が続き，1934年7月には社員会本部役員の経歴をもつ宇佐美寛爾も理事になった。そして，松岡洋右が総裁の時代には，理事8名のうち5名を社員理事が占めるだけでなく，社員会前幹事長の中西敏憲が理事に就いた。社員会による社員理事の要求は満たされるようになったといえよう。

このような要求の達成の一方で，社員会では待遇問題が常時取沙汰されていた。社員会が正式に発足する前から，傭員による待遇改善要求が社員会本部役員，すなわち，課長級以上社員にぶつけられていた。この要求に対して社員会本部役員は抑圧的で，社員会としてこれを解決することができず，社員会の活動とは疎遠な人事課長・木村通によってようやく収束に至った。フレデリック・テーラーを称える仙石貢が進める「能率の増進」は，そのような労働者管理を否定するもので，傭員・職員を問わず全社員を平等に扱い，自発的に能力を発揮させようとするものだった。つまり，ここでも社員会の活動（＝社員全般のマネジメント）は否定されている。そして，満鉄の経営成績が悪化するなかで，社員会は待遇「改悪」を受け入れざるをえなかった。それが逆転する契機となったのが，満州事変による社員殉職者の存在であり，これを起点に傭員・雇員の登格が続くようになる。そして，1935 年 4 月に待遇が以前並みに戻されると，社員団結のための精神作興運動が社員会で全面化するようになる。これを推進した幹事長は中西敏憲（1935 年度）と石原重高（1936・37 年度）で，中西は総務部長，石原は総務部人事課長であった。その結果，待遇問題が社員会内で表面化することはなくなり，満州国線と満鉄社線の一元化による従事員の統一に際しても問題は封じ込まれた。会社人事の掌握と社員会の活動が一体化したことで，満鉄経営で「主体性」を発揮する基盤が築かれたのである。

社員による満鉄経営は，満鉄を「国策会社」として展開しようとするものであった。社員会設立当初から奥村慎次が「産業の国家的統整」を志向していたように，産業または経済の統制主体として満鉄を経営することが志されたのである。社員理事の起用と傭員の待遇問題では社員会を完全に否定していた仙石貢も，この点では方向性を共有することができていた。仙石による職制改正によって課長級以上社員の退任が促進されると，社員会は満鉄を中心とする満蒙国策を「研究立案」することを目的に特別調査委員会を設置した。この委員会が，満州事変が勃発すると，会社の経済調査会へとスライドする。経済調査会の主査のほとんどが，社員会本部役員の経歴をもつ者であった。1933 年度の満鉄改組問題も，社員の中で「満鉄中心主義」をより強固にした。そして，1936 年の職制改正で，経済調査会は産業部に再編され，満州産業開発五ヶ年計画の中心として満鉄経営を担うかに思われた。

これを遮断したのが，満業の設立であった。「国策会社」としての満鉄経営が否定されたともいえるこの遮断の理由のひとつとして，満鉄の営業成績の悪さが指摘されている。たしかに，社員会は民間株主との折り合いが悪く，減配を要求しつづけたし，株主からの要望にも聞く耳をもたなかった。「国策会社」としての特殊使命を担う満鉄への出資には，政府も民間株主も当然協力すべきというのが，社員会の認識であった。そのような経営スタイルが拒絶されたともいえよう。

しかし，「国策会社」としての経営の核心を，社員会内の特別調査委員会から会社の経済調査会・産業部へと引き継がれる，調査・立案活動に求める立場からは，上記のような説明は「国策会社」としての経営の否定を語るものとして不十分であろう。奥村慎次も北条秀一も，株式会社として満鉄が良好な成績をあげることの重要性を強く認識していたからである。その奥村は，満業に転籍するに際して，「満州内の活動はパイオーニアの活動より本隊の活動期に入り，パイオーニア満鉄の分解作用が必然の結果として発生し来りたるは，歴史の法則の外に立ち得ざるものの運命である」と記した。なぜ，先導者・満鉄は追随者・満業に道を譲らなくてはならなかったのか。なぜ，分解された満鉄に調査部門が残されたのか。奥村の言う「歴史の法則の外に立ち得ざるものの運命」との言はこの説明とはなっていない。次章では，満鉄の調査活動の内実に焦点をあてて，この問題を明らかにしよう。

第3章

「国策会社」の統計調査

――慣習的方法による達成と限界[1)]――

はじめに

第1章と第2章では，満鉄経営の「主体性」を課長級以上社員に求め，その内実を満鉄社員会の活動を通じて明らかにした。満鉄社員が追求したのは「国策会社」としての満鉄経営であり，満鉄を中心として満州の経済統制を展開しようとするものであった。そして，これが頓挫したことを象徴的に示すのが，満業の設立という出来事だった。満鉄は改組によって関連事業の切り離しを余儀なくされ，「国策会社」として中心的な役割を果たすことができなくなった。その決定的な要因を先行研究は，政治的決着に見る。すなわち，政府・官僚・財界関係者，そして，満鉄の総裁らによって決定された満鉄改組を，満鉄社員がそのまま受け入れたとの筋書きである。第2章でも，満業の設立が，社員会の中で静かに受け入れられたことを見た。

しかし，社員会の設立以来，『協和』誌上で「もの言う社員」としての気質を保ちつづけ，また，1933年の満鉄改組問題で大々的な「反対」運動を展開したことに鑑みれば，満鉄社員によるこの静かな受容はひとつの問いを生む。誰よりも豊富に満州での経験を有することを誇りに，社員会内に特別調査委員会を設置して経済調査会の設立を準備していた彼らが，膨大な調査・立案を積み重ねて満州の経済統制の中枢を担おうとした彼らが，なぜ，政治的決着を受

1　本章では，引用注の煩雑さを避けるために，同文献からの引用が続く場合には，適宜，本文中に（　）付で引用文献を明記してこれに注を付け，それ以降は，（　）付で頁数のみを記してある。

け入れることができたのか。どうして,『協和』誌上で反対の論陣すら張ることなく，満業に転籍していったのか。社員会の活動を通じた分析では，この点が未解明のまま残されている。その意味では,『協和』の史料的な限界がここにあるともいえよう。そこで本章では,「国策会社」としての満鉄経営における「主体性」を支えた調査活動に焦点をあてて，この問いに答えを与えたい。

序章でも述べたように，小林英夫の一連の研究は，宮崎正義を中心とする経済調査会が「実現しようとしたこと」を直線的に辿るかたちで，満鉄調査の歴史をわれわれの前に提示してきた。それらは，経済調査会で活躍した彼らの「情熱」に引きずられて,「実現できなかったこと」を冷静に見つめる視点を失っている。もちろん，そうした冷静な眼差しは，原朗や後述する井村哲郎によって確保されてきた[2)]。ただ，いずれにしても，これらの満鉄調査組織の歴史研究は，調査活動の成果について，それを生じさせた原因を分析する傾向が弱い[3)]。「なぜ，実現できたのか」「なぜ，実現できなかったのか」という問いかけは，基本的には，政治の問題へと読み替えられている。満鉄の調査活動そのものに「原因」を求める視点が欠落しているのである。

こうした研究史における傾向は，満鉄調査組織の研究が，満鉄自身の資料によって再構成される傾向と通じあうものであろう[4)]。原覚天の膨大な研究を支えているのは満鉄弘報課の『満鉄と調査』であるし[5)]，小林英夫は経済調査会の内部史料の復刻を通じて，その活動を明らかにした[6)]。また，大調査部以後に焦点をあてた井村哲郎の研究も,『満鉄調査彙報』『満鉄調査部報』の復刻と並行してなされており[7)]，そもそも井村が最初にまとめた満鉄調査組織の研究

2　原朗「1930年代の満州経済統制政策」満州史研究会編『日本帝国主義下の満州——「満州国」成立前後の経済研究』御茶の水書房，1972年。

3　以下，本書では，満鉄に設置された調査機関・調査箇所を総称して,「満鉄調査組織」とする。

4　この点についての批判的な検討は，平山勉「日本における満鉄調査部論」田中明編著『近代日中関係史再考』(日本経済評論社，2002年）を参照のこと。

5　原覚天『現代アジア研究成立史論——満鉄調査部・東亜研究所・IPRの研究』原書房，1986年。『満鉄と調査』1940年版，南満州鉄道株式会社弘報課，1940年。

6　小林英夫「満鉄経済調査会小史」遼寧省档案館・小林英夫編『満鉄経済調査会史料』柏書房，1995年。

7　井村哲郎「拡充前後の満鉄調査組織——日中戦争下の満鉄調査活動をめぐる諸問題」

は，「関係者の証言」によるものであった[8)]。

そこで，本章では，以下の3点を念頭に分析を行う。第一に，調査活動の到達点と限界点を，人員・組織などの「能力」と予算・期間などの「制約」の点から内在的に解明する。第二に，今日の学術・研究上の到達点からの批判的分析ではなく，同時代的な視点からの分析を行う。また，満鉄が残した調査資料を読み込むだけでは，この2点を満たすことはできないため，第三に，満鉄の調査活動をめぐる歴史研究の外から分析枠組みを援用する。これらを満たす意味でも，本章では，経済統制を支えた調査の中でも，絶対的に不可欠とされる統計調査に分析の焦点をあてる。

日本における統計調査史の研究の蓄積は厚い[9)]。また，植民地における統計調査についても，松田芳郎や佐藤正広によって明らかにされている[10)]。これらの研究の一端を示せば，形式が統一された表に集計値を記入していく表式調査と，調査対象ごとに個票を準備して粗値を記入していく個票調査とが戦前には実施され，前者ではある事実が量的に明らかになることに重点がおかれ，後者では調査者と調査対象者との関係も含めた調査方法に重点がおかれたとされる[11)]。本章の課題から確認しておきたいことは，表式調査・個票調査ともに，

(I)(II)，『アジア経済』42-8・9，2001年8・9月。井村哲郎「『満鉄調査彙報』解題」『満鉄調査彙報』1-1，復刻版，本の友社，1998年。井村哲郎「解題」『満鉄調査部報』1，復刻版，龍渓書舎，2000年。なお，以下，『満鉄調査彙報』『満鉄調査部報』からの引用に際しては，復刻版の書誌情報を省略する。

8 井村哲郎編『満鉄調査部——関係者の証言』アジア経済研究所，1996年。

9 さしあたり，以下の文献を挙げておく。細谷新治『明治前期日本経済統計解題書誌——富国強兵篇』上の1・2・3・下・補遺（統計資料シリーズ3・4・8・11・14，一橋大学経済研究所日本経済統計文献センター，1974〜1980年），松田芳郎編『明治期府県の総括統計書解題——「勧業年報」によるデータベース編成事業報告書(1)』（統計資料シリーズ15，一橋大学経済研究所日本経済統計文献センター，1980年），『明治期における府県総括統計書書誌——「勧業年報」によるデータベース編成事業報告書(6)』（統計資料シリーズ25，一橋大学経済研究所日本経済統計文献センター，1982年），及川章夫『日本農業統計調査史』（農林統計協会，1993年），藪内武司『日本統計発達史研究』（法律文化社，1995年），金子治平『近代統計形成過程の研究——日英の国勢調査と作物統計』（法律文化社，1998年），佐藤正広『国勢調査と日本近代』（岩波書店，2002年）。

10 松田芳郎『データの理論——統計調査のデータ構造の歴史的展開』岩波書店，1978年。佐藤正広『帝国日本と統計調査——統治初期台湾の専門家集団』（岩波書店，2012年）。

統計が作成される過程を辿ることが史料的に可能であるということである。官庁統計においては，統計調査の根拠法や実施細則などが残されており，ある「数値」がどのようにして収集され，また，どのような過程を経て集計されたのかということについて，つまり，ある事象を数値化する過程について，批判的に検討することが可能となっている[12]。

統計調査史研究は，調査基盤という制約を明らかにしつつ，実施された統計調査の内実を明確に示してきた。これらの研究の分析枠組みを援用することによって，今日の到達点からではなく，「同時代」において普及していた統計調査の方法と，満鉄の統計調査との比較が可能となる。満鉄外の資料を使うことで，満鉄史研究とは別の分析枠組みで，満鉄の調査活動を分析する視点が確保されるのである。別言すれば，何について統計調査を実施していたのかではなく，どのようにして統計調査を実施していたのか，という点に問題関心を寄せていくことにより，満鉄調査における慣習的方法が形成・定着するプロセスが解明されることになろう。本章の課題は，この慣習的方法と，満鉄調査の到達点・限界点の因果関係を明確にすることにある。

1　後藤新平という端緒――調査活動の始まり

1）後藤新平と統計調査

満鉄調査組織にとって後藤新平は，いわば生みの親である。後藤の存在無くしては，満鉄調査組織の創設はなかったであろう。先行研究では，満鉄調査組織の創設にとどまらず，彼の全生涯を再評価するようになっており，内務省衛生局長を皮切りに，台湾総督府民政長官・満鉄総裁・逓信大臣・鉄道院総裁・内務大臣・外務大臣・東京市長などを歴任し，さまざまな政策と事業を展開し続けたことが，分析の対象となりつつある[13]。そこで，まず，後藤のキャリアと統計調査の関わりについて把握する。

11　前掲松田芳郎編『明治期府県の総括統計書解題』4 頁。

12　以下，本書では，中央官庁や府県などによって作成された統計を「官庁統計」とする。

13　御厨貴編『時代の先覚者 後藤新平 1857-1929』（藤原書店，2004 年）など。

東京統計協会から話を始めよう。日本の人口統計を確立したと評される杉亨二らは，透明性の高い統計調査を普及させるために，東京統計協会を設立した[14)]。この東京統計協会は，良質な近代的統計の作成には国民の理解が不可欠であると認識していたため，統計講習会などの啓蒙的な活動を展開していた。つまり，統計調査の精度を高めるために，法令などの調査制度を確立することに加えて，統計調査の担い手を地道に養成することが重要とされた。このことは，満鉄の統計調査を検討する本章において，最も留意されるべき点である[15)]。

同時に東京統計協会は，『統計集誌』でさまざまな統計表を掲載し，内閣統計院編『帝国統計年鑑』を刊行しながら，官庁統計を中心とした膨大な数量的データを蓄積していった[16)]。こうした啓蒙と実践の先には国勢調査があり，その実現は明治期日本における統計近代化のメインテーマであった。そして後藤新平は，児玉源太郎と並んで，東京統計協会の会員に名を連ねていた。

後藤は，近代日本の統計文化に積極的に関与してもいた。後藤が設立した東京市政調査会で研究員を務めていた猪間驥一が[17)]，「故後藤新平伯と統計事業」(其一，続）と題された追悼録を『統計集誌』に寄せている[18)]。これによれば，1896 年に後藤は「完全なる統計局設置意見書」を「建白」している（其一，32 頁)。これは，「従来政府が屢々之を試みて屢々失敗したるが如く漫に統計の種類を増減し其の様式を繁簡にする」ものではなく，「統計の本旨を明にして其の系統を正し，内務行政に欠くべからざる要素を完成する」ことを企図したものであった。その方法としては，「完全なる統計局を置く事」「五年乃至十年を期して民勢調査を断行する事」「民勢調査報告書を本幹として各般の統計の統一連貫し，国家社会の生活に於ける大数的観察を遂ぐるの道を開く事」が掲げられている。

その上で後藤は，「内務省に於ける戸口・生死・監獄・警察・地理の統計，

---

14 共立統計学校と東京統計協会の活動などについては，前掲藪内武司『日本統計発達史研究』の第 1 章・第 2 章を参照のこと。

15 統計講習会の具体的事例については，佐藤正広『国勢調査と日本近代』(岩波書店，2002 年）の第 6 章を参照のこと。

16 前掲藪内武司『日本統計発達史研究』76 頁。

17 『東京市政調査会――その組織と事業』東京市政調査会，1927 年，表紙裏。

18 猪間驥一「故後藤新平伯と統計事業」其一・続『統計集誌』576・577，1929 年 6・7 月。

司法省に於ける刑事統計，文部省に於ける学事統計，農商務省に於ける農工商統計，逓信省に於ける通信統計，陸海軍に於ける軍事統計，及び，大蔵省に於ける財政統計等，本幹たる民勢調査と相連貫して大数的観察の要点を完成し，始めて統計の効用を見るべきものなれば，其本幹たる民勢調査の方法を設くるは実に統計制度改良の第一著手たり」と続けた。そして，具体策として，「之が準備手段として差向き統計制度調査局」を設置して，「民勢調査施行方法並に其の経費を調査する事」「全国各種の統計を整理するが為，統計局の経費並に其の職権を調査する事」「統計材料蒐集及調製に関する制を調査する事」を提議したという（33-34 頁）。

こうした後藤の態度は台湾に赴任してからも維持された。そのひとつの表れが臨時台湾戸口調査（1905 年）であり，後藤は，臨時台湾戸口調査部部長として自らこの調査を推進した。この調査は，初めて日本人が行った近代的国勢調査であり，世界で初めて中国人社会を対象とした国勢調査でもあった[19)]。実施に際しては（『明治三十八年 臨時台湾戸口調査記述報文』[20)]），「臨時台湾戸口調査部官制」（1905 年〔以下同年〕，勅令 175），「戸口調査評議員会規程」（訓令 128）といった「機関ニ関スル」法令のほかに，「調査ニ関スル」法令も準備された（3-5 頁）。「臨時台湾戸口調査規則」（府令 39）で 22 の調査事項を定め，「臨時台湾戸口調査事務取扱規程」（訓令 132）では調査委員を束ねる調査委員長について，「監督委員心得」（訓令 133）では調査委員を訓練・指導する監督委員について，「調査委員心得」（訓令 134）で実際に戸口調査を実施する調査委員について，それぞれの職務内容を定めている（6-12 頁）。また，「臨時台湾戸口調査ニ関スル所帯票様式及所帯票記入心得」（訓令 135）では，22 の調査項目を記入する「所帯票」，つまり，個票を添付して，「除外例」なども明記しながら記入方法を細かく定め（12-25 頁），「臨時台湾戸口調査ニ関スル要計表様式」（訓令 136）では，この個票の集計表を添付してある（25-26 頁）。なお，22 の調査項目は，「氏名」「所帯主トノ続柄又ハ所帯主若ハ所帯トノ関係」「種族」「男女ノ別」「出生ノ年月日」「録事上ノ身分」「本業名」「本業ノ地位」「副業名」「副業ノ地位」「常用語」「常用以外ノ語」「読ミ書キノ程度」「不具ノ種類（聾，

19　速水融『歴史人口学で見た日本』文春新書，2001 年，150 頁。
20　『明治三十八年 臨時台湾戸口調査記述報文』臨時台湾戸口調査部，1908 年。

唖，盲，白痴及瘋癲ニ限ル）」「不具ノ原因」「阿片煙吸食者」「纏足者」「出生地（内地人ニ限ル）」「原籍（内地人ニ限ル）」「国籍（外国人ニ限ル）」「渡台ノ年（内地人ニ限ル）」「常住地（一時現在者ニ限ル）」とされていた（6-7 頁）。

後藤は単に臨時台湾戸口調査を主導しただけではなかった。台湾統計協会の発足にコミットしていたし，その発会式の演説でも，国勢調査を意識して台湾統計協会の意義を説いていた。そして，何よりも，台湾施政に統計調査が必要不可欠であるという認識を，部下の持地六三郎と共有していた。そうした後藤の態度を統計家たちも信頼していたために，杉亨二の教え子である水科七三郎ら（共立統計学校卒業生）がこの調査を直接的に支えた[21)]。近代日本の統計文化の担い手として，後藤は大きな役割を果たしていたのである。さらにいえば，植民地における被支配層がどこまで正直に統計調査に協力するのか，という問題に直面した調査員に配慮することも後藤はできた。そして，臨時台湾戸口調査は，国勢調査の先行例として，日本の統計調査に大きな影響を与えるほどの成功を収めた[22)]。

2）後藤の中の連続と断絶

臨時台湾戸口調査の直後，後藤は満鉄総裁に就任した。しかしながら，近代日本の統計文化が満鉄調査組織に継承された形跡はない。『統計集誌』に記載された東京統計協会の会員名簿を追いかけてみると，関東庁などの職員が会員にはなっているものの，満鉄出身者はほぼ皆無である。また，統計学社の発行する『統計学雑誌』には，1920 年の関東州・満鉄付属地での臨時戸口調査実施に際して，東京統計協会の重鎮である横山雅男の「南満州長春に於ける国勢調査講演」が掲載されているものの[23)]，そもそも，この国勢調査を実施したのは満鉄ではなく関東庁であった[24)]。さらにいえば，満鉄内で「統計講習会」が

---

21 佐藤正広「調査統計の系譜——植民地における統計調査システム」末廣昭編『地域研究としてのアジア』岩波講座「帝国」日本の学知 6，岩波書店，2006 年，192-193 頁。

22 前掲松田芳郎『データの理論』97-98 頁。

23 横山雅男「南満州長春に於ける国勢調査講演」(1)～(6)『統計学雑誌』469-475，1925 年 7 月～1926 年 1 月（除，471 号）。なお，この講演は，1920 年 9 月 7 日に長春座にて実施されたものである。

24 関東庁編『関東庁施政二十年史』下，1926 年（復刻版：原書房，1974 年），921-930 頁。

開催されたのは，本章で後述するように1930年代後半のことである。近代日本の統計文化は，満鉄ではなく関東庁に根づいたというべきであろう。

こうした状況の理由のひとつとして，満鉄が半官半民の株式会社ではあっても，純然たる公的組織ではなかったことを指摘できる。国勢調査に限らず官庁による統計調査には，それに対応した法律が準備されており，また，調査の実施に際しては省令などによって，現場の混乱を未然に防ぐべく細かい実施規則も用意された[25]。関東庁と異なり政府機構に含まれる組織ではない満鉄にとって，調査活動を保証する法令は望むべくもなかった。もうひとつは，後藤の満鉄総裁としての在任期間の短さを挙げることができる。1898年の民政局長就任から8年間も台湾統治の前線にあったのに対して，満鉄総裁の座にあった期間はわずか2年弱に過ぎず，現地にあった期間はいっそう短かった。

しかし，第1章で見たように，中村是公の後任を後藤以来の創業体制の継続としてとらえれば，後藤の在任期間を実質的に7年以上と見積もることもできる。そして何より，短い在任期間にあっても，後藤は，台湾総督府民政長官時代に実施した「台湾旧慣調査」を，満鉄調査組織に「満州旧慣調査」として持ち込んでいる[26]。京都帝大教授の岡松参太郎が両調査を担っており，人事的にもその連続性を認めることができるし，創立直後の1907年4月23日の職制改正では，調査部の掌理事項のひとつとして，「旧慣の調査に関する事項」が明記されていた[27]。後藤は，こうした調査の植民地統治への「貢献」を早くから認識しており，そうした認識が「文装的武備論」へとつながっていくことは，もはや説明を要しないであろう。

これらのことは，台湾総督府から満鉄への「異動」において，後藤の中で

25　国勢調査以外にも関東庁は関東庁業態調査を1927年に実施しており，「関東庁業態調査規則」（1927年，庁令37）において，調査期間・調査員の任命・調査妨害者への罰則・申告書の様式などが定められ，「関東庁業態調査規則施行細則」（1927年，訓令25）では調査員を指揮する業態調査委員長の職務内容が，また，「関東庁業態調査調査員心得」では申告書の収集方法などが，さらに，「関東庁業態調査申告書記入心得」では申告書の記入欄ごとに詳細な決まりが定められていた（「関東庁業態調査概説　付録」『昭和二年 関東庁業態調査結果表』関東長官官房文書課，1929年，1–31頁）。

26　宮坂宏「満鉄調査部」安藤彦太郎編『満鉄——日本帝国主義と満鉄』御茶の水書房，1965年，228頁。

27　『南満洲鉄道株式会社十年史』南満州鉄道株式会社，1919年，368頁。

「連続」と「断絶」があることを意味している。「台湾旧慣調査」は連続し，「臨時台湾戸口調査」は断絶している。別言すれば，連続する調査は「選択され」，断絶した調査は「選択されなかった」のである。留意すべきは，後藤の中で，「旧慣調査」も「戸口調査」も，植民地統治において必要不可欠なものとして認識され，実際に台湾で実施されたということである。つまり，後藤が満鉄総裁に就任したとき，それぞれの「経験」は，確実に選択肢として後藤の眼前に存在した。後藤の能力を超えていたために，選択肢としても挙がらなかったということではなかった。それでも，この設立されたばかりの株式会社で，「戸口調査」を実施することを後藤は選択しなかった。

もっとも，「戸口調査」を実施しなかったのではなく，実施することができなかったのだ，という反論もあるだろう。臨時台湾戸口調査のように，法令も人員も予算もすべてが国勢調査に通ずるような官庁調査は，最初から実施することができないという考え方である。しかし，「戸口調査」を実施できなかったことは，透明度の高い，良質な統計調査を満鉄が実施不可能だったということを意味しない。東京統計協会の啓蒙と実践が，何よりもそのことを示している。後藤が東京統計協会や台湾で培ってきた人脈は，満鉄でも効果的に機能することができたはずである。にもかかわらず，後藤に「選択されなかった」ことによって，数値化の過程が詳らかとなるような，透明度の高い統計調査の「萌芽」が摘まれていることに，われわれは留意する必要がある。満鉄調査における「径路依存性」ともいうべき事象がここにある。

後藤によって「選択されなかった」ことの一方で，「選択された」ことの方でも，完全な連続があったわけではない。台湾旧慣調査が1900年から22年まで膨大な費用と時間をかけて実施されたのに対して，満州旧慣調査は調査部創設（1907年）から始まって，早くも1915年には『満州旧慣調査報告書』の刊行を終えていた。同時に，調査組織の規模も，台湾旧慣調査よりも満州旧慣調査の方が小さかった。満鉄での調査では，規模の縮小化と期間の短縮化が起きており，この点で，旧慣調査は連続性を維持できていない。

学術的な調査とされる「満鮮歴史地理調査」にも，旧慣調査と同様に，調査期間の短縮化という特徴を見ることができる。満鉄調査組織が活動を始めるまで，「満州と朝鮮」一帯の歴史が叙述されることはほとんどなく，後藤の励行もあって，現地調査を通じて多くの資料が入手された。しかし，1908 年に始まったこの調査も，1914 年にはその刊行が一応の完了を見ている。加えて，『満州歴史地理』は，第 1 巻が 495 頁，第 2 巻が 686 頁，『朝鮮歴史地理』は，第 1 巻が 366 頁，第 2 巻が 394 頁，『文禄慶長の役』が 360 頁で，これら大著の執筆を 7 人で担当した。これは驚異的なペースであろう。

こうした特徴は，東亜経済調査局にも見出すことができる。東亜経済調査局に招かれた K. チースが築き上げたのは，新聞・雑誌などの記事を収集し，これらを秩序だてて分類・整理したアーカイブだった。これは必要な時に必要な情報のみを取り出せる機能を目指したものである。今日的にいえば検索型のデータベースであり，その意味では，ここでなされたのは調査というよりも，その前段としての情報収集であった。必要とする情報を探し求めるということは，調査そのものの短期的な決着と絶妙にシンクロする。

このような短縮化された調査はフットワークが良く，満鉄付属地の外での調査も可能とする。これを別の面から見れば，定点観測的な調査を継続して実施しないということにもなる。表 3-1 にあるように，後藤が総裁の座を離れた直後に実施された 1908 年 12 月 5 日の職制改正をはさんで，調査課の職員数は 13 人から 34 人へと増えてはいた。しかし，このとき定められた掌理事項は，「業務の検査」「規定の審査」「諸般の調査並統計」「従事員の養成及訓練」「営業報告並年報の編纂」「図書，新聞，雑誌の注文並保管」の 6 項目に増えており[28]，管轄は社内的な業務にまで拡大された。そして，「諸般の調査並統計」とは，個票から立ち上げてオリジナルな統計を作成するものではなく，満鉄外の機関が作成した統計資料を収集することを主とするものであった。

3）後藤新平の「嗜好」

後藤によって「選択されなかった」ことは，彼の嗜好の変化としても捉えうるだろう。後藤自身がそもそも，そうした地味な調査を好まなくなりつつあった面もある。

満鉄総裁の後に，後藤は東京市長に就任しており，そこでも東京市政調査会

28　同上，371 頁。

という調査機関を設置している。設置の後押しをした原敬・安田善次郎（初代）の死もあって，資金的な制約が生じてはいたものの，満鉄調査組織と比較すれば，統計調査は法令面での裏づけを得ることができたし，そもそも自国領土内での調査であった。また，東京市にはすでに統計課があった。1912年には，当時の市長・阪谷芳郎から命を受けた統計課長心得の水越幸一が，「既往十五ケ年ノ計数ヲ精査シ対照ニ便ナル形式ヲ以テ製表セシメタル」復命書を提出している[29)]。1917年には，第一回東京市統計講習会も開催されていた[30)]。

しかし，後藤が満鉄とは異なる恵まれた環境を積極的に活用した形跡は見られない。後藤が市長を務めた時期（1920～23年）に刊行された東京市政調査会の単行書は，都市制度をめぐる調査[31)]・翻訳[32)]やインフラ調査[33)]にテーマが集中している。これは後藤の問題意識を強く反映してのことで，つまるところ，社会問題や世論など，その時点でのホットイシューを調査している。そして，後藤が市長を辞任した後になって，政府や内閣統計局の主導する統計調査[34)]とは別に，『浮浪者に関する調査』[35)]や『東京市交通調査統計表』[36)]など，東京市統計課独自の統計調査が個票や調査要綱を準備のうえで実施され，公表され

29 『東京市財政統計調査復命書』1912年，東京市政調査会市政専門図書館蔵書（以下，TML）/OM/0186。

30 東京市編『東京市統計講習会講演集　第一回（一九一七年）』1917年，TML/OH/0041。

31 東京市政調査会編『大都市特別制度調査資料　第一輯』1923年，TML/OA/0031。本資料によれば，「東京市ニ関スル現行制度ニ付改正ヲ要スルモノアリヤ改正ノ必要アリトセハ其ノ要綱如何」と諮問され，「帝都（以下便宜都ト称ス）ニ関スル特別制度調査要綱」として「都ノ区域」「都ノ議決機関ノ組織」などが挙げられている（同上，1-2頁）。

32 N. P. レウヰス『都市計画の経済的価値』（弓家七郎訳，1922年11月，TML/OBZ/1209），C. A. ビアード『都市政治に於ける市民の専門家統御』（弓家七郎訳，1922年11月，TML/OAZ/0741），W. H. ドウソン『独逸の都市計画と土地収用』（訳者不明，1922年11月，TML/OBZ/1186）など。

33 後藤曠二述『水力電気の講話』（東京市政調査会，1923年11月凡例署名，TML/OCZ/0418），東京市政調査会編『大東京瓦斯供給ニ関スル意見』（1924年，TML/OCZ/0083）など。

34 東京市統計課編『第一回労働統計実地調査 東京市及近郊町村 労働統計原表』（1924年10月10日現在，全3巻，1926年，TML/OM/0195），『東京市 家計調査統計原表』（自一九二六年九月一日至一九二七年八月三一日，東京市役所，1928年，TML/OM/0496）。

35 東京市統計課『浮浪者に関する調査』東京市役所，1926年，TML/OF/0588。なお，この調査は，1925年臨時国勢調査に，東京市統計課が付加項目を設けて実施されたものである（同上，序2頁）。

表 3-1　満鉄調査組織の従事員

（人）

年	1908	09	10	11	12	13	14	15	16	17	18	19	20	21	22	23	24	25	26	27	28	29	30	31	32	33	34	35
調査課	13	34	37	51	48	45	55	56	54	58	38	55	70	59	62	80	101	85	90	89	82	89	87	80	50			
職員	13	34	33	45	42	40	48	44	28	28	21	34	35	35	39	49	56	60	61	56	52	52	51	53	28			
雇員									11	7	14	14	19	15	13	12	14					6	7	6	8			
傭員			4	6	6	5	7	12	10	18	3	7	14	6	6	11	17	13	16	15	15	11	11	8	9			
嘱託									5	5			2	3	4	8	14	12	13	18	15	20	18	13	5			
東亜経済調査局			5	6	6	6	8	16	10	12	13	9	22	64	61	63	63	67										
職員			5	6	6	6	8	9	6	6	5	8	14	14	15	17	18	24										
雇員									1	2	2		1	2	2	2	5											
傭員								6	3	4	6		7	47	44	44	38	42										
嘱託								1				1		1			2	1										
臨時経済調査委員会																					129	122	84					
職員																					106	86	59					
雇員																						2	5					
傭員																					22	32	20					
嘱託																					1	2						
経済調査会																									110	148		307
職員																									71	75		121
雇員																									7	13		14
傭員																									16	19		47
嘱託																									16	41		125
資料課																								21		54		76
職員																								12		29		40
雇員																								1		9		9
傭員																								5		12		21
嘱託																								3		4		6
農務課																	54	52	47	47	42	50	52	53	44	51		65
職員																	22	29	26	25	23	24	25	24	18	22		31
雇員																	13					3	5	6	3	4		11
傭員																	18	22	20	17	10	15	17	21	19	23		22
嘱託																	1	1	1	5	9	8	5	2	4	2		1
商工課																	30	37	37	41	31	37	41	42	45	50		60
職員																	24	33	32	30	23	23	23	24	21	25		38
雇員																	3					5	4	4	6	6		5
傭員																	2	3	4	9	5	3	6	6	10	11		8

嘱託																1	1	1	2	3	6	8	8	8	8		9
哈爾濱事務所										6			19	23	23	28	106	116	110	107	102	104	113	120	104	99		115
職員										5			7	8	9	11	36	64	61	53	50	50	53	60	48	49		44
雇員										1			3	5	4	4	24					7	10	12	10	13		12
傭員													9	10	10	13	39	47	46	45	45	40	42	40	38	28		47
嘱託																	7	5	3	9	7	7	8	8	8	9		12
上海事務所																	64	17	16	16	13	12	21	17	19	18		29
職員																	8	10	9	10	8	5	9	4	9	7		13
雇員																	1					2	5	4	3	3		2
傭員																	55	7	7	4	4	4	6	5	4	5		10
嘱託																				2	1	1	1	4	3	3		4
中央試験所				40	40	137	370	393	164	200	325	857	618	94	90	91	91	92	90	88	111	127	135	127	268	269		352
職員				24	23	45	51	53	43	42	50	68	71	31	33	35	40	50	47	44	41	52	50	48	86	83		113
雇員									11	14	33	38	61	16	13	12	12					10	12	12	35	36		47
傭員				16	17	92	319	340	110	144	242	750	486	47	44	44	38	42	43	44	70	63	70	64	146	149		191
嘱託												1					1					2	3	3	1	1		1
地質調査所				12	14	12	13	16	17	18			26	26	23	25	26	26	26	22	37	43	42	30	26	30		76
職員				9	10	7	9	11	10	12			10	10	12	14	15	21	19	17	19	23	22	19	14	17		26
雇員									3	3			12	13	8	7	7						3	2	3	4		3
傭員				3	4	5	4	5	4	3			4	3	3	4	4	5	7	5	18	20	17	9	9	9		15
嘱託																												32
農事試験場								38	46	55	64	80	105	89	88	88	87	81	84	87	89	97	109	116	110	113		146
職員								18	15	14	15	23	31	30	31	32	32	43	43	44	43	44	45	40	41	39		61
雇員									5	11	15	12	29	21	18	18	17					10	14	17	14	17		14
傭員								20	26	30	34	45	45	38	39	38	38	38	40	41	44	40	48	58	54	56		70
嘱託																			1	2	2	3	2	1	1	1		1
合計	13	34	42	109	108	200	446	519	291	349	440	1,001	860	355	347	375	622	573	500	497	636	681	684	606	776	832		1,226
職員	13	34	38	84	81	98	116	135	102	107	91	133	168	128	139	158	251	334	298	279	365	359	337	284	336	346		487
雇員									31	38	64	64	125	72	58	55	96					45	65	64	89	105		117
傭員			4	25	27	102	330	383	153	199	285	802	565	151	146	154	249	219	183	180	233	228	237	216	305	312		431
嘱託								1	5	5	0	2	2	4	4	8	26	20	19	38	38	49	45	42	46	69		191

出典）『統計年報』各年度版，南満州鉄道株式会社（復刻版：龍渓書舎，1991～92 年）。
注 1 ）3 月 31 日現在。ただし，1935 年は 4 月 30 日現在。いずれも外国人と女子従事員を含む。
2 ）職員の 1931 年は月俸社員，雇員は 29～30 年まで准職員，傭員は 15 年まで傭人。雇員の 32 年は月手当者と日手当者の合計，31 年以降の嘱託は無給嘱託を含む。
3 ）東亜経済調査局の 1910 年の職員は「俸給又ハ手当トシテ支給セサル職員」を含み，15 年の傭人は見習を含む。
4 ）調査課の 1908 年は調査部，地質調査所は 17 年まで地質研究所，農事試験場は 17 年まで産業試験場，哈爾濱事務所は 23 年まで哈爾濱公所。地質調査所の 28・30・31 年は満蒙物資参考館を含む。

るようになる。さらにいえば，後藤没後の1931年になって，『日本都市年鑑』の創刊号が刊行されている。この年鑑は，全国各都市が発表する統計をまとめたもので，数値などに疑義が生じた場合には，「関係都市間に幾度か照覆を重ねなければならなかった」とされており，内閣統計局の『帝国統計年鑑』と同様の努力が重ねられている[37]。

これらの事実は，台湾から満州を経た後，日本国内で閣僚を歴任し，東京市長へとキャリアを積み上げていくなかで，統計調査に対する後藤の態度が変わったことを示している。藩閥という後ろ楯のない政治的立場を考えれば，このような後藤の態度は当然ともいえる。より上位の政治的ポジションを得ようとすれば，それぞれの在任期間の中で，一定の実績を残すことが必要不可欠であっただろう。顕著な実績を上げるには，必然的に新しい政策の立案と発動が求められる。当然のことながら，その政策発動を支持する調査結果は，彼の主張に説得力をもたせる方向で作用したにちがいない。統計調査に対するこだわりが，後藤の中で一貫する余地は少なかっただろう。

北岡伸一は，「権力から離れ，自らの主張を実現できる可能性が乏しいとき，政治家――だけではないが――はどんな主張でもするもの」であり，「彼〔後藤〕の主張は，常に政略的な利害が組み込まれている」と述べた。それゆえに，「彼が影響力を持っているとき，他に取りうる選択肢を捨て，多くの犠牲を払い，なおかつやり遂げようとする政策，それだけが彼の政策なのであり，その中にのみ彼の思想は刻み込まれている」のだが，「後藤の場合，こうした注意はとくに必要」とされる[38]。仮に，「完全なる統計局設置意見書」に後藤の「思想は刻み込まれて」いたとしても，その思想の中に，数値化の過程を辿ることが可能な，透明度の高い統計調査を「常に」担っていこうという意志が含まれていたわけではない，ということだ。

このように，満鉄調査組織の創設を，後藤のパーソナリティとあわせて考える場合，「選択された」ことだけでなく，「選択されなかった」ことについても

36　東京市統計課編『東京市交通調査統計表』1925年6月3日調査日，東京市役所，1926年，TML/OM/0199。

37　東京市政調査会編『東京市政調査会四十年史』東京市政調査会，1962年，162頁。

38　北岡伸一『後藤新平――外交とビジョン』中公新書，4版，2002年，viii頁。

注意を払う必要がある。満鉄では，後藤に「選択されなかった」ことによって，透明度の高い，良質な統計調査の萌芽が摘まれてしまった。また，彼に「選択された」ことも，調査期間の短縮化を免れることができなかった。その結果として，満鉄では，「既存資料に依拠した迅速なまとめ」という調査方法が確立された。

信夫清三郎が評した「科学的政治家」としての後藤新平，そして，満鉄調査組織の「科学的調査」は[39]，近代日本の統計文化の内側にいなかった。「既存資料に依拠した迅速なまとめ」という方法が，満鉄における調査活動に，「科学的」な装いを付与していたのである。

2 調査活動の拡大

1)『満蒙全書』の射程

「既存資料に依拠した迅速なまとめ」という手法は，東亜経済調査局から調査課長に就任した石川鉄雄が継承した。伊藤武雄によれば，石川が東亜経済調査局から持ち込んだものは，新聞・雑誌などの記事を内容項目別に収集・整理する手法であった[40]。原覚天は，こうした石川の態度の向こうに，初代調査課長・川村鉚次郎以来の「個人的エクスパート主義」を打破しようとする意図を見ている[41]。「エクスパート」とは，調査方法に原則がないことと同義であり，調査課全体として方向性の定まった調査計画ができずにいたことを意味する。この頃，各分野の専門家として成長していた創業以来の調査員は，後継者を得ることができなかった。そこで，実際に調査活動を担う立場からは，経済学などの社会科学的方法にもとづいた調査によって，兵要地誌のような「足でつくった調査」を克服することが重要と見られていた[42]。

39 信夫清三郎『後藤新平——科学的政治家の生涯』博文館，1941 年，223-234 頁。
40 伊藤武雄『満鉄に生きて』勁草書房，1964 年（新装版：1982 年），62-63 頁。
41 原覚天『現代アジア研究成立史論——満鉄調査部・東亜研究所・IPR の研究』勁草書房，1984 年，357 頁。
42 前掲伊藤武雄『満鉄に生きて』72 頁。

しかし，満鉄組織内で調査課が置かれた状況を考えると，問題はそうしたことだけではなかったことがうかがえる。1914 年から 18 年にかけて調査課・東亜経済調査局の職員は減少傾向にあり，その減少を雇員・傭員で補っていた一方で，人員は，中央試験所・地質調査所などの自然科学系の調査機関に集中していた。さらに，この間に農事試験場が設置されただけでなく，中央試験所は大規模な傭員を弾力的に動員している（表 3-1）。1914 年の職制改正において，調査課の管掌事項に変化はなく，東亜経済調査局でもほとんど変更はなかったにもかかわらず，職員が減らされたことを考えると，この時期の調査課と東亜経済調査局は組織として期待されていなかったといってよい。

この時期の調査について，永雄策郎は，「調査機関に従事して居る処の人々は殊に実際に疎い，事業会社の調査機関ですら調査に従事する人は実際上役立たぬ，実際上間に合わぬ人を調査局に祭り上げるのである，斯う云ふ風の考がなかなか今から少くとも十年以前に於ては盛んで」あったと回想している[43]。また，三井銀行を経て満鉄に入社した佐田弘治郎も[44]，「私共が若い時分調査に従事した頃には，調査機関に従事する奴は，事業会社その他においては馬鹿者のやることゝされてゐた，私は三井銀行に居つたが彼奴は哲学者だ，哲学者は銀行には仕様がないからあ奴には本を読ましておけと云ふ様なわけで，うだつの上らない事甚しい」と同じような回想をしている[45]。

こうした状況の中で，石川鉄雄は『満蒙全書』を企画した。1922 年のこととされる[46]。その目的は 3 つあったとされ，ひとつは，調査活動を外部にアピールすることで，『満蒙全書』は調査課による初めての「外部公表の書」であった[47]。そして二つ目は，調査員間の交流を深めつつ「総合性を備えた調査体制」を整えること[48]，三つ目は，「実際的経営の堂奥」に達するような調査

43　「会務報告——創立満十周年記念式」『調査及資料彙報』（全国経済調査機関連合会）121，1930 年 12 月，98 頁。
44　井村哲郎「満鉄調査関係者人名録」前掲井村哲郎編『満鉄調査部』788 頁。
45　「会務報告——第拾七回定時総会記事」『調査及資料彙報』193，1936 年 12 月，118 頁。
46　前掲井村哲郎「満鉄調査関係者人名録」740 頁。
47　前掲原覚天『現代アジア研究成立史論』357 頁。
48　伊藤武雄「調査課時代（I）——石川鉄雄と野中時雄」前掲井村哲郎編『満鉄調査部』5 頁。

研究をすることであった[49]。石川にすれば，「調査＝物好きの道楽」というレッテルを剝がし，調査員が満鉄の経営にとって有用であることを示す必要があった。そのためには，部外者との関係の中に調査活動を再配置し，調査員の力量を示すことが何よりも重要であった。そうした点から見れば，『満蒙全書』は調査活動の対外的な意義を意識した調査の始まりであった。

また，『満蒙全書』の執筆者には，伊藤武雄や宮崎正義など後の1930年代に活躍することとなる多くの新人調査員が起用された。それも，それぞれの専門分野とは全く関係のない項目を担当している。伊藤武雄の場合は軍事を担当することになっており，彼も認めているように，現地調査をしつつ「北満駐屯軍司令部」の調査資料を譲り受け，それに大連図書館資料室の資料を加えて執筆をしている[50]。ここでいう現地調査とは実態調査ではなく，あくまでも不足気味な資料を補填するための探索であり，その意味で満鉄調査の源泉は外部で行われた既存の調査にあった。そして，定められた期日までにまとめ上げることが優先された。こうした態度は，満州旧慣調査や満鮮歴史地理調査を推進した後藤新平以来のものであり，石川鉄雄は「学俗近接論」の後継者であったのみならず[51]，後藤流の調査方法の継承者でもあった。つまり，十分に資料が収集されていれば，そこに調査員を配置することで，『満蒙全書』のような調査は可能であることを石川は示したのである。

2）民間調査機関としての対外的アピール

『満蒙全書』を完成に導いた「既存資料に依拠した迅速なまとめ」は，決して満鉄に特有のものではなく，当時の民間調査機関全般に見られる方法であった。互いの「まとめ」を融通しあうことで，調査はますます進展することになるため，そこには「連合」するインセンティブもあった。全国経済調査機関連合会（以下，経調連）が設立されたのは，そのような背景によるといえる。

経調連は，1920年に，大蔵省理財局臨時調査課・植野勲，農商務省文書課・深野英二，東京帝大経済学部経済統計研究室・渡辺鉄蔵，日本銀行調査局・中

49 前掲伊藤武雄『満鉄に生きて』63頁。
50 同上，66-67頁。
51 前掲伊藤武雄『満鉄に生きて』63頁。

西次郎，満鉄東亜経済調査局・永雄策郎，住友総本店経理課・本郷松太郎，神戸高商商業研究所調査部・瀧谷善一，山下汽船調査課・伊藤重治郎が発起人となって，その設立が進められた。64の経済調査機関が勧誘の対象となり，そのうち，日本興行銀行調査部，三井銀行本部調査課，東洋拓殖調査課，満鉄調査課，大蔵省理財局臨時調査課，内務省社会局，東京府商工課，帝国農会調査部，大阪商業会議所，大原社会問題研究所，小樽高商産業調査部，野村商店調査部など，52の機関が参加している。

満鉄の関与は深く，永雄策郎が発起人総代を務めるとともに，東亜経済調査局内に設立事務所が置かれた[52]。また，創立大会直後の第一回総会では，東亜経済調査局から理事長が，日本銀行調査局から副理事長が選出された[53]。その目的は，第一次大戦中に設立の相次いだ経済調査機関の間で意思疎通を図ることにあり，より具体的には，調査成果の収集，各機関の保有する資料の公開が挙げられた。そのうえで，会として政府への要求・請願も目的としている[54]。

この第一回総会において，早くも，「官庁統計改正の件」が討議されている。それは，①各省の統計が同一物を扱いながらその単位が異なること，②形式や内容が整っていないこと，③鉱物の数量のみが扱われ含有分が示されないなど，生産統計の項目が不足していること，の3点について改正を求めるものだった[55]。その後も，山一證券調査部の堀田正由が，日本の「国民所得」の正確な調査を官庁に求める議案（1927年総会)[56]と，国内だけでなく外国の物価も含めた「国際物価指数」の作成を商工省（または有力民間機関）に求める議案(1929年総会)[57]を提出している。

「官庁統計改正の件」に対して，農商務省の本位田祥男は，①は統計作成の目的や方法の違いから，②は予算の不足からやむをえないと応じ，③について

52　「創立の経過」『会報』全国経済調査機関連合会，1号，1920年10月，1-8頁。
53　「第一回通常総会」同上，22頁。
54　「創立総会」同上，14-17頁。なお，永雄は「私は本会が後藤男の所謂大調査機関設立の議と，何等関係のないと云ふことを特に申し上げて置きたい」と述べている（18頁)。
55　前掲「第一回通常総会」26頁。
56　「会務報告――全国経済調査機関連合会第八回定期総会」『調査及資料彙報』全国経済調査機関連合会，85号，1927年12月，48-52頁。
57　「会務報告――第拾回定期総会記事」『調査及資料彙報』109号，1929年12月，63-73頁。

は官庁だけでなく民間の協力が不可欠としている[58]。また，堀田の求める「国民所得」について，内閣統計局の中川友良は国民一人ひとりの所得総額を調べ上げることの「統計上」の難しさを指摘し，資源局の植村甲午郎は所得の範囲をどのように確定するかについてさえも議論が分かれることに言及した[59]。そして，「国際物価指数」について，内閣統計局の高田良一は，国際連盟や国際的な統計団体での研究さえ途上にあるところで，日本の官庁で作成できるものではないと返している[60]。

創立より繰り返された討議から浮かび上がるのは，民間の経済調査機関が，官庁に対して一方的に自らの欲する統計を要求する姿である。堀田自身も商工省・日本銀行・大阪商工会議所による物価指数の「作成方法」についての議論を回避しているように，総会において統計の作成過程に踏み込んだ討議がされることはなかった[61]。「国民所得」であれ，「国際物価指数」であれ，民間調査機関は自らそれを作成することには積極的でない一方，利用者として使い勝手の良い統計を欲していたのである。

いまひとつ浮かび上がる姿は，こうした民間調査機関の要求に対して，苛立ちにも似た感情を官庁がもっていたことであろう。内閣統計局の高田が家計調査に言及する態度からは，苦労して実施した家計調査を活用することなく，ようやく国勢調査の実施にこぎつけた状況を考えもせず，さらに全数調査による「国民所得」の作成を要求する者に対する静かな怒りが透けて見える[62]。総会後の懇親会で，第一生命の矢野恒太が，内閣統計局からの依頼で日本人の命数調査を実施したエピソードを披露し，その完成までの労苦と多数の協力の必要性を述べているものの[63]，そうした「理解」を示すことのできた民間調査機関は例外的であった。

民間調査機関にとって，経済調査のもつ意味はさまざまであった。時にそれは，市場動向を展望するものであっただろうし，またある時には，新しい事業

58　前掲「第一回通常総会」26頁。
59　前掲「会務報告——全国経済調査機関連合会第八回定期総会」53頁。
60　前掲「会務報告——第拾回定期総会記事」78頁。
61　同上，63-64頁。
62　前掲「会務報告——全国経済調査機関連合会第八回定期総会」57-58頁。
63　同上，80頁。

機会を探るためのものでもあっただろう。ただ，いずれの場合であっても，官庁の統計調査と並ぶ費用をかけて調査を実施することは想定されておらず，そこに民間調査機関としての「合理性」と「迅速性」があった。この意味において，満鉄調査の「既存資料に依拠した迅速なまとめ」という特徴は，この時期の民間調査機関に通じるものであったともいえる。

さらにいえば，「既存資料に依拠した迅速なまとめ」を基調とする調査を，連合して対外的にアピールするとき，そこには官庁統計に対する「侮蔑」ともいえる態度が内包されていた。発表までに時間がかかる，弾力的に調査項目を改めることのできない官庁の統計調査は，新たに発生した問題にあわせて調査対象を広げることのできない不便な調査である，というのが民間調査機関の評価であった。満鉄はこうした民間調査機関の中心にあった。別の言い方をすれば，「既存資料に依拠した迅速なまとめ」は，他の民間調査機関とも共有され，満鉄はその中心的な立場を保ちつつ，官庁の統計調査に対する「優越感」を醸成していったのである。この「優越感」は，満鉄の調査対象地域を拡大する「推進力」となっていく。

3）調査地域の拡大と嘱託制度——北満と上海

1923 年に『満蒙全書』のまとめが終わると，満鉄調査組織は北方への展開を強めていく。ハルビンでの調査活動が緒に就くのは，ロシア革命の情勢把握のために 1917 年に哈爾濱公所が設置されてからのことだが，1923 年には哈爾濱事務所へと機構が拡大し，前年に成立したソ連に関する情報資料の収集・分析を本格的に実施しはじめた[64]。ただし，そもそも哈爾濱公所は 1918 年から 23 年にかけて 6 冊のロシア関係書物を出しているにすぎず，また，そのうちの 5 冊は 1923 年に刊行が集中しており，哈爾濱事務所調査課の活動と比較すると，「決して活発とはいえない状況」とされている[65]。

たしかに，哈爾濱事務所調査課による刊行には勢いもあった。1923 年には，『哈調報』『哈調資料』といった定期刊行物が出され，1926 年には新たに『哈

64　前掲原覚天『現代アジア研究成立史論』415 頁。
65　小林英夫「満鉄調査部と旧ソ連調査」多賀秀敏編『国際社会の変容と行為体』成文堂，1999 年，191 頁。

調時報』『哈調小冊子』が，さらには哈爾濱事務所運輸課から『哈運資料』が創刊されている。なかでも，『哈調資料』は総数59号と号外5号の64号に達している。その内容を大別すると，ロシア問題・東支鉄道関係・北満の経済産業関係の3つに分類することができ，東支鉄道関係には沿線および周辺産業ならびに資源に関する調査が多いことを考えると，北満関係の比重が大きかったことがわかる[66]。

ハルビンでの調査活動と並行して，大連本社でもロシア関係の調査が展開されていた。ロシア革命に際して理事の川上俊彦がロシアに派遣されたのがその皮切りであり，1923年には調査課に露西亜係が設置され[67]，『露文翻訳調査資料』『露文翻訳労農露国調査資料』『労農露国研究叢書』『露西亜経済調査叢書』がシリーズ化された。こうした大量の刊行を支えたのはザバイカル軍管区図書館の蔵書であり，1922年に満鉄は哈爾濱事務所を通じて蔵書2万冊を購入している。購入後の「精査」によれば，旧ロシアおよび中央アジアに関する貴重資料約4,000冊が含まれていたという。さらに，翌1923年にはソ連に宮崎正義らが派遣され，1,000冊以上のロシア語資料が収集された[68]。

なお，小林英夫は，こうした一連の北方調査（ソ連調査）と後藤新平との関係を指摘している。1925年の日ソ基本条約締結の契機を，後藤・ヨッフェの個別会談と認識する立場から，小林は，日ソ国交回復後のシベリア開発のために，後藤が極東資源調査会と極東拓殖会社の設立に邁進したことに注目して，この「ロシア調査活動」に日露協会や満鉄調査課露西亜係が関連したことは「想像に難しくない」とする。また，後藤新平記念館で確認された生前の図書・資料類に「極東露領関連著作」が収められていることからも，「後藤が，満鉄調査部のスタッフを使って関連資料をとりそろえたと推論してもあながち的はずれではない」という判断を下している[69]。つまり，日ソ国交樹立に貢献した後藤を支えた存在として，満鉄調査組織の北方調査を評価しているのであ

---

66 前掲原覚天『現代アジア研究成立史論』546頁。
67 前掲小林英夫「満鉄調査部と旧ソ連調査」176頁。
68 小林英夫『満鉄調査部――「元祖シンクタンク」の誕生と崩壊』平凡社新書，2005年，42頁。
69 以上，前掲小林英夫「満鉄調査部と旧ソ連調査」189-193頁。

る。

しかし，原覚天も指摘しているように，『露文翻訳調査資料』『露文翻訳労農露国調査資料』は収集した資料の翻訳であり，『労農露国研究叢書』『露西亜経済調査叢書』はそれらの翻訳の再録または編纂物であって，「いかなる意味でも，独自の調査ないし研究ではな」かった[70]。また，他の露文購入図書を含めた蔵書整理そのものが，調査部時代になっても続けられたことが知られており，前述の蔵書の「精査」にしても一定の限界があったことは否めない。こうした調査と後藤新平との関係を言い表すならば，北方調査が後藤のロシア外交を支えていたのではなく，後藤に起因する「既存資料に依拠した迅速なまとめ」という調査方法が，満鉄調査組織に色濃く残っていたというべきであろう。

こうした資料収集と調査員育成を兼ねた調査活動という点から考えると，嘱託の存在はとてもユニークなものであった。職員・雇員といった正規の社員とは異なって，「一芸一能の……持ち主であること」が採用の基準とされたことは，嘱託の制度的な自由度の高さを象徴していると理解されてきた[71]。また，日本人に限らず，ドイツ人・アメリカ人・ロシア人・中国人・朝鮮人，そして，蒙古人も採用の対象となったことも，調査部内での国際的な交流を可能にし，「自由な雰囲気につつまれた満鉄調査部」をイメージさせる[72]。

伊藤武雄は嘱託として調査部に身を置いていた「純学問的な人」として，八木奘三郎（日本考古学），中江丑吉（中国古代思想史），鈴江言一（中国解放運動），田岡正樹（漢詩）などの名を挙げており，彼らの得ていた「自由な環境」を紹介している。鈴江言一については，李大釗やその李の「第一の子分というか親友」だった黄日葵，重慶の『新華日報』の編集長を務めた張友漁などとの幅広い交友が明らかにされた[73]。また，中江丑吉と満鉄との間で，「もらう金は研究費であること。いわゆる嘱託としてサービスの反対給付を要求するなら断わる。ただし研究成果ができたときには一本送る」という中江からの条件で交渉がまとまったことは，嘱託の自由を象徴するものであった[74]。

70　前掲原覚天『現代アジア研究成立史論』562頁。
71　伊藤武雄「調査課時代（II）——満鉄嘱託論」前掲井村哲郎編『満鉄調査部』22頁。
72　前掲「日本における満鉄調査部論」85頁。
73　前掲伊藤武雄「調査課時代（II）」24-26頁。

こうした嘱託の存在は「個人的エクスパート主義」に連なるものであり，個人的な交友関係を基盤として独自の情報・データを収集する可能性を残していた。つまり，どのような社員であっても実行可能な組織化・体制化された調査活動と対極にあるものとして嘱託の存在があり，この時期の嘱託は「自由な満鉄調査部」という装いの下で，調査活動のバランスを取るものとして見られていた。嘱託は，古い方法をとり続けた人々でありながら，「既存資料に依拠した迅速なまとめ」を補完するように機能した。それが，調査地域の拡大を可能としていたのである。

4) 臨時経済調査委員会

1923年4月の職制改正で哈爾濱事務所に調査課が設置された一方で，本社調査課でも人事異動があり，調査課長が石川鉄雄から佐田弘治郎へと代わっている。佐田は1931年7月までその職に留まるが，満州調査に加えて，中国の政治・法律・経済などを調査対象とした。この場合も，依然として満鉄調査の源泉は満鉄外で行われた既存の調査にあり，北京司法部の旧慣資料を非合法的に入手したり，中国の成文法・慣習法の翻訳が進められるなどした[75)]。実際に佐田自身，「現場調査が行はるるのは要するに資料の欠乏と其の貧弱との両場合に行はるるもので，若し資料にして豊富にして正確なるもの存すれば現場調査は其の必要の度を減ずる」としたうえで，現場調査には「経費と迅速の点に於て欠点」があり，「〔出張〕日子を要する点は迅速を要する調査の本質上最も忌むべき所」と述べている[76)]。

そして，組織化された調査機関として臨時経済調査委員会が設置された。この臨時経済調査委員会は，新しく社長に就任した山本条太郎の経営方針に即して設置されたもので，単なる資料収集ではなく会社の経営に貢献するような調査が求められた[77)]。当時，佐田弘治郎は自身が「編輯兼発行人」を務めた『調

---

74 前掲伊藤武雄『満鉄に生きて』82頁。

75 前掲原覚天『現代アジア研究成立史論』361-362頁。

76 佐田弘治郎『事業会社に於ける調査機関の官能運用及組織』南満洲鉄道株式会社，1924年，中国科学院図書館館蔵 原南満州鉄道株式会社大連資料館蔵書 MT類＝社内刊行物（以下，MT）/Z60/7，22頁。

77 前掲原覚天『現代アジア研究成立史論』363-364頁。

査課事務大綱』において，調査課と臨時経済調査委員会の「調査事項」「調査の地域的範囲」が重複することを認めつつ，「恒久」と「臨時」の違いから「辛ふじて両存する」と主張していたものの，実質的に佐田の存在は無視されるにいたったと見てよい[78)]。

これらの調査を進めたのは，現場経験の豊富な「実務家」とでも呼ぶべき社員であった。各調査部門の責任者（幹事）は，第一部（交通・港湾・工場・電気）が石川鉄雄，第二部（実業）が五十嵐保司，第三部（資源関係）が佐藤貞次郎，第四部（社会・地方系統）が石本憲治，そして，庶務（常任幹事）が奥村慎次だった。石川は社長室審査役，五十嵐は興業部商工課の元参事，佐藤は哈爾濱事務所調査課長，石本は社長室文書課の元課長代理と，文字通り経験豊富な幹部社員が各調査部門を率いていた。

しかし，経験豊富な実務家とはいうものの，職制上の位置づけは「予備員」であり，各箇所の定員外に置かれた社員であった。宮田義雄が指摘するように，この委員会が社内失業者を集めたものである感は否めない[79)]。課級以上のポストに就くことのできない高級社員を，この委員会は多く抱え込んでいたともいえる。また，前掲の表 3-1 によれば，配属された職員数も，106 名（1928 年 3 月末），86 名（29 年 3 月 31 日），59 名（30 年 3 月 31 日）と年々減っており，調査活動を通じて満鉄経営を助けるというよりは，その活動規模を縮小することで満鉄経営に貢献していたふしすらある。

そして，この臨時経済調査委員会を委員長として束ねたのが，第一部幹事として直接陣頭指揮を執っていた石川鉄雄であった。石川は，調査課長時代には『満蒙全書』を通じて，新人調査員を積極的に起用しつつ社員自身による調査活動を組織し，そしてまた，臨時経済調査委員会では，いわゆるベテランの実務家を動員した調査活動を率いた。つまり，満鉄社員による調査活動は，この石川鉄雄を中心に組織されている。そして，この後も石川が経済調査会の副委員長に就き，実質的なオーガナイザーとして活動することを考えると，「既存の調査部を実践むきの新しい調査機関に変えるというアイデア」が経済調査会

78　『調査課事務大綱』南満州鉄道株式会社庶務部調査課，1929 年，米国議会図書館所蔵満鉄調査部資料（以下，MOJ）1329，22 頁。

79　前掲伊藤武雄「調査課時代（I）」16–17 頁。

設置に際して継承されたというよりは，石川鉄雄自身のオーガナイザーとしての経験が継承されたと考えるべきであろう[80]。

第 4 章で後述するように，1920 年に 2 億 4000 万円の増資（以下，1920 年増資）が実施されると，日本政府がその半額を請け負ったものの，英貨社債の償還義務を政府が引き受けることで振り替えられたため，実際に株金が払い込まれたわけではなかった。「社債発行あるいは増資・払込」において，民間株主への依存度が高まっており，安定的な高収益と高配当が要請されるという意味において，「経営の営利性」が強まっていた[81]。それがこの時期 1920 年代の満鉄であった。

統計調査を自ら実施するのではなく，既存の資料に依拠して調査成果をまとめるというスタイルは，「経営の営利性」が濃くなってきた満鉄と，さまざまな面で親和性をもっていた。言うまでもなく，官庁統計のように個票から統計を作成する方法は，統計調査員の養成も含めて，膨大な費用が必要とされる。これを資料の収集に替えることで，膨大な費用負担を回避することができたし，多岐にわたる経済事項について広く効率的に知ることもまた可能となった。さらに，そうした調査成果の公表を通じて対満投資を促進し，満鉄の経営環境を整える道を開くこともできた。

1920 年代の後半には，昭和製鋼所・南満州電気・南満州瓦斯・大連農事・南満州旅館・日満倉庫・日本精鑞・福昌華工が満鉄の 100 % 子会社として設立された。満鉄のコンツェルン化，すなわち，満鉄の社内外での多角化経営が進展するなかで山本条太郎が進めた「経済化」と「実務化」は，経営管理と資金調達の効率化を含んでいる[82]。こうした山本の経営方針を反映して臨時経済調査委員会は，「経済調査ノ基本タルヘキモノノ統計的調査」を実施することをその目的として掲げている。その対象も，満蒙の経済事情について満鉄調査組織が未調査のもののうち，「緊急調査ヲ要スルモノ」に限定されている[83]。

満鉄が多角化路線に進みつつ効率化を図り，株式会社としての利益を追求し

80　前掲小林英夫『満鉄調査部』74 頁。
81　金子文夫『近代日本における対満州投資の研究』近藤出版社，1991 年，376–377 頁。
82　同上，390 頁。
83　小林英夫『満鉄調査部の軌跡 1907～1945』藤原書店，2006 年，90 頁。

つつあるなかで，満鉄調査はこの利益追求に資するべく，「既存資料に依拠した迅速なまとめ」を志向していた。換言すれば，臨時経済調査委員会を通じて，満鉄の調査活動における「既存資料に依拠した迅速なまとめ」という手法が，いっそう定着するようになったのである。

3　統制政策立案への挑戦

1）民間調査機関から見た満州事変

「既存資料に依拠した迅速なまとめ」が，他の民間調査機関との補完関係の中で普及・定着しながら，官庁の統計調査に対する「優越感」を内包していったことは，ある上下関係を定式化することにつながった。それは，統計は官庁が作成し，それを民間調査機関が利用して調査成果を発表する，というものである。内閣統計局と経調連による毎年の定期刊行物にも，その図式が表れていた。

『帝国統計年鑑』は，各省が作成する年報を内閣統計局がまとめたものである。これらの年報は，各省が実施した統計調査にもとづいたものであり，その実施に際しては調査法令や施行細則などが準備され，個票や調査表が定められている。標準的なシステムとしては，各府県に設けられた統計課において集計がなされ，それを中央集権的に本省でまとめていた。内閣統計局はこれらをさらに『帝国統計年鑑』としてまとめ，各省から上げられた数値に疑義が生じた場合には，各省に確認をとることもできた[84)]。

『帝国統計年鑑』を手にとってみるとわかるように，そこには今日のわれわれが接する統計表と変わらないものが掲載されている。この数値を集計する過程では，統計調査を担当する者によってぶれが生じないように，調査方法の「秩序化」が図られている。加えて，むやみに調査項目が変更されることがないため，経年で追跡することによって，傾向と著しい変化を的確に把握することができるようになっている。つまり，一定の立場から決められた方法で観測

84　前掲『明治期における府県統括統計書書誌』5頁。

されたものが毎年発表されており，作成された統計表から何を読み取るかといったことには踏み込まないのが，官庁による統計調査であった。

これに対して，経調連が刊行した『日本経済年誌』は，会員が経済項目ごとにその調査結果を発表する形式をとっている。経調連は，設立 10 周年事業として，会員機関の執筆による『日本経済の最近十年』を出版しており，これが好評であったことを受けて『日本経済年誌』を刊行した[85]。そのコンセプトは，「記叙」の正確さを追求しつつ，「事業の実状」を知らしめることにあった[86]。

表 3-2 は，『日本経済年誌』の 1932 年版の構成をまとめたもので，執筆を担当した機関は 32 機関になる。大項目は 17，小項目は 34 に上り，いわゆる第一次産業から第三次産業まで多岐にわたる構成となっていた。執筆内容が統一されることはなく，むしろ，執筆機関に委ねられている部分が多い。民間調査機関は官庁的な統計調査を実施する積極的な主体ではなく，収集した統計を利用する立場にあった。各省が官庁統計を作成して，それを内閣統計局が『帝国統計年鑑』にまとめ上げて禁欲的に発表していたのに対し，経調連は，縦書きの読み物として『日本経済年誌』を刊行している点で，統計調査をめぐる両者の態度は実に対照的だったといえよう。

満鉄による毎年の定期刊行物もまた，民間調査機関と同様のスタイルをもっていた。調査課が刊行した『満州政治経済事情』は，上編こそ政治・外交に関する章立てとなっているものの，下編は『日本経済年誌』とよく似た構成となっている。たとえば，1929 年版の下編は，表 3-3 のような構成となっており，『満州政治経済事情』もまた，『日本経済年誌』と同じように，項目ごとに執筆者が一定の裁量で記述した。執筆者は官庁的な統計調査を実施する主体ではなく，あくまでも統計を利用して記述する立場にあった。

調査課時代の調査活動について，小林英夫は，『満蒙全書』によって「満鉄調査部が満蒙研究の第一人者であることを世に知らしめる結果となり，前述したソ連研究とあわせて日本を代表する研究機関へと成長したことを示した」と評している[87]。前述したように，『満蒙全書』での調査経験が先で，その後に

85 「はしがき」『日本経済年誌』1931 年版，1-2 頁。
86 「凡例」同上，3 頁。
87 前掲小林英夫『満鉄調査部』52 頁。

表 3-2 『日本経済年誌』1932 年版の構成

大項目	小項目	担当機関
経済界概観		日本銀行調査局
農林及水産業		農林大臣官房文書課
鉱業	金属	住友合資会社
	石炭	石炭鉱業連合会
	石油	日本石油株式会社秘書課
工業	製糸	全国製糸業組合連合会
	紡績	大日本紡績連合会
	織物	商工省
	人絹	帝国人造絹糸株式会社
	製紙	王子製紙株式会社
	製鉄	製鉄所総務部文書課
	造船	三菱造船株式会社
	航空機及自動車	陸軍省
	セメント	浅野セメント株式会社本店営業部調査課
	肥料	大日本人造肥料株式会社調査課
	製粉	日清製粉株式会社
	製糖	日本砂糖協会
電気工業		商工省
電力事業		東邦電力株式会社調査部
交通	陸運	鉄道大臣官房文書課
	海運	日本郵船株式会社庶務課
	空運	逓信省航空局
倉庫業		日本倉庫協会
外国貿易		大阪府立貿易館
金融		三菱経済研究所
証券市場	株式市場	山一證券株式会社調査部
	債券市場	野村證券株式会社調査部
保険	生命保険	日本生命保険株式会社示宣部
	損害保険	神戸商業大学商業研究所
財政		大蔵省
移植民及海外拓殖事業		拓務省
満州の経済		満鉄総務部資料課
経済界重要記事日誌		三菱経済研究所
昭和七年の我が対支貿易		東亜経済調査局

出典）全国経済調査機関連合会編『日本経済年誌』1932 年版，1933 年。

表 3-3 『満州政治経済事情』1929 年版の構成

章	タイトル	執筆者
第一章	昭和四年満州経済界の概観	
第二章	農業	岡川栄蔵
第三章	林業	三上安美
第四章	鉱業	上加世田成法
第五章	関東州製塩業	石井正泰
第六章	工業	三上安美，安村義一
第七章	商業	安盛松之助，藤井諒，南郷龍音，中浜義久，斉藤征正
第八章	交通	鈴木清，星田信隆，夷石隆寿，上之園権太郎
第九章	労働運動	永野賀成
第十章	移民	栗本豊
第十一章	昭和四年度に於ける満鉄の事業と営業	橋口勇九郎
付録	昭和四年支那重要日誌	

出典）『満州政治経済事情』1929 年版，満鉄調査課，1930 年。

北方調査・ソ連調査が本格化しているわけだから，この記述にはクロニクルな認識の点で誤りがある。また，「日本を代表する研究機関へと成長した」と，満鉄調査組織の「成長」をふまえつつも，「日本を代表する」という評価の根拠は明示されていない。

上述のように，調査課時代の調査活動は，他の機関の調査方法を律するような絶対的な優位性をもっていなかった。「既存資料に依拠した迅速なまとめ」という調査方法が，満鉄によって確立されて広められたということは考えにくい。東亜経済調査局のカードシステムについても満鉄だけのものではなく，神戸高商でドイツ留学を経験した坂西由蔵の提議によって「商業経営に関する新聞記事の切抜・整理・保存」を主要業務とする調査部が設置されていた[88]。

88　神戸大学百年史編集委員会編『神戸大学百年史』通史 I，神戸大学，2002 年，118 頁。また，1920 年に，神戸高商調査課は，東亜経済調査局とともに全国経済調査機関連合会を発起している（同上，172 頁）。なお，坂西の随筆からは，山県憲一を通じて，東亜経済調査局のカードシステムについて情報を得ていたことが見て取れる（『坂西先生随筆集』神戸大学社会系図書館所蔵，坂西/14/79。原典は，坂西由蔵「故人と我れ」『学友会報』〔神戸高等商業学校学友会〕110，1917 年 6 月。ただし引用者未見）。

神戸大学経済経営研究所の新聞記事文庫には，当時の新聞記事の切抜きが分類・整理されて保存されている。筆者の書庫内調査によれば，新聞名と年月日欄を印字した良質な台紙一枚一枚に一件ずつ記事が貼られており，冊子の巻頭に見出目次が付されていた。

この時期の満鉄の調査活動が優れていたのは，あくまでも相対的な意味においてであり，優位性は，満蒙とソ連に関する資料を，他のどの機関よりも多く収集していた点にある。ザバイカル軍管区図書館の蔵書にしても北京司法部の旧慣資料にしても，満鉄の収集した資料が他のどの機関のものよりも圧倒的だったことは確かで，それらを翻訳・紹介することで「調査成果」とすることができた。原覚天の「いかなる意味でも，独自の調査ないし研究ではない」という評価に対して[89]，佐藤健雄がわざわざ弁明しているのも，ロシア革命後の混乱の中で「情報は乱れ文献もさほど手に入らなかった」にもかかわらず満鉄が実践してみせた資料の収集・翻訳・紹介を中心とする調査活動が，他の機関と比べて優れたものだと認識されていたことを示唆している[90]。

満鉄は，民間調査機関の中心にあって，官庁統計を利用して経済・産業・事業を分析・記述し，かつ，ソ連・満州などに関する資料を他のどこよりも豊富に収集していた。満州事変は，そうした民間調査機関としてのキャリアを満鉄が重ねてきたなかで勃発した。石原莞爾の要請で経済調査会が設置されたことは広く知られているが，石原が満鉄調査組織のどのような部分に期待をかけていたのかは，先行研究からは詳らかではない。ただ，原朗の研究によれば，石原が執筆したとされる『満蒙ノ開発ニ就テ』では，「先ツ現下ノ軍特務部及満鉄ノ経済調査会ヲ打テ一丸トシ即刻全力ヲ尽シテ計画立案ニ邁進スルヲ要ス」とあり[91]，後藤以来のスピーディなまとめが期待されたとも考えられる。また，

この目次が冊子と同時に作られたのかは定かでないが，管見の限りでは索引などはない。たしかに，労働・商業・林業などの分類項目を新たに立ててゼロから蓄積する場合には，調査員の育成システムとしてかなり有効であったと思われる。また，蓄積量が適度であれば，速やかに必要な情報を引き出すことも可能であろう。しかし，膨大となった蓄積を継承する立場からすれば，収集基準に一定の「癖」があるのは否めず，それほど利用しやすいものではない。また，蓄積量が膨大になればなるほど，必要な情報だけを得るのは困難となる。つまり，この時期のカードシステムには，検索機能などの情報処理技術が絶対的に欠如しており，これを補って活用するには，調査員個々のモチベーションが相当に高くある必要があったと思われる。満鉄内でカードシステムが上手く機能しなかったことも指摘されている（石堂清倫・野々村一雄・野間清・小林庄一『十五年戦争と満鉄調査部』原書房，1986 年，10-12 頁）。

89　前掲原覚天『現代アジア研究成立史論』562 頁。

90　佐藤健雄「ソ連調査」前掲井村哲郎編『満鉄調査部』331 頁。

91　前掲原朗「1930 年代の満州経済統制政策」13 頁。

同文書では,「在来ノ統治部（特務部）ニテ蒐集立案セル諸材料諸計画ハ全部調査会ニ提供スルコト」ともあり[92),関東軍による資料の「略奪」を実りあるものにする存在として,既存資料に依拠した調査に期待が込められたようでもある。いずれにせよ,関東軍の侵略行為と満鉄の調査活動とは補いあう間柄であった。

『満州政治経済事情』の後継誌として,経済調査会によって編纂された『満州経済年報』は,こうした流れの中から出てきた初発であろう。創刊号には,その性格がよく表れている[93)。その第三部では,第一章が「総説」,第二章が「生産」,第三章が「流通」と章立てされ,第二章では「農業」「畜産」「林業」「水産業」「鉱業」「工業」が,第三章では「交通業」「商業」「貿易」「通貨・金融」が節として設けられていた。もっとも,『満州経済年報』の特徴は,経済現象が「歴史的所産」であり,各項目（≒各経済部門）が「全経済機構の一部」であることを強く意識して編纂された点にあるから,『満州政治経済事情』の構成が継承されたことだけを評価するのは一面的であろう。

とはいえ,創刊号の序文において宮崎正義が,そもそもの企図が及ばないところ大なのは,「調査統計の諸資料に乏しき現在に於いて又已むを得ざる」と記しているように[94),『満州経済年報』の執筆者もまた,統計を利用しながら理論的な分析を行う立場にあったのは確かである。この点で,「既存資料に依拠した迅速なまとめ」は,官庁統計を利用しながら産業・事業に関する分析を記述していく,というかたちで開花した。それが,経済調査会での調査・立案へとつながっていく。

2）経済調査会への動員

経済調査会は1932年1月に発足した。表3-4に示したように,設置当初の段階（1932年1月27日～3月30日）で,調査員・事務助手などとして配属された者（委員長や幹事などを除く）は151人となるが,そのうち調査課に所属していた者は47人に過ぎない。この表からは,各部・各課から万遍なく人員が確

92　同上,13頁。
93　満鉄経済調査会編『満州経済年報』1933年版,改造社,1933年。
94　「序」同上,2頁。

表 3-4　経済調査会の人員確保

（人）

前所属箇所 ＼ 経済調査会での身分		調査員			事務助手			事務嘱託			不明 A	合計		
		専任	兼任		専任	兼任		専任	兼任			専任	兼任	
総務部	庶務課	1		1								1		1
	文書課		1	1		1	1						2	2
	人事課	2	2	4								2	2	4
	外事課	3	3	6							2	5	3	8
	調査課	36	4	40	7		7					43	4	47
	調査課兼外事課	1		1								1		1
	吉林公所		1	1									1	1
	北京公所	1		1								1		1
	不明 B								1	1			1	1
監理部	考査課	1	2	3		1	1					1	3	4
	監理課		5	5									5	5
経理部	不明 B		1	1		1	1						2	2
鉄道部	庶務課	1	2	3								1	2	3
	港湾課		1	1									1	1
	電気課	1		1								1		1
	埠頭事務所	2		2	1		1					3		3
	鉄道工場										1	1		1
	大連駅				1		1					1		1
	奉天駅	1		1	1		1					2		2
	安東駅	1		1								1		1
	小崗子駅	1		1								1		1
	奉天列車区				1		1					1		1
	長春列車区				2		2					2		2
	不明 B		1	1									1	1
地方部	地方課		3	3		1	1						4	4
	学務課		2	2		1	1						3	3
	商工課	1	8	9		2	2					1	10	11
	農務課	5	4	9		1	1		1	1		5	6	11
	工事課		2	2									2	2
	長春地方事務所	1	1	2								1	1	2
	瓦房店地方事務所		1	1									1	1
	長春商業学校	1		1								1		1
	営口商業学校	1		1								1		1
	長春実業補習学校	1		1								1		1
	奉天公学校		1	1									1	1
	農事試験場	1		1								1		1
商事部	庶務課	1		1								1		1
	地売課		1	1									1	1
	輸出課		1	1									1	1
	銑鉄課	1		1								1		1
	長春販売事務所		1	1									1	1
技術局	不明 B		1	1									1	1
奉天事務所	地方課	2		2								2		2
	公所	1	1	2								1	1	2
	奉天販売事務所		1	1									1	1
撫順炭鉱	庶務課	3		3								3		3
	採炭課		1	1									1	1
鞍山製鉄所	不明 B		2	2									2	2
合計		71	54	125	13	8	21	0	2	2	3	87	64	151

出典）『南満州鉄道株式会社社報』No.7433～7484，1932 年 1 月 27 日～3 月 30 日。
注 1）委員長・副委員長・幹事・各部主査を含まない。
　2）「専任」は他の箇所から異動して経済調査会に専属する者。「兼任」は，他の箇所に専属しながら経済調査会での兼務を命ぜられた者。
　3）兼任の場合，「前所属箇所」は現在所属している箇所。
　4）「不明 A」は身分は不明だが，経済調査会に専属する者。
　5）「不明 B」は各部（総務部・技術局など）に直属し，課に配属されていない者。

保されていることがわかり，「従来の調査課を拡大強化し社内各方面のエキスパートを網羅せる新機関」という当初のコンセプトが裏づけられる[95]。ただし，ここで注意したいのは前所属先での職位であって，参事（4 人），技師（7 人），事務員（83 人），技術員（19 人），雇員（21 人），嘱託（12 人），その他（5 人）といった構成になっている。参事・技師は職歴が長くないと就くことのできないポジションであるから，経済調査会はおおむね中堅（事務員）と若手（雇員）を中心に動員されていたといえる。つまり，ここでいう「エキスパート」とはベテラン職員ではなく，日々現場で実務に携わる社員のことである。

こうした背景のもとで経済調査会を組織していたのは石川鉄雄であった。調査課長時代の『満蒙全書』制作，臨時経済調査委員会に続く 3 度目のオーガナイズである。従来，経済調査会の活動については，宮崎正義を中心に描かれてきた[96]。調査目的に関心を寄せれば，石原莞爾の対ソ戦略との密接な関係が浮かび上がるから，宮崎の存在はたしかに大きいものとなるだろう。また，日満財政経済研究会を起点として，「満州産業開発五ヶ年計画」を経て，日満の物資動員計画を評価する立場からも，宮崎の存在は無視できないところである。

しかし，調査方法に着目すれば，存在感を放つのは宮崎正義ではなく石川鉄雄である。おそらく，設置の段階で 151 人を数えた調査員を組織することは，困難を極めたはずである。上意下達で意図されたとおりに機能するほど調査活動は単純ではない。各部門に特有の問題に通じていることは大きな利点ではあっても，関東軍や経済調査会の人々の間で共有しうる水準の調査成果を残すことは，またひとつ次元の異なる取り組みである。加えてエキスパートであればこそ，譲ることのできない現場の論理・認識もあったと思われる。だからこそ，『満蒙全書』制作で門外漢の新人社員を調査活動に投入して調査員として育成し，臨時経済調査委員会でベテラン職員を組織した経験は貴重であった。

伊藤武雄が回想するように，石川は「煙たがられた」存在で「謹厳そのもの

95　前掲原朗「1930 年代の満州経済統制政策」14 頁。原典は，南満州鉄道株式会社総務部資料課編『満鉄調査機関要覧』1935 年度版，満鉄調査資料 170，南満州鉄道株式会社，1936 年（復刻版：龍溪書舎，1979 年），213 頁。

96　小林英夫『超官僚——日本株式会社をグランドデザインした男たち 宮崎正義・石原莞爾・岸信介』（徳間書店，1995 年）など，小林英夫の一連の調査部研究を参照のこと。

の人」であった。それゆえにこそ，自由な発言を躊躇しない満鉄社員をまとめるうえで，大きな重石となることができた。同時に，「人を容れるよりも，人を拒む性格」の持ち主だった石川は，「既存資料に依拠した迅速なまとめ」という大原則を厳守させたにちがいない[97]。1932年5月に『満州経済統制策（政策篇）』が北条秀一によって脱稿されると，これに宮崎正義と安盛松之助が推敲を加えて完成させて，『満州経済統制策要旨』として関東軍（特務部）へ提出した。これを改案して経済調査会に返したものが『満州経済統制根本方策案』『同説明』（1932年7・8月）であり，これを受けて経済調査会は12月25日に『満州経済建設第一期綜合計画案』『同理由及説明』を完成した。1933年1月にはこれを基礎として，宮崎・安盛・斉藤征生によって『満州国経済建設綱要案』が作成され，関東軍特務部で審議訂正を経て『満州経済建設綱要』として満州国政府から発表された（1933年3月）[98]。

このような宮崎正義を中心とする華やかな，経済調査会の初期の調査活動は石川による組織化によって支えられていた。それゆえに，石川が結核を再発させて，1933年に副委員長を退いて審査役となり，翌34年に死去したことは，経済調査会にとって大きな転機であった。すなわち，統計調査をめぐって，「既存資料に依拠した迅速なまとめ」のもつ弊害が露呈するようにもなるのである。

4　調査基盤の脆弱性

1）資料課統計係からの問題提起

石川鉄雄の没後，1934年12月に資料課の主催で「第一回統計座談会」という会合が開催された（「第一回統計座談会速記録」[99]）。会合の目的は社内の「統

97　前掲伊藤武雄「調査課時代（I）」9頁。
98　前掲原朗「1930年代の満州経済統制政策」19-20頁。なお，これらの文書の内容については，同論文の20-34頁を参照のこと。
99　「第一回統計座談会速記録」（1934年12月15日〔開催年月日，以下同〕），遼寧省档案館・小林英夫編『満鉄経済調査会史料』第五巻，柏書房，1998年。

計業務ノ完備」にあり，「統計ノ作成者」と「統計ノ利用者」に出席が要請され（17-18 頁），経済調査会のほかに，経理部・計画部・地方部・鉄道総局・鉄道建設局・埠頭事務所などから，会社統計に関心をもつ者が参加した[100]。

速記録によれば，座談会は統計係の存在意義をアピールすることから始まっている。統計係は会社創業より 27 年の歴史をもち，各現場の従事員に劣らぬほどの人的犠牲（死亡や疾病）を払いながら，1907 年度から『営業報告書』『事業説明書』『統計年報』を毎年度編纂してきた（21-23 頁）。また，統計の速報化を進め，「素統計概報」として「関係会社ノ業務ノ其ノ成績」も含んだ『統計月報』を 1908 年度から編纂し，1934 年 4 月からはさらなる速報化を目的に，『統計時報』を経済調査会と合同で編纂している（23-26 頁）。そして，これらの業務統計こそを，「会社の基本統計」と位置づけていた（26 頁）。

業務統計は，各箇所から統計係の手許に集まってくる，いわば満鉄オリジナルの統計であった（22 頁）。そのことは，河野某が『満鉄要覧』について，「純然タル満鉄会社ノ統計ヲ編纂シタノテハナイ」（25 頁）と説明していることからもうかがえる。そして，満鉄自身の統計と他者の統計とを区別することのできた彼らにとって，以下のような問題意識はごく普通のことであっただろう。

資料課の後藤憲章は，「満鉄内ノ統計ノ不備」として，①日本（満鉄外の），②中国，③世界の統計を研究する機関が欠如していると指摘している（28-29 頁）。つまり，満鉄では，日本の経済雑誌などに掲載されている統計について調査・研究することはなく，また，中国調査が進展していたとはいえ，既存の資料，すなわち，収集した満鉄外の機関が作成した統計資料に関する調査はおざなりにされていた。さらにいえば，世界の諸統計についての調査は意識の外にあった。

彼らは，満鉄における調査活動の慣習的方法を最も強く自覚する人々であり，同時に，個別具体的な問題を提起できる人々でもあった。後藤は，さらに発言をつづけて，物価指数・貿易指数・生産指数などの「バロメーター」が欠如していると指摘する（30 頁）。そして，統計作成者間の連絡が円滑でなく，かつまた，統計作成者の地位と能力の向上について見直すべき点があり，さらには，

100　管見の限りでは発言者の所属がわかるだけで具体的な出席者は不明であるが，資料課長・宮本通治は多数の参加を前向きにとらえている（同上，16-17 頁）。

これら統計作成者の配置に偏りがあることにも言及する（32頁）。換言すれば，この座談会の主催者には，「満鉄内ニ於ケル統計業務ニ就テノ欠陥ハ非常ニ沢山アル」（40頁）という現状認識があった。

物価指数は，基本的に臨時調査によるものであり，社線沿線の定期調査も「過去何箇年間」に限られたもので（38頁），創業以来の定点的な観測によって得られたものではなかった[101]。つまり，満鉄の物価調査からは中長期的な計画・立案に耐えうる指数をとることができず，このことは，計画部の古屋某の「満州ニ於ケル生産統計トカ，物価統計ト謂フヤウナモノカ非常ニ不満足ナ点カアル」（64頁）という発言とも符号する。また，地方部商工課の『鉄道統計』には「価格ト言フモノ」がないという指摘（49頁）は，鉄道部が輸送物の容積と重量に関心を示すものの，価格にはとくに注意を払っていなかったことをうかがわせる。しかし，それは価格調査が困難であったからではない。卸価格や消費者価格などの商業調査は，日本国内では農商務省が直接行っていたものを各地の商工会議所が担うようになっており[102]，官庁の統計調査のように公的な権限がそれほど強くなくても実施は可能であった。いいかえれば，付属地の外であっても，価格データを定期的に収集することができた可能性は高い。にもかかわらず，満鉄自身が積極的に，定点観測的な物価調査をしてこなかったことに留意したい。

2）独善的な満鉄の統計

資料課統計係と同じような問題意識は経済調査会第一部統計班にもあった。第一部統計班所属の夷石隆寿は，今回の座談会を「永続的機関」として「全般的ノ統計ニ関スル一ツノ研究ノ組織」を発足させることを提案しているが（55頁），第二回統計座談会において（「第二回統計座談会速記録」[103]），彼の挙げた理由もまた，満鉄の調査活動における慣習的方法を強く自覚したものであった。

101　総務部人事課の水谷某が，「小売生計指数」を「相当ニ範囲ヲ広ク」（同上，38頁）して作成しており，少なくとも社線沿線では定期調査を行い，現在も全満州・中国・朝鮮にわたって臨時調査を実施していると反論している（同上，38頁）。

102　前掲松田芳郎編『明治期府県の総括統計書解題』31-35頁。

103　「第二回統計座談会速記録」（1935年1月26日），遼寧省档案館・小林英夫編『満鉄経済調査会史料』第5巻，柏書房，1998年。

夷石によれば，経済調査会の統計は，「自己ノ業務ノ中カラ生マレテ来ル統計テハナイ，他ノ業務箇所テヤラレル仕事カラ生レテ来タモノヲ材料トシテ統計ヲ作ル，或ハ外テ既ニ出来テ居ル統計ニ更ニ綜合シタリ加工シタリシタモノヲ作ルト言フ風ナ性質」のものだった。それゆえに，「何処ノ何ウ言フ材料カ何ウ言フヤウニシテ作ラレルカト言フ知識ヲ獲得スル機会カ非常ニ必要」であった（83 頁）。これは，経済調査会が統計を作成するうえで，その作成過程を問題とせざるをえない状況になっていたことを意味している。

おそらく，こうした問題意識は，発足当初から経済調査会内にあった。前述した『満州経済年報』の創刊号のほかにも，『業務進行予定表』の中では，「日満経済一般基礎調査」について，「従来調査課経済係ニ於テ実施シツツアリタル産業統計，農産物作物及収穫高予想調査等ノ基礎調査ハ適時ニ実施シ置ク必要アリ之カ為最近担当者補充ノ上実施ス。差当リ従来ノ方針ヲ踏襲スルモ之カ改善充実ヲ期ス」と記されていた[104]。

加えて，統計座談会の開催と同じ時期に満州統計協会が設立されたことが，こうした問題意識をいっそう刺激していた[105]。東京統計協会では，すでに 1932 年 11 月の段階で日満統計連絡統一問題に関する特別委員会を立ち上げ[106]，会長名（阪谷芳郎）で満州国国務院総理（鄭孝胥）に建議書を送っていた[107]。それは主に 3 点からなるもので，①漸次中央・地方に統計機関を整備し，民間には統計学会などの設置を促すこと，②人口・土地などの基本的な重要事項の調査を正確に進めること，③統計機関の組織化・統計調査の制度化などに関しては，明治以来の日本の経験を利用し，日本の統計当局と緊密な連絡を取ること，が挙げられていた[108]。この建議の中で期待されたのは日本の統計当局との連携，有り体にいえば，日本の統計文化に学べということであり，満鉄調査

104 「各部立案細目　第二」『業務進行予定表』経済調査会，1932 年，MOJ/1783，[64 頁]。なお，本資料には頁数がないため，引用者が便宜的に付した。以下，この場合には頁数に [　] を付す。

105 「彙報――満州統計協会の創立」『統計集誌』642 号，1934 年 12 月，76 頁。

106 「彙報――日満統計連絡統一問題に関する特別委員会」『統計集誌』617 号，1932 年 11 月，81-82 頁。

107 「彙報――日満統計連絡統一問題に関する評議員会」『統計集誌』618 号，1932 年 12 月，60 頁。

108 同上，61 頁。

組織（≒満鉄の統計関係箇所）には何の言及も期待もされていなかったのである。

もちろん，満鉄の能率課では1930年代の初めより，統計に関する啓蒙的な出版活動を展開している。森数樹『実務統計ニ就テ』では，「家計調査」などの実地調査の手法や計画についてさまざまな問題点を指摘しつつ紹介し，また，製表に至るまでの集計作業や，加工・編纂のための整理方法などもていねいに解説していた[109]。この座談会の後には，丸岡淳夫『統計的認識と経済統計の体系化』も出され，統計の誤謬を「原理的」な面と「技術的」な面から分析していた。とくに，丸岡の『統計的認識と経済統計の体系化』は『満州統計協会学報』の第1集に発表され，それが経調資料のひとつとして刊行された[110]。このことは，満鉄の中にも，森や丸岡が提起したような統計調査や統計学に関する専門的な議論が全くなかったわけではないことを意味してもいる。

しかし，夷石の発言や資料課統計係のそれは，こうした森や丸岡の議論とは少し次元が異なっている。資料課統計係と夷石が疑問視していたのは統計学以前の問題で，統計資料をどこから収集し，そのうちのどの箇所を選択し，そして，それをどのように加工したのかを辿ることができないことにあった。記録としてその作成過程が残されず，公開性・透明性が低いことを問題にしていたのである。別の言い方をすれば，統計係の議論は現場従事員を射程に入れたものである一方，森や丸岡の議論の射程には，満鉄各箇所の具体的な現場業務が入ってはいない。資料課統計係と夷石が問題にしていたのは，既存の統計資料を収集・加工するという「机上調査の内実」であった。

それゆえに，貨物課の大津は，「研究会ト謂ツテモ内地ニアル様ナ統計学会ノ様ナ理論的ナモノテナク，何処迄モ社内ノ具体的ナ統計ヲ考慮シ，座談会ノ「トピツク」ニシテ行ク」ことを望んでいた（前掲「第二回統計座談会速記録」118頁）。また，夷石自身も，「第一番ニ統計ニ関心ヲ有ツ人達，ツマリ統計業務ニ携ツテ居ル者，利用者及研究家，ソウ言フヤウナ人達ノ自由ナ研究，連絡機関テアルト言フコト」としたうえで，「ソレカラ又統計ノ学者ヤ「エキス

109　森数樹述『実務統計ニ就テ』南満州鉄道株式会社計画部能率課，1931年，MT/A05/9。
110　丸岡淳夫『統計的認識と経済統計の体系化』経調資料114，南満州鉄道株式会社経済調査会，1936年，MT/A05/8，1頁。

パート」ノ話ヲ聴ク主催者ト言ツタヤウナモノニ成リ得ル」としている（84-85頁）。統計係や経済調査会が重要とみなしたのは，誰がどのようにして何をもとに統計を作成をしているのかをきちんと理解すること，つまり，統計作成のための足元を固めることであった。

3）無秩序な統計作成

この統計座談会ではさまざまな意見が出され，ひとまずは会を継続していくことになった（145頁）。第3回と第4回の経済調査会からの出席者は判明するものの[111]，残念ながら速記録が見つからないためにその間の経過はわからない。しかし，第2回（1935年1月26日）から約4ヶ月後に開かれた第5回座談会（5月11日）の速記録があり（『第五回統計座談会速記録』[112]），そこではさまざまな改善策が議論されるとともに，満鉄の統計業務が抱えていた問題がさらに浮き彫りにされている。

ここでの後藤憲章の発言からは，統計業務の重要性が会社全般に正しく理解されておらず，さりながら強権発動的な手法では，正しい意味で統計に対する理解が広まらないというジレンマが伝わってくる。内閣統計局の規定が話題となったときも，統計の提出などを義務づける組織の可能性に言及しつつも，「夫レモ良シ悪シテ，矢張リ統計ヲヤル人同志ノ個人的ナ知リ合カラ段々ヤツテ行クト謂フ方カ却ツテ宜イノチヤナイカ」（40頁）と，性急な問題解決を志向していない。むしろ，後藤が考えていたのは，各箇所の統計書を活かす，つまり，統計係はまとめ役となって実際の統計作成については各箇所が担うという構想であった。そして，「何ノ程度迄何ノ統計書ニアツテソレカラ先ハ何処ニアルカト謂フコトヲ私ノ方テ調ヘマシテソレヲ刷新シマシテ配布シタイ」とし，『満鉄の会計』[113]のようなかたちで『満鉄の統計』を作成したいと考えて

---

111 「第三回統計座談会ニ関スル件」（遼寧省档案館・小林英夫編『満鉄経済調査会史料』第5巻，柏書房，1998年，152頁），「第四回統計座談会ニ関スル件」（遼寧省档案館・小林英夫編『満鉄経済調査会史料』第5巻，柏書房，1998年，154頁）。

112 『第五回統計座談会速記録』（1935年5月11日），MT/A06/1。

113 『満鐵の會計整理』（社員会叢書第5輯，1928年）の改定版として，長廣隆三『満鉄の会計』（1932年度版，社員会叢書第9輯，1933年）が出され，その後，1934年度版，1937年度版と改訂が続けられた。

いた（24頁）。

となると，問題は統計を作成する各箇所のレベルにある。『満鉄の統計』の企図に際して後藤は，各箇所からの統計の間に秩序がないことを認めたうえで，「各思ヒ思ヒノモノヲ現場テ作ツテ居リマス」と率直な感想を漏らしている（25頁）。これが，満鉄の統計業務を取りまとめる資料課統計係の認識であって，それは「統計事務作成者ノ養成」（51頁）を希望する現場の声と呼応するものであった。後藤も，満州国の統計処が「満州ノ統計協会ヲ作リ……サウ謂フ統計講習会ヲ開キ度イ」との声が常々上がっており，満鉄内の統計講習会もそれと合同すべきという意見があることを認めている（52頁）。

統計講習会の開催が，この時点で要望されていることは，満鉄における統計調査の「後進性」を何よりもよく示している。日本国内では，中央官庁や府県によって統計講習会が明治期後半より実施されており，国勢調査という「経験」も積んでいた。満鉄は，統計調査員を養成することの大切さに，ようやく気がついたのである。講習会に「一流」の統計学者を招聘するという後藤の発言からは，そのプライドが窺えるが，実際のところは，予算制約もあって，統計講習会の開催に後藤は消極的であった。また，そこには，弾力的に新しいイベントを主催できない満鉄の組織としての硬直性も垣間見える。さらにいえば，同じ資料課統計係の高野某は，実際に開かれた算盤講習を引き合いにして，最終的には成功を収めたものの，勤務時間外に従事員を動員することはやはり難しいと漏らしている（52-53頁）。実際，現場従事員は統計業務に対してそれほど積極的にはなれず，大連埠頭の甲斐某は，「大連埠頭ノ仕事ハ相当広範囲テ，統計ヲ自ラ作ツテ居ルト謂フモノハ殆トナイ」と率直に発言している（34頁）。

結局のところ，残された道は，満鉄外の機関が作成した統計資料についての調査ということになるが，これについての後藤の発言は歯切れが悪い。後藤は，社外の情報がプリントで毎日5〜6通入り，他に月に数百種類の資料が届くことを明らかにしたうえで，「アア言フモノヲ色々整理シマシテ何トカシナケレハナラヌト思ヒマス」としている。高野の方も，「資料トシテ彼処ニ扱ヒ乍ラ，受入レテ居リ乍ラ全然登録サレテ居ナイ……資料トシテサウ言フモノカ或箇所ニアルノタト言フコトハカードノ上ニ少クトモハツキリト記録シテ，他ノ所ニ分類シテ置イタラト謂フコトヲ言ツテ置キマシタカ」と，社外の情報・資料の分析が杜撰であることを暗に認めていた（44-45 頁）。

4）脆弱な調査基盤

経済調査会第一部統計班の夷石は，社内業務統計のまとめに精一杯で，外部の統計資料に手が回らない資料課の現状をよく理解していた。経済調査会を「成可ク社外的ナ社外ノ統計ヲ極力整備シ参考ニ供スル様ナスタツフニシタイ」と望んでも，職制そのものもはっきりしていないというのが後藤と夷石の認識であり（46-47 頁），その対応は遅々としたものだった。経済調査会は対外的な調査活動の中で，満鉄内の業務統計だけでなく，社外一般の統計にも依存せざるをえない状況になり，取り扱う資料の範囲が広くなっていくにもかかわらず，その管理体制を十分に整えることができないでいた。

社外の資源に依存する度合いが高くなりつつも，その管理が不十分であるこうした状況は，この時期の経済調査会全般に当てはまるものだった。たとえば，第一回東亜課関係事務打合会議（『第一回東亜課関係事務打合会議議事録』[114)]）では，北條秀一が「最近何うも本社から打ちました電報がなくなつたり，手紙がなくなつたり，色々な秘密が漏洩したりします」と述べている。この発言は，漢口や広東・済南など出先機関が広域化するにつれて，満鉄とその系列機関（大連汽船や飛行便など）が保持する情報網が十分に整わず，即時伝達のために電報や郵便など中国のインフラを使わざるをえなくなったときに，情報管理が不十分になっていることを明らかにしている（48-50 頁）。だからこそ，翌年の第七回情報事務打合会議（『第七回情報事務打合会議議事録』[115)]）では，極秘情報の取り扱いには細心の注意を払い，「大体口頭ニヨルモノカ一番秘密カ洩レナイノテ安全ナノテアリマス」とも発言していた（36 頁）。

また，潤沢と考えられてきた資料の購入費も，実際には十分ではなかったようである。漢口に着任して事務所開きをしたばかりの新田の言葉を借りれば，「五月十六日附で以て東亜課長から恐ろしい調査項目を頂いて閉口」するほど

114 南満州鉄道株式会社総務部東亜課『第一回東亜課関係事務打合会議議事録』（1935 年 6 月 10 日），MOJ/3139。

115 満鉄総務部資料課『第七回情報事務打合会議議事録』（1936 年 5 月 15 日），MOJ/3136，36 頁。

に，わずかな費用しかもらっていなかった。具体的には，「総務部の方から十年度刊行物費としてたつた金百円」をもらったのみで，「之は新聞代にも足りませんぬ」と憤慨している（前掲『第一回東亜課関係事務打合会議議事録』36-37頁）。むろん，課長側もその辺りの事情に理解は示しており，課は異なるものの，同じ総務部で資料課長の松本豊三は，情報収集にあたる調査員に対して，「仕事ノ性質上非常ニ私的ナ支出カ多イト御察シ申上テ居リマス」と発言していた。しかし，続けて，「何分会社ノ会計規程カ厳存シテ居リマスコトテ却々諸君ヲ御楽ニスルコトカ出来マセン」とも述べており，従事員のモチベーションに対する配慮が十分ではなかったことがうかがえる（前掲『第七回情報事務打合会議議事録』36頁）。

調査基盤の脆弱性が克服されなかったのは，垂直的な意思疎通が不十分だったためであろう。多くの組織と同様に，満鉄調査組織もまた，規模が大きくなるにつれて硬直的なものとなっていた。にもかかわらず，この第七回情報事務打合会議には，総裁・松岡洋右と理事・山崎元幹が出席していたが，総務部長の中西敏憲は「資料課ト本社各箇所ノ連絡ハ極メテ良好ナル状態ニ在リ鉄路総局トノ関係亦至ツテ緊密テアリマシテ情報事務ニ関スル円滑ナル連絡関係ニハ何等遺憾カナイノテアリマス」（24頁）と発言する有様であった。現場からの問題提起が組織の意思決定に反映される余地は，ほとんどなかったのである。

5）政策立案とその評価――大蔵省の「懐疑」

資料課統計係と経済調査会第一部統計班から提起された統計調査の過程をめぐる問題は，経済調査会の「成果」をめぐる問題と連動していた。石川鉄雄による組織化に支えられた初期の調査活動では，特務部と経済調査会の関係はきわめて緊密であり，経済調査会が提出した各政策案が，特務部から改訂・修正を受けることはあっても，全面的に否定されることはなかった。換言すれば，経済調査会の調査水準に疑義が生じることはなかった。しかし，1933年に満州経済建設第一期計画の立案が終わった後に，「満州経済の基本調査や資源の一般的調査に重点を移し」て日満の経済統制を企図した局面で，満鉄の調査活動は新たな問題を突きつけられている[116]。その問題は，膨大な調査の「質」にあった。

1936年8月に陸軍省が『満州開発方策綱要』を決定して関東軍司令官宛に示達すると，関東軍は『満州国第二期経済建設要綱』を対案として提出した。いずれも国防の観点からの経済開発を企図するものであり，同時期に経済調査会は『満州産業開発永年計画案』を関東軍からの依頼により作成した（1936年8月）。また，宮崎正義を中心に設立された日満財政経済研究会も，「行政改革案・経済統制案」と「満州と内地の軍需興業拡充計画」に重点をおいた『昭和十二年度以降五年間 帝国歳入歳出計画 附，緊急実施国策大綱』を作成した（1936年8月）。次いで同年9月には，満州に特化した『満州ニ於ケル軍需産業建設拡充計画』を作成している。そして，関東軍・満州国・満鉄の三者の間で湯崗子会議（1936年10月5〜7日）が，内閣資源局・対満事務局・各省と関東軍・満州国・満鉄との間で「東京打合会議」（1936年12月26日）が開かれ，翌37年1月には，商工省・大蔵省と個別に打合せ・説明を行った[117]。

さりながら，この時の日本側の反応は，とても冷静なものであった。大蔵省からは，「要綱が余りに漠然たるものに付審議を進むる能はず」と突き返され，「殊に右の中には日満経済と密接なる連繫ある部分も多き事なれば出来得る限り具体的詳細なる資料提出の上慎重に検討致度旨相当強硬に申述」があったとされている[118]。「具体的詳細なる資料提出の上慎重に検討」とは，経済調査会による調査の「成果」に対する懐疑に他ならない[119]。日満経済統制のための立案作業には，満鉄調査組織による調査と国内官庁によるそれとの突合せが不可避であった。この時になって初めて満鉄調査組織は，資料の独占に支えられた相対的な優位性とされるものに依存することができなくなり，調査方法という絶対的な基準と直面するようになったのである。

資料課統計係は，現場で発生している問題を深刻に受け止めていた。官庁統計に比類するような統計を作成することができず，調査のための資金やインフ

116　前掲原朗「1930年代の満州経済統制政策」34頁。

117　同上，57-64頁。

118　同上，67頁。

119　当初から相当の困難が予想されていた満州産業開発五ヶ年計画が，日中戦争勃発後に日本から計画規模の拡充を要請され，それを受けて修正計画が作成された（同上，72-74頁）ことは，経済調査会を起点とする調査・立案が揺るぎない数値に裏づけられていなかったことを示唆しているように思われる。

ラも決して十分といえず，また，調査員の意識を高めることの難しさにも直面していた。つまり，統計調査の点から見れば，調査課から経済調査会へと続いた拡張路線の中に，大きな，無視することのできない問題が浮上していた。「既存資料に依拠した迅速なまとめ」に依存したままの統計調査では，満鉄は帝国日本の国策策定に関与することができなかったのである。

5　調査活動の専業化

1）産業部というリセット

1936年10月，経済調査会は廃止され，新たに産業部が設置された。産業部設置の背景には，満州経済の基礎的な分析ではなく，満州国の経済・産業政策に直接関わる調査・立案を行う組織の必要性があったとされる[120)]。この産業部は，経済調査会の継承だけでなく，総務部資料課の活動を継承・改善するとともに，新しい試みにも挑んでいる。

産業部は，経済調査会から立案調査書類・逐次出版物・叢書の目録を引き継いだ。『立案調査書類文献目録』[121)]は経済調査会による立案調査書のすべてについて，概説・要旨・経緯・序・緒言・凡例・内容目次を，『逐次出版物並叢書目録』[122)]は『満鉄調査月報』などの刊行物に掲載された論説類の目次を掲載した。そして，『立案調査書類及逐次出版物並叢書分類目録』[123)]はそれらの索引などを目録にしている。これらの3目録（以下，『経済調査会立案調査書目録』）の構成からは，経済調査会が「何について調査したのか」がよくわかる。内容目次は，彼らの調査対象が何であったのかを雄弁に語る。また，第3巻の件名索引からは彼らの「知の体系」をうかがい知ることができる。

120　前掲井村哲郎「拡充前後の満鉄調査組織」(I)，4頁。

121　『立案調査書類文献目録』南満州鉄道株式会社産業部，1937年（復刻版：『経済調査会立案調査書目録』1，本の友社，1996年）。

122　『逐次出版物並叢書目録』南満州鉄道株式会社産業部，1937年（復刻版：『経済調査会立案調査書目録』2，本の友社，1996年）。

123　『立案調査書類及逐次出版物並叢書分類目録』南満州鉄道株式会社産業部，1937年（復刻版：『経済調査会立案調査書目録』3，本の友社，1996年）。

しかし，『経済調査会立案調査書目録』は，彼らが「どのように調査したのか」について何も語るところがない。経済調査会の『立案書類編纂ニ関スル件』の中で，「立案書類ヲ主トシ調査書類ヲ従トシ事件ノ発端，経過及結果等所謂事件ノ経緯ヲ詳細，明確且容易ニ把握シ以テ将来ニ於ケル此ノ種事件ノ指導的資料トナシ得ル様」に編纂し，「最後的軍決定ヲ基本トシ之ニ経調決定案ヲ附シ会議議事録往復文書及資料ニ区分シ経過順ニ添付スル」とされたこともあってか，調査の「経緯」について記述はあるものの，調査方法そのものが詳らかになることはなかった[124]。

その一方で産業部は，『満鉄調査機関要覧』を総務部資料課から引き継いで，その1936年度版を出している[125]。この『満鉄調査機関要覧』は，いわゆる調査部系だけでなく，非調査部系の活動についてもまとめ，満州国の経済・産業政策とは直接的には関係のない調査についても掲載した。なかでも，第一編の「調査内容」で各調査機関の性質・活動・構成・経理・他機関との関係などが説明され，第二編の「調査事項」では，調査目的・調査方法・調査内容・調査期間・担当者などが一覧にされた。『経済調査会立案調査書目録』が「調査の範囲」を確定したことに加えて，『満鉄調査機関要覧』は「調査の過程」についても明らかにしようとしていたのである。つまり，『満鉄調査機関要覧』では，「現地調査」と「机上調査」が明確に区別されていることに留意したい。それまでにも，経済調査会の各部各班について，『業務進行予定表』が，「立案調査項目」「担当者」「着手又ハ予定〔月日〕」「完了又ハ予定〔月日〕」「備考」を一覧にしていたが[126]，そこには「調査方法」が入っていない。『満鉄調査機関要覧』の打ち出した「新しさ」がうかがえよう。

試みに地方部商工課について，調査目的と調査方法を一覧にしてみると，表

124 第五部外事班『立案書類編纂ニ関スル件』満鉄経済調査会，発行年月不明，MT/Z50/18，2-3頁。ただし，立案調査書類の印刷を請け負った満州日報社と経済調査会との間で受渡期限を1936年3月31日までとした文書（1935年4月20日付）が収められている（同上，5-6頁）。

125 前掲南満州鉄道株式会社総務部資料課編『満鉄調査機関要覧』1935年度版。南満州鉄道株式会社産業部編『満鉄調査機関要覧』1936年度版，産業調査資料23，南満州鉄道株式会社，1937年（復刻版：龍溪書舎，1979年）。

126 前掲『業務進行予定表』1-61頁。

表 3-5　商工課の調査目的と調査方法

（件）

		調査方法				計
		現地	現地＋机上	机上	その他	
調査目的	業務参考	5	7	51		63
	調査・立案	8	15	45		68
	社外環境・制度・組織	2	4	21	3	30
	貿易環境・貿易振興	16	3	21		40
	社内依頼	3		11		14
	社外依頼		2	10		12
	不明		1	2		3
計		34	32	161	3	230

出典）南満州鉄道株式会社産業部編『満鉄調査機関要覧』1936 年度版（復刻版：龍渓書舎，1979 年）。

3-5 のようになる。これによれば，調査のほとんどが机上調査であった。経済調査会において，満州国の経済・産業政策のために調査・立案をするようになってはいても，調査方法そのものは，調査法令を準備するといった公的な性質を帯びることがなかった。また，調査期間はおおむね 1 ヶ月単位で，満鉄の会計・経理制度からの制約もあって，年度をまたいで実施されるものもほとんどなかった。こうした短期・机上型の調査は，満鉄調査組織の設立より継承されてきた「正統な」調査方法，すなわち，「既存資料に依拠した迅速なまとめ」であった。

このように考えてみると，『満鉄調査機関要覧』は満鉄の全社的な調査能力を誇示するものではなく，むしろ，調査方法や調査員個々の負担に偏重があることを明らかにしてしまっている。「毎年度」の調査事項として，年報作成をわざわざ列挙する態度からは，統計調査が机上調査に依存していることが見て取れる。しかし，『満鉄調査機関要覧』は単なる暴露ではなく，統計調査の観点から，その机上調査の過程を明らかにしようとする態度も含んでいた。たとえば，経済調査会第一部統計班が 1936 年 8 月現在で作成した『資料目録』[127)]を，同様の書式で，産業部資料室統計班一般統計係が『定期入手資料目録』

127　『資料目録』1936 年 8 月現在，経済調査会第一部統計班，MT/Z50/5。

(1936年12月現在)[128]として，さらに，同じ統計班社業統計係が『定期入手資料目録』(1937年10月)[129]として出しており，これらの目録を補完的に使うことで，統計の作成過程を辿る道が開かれていることは注目に値する。

そして，もうひとつの試みとして，産業部は1936年6月に『満鉄資料彙報』を創刊している。これは，『満鉄調査彙報』から『満鉄調査部報』に連なる系統とは別系列の雑誌であり，また，『満鉄調査月報』が「既ニ調査セラレタ結果ノ発表」に重点をおいていたのに対して，『満鉄資料彙報』は「調査ノ方法論」を研究し，「調査員ヲ此ノ雑誌ニ依テ出来レハ養成スル」ことを目的としたもので，『資料彙報』と名前を変えて1943年3月まで続いた[130]。その最終号に掲載された「満鉄資料彙報総目次」[131]によれば，とくに調査部が産業部に代わる1938年3月まで，すなわち3巻3号までに，平野蕃「農家経済調査の集計方法に就て」(1巻5号)，岡田一郎「満州農家に於ける農産物生産費計算方法について」(1巻6号)，佐瀬六郎「商品価格構成調査の基礎的諸問題」(2巻2号)，高山博「満州農家の生計費調査に就て」(2巻5号)，溝口房雄「第二次冀東地区農村実態調査に就いて」(2巻8号)，鈴木小兵衛「経済的基礎研究と実際問題」(2巻10号)，「満州に於ける労働調査の標識」(2巻11号)，佐瀬六郎「『価格構成調査』とその綜合的吟味」(3巻2・3号) などの「調査論」(77-78頁) だけでなく，丸岡淳夫「統計の歴史性」(1巻6号)，同「統計表作成に伴ふ誤謬」(2巻3号)，産業部資料室「統計事務取扱方策に就て（案)」(2巻4号)，小玉末松「鉄道営業費算定公式に関する一提案」(2巻4号)，朝比奈覚道「ソ連邦統計制度の計画性」(2巻7号)，後藤憲章「満鮮人事統計に関する一考察」(2巻8号)，竹内正巳「計画性統計を基底とせる統計業務の組織化」(2巻9号) などの「統計論」(78頁)，そして，「社内刊行統計解説」(1巻1号)，「満州に於ける貿易統計資料解説」(1巻1号下)，「満州に於ける生産統計資料解説」(1巻2号)，「満州に於ける経営統計資料解説」(1巻3号)，「満州交通統

---

128 『定期入手資料目録』1936年12月現在，産業部資料室統計班一般統計係，MT/Z50/4。

129 『定期入手資料目録』1937年10月現在，産業部資料室統計班社業統計係，MT/Z50/4。

130 「議題第六　満鉄資料彙報ノ件」満鉄産業部『第一回資料並編纂会議議事録』(1937年6月23，24日)，1937年8月，MT/Z60/1，84-85頁。

131 「満鉄資料彙報総目次」『満鉄資料彙報』7-3，1942年3月。

計資料解説」（1巻4号），後藤憲章「統計年報解説」（2巻6号）などの「統計資料解説」（94頁）が集中的に掲載された。これらの「調査論」「統計論」「統計資料解説」は，統計座談会で指摘された問題を解決する，つまり，調査の過程を詳らかにするうえで不可欠なものであったと思われる。

このように見てみると，以下のような対比が可能となろう。すなわち，経済調査会は，「事件の経緯」に重点をおいて立案書類を編纂し，第4節でふれた大蔵省からの懐疑を「調査の範囲」の問題として捉え，それらを継承したものが『経済調査会立案調査書目録』として結実した。これに対して，総務部資料課統計係と経済調査会の中の第一部統計係（夷石隆寿）をひとつの軸とする産業部は，「調査の過程」に問題意識をもっており，『満鉄調査機関要覧』と『満鉄資料彙報』を通じて，その過程を明らかにしようとしていた。いいかえれば，産業部は大蔵省から「満州国経済の立案計画のために何について調査したのか」を問われているとは取らずに，「調査成果を公的な立案計画に資するために，どのように調査をしたのか」を問われていると受け止めることができていたのである。

2）調査部の設立——拮抗する在満の調査機関

1937年12月に満業が設立されると，奥村慎次（産業部次長）をはじめとする産業部のスタッフは満業へ転籍し，残った者たちも現業部門へと異動した。翌1938年3月に産業部は廃止となり調査部が設置されると，8月には『満鉄調査彙報』が創刊された（『満鉄資料彙報』は引き続き定期刊行されている）。創刊号の「調査彙報発刊に際して」は，刊行の意図を「多岐を極むる社内調査活動の簡易なスケッチとして，又綜合的な目録として，迅速なる社内調査活動の連絡者であると共に実務の為に最も生きた資料の全面的連絡者となることを目的とする」としている[132)]。こうした目的に対して先行研究は，時に掲載される調査計画・会議録だけでは，「多岐を極むる社内調査活動の簡易なスケッチ」としての役割を果たしても，「最も生きた資料の全面的連絡者」という狙いが実現されたとは考えられず，「「箇所別調査事項」や会議録の内容は簡略にすぎ

132　前掲井村哲郎「『満鉄調査彙報』解題」3頁。原典は，調査部資料課長「調査彙報発刊に際して」『満鉄調査彙報』1-1，1938年8月，2頁。

る」という評価を下している[133]。

ただ，ここでは，『満鉄調査彙報』が『満鉄調査機関要覧』（1936年度版）のコンセプトを継承しており，「箇所別調査事項」だけでなく「主題別調査事項」を掲載し，調査方法を明記していることに留意したい。そこでは，「現地調査」と「机上調査」とが厳然と区別されており，産業部以来のリセットがこの『満鉄調査彙報』でも継続されていたことがわかる。そして，依然として机上調査が多いことからは，産業部から調査部へ組織が改組されても，調査の慣習的方法が，一朝一夕には変わらなかったことがうかがえる。

この『満鉄調査彙報』では，満鉄外の調査機関の存在を意識し，それらの調査成果をふまえて，満鉄の調査について論じた記事が掲載されるようになった。たとえば，「農村に於ける流通現象調査要綱（北満経調商工係業務計画の一）」については，満州国実業部臨時産業調査局による農村実態調査の成果を「可能な限り活かし」，最近の「流通部門の諸変化を深く追求する」ための調査であると紹介している[134]。臨時産業調査局による農村実態調査は，先行研究においても高く評価されており，中兼和津次は，『康徳元年度 農村実態調査 戸別調査の部』[135]について，「約50日間調査員7〜8名，通訳同数を帯同した8つの班で行われたきわめて大規模なもので」あり，「その後の旧満州における農村実態調査のためのモデルになったという点で，いわば農村実態調査の実質的な原点」となったと解説する[136]。戸別調査は当該村落の全戸を調査対象としており，『康徳元年度 農村実態調査 戸別調査の部』では，全戸の調査結果が一覧にされている。つまり，調査票（個票）に記入された内容が一覧表の形で公表されているため，集計される前のデータがわかるようになっている。こうした戸別調査の結果とそれにもとづいて作成された報告集，すなわち臨時産業調査局資料の刊行が，「資料不足から「満州」農村の実情を把握したくてもできなかった研究者の渇望を満たすに足るものであ」り，これらを前提として，「「満

133 前掲井村哲郎「『満鉄調査彙報』解題」4頁。

134 「農村に於ける流通現象調査要綱（北満経調商工係業務計画の一）」『満鉄調査彙報』1-1，1938年8月，4頁。

135 国務院実業部臨時産業調査局『康徳元年度 農村実態調査 個別調査の部』産調資料1，1935年。

136 中兼和津次『旧満州農村社会構造の分析』アジア政経学会，1981年，125-6頁。

州」農村がどのような変貌を遂げていくのかを明らかにしようとする「動態」調査・研究」が数多く生み出されたと風間秀人も評価する。風間は満鉄調査組織に与えた刺激の大きさを評価したうえで，「「満州」における農村動態調査の実施は，産調〔臨時産業調査局〕の農村実態調査の成果なくしては，不可能だった」としている[137]。

また，中兼は調査過程を詳らかにする『農村実態調査総合調査項目 康徳三年度実施』[138]『農村実態調査綜合・戸別調査項目』[139]や『農村実態調査実施要綱他六要綱 康徳四年二月以降実施』[140]などにも目配りをするなかで，「こうした実施要綱は恐らく「康徳元年度調査」についてもあったと思われる」とした[141]。江夏由樹もまた，『農村実態調査綜合・個別調査項目』に，「実際の調査に用いられた調査票の様式が収録されており，さらに，各調査項目に関する様々な注意点，農民への質問の仕方，調査票の記入方法などが詳細に記されている」点などを評価するのみならず，文盲を「数えの七歳児が一般的に有するとされる識字能力を有さない場合」とする定義を挙げて「『農村実態調査綜合・戸別調査項目』を読むことによって，報告書に記された数字の持つ意味が具体的に明らかになるという一例」としている[142]。

137　小林英夫・風間秀人「解題」満州国実業部臨時産業調査局編『農村実態調査報告書』復刻版：龍渓書舎，1989年，14-16頁。風間によれば，追跡調査として以下の研究が挙げられるという。①満鉄調査部『北満農業機構動態調査報告』第一編，第二編，1942年，②石田精一「南満の村落形成」『満鉄調査月報』21-9，1941年9月，③石田精一「南満に於ける大農経営」『満鉄調査月報』21-10，1941年10月，④古田土創平他「南満一農村の最近の動向」『満鉄調査月報』22-9，1942年9月，⑤佐藤武夫『満州農業機構再編の研究』1942年，⑥満鉄調査部（石田精一）『北満に於ける雇農の研究』1942年。その他にも，満州農産公社理事長室調査科『統制経済下ニ於ケル満州農家ノ生活実態』（1942年）は，調査方法を踏襲している点で影響があるとした（同上，15-16頁）。

138　実業部臨時産業調査局『農村実態調査総合調査項目 康徳三年度実施』1936年（引用者未見）。

139　産業部大臣官房資料科『農村実態調査綜合・個別調査項目』1939年。

140　実業部臨時産業調査局『農村実態調査実施要綱他六要綱 康徳四年二月以降実施』1937年（引用者未見）。

141　前掲中兼和津次『旧満州農村社会構造の分析』129頁。

142　江夏由樹『中国東北地方における農村実態調査——康徳三（1936）年度，満州国農村実態調査報告書にある統計資料について』一橋大学経済研究所，Discussion Paper No. D97-23，1998年2月，6頁。

臨時産業調査局の農村実態調査への，戦後日本における高い評価とは対照的に，同時代に調査キャリアをもっていた人間には異論があった。満鉄の調査員としてのキャリアをもつ野間清は，とくに調査項目の設定に関して，満鉄調査員の貢献を主張する（「「満州」農村実態調査遺聞」[143]）。野間によれば，康徳元年度農村実態調査より前に全戸調査を実施した大泉眼部落調査は満鉄によるものであり，この全戸調査は東大農学部から満鉄に入社した鈴木辰雄の発案で行われたという。鈴木は臨時産業調査局の「農村実態調査の調査表と調査項目の作成に没頭」し，経済調査会で「鈴木さんが知り合った連中が総動員」されたとする（42-44 頁）。臨時産業調査局では，満鉄も参加するかたちで「調査表と調査項目について討論」が行われ，このときの満鉄側の中心人物は大上末広であった。途中から野間も調査表の作成に参加するようになり，調査項目の説明を付ける提案をしてそれが認められると，『農村実態調査綜合・個別調査項目』としてまとめられたという（44-45 頁）。また，大泉眼部落調査の報告では，各戸の調査結果が一覧にされてもおり，この点では『康徳元年度 農村実態調査戸別調査の部』に先んじていた[144]。

公的調査に対する優位性を主張する態度は，当時の北満経済調査所の中にも見ることができる。前述の「農村に於ける流通現象調査要綱（北満経調商工係業務計画の一)」も，農村実態調査を「広汎精細」なものと評価するが，「それは農事合作社設立以前の時期ではあるし，農村の基本的構成に就ては，幾何の変化はないとしても流通的部門では大きな変革が斎されて居り，此の部門のみに就ては既に輝ける過去の指導的調査たらむとして居る」として，自身たちの調査の意義を主張する[145]。また，「北満に於ける調査機関概説」では，浜江省公署・哈爾濱市公署・哈爾濱日本商工会議所・哈爾濱並びに斉々哈爾鉄道局産業課などの北満の調査機関について検討するなかで，「箇別的，現象的調査の寄せ集めの観ある調査であり，統一ある方法論が欠除して居ることは内容の多

---

143 野間清「「満州」農村実態調査遺聞」前掲井村哲郎『満鉄調査部』。

144 公主嶺経済調査会編『満州一農村の社会経済的研究——大泉眼部落調査』満州文化協会，1934 年，MOJ/3141。ただし，全戸について一覧にされているわけではなく，調査項目に該当しない世帯は掲載されていないようである。

145 前掲「農村に於ける流通現象調査要綱（北満経調商工係業務計画の一)」3-4 頁。

岐に拘らず北満調査界に極めて寂しい感じを与へて居る」（8頁）といった評価を下していた。さらには，調査事項について地方に照会するには不備欠陥が多いために，「現地調査は正に調査結果の精密性を規定するものとして絶対的な重要性を持つ」（14頁）との認識を示し，1935年度以降の北満経済調査所による調査の70％が直接調査であることとあわせてアピールした[146)]。そして，最後に，「北満に於ける調査機関として北満経済調査所が最も整備せる機関であり，他機関の調査が有する特殊的な制限乃至欠陥を止揚して居る最も活動的，能動的な調査機関である」（14頁）と結ぶ。ここでは，現地での直接調査という手法を根拠に，調査の品質がアピールされている。

この他にも，産業部商工課商業係が奉天地方事務所と共同で行った商業実態調査では，「商業調査票」が準備され，かつ，調査項目について詳細な説明が徹底されていた（『奉天商業実態調査経緯報告』[147)]）。この調査には調査要綱の決定案も残されており（『商業実態調査要綱（決定案）』[148)]），そこでは「満州国（関東州ヲ含ム）主要都市全域ニ亘リ実施スルヲ理想」としていたが，「其ノ実施ハ到底困難ナルニ依リ左記ノ範囲ニ限定シ之カ調査ヲ為ス」として奉天に限定したうえで（『商業実態調査要綱（決定案）』2頁），「現地調査実施機関ハ満州国側官署，商工会議所，輸入組合，商会，商店協会等ノ関係箇所ノ協力ヲ仰キ別個ニ商業振興委員会ヲ組織シ受持地区ヲ分担シ之カ調査ノ完璧ヲ期ス」として，「日商ノ調査ハ原則トシテ社員之ニ当リ，満商ノ調査ハ臨時雇傭調査員ヲシテ之ヲ行ハシム」と定めている（5頁）。つまり，調査票と調査項目の指示などを徹底することを通じて，関東庁業態調査以来の公的調査としての手続きをしっかりと継承していると，評価することも可能なように思われる。

146　「北満に於ける調査機関概説」『満鉄調査彙報』1-2，1938年9月。この「北満に於ける調査機関概説」は，『北満ニ於ケル諸経済調査機関要覧』（北経経済資料第92号，満鉄・北満経済調査所，1938年3月，MT/Z60/4）の付録など除いた一部を転載したものである。その付録は，「北満ニ於ケル調査機関最近ノ実施調査内訳表」（同上，24-49頁）および「北満ニ於ケル調査機関最近ノ実施調査事項」（50-116頁）から構成されており，これらは北満経済調査所のアピールに一定の根拠があることを裏づける。しかし，同時に，満鉄調査組織が，自身の調査活動の相対的な位置づけを明らかにするために調査を行うようになっていることにも留意されたい。

147　『奉天商業実態調査経緯報告』満鉄産業部，1937年10月。

148　産業部『商業実態調査要綱（決定案）』1937年5月，MOJ/2097。

3) 野間清の主張

しかし，農村実態調査の場合，野間清が経済調査会の人脈に対する貢献の要と評価する鈴木辰雄は，1933 年に経済調査会の嘱託になると，その年のうちに満州国実業部臨時産業調査局に移っている[149)]。それゆえに，経済調査会で「鈴木さんが知り合った連中」の存在に注意が払われ，かつ，大上末広だけでなく野間自身も「調査表と調査項目について討論」に参加したことに重きがおかれるのであろうが，『農村実態調査綜合・個別調査項目』（1939 年）以前に，調査項目に説明が付された「個別調査票記入要旨」（1935 年 1 月）などの存在が確認されており[150)]，これらの史料からは，経済調査会が臨時産業調査局を牽引するようなかたちで影響を与えたような印象は受けない。また，『農村実態調査綜合・個別調査項目』についても，その「第一部第一章　総合調査項目間の関係」には満鉄調査組織からの影響を見出せるかもしれないが，少なくとも「第二部　調査表之部」で規定された調査方法が，満鉄調査組織から持ち込まれたものとは考えにくい。88 頁にわたって掲載された調査表の様式からは，調査員の問題意識を反映させる余地がないことがわかる。こうした規定は満鉄調査組織の自由な雰囲気から生まれうるものではないだろう。さらにいえば，そもそも農村実態調査は，満鉄が独自に実施した調査ではなく，満州国産業部臨時調査局が主体となった調査であった。

奉天商業実態調査の場合も，「日本内地六大都市ニ於ケル商業調査ノ計画実施方法，成果ヲ研究シ更ニ奉天地方事務所勧業係案（現地案）ヲ加味シテ産業部案ヲ作成ス」（前掲『奉天商業実態調査経緯報告』3 頁）と記されたように，調査計画と実施方法については国内の公的調査が参照されていたことがわかる。いま少し詳述すれば，この一文は『奉天商業実態調査経緯報告』という報告段階で記述されたもので，『商業実態調査要綱（決定案）』という計画決定の段階では何ら言及されていない。また，満鉄産業部商工課を「調査主体」，奉天地

149　前掲井村哲郎「満鉄調査関係者人名録」797 頁。

150　『農村実態調査関係調査要綱一式』満州国〔事業部産業調査局〕，1935 年 1 月，一橋大学経済研究所社会科学統計情報センター所蔵。なお，この一式は以下の文書で構成されている。①産業調査局「戸別調査票記入要旨」，②「一般聴取調査項目」，③「一般聴取調査要領」，④産業調査局「満州農産製造調査——一般聴取調査要旨」，⑤実業部臨時産業調査局「満州農具名称一覧表」，⑥「農家個別調査表」。

方事務所を「現地調査実施機関」としているものの，「日商調査班」は，満鉄産業部商工課4名，奉天地方事務所勧業係2名，商工会議所1名，輸入組合1名で，また，「満商調査班」は，満鉄産業部商工課1名，商務会1名，市公署・市商会5名，臨時雇用調査員1名で構成されている（前掲『商業実態調査要綱（決定案）』5-6頁）。「満商」の調査に満鉄がほとんど人的に関与できなかっただけでなく，「日商」のそれにおいても，満鉄外の人員に助けられていることがわかる。北満経済調査所が批判していた「満州国側官署」の協力を得ていたことを考えても，満鉄が調査主体として人員や調査方法を規定できていなかったことがうかがえよう。

このように見てみると，満鉄調査員の「優位性」，すなわち，満州における調査の経験や技能がこれらの共同調査を支配していたのではなく，調査員の「流動性」がこれらの調査によって促進されていたといえよう。つまり，満鉄外の調査機関と共同で行う調査においてのみ，満鉄はその調査過程を明確にすることが可能となっていることに留意したい。満鉄の調査が満州国や関東庁の調査に影響を与えたのではなく，むしろ，満鉄の調査がこれらの公的調査から影響を受けていたのである。仮に，影響を受けたというのが言い過ぎならば，満州における調査の独占が崩れて，調査員レベルでの交流が盛んになるなかで，調査要綱や調査票などを整備するようになったということであろう。いずれにせよ，この時期の満鉄調査組織にとって外部の調査機関の存在は，彼我の調査の慣習的方法を理解するうえで大きなものであった。

さらにいえば，中兼も指摘するように，北満経済調査所の農村調査は良くも悪くも非常にスピーディであり，別の調査の「暇」を上手く活用する反面，きわめて「拙速」な代物であった[151]。現地での直接調査を担保にはしているものの，『康徳三年度北経調査項目及調査分担予定表』からは直接調査がどのように実施されているのかはほとんどわからない一方，単年度内でなすべき調査項目が多く，調査期間が短期であることが浮き彫りになっている[152]。

また，この「拙速」さは，奉天商業実態調査についてもいえることであった。

151　前掲中兼和津次『旧満州農村社会構造の分析』167頁。

152　哈爾濱鉄路局北満経済調査所『康徳三年度北経調査項目及調査分担予定表』1936年4月，MOJ/3386。

計画段階で，「日商」「満商」それぞれ400で合計800戸を対象とし，①分店・支店・出張所所在地，②本店所在地，③業種，④組織，⑤業態，⑥兼業及副業，⑦資本，⑧金融，⑨営業費，⑩生活費，⑪従業員，⑫仕入，⑬売上，⑭代金決済並回収方法，⑮棚卸，⑯組合関係の16項目を，総勢16人（前掲『商業実態調査要綱（決定案）』4-6頁），25日間（1頁）で聴取調査しようとすることもさることながら，実施段階では，奉天市公署の要請で，対象とする生鮮食料業者について「日商」143軒，「満商」478軒を，奉天地方事務所勧業係の要請で「邦商」650軒を追加している（前掲『奉天商業実態調査経緯報告』10-11頁）。

「拙速」さはこれにとどまらず，調査段階では「調査促進打合会ヲ開催シ」て各調査員に進捗状況を報告させ，「調査員ノ調査上ノ競争意識ヲ喚起スルト共ニ今後ノ調査能率ノ増進ヲ図ル」というようなことを行っている（20頁）。その結果，「日商」は「予定数ノ六八％，可能予定数ノ八一％ノ成績」を，「満商」は「予定総数ノ八四％，可能予定数ノ九九％ノ好成績」を挙げ，「内地ニ於ケル商業調査ノ成績ニ比シ遥カニ勝ルモノテアルカ又満州ニ於ケル斯種大規模商業調査ノ初期ノ試トシテハ十分ナル成果ヲ挙ケ得タト謂ヒ得ルテアラウ」と自画自賛するにいたる（21-23頁）。被調査者が自ら調査票に記述してそれを提出することの意義が何らわかっていないのである。

たしかに，調査対象の増加に対応して「日満人臨時調査員」を16名追加雇用するなかで（11頁），「商業調査上ノ注意事項」にもとづいて調査票の記入訓練を実施しており，「満人臨時調査員」の訓練では「被調査商店ニ引率セシメ実際的ニ調査ノ方法ヲ実修」している（18-19頁）。また，調査事項の内容がわかりにくい場合には，「小職〔産業部商工課商業係の井原隆二・千原暦次〕ヨリ夫々解答ヲナシ調査票記入ノ統一ヲ図」ったりしている（16頁）。しかし，最終的には，「調査票記入技術ヲ十分修得セシムルノ必要」と，「調査票記入方針ノ統一」とが反省点として挙げられている（26-27頁）。さらには，「調査開始後数日間ハ調査員ノ調査ニ慣レサルヲ以テ記入ヲ誤レモノ多キニヨリ特ニ初期ニ於ケル調査票ノ点検ハ之ヲ厳密ニ行ヒ，以テ爾後ニ於ケル再調査ヲ要スルモノヲ出ササル様留意シ調査員ノ再調査ニヨル倦怠ヲ排除スルト共ニ全体トシテノ調査ノ能率ヲ図ル」（29頁）といった具合に，調査にムラがあったことも赤裸々に記されている。

4）統計調査員の冷徹な指摘

外部の調査機関との交流を通じて，彼我の調査の慣習的方法を理解しながらも，満鉄調査の「劣位」を認めることができなかった調査部において，やはり，統計調査員の態度は別格的に冷静であった。『満鉄調査彙報』に掲載された，調査部資料課第二統計係の足立久美男による「調査に就いて——満鉄調査機関に於ける基本的問題に対する一見解」は，とくに注目に値する[153]。

足立は，まず，「調査研究」「机上調査」「実態調査」などの用語を，「漠然たる概念」として退ける。そして，社会を「全体的な相互依存の関係」の中で把握することが重要と考える足立は，「社会的存在」を集団として数量的に把握することを「基本的な調査」とする（2-3 頁）。その上で，この基本的な調査こそが「統計調査」であり，調査を「統計調査」と「それ以外の調査」とに分けた（3-4 頁）。さらに，足立は，日本統計学会の創立メンバーである蜷川虎三の『統計学概論』を引きながら，「大量観察の技術的過程」の問題として「調査票の設定及びその運用の問題」を指摘する（5 頁）。満鉄における「従来の調査は，統計調査が種々なる形で行はれて来たことは事実」とし（6 頁），かつまた，「粗雑に扱はれた観がある」とも表現したのである（10 頁）。

足立の論説がユニークなのは，「机上調査」のあるべき姿に言及している点にある。足立は，従来，調査が困難であるために「乏しい既存資料」に著しく依存して，「理論的肉付けを行ふ研究」が盛んに行われてきたが，「これには粗雑な調査結果の統計を皮相的に非科学的に利用せんとする所謂実証的研究或は俗流統計的研究が動もすると支配しがちである」と，これまでの満鉄の机上調査を明確に批判した。そして，要求されるべき研究とは，「生産諸関係を透徹した理論と明晰な推理によってすること」であり，そこで基礎となるものが「統計の科学的利用」＝「統計的研究」だとしたのである（9 頁）。

足立は，「調査票の設定及びその運用」についてだけでなく，非科学的な「俗流統計的研究」についても問題を提起していた。それは，北満経済調査所のように現地調査を担保とするのではなく，「調査結果の統計」を利用するには，何よりも統計学が必要不可欠であることを主張するものであった。いうな

153　足立久美男「調査に就いて——満鉄調査機関に於ける基本的問題に対する一見解」『満鉄調査彙報』2-3，1939 年 3 月。

れば，能率課のような調査部門の傍流ではなく，専業化された調査部門の本流において，ようやく統計学にスポットライトを当てることができるようになったのであり，「従来の経済調査室的性質と統計係的性質とは本来の正当な行き方をしてゐない」という「調査機能に於ける根本的欠陥」を改めるべきとしていた（10頁）。

6 調査方法の改善と失敗

1）第一回社内統計講習会

1939年4月，調査部が拡充されて大調査部が発足した。先行研究が指摘する調査部から大調査部への拡充の理由は3つある。すなわち，第一に，日中戦争の泥沼化にともなう政策転換の必要性が生じるなかで，中央と現地が満鉄の調査組織に対して期待を大きくしたこと，第二に，鉄道経営・撫順炭鉱の石炭液化・調査を満鉄の三大事業とする松岡洋右の意向，第三に，満業や満州国に各部門を委譲したことが満鉄の経営体質を改善し，調査への資金投下が可能になったことが挙げられている[154]。

大調査部は，「それまでの日本にはない大規模な調査組織」であり，予算規模も職員数も大幅に増加した。満鉄創設時の理事であった田中清次郎を顧問待遇で部長に迎え，庶務課・綜合課・資料課に加えて第一から第四までの調査室が置かれ，中央試験所も調査部内に置かれた。また，調査部外には，鉄道総局調査局・東京支社調査室・同東亜経済調査局（同年8月より）・上海事務所調査室が置かれ，これらを含めて，調査部が統一して運営した。「日本，シベリア，満洲国，中国，東南アジア諸地域」など「調査対象地域の拡大，それにともなう調査機関の新設・再編，調査課題の多様化」が特徴とされている[155]。

大調査部が設置された年の7月，「第一回社内統計講習会」が実施された（『第一回社内統計講習会要録』[156]）。その趣旨によれば，「社業ノ運営状況カ如何

---

154 前掲井村哲郎「拡充前後の満鉄調査組織」(I)，13-14頁。
155 前掲井村哲郎「拡充前後の満鉄調査組織」(II)，28-29頁。
156 南満州鉄道株式会社調査部資料課編『第一回社内統計講習会要録』（1939年7月31日

ナルモノテアリ，社業運営ヲ規制スヘキ社会的諸事象カ如何ナル状態ニアルカヲ明ニスヘキ統計業務ハ，如何ニシテ真実性ノアル利用可能性ノ高キ統計ヲ作成スヘキカニ努ムル調査業務」と位置づけたうえで（[1頁]），「統計調査機関ノ整備充実」と同時に，「実務担当者ニ於テ各自調査方法ニ対スル充分ナル理解ヲ持チ，統計調査ノ進歩ト統計ノ整備ニ貢献スル所カナケレハナラヌ」とし，そのためにも「各自ノ持ツ統計知識ノ向上」が必要とされた（[2頁]）。

講習会は，参会者3人，講師6人，受講生55人を集めて，大連の社員会館集会室で，7月31日から8月12日にかけて実施された（[2頁]）。参会者・講師・受講生は表3-6，講習会日程は表3-7の通りである。講習科目の担当を見てみると，統計学概論＝高岡周夫，経済学入門＝殿村亦一，統計解析法＝後藤憲章，統計解析法トインヴァリアント＝福田勇，統計図表法＝沼田正男，物価指数論＝殿村亦一，経営統計論＝高岡周夫，となっている。沼田正男が鉄道総局企画委員会幹事室の所属ではあるものの，その他の者は皆，調査部資料課の第一統計係または第二統計係の所属であった。さらにいえば，講習会後に連続して開かれた統計座談会も後藤と福田が担当しており，特別講演こそ京大教授の蜷川虎三が行ったものの，まさに資料課統計係が中心となった統計講習会であった。

また，科目の配分では，波多野鼎『改訂経済学入門』が教科書として使われた（[12頁]）経済学入門が7回に分けて実施されており，経済学を基盤においた統計調査が強く意図されていたことがうかがえる。統計学の理論的な理解から統計表の作成・利用に至るまでを7日間で集中的に講義したうえで，社業統計と一般統計の現状について「座談会」が組まれた。

社業統計に関しては，「満鉄社業統計調査ノ現状ト第一統計係業務」と副題が付けられ，具体的には，「各鉄道局統計係ノ現状」「撫順炭鉱業務係統計ノ現状」「人事局調査課統計ノ現状」「用度部統計ノ現状」「関係会社統計ノ現状」がトピックとして挙げられている（[37頁]）。おそらくは，前述の出席者と後藤らによって座談会が進められたと思われるが，「満鉄社業統計調査」が，鉄道・炭鉱・人事・用度，そして関係会社から構成されていることは留意されて

〜8月12日），1939年，MT/Z90/1。

表 3-6　第一回社内統計講習会の参会者・講師・受講者

参会者	
調査部（部長）	田中清次郎
調査部資料課（課長）	水谷国一
調査部資料課第一編纂係（主任）	斉藤征生
講師	
京都帝国大学経済学部教授（特別講演講師）	蜷川虎三
調査部資料課第一統計係（主任）	後藤憲章
調査部資料課第二統計係（主任）	福田勇
鉄道総局企画委員会幹事室	沼田正男
調査部資料課第二統計係	高岡周夫
調査部資料課第二統計係	殿村亦一
受講者	
社内各機関統計業務担当者	
総裁室人事課	野田源太郎
	佐藤実衛
総裁室能率班	気賀沢広秋
	岩田名六字
	千野勝
用度部購買課	小野秀明
鉄道総局人事局調査課	後藤忠一
	高井清
鉄道総局調査局調査課	岩田巌
鉄道総局輸送局配車課	多田三郎
奉天鉄道局附業課殖産係	千布高正
吉林鉄道局総務課	本田親邦
	内山盛夫
吉林鉄道局附業課殖産係	長野正典
哈爾濱鉄道局総務課統計係	近藤正元
	長田輝雄
哈爾濱鉄道局附業課殖産係	斉藤優
牡丹江鉄道局総務課統計係	三浦敏雄
牡丹江鉄道局人事課人事係	武下正春
牡丹江鉄道局附業課殖産係	海野静
錦州鉄道局総務課統計係	松井洸
錦州鉄道局附業課殖産係	武藤武夫
北鮮鉄道事務所総務課資料係	伊東孝良
	永井正則
北鮮鉄道事務所総務課人事係	柳捨雄
北満江運局総務課資料係	村社孝蔵
撫順炭鉱総務局庶務課業務係	中橋晴蔵
	上田三郎
撫順炭鉱第一採炭局計画課	磯野直球
撫順炭鉱第二採炭局計画課	下山長吉
中央試験所庶務課調査係	駒沢章雄
	佐藤孝次郎
東亜経済調査局	宮田確三
新京支社業務課	社頭太郎
新京支社調査室	木村満明
北支経済調査所	川崎武夫
	松浦実郎
	高記俊隆
上海事務所調査室統計係	本田正二郎
	喜多三郎
	押鴨鉄夫
調査部第一調査室農業班	市川英男
	永福利美
調査部資料課第二統計係	大嶺有啓
	寿秋兵三郎
	佐久間直義
	高松義孝
調査部資料課第一統計係	堀旭
	光畑稔
	岸野進一
関係会社統計業務担当者	
大連都市交通株式会社企画課	鈴木一郎
福昌華工労務課調査係	小宮根武司
国際運輸経理課主計係	柏原哲次郎
華北交通会社資業局資料課	緒方正一
	宮地四郎

出典）南満州鉄道株式会社調査部資料課編『第一回社内統計講習会要録』1939年，MT/Z90/1。

表 3-7　第一回社内統計講習会の日程

	8：00〜10：00	10：00〜12：00	13：00〜15：00
7/31（月）	開会式（10：00〜）		
8/ 1（火）	統計学概論（1）	経済学入門（1）	統計解析法（1）
8/ 2（水）	経済学入門（2）	統計学概論（2）	統計解析法（2）
8/ 3（木）	統計学概論（3）	経済学入門（3）	統計解析法（3）
8/ 4（金）	経済学入門（4）	統計学概論（4）	統計図表法（1）
8/ 5（土）	統計学概論（5）	経済学入門（5）	統計図表法（2）
8/ 6（日）	休講		
8/ 7（月）	経済学入門（6）	統計図表法（3）	統計解析法トインヴァリアント
8/ 8（火）	経営統計論	経済学入門（7）	物価指数論
8/ 9（水）	特別講演（9：00〜12：00）		
8/10（木）	統計座談会（統計調査の現状）社業統計		見学（イ）
8/11（金）	統計座談会（統計調査の現状）一般統計		見学（ロ）
8/12（土）	閉会式（9：00〜）		

出典）前掲南満州鉄道株式会社調査部資料課編『第一回社内統計講習会要録』。

よい。統計業務を「社業ノ運営状況カ如何ナルモノテアリ，社業運営ヲ規制スヘキ社会的諸事象カ如何ナル状態ニアルカヲ明ニスヘキ」とした統計係の調査員にとって，自らの手でオリジナルな統計を作成することが社業であるのは自明であった。

翌日の一般統計に関する座談会は，「日満統計調査ノ現状ト第二統計係業務ノ紹介」（[38 頁]）と副題が付けられ，「日満統計調査」として「人口統計調査」「労働統計調査」「資源調査」「物資需給調査」「生産統計調査」「交通統計調査」「貿易統計調査」「商業統計調査」「金融及財政統計調査」の 9 点が挙げられている（[39 頁]）。また，「統計機構」の「機能」について，「人―統計教育」「物―経費」について座談会が進められたことが注目される（[38 頁]）。前日の社業統計に関する座談会の中でも，「講習会ニ関スル事務打合セ」として，「明年度講習会開催時期」「講習会員名簿」「講習会員ト講師トノ連絡」「其ノ他講習会ニ関スル事項」が検討されていた（[37 頁]）。加えて，『満鉄調査部報』に掲載された「調査部業務計画 昭和十五年度」でも，資料課第一統計係はその任務として，「満鉄の企業経営に必要なる体系的基本統計の整備」「社外よりの依頼による統計の作成」「満鉄の企業経営に於ける構成及変動の綜合的把握に必要なる統計の作成」「満鉄統計機構に関する研究」と並んで「統計従事員の養成」を挙げて，「統計講習会の開催」を翌1940年7月下旬にも予定していた（第二統計係と共同）[157]。いよいよ本格的に，統計従事員の養成・育成が軌道に乗ったといえよう。

2）統計係による啓蒙

この第一回社内統計講習会の後，資料課第二統計係の調査員によって，「満州経済諸統計作製の理論並実際」と副題のついた三篇（一篇は上・下連載）の論説が，『満鉄資料彙報』と『満鉄調査彙報』に相次いで掲載された。

高岡周夫「満州会社資本金統計調査の現状」[158]は，「現在資本金の統計調査が如何に為されてゐるか」（81頁）を明らかにするために，調査部の満州会社資本金統計調査のプロセスを解説している。この論説は，「満州（満州国及び関東州を総称する）に本店を有する会社の資本金及びその社債」を調査対象としている。各会社が提出した商業登記認可申請書のうち審査に通過したものを記録した「登記簿を基礎」として，「官庁の公式発表機関誌（日本帝国官報，満州国政府公報，関東局局報）の商業登記公告」などを捕捉し，「会社台帳」を作成するまでの過程が詳細かつ明解に説明されている（82-83頁）。そして，会社台帳に記載された調査項目（≒会社登記項目）を列挙したうえで（84頁），図3-1のように「満州資本金統計調査過程」を示しながら，『満州経済統計月報』をはじめ『満州経済統計年報』『満州経済年報』『満鉄調査月報』などに発表された各種統計表について説明を加えている（88-89頁）。

井上唯七「満州貿易統計の現状」（上・下）[159]は，「満州国の貿易地域の範囲」または「貿易関係資料の性質」を知り，その資料によって作成される統計

157 「調査部業務計画 昭和十五年度」『満鉄調査部報』1-2，1940年6月，142-144頁。

158 高岡周夫「満州会社資本金統計調査の現状――満州経済諸統計作製の理論並実際（一）」『満鉄資料彙報』4-9，1939年9月。

159 井上唯七「満州貿易統計の現状」（上）『満鉄調査彙報』3-1，1940年1月。井上唯七「満州貿易統計の現状」（下）『満鉄調査彙報』3-2・3，1940年3月。なお，本稿に副題は付されていないが，（上）の冒頭に編集者によって，「本稿は資料課第二統計係の調査にかゝる「満州経済諸統計作製の理論並実際」の第三編を成すもの」と明記されている。

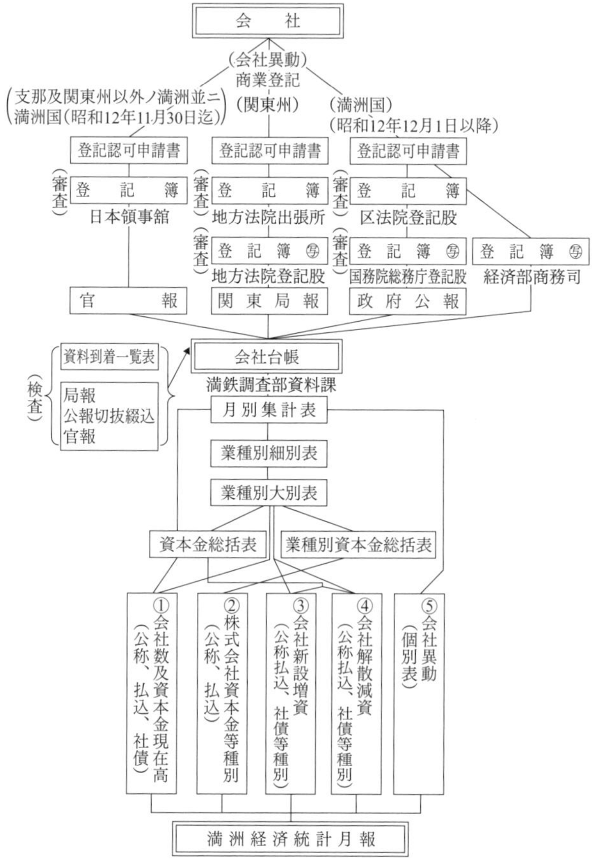

図 3-1　満州資本金統計調査過程

出典）高岡周夫「満州会社資本金統計調査の現状」『満鉄資料彙報』4 巻 9 号，1939 年 9 月，85 頁。

と作成可能な統計との関係を明らかにすることを目的として（上，34 頁），「貿易線」と「関税線」が一致しない「満州貿易地域」の特殊性から解説を始める（36 頁）。その上で，「税関申告書及関東州陸揚貨物報告書並に其他報告書・通告書に依る貿易統計」について，「商品移動の態様及申告書・報告書と統計種目一覧表」を掲げ，「仕向地別」に「商品移動ノ態様」が，具体的にどの「申告書報告書」に記載され，それらがどういった「統計種目」として集計されるのかを一覧にして（40-48頁），各種申告書・報告書の様式をそのまま掲載した（52-58頁）。さらに，「全満より集る申告書」が「月々約二十四万枚」になるため，大連税関統計科が「パワース式機械」を用いて行っている，「輸出，輸入及再輸出の多量の統計種目のみの統計作業」について具体的に説明している（下，20-27頁）。

高岡と井上の論説に共通しているのは，個票の積み上げによって統計表が作成されることを詳細に解説している点である。高岡の場合には，各会社の提出する「商業登記認可申請書」が，井上の場合には，税関を通る際の「申告書・報告書」が個票に該当する。さらにいえば，これらの個票は商業登記や税関通過というイベントごとに提出されるものであり，市場価格や収穫高予想などの観測値のように，どの時点の値を採用するかによってぶれが生じるものではない。つまり，観測者＝調査者が記入するのではなく，被調査者が記入するものであり，「統計文化」としてのあるべき姿が示されている。だからこそ井上は，課税負担の回避や為替差益の獲得のために虚偽申請がなされた場合に，「此等の申告書を基礎とする貿易統計も不正確・不信憑なる統計となつて現れてくる」ことに一定の配慮もできており，個票のもつ重要性を訴えていた[160)]。

もうひとつ共通するのは，具体的な統計業務が広く理解されるように丁寧に解説されていることであろう。高岡は，統計利用者などの「整理集計過程の吟味」が可能となるように，「資料入手一覧表を作成し，且つ資料綴込を作成保管する」ことにまで言及している[161)]。また，井上は，個票のもつ重要性を訴えるだけでなく，膨大な個票の処理方法について，パワース式集計機を使った実践として，穴あけされたカード，いわゆるパンチカードを図示しながら説明している[162)]（図3-2）。

そして，いまひとつ共通することは，高岡の場合は満州国区法院や日本領事館などの「特定の司法官署」，井上の場合は大連税関といったように，例示している個票の提出先が「官庁」であり，それゆえに彼らの扱う個票は公文書と

160 前掲井上唯七「満州貿易統計の現状」（上），51頁。
161 前掲高岡周夫「満州会社資本金統計調査の現状」86頁。
162 前掲井上唯七「満州貿易統計の現状」（下），22-23頁。

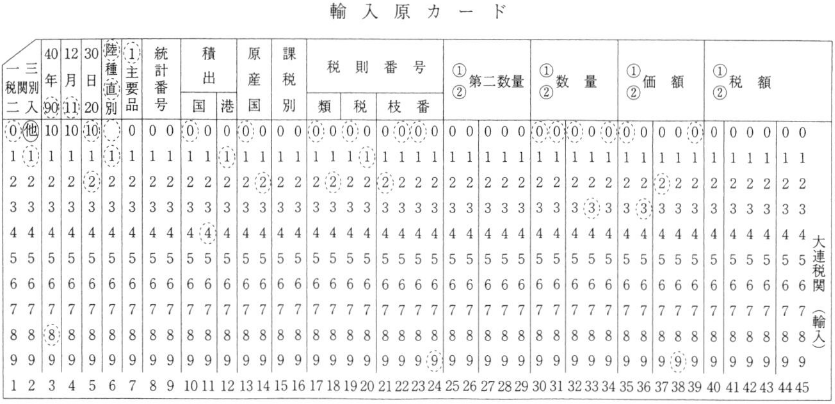

輸入原カード
一 三
税関別
二 入
40 年 90
12 月 11
30 日 20
陸 種 直 別
1 主要品
統計番号
積出
国
港
原産国
課税別
税則番号
類
税
枝番
①② 第二数量
①② 数量
①② 価額
①② 税額
他
大連税関（輸入）

図 3-2　パンチカードの実践例

出典）井上唯七「満洲貿易統計の現状」（下）『満鉄調査彙報』3 巻 2・3 号，1940 年 3 月，22 頁。

してその作成過程を，登記法や関税法，または，それらの施行細則などによって確認することができる点である。つまり，満鉄外の一般統計を扱う資料課第二統計係の高岡と井上は，官庁統計のもつ「奥深さ」をよく理解していたのである。こうした理解は，「満州経済諸統計作製の理論並実際」三部作の残りひとつである，殿村亦一「満州に於ける生計費指数の実際」にも通じるものがあった[163]。殿村は，満州国中央銀行のそれと並んで，「身内」である満鉄消費組合の生計費指数について，つねに問題となる「㈠家計調査に基づく消費量の決定，㈡重要品目の選定，㈢小売価格の調査，㈣基準時点の決定，㈣（ママ）算式の方法」などの点を，「充分に満足するか否かに就いては，尚検討の余地が存するであらう」と批判していた（96 頁）。

その一方で，第一回社内統計講習会で「統計と統制」[164]と題した特別講演を行った蜷川虎三が，『満鉄調査彙報』に「調査論——調査に於ける諸問題」を寄せている[165]。この論説は，資料課第一編纂係が前年の 1938 年 8 月に蜷川を

163　殿村亦一「満州に於ける生計費指数の実際——満州経済諸統計作製の理論並実際（二）」『満鉄資料彙報』4-10，1939 年 10 月。
164　前掲南満州鉄道株式会社調査部資料課編『第一回社内統計講習会要録』[5 頁]。
165　蜷川虎三「調査論——調査に於ける諸問題」『満鉄調査彙報』2-12，1939 年 12 月。

招いて「調査部有志」との座談会を実施したところ，彼の談話が「極めて有益」だったため，『経済論叢』（1939年10月号）に載ったものが転載されたという経緯を背景にもつ（22頁）。ここで蜷川は，「調査の実際に於て，当該調査のために特に統計調査を実施する場合は少く，寧ろ既存の統計を利用する方が多い」からこそ，「調査者に於て既存の統計を理解し吟味批判しその利用性に於てこれを使ふだけの統計に関する知識をもつてゐることが重要」として統計学の重要性を唱えていた（34頁）。また，「㈠調査計画を立てること，㈡間接調査によつて可能なる調査をなすこと，㈢実地調査の準備，㈣調査結果の総括，報告の作成」などを机上調査と定義して，「調査に於ては文献資料が十分に整備されると共に，それらの所在と内容とを明らかならしむる資料目録が必要となる」と，資料収集という観点から机上調査の意義を認めている（36–37頁）。

同時に蜷川は，政策・立案，とくに経済統制と調査の関係について，「物資の生産並に需要消費の極めて正確なる調査を前提としてのみ〔物資需給動員〕計画の立案は可能」としたうえで，輸入途絶と自給自足が不可避となる状況下で生産力の増強と消費の抑制を円滑に遂行するには，「基礎調査が如何に精密なるか」が重要となるが，「この点に就いて，我国の生産及び消費の統計が何処までこれを満足するやうに調査されてゐるか甚だ問題である」と強く現状を批判している（30–31頁）。また，「同じく官庁の仕事であつても統計調査関係の仕事に従事する専門技能者の取扱に差別があり，地位は極めて低い所で制限され，これを指揮する者は統計を全く知らざる行政官に過ぎぬ」として，それゆえに，「統計の改善進歩発達の如きは殆ど期待出来ぬ」と官庁を批判した。ただし，官庁批判だけでなく，「事業会社等に於ける調査機関に於ても多くの場合同様」であり，「調査機関を設け調査を行はんとするならば，かゝる点を真面目に考へ，調査の実績のあがることに努むべきである」とも付け加えている（40–41頁）。

このような蜷川の主張は，官庁統計を模範とするような資料課第一・第二統計係の論調に対して，資料課第一編纂係などによる机上調査の意義を認めることで，資料課内のバランスを取るような働きをしたと思われる。それと同時に，物資需給動員計画を可能とするような調査ができていない点を指摘して，満鉄の総合調査が国策に資するに足りうるのかについて疑問を呈している。おそらく，この時期の調査部では，統計調査の方法をめぐってさまざまな議論がなされており，蜷川の談話がわざわざ転載されたのはそうした状況の表れであろう。このような議論の趨勢は総合調査の方法を強く規定することになる。

3）総合調査と統計調査

満鉄における統計調査についてさまざまに議論されるなか，大調査部は総合調査を本格的に展開しようとしていた。

調査部の拡大に際しては，陸軍から，満州およびソ連調査と社業調査を中心とすることが要請されていた。同様の申入れはすでに関東軍からもあり，陸軍の要請はいわば関東軍の申入れを「具体的，かつ厳しく述べたものであった」。これに対して，満鉄内では，支那抗戦力調査の「成功」を背景に，全満鉄調査機関をあげて統一テーマに取り組む総合調査に，一定の有効性が認められていた。さらに，1939年11月16日から21日までの調査部連絡会議では，調査部の特徴を「現地性」「国策性」「綜合性」の3点にまとめ，満州・華北・華中・東京などの現地調査機関による，「東亜新秩序建設」という国家的使命のための，日満支全域での政治・経済・法制・社会の各部門にわたる調査が企図された。その第一弾が日満支ブロック・インフレーション調査（以下，日満支インフレ調査）であった[166]。

日満支インフレ調査を始めるに際して，1940年1月に資料編纂並一般統計業務打合会議が開催されている（『資料編纂並一般統計業務打合会議報告』[167]）。

166　以上，井村哲郎「「日満支インフレ調査」と満鉄調査組織」『アジア経済』44-5・6，2003年5・6月，49-50頁。

167　調査部資料課『資料編纂並一般統計業務打合会議報告』（1940年1月10～12日），MOJ/2170。なお，本資料には表紙が付されていないため，作成箇所・資料タイトル・開催期間の月日はカード目録によった。また，開催期間の年代については，「附録一 昭和十四年度業務計画ト其ノ実績比較」（調査部資料課第二統計係），「附録三 大連統計打合会提出議題説明資料」（北支経済調査所統計班）において，1939年度の業務実績が39年12月末現在で報告されていること（64頁，77頁），「附録二 昭和十五年度業務計画案」（調査部資料課第二統計係）があること（72-74頁），「附録一」の中で，業務計画としての「統計講習会開催」が「七月三十一日ヨリ八月十二日迄開催ス」として実績で報告され（71頁），この日程が前述の第一回統計講習会のものと一致することから，1940年

これには，調査部資料課長・水谷国一を筆頭に，資料課では第一資料係・第二資料係・第一統計係・第二統計係・第一編纂係から，調査部では綜合課・第二調査室・第三調査室から，その他では奉天事務所資料課・新京支社・東京支社・上海事務所・北支経済調査所・北満経済調査所・大連図書館から調査員が出席している（1-2 頁）。会議では，「資料係関係」「編纂係関係」「第二統計係関係」の 3 つに「提出議題」が区分され，資料課が主催となっていたことをうかがわせるが，「本部側業務実績ノ報告」だけでなく，「現地側報告」もなされており，議論は双方向的に進行した。「現地側」の調査環境の悪さは相変わらずで，「調査部門ノ拡大ニモ不拘参萬円程度ノ予算テ十分ノ活動カ出来兼ネル」（上海事務所調査室，17 頁）や，「図書費ハ五千円ニ過キナイ」（東京支社調査室，20 頁）など，資料の収集活動における不満が少なくない。

同様に，第二統計係主任・福田勇も，「人員ニ就テハ欠員問題カ相当期間放置サレテヰル」，「莫大ナ統計表ノ作製ノ為多数ノ人員ヲ要シ，他ノ業務ノ遂行ニ支障ヲ来シテヰル」と，統計業務の環境整備が不十分であることを述べるが（12 頁），「現地側」からも，「満州関係統計資料ノ蒐集ハ相当広範囲ノ仕事テ未タ十分ナ活動ヲ行フニ至ツテナイ」（新京支社調査室，13 頁），「一般統計ヲヤルタメニハ現行貿易統計ヲ将来支那側機関ニ委譲工作ヲスル」（上海事務所調査室，18 頁）といった声が上がっている。統計関係の打合せでは，「北支那外国貿易統計年報ノ数字ト大蔵省貿易統計月表ノ数字トノ間ニ大キナ相違カアル」ことなど，貿易統計を中心に議論が進められるなか，統計打合会議を満鉄内部で行っている現状を改めて，「日満支経済統計整備ノ為ニハ，日本官庁其ノ他諸機関ヲ加ヘタ担当者ノ懇談会ヲ開キ，各箇所ノ意見，希望，批判等ヲ聞ク必要カアル」という説明がなされている（54-55 頁）。

さらにいえば，この報告には，「附録一 昭和十四年度業務計画ト其ノ実績比較」「附録二 昭和十五年度業務計画案」「附録三 大連統計打合会提出議題説明資料」の 3 つが付されており，「附録一」「附録二」は資料課第二統計係，「附録三」は北支経済調査所統計班が作成したものであった。ここで注目されることは，第二統計係が「昭和十四年度業務計画」の中で，「本源的ナ統計ノ作成」

と判断した。

として，「満州工場統計速報」「満州国外国貿易詳細統計（昭和十二年）」「同上（昭和十三年）」「満州対支那貿易詳細統計（昭和十一年）」「同上（昭和十三年）」を掲げ，「満州工場統計速報」の実績として「満州国ニ於ケル原票蒐集ニ約一箇月遅延セルモ集計著(ママ)手後ハ予定通進捗シ十月末集計完了十一月末校正完了十二月八日納本トナル」と報告している点である（64-65頁）。第二統計係は，「原票」からの統計作成を「本源的ナ統計作成」と認識して，満州国との協力関係のもとでそれを展開しつつあった。翌年度の「附録二 昭和十五年度業務計画案」でも「本源的ナ統計ノ作成」は予定され，「満州工場統計速報（昭和十四年）」「満州国外国貿易詳細統計（昭和十三，四年）」「満州対支那貿易詳細統計（昭和十二，三，四年）」が挙げられている（72頁）。そして，北支経済調査所統計班は，「天津海関ニ於ケル北支貿易統計作成援助経過並作成統計内容ノ説明」の中で，「本年度ニ入リ……軍，興亜院方面ニ於テハ遂ニ天津海関ヲシテ当班ノ要望セルカ如キ北支貿易統計（内外共）ノ〔北支における〕作成ヲ行ハシムルコトトナリ形式的ニハ財政部令ニ依リ天津海関ヲシテ北支貿易統計ノ作成ヲ行ハシムルニ至」り，「4月中旬興亜院長岡調査官来所，右統計作成ニ関シ当班ノ援助ヲ求」めると，「五月中旬石井税務司来所，所長ト打合ノ結果神宮司職員ヲシテ三箇月右統計業務作成ヲ援助セシムルコト」になったと，天津海関と協力して貿易統計を作成していることを報告している（90頁）。北支経済調査所統計班では，「北支ニ於ケル統計機構ノ調査研究」として「支那統計制度」と「天津海関統計制度及機構」の研究を並行して進めていたことも付言しておきたい（78頁）。

満鉄が社内の業務統計ではなく，社外の一般統計を作成しようとする場合，満鉄外の関係諸機関との協力は必要不可欠となる。この点について北支経済調査所統計班は，「官庁ノ必要カラ満鉄機関カ提出スル資料ハ多イカ，満鉄ノ調査ノ必要上カラ官庁並ニ之ニ準スル諸機関ニ要求スル資料ハ其ノ入手ヲ拒絶サレル場合カ多」く，「此ノコトハ満鉄調査機関ノ調査，少クトモ統計関係ノミカラ云ヘハ其ノ統計調査ノ方向ノ変更ヲ余儀ナクセシムルモノカ，然ラサレハ，其ノ存在ノ意義ヲ更ニ強調シテ現在方向ヲ更ニ強化シナケレハナラナイコトヲ物語ツテヰル」と危機的な現状を指摘している（92頁）。また，東京支社調査室も，「対外的ニハ各官庁，帝農，山林，漁業組合等ノ産業団体，特殊会社，研究団体等ノ連絡ヲ目的トシ，目下官庁方面ト接衝中，満鉄ノ存在ハ満州国ノ場合ト異ナリ，今ノ所各官庁カラハ余リ充分ニ認識サレテヰナイ。漸ク二，三ノ官庁カヤツト認識シ始メタ程度テアル」と，官公庁などの満鉄に対する認識の弱さを指摘していた（20–21 頁）。

しかし，こうした官公庁との関係の弱さは隠蔽された。この『資料編纂並一般統計業務打合会議報告』は，『満鉄資料彙報』に「資料業務打合会に於ける議事の摘要報告——特に業務実績の報告並其検討，資料分科会を中心として」と題して転載されたが，上述の東京支社調査室（具体的には佐藤清麿）の指摘は，「我々の仕事は資料の蒐集と共に，官庁，産業団体，特殊会社，研究団体との連絡を図る仕事がありますが，新たに調査室の成立と共に漸く価値が認識せられ来つて特に海軍省，商工省等の如き従来の態度を一変致しまして積極的に好感を寄せられるに至つております」と書き改められている[168)]。そして，「資料分科会を中心として」という副題が示すように，資料課第二統計係を中心とする議事録は完全に削除され，3 つの付録も一切掲載されなかった。つまり，統計係の「本源的ナ統計ノ作成」は，『満鉄資料彙報』という社内刊行物において完全に無視されたのである。

むしろ，そうした地味な統計調査ではなく，購入した資料の効率的な活用などのためにも，資料目録関係業務について打合せがなされた。「会社各資料箇所ハ各所蔵資料ノ利用上如何ナル種類ノ目録ヲ備附クヘキカ」では，「分類目録」「書名目録」「著者名目録」のほかに「件名目録」を編纂することが認められ，議題を提案した上海事務所で「件名標目表案」を作成することになった。また，「目録法ノ制定」は「資料目録作成ノ基準タルヘキ会社標準目録法カ未タ成文化サレテヰナイ」という問題を解消するもので，そのこと自体に驚きを覚えざるをえないが，これも議案を提出し，かつ，私案をもっている北支経済調査所に委嘱のうえ共同討議に入ることとなった。最後に，「会社基準資料分類表ノ制定」では，「調査部資料課ノ分類表ニ従ヒツツソノ不適当ナ部分ヲ修正シタ経験カアル」上海事務所の分類表を共同で再検討することになっている（50–51 頁）。個票から統計を作成して調査活動を展開するのではなく，外部で

168　「資料業務打合会に於ける議事の摘要報告——特に業務実績の報告並其検討，資料分科会を中心として」『満鉄資料彙報』5-1，1940 年 1 月，75 頁。

作成された統計資料を収集して，調査活動を総合的に展開するという方向性がはっきりと出されたのである。その結果，『満鉄資料彙報』の編集についても，横川は「資料ト調査トノ媒介的機能トイフコトニ対シテハ充分ナル成果ヲ果シ得ス」，「各箇所ノ連絡，報告ハ不十分テアリ調査員トノ協力モ不成績ニ終リ，更ニ突込ンタ連絡ニ乏シカツタ」と反省したうえで，「是非共行ヒタイト思フ」ものとして「資料ト調査トヲ媒介スルト言フ意味ニ於テ社内刊行物ノ紹介ニ十全性ヲ持タセ」ることを挙げている（43-44 頁）。つまり，「社内刊行物ハ之ニ実際タッチセル調査員ヲシテ自己批判的要素ヲモ交ヘテ紹介ニ当ラシメ」（44 頁）[169] るもので，「本源的ナ統計ノ作成」ではなく，収集した既存資料を机上で編集した社内刊行物を「自己批判」することによって，統計調査の品質を保てるとの判断がなされていた。

4）日満支インフレ調査とその結末

日満支インフレ調査は，統計調査の方法を何ら改善することなく，既存資料に依存するかたちで開始された。その調査計画（「日満支ブロック・インフレーション及其の対策調査計画」[170]）によれば，調査の目標は，「インフレーション発展過程及其の原因の検討に止まらず……将来に於けるインフレーション発展の見透並インフレ抑制のために政策の方向を示唆し，右の政策樹立のための基本的条件を究明すること」（46-47 頁）にあり，「物価の動態調査」が計画されている。より具体的には，「各地の標準的物価指数を整理，検討し，事変以来の騰貴趨勢をみる」とともに，「輸出価格，輸入価格，国内価格」「卸売価格と小売価格」「公定価格と闇相場」による「重要商品別価格動態調査」を実施し，そして，「各地物価の絶対的高さの比較」を行おうするものであった（45 頁）。とくに満州について見れば（「『日満支ブロック・インフレーション及其の対策』調査研究案」[171]），卸売物価に関しては新京で，小売物価に関しては新京・奉

169　なお，この発言は，前掲「資料業務打合会に於ける議事の摘要報告――特に業務実績の報告並其検討，資料分科会を中心として」でも完全に再録されており（79-80 頁），統計係のそれとの違いが際立っている。

170　調査部綜合課「日満支ブロック・インフレーション及其の対策調査計画」『満鉄調査部報』1-1，1940 年 5 月。

171　「『日満支ブロック・インフレーション及其の対策』調査研究案」『調査部報』1-2，1940

天・哈爾濱・大連の「大都市」，安東・営口・吉林・斉々哈爾・黒河・承徳・山海関・錦縣・図們・佳木斯・牡丹江の「地方」，および開原・公主嶺・安達・綏化・克山・洮南・山城鎮・遼陽・朝陽・延吉の「地方農村」でデータを収集することになっている（27頁）。また，具体的な調査品目として，「高粱」「粟」「包米」などの「農産品」が14品目，「工場用炭」「揮発油」「電力」などの「生産財」が26品目，「燈油」「麦粉」「豆油」などの「消費財」が19（＋1）品目，「新京案」として挙げられ，さらにこれとは別に「貿易品」も列挙されている（33-34頁）。

これだけの価格データを集めるには，資料課第一・第二統計係の立場からすれば，基準時点である1937年6月より（27頁），各地に統計調査員を配置していることが前提となる。しかし，当然ながら，そのようなことはなされていない。調査品目の選定に際しては「主として中銀調〔満州中央銀行調査課〕に依る」と，満鉄外の調査機関の統計資料を使用することが前提となっており，「中銀調のみにては不足する品目に就き別途調査」することになっている（27-28頁）。この場合，利用する統計資料についての研究・分析が不可欠であるが，1940年7月23日から27日にかけて開かれた「統一業務計画連絡会議」では（「十五年度統一業務計画連絡会議――日満支インフレーション調査」[172]），「中支」におけるインフレ調査に関して「上海物価動態調査については資料に乏しい，特に奥地は断片的資料のみ」と報告されたにもかかわらず（47頁），最終日になってようやく「物価動態調査，並，各地共通重要商品に就ての打合」がなされるのみで（17頁），さらにいえば，ここでも最終日の議事録などは一切掲載されていない。また，ようやく調査部として実施するようになった「新入調査員の訓練」についても，「昭和十五年度調査部専門学校以上卒業定期採用社員養成経過報告」[173]からは，「特殊文献目録作成」のレクチャーや「語学（華語・露語）講習」が実施され，「調査業務に関する基礎講習会」が開かれても，統

年6月。

172 綜合課「十五年度統一業務計画連絡会議――日満支インフレーション調査」『調査部報』1-3，1940年7月。

173 調査部庶務課養成係「昭和十五年度調査部専門学校以上卒業定期採用社員養成経過報告」『調査部報』1-3，1940年7月。

計講習会は開かれておらず，資料課第一・第二統計係の調査員が講師として招かれてもいないことがわかる（54-60頁）。つまり，日満支インフレ調査の過程においても，資料課第一・第二統計係の存在，または，彼らを中心に展開された統計をめぐる議論や活動は，全くと言ってよいほど無視されていた。

このような状況の中で，翌8月7日から10日にかけて，一般統計関係打合会議が開催されている（『一般統計関係打合会議要録』[174]）。1月の資料編纂並一般統計業務打合会議とほぼ同様に，調査部資料課長・水谷国一を筆頭に，資料課では第一統計係・第二統計係・第一編纂係から，調査部では綜合課・庶務課養成係から，その他では北支経済調査所・上海事務所・東亜経済調査局から調査員が出席していた（[1頁]）。しかし，会議は初日から荒れていた。綜合課の横川と浜矢が「インフレ統一テーマニ対シ統計係トシテノ態度，協力程度如何」と問うたのに対して，第二統計係主任の高岡周夫は「現地ノ方テハカナリ密接ニヤツテヰルカ大連テハ夫レ程テハナイカラ今後ハ出来ルタケ援助スル」と，綜合課と第一・第二統計係の冷え切った関係をそのまま伝えた。また，北支経済調査所統計班主任の栗本某も「北支テハインフレ担当者ノ指示ニ基テ機械的ニ行ツテヰル。タタ本部ヨリノ連絡統一ヲウマクヤツテホシイ（物価指数ノ基準，計算，方法，連絡箇所）」と，綜合課のイニシアティブの弱さを暗に指摘していた（[3頁]）。

自分たちの議論や活動を無視されていた第一・第二統計係の調査員にとって，こうした態度はもっともなことだったのかもしれない。事実，第二統計係は，この打合会議直前までの活動について，「昭和十五年度業務実績（自四月至七月）」の中で，「四　研究事項」として，「満州物価調査機関ノ変遷」「満州物価指数再編成ノ技術的過程」の2つを，「進行中，十月末完了ノ予定，発表未定」としており（[16頁]），また，北支経済調査所統計班も「業務経過報告」の中で，「北支経済諸統計」について「本源的ナ統計ノ作成」を「継続」して印刷に回そうとし（[17頁]），「北支ニ於ケル統計制度ノ研究」についても同様に「継続」するなど（[19頁]），自分たちの信念にもとづいて，地道な統計調査を

174　調査部資料課第二統計係『一般統計関係打合会議要録』（1940年8月7～10日），1940年，MOJ/2172。なお，本資料には表紙が付されていないため，作成箇所・資料タイトル・発行年はカード目録によった。また，開催期間は［12頁］による。

重ねていた。

おそらく，日満支インフレ調査に参加していた綜合課を中心とする調査員は，自分たちの必要とする物価統計を集めることに，それほどの困難は伴わないと考えていたのだろう。「『満州インフレーション及其の対策』調査具体計画」[175]には，「満州物価の動態」について対象品目を列挙したうえで，「×印＝調査中」という記述があり（30頁），すべての対象品目の物価統計についてひとつひとつ探索していたことがうかがえる。同時に彼らは，資料課第一・第二統計係の調査員の議論の射程を理解していなかったようでもある。第二統計係の殿村亦一は，前述の「満州に於ける生計費指数の実際」の後に，「物価指数再編成案」[176]を『満鉄調査彙報』に発表している。ここで殿村は，「単に諸商品の価格を調査し，その平均を採ればそれが物価指数であれば，問題は極めて簡単であり，単なる言葉の上で物価指数を「貨幣価値変動の測度」と定義する丈けでは，これ又物価指数の実質的規定とは成り得ない」（4頁）と，「平均」することの危うさを指摘しているが，実際の満州インフレ調査では「総物価」の算出に「単純算術平均」が用いられている[177]。また，殿村は，「物価指数を以て特定の商品集団の価額の変化を示す場合」として，今日，ラスパイレス指数として知られる方法を紹介しながら（7頁），「二時点の一社会の再生産上必要な商品集団の一定数量を獲得するに要する貨幣量の変化を知る」ことを最終目的として，「前月基準若しくは前年基準とする連鎖式基準法」を提案している（11頁）。一般的に，ある財について基準年と比較年の価格と生産量を調べる場合，比較年の生産量を調べることが最も難しい。それに対して，基準年の生産量は既知であることが多く，価格は基準年・比較年ともに得やすいことから，基準年の生産量を使ったラスパイレス指数は速報性が高いとされる。もちろん，どの財を選択するかというバスケット構成の問題は残るものの，殿村は「商品集団の構成」と「重み」についても言及しており（8-10頁），基準年を1期前に置いた連鎖式基準法は，スピーディな調査を特徴とする調査部の利点を活か

175　新京支社調査室「『満州インフレーション及其の対策』調査具体計画」『満鉄調査部報』1-4，1940年8月。
176　殿村亦一「物価指数再編成案」『満鉄調査彙報』3-2・3，1940年3月。
177　前掲「『日満支ブロック・インフレーション及其の対策』調査研究案」27頁。

した，無理のない，かなり現実的な価格指数の計算方法であった。にもかかわらず，こうした提案が受け入れられた形跡は残っていないのである。

9月9日から14日にかけて第一次中間報告会議が開かれると，「各地の結論の根拠乃至基礎たるべき部門別の具体的データも，可及的に整理の上提出すること」が申し合わされた[178]。その後，10月28日から11月9日にかけて開かれた第二次中間報告会議では，井村哲郎の指摘するように[179]，特殊な資料の提供を受けた軍との関係に配慮して社外への公表を控えることが確認され[180]，11月13，14日に「日満支インフレーション調査綜合委員会議」の開催をもって「本年度上半期統一業務計画としての本調査を完了」した[181]。軍への配慮から調査報告の公表が控えられたことに加えて，結果的に日満支インフレ調査は，公表に値するほどの成果を上げることができなかったことに留意したい。「満州インフレーション調査報告　第一部 総括並対策編」は素直に，「経験の未熟，統計資料の貧困」を告白している[182]。「生産部門間の均衡破壊」「物価体系の混乱」を指摘はするものの[183]，結局，それは，無秩序的な貨幣膨張という現象を記述したにすぎず，産業連関や市場統合というインフレの構造を明らかにしたわけでも，対策を効果的に示したわけでもなかった。

また，井村哲郎も引用するように[184]，「インフレーション調査を顧みて」では，「我々の調査不十分の結果，より具体化する資料を作成することが出来なかつたこと」，「問題の内容が，甚だ広範囲であると同時に，之等を十分具体化させ，立証する為の具体的資料の入手は，満鉄調査部の如き機関の力を以てし

178　綜合課「統一業務計画日満支インフレーション調査第一次中間報告会議の経過並に申合事項」『満鉄調査部報』1-5，1940年9月，24頁。

179　前掲井村哲郎「「日満支インフレ調査」と満鉄調査組織」56頁。

180　調査部綜合課「日満支インフレーション調査第二次中間報告会議経過概要並に議事内容」野間清・下條英男・三輪武・宮西義雄編『満鉄調査部・綜合調査報告集』亜紀書房，1982年，449-450頁。

181　綜合課「日満支インフレーション調査綜合委員会議概容」『満鉄調査部報』1-8，1940年12月，7頁。

182　調査部「満州インフレーション調査報告　第一部 総括並対策編」1941年7月，前掲野間清・下條英男・三輪武・宮西義雄編『満鉄調査部・綜合調査報告集』457頁。

183　同上，473頁。

184　前掲井村哲郎「「日満支インフレ調査」と満鉄調査組織」56頁。

ては到底不可能である」ことが認められていた。そして，「之は，満鉄調査部の調査の限界性を示すものであつて，やゝ漠然として使用された「国策調査」といふ言葉に，再検討を必要とする機会が与へられたのではないかと考へられる」と，第一次中間報告会議で申し合わせた具体的データの提出が不十分であったことを示唆しながら，日満支インフレ調査を反省している[185)]。ところが，これが，松岡端雄となると，「所謂第一次的大量観察的資料の多く（例えば人口統計，国民所得，工業統計等々）は，寧ろ国家に依て供与さるべき性質を持つもの」として，物価統計という表現こそ用いないものの，物価統計を必ず含む「国民所得」のデータを政府がきちんと準備していないことに，日満支インフレ調査の成果が十分上がらなかった責任が求められるようになる[186)]。今さらながら，統計調査員の養成と確保が政府の問題として位置づけられており，統計調査の基盤整備については他力本願のままであった。

7 国策調査との不協和――満鉄調査の硬直性

1) 農林省と商工省の評価

日満支インフレ調査への不評，とりわけ，個票からの統計作成体制の不備と統計調査員の養成ができていないことへの低い評価は，国内官庁の満鉄調査組織に対する認識として，すでに定着していたようである。

1940年9月24日から25日にかけて，農林省主催の内外地農林統計調査事務連絡協議会が開催されている（「内外地農林並商工統計調査事務連絡協議会概要報告」[187)]）。農林省側では，大臣官房調査課・対策部計画課・農務局農政課・畜産局畜産課・蚕糸局蚕業課・米穀局資料課・馬政局馬産課・官房統計課から，各省庁などでは，企画院・興亜院・商工省・拓務省・東京帝大農学部・帝国農

185 綜合課「インフレーション調査を顧みて」『満鉄調査部報』1-9，1941年1月，6-7頁。
186 松岡端雄「調査部の任務及組織の基本問題に関する私見」第一部『満鉄調査部報』1-8，1940年12月，16頁。
187 調査部資料課「内外地農林並商工統計調査事務連絡協議会概要報告――附 満鉄刊行統計資料紹介懇談会概要報告」『満鉄調査部報』1-9，1941年1月。

会・千葉県統計課・栃木県統計課から，外地では，朝鮮総督府・台湾総督府・樺太庁・南洋庁・満州国・華北交通から（32-34 頁），そして満鉄では，東京支社調査室・調査部・鉄道総局調査局・北支経済調査所・上海事務所調査室（27 頁）から，職員などが出席した。その目的としては，「農林統計調査制度改正案（農林省立案）に関する意見交換」「内外地農林統計調査（方法，範囲，項目等）の連絡統一」「農林統計の相互通報並に統計資料交換」「統計調査連絡協議会開催」の 4 点が掲げられ，「農林統計調査制度改正案（農林省立案）に関する意見交換」については，「農林統計調査の内容方法」などの改正案に関して，「外地，満州国等の関係者の意見交換を為す」ことが付記されており，2 日目には「満州国及満鉄農林関係統計調査制度」についてヒアリングが実施されている（28-29 頁）。

調査部資料課が記した協議会の「感想」では，「農林統計規則改正案の趣旨に従ひ，各地に於てその民度の相違等を考慮の上可及的に実施されたきこと」「農林統計調査方法に関する連絡を緊密にし，新規調査に当つては相互に連絡調整を図り，綜合的調査結果を斉らしたきこと」の 2 点を「農林省側の希望」として認識していた（31 頁）。つまり，調査部資料課の報告からは，農林省側に外地機関の事情を考慮する態度があったことがうかがえる。そのためか，「外地側の態度」として「外地に於ては民度の低き事の為，改正案に見る如き調査方法は画一的に採用し得ず」としたうえで，「耕地面積さえも不明瞭なる事情にある満州支那方面に於て，右の改正を採用する事は不可能」と，結局のところ農林省の定める調査方法を拒否している（31-32 頁）。また，「農林省案，農林統計調査制度改正要旨」の中では，「調査員調査を全府県に対して求むる表を限定し，爾余の表は，市町村役場に於て各種の資材（各種組合営業者等よりの報告）を用ひて調査する途を開きたり，但し，後段の場合は市町村長に於ては其の調査の方法をも同時に報告するものとした」（29 頁）とされており，調査員の負担が軽減されていることがうかがえる。これに対して調査部資料課は，「農林統計規則改正案は近く実施される予定なるも，一般に調査員の加重負担を考慮せねばならず，又経費其他の為右案の全面的実施は不可能なる如く，一部分は削除されるであろう」（32 頁）という依然として否定的な感想を残している。「削除される」「一部分」とは，「市町村長に於ては其の調査の方法をも同時に報告する」ことを含んだものであろう。統計調査をめぐる農林省からの「配慮」を，満鉄は素直に受け止めることができずにいた。相変わらず，官庁の統計調査を見下している風でもあった。

同年12月4日と6日には，商工省主催の内外地商工統計調査事務連絡協議会が開催された（前掲「内外地農林並商工統計調査事務連絡協議会概要報告」）。商工省側では，大臣官房調査課・総務局・鉱産局・貿易局から，各省庁などでは，企画院・興亜院・農林省統計課・拓務省から，外地では，朝鮮総督府・台湾総督府・樺太庁・南洋庁・関東州庁・満州国・興亜院から（37-39頁），そして満鉄では，東京支社調査室・調査部・鉄道総局調査局・上海事務所調査室（34頁）から，職員などが出席している。

協議会の目的としては，「内外地各種統計調査（方法，範囲，項目等）の連絡統一」「外地に於ける未調査商工統計の新設」「内外地を通ずる商工統計の作成」「内外地に於て作成する資料或は情報の交換」が掲げられ，「内外地各種統計調査（方法，範囲，項目等）の連絡統一」については，内地と外地とで異なっている統計調査の方法，範囲，項目などを連絡統一するために，「内外地の各種商工統計調査の実情を審にし適宜なる方策を講ずること」が，また「外地に於ける未調査商工統計の新設」については，内地における工業調査の拡充整備と商業調査の新設に関する記述にともなって，「外地に於ても内地と同様可及的に之等統計調査の新設を企図すること」が付記されている（34-35頁）。商工省主催の協議会でも外地特有の事情について聴取されたものの，農林省主催のそれよりも厳しい態度に直面したようで，満鉄は「商工統計」と「貿易業統計調査」を商工省と同じ調査方法を用いて外地でも実施することを，商工省から「要求」されたと認識していた。

しかしながら，『満鉄調査部報』の伝える「感想」に大きな変化はなく，「外地側の態度」として，「商工省の如く輸出品（351）輸入品（225）に付営業所を有して其の輸出直輸入に当つて居る業者の調査を行ひ統計を作成して居る処はない」としたうえで，このような「詳細なる調査」を行うことは「必要適切」だが，外地では予算などの関係で実施されておらず，「可及的速に実現せしむることを約した」と表現するにとどまっている。また，満鉄自身の感想としては，「民度の低きこと」などから「幾分ラフなもの」となり，「外地に就ては日本内地程詳細な項目に亘る計数は重点主義に即応すれば差当り必要ではあるまい」と，商工省の要求を完全に受け入れる気がないことを明らかにしている（36-37 頁）。

2)「無邪気」な満鉄

こうした国内官庁からの要求への，満鉄なりの対抗意識の表れであろう，この直後（1940 年 12 月 12，14 日）には，「満鉄刊行統計資料紹介懇談会」を開催した（前掲「内外地農林並商工統計調査事務連絡協議会概要報告」)。この懇談会には，満鉄側から東京支社調査室，東亜経済調査局，調査部資料課第二統計係，上海事務所統計係が出席し，1 日目に大蔵，外務，商工，農林，鉄道，厚生の各省が，2 日目に日銀，正金，興銀，勧銀，東亜海運，東京商工会議所が「招待」されている。その「主旨」には，満鉄の各種経済統計書の満鉄外組織での利用とその実効性について確認するために，商工省主催の内外地商工統計調査事務連絡協議会に満鉄統計担当者が参集した機会を利用して懇談に至ったと記されている。満鉄側は，「調査部組織表に就て，機構及各箇所の担当業務を説明したる為，調査部全体の業務内容と統計業務との関係に就き出席者に認識せしめた，また各統計書を会場にて解説し乍ら回覧し粗雑なものではあるが統計書目録を配布したる為，統計書の所在を知らしめたことは満鉄の統計調査の成果を認識せしむるに有効であつた」と感想を残している。また，「本会議の席上官庁側より満鉄の現地に於ける調査機能を活用するために協力して欲しいと謂ふ意見や，具体的には未入手の資料の要求，業務計画作成前に官庁側と連絡して欲しいと謂ふ申出があり甚だ効果的であつた」と，大いなる手応えを感じたことを記している（39-41 頁）。

しかし，こうした感想は，官庁の統計調査を見下す気風による，実に無邪気な認識にもとづいたものであった。問題は，「統計書は数字の配列を大部分とする為一般に興味を持たれず自然死蔵される傾向が多いが之は作成編纂者側に於て別に該統計書の内容解説をものし之を集成して利用者に知らしめる必要がある」（41 頁）という感想の方にある。ここからは，満鉄が官庁サイドの認識を正しく把握していなかったことがうかがえる。満鉄の統計は「数字の配列を大部分とする」ために「死蔵」されているのではなく，「統計調査の方法，範囲，項目」などが不透明で使いようのない代物だったのである。そのことは同時に，個票から集計される統計をもたないがゆえに，一年単位ではなく四半期ごとのような，分割した形での集計ができないことも意味していた。つまり，こうした満鉄の働きかけに対して，農林省と商工省は納得したわけでも，厳しい措置を取ったわけでもない。むしろ，満鉄（と外地機関）に統一的な統計調査の実施をそもそも全く期待できないことを，あらためて認識したようである。

というのも，この年の 5 月 13 日から 16 日にかけて，例年通り農林省と商工省によって，各道府県の統計課長を集めた地方統計課長会議が開催されている（「彙報 農林省及商工省に於ける地方統計課長会議」[188]）。農林省のそれは，「農林統計調査制度の全面的改正案を議題」としており，「市町村統計事務の指導監督に関する件」「増産計画関係統計に関する件」「報告期限の励行に関する件」が「指示事項」として，「農林統計報告の電報督促に関する件」「報告の審査検算に関する件」「家畜統計に関する件」「重要農作物栽培状況調査速報に関する件」が「注意事項」として出されている（68–71 頁）。また，商工省のそれでは，「報告期限の励行に関する件」「統計調査の趣旨徹底方に関する件」「調査票の提出方に関する件」「調査票の記入方に関する件」「工業調査に関する件」「商業調査に関する件」「会社統計に関する件」が「注意事項」として出され（71–73 頁），各道府県統計課長からの提出事項も少なくない（73–76 頁）。

これらの「指示事項」「注意事項」には瑣末なものも含まれているように見えるが，内地における官庁統計はこうした細かい事柄を指示・注意しうるほどに制度化されていることに留意したい。加えて，そのことが，四半期ごとの集計結果の分析などを可能としていた点にも注意する必要がある。経済統制，すなわち，物資動員計画が全面的に実施された段階で必須なのは，今後の計画よりも，現状を把握するための「実績値」である。農林省と商工省の会議は，これを支えるものであった。満鉄はこうした定例会議の後に「召集」されたのであって，内地で確立された統計調査制度の外に置かれていた。つまり，農林省や商工省は，満鉄が内地と同水準の統計調査を実施できるような環境になく，それを支える統計調査員を養成していないことを，しっかりと認識していたの

188　「彙報 農林省及商工省に於ける地方統計課長会議」『統計集誌』707 号，1940 年 5 月。

である。

3）調査員からの官庁統計批判

こうした商工省と農林省からの厳しい評価を，満鉄は甘んじて受け入れることができなかった。商工省主催の内外地商工統計調査事務連絡協議会に出席し[189)]，満鉄刊行統計資料紹介懇談会でも「満鉄社業関係統計に就て」[190)]と題した報告をしたと思われる佐藤清麿が，翌年2月には「日本の地方統計機構について」[191)]を発表している。

これは，戦時下の政策立案において統計の果たす資料的役割が重要となってくるにもかかわらず，その統計を作成する「地方統計機構が依然として如何に矛盾に充ちてゐるか」（26頁）を調査したものであった。佐藤は統制経済の強化にともなう統計調査機関系統の混乱を，「統計の任務が社会が自由経済時代から統制経済時代に変化するにつれ記録統計から計画経済統計へと変化して来た結果，時代に適切な統計が乏しいことが表面に出て来た」（30頁）ものと認識していた。その上で，地方官庁が「一般に統計が利用価値ある為には如何なる要件を備へねばならないかに見識なき故に，統計課の業務に対して著しき認識不足を呈し」，それゆえに，「地方官庁は……統計課をして自由主義時代の経済社会を地盤とする統計業務を現在に於ても遂行させ，又遂行して居ることに何等の矛盾を感じて居ない」と，旧態依然とした地方官庁の統計調査を批判する（31頁）。なかでも，統計調査員への眼差しは冷徹で，そもそも人々が統計作成に興味を示すことなどなく，「統計調査員も亦此の例に洩れず自己の担当する六，七十戸の調査に依つて作成した統計，例へば段当の収穫高と自家の段当収穫高を比較研究することに興味を有する事が一般的であり，統計調査にとつて最も肝要な統計の真実性の確保それ自身に喜びを感ずるのは例外である」（34頁）と述べている。また，「人間が機械として使用されることは報酬がない限り喜びを感ずる筈がない」として，「年額十四，五円から二，三十円」の統

189　前掲調査部資料課「内外地農林並商工統計調査事務連絡協議会概要報告――附 満鉄刊行統計資料紹介懇談会概要報告」38頁。
190　同上，40頁。資料中には，「東京支社 佐藤職員」とあるのみである。
191　佐藤清麿「日本の地方統計機構について」『満鉄資料彙報』6-2，1941年2月。

計調査員は，「家業を抛つて迄も統計事務に従事せねばならない場合」が多く，それゆえに「統計事務が煩瑣になつた場合いゝ加減な報告をする事も亦あり得る」として，「いゝ加減な報告の実例は種々あるが，とも角いゝ加減な報告から正確な統計が生れる筈がない」と，統計調査員の待遇とモチベーションの観点から統計制度の正確性を批判した（34-35頁）。

もっとも，こうした内地の統計制度に対する批判的な感想を，佐藤は以前から抱いていた。というのも，1939年8月にも「中央統計委員会に就いて」[192]と題した論説を発表しており，経済統制の強化によって「各方面〔商工省・農林省・厚生省・文部省・司法省・統計局・民間商工団体〕が一様に今更の如く感じ出したのは政策の基礎資料の貧困という問題」であり，それが「已存統計の不備」を抱含することを指摘している（1頁）。そして，その不備の具体的内容として，「統計項目が現下の情勢にマッチしてゐないこと」「統計の出版がその内容に比して非常に遅れること」を挙げ，その是正策として「統計担当員の素質の向上」「統計機関の地位の変更」「統計機関自体の整備拡充」を掲げた（2-3頁）。そもそもこの論説は，中央統計委員会制度の紹介と検討を通じて，「満鉄統計業務改善の参考」に供することを目的としていた（3頁）。それゆえに，中央統計委員会への批判も激しく，その委員について「統計に経験深きもの若くは統計事務担当者は極めて少数である」と評したうえで，「中央統計委員会の会員の素質を向上すべき」と提言していた（11頁）。そうした意味では，佐藤の「日本の地方統計機構について」は，商工省・農林省への反論というよりは，元来から抱いていた内地統計制度への批判の延長にあるものと解することもできる。

しかし，「日本の地方統計機構について」の終盤で佐藤は，「内閣統計局」のほかに「農林省統計課」「商工省調査課」の名前を挙げて批判している。佐藤は，「被調査者に対する庇護の精神を被調査者に普及せしめねばならない」ことに言及する箇所で，この頃実施されていた「米穀現在高調査」について，この調査が「明瞭に供出米の為に使用」されるものであるにもかかわらず，「統計調査員を此の在米高の調査に従事せしめたならば，被調査者の申告の庇護の

192　佐藤清麿「中央統計委員会に就いて」『満鉄調査彙報』2-8，1939年8月。

精神は破られて来る事になり，爾来在米高調査に限らず，一般の統計調査に於て被調査者の信頼を得る事は困難となり統計一般の正確性は確保されない事になる」と指摘した。そして，「今日の在米高調査に対して統計調査員を使つた処もあつた」と断言する（50頁）。

「被調査者の信頼を得る事」は，統計調査において外地機関が直面する最も困難な課題であった。農林省主催であれ商工省主催であれ，いずれの協議会に対しても，「民度の低き事の為」や「民度の低きこと等よりして」などと理由を付けて，外地の事情を感想の中に込めたのは，いわばひとつの「弁解」であった。すなわち，先に述べた東京統計協会会長・阪谷芳郎から満州国国務院総理・鄭孝胥への建議書にあった，①漸次中央地方に統計機関を整備し，民間には統計学会などの設置を促すこと，②人口・土地などの基本的な重要事項の調査を正確に進めること，③統計機関の組織化・統計調査の制度化などに関しては，明治以来の日本の経験を利用し，日本の統計当局と緊密な連絡を取ること，の3点を実現できなかったことへの弁解である。

同時にそこには，外地の統計調査において調査者と被調査者との間に信頼関係が形成できていないことに対する，中央官庁側からの厳しい批判があったことも想像される。佐藤の「今日の在米高調査に対して統計調査員を使つた処もあつた」との断言は，こうした批判への反論であるとともに，中央官庁を頂点として地方統計機構を整備し，さまざまな規定・規則・心得などを定め，または外郭団体からの援助があったとしても，統計調査が完全なものとなることはなく，そのことは内地・外地ともに共通する，という主張であった。

こうした批判の応酬は，満鉄調査組織と国内官庁との間に，統計調査をめぐって大きな溝があることをあらためて認識させる。満鉄のそれは，佐藤が指摘するように統計調査員への十分な報酬によって正確性が確保されるのに対して，国勢調査をはじめとする官庁のそれは，金銭的な報酬ではなく名誉を付与することで正確性を確保しようとする。また，「地方官庁は……統計課をして自由主義時代の経済社会を地盤とする統計業務を現在に於ても遂行させ，又遂行して居ることに何等の矛盾を感じて居ない」という佐藤の批判には，時局に応じてその時々で最も必要とされる統計調査を実施しようとする満鉄調査組織としてのスタイルが表現されている。その一方で，官庁にすれば，従来と変わらない調査項目で統計調査を継続するからこそ「異変」を正確に把握できるのであり，時局に流されずに，むやみに制度を変更しないことが統計調査員の安定的な養成にも寄与しているのであった。そうした意味では，「国策会社」としての満鉄は窮極的には，統計調査制度や統計調査員の養成といった基盤整備の点で，官庁と補完関係を形成するような「公共性」を備えていなかった。そして，株式会社としての「即時性」と「合理性」を持ち込んで，それを解消することができないまま，大調査部時代を迎えたといえる。

4）日満支戦時経済調査

調査部に設置された起草委員会が「昭和十六年度運営実施要領試案」[193]において，「国策調査」について「日満支戦時経済調査を基幹とす」（17頁）と記したことの意味は，こうした統計調査をめぐる国内官庁との対立関係の中に調査部を位置づけることで鮮明になる。満鉄の統計調査は，その方法において内地の基準を満たさない以上，もはや，日本・満州・中国を網羅的に調査しても国策に寄与するものにはなりえない。にもかかわらず，調査部がわざわざ「国策調査」として日満支戦時経済調査を位置づけた理由は，業務担当者会議において明らかにされている（「業務担当者会議主要議事経過報告」[194]）。それは，「インフレ調査が持つた限界を超えること，即ちインフレ調査に於て分析不足を暴露した，日満支各社会の構造的特質迄立入つた分析を行ひ，夫れに基き日満支経済機構の再編成を生み出す基本方向を，把握すること」（37頁）によって，「日満支の一体化を強化しつゝ，戦時経済過程を遂行すると共に，此の過程を通じて高度国防国家を建設せむとする」（38頁）状況下の国策に寄与することが可能と考えたからであった。

たしかに，各地案のうち「東京案」では，「日満支経済機構の再編成の問題」は「政治，社会上極めて微妙なる問題」であって「再考の要がある」として，代わりに「日満支戦時経済の強化，確立に資すべき調査」を提案している（58頁）。彼らにすれば，「再編成の如き経済の根本機構に重点をおく調査よりは，基礎的データたる経済事実に重点をおくこの種調査の方が適当」であり，しか

193 起草委員会「昭和十六年度運営実施要領試案」『満鉄調査部報』1-10，1941年2月。
194 綜合課「業務担当者会議主要議事経過報告」『満鉄調査部報』1-10，1941年2月。

もこの調査は「明確なる具体的資料により結論を出すに適当であり，従つて直接端的に国策に寄与する点」においてもふさわしいものであった（59頁）。こうした態度は「昭和十六年度統計業務打合会」にもつながっていたようで（「工業立地条件調査打合会・昭和十六年度統計業務打合会に関する件」[195]），高岡周夫（調査部第一調査室），殿村亦一（新京支社調査室），佐藤清麿（東京支社調査室），夷石隆寿（新京支社調査室），丸岡淳夫（鉄道総局資料課）など，満鉄の統計調査方法の改善に取り組んできた調査員が出席している（48頁）。また，業務目標として，「戦時経済動向の統計的把握」「経済再編成上必要とする基礎統計の整備」に「重点」をおいてもいた（49頁）。

しかし，「重要協議事項」として第一に掲げられたのは「綜合統計の編成に関する件」であった。ここでは「綜合統計」という新しい表現が用いられている点が注目される。その内容は，「日満支（東亜共栄圏）経済再生産過程の構造分析指標として，一定の視角より……可能なる範囲内に於て，基礎統計の蒐集整備並数量的調査研究をなす」とされた（50頁）。そして，ここで提示された『東亜経済統計季報』[196]は，各地の統計機関（新京支社調査室，北支経済調査所，上海事務所調査室，東京支社調査室，東亜経済調査局）が個別に抱える地域性をふまえて，「画一的統一に陥ることを避け，昨年8月決定を見たる満鉄調査部一般経済統計業務処理要綱に基き，社内調査立案業務と連絡を緊密化し，調査業務と一般経済統計業務とを有機的に連繋し，之が成果を吸収し，以て統計資料の蒐集整備並利用を有機的ならしめん」とした（53頁）[197]。つまり，「日満

195　「工業立地条件調査打合会・昭和十六年度統計業務打合会に関する件」『満鉄調査部報』2-2，1941年5月。

196　この季報は次のような構成と担当になっている（同上，53頁）。
　第一分冊 総括編……調査部第一調査室
　第二分冊 満州編……新京支社調査室
　第三分冊 北支編……北支経済調査所
　第四分冊 中南支編……上海事務所調査室
　第五分冊 日本編……東京支社調査室，東亜経済調査局
　第六分冊 南洋編……東京支社調査室，東亜経済調査局

197　「昨年8月決定を見たる満鉄調査部一般経済統計業務処理要綱」とは，前述した一般統計関係打合会議（1940年8月7〜10日）で決定されたものと思われるが，管見の限りこの要綱は見当たらない。

支経済ブロックの基本動向を知るべき統計資料の蒐集並作成を，永年計画として継続して来た」調査部の「一般経済統計業務」は（49頁），「日満支綜合統計の作成を企図されたるも，其の実現を見ずに今日に至」ったが，「今回各地統計機構の成果を基礎として総括を期待され」ており（53頁），それに応えたのが『東亜経済統計季報』だという。

ここで留意したいのは，資料課統計係が訴えてきた統計調査は省みられておらず，あらためて「日満支経済ブロックの基本動向を知るべき統計資料の蒐集並作成を，永年計画として継続して来た」（49頁）と調査部自身の歴史を再解釈していることである。日満支戦時経済調査では，「構造的特質迄立入つた分析」と「日満支経済機構の再編成を生み出す基本方向を，把握すること」が「留意」されているのである（前掲「業務担当者会議主要議事経過報告」37頁）。つまり，日満支インフレ調査での失敗と自身の統計調査に対する国内官庁の低い評価を（内地統計調査の不十分さを反批判で突きながらも）ふまえて，「分析」と「把握」に満鉄調査組織の存在意義を見出している。それゆえに，日満支戦時経済調査をめぐっては，総合委員会が「戦時経済調査大綱」を打ち出すとともに「日満支経済再編成の目標並主要問題（案）」を提示し（40-43頁），それに対して，東京案，新京案，北支案，中支案で構成される「昭和十六年度総合調査計画各地案」が示された時点から，その記述は「饒舌」であった（55-68頁）。

その「饒舌」ぶりは，その後の打合会議にも見え（「戦時経済調査実行計画打合会議報告」[198]），その内容は，「東京調査室戦時経済調査要綱（東京案）＝重工業の自立を中心とする再編成の方向に関する調査要綱」「大陸投資調査要綱（東京案）」「軽工業関係要目（東京提出）」「農業調査要目（東京提出）」「日本戦時重工業自立性確立のための調査要綱（新京案）」「北支戦時経済再編成調査要綱（第三次）（北支案）」「重工業自立を中心とする日本戦時経済編成替を起動的条件とし之に対応する中支那経済の再編成の分析（上海案）」「日本重工業自立を起動的条件とする日満支戦時経済調査実施要綱（上海提出）」「日本重工業自立性確立の為の調査要綱＝綜合要綱案＝（所謂「説明案」）」として『満鉄調査部報』の後継雑誌である『部報』に掲載された（8-57頁）。そして，これらの

198 綜合課「戦時経済調査実行計画打合会議報告」『部報』13，1941年8月。

案を批判的に検討した「議事録」もまた，とても「充実」した記述となっていた（57-85 頁）。

この壮大な調査計画と活動に，反体制的な，または，「抵抗」的な調査活動としての要素を見出しうるかは評価の分かれるところであるが，彼らの「饒舌」さがマルクス経済学に支えられていたことは疑いのないように思われる。つまり，統計データを正確かつ十分に取ることのできないなかで，「日満支各社会の構造的特質迄立入つた分析を行ひ，夫れに基き日満支経済機構の再編成を生み出す基本方向を，把握すること」[199)] が可能だとするのは，理論としてのマルクス経済学がすべてを補ってくれるからであった。日満支戦時経済調査は，日満支インフレ調査と違って，統計データが調査上の制約として機能してすらおらず，制約のないなかで議論はますます過熱した。そして，「本源的ナ統計ノ作成」[200)] という地味な調査活動を放棄して，華やかな空中戦を楽しんでいる最中に，満鉄調査部事件は起こったのであった[201)]。

おわりに

満鉄調査組織の創設を後藤新平のパーソナリティにひきつけて考察してみると，彼によって「選択された」ことと「選択されなかった」ことの双方が，その後の満鉄の調査活動に影響を与えたことがわかる。近代日本の統計文化に積

199　前掲綜合課「業務担当者会議主要議事経過報告」37 頁。

200　前掲調査部資料課『資料編纂並一般統計業務打合会議報告』64 頁。

201　1942・43 年に，満鉄調査部員と関係者 40 数名が関東憲兵隊に一斉検挙された弾圧事件。この「弾圧事件」において，満鉄幹部が自ら作成して憲兵隊に提出したとされる「非検挙者のリスト」（野々村一雄『回想 満鉄調査部』勁草書房，1986 年，237 頁）の内容は不明であるが，実際に検挙された調査員の中に資料課第一・第二統計係などの統計調査員は含まれていない。また，第一次・第二次と検挙が続く一方で，社内の統計調査制度の整備は淡々と進められた。たとえば，『撫順炭鉱統計報告様式及統計資料提出期限』（撫達甲第 10 号別冊，撫順炭鉱総務局庶務課，MT/Z20/2）では，従事員や原材料・設備・作業内容などに関する調査表が約 80 種類ほど定められ（各様式は「昭和十七年□月□日」と月日を記入することになっていた），提出期限の設定も含めて撫順炭鉱における統計調査の過程がわかるようになっている。

極的に貢献し，台湾においても「戸口調査」を実施した後藤だったが，これを満鉄には持ち込むことがなかった。逆に，台湾で岡松参太郎を起用した「旧慣調査」の手法を，満鉄でも継続的に展開した。「戸口調査」における断絶は，透明度の高い，個票からの統計調査を放棄することにつながり，一方で「旧慣調査」における連続もまた，調査規模の縮小化と調査期間の短縮化を余儀なくされた。そうして，「既存資料に依拠した迅速なまとめ」が，満鉄の調査方法において，中心的な位置を占めるようになった。

石川鉄雄は「既存資料に依拠した迅速なまとめ」の正統な継承者であった。『満蒙全書』制作チーム，臨時経済調査委員会，経済調査会を実質的に組織した彼の思考法が，これらの調査方法を強く規定していた。そして，『満蒙全書』では新人調査員を，臨時経済調査委員会では予備員を，経済調査会では技師・事務員を中心とした中堅・若手をと，さまざまな人材の起用を通じて，調査員の有用性を示した。

もっとも，「既存資料に依拠した迅速なまとめ」は満鉄調査組織に限定されたものではなく，他の民間調査機関にも普及した調査方法であった。民間調査機関は全国経済調査機関連合会を設立して，互いに補いあいながら，官庁統計を利用しつつ，官庁に対する「優越感」を醸成するようになっていた。満鉄はその中心にあった。そして，この優越感は，単純に統計表を発表するだけの官庁を見下しながら，日本の経済・産業・事業を分析・記述する方向へ，民間の調査を展開させた。満州事変は，そのようななかで起こった。経済調査会は，「既存資料に依拠した迅速なまとめ」を，関東軍のために存分に発揮した，まさにその到達点であった。

しかし，そこには国策調査としての限界もあった。会社による政策の立案は，中央政府による政策の立案とは異質なものであった。大蔵省が経済調査会の立案に対して具体的で詳細な資料の提出を求めたことは，そうしたずれを示唆している。また，満鉄内部でも調査の質，とくに統計調査のそれについて問題提起がなされた。統計座談会は，満鉄調査機構の統計調査（≒統計業務）が無秩序な状態にあり，その統計の多くが作成過程を辿ることができないことを明らかにしている。つまり，統計調査員の養成，統計調査制度の確立といった調査基盤の整備をしてこなかったことが表面化するとともに，統計調査の観点から，机上調査の問題と限界が浮き彫りになりつつあった。

たしかに「既存資料に依拠した迅速なまとめ」は，石川鉄雄による組織化を通じて，人員・組織などの「能力」と予算・期間などの「制約」による問題を克服した。また，他の民間調査機関との協力を通じて，日本のマクロ経済を分析・解明してみせた。ただ同時に，この調査方法には，官庁の統計調査のように，講習会を通じた統計調査員の養成や，調査によって得られたデータを集計するための大規模な予算措置などが組み込まれていなかった。すなわち，満鉄の調査は官庁の実施する調査とは全く性質を異にするもので，この異質性ゆえに国策調査としての一体感を醸成することに失敗した。別言すれば，経済調査会の成果が日本国内の官庁から拒否され，経済調査会「発」の経済統制が実現しなかったのは，満鉄が政治的な圧力に屈したからというだけではなく，満鉄の調査活動における調査方法そのものが，官庁統計の調査方法と異質だったからこそであった。経済調査会による「満州第一期建設計画」は，「開発の数値目標を体系的に設定したものではな」いというよりは，そもそも統計調査制度が確立されていないがゆえに目標を体系的に設定することができなかった[202]。その意味において，満鉄は，経済開発構想とその後の日本の生産力拡充計画の「立案者」を提供するにとどまったのである。

経済調査会廃止後に設置された産業部は，統計調査の「過程」の問題に取り組むようになった。その前段として『満鉄調査機関要覧』（1936 年度版）において，調査方法を「机上調査」と「現地調査」に区分するようになり，そして，『満鉄資料彙報』を創刊して，調査の方法論の研究と調査員の養成を企図した。また，産業部が調査部へと改編されるなか，満州国臨時経済調査局による農村実態調査や奉天商業実態調査を通じて，満鉄外の調査員との交流が盛んとなった。その結果，調査制度の確立，すなわち，調査要綱や調査票などを準備することの重要性が，満鉄において認識されるようになった。

大調査部が設置されると，ようやく第一回社内統計講習会が開催され，統計調査員の養成が始まった。加えて，資料課第一・第二統計係の調査員による論説が，『満鉄資料彙報』『満鉄調査彙報』に掲載された。これらの論説では，統

202　岡崎哲二「長期経済計画と産業開発——「生産力拡充計画」から「経済自立五ヵ年計画」へ」前掲末廣昭編『地域研究としてのアジア』326 頁。

計調査の過程における問題がより明示的に指摘された。そして，個票から集計する統計調査，つまり，外部で作成（≒集計）された統計資料を机上で編集するのではなく，現地調査による個票を机上で自ら集計する方法が啓蒙的に紹介された。

しかし，大調査部による総合調査は，統計調査の基盤整備に目を向けなかった。というよりは，「既存資料に依拠した迅速なまとめ」という調査の慣習的方法を変えることができなかった。こうした事実からは，人員を維持したままで組織の体質を変えることの難しさがうかがえる。日満支インフレ調査が，その成果を公表できなかったのは，軍との関係を慮ったからだけでなく，公表に値するような統計調査ができていなかったからであった。

商工省と農林省も，満鉄による統計調査の水準が低いことを把握しており，とくに商工省は国内官庁と同じように統計調査を実施することを要求した。満鉄内部から官庁統計への批判が出たのは，商工省・農林省の満鉄への評価に対する反論としてだけではなかった。その反論を通じて，満鉄調査組織は自らの存在意義についての認識を変更するにいたった。統計調査の基盤整備をしてこなかった満鉄にとって，残された道は既存の統計資料を使った分析で中央政府の先を行くことであり，その帰結が戦時経済調査であった。

言うまでもなく，統計調査の観点からすれば，この戦時経済調査は明らかに不適当だった。戦時経済体制においてもまず必要とされたことは，日本国内だけでなく植民地・占領地の正確な統計資料が作成されることであった。満鉄はこの点で機能しないどころか，「綜合統計」という表現でお茶を濁すだけで，遅まきながら官庁と同水準の統計調査を実施してこれに貢献しようという努力すら示さなかった。満鉄調査部事件はこのような文脈の中で起こったものともいえる。

満鉄の調査活動は，国策を遂行するための調査としても，有効に機能することができなかった。その理由もまた，「既存資料に依拠した迅速なまとめ」という手法にある。戦時経済統制をめぐる近年の研究は，物資動員計画が実施されると，その修正が年度単位ではなく，四半期単位で進んでいることを示している[203)]。つまり，国策を遂行するための調査には，速やかに実績値を集めて達成率を明らかにし，計画の修正に貢献することが求められた。個票にもとづいたオリジナルな統計の作成を実現していれば，その集計期間を弾力的に調整することができただろう。年報のように年一回の集計に限定されることなく，四半期ごとの集計も可能である。理論的には一日単位の集計すら可能であるはずだ。しかし，満鉄にはそれができなかった。外部資料が公表されるタイミングに，すべてが規定されてしまうからである。

社員会内に特別調査委員会を設置して，それを会社の経済調査会へと展開させ，膨大な調査・立案を積み重ねてきた満鉄社員が，満業の設立を受け入れたのは，満鉄の統計調査が，「国策会社」としての満鉄の経営に資し，満鉄を中心とする満州の経済統制を支えるものになっていないからであった。満鉄の調査員は，統計調査において必要な能力・技能を絶対的に欠いていたのである。経済調査会を産業部に改め，さらに，調査部・大調査部への再編により専業化された調査事業を「拡大」して，満鉄に残された調査活動の有用性を示そうとしたものの，結局のところ，満鉄の調査組織は「国策」に寄与する水準に達する統計調査を実施できず，また，その質を高めようとすることもなかった。産業部以後の動きは，「既存資料に依拠した迅速なまとめ」という満鉄調査の慣習的方法の強固さとその問題性の根深さを示している。

満鉄の課長級以上社員は，満鉄社員会での活動を通じて，「国策会社」としての満鉄経営において「主体性」を発揮してきた。そして，経済調査会での調査・立案を担って，満鉄を中心とする満州の経済統制を展開してきた。しかしながら，統計調査の脆弱さが浮き彫りになると，これを認めざるをえなかった。この承認は，満鉄の外からの政治的な圧力によって強いられたものではなく，経済統制のための調査・立案の成果を国内官庁の官僚と突き合わせるというフラットなやりとりの中で生じたものにほかならなかった。「国策会社」としての満鉄経営における「主体性」の全面化は，かくして「挫折」を迎えたのである。そして，奥村慎次や石原重高，伊ヶ崎卓三らは満鉄を去っていった。

では，このような「挫折」の一方で確かに成立していた満鉄の経営は，一体何によって律せられていたのだろうか。第 II 部では，株式会社としての満鉄経営について分析してみよう。

---

[203] 山崎志郎『物資動員計画と共栄圏構想の形成』日本経済評論社，2012 年。山崎志郎『太平洋戦争期の物資動員計画』日本経済評論社，2016 年。

第II部

株式市場の中の満鉄

第4章
満鉄の資金調達と民間株主
――1933年増資とその制度的前提――

はじめに

第I部では,「国策会社」としての満鉄の挫折について,満鉄社員会の活動と満鉄調査における統計調査を跡づけることで明らかにしてきた。「国策会社」としての満鉄とは,単に政治的な要請に従ったコンセプトではなく,むしろ,社員自身がそれを企図して実現しようとしたものであった。また同時に,「国策会社」としての終焉も,政治的な決着だけで迎えられたのではなく,社員,とりわけ,調査部員の統計調査上の能力不足ゆえに,挫折するにいたったのであった。では,「国策会社」としての経営に挫折した満鉄をどのように把握すべきか。続く第II部では,満鉄を民間株主との関係から位置づけて,株式会社としての実態を明らかにしたい。

広く知られたように満鉄は半官半民の植民地企業であり,「国策会社」としての制度的な「根拠」もそこに求められることが多い。この「根拠」は,株式会社でありながら,日本政府による半額出資ゆえに資金的に安定しており,また,配当などの面での「優遇措置」ゆえに資金調達が容易であったという認識を広めてもきた。そこで,本章では第一に,日本政府による「優遇措置」の変遷とその実効性について明らかにしたい。とくに,配当金の受取や株金の払込・増資新株の引受などの実情をふまえて,満鉄創業以来の民間株主の視点から実効性を見る。次いで,第5章で踏み込んだ分析を行う1933年増資について,決定されるまでの過程と割当・公募の実績を明らかにする。

満鉄の資金調達については,満州事変前の金子文夫の研究と[1],満州国期の安富歩の研究を[2]，先行研究として挙げるべきであろう。金子は，社債を通じた資金調達を重視しながら，株式発行によるそれにも目配りをきかせ，満鉄の資金調達を資本輸出として把握する立場から，満鉄の「営利性」の源泉を内債発行と民間株主の存在に求めた。安冨は，時期区分を交えつつ，営業報告書の定量的な分析を全時期にわたって行うことで，従来の研究が明らかにした事実を再検証している。両者の研究で共有されているのは，資金を「調達」する立場からの分析視角を重視する姿勢であろう。この視角は，調達された資金の投入先を分析の射程に入れるものの，資金を「供給」する立場については，明確な位置づけがなされないままにとどまっている。不特定多数の民間株主の存在は，静態的に設定されたままになっているのである。

本章では，このような先行研究の方法的特徴や史料的制約などをふまえたうえで，満鉄株主の分析方法として，「同時代的なパラダイム」の中で把握するということに留意したい。つまり，実際の満鉄株主がアクセスすることのできた資料（情報）を素材として，彼らがそれをどのように読んだか，そして，どのように受け止めたのか，という視点を確保する。それは，株主の期待の形成過程を明らかにすることになり，満鉄と民間株主全体の関係性を抽出する前提作業にもなる。これによって，1933 年増資を，創業以来の満鉄株主の歴史の中で把握することが可能となり，また，新規に株主となった者たちの行動も分析可能になると考える。

1　満鉄と株主の良好な関係

1）定款の変遷

本章の分析を始めるにあたってまず，『営業報告書』の記載に従って，定款の変遷を辿ってみよう。

1906 年 6 月 7 日に勅令第 142 号「南満州鉄道株式会社設立ノ件」が公布され，設立委員を置くことが定められると[3]，同年 8 月 1 日に，この設立委員に

1　金子文夫『近代日本における対満州投資の研究』近藤出版社，1991 年。
2　安冨歩『「満洲国」の金融』創文社，1997 年。

対して，外務・大蔵・逓信大臣より命令書が交付された[4]。この命令書の内容をふまえて満鉄の定款は定められ，8 月 18 日に逓信大臣の認可を得て，以後，株主総会の議決をもって改正・増補された[5]。

以下，この定款の中で確認していくことは，日本政府（以下，政府）より付与された「優遇措置」，すなわち，株式の配当と社債の元利支払への公的補助に関する事項である。具体的には，「第 7 章　会計」のうちの第 52 条から第 57 条と第 59 条で，命令書の第 11 条から第 17 条がこれに照応している。定款の変更と命令書の改正はほぼ同時になされているため，以下では定款の変更に絞って，政府による満鉄への「優遇措置」についてまとめよう。

なお，半官半民である満鉄が発行する株式には，日本政府持株と非政府持株の 2 種類がある。日本政府持株は原則的に大蔵大臣名義となっており，株式の発行も形式上のことで，日本政府持株が株式市場で流通することはない。実際に株券として株式市場で出回るのは非政府持株の方で，これには，満鉄重役，社員，後には満州国政府の持株も含まれる。厳密には，これらの持株を別に定義すべきであるが，非政府持株に占める割合は微々たるものであり，また，第 7 章で明らかにするように，満州国政府の持株は株式市場での取引（名義書換）が確認されていることから，本章以下では非政府持株のことを「民間株式」と総称し，その株主を「民間株主」とする。また，とくに断りのない限り，「株主」は「民間株主」のことを意味するものとする。

それでは，まず，該当する定款の条文を引用してみよう。

第五十二条

毎営業年度ニ於ケル利益配当カ日清両国政府以外ノ株主（以下単ニ株主ト称ス）ノ払込金ニ対シ年六分ノ割合ニ達セサルトキハ設立登記ノ日ヨリ十五箇年間日本帝国政府ヨリ補給セラルルモノトス但シ其ノ補給額ハ如何ナル場合ト雖モ株主ノ払込金ニ対シ年六分ノ割合ヲ超過セス

3　『南満州鉄道株式会社十年史』南満州鉄道株式会社，1919 年（復刻版：原書房，1974 年），15-18 頁。
4　同上，21 頁。
5　同上，30 頁。

第五十三条
毎営業年度ニ於ケル其社ノ利益配当カ株主ノ払込金ニ対シ年六分ノ割合ヲ超過セサルトキハ日本帝国政府ノ持株ニ対シ配当ヲ為スヲ要セス
清国政府ノ持株ハ日本帝国政府ノ持株ニ準シ之ヲ取扱フモノトス

第五十四条
鉄道ノ改築又ハ附帯事業ノ経営ノ為発行スル社債及該社債ヲ整理償還スル為発行スル社債ニ対シテハ日本帝国政府ヨリ其ノ利子支払ノ保証ヲ受ケ仍ホ必要アラハ元金支払ヲ保証セラルルコトアルヘシ
日本帝国政府ヨリ保証ヲ受クヘキ社債ノ額面金額ハ常ニ日本帝国政府ノ引受ニ属セサル資本総額（金一億円）中ヨリ其ノ払込金額ヲ控除シタル残額ヲ超過スルコトナキモノトス
第一項ノ社債ハ起債ノ年ヨリ二十五箇年以内ニ償還スルモノトス

第五十五条
前条第一項ノ趣旨ニ依リ発行スル社債ニ対シテハ日本帝国政府ヨリ其ノ社債ノ利子ニ相当スル金額ヲ補給セラルルモノトス
株主ノ払込金ニ対スル利益配当年六分ノ割合ヲ超過スルニ至リタルトキハ其ノ超過ノ金額ハ先ツ社債ノ利子ニ充当ス此ノ場合ニ於テハ前項補給金ハ該充当額ヲ控除シ之ヲ下付セラルルモノトス

第五十六条
本会社ノ利益カ前条ノ社債利子ヲ支払ヒ尚剰余アルトキハ該残額ハ総株式ノ各払込高ニ対シ配当割合均一ニ至ルマテ之ヲ日清政府持株ニ配当スルモノトス

第五十七条
第五十二条及第五十五条ニ規定シタル日本帝国政府ノ補給金ハ之ニ年六分ノ割合ノ利子ヲ付シ之ヲ毎年元金ニ加算シ日本帝国政府ニ対スル本会社ノ債務トス
本会社ノ総株式ニ対スル利益配当カ年一割ノ割合ヲ超過スルニ至リタルトキハ其ノ超過額ハ前項債務ノ償還ニ充ツルモノトス

第五十九条
第五十二条乃至第五十七条ノ規定ハ帝国議会ノ協賛ヲ経テ確定スルモノトス[6)]

第52条では，設立から15年間の民間株主への配当率（以下，民間配当率）として6％が政府によって保証され，続く第53条では，民間配当率が6％に届くまで政府（清国政府を含む）への配当が免除されている。第54条では，社債の利子支払だけでなく，必要な場合には元金支払の保証も政府から受けることができるとされた。具体的に第55条では，政府保証を受ける社債に対して，政府がその利子相当額を満鉄に補給することが明記されている。また，民間配当率が6％を超えうる場合には，その超過分を社債利子に充当したうえで不足分を政府が補給するとされ，さらに第56条では，民間配当率が6％を達成し，社債利子の支払を済ませ，それでも余剰金がある場合には，6％に届くまで政府（清国政府を含む）に配当することを定めた。

これらの内容からは，満鉄設立の時点で，民間配当が政府配当よりも優先的に保証され，かつ，社債の利子と元金の支払でも政府保証が準備されていたことがわかる。ただし，この保証は無条件で無制限に実施されるものではなかった。第54条は，政府保証を受けることのできる社債発行額の上限を，民間株式の未払込金額としている。また，第57条では，配当と社債元利の支払保証のための政府補給金は，年6％の利子が付く負債として計上され，民間と政府への配当が10％を超えたときには，その超過分をこの負債の償還に充当することが定められた。そして，これらすべての規定には，帝国議会の「協賛」が必要であることが，第59条に明記されている。

これらを株主の立場から捉えなおすと，設立からの15年間は，議会の承認さえ得られれば，配当率6％が保証されていたことになる。しかし，実際に民間株主が，政府による配当保証という「優遇措置」を受けることはなかった。満鉄は設立時より，「健全経営」によって毎期利益金を出し，そこから民間株主への配当（6％）を実現していたからである。また，第1〜4次の社債，すなわち，ロンドンで発行された外債は，政府の元利支払保証を受けて発行されて

6　「南満州鉄道株式会社定款」『官報』6949号，1906年8月27日，10頁。

いるものの，満鉄自身が社債利子を支払っている[7]。そして，表4-1にあるように，1909年度からは，政府への配当率（以下，政府配当率）を2.5％に設定するようになっていた。つまり，満鉄は，民間配当率6％を政府に保証してもらわなくてはならないような，経営状態の悪い植民地企業ではなかった。設立当初から，自力で民間株主に「配慮」することができたのである。

設立当初の営業年度が半年であった満鉄は，1912年からそれを1年とすると，年に2回の配当を維持できるように，1912年6月22日の第11回定時株主総会で定款変更を決議した。以下のように，第52条を第52条の1としたうえで，第52条の2を加えている。

> 第五十二条ノ二
> 本会社ハ前条ノ補給ヲ受クル期間内毎営業年度経過前一回ヲ限リ日清両国政府以外ノ株主ニ対シ其払込金額ノ年三分ニ当ル金額ヲ分配スルモノトス
> 前項ノ規定ニ依ル分配金ハ毎年十二月一日現在ノ株主名簿ニ依リ之ヲ払渡スモノトス
> 前二項ノ規定ニ依リ払渡シタル分配金額ハ当該営業年度ノ会社ノ計算ニ付テハ之ヲ会社財産ト看做シ定時総会ニ於テハ此ノ計算ニ基キ利益ノ配当ヲ決議ス但シ日清両国政府以外ノ株主ニ対スル利益配当金ノ払渡ハ株主ノ異動ニ拘ラス其ノ金額ヨリ第一項ノ規定ニ依リ分配シタル金額ヲ控除シタル残額ノ払渡ニ依リ之ヲ為スモノトス[8]

これによって株主は，年度末に営業成績が確定してから1回だけ配当を受け取るのではなく，その前に3％分の配当を先取りすることができるようになった。いわゆる中間配当を制度化したもので，営業年度の期間変更にともなう株主の「不利益」が解消されている。

これ以降，民間配当率の上昇へ満鉄は舵を切るようになる。それは，定款第56条の改正となって表れた。満鉄は，民間配当率6％を達成した後に実施される，政府への配当を抑制する方向で定款を変更している。1914年6月20日

7　『営業報告書』第3回，南満州鉄道株式会社（復刻版：龍渓書舎，1977年），30頁。以下，満鉄の『営業報告書』については，復刻版に関する情報を省略する。

8　『営業報告書』第12回，南満州鉄道株式会社，3頁。

表 4-1　株式の発行・払込・配当率

（千株，千円，%）

年度	1株あたり額面価格(円)	民間株主						日本政府			
		発行株数	発行額		配当率			発行株数	発行額		配当率
				払込済		第一	第二			払込済額	
1906	200	100	20,000	2,000	6.0	6.0		500	100,000	100,000	0.000
1907	〃	〃	〃	2,000	〃	〃		〃	〃	〃	〃
1908	〃	〃	〃	2,000	〃	〃		〃	〃	〃	〃
1909	〃	〃	〃	2,000	〃	〃		〃	〃	〃	2.500
1910	〃	〃	〃	2,000	〃	〃		〃	〃	〃	1.000
1911	〃	〃	〃	2,000	〃	〃		〃	〃	〃	1.500
1912	〃	〃	〃	12,000	〃	〃		〃	〃	〃	2.000
1913	〃	300	60,000	20,000	7.0	〃	1.0	〃	〃	〃	2.500
1914	〃	〃	〃	23,994	8.0	〃	2.0	〃	〃	〃	〃
1915	100	600	〃	27,998	〃	〃	〃	1,000	〃	〃	〃
1916	〃	〃	〃	31,998	〃	〃	〃	〃	〃	〃	〃
1917	〃	800	80,000	42,000	〃	〃	〃	〃	〃	〃	〃
1918	〃	〃	〃	54,000	10.0	〃	4.0	〃	〃	〃	3.500
1919	〃	〃	〃	80,000	〃	〃	〃	〃	〃	〃	〃
1920	〃	1,600	160,000	92,000	〃	〃	〃	2,200	220,000	217,156	2.508
1921	〃	〃	〃	92,000	〃	〃	〃	〃	〃	〃	4.300
1922	〃	〃	〃	104,000	〃	〃	〃	〃	〃	〃	〃
1923	〃	〃	〃	104,000	〃	〃	〃	〃	〃	〃	〃
1924	〃	〃	〃	104,000	〃	〃	〃	〃	〃	〃	〃
1925	〃	1,600	160,000	120,000	10.0	6.0	4.0	2,200	220,000	217,156	4.300
1926	〃	〃	〃	120,000	〃	〃	〃	〃	〃	〃	〃
1927	〃	2,200	220,000	138,000	〃	〃	〃	〃	〃	〃	〃
1928	〃	〃	〃	170,000	11.0	〃	5.0	〃	〃	〃	5.300
1929	50	4,400	〃	170,000	〃	〃	〃	4,400	〃	〃	〃
1930	〃	〃	〃	170,000	8.0	〃	2.0	〃	〃	〃	4.300
1931	〃	〃	〃	170,000	6.0	〃	0.0	〃	〃	〃	2.000
1932	〃	〃	〃	195,000	8.0	〃	2.0	〃	〃	〃	4.300
1933	〃	8,000	400,000	256,000	〃	〃	〃	8,000	400,000	256,208	4.202
1934	〃	〃	〃	292,000	〃	〃	〃	〃	〃	〃	4.430
1935	〃	〃	〃	328,000	〃	〃	〃	〃	〃	〃	〃
1936	〃	〃	〃	364,000	〃	〃	〃	〃	〃	〃	〃
1937	〃	〃	〃	400,000	〃	〃	〃	〃	〃	276,208	〃
1938	〃	〃	〃	400,000	〃	〃	〃	〃	〃	296,208	〃
1939	〃	〃	〃	400,000	〃	〃	〃	〃	〃	336,208	〃
1940	〃	14,000	700,000	460,000	〃	〃	〃	14,000	700,000	396,208	〃
1941	〃	〃	〃	520,000	〃	8.0	0.0	〃	〃	436,208	〃
1942	〃	〃	〃	580,000	〃	〃	〃	〃	〃	506,208	〃
1943	〃	〃	〃	640,000	〃	〃	〃	〃	〃	576,208	〃
1944	〃	〃	〃	700,000	〃	〃	〃	〃	〃	700,000	〃

出典）『営業報告書』各回，南満州鉄道株式会社（復刻版：龍渓書舎，1977 年）。
注 1）配当率を除き，いずれも，年度末現在の数値。
　2）配当率は，年度末決算の営業成績を受けて決められたもの。
　3）1911 年度までの営業年度は半年間のため，1 年間（3 月 31 日〆）を年度として計算してある。

の第13回定時株主総会で，定款第56条の改正が決議され，以下のような但書が追加された。

> 但日支両国政府持株ニ対スル利益配当カ年二分ノ割合ニ達シタルトキハ株主ノ払込金ニ対シ年二分ノ割合ヲ超エサル範囲内ニ於テ更ニ第二配当ヲ為スコトヲ得[9)]

改正前の定款では，政府配当率が6%に達するまでは，民間配当率もまた6%に据え置かれたままであったが，この改正によって，政府配当率が2%に達すれば，民間株主に追加配当，すなわち，「第二配当」を実施することが可能となった。第二配当の率（以下，第二配当率）の上限は2%とされたから，あわせて民間株主への配当率は8%まで上げることできるようになった。6%分の配当は保証されたままで，増配＝「第二配当」を実施する条件が緩和されたのである。そして，表4-1にあるように，1913年度分から，民間配当率6%，民間第二配当率1%，政府配当率2.5%となった。

その後，第二配当のための条件は変更された。1919年5月3日の臨時株主総会では，政府配当率を3.5%としたものの，第二配当率の上限も4%まで引き上げられ[10)]，1920年9月11日の臨時株主総会では，政府配当率を4.3%に，第二配当率の上限を4%に据え置くように定款変更が決議された[11)]。そして，1929年6月20日の定時株主総会では，定款第56条に以下のような但書を追加することを決議するにいたった。

> 日支両国政府持株ニ対スル利益配当カ年四分三厘ノ割合ヲ超ユルニ至リタルトキハ其ノ超ユル割合ヲ限度トシ株主ノ払込金ニ対シ年二分ノ割合ヲ超エサル範囲内ニ於テ第二配当ヲ増加スルコトヲ得[12)]

つまり，政府配当率が4.3%を超えれば，その超過したポイントだけ，第二配当率を引き上げることが可能となった（第二配当率の引上げ上限は2ポイント）。

9　『営業報告書』第14回，南満州鉄道株式会社，3頁。
10　『営業報告書』第19回，南満州鉄道株式会社，3頁。
11　『営業報告書』第20回，南満州鉄道株式会社，7頁。
12　『営業報告書』第29回，南満州鉄道株式会社，5頁。

表4-1にあるように，1928年度分から，政府配当率は4.3％を1ポイント超過した5.3％とされ，第二配当率は4％に1ポイントを加えた5％となっている。その一方で，この総会では，設立より15年間の配当保証を明記した第52条の1の削除も決議された。そして，第52条の2を第52条に改めたうえで，その但書として，「但シ其ノ分配金額ハ前営業年度繰越金額内タルコトヲ要ス」という条件も付された[13]。

では，次に社債に関する「優遇措置」をまとめてみよう。

1910年2月5日の臨時株主総会で，定款第54条第2項が以下のように改正することが決議された。

> 日本帝国政府ヨリ保証ヲ受クヘキ社債ノ総額ハ払込株金額ノ二倍以内ニシテ資本総額ヲ超過セサルモノトス[14]

『営業報告書』によれば，これ以降の政府保証社債発行額は，定款の変更ではなく，政府命令書と法令によって細かく定められている。上の改正の直後，1910年5月17日に「社債ノ件」に関して，以下のように命令書が出されたことが，株主総会で報告されている。

> 明治三十九年八月一日付命令書第十三条第一項ニ依リ政府ニ於テ保証スヘキ社債ノ額面金額ハ資本ノ総額ヲ超過スルコトナシ但シ此際事業経営ノ為メ発行スル社債ニ在リテハ現ニ政府ノ保証ヲ為スモノヽ外額面金額四千万円ヲ以テ限度トス[15]

また，1914年3月27日に，「予算外国庫ノ負担トナルヘキ契約ヲ為スヲ要スル件」が公布され，社債の政府保証について，以下のように定められたことが報告された。

> 南満州鉄道株式会社ノ事業経営ノ為メ発行スル社債ニ対シ現ニ政府カ保証ヲ為スモノノ外更ニ額面金額二千万円ヲ限リ元利支払ノ保証ヲ為スコトヲ

13　同上，5頁。

14　『営業報告書』第7回，南満州鉄道株式会社，3頁。

15　『営業報告書』第8回，南満州鉄道株式会社，2頁。

得[16]

そして，1920 年 8 月 1 日の「予算外国庫ノ負担トナルヘキ契約ヲ為スヲ要スル件」の公布では，以下のように定められたことが報告されている。

> 南満州鉄道株式会社ノ事業経営ノ為外国ニ於テ募集スル社債ニ対シ現ニ政府カ保証ヲ為スモノノ外額面金額一億円ヲ限リ元利支払ノ保証ヲ為スコトヲ得[17]

これらの変更は，外債発行と政府保証の付与に連動する調整として加えられたもので，後述するように，国内市場で発行された社債には政府保証が付与されることはなかったため，あまり意義をもたないものであった。むしろ，注意しておきたいのは社債発行限度額の方で，1906 年 6 月 7 日勅令 142 号「南満州鉄道株式会社設立ノ件」で，「社債総額ハ払込株金ノ二倍ニ至ルコトヲ得但シ其ノ額ハ資本総額ヲ超過スルコトヲ得ス」とされていたものが，1936 年にこの勅令が改正されて但書が撤廃され，総資本額を超えることができるようになっていた。

2）増資と払込

このような「優遇措置」の下で，株式発行を通じた資金調達はどのように推移したのであろうか。

満鉄では，公称資本金を日本政府と民間株主が半額ずつ負担しあうことになる。表 4-1 にあるように，設立時において，日本政府は公称資本金の半額すべてを持株としていた。一方で，民間株式は 5 回に分けて発行され（第一回株式～第五回株式），また，それぞれの株式において，株金払込が数回に分けて実施された。各回の払込が完了しなくとも，次回株式が発行されており，また後に，これら 5 種類の株式は，旧株と新株の 2 種類に再編成されている。章末の付表 4-1 は，『営業報告書』をもとに，設立以来の民間株式の発行と株金払込を年表にしたものである。

16　『営業報告書』第 13 回，南満州鉄道株式会社，3 頁。
17　『営業報告書』第 20 回，南満州鉄道株式会社，4 頁。

これによれば，設立時に発行された第一回株式は，1株あたり200円（以下，「1株あたり」を「/株」と表記する）で発行され，最初の払込が20円/株で実施されると，その後1911年まで株金払込が実施されることはなかった。ところが，1912年から1921年までは，新規の株式発行もあって，株金払込が毎年実施された。

払込再開（1912年）以降の払込状況を見てみると，第一回株式は，2回目以降の1株あたりの払込金額が大きいことがわかる。2回目は60円/株，3回目と4回目がそれぞれ40円/株ずつとなっている。また，1913年6月1日までに4回目の払込が実施されると，その直後の株主総会（6月14日）では，第二回株式の発行（総額：4000万円，発行株式数：20万株，1株：200円）が決議され，全株が既存の株主に割り当てられた（持株1につき2株を割当）。この第二回株式の1回目の払込は，同年9月1日までに20円/株で実施されている。そして，第一回株式の最終払込（5回目）が，翌1914年5月1日までに40円/株で実施された。

第二回株式は各回の払込金額が20円/株以下で抑えられた。また，1915年に1株あたりの額面価格が200円から100円に変更されて1株が2株に分割されたため，株式の転売がしやすくなり，より資金力の小さい者でも購入できるようになっている。

1917年6月16日には，第三回株式の発行（総額：2000万円，発行株式数：20万株，1株：100円）が株主総会で決議され，第二回株式と同じように全株が既存の株主に割り当てられた（ただし，持株3につき1株を割当）。この株式でも1株あたりの払込金額は20円以下で抑えられていたものの，最終回の5回目だけは30円/株となっている。その結果，1920年3月1日の時点で，第三回株式までのすべての株式について株金の払込が完了した。

1920年4月16日の臨時株主総会では，第四回株式の発行（総額：8000万円，発行株式数：80万株，1株：100円）が決議された。設立当初の公称資本金を上回ることになるので，公称資本金の増加，すなわち，増資も決議された（公称資本金2億円→4億4000万円）。7月5日までに15円/株で最初の払込が実施されると，翌1921年6月1日までに，2回目の払込も15円/株で実施された。その後しばらく間を空けて，1926年2月1日締切で3回目の払込が20円/株で再開されると，翌 27 年 6 月 20 日の株主総会で，第五回株式の発行（総額：6000 万円，発行株式数：60 万株，1 株：100 円）が決議された。

第五回株式は，40 万株を株主に割り当て（持株 4 につき 1 株を割当），10 万株を社員に平価で割り当てたほか，残りの 10 万株が公募に出された。設立以来の公募ということになる。満鉄の社史によれば，公募株 10 万株は，1 株あたり 10 円以上の額面超過金（プレミアム）を付けて開始された。つまり，応募する者は，1 株あたり 60 円以上での申込を要求されたことになる。応募総数は 664 名，11 万 9240 株に達し，最終的には，最高プレミアムが 20 円/株，最低プレミアムが 10 円/株，「平均」が 10.74 円/株で，プレミアム総額は 107 万 4429 円になったという[18)]。

また，社員への割当が初めて実施された。日本人社員には実際に株券が配分され，朝鮮人・中国人社員には，株券の配分を希望する者を除いて，売却によるプレミアムだけが配分された。最終的に配分を受けたのは 1 万 7103 名，8 万 6582 株で，残余の 1 万 3311 株は東京支社で競売にかけられて，最終的に「平均」41.994 円/株，総額 55 万 8992 円が得られたという。この 41.994 円は，第 1 回払込金 30 円/株に対する価格で，その分と立替金の元利などを控除して得られた 14 万 9074.59 円が，中国人社員などに配分された[19)]。

これ以後，1 株あたりの払込株金は再び上昇している。1927 年 10 月 1 日までに実施された第五回株式の 1 回目の払込は 30 円/株であり，翌 28 年 2 月 20 日までに実施された 2 回目の払込は 20 円/株であった。この第五回株式の 2 回目の払込は，第四回株式の 4 回目の払込（25 円/株）と同日に締切が設定されている。

そして，1929 年には株式の分割が実施され，1 株あたり額面価格が 100 円から 50 円に修正された。第四回株式を 50 円払込株 1 枚と 25 円払込株 1 枚に，第五回株式を 25 円払込株 2 枚に分割したうえで，全額（50 円）払込済の株式を「旧株」，25 円払込済株式を「新株」として，株券を再発行することになった。表 4–2 は，ここまでの株式の種類の変遷をまとめたものである。この再発

18　『南満州鉄道株式会社第二次十年史』南満州鉄道株式会社，1928 年（復刻版：原書房，1974 年），2687 頁。

19　同上，2687–2688 頁。

表 4-2　株式の変遷

年月日	第一回株式	第二回株式	第三回株式	第四回株式	第五回株式
1906. 6. 7	（発行）10 万株, 200 円/株				
1913. 6.14	↓	（発行）20 万株, 200 円/株			
1915. 6.19	1 株を 200 円から 100 円に変更（額面 200 円の株券 1 枚を，額面 100 円の株券 2 枚に分割）				
	（分割）20 万株, 100 円/株	（分割）40 万株, 100 円/株			
1917. 6.16	↓	↓	（発行）20 万株, 100 円/株		
1920. 4.16	↓	↓	↓	（発行）80 万株，100 円/株	
1927. 6.20	↓	↓	↓	↓	（発行）60 万株, 100 円/株
1929. 6.20	1 株を 100 円から 50 円に変更 （額面 100 円の株券 1 枚を，額面 50 円の株券 2 枚に分割） →第四回株式は，50 円払込株 1 枚と 25 円払込株 1 枚に →第五回株式は，25 円払込株 2 枚に			↓ ↓	↓
	（分割）40 万株, 50 円/株	（分割）80 万株, 50 円/株	（分割）40 万株, 50 円/株	（分割）160 万株，50 円/株 80 万株は, 50 円払込完了 ／ 80 万株は, 25 円まで払込済	（分割）120 万株, 50 円/株 全株（120 万株）が 25 円まで払込済
1929. 9.10	＊全額（50 円）払込済株式を旧株，25 円払込済株式を新株として，株券を発行することに変更				
	旧株＝240 万株				新株＝200 万株

出典）付表 4-1 より作成。

行によって，1 株あたりの額面価格がさらに下がったため，より資金力の小さい者の購入が可能となった。そして新株の株金払込は，1932 年 8 月 1 日までに 2 回目が，翌 33 年 2 月 24 日までに 3 回目が，それぞれ 12.5 円/株で実施されて，すべての払込を完了する。そして，この直後に 1933 年増資を迎えることとなる。

資本金の推移を図 4-1 で見てみると，1933 年増資までは，つねに政府の払込済金が民間株主のそれを上回っており，1933 年増資以降にそれが逆転することがわかる。しかし，設立当初の政府の払込金 1 億円は現物出資であり，ま

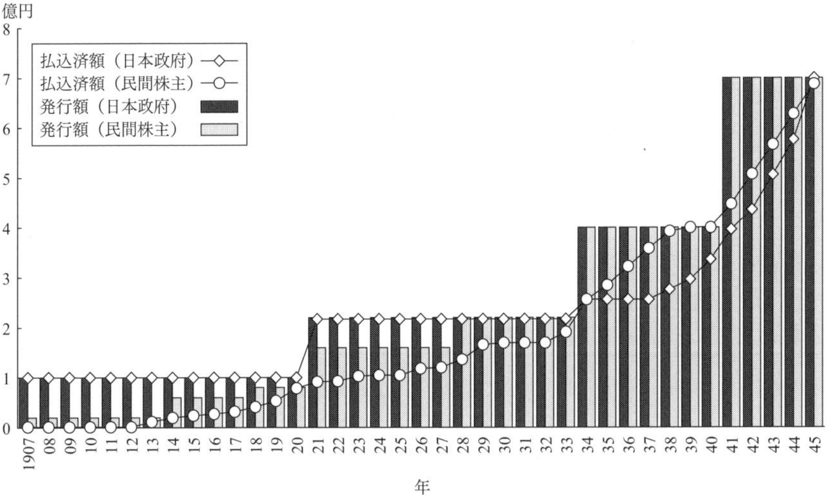

図 4-1　資本金の推移

出典）前掲『営業報告書』各回，南満州鉄道株式会社。

た，1920 年増資による 1 億 2000 万円分の追加払込金も，ロンドンで発行された外債の元利支払を肩代わりすることで，株金払込を実施したとみなすものであった[20)]。つまり，日本政府は満鉄に対して，現金を一切出資していない。にもかかわらず，表 4-1 にあるように，多少の上下はあるものの，政府は 1910 年以来堅調に配当を受けていた。こうした事実からは，民間配当が政府配当よりも優先されたことが，純粋な意味での「優遇措置」であったとは言いがたい。

これに対して，民間株主の出資はつねに現金であった。章末の付表 4-2 は，設立時に 1 株を入手した株主が，それ以降に割り当てられた株式も所有しつづけたケースをまとめたモデルである。1906 年度末（1907 年 3 月 31 日）現在で，第一回株式 1 株を持つこの株主は，この年度中に行った 20 円の払込に対して 6 % の配当を受けるので，1.2 円の配当金を手にすることになる[21)]。1912 年 6

20　第 1 次社債（発行額：3905 万 2000 円，償還期限：1932 年 7 月 19 日），第 3 次社債（発行額：1952 万 6000 円，償還期限：1932 年 7 月 23 日），第 4 次社債（発行額：5857 万 8000 円，償還期限：1936 年 1 月 1 日）の 3 つで計 1 億 1715 万 6000 円となる。

月 1 日締切で 60 円/株，同年 10 月 1 日締切で 40 円/株の払込が実施されたので（付表 4-1），この株主は 1912 年度中に 100 円の払込をしたことになり，先の 20 円と合算して 1912 年度末現在で払込済合計が 120 円となり，これに 6％の配当が付いて 7.2 円の配当を手にすることになる。なお，払込が実施されていない 1907〜11 年度において，この株主は年に 1.2 円ずつ配当を受け取っていたことになる。

付表 4-2 からは，払込の日程も金額も計画的ではないこと，つまり，払込が規則的に実施されていなかったことがわかる。また，年度内の払込合計もかなり大きい。1933 年度までで払込のなかった年度が 12ヶ年度（1907〜11，1922〜24，1926，1929〜31）あるものの，払込のあった年度は 16ヶ年度あり，このうちの 11ヶ年度（1912，1917〜21，1925，1927〜28，1932〜33）で払込合計が 100 円を超えていた。このような不規則かつ多額の払込状況からは，これを引き受ける株主の資産規模が大きかったことが想定される。

表 4-3 は，株主数と名義書換株数を示したものである。設立当初より株主数は減少傾向にあり，1912 年度末を底（5,673 人）として緩やかな増加傾向に入っている。名義書換株数は全般的に増加傾向にあるものの，上述のように，1915 年と 1927 年に 1 株あたりの価格を半分にして株式数を倍増させていることに留意する必要がある。名義書換率（名義書換株数÷民間発行株数）をあわせて見ると，1921 年度までつねに 20％を超えており，時には 50％を超えるなど（1907，12，15〜16 年度），民間株式の名義書換は非常に活発であったことがわかる。1914 年 10 月 1 日に，東京・大阪・名古屋の株式取引所に上場され，定期取引の対象となったこともまた，1915 年度の名義書換数の急増につながったと考えられる[22]。

1920 年代になっても，民間株主数が急増することはなかった。また，1922〜26 年度には，名義書換株数は抑制されるようになり，名義書換率も 10％台で落ち着いている。そして，付表 4-2 に戻ってみると，民間配当率（第一＋第二）は，6％（1906 年）→ 7％（1913 年）→ 8％（1914 年）→ 10％（1918

21　厳密に配当金を求めるには，払込締切日からの日割計算が必要となるが，煩雑になるため省略した。仮に日割計算をすれば，配当金がやや少なくなる。

22　前掲『営業報告書』第 14 回，南満州鉄道株式会社，4 頁。

表 4-3　名義書換株式数の推移

年度	株主数	第一回	第二回	第三回	計	第四回	第五回	旧株	新株	第二新株	計	合計	民間発行株数	名義書換率
1906	9,056	23,722			23,722							23,722	100,000	23.7
1907	7,218	50,856			50,856							50,856	100,000	50.9
1908	7,074	21,695			21,695							21,695	100,000	21.7
1909	6,430	27,581			27,581							27,581	100,000	27.6
1910	6,244	23,509			23,509							23,509	100,000	23.5
1911	6,011	21,775			21,775							21,775	100,000	21.8
1912	5,673	50,297			50,297							50,297	100,000	50.3
1913	7,584	24,250	43,653		67,903							67,903	300,000	22.6
1914	7,573	18,976	62,123		81,099							81,099	300,000	27.0
1915	7,163	57,410	319,142		376,552							376,552	600,000	62.8
1916	7,733	69,018	367,744		436,762							436,762	600,000	72.8
1917	8,330	36,000	247,469		283,469							283,469	800,000	35.4
1918	9,105	39,477	186,328		225,805							225,805	800,000	28.2
1919	9,704	48,001	176,008	119,223	343,232							343,232	800,000	42.9
1920	11,234				276,671	182,646						459,317	1,600,000	28.7
1921	11,263				181,135	171,904						353,039	1,600,000	22.1
1922	11,646				108,404	116,482						224,886	1,600,000	14.1
1923	12,012				111,841	188,206						300,047	1,600,000	18.8
1924	11,986				96,925	91,827						188,752	1,600,000	11.8
1925	10,899				119,625	135,066						254,691	1,600,000	15.9
1926	10,570				97,427	94,839						192,266	1,600,000	12.0
1927	28,602				141,424	158,214	88,946					388,584	2,200,000	17.7
1928	18,843				156,706	220,833	247,426					624,965	2,200,000	28.4
1929	19,052				47,184	143,847	136,089	219,392	198,997		418,389	745,509	4,400,000	16.9
1930	21,375							447,146	375,689		822,835	822,835	4,400,000	18.7
1931	25,478							462,604	546,783		1,009,387	1,009,387	4,400,000	22.9
1932	30,391							531,676	828,039		1,359,715	1,359,715	4,400,000	30.9
1933	64,723							644,589	815,295	664,268	2,124,152	2,124,152	8,000,000	26.6
1934	56,123							715,063	165,576	1,257,569	2,138,208	2,138,208	8,000,000	26.7
1935	60,160							705,209	938,272		1,643,481	1,643,481	8,000,000	20.5
1936	63,373							797,339	975,051		1,772,390	1,772,390	8,000,000	22.2
1937	67,744							709,212	719,002		1,428,214	1,428,214	8,000,000	17.9
1938	69,567							1,048,535			1,048,535	1,048,535	8,000,000	13.1
1939	70,586							1,274,579			1,274,579	1,274,579	8,000,000	15.9
1940	74,948							1,042,726	265,448		1,308,174	1,308,174	14,000,000	9.3
1941	81,267							952,108	876,728		1,828,836	1,828,836	14,000,000	13.1
1942	82,340												14,000,000	

出典）前掲『営業報告書』各回，南満州鉄道株式会社。
注 1）名義書換株数は年度中の合計。株主数・民間発行株数は年度末現在の数値。
2）名義書換率＝名義書換株数の合計÷民間発行株数×100。

年）と上昇を続け，1927 年まで 10％が維持された。このような状況からは，満鉄の株式所有は広く社会全体に開かれていたわけではなく，限られた民間株主だけが，上昇する配当率を享受しながら，不規則な払込に対応していたといえよう。別の言い方をすれば，満鉄の「ご都合」で要請される払込にきちんと応じることのできる資産力の強い株主が，満鉄の民間株式を占有していた。試みに付表 4-2 から計算すれば，1932 年度までで，標準モデルの株主の払込済合計は 1,800 円，配当総額の累計は 1,860 円となるから，払込以上の配当を受け取りつつ，さらに，株券そのものが資産として手元に残る，とても旨味のある株式であった。

そうした状況に変化をもたらしたのは，第五回株式における公募と社員割当であった。表 4-3 が示すように，増資後の 1927 年度末には，株主数が前年度末から 1 万 8032 人も急増し（1 万 570 人→ 2 万 8602 人），翌 28 年度には 1 万 8843 人へと急落したものの，それからまた徐々に増加するようになった。名義書換率は 1928 年度に 28.4％ に上昇した後，1929，30 年度と 10％ 台を維持していたものの，1929 年に 100 円/株を 50 円/株に再修正・再分割すると，1931 年に満州事変が勃発するなかで，22.9％（1931 年度），30.9％（1932 年度）と高まりを示し，株主数も 1932 年度末には 3 万人を突破するようになった。1933 年増資は，このような流れの中で実施されることになる。

3）社債の発行と償還

社債についても，概観しておこう。
表 4-4 は設立から 1939 年度までの社債発行について一覧化したものである。1940 年度以降のデータは，別資料となって連続性を得られないため，表 4-5 としてまとめてある。

最初に確認できることは，定款 54 条で「日本帝国政府ヨリ其ノ利子支払ノ保証ヲ受ケ仍ホ必要アラハ元金支払ヲ保証セラルルコトアルヘシ」とされていたものの，これが適用されたのは第 69 次までの社債のうちの 5 つ（第 1～4 次，第 19 次）だけだった点である[23]。いずれも，ロンドンで発行された外債で，第 2 次を除いて，最終的に日本政府が元利支払を肩代わりした。

ただし，第 1 次社債（発行額：3905 万 2000 円），第 3 次社債（1952 万 6000 円），第 4 次社債（5857 万 8000 円）の計 1 億 1715 万 6000 円は，1920 年増資の政府払込と引きかえに，また，第 19 次社債の発行額 3905 万 2000 円のうち，284

23　第 5 次社債もロンドンが募集地となっているが，日本興業銀行が引受先となり，日本円建で発行されているため，外債とはされていない。

万 4000 円は 1920 年増資で残った政府払込と，3620 万 8000 円は 1933 年増資の最初の政府払込と引きかえに，元利支払の肩代わりが実施された。また，これら外債の利子支払は満鉄自身が行っていた[24)]。こうした事実からは，日本政府による社債の元利支払保証が，単純に満鉄の経営を助けていたわけではなかったことが確認できる。満鉄は，政府から払い込まれるはずの「現金」を実際に手にすることはなかった。

次に，外債は第 4 次より，内債は第 17 次より，償還のための発行がなされていることを指摘したい。営業報告書で判明する限り，第 69 次までの社債発行のうち，償還を発行理由としているものが 18 次分あり，そのうちの半分（第 17〜18，28〜29，36〜37，49，56，67 次）が償還のためだけに発行されている。

図 4-2 は社債の発行と償還を図示したものである。社債の発行を正の値，償還を負の値で表し，差し引きの合計を年度末現在高として，面グラフで示してある。折れ線グラフは，発行高については社債発行の認可による定めを，償還高については社債発行時の契約による定めを「計画」として示しており，棒グラフは実際の結果を「実績」として示している。

1920 年度と 1933 年度において，償還高が計画よりも実績の方が多くなっているのは，政府による外債肩代わりがあったからである。この図によれば，1920 年代は，この外債肩代わり分を除いても，社債償還がコンスタントに続けられることで，社債発行が相殺されて，年度末現在高の増加がゆるやかに推移していたことがわかる。年度末現在高が急増するのは 1933 年増資以降のことであった。

社債発行限度額は，前述のように 1906 年の勅令で公称資本金を超えない範囲とされ，また，1936 年にこの勅令が改正されて，公称資本金を超えることが認められても，株金の払込額の 2 倍までという制限に変わりはなかった。つまり，社債発行限度額を押し上げるには，新規の株式発行による株金払込が必要不可欠であった。社債による資金調達が株式によるそれに支えられていたことを，図 4-2 は如実に示している。1933 年増資は，社債発行による資金調達

24　『営業報告書』第 3 回，南満州鉄道株式会社，30 頁。

表 4-4　社債一覧

次	発行年月日（年月日）	募集地	発行高（円）	発行価格（円）	年利率（%）	据置期間（年）	据置満期（年月）	償還期限（年）	償還満期（年月日）	政府保証	備考
1	1907.07.19	ロンドン	39,052,000	97.00	5.0	10	1917.07	15	1932.07.19	有	
2	1908.06.01	〃	19,526,000	98.00	5.0	3	1911.06	0	1911.06.01	〃	
3	12.19	〃	19,526,000	97.50	5.0	7	1917.07	15	1932.07.23	〃	
4	1911.01.03	〃	58,578,000	98.00	4.5	8.58	1921.01	15	1936.01.01	〃	含：第 2 次の償還
5	1917.08.01	〃	5,700,000	100.00	6.0	10	1922.08	10	1932.08.01	無	
6	10.22	東京	4,500,000	91.50	5.0	5	1927.10	20	1947.10.21	〃	
7	1918.05.15	〃	9,800,000	96.50	6.0	10	1923.05	10	1933.05.15	〃	
8	1919.07.21	〃	20,000,000	93.50	6.0	5	1924.07	10	1934.07.21	〃	
9	12.05	〃	30,000,000	97.50	6.0	5	1920.12	2	1922.12.01	〃	
10	1920.03.01	〃	10,000,000	97.00	6.0	1	1921.02	2.5	1923.08.31	〃	
11	08.20	〃	15,000,000	95.00	7.0	1	1921.08	2	1923.08.20	〃	
12	09.30	〃	10,000,000	95.00	7.0	1	1921.09	1.91	1923.09.01	〃	
13	11.10	〃	15,000,000	95.00	7.0	1	1921.11	3	1924.11.10	〃	
14	1921.02.20	〃	25,000,000	96.00	7.0	1	1922.02	4	1926.02.20	〃	
15	08.01	〃	30,000,000	97.00	7.0	1	1922.08	6	1928.08.01	〃	
16	1922.09.15	〃	20,000,000	96.50	7.0			3	1925.09.15	〃	
17	11.01	〃	30,000,000	94.50	7.0	1	1923.11	3.5	1927.05.01	〃	第 9 次の償還
18	1923.08.01	〃	20,000,000	95.00	7.0	1	1924.08	5	1929.08.01	〃	第 10，11，12 次の償還
19	07.19	ロンドン	39,052,000	88.00	5.0	10	1933.07	15	1948.07.15	有	
20	1924.04.01	東京	15,000,000	95.00	7.0	1	1925.04	4	1929.04.01	無	
21	11.01	〃	20,000,000	96.50	7.0	1	1925.10	4.5	1930.05.01	〃	
22	1925.03.10	〃	15,000,000	97.00	7.0	1	1926.03	5	1931.03.10	〃	
23	09.05	〃	35,000,000	93.75	6.0	2	1927.09	8	1900.01.02	〃	含：第 16 次の償還
24	1926.04.15	〃	15,000,000	93.50	6.0	2	1928.04	10	1938.04.15	〃	含：第 14 次の償還
25	10.20	〃	10,000,000	97.00	6.5	2	1928.10	5	1933.10.20	〃	
26	1927.04.25	〃	20,000,000	97.50	6.5	3	1930.04	7	1937.04.25	〃	含：第 17 次の償還
27	12.10	〃	50,000,000	97.00	5.5	2	1929.12	8	1937.12.10	〃	含：第 15 次の償還
28	1928.06.20	〃	35,000,000	98.00	5.5	2	1930.06	8	1938.06.20	〃	第 18，20 次の償還
29	1929.03.15	〃	35,000,000	100.00	5.5	3	1932.03	7	1939.03.15	〃	第 21，22 次の償還
30	1930.11.10	〃	20,000,000	100.00	6.0	2	1932.11	3	1935.11.10	〃	
31	1931.08.01	〃	30,000,000	99.00	5.5	1	1932.08	6	1938.08.01	〃	含：第 25 次の償還
32	1932.08.20	〃	50,000,000	98.50	6.0	1	1933.08	3	1936.08.20	〃	
33	12.20	〃	20,000,000	98.00	5.5	2	1934.12	5	1939.12.20	〃	
34	1933.03.01	〃	9,700,000	100.00	4.2			10	1943.03.01	〃	
35	05.10	〃	30,000,000	97.50	5.0	2	1935.05	5	1940.05.10	〃	含：第 7 次の償還

36	09.01	〃	35,000,000	100.00	4.5	2	1935.09	8	1943.09.01	〃	第 24，26 次の償還
37	11.15	〃	50,000,000	100.00	4.5	2	1935.11	10	1945.11.15	〃	第 8，23，30 次の償還
38	1934.03.01	〃	30,000,000	100.00	4.5	3	1937.03	9	1946.03.01	〃	
39	04.20	〃	15,000,000	100.00	4.5	3	1937.04	11	1948.04.20	〃	
40	05.25	〃	30,000,000	100.00	4.5	3	1937.05	9	1946.05.25	〃	
41	08.01	〃	40,000,000	100.00	4.5	3	1937.08	12	1949.08.01	〃	
42	11.20	〃	15,000,000	100.00	4.3	3	1937.11	11	1948.11.20	〃	
43	1935.01.21	〃	30,000,000	100.00	4.3	3	1938.01	10	1948.01.21	〃	
44	03.11	〃	30,000,000	100.00	4.3	3	1938.03	12	1950.03.11	〃	
45	06.20	〃	15,000,000	100.00	4.3	3	1938.06	11	1949.06.20	〃	
46	08.05	〃	30,000,000	100.00	4.3	3	1938.08	10	1948.08.05	〃	
47	10.05	〃	30,000,000	100.00	4.3	3	1938.10	10	1948.10.05	〃	
47.5	1934.05.01	〃	10,000,000	100.00	4.5	1	1935.05	6	1941.05.01	〃	
48	1936.02.15	〃	30,000,000	100.00	4.5	3	1939.02	10	1949.02.15	〃	
49	05.25	〃	60,000,000	100.00	4.3	3	1939.05	10	1949.05.25	〃	第 32 次の償還
50	06.15	〃	35,000,000	99.25	4.3	3	1939.06	10	1949.06.15	〃	
51	09.01	〃	50,000,000	99.50	4.2	3	1939.09	10	1949.09.01	〃	
52	09.05	〃	10,000,000	99.50	4.1	4	1940.09	10	1950.09.01	〃	
53	09.25	〃	70,000,000	99.75	4.1	3	1939.09	11	1950.09.25	〃	含：第 27 次の償還
54	1937.04.25	〃	50,000,000	99.50	4.1	3	1940.04	10	1950.04.15	〃	含：第 28 次の償還
55	09.18	〃	6,000,000	99.50	4.1	2	1939.09	8	1947.09.18	〃	
56	1938.04.20	〃	45,000,000	100.00	4.3	3	1941.04	10	1951.04.20	〃	第 29，31 次の償還
57	04.25	〃	5,000,000	100.00	4.3	3	1941.04	10	1951.04.25	〃	
58	07.25	〃	50,000,000	100.00	4.3	3	1941.07	10	1951.07.25	〃	
59	10.10	〃	30,000,000	100.00	4.3	3	1941.10	10	1951.10.10	〃	
60	11.21	〃	45,000,000	100.00	4.3	3	1941.11	10	1951.11.21	〃	
61	12.10	〃	5,000,000	100.00	4.3	3	1941.12	10	1951.12.10	〃	
62	1939.02.20	〃	40,000,000	100.00	4.3	3	1942.02	10	1952.02.20	〃	
63	04.25	〃	40,000,000	100.00	4.3	3	1942.04	10	1952.04.25	〃	
64	06.10	〃	5,000,000	100.00	4.3	3	1942.06	10	1952.06.01	〃	
65	06.10	〃	50,000,000	100.00	4.3	3	1942.06	10	1952.06.10	〃	
66	08.15	〃	40,000,000	100.00	4.3	3	1942.08	10	1952.08.15	〃	
67	11.10	〃	50,000,000	100.00	4.3	8	1942.11	10	1952.11.10	〃	第 33 次の償還
68	11.15	〃	5,000,000	100.00	4.3	3	1942.11	10	1952.11.15	〃	
69	1940.03.15	〃	50,000,000	100.00	4.3	3	1943.03	10	1953.03.15	〃	

出典）『統計年報』1939 年度版，南満州鉄道株式会社。
注 1 ）第 1～4 次，第 19 次は外債。外債の発行高は円換算。ただし，発行価格は 100 ポンドにつきの値で，単位はポンド。
2 ）第 9 次，第 18 次の発行価格は，現金応募のもの。
3 ）第 34 次は AB の 2 種類があり，その合計。年利率は A のもの。

表 4-5　1940 年度以降の社債発行

次	発行年月日 （年月日）	発行高（円）	備考
70	1940.05.10	60,000,000	含：第 35 次の償還
71	06.05	10,000,000	
72	07.10	60,000,000	
73	10.15	40,000,000	
74	11.20	10,000,000	
75	11.27	45,000,000	
76	1941.02.01	50,000,000	
77	04.10	50,000,000	
78	05.01	30,000,000	
79	06.05	15,000,000	
80	07.21	40,000,000	
81	09.20	40,000,000	
82	10.25	45,000,000	
83	12.01	10,000,000	
84	12.20	10,000,000	
85	01.24	50,000,000	
86	1942.03.30	40,000,000	認可時のデータ
	1942 年度：87〜94 回 →発行総額：2 億 7000 万円（いずれも認可額） →年度末現在額：19 億 1140 万 5000 円		
	1943 年度 →発行総額：3 億 1000 万円 →償還額：5434 万 5000 円 →年度末現在額：21 億 6706 万円		
	1944 年度 →発行総額：4 億 6000 万円 →償還額：7469 万 5000 円 →年度末現在額：19 億 1140 万 5000 円		

出典）前掲『営業報告書』各回，南満州鉄道株式会社。

の拡大を可能にするという点でも，大きな意味をもっていた。

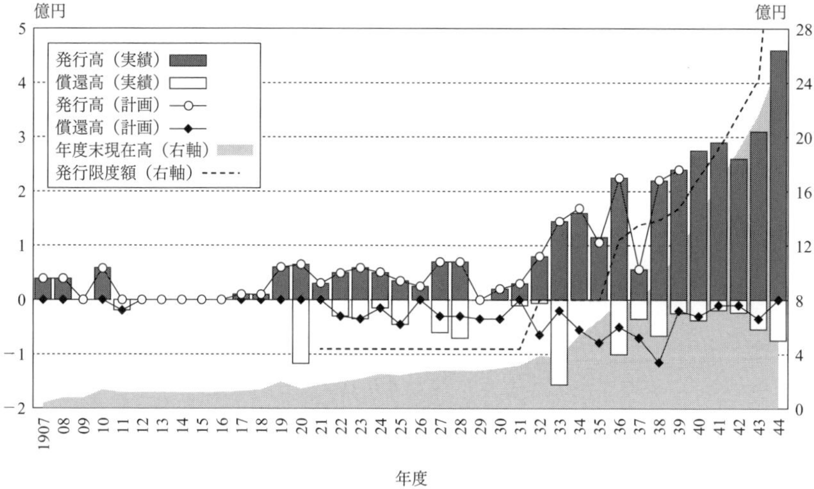

図 4-2　社債の発行と償還

出典）前掲『統計年報』1939年版，南満州鉄道株式会社。前掲『営業報告書』各回，南満州鉄道株式会社。
注）発行限度額・年度末現在高は年度末現在の数値。発行高・償還高は年度内の合計。

2　1933年増資と第二新株の発行

第1節では，会社設立以来の資金調達の経過について，定款などの変遷をふまえたうえで，株式の発行と株金払込，社債の発行と償還などを，時系列的かつ定量的にまとめた。そこでは，設立当初に定められた政府による「優遇措置」は，民間配当の政府配当に対する優位，外債の元利支払保証，社債発行限度額の緩和などに限られていたことが明らかになった。そしてそれは，満鉄の経営がきわめて好調だったからであった。満鉄経営の好成績が，政府からの「優遇措置」の必要性を減じさせ，民間株主は政府保証よりも高い配当率を享受できるようになった。

本節では，このような満鉄と株主の関係を背景に実施された1933年増資について，それが決定されるまでの過程と，増資株式（第二新株）の民間発行（割当と公募）の結果を明らかにしよう。

1）臨時株主総会（1933年3月6日）

発行株式の半分を大蔵大臣に所有されている満鉄にとって，増資に際してまずは，大蔵省との折衝が不可欠であった。その折衝を通じて，高橋是清蔵相から増資案への同意を得た満鉄は，1933年2月28日付で定款変更と株式募集について拓務大臣に認可を申請した[25)]。むろん，3月6日開催の臨時株主総会の位置づけは決して低くなく，総会決議を得ることが認可条件となっている。

臨時株主総会では，副総裁・八田嘉明が増資理由を説明した。八田は，満州国の成立にともなって，「鉄道ノ建設，既設鉄道ノ整備，港湾ノ施設ヲ初メトシ各種ノ事業ニ要スヘキ金額」として約7億1100万円を挙げ，1932年度分を差し引いた33年度以降の投資見込額が6億3600万円になるとした[26)]。その上で，これに充てる資金としてその時点で調達が見込める金額は，株金未払込金が2784万4000円，社債発行余力が5047万3000円で，合計7831万7000円に過ぎないことを示した。つまり，増資の理由は，満州国の成立にともなう事業拡張のための資金の不足にあった。

八田文書によれば，事業計画の概算は，表4-6のようにまとめられていた。この表からは，計画が向こう10年間を見通したものであったことがわかる。鉄道及附帯事業は毎年度，炭鉱事業も1933年度以降，継続的に投資される計画であったのに対して，製鋼事業・硫安事業・電気事業では，投資のない年度も想定されていた。そして，これに対して，表4-8のように，営業収支の予想が立てられていた。

鉄道収支については，「会社鉄道営業ハ著シク好転スルモノト観測セラルル」としたうえで，貨物輸送は新設線の影響で多少の増減，旅客収入・石炭運賃も回復過程にあるとして，「各年度収入ヲ漸増シタルニ止メタリ」とした。旅館収入の微増は「新京ヤマトホテル」の増築完工を反映したものであり，港湾収入は鉄道収入の増加率に連動していた。鉱業収入では「地売石炭ノ需要増加及景気回復ニ依ル輸出炭ノ増収」を見込み，製油収支は一定と想定している。製

25　『第六十五回帝国議会説明資料』南満州鉄道株式会社，1933年（復刻版：龍渓書舎，1986年），31頁。

26　「増資案説明書」八田文書，No. 0311，1933年3月6日，1頁。引用文には，八田の書き込みを加えてある。

表 4-6　増資後の事業別投資額

（万円）

年度	1932	1933	1934	1935	1936	1937	1938～42	計
鉄道及附帯事業	7,300	14,700	10,400	8,900	4,200	1,500	6,100	53,100
製鋼事業		1,680	1,820	400			1,100	5,000
硫安事業		400	800					1,200
電気事業		200	500	500	500	300		2,000
炭鉱事業		200	300	300	300	300	1,000	2,400
其他事業	200	820	1,580	2,300	1,200	800	500	7,400
合計	7,500	18,000	15,400	12,400	6,200	2,900	8,700	71,100

出典）「増資案説明書」八田文書，No. 0311，1933 年 3 月 6 日。

表 4-7　増資後の営業収支予想

（万円）

	年度	鉄道	旅館	港湾	鉱業	製油	製鉄	地方	総務	利息	予備費	合計
収入	1933	9,837	174	991	5,566	398	1,036	444	266	2,483		21,192
	1934	9,837	177	1,001	6,088	398	1,036	444	266	3,617		22,862
	1935	10,090	177	1,041	6,683	398		444	108	5,126		24,068
	1936	10,234	177	1,052	6,902	398		444	108	5,820		25,136
	1937	10,273	177	1,052	7,161	398		444	108	6,188		25,801
	1938	10,566	177	1,083	7,765	398		444	108	6,379		26,921
支出	1933	3,334	180	745	5,640	350	1,277	1,441	1,612	3,307		17,986
	1934	3,334	182	752	5,837	350	1,277	1,441	1,726	3,847		18,846
	1935	3,388	182	782	6,403	350		1,441	1,768	4,377		18,792
	1936	3,403	182	790	6,523	350		1,441	1,795	4,652		19,235
	1937	3,406	182	790	6,616	350		1,441	1,809	4,834		19,529
	1938	3,436	182	814	7,005	350		1,441	1,822	4,984		20,134
損益	1933	6,502	−7	246	−74	48	−241	−997	−1,347	−824	100	3,206
	1934	6,502	−5	249	251	48	−241	−997	−1,460	−230	100	4,016
	1935	6,702	−5	259	280	48		−997	−1,660	749	100	5,276
	1936	6,832	−5	262	379	48		−997	−1,687	1,169	100	5,901
	1937	6,866	−5	262	545	48		−997	−1,701	1,354	100	6,272
	1938	7,130	−5	270	760	48		−997	−1,714	1,395	100	6,787

出典）前掲「増資案説明書」八田文書，No. 0311。
注）いずれも，年度末現在の数値。

鉄収支は 1935 年に「昭和製鋼所ト合同スルモノト仮定」して，1934 年度までしか計上していない。総務収支は製鉄部門の分離による「製鉄補助金」の中止を収入に反映させ，政府が肩代わりする第 19 次社債（外債）の「利子為替差損金ニ対スル納付金」＝124 万 7000 円を各年度の支出に加算するなどしており，利息収支では，「満州国鉄道及附帯事業投資額ニ対スル利息」を年 7.5 %，「製鋼事業其ノ他諸事業投資額ニ対スル利益配当」をおおむね年6～10％として収入に計上している[27]。

もう少し細かく，満鉄による計画と見込みを見てみよう。「特別事業」では，満州化学工業，採金事業，大豆及油脂工業でそれぞれ10％，電気事業，炭鉱事業，マグネシウム工業，アルミニウム工業，曹達工業の重工業と林業関係でそれぞれ8％という，高い利益見込率（配当率と利回り）となっていた。また，昭和製鋼所や東亜勧業など，それまでの事業成績が芳しくないものでも6％の利益見込率となっており，さらにいえば，セール油工業，ガソリン化工業，石炭液化工業という事業化の目途が立っていないものも6％とされていた[28]。

増資後の満州国線についても，既設線・新設線ともに利益が大きく伸びることが期待されていた。営業収支から差し引かれる借款利息は，もともと満鉄が貸し付けていたものに対する利息がほとんどであり，満州国線としては「支出」扱いになるものの，満鉄としては逆に「利息収入」として計上されることになるから，ここでもかなりの利益が見込まれていた[29]。

これらの予想表は，1933年3月1日時点で作成されたもので，すべてが1933～42年度の10年間を予想したものとなっていた。これらの予想表にもとづいて八田は，2回目以降の政府払込がなくても，「今後十箇年間会社の計画事業の投資に充当することが出来る次第」と述べた。つまり，八田は，民間株主からの払込だけで，満州国成立にともなう既存事業の拡張・新規事業の立上げを進めていくことを表明した。あわせて，民間株主に対して「相当ノ程度ノ配当」ができるとの見通しも示していた[30]。

質疑応答案にも，民間株主からの払込を基調とする考えが表れていた。「政府持株ノ将来ノ払込ハ現金ニテ徴収スルヤ」という問いに対しては，「成ル可ク左様願ヒタイト思ヒマスカ政府ノ御都合ニ依ルコトテアリマシテ先刻申上ケ

27　以上，同上，［8-10頁］。

28　以上，「特別事業投資額『其他』説明書」八田文書，No. 0312，1933年3月1日，1-17頁。

29　以上，「満州国有鉄道（既設線）ノ概要」八田文書，No. 0313，1933年3月1日，1-9頁。

30　「〔臨時株主総会〕副総裁説明」八田文書，No. 0310，1933年3月6日，5-6頁。引用文には，八田の書き込みを加えてある。

タル通政府持株ノ第二回以後ノ払込カ無クテモ予定ノ事業ヲ遂行スルコトカ出来ル様致シタ次第テアリマス」との回答を用意していた。また，「社債発行限度額ヲ拡張シテ増資ニ代ヘサル理由」に対しても，「借入金カ資本金ニ対シテ平衡ヲ失スル嫌ヒカアル許リテナク会社ノ如ク資金ヲ永久的施設ニ固定セシムルモノニ於テハ一定ノ期限アル社債タケテ事業ヲ経営スルコトハ会社財政ヲ不安ノ状態ニ置ク虞レカアリマス，特ニ長期ノ内外債ノ募集困難ナル今日ニ於テ時々借替ヲ要スル短期社債タケテ資金ヲ調達スルコトハ将来ニ不安ヲ胎スルモノト考ヘマスカラ，此際執ルヘキ方法トシテ増資ヲ撰ンタ次第テアリマス」と応じる予定であった[31)]。

しかし，結局八田は具体的な数値を列挙した説明をしなかったようである。説明書の原稿に加えられた八田の書き込みは，予想表への言及を削除するものであり，その代わりに，「製鋼，硫安其の他会社が計画施行する諸事業は之を概括して相当の利益を挙げ得る見込」といった表現で，増資後の事業の「成功」を株主にイメージさせていた[32)]。また，民間株式の払込に関しても，1933年に最初の10円/株が実施された後は，34年に15円/株，35年に15円/株，36年に10円/株を予定していたものの[33)]，1933年12月20日に第二新株の募集結果を報告するために開かれた臨時株主総会では，「第二回ノ払込ノ時期及払込金ハ幾何カ」という質問に対して，「未タ決定致シテ居リマセンカラ只今何トモ申兼マス」と答えるつもりでいた[34)]。増資理由を説明する段階でも同様に，2回目以降の払込日程と金額の計画を表明できずにいたものと思われる。

このように，1933年増資をめぐっては，具体的な数値と予定を挙げない，ある意味で，あいまいな説明がなされていた。それは，事業計画を詳らかにすることによって，さまざまな思惑を誘引したくなかったからかもしれないし，逆に，そうした情報を満鉄関係者にだけインサイダー的に伝えることで，「上手」に儲けさせることを狙っていた可能性もあったかもしれない。いずれにせ

31　「臨時総会ニ於ケル質疑応答：案」八田文書，No. 0318，1933年3月6日，〔5頁〕。
32　前掲「増資案説明書」5-6頁。
33　「資金調達額内訳表」（1933年3月1日作成），前掲「増資案説明書」。
34　「〔8.12.20 臨時株主総会 第二新株式募集ニ関スル質問応答資料〕」八田文書，No. 0324，1933年12月20日，9頁。

よ，そのような「情報の非対称」は起こっていたであろう。

しかしながら，ここでは，民間株主に対する「配慮」が強く意識されていたことに留意したい。というのも，表 4-1 にあるように，1929 年度の 11％を境として，1930 年度の民間配当率は 8％に下がり，満州事変のあった 1931 年度は設立以来初の「赤字」で，社員の退職金積立を切り崩すなどして，ようやく 6％の民間配当率を確保していた（政府配当も配当率 2.0％ながら実施されている）。翌 1932 年度から民間配当率を 8％にまで戻すことができたものの，付表 4-2 にあるように，このモデルにおける株主は，同 32 年度に 200 円の払込をしており，翌 33 年度には 400 円の払込をしていた。つまり，民間株主にとって，配当という見返りが少なくなる一方で，株金払込という追加的な負担が大きくなっていたのである。

そのような状況下で，表 4-6・4-7 のような具体的な数値を挙げずに株主への説明を行ったことには，株主に払込に対する負担感を強めてしまうことを避ける狙いがあったと考えられる。そうせざるをえないほどに，1933 年増資では，民間株主による株金払込に資金調達を依存していた。すなわち，新規発行株式額が 1 億 8000 万円にもなり，図 4-1 の発行額（民間株主）が 1933 年増資の後で急伸していることは，このような事情を端的に表現している。八田が，第二新株の 2 回目以降の払込予定が決まっていないと答えようとした真意は，1933 年増資直前に配当金の減少と追加払込金の急増に耐えた株主に対する配慮として，そう答えざるをえなかったということであろう。

最終的に臨時株主総会は増資案を決議した。それまでの公称資本金 4 億 4000 万円に，3 億 6000 万円を増資により上乗せして，新たに公称資本金を 8 億円とすることになった。3 億 6000 万円のうち，日本政府が半分を引き受け，上述のように第 19 次社債の元利支払を肩代わりすることで，3620 万 8000 円を 1 回目の払込に充てた。また，政府配当率が 4.43％に引き上げられている。残り半分を引き受ける民間株主には，360 万株を発行し，その内の 220 万株を株主に，20 万株を額面価格で社員に割り当て，残りの 120 万株をプレミアム付き価格で公募することが決議された（株主・社員ともに 1933 年 8 月 10 日現在）[35]。

2）衆議院委員会（1933年3月11～20日）

臨時株主総会の後，衆議院では「南満州鉄道株式会社ノ株式引受ニ関スル法律案委員会」が，1933年3月13・14・16～18日の計5回開かれた。この委員会の参加者は表4-8の通りである。全301発言（議事進行発言25回を含む）のうち，拓務大臣・永井柳太郎が103回を数え，残りの198回のうち116回を，政友会の門田新松・内田信也・志賀和多利・仙波久良・上原平太郎・津崎尚武の6人で占め，それぞれがおおよそ10～30回の発言を行っている。つまり，政友会からの質疑に対して，民政党の拓相・永井柳太郎が応答する，というのが基本的な構図となっていた。

この委員会の中で，最も質疑に時間が費やされた事柄は，満鉄の100％子会社である大連汽船が，大豆の欧米輸出向けに外国中古船を購入し，これを拓務省が認可したことについてであった。大豆輸出の季節性ゆえに，大連汽船が沿岸航路にも進出してくることが恐れられ，最終的には，「政府ハ南満州鉄道株式会社ヲシテ其ノ本来ノ使命ニ鑑ミ内地商工業者及海運業者トノ不当ナル競争ヲ避クルト共ニ行政ノ統一ヲ紊サヾルヤウ厳重ナル監督ヲ為スベシ」「政府ハ船舶改善施設ノ趣旨ニ顧ミ南満州鉄道株式会社又ハ其ノ傍系事業ヲシテ外国中古船ノ輸入ヲ阻止スル事ニ努ムベシ」の2つが附帯決議として残されている[36)]。

満鉄の子会社経営に質疑が集中したことは，決して1933年増資そのものと無関係ではなかった。この質疑を含めた衆議院委員会の議事録からは，臨時株主総会において八田が示したのとは異なる，1933年増資における株主に対する衆議院議員の認識が浮かび上がってくる。

拓相・永井柳太郎は，冒頭で，「満州国内ニ於ケル既設鉄道ノ経営，新規鉄道ノ建設及経営ヲ引受ケマシタノミナラズ，尚ホ其傍港湾河川ノ経営等ニ当ルコトヽナリ，又将来満州国ニ於ケル一般産業ニ付テモ，重要産業ノ経営及投資ニ関シマシテハ，満鉄会社ヲシテ其任ニ当ラシムルコトヲ適当ト認メラルヽモノガ少ナクナイ」と述べた後で，臨時株主総会の八田と同じ数値にもとづいて，

35　「〔臨時株主総会〕決議事項」八田文書，No. 0322，1933年3月6日，〔2頁〕。

36　「第64回帝国議会衆議院 南満州鉄道株式会社ノ株式引受ニ関スル法律案委員会議録（筆記）」第5回，1933年3月18日，1頁。

表 4-8　「南満州鉄道株式会社ノ株式引受ニ関スル法律案委員会」の参加者

氏名	役職	所属	選挙区	経歴など	備考
議員側					
野田俊作	委員長	政友会	福岡	満鉄社員	
門田新松	理事	〃	埼玉	大連取引所理事	
兼田秀雄	理事	〃	青森	満鉄秘書兼参事	
海野數馬	理事	民政党	静岡		
豊田豊吉	理事	〃	茨城		
内田信也		政友会	茨城	内田造船社長	
志賀和多利		〃	岩手	鉄道参事官	
船田中		〃	栃木	東京市助役	
春名成章		〃	静岡	満州日々新聞記者	
仙波久良		〃	滋賀	大連市議	
上原平太郎		〃	香川	陸軍中将	
津崎尚武		〃	鹿児島		
今井健彦		〃	千葉	東京毎日社長	
小林絹治		〃	兵庫	満鉄社員	
増田義一		民政党	新潟	実業之日本社長	
鵜澤宇八		〃	千葉		
松尾四郎		〃	奈良		
古屋慶隆		〃	岐阜	鉄道参事官	
菊地良一		〃	青森		古屋慶隆と交替
桜井兵五郎		〃	石川	北日本ガスレンガ社長	増田義一と交替
政府側					
永井柳太郎		民政党	石川	拓務大臣	
堤康次郎		〃	岐阜	拓務政務次官	
木村小左衛門				拓務参与官	
北島謙次郎				拓務省殖産局長	
生駒高常				拓務省管理局長	
郡山智				拓務省拓務局長	
稲垣征夫				拓務書記官	
杉田芳郎				拓務書記官	
浅野平二				逓信省管船局長	

出典）「南満州鉄道株式会社ノ株式引受ニ関スル法律案委員会議録（筆記）」第 1～5 回，1933 年 3 月 13～18 日。「第 18 回総選挙　衆議院議員当選者一覧」『朝日新聞』1932 年 2 月 23 日。

増資理由を説明した。また，「政府目下ノ財政状態デハ，現金出資ハ困難デアリマスノデ，前回増資ノ例ニ倣ヒマシテ，満鉄第十九回英貨社債四百万磅ヲ政府ニ肩替リ致シマシテ，之ヲ以テ右政府株金ノ払込金ノ一部ニ充当スル」ことも述べている[37)]。

この説明に対して，増資による投資計画などの資料を兼田秀雄が求めると，拓務省殖産局長・北島謙次郎は，軍事上の関係もあって「確定シタモノハゴザイマセヌ」と返した。当然のことながら，兼田からはそれでは増資額の根拠がどこにあるのかという質問が出され，北島は満鉄自身が鉄道計画をもち，これにもとづいて「大体見当」をつけているが，軍の要望で変更することもあると応じた[38]。要するに，1933年増資の理由説明において，臨時株主総会でも衆議院委員会でも，具体的な計画資料は提出されていなかったことになる。

それでも，満鉄でのキャリア（満鉄秘書兼参事）がそうさせるのか，兼田は120万株（6000万円）の民間公募について，とても強気であった。「満鉄ノ株ニ対シマシテハ，非常ニ国民一般モ一種ノ興味ヲモツコトダラウ」と発言しただけでなく，「満州国ト云フモノガ新ニ出来マシタカラ，私ハ一般ノ人ノ心理状態ガ違フト思フ，私ハサウ云フコトヲ思ヒマスカラシテ，果シテ大臣ガ仰シヤルヤウナ六千万円デモドウカト云フヤウナ考ハ，ソレコソドウカト思ヒマス」と，もっと広く一般に公募を開くべきだと主張した[39]。

1933年増資の公募株数をもっと増やし，広く一般に開くべきだという主張の背景には，そもそも満鉄の民間配当率が高すぎるという，満鉄株主に対する「ひがみ」のようなものがあった。豊田豊吉は「必要トサレル公共性ヲ持ッテ居ル時ニ，依然トシテ往年ノ一割配当ヲ継続スルト云フ営利主義ノ経営方針デ行カレル積リデアリマセウカ」と素朴に疑問をぶつけている[40]。この高いとされた配当率について，陸軍中将・上原平太郎もきわめて辛辣だった。「民間株主ガ寄ッテタカッテ満鉄ノ利益ヲ奪去ッテシマフ」「特別ニ民間株ニ六分以上ノ沢山ノ配当ヲ要求スルト云フコトハ，実ニ理由ノナイコト」といった民間株主への批判だけでなく，「満鉄ノ従業員ガ，満鉄ノ今度ノ増資株ヲ従業員ニ分配ヲセヨ，其分配ハ「パー」で分配ヲセヨ，五十円ノ「プレミアム」ノ付カヌ株価デ分配ヲセヨ，斯ウ云フ事ハ満鉄ノ従業員トシテハ，甚ダドウモ自覚ガ

37　「第64回帝国議会衆議院 南満州鉄道株式会社ノ株式引受ニ関スル法律案委員会議録（筆記）」第2回，1933年3月14日，1頁。

38　同上，9-10頁。

39　同上，12頁。

40　同上，10-11頁。

足ラナイト思フ」と，額面価格で株主となった社員にも批判は及んだ[41)]。そして，「今ノ満鉄ノ株式ニ対スル配当，民間株主ガ横暴ニ政府ヲ強要シ，満鉄会社ヲ強要シテ不当ナル配当ヲ貪ルト云フヤウナコトガナイヤウニ」との要望を出すにいたる[42)]。

こうした発言からは，満鉄の民間配当率は不満をぶつけたくなるほどに高く，誰もが手にすることを望んでいる株式であるゆえ，1933年増資の民間公募も成功するにちがいない，という思考が政友会議員の中にあったことを読み取れる。そのような彼らが問題視していたのは，増資によって満鉄が巨大化することであった。そこには，付表4-2で見たような民間株主の負担，すなわち，不規則な払込への「対価」として配当が実現されてきたという認識はなかった。また，1931年度以降の民間配当率が8％以下の水準で抑えられつつあることも度外視されている。

津崎尚武は，「満鉄ハ其使命ニ顧ミテ努力スル必要ガアリマスケレドモ，其為ニ一種ノ「モノポリー」デ，満州ノ事ハ満鉄デナケレバナラヌト云フコトデ，他ノ資本，他ノ事業家ノ発展ヲ阻止セラレルヤウナ事ハ，余程慎シムベキ事デアル」と，独占企業として満鉄が他の経済主体の成長を阻害する可能性を懸念している[43)]。そして，満鉄による独占に対する懸念は，満州国成立後の「満鉄の使命」の追及へとつながっていく。津崎は，「今マデ満鉄ガ本来ノ使命ヲ顧ミズシテ，日本ノ大陸国策ヲ行フ重大ナ使命ヲ持ッテ居ルコトヲ，満鉄ノ当事者自体ガ兎角忘レ勝ニナルノデアリマス」という批判も述べていた[44)]。志賀和多利もまた，「満州国成立セザリシ以前ノ満鉄会社ノ使命ト，今日満州国ガ成立致シマシタ場合ニ於ケル満鉄会社ノ使命トニ，何等カノ相違アルコトヲ御認メニナリマセヌカ」と永井に詰め寄ったうえで[45)]，「満州ニ於ケル満鉄経営，運輸事業ノ経営ニ付テ，国防上欠陥ナカラシメル為ニ，産業ノ発達ヲ促スヤウニヤルコトガ重大ナル使命」として，大連汽船の問題と再び関連づける発言を

41　「第64回帝国議会衆議院 南満州鉄道株式会社ノ株式引受ニ関スル法律案委員会議録（筆記）」第4回，1933年3月17日，24頁。

42　同上，27頁。

43　同上，43頁。

44　同上，4頁。

45　同上，8頁。

している[46]。

結局のところ，これらを解決するのが経済統制であり，豊田の「統制経済ヲドウ云フ風ニ施シテ行ッタナラバ其巨大ナ資本ヲ入レテモ之ヲ全能力ヲ発揮スルコトガ出来ルカドウカ，唯金ダケ入レテ内地ノ仕事ヲ逼迫スルト困ルト手加減ヲシテ行キマスナラバ，其資源開発ト云フモノハ全能力ヲ発揮シ得ナイト考ヘマス」という論理にもつながるのであった[47]。果ては，上原のように，「内地人」も「小資本家」も満鉄に抑えられ，満鉄の職員と従事員の一部だけが利益を得ていたのだから，満鉄を「官営」にすべきだとの意見も出されるようになる[48]。

このように，委員会に出席した衆議院議員の発言からは，1933 年増資による資金調達に対する楽観の裏側に，満鉄そのものの巨大化に対する懸念があったことが読み取れる。大きい満鉄は絶対的に安定しているのであり，それがさらに大きくなって，他の経済主体の利益を抑圧することが問題とされていた。増資をしなくてはならない理由ではなく，増資後の影響に彼らの関心が寄せられている。だからこそ，詳細な投資計画がなくても質疑を進めることができたのであろう。増資法案は，最終的にはこの委員会でも，「全員一致」で可決された[49]。

3）募集実績

このような経過の後，1933 年増資は具体的に実施された。以下に，株式割当と民間公募の結果をまとめてみよう。

株主割当から見ると，株主 3 万 2110 人に 220 万株を割り当てた結果，棄権株主は 359 人，棄権株は 5,863 株（割当端数株を含む）であったから，株主の 1.1 % によって株数の 0.3 % が棄権されただけであった[50]。また，社員への 20

46　同上，11 頁。
47　「第 64 回帝国議会衆議院 南満州鉄道株式会社ノ株式引受ニ関スル法律案委員会議録（筆記）」第 3 回，1933 年 3 月 16 日，3 頁。
48　前掲「第 64 回帝国議会衆議院 南満州鉄道株式会社ノ株式引受ニ関スル法律案委員会議録（筆記）」第 4 回，23 頁。
49　前掲「第 64 回帝国議会衆議院 南満州鉄道株式会社ノ株式引受ニ関スル法律案委員会議録（筆記）」第 5 回，2-3 頁。

万株の割当は，第五回株式に倣って実施され，日本人社員には実際に株券が配布され，「満州人」社員にはとくに株券の配布を希望する者を除いて，売却によるプレミアムのみが交付された[51]。その結果，2 万 2888 人に計 18 万 3086 株の株券が配布され，残余の 1 万 6904 株は，1 株あたり 6.40 円のプレミアムを上乗せして売却され，得られた 10 万 8185.6 円は諸々を控除されたうえで，9,758 人の満州人に分配されたという[52]。

公募の 120 万株は，1933 年 8 月 11 日から 15 日にかけて募集され，申込最高価格から順次落札とされた。申込希望者は申込証拠金（5 円/株，落札後はプレミアムまたは株金に充当）を添えて申込書を提出した。申込価格は臨時株主総会での決議通り額面 50 円以上とされ，10 銭未満の「端数」は認められなかった。最少申込株数は 5 株であり，10 株以上からは 10 株単位での申込となった。一応，10 の倍数の申込株数であれば，1 回の申込（1 口）で上限の 120 万株まで申し込むことができたことになる。そして，50 円を超えた部分，すなわち，プレミアムは，第 1 回の払込（1933 年 10 月 2 日，10 円/株）と同時に支払うことが義務づけられた[53]。

満鉄の社史によれば，公募成績は，応募人数 2 万 3491 人，応募株数 351 万 8220 株で順調に終わり，このうち落札部分は 9,910 人で，621 万 5394.5 円のプレミアムが発生した[54]。落札最高価格は 80.5 円，最低価格は 54.9 円であった。この落札最低価格を公募形式にあわせて，より高値の注文を優先する「大引」の価格（東京株式取引所，短期取引，前場）と比較すると，1933 年 8 月 1 日から 15 日までは，65.5〜68.9 円/株で推移していたから[55]，市場価格よりも落札最低価格は低めに出ていたということになる。それでも，600 万円を超えるプレミアムは満鉄としても満足のいくものであったろうし，株式の募集数に対して応募も 2.9 倍になった。民間公募は成功に終わったということができよう。

50　「増資新株式引受並払込ノ概要」八田文書，No. 0327，1933 年 12 月 20 日，2-3 頁。
51　八田文書によれば，20 万株を，日本人 2 万 2837 人と「満州人」9,855 人に割り当てた（同上，3 頁）。
52　前掲『南満州鉄道株式会社第三次十年史』2690 頁。
53　「広告 南満州鉄道株式会社増資株式募集」『朝日新聞』1933 年 8 月 1 日朝刊，1 頁。
54　前掲『南満州鉄道株式会社第三次十年史』2689 頁。
55　『朝日新聞』1933 年 8 月 2〜16 日（7，14 日を除く），夕刊。

民間公募の結果については，一次史料が残されている。以下，これを使って，もう少し細かく見ていこう。表 4-9 は，申込の口数と株数を価格ごとにまとめたものである[56]。この表によれば，平均申込価格（加重平均）は 54.3 円であった。申込口数の最大値を見ると，2,445 口（55.0 円）が最大で，この価格の申込株数は 33 万 9120 株であった。最低落札価格付近で申込株数のひとつのピークが形成されるように分布していることがわかる。ただし，申込株数の最大値（35 万 1885 株）における価格は，申込口数のそれよりも 2.0 円も低い 53.0 円であった。54.9 円未満は落札できなかった集団であるが，より低く満鉄を評価していた集団があったことには留意する必要がある。この表は，申込者が最低落札価格近辺を頂点とするような分布をなしていなかったことを示している。つまり，50 円/株の第二新株にどれほどプレミアムを上乗せするかという問題において，申込者たちが「同質」ではなかったことを示唆している。

表 4-10 は，こうした価格分布を，申込取扱所ごとに見たものである。元となる資料には，54.8 円以下の分布，すなわち，落札できなかった価格帯の分布についての記録がないことに注意されたい。その代わりに，申込株数，落札株数，落札外株数，事故株数が記録されている。これによれば，申込口数では，朝鮮銀行（大連支店）が最も多く，これに，日本興業銀行・三十四銀行といった都市の銀行と高木商店・山一證券・藤本ビルブローカー證券のように東京・大阪に本拠を置く証券会社が続いていた。中位層では，地方・外地の銀行と証券会社が入り乱れている。そして，下位層では証券団が圧倒的に多くなっている。

次に，申込株数では，満鉄東京支社と朝鮮銀行（大連支店）を除くと，山一

56　応募人数・応募株数が，上述の社史からの引用と一致していないが，閉鎖機関資料（一次史料）の方を優先した。また，募集広告には，「申込方法」として，「左記取扱所ニ申込用紙ヲ請求シ夫々記入捺印ノ上申込証拠金ヲ添ヘテ取扱所ニ差出スコト」とある。「夫々記入捺印」からは，1 名の申込者が複数の申込用紙を出す，つまり，1 つの申込価格につき 1 枚の申込用紙を提出する形となっていたことを否定できないため，申込口数が申込人数（実数）と等しいとは限らない。また，申込期間中に同一人物が 2 回以上に分けて申込をした場合も，申込口数と申込人数が乖離する。そこで本章では，閉鎖機関資料にもとづく記述については，「人数」ではなく「口数」を使うことにする。なお，落札最低価格 54.9 円では，応募株数に比例させるなどの方法で落札者を決めた。つまり，54.9 円では応募株数と落札株数は一致しない。

表 4-9　1933 年増資の公募申込状況

価格	口数	株数
80.5	1	5
71.5	1	5
70.0	3	115
68.5	1	10
68.0	1	5
66.7	1	20
66.5	1	10
66.0	2	30
65.8	1	10
65.5	1	5
65.0	3	105
63.6	1	10
63.0	3	60
62.5	3	35
62.0	3	50
61.6	1	30
61.1	2	20
61.0	7	360
60.9	0	0
60.8	2	65
60.7	0	0
60.6	0	0
60.5	5	145
60.4	1	50
60.3	0	0
60.2	0	0
60.1	7	180
60.0	54	1,460
59.9	1	30
59.8	0	0
59.7	0	0
59.6	0	0
59.5	2	70
59.4	0	0
59.3	0	0
59.2	2	15
59.1	3	130
59.0	12	205
58.9	2	30
58.8	3	70
58.7	1	10
58.6	7	100
58.5	20	330
58.4	0	0
58.3	1	70
58.2	5	100
58.1	15	195
58.0	59	1,175
57.9	2	30
57.8	7	200
57.7	2	15
57.6	15	190
57.5	57	1,375
57.4	2	25
57.3	8	190
57.2	12	255
57.1	33	595
57.0	154	4,520
56.9	7	60
56.8	18	625
56.7	17	375
56.6	40	675
56.5	136	3,200
56.4	7	600
56.3	41	985
56.2	73	2,040
56.1	193	5,665
56.0	627	18,850
55.9	77	1,790
55.8	271	8,095
55.7	275	9,335
55.6	514	17,270
55.5	1,420	57,555
55.4	313	36,485
55.3	680	93,950
55.2	753	163,080
55.1	1,188	251,485
55.0	2,445	339,120
54.9	306	246,320
54.8	607	243,475
54.7	464	132,105
54.6	629	128,450
54.5	1,121	187,130
54.4	279	113,185
54.3	504	96,185
54.2	473	56,165
54.1	749	90,930
54.0	1,182	142,925
53.9	274	81,095
53.8	456	74,880
53.7	357	65,660
53.6	522	62,890
53.5	899	91,250
53.4	101	13,875
53.3	249	21,170
53.2	230	32,065
53.1	446	35,675
53.0	885	351,885
52.9	69	8,455
52.8	143	13,095
52.7	91	10,895
52.6	189	14,910
52.5	446	34,485
52.4	35	4,810
52.3	78	6,075
52.2	85	10,015
52.1	213	19,570
52.0	465	32,605
51.9	41	1,890
51.8	49	2,175
51.7	41	2,765
51.6	77	3,970
51.5	219	10,430
51.4	25	755
51.3	39	980
51.2	79	2,965
51.1	288	4,745
51.0	362	15,775
50.9	16	610
50.8	24	995
50.7	31	1,000
50.6	41	1,210
50.5	211	13,080
50.4	14	905
50.3	45	2,325
50.2	65	2,685
50.1	77	2,590
50.0	25	190
計	23,941	3,518,220

出典）「申込価格別明細表」閉鎖機関資料，満鉄，前：17A-28。
注）申込書不備などの事故株（63 口，1,900 株）を含む。

證券・川島屋商店・大阪商事・満鉄東京支社・安藤竹次郎商店・大阪屋商店・高木商店・黒川商店といった東京・大阪・名古屋に所在する証券会社・証券団が，10 万株を超える規模で上位層を占めている。中位層は，あまりはっきりとした特徴がなく，都市・地方・外地の銀行が入り乱れている。下位層では，申込口数と同様に，証券団が圧倒的となる。

落札率については，申込口数・申込株数とは異なった特徴が出ている。まず，山叶商会・遠山芳三商店という証券団が90％を超える落札率を示している。これに，第一銀行（下関支店）・三井銀行（小樽支店）・住友銀行（門司支店）といった地方の銀行がつづき，第一銀行（四日市支店）・横浜正金銀行（長崎支店）も上位に顔を出すようになる。中位層・下位層では，都市・地方・外地の銀行と証券会社・証券団が入り乱れているが，証券団が下位層に集まる傾向に変わりはない。

平均落札価格では，横浜正金銀行（長崎支店）・第一銀行（下関支店）・第一銀行（横浜支店）・鴻池銀行（広島支店）・三井銀行（小樽支店）・山口銀行（秋田支店）・安田銀行（仙台支店）・住友銀行（門司支店）・第一銀行（四日市支店）・三井銀行（京都支店）・安田銀行（金沢支店）・日本興業銀行（神戸支店）といった地方の銀行が，55.5円以上の価格を示して，上位層を圧倒的に占有した。朝鮮銀行（新京支店）・朝鮮銀行（奉天支店）がこの層に含まれていることも注目される。そして，証券会社と証券団が中位層と下位層を占めていた。

このことを落札価格の分布で確認してみれば，証券団の申込価格分布が，ほぼ56.0円までで収まっていることが目立つ。また，証券会社もおおむね58.0円あたりで収まっている。これに対して，銀行はそれ以上の価格帯にまで分布を広げており，地方の銀行と日本興業銀行の落札価格の分布が60円以上にまで及んでいることは，平均落札価格が高く出ることと符号していよう[57)]。

図4-3は，表4-10から，落札率と平均落札価格を取り出して図示したものである。この図からも確認できることは，まず，銀行と証券会社・証券団との間での差である。平均落札価格は，都市・地方・外地の銀行の方が，証券会社・証券団よりも高い値で分布している。次に指摘できることは，都市と地方との間でも，平均落札価格に差が出ているということである[58)]。東京の証券団

57　「第二新株式（公募）募集成績表」閉鎖機関史料，満鉄，前：17A-125。

58　平均落札価格の差は銀行と証券会社との間でも見られ，これは両者の情報格差を反映しているようにも思われる。しかし，具体的な情報を分析することは不可能であり，本章の論点との関わりからも，都市と地方の格差に焦点をあてる。

表 4-10　1933 年増資の公募申込状況（申込取扱所別）

申込取扱所	所在地	分類①	分類②	申込口数		申込株数		落札	落札外	事故	落札率 (%)		平均落札価格	
日本興業銀行	東京	銀行	都市	1,418	(2)	48,685	(17)	24,340	24,340	5	50.0	(16)	55.68	(10)
第一銀行（横浜支店）	横浜	〃	〃	243	(32)	7,510	(48)	3,440	4,050	20	45.9	(21)	55.87	(3)
三菱銀行（名古屋支店）	名古屋	〃	〃	614	(14)	13,460	(34)	5,170	8,245	45	38.5	(30)	55.39	(21)
三十四銀行	大阪	〃	〃	1,275	(4)	77,010	(14)	34,645	42,295	70	45.0	(23)	55.34	(22)
日本興業銀行（神戸支店）	神戸	〃	〃	671	(12)	19,850	(28)	9,625	10,165	60	48.6	(20)	55.50	(16)
三井銀行（小樽支店）	小樽	〃	地方	249	(31)	8,345	(47)	5,895	2,450	0	70.6	(4)	55.73	(7)
山口銀行（秋田支店）	秋田	〃	〃	268	(27)	8,975	(45)	3,640	5,335	0	40.6	(28)	55.71	(8)
安田銀行（仙台支店）	仙台	〃	〃	362	(23)	10,910	(39)	5,315	5,590	5	48.7	(19)	55.68	(9)
川崎第百銀行（水戸支店）	水戸	〃	〃	145	(38)	3,835	(60)	1,905	1,930	0	49.7	(17)	55.43	(19)
安田銀行（金沢支店）	金沢	〃	〃	923	(8)	23,055	(26)	12,535	10,395	125	54.7	(15)	55.52	(15)
三井銀行（京都支店）	京都	〃	〃	474	(20)	13,985	(33)	8,260	5,725	0	59.1	(9)	55.57	(13)
第一銀行（四日市支店）	四日市	〃	〃	163	(37)	4,295	(57)	2,650	1,645	0	61.7	(7)	55.58	(12)
鴻池銀行（広島支店）	廣島	〃	〃	526	(16)	60,940	(15)	6,935	54,005	0	11.4	(53)	55.78	(6)
第一銀行（下関支店）	下関	〃	〃	418	(22)	11,775	(38)	8,915	2,740	120	76.5	(3)	55.90	(2)
住友銀行（門司支店）	門司	〃	〃	726	(11)	24,485	(24)	16,855	7,600	30	68.9	(5)	55.62	(11)
横浜正金銀行（長崎支店）	長崎	〃	〃	201	(33)	6,980	(49)	4,195	2,785	0	60.1	(8)	56.38	(1)
朝鮮銀行	京城	〃	外地	313	(26)	87,795	(12)	42,850	44,875	70	48.8	(18)	55.08	(48)
朝鮮銀行（大連支店）（総括）	大連	〃	〃	1,444	(1)	122,245	(8)	33,810	88,395	40	27.7	(39)	55.32	(24)
朝鮮銀行（奉天支店）	奉天	〃	〃	348	(24)	33,920	(22)	12,530	21,225	165	37.1	(31)	55.55	(14)
朝鮮銀行（新京支店）	新京	〃	〃	122	(42)	9,620	(44)	2,150	7,470	0	22.3	(40)	55.79	(5)
角丸商会	東京	証券団	東京現物団	133	(40)	52,075	(16)	20,280	31,795	0	38.9	(29)	55.13	(45)
川島屋商店	〃	〃	〃	422	(21)	376,910	(3)	214,545	162,365	0	56.9	(13)	55.06	(51)
玉塚商店	〃	〃	〃	250	(29)	18,695	(29)	1,740	16,750	205	9.4	(54)	55.47	(17)
山叶商会	〃	〃	〃	79	(51)	86,090	(13)	82,340	3,740	10	95.7	(1)	55.15	(39)
入丸商店	〃	〃	東京株式現物団	95	(47)	4,455	(55)	900	3,555	0	20.2	(41)	55.18	(35)
徳田商会	〃	〃	〃	61	(59)	5,650	(52)	250	5,400	0	4.4	(60)	55.15	(41)
金万證券	〃	〃	〃	121	(44)	15,715	(32)	4,435	11,275	5	28.2	(38)	55.04	(57)
片岡辰次郎商店	〃	〃	〃	81	(49)	4,405	(56)	265	4,140	0	6.0	(58)	55.21	(33)
高井治兵衛商店	〃	〃	〃	250	(29)	12,740	(36)	1,475	11,265	0	11.6	(51)	55.23	(31)
田口重一商店	〃	〃	〃	70	(55)	6,765	(50)	1,110	5,655	0	16.4	(49)	55.31	(25)
望月合資会社	〃	〃	〃	44	(63)	5,910	(51)	455	4,950	500	8.4	(55)	55.00	(62)

遠山芳三商店	〃	〃	東京證券団	77	(53)	22,160	(27)	20,710	1,435	15	93.5	(2)	55.11	(46)
沼間敏朗商店	〃	〃	〃	175	(36)	4,885	(53)	985	3,900	0	20.2	(42)	55.06	(53)
大沢龍次郎商店	〃	〃	〃	79	(51)	3,580	(61)	700	2,875	5	19.6	(44)	55.18	(36)
吉川兵次郎商店	〃	〃	〃	503	(17)	97,140	(11)	12,545	84,595	0	12.9	(50)	54.99	(63)
武田次七商店	〃	〃	〃	139	(39)	10,235	(41)	2,015	8,220	0	19.7	(43)	55.01	(61)
成瀬省一商店	〃	〃	〃	264	(28)	23,435	(25)	7,300	16,135	0	31.1	(34)	55.03	(58)
久保田正治商店	〃	〃	〃	98	(46)	4,530	(54)	815	3,715	0	18.0	(46)	55.24	(30)
松野屋商店	〃	〃	〃	48	(62)	2,445	(62)	160	2,235	50	6.7	(57)	55.04	(56)
松井房吉商店	〃	〃	〃	57	(61)	10,190	(42)	350	9,840	0	3.4	(61)	55.15	(40)
寺塚岩次郎商店	〃	〃	〃	67	(56)	2,090	(63)	385	1,655	50	18.9	(45)	55.06	(52)
林荘治商店	〃	〃	東京株式団	77	(53)	32,090	(23)	13,725	18,365	0	42.8	(25)	55.01	(59)
上田辰卯商店	〃	〃	〃	80	(50)	4,000	(59)	0	4,000	0	0.0	(65)	0.00	(65)
山中清兵衛	〃	〃	〃	184	(35)	10,410	(40)	300	10,110	0	2.9	(62)	55.16	(38)
山丸商会	〃	〃	〃	133	(40)	34,610	(21)	19,440	15,170	0	56.2	(14)	55.07	(50)
丸水渡辺商会	〃	〃	〃	85	(48)	8,910	(46)	3,835	5,075	0	43.0	(24)	55.06	(54)
松谷元三商店	〃	〃	〃	62	(58)	1,480	(65)	545	935	0	36.8	(32)	55.21	(32)
鈴木由郎商店	〃	〃	〃	63	(57)	16,110	(30)	120	15,990	0	0.7	(63)	55.08	(47)
鈴木圭三商店	〃	〃	〃	117	(45)	4,175	(58)	730	3,430	15	17.5	(47)	55.25	(28)
日興證券	〃	証券会社		329	(25)	12,495	(37)	7,130	5,365	0	57.1	(12)	55.42	(20)
山一證券	〃	〃		1,073	(5)	449,795	(2)	144,500	305,255	40	32.1	(33)	55.01	(60)
小池證券	〃	〃		58	(60)	1,905	(64)	220	1,685	0	11.5	(52)	55.80	(4)
共同證券	〃	〃		20	(65)	501,570	(1)	24,660	476,910	0	4.9	(59)	54.95	(64)
大東證券	〃	〃		122	(42)	10,125	(43)	2,875	7,150	100	28.7	(37)	55.04	(55)
小布施新三郎商店	〃	〃		187	(34)	15,915	(31)	4,950	10,965	0	31.1	(35)	55.24	(29)
野村證券	大阪	〃		898	(9)	44,100	(19)	20,065	24,035	0	45.5	(22)	55.29	(27)
藤本ビルブローカー證券	〃	〃		1,019	(6)	47,130	(18)	13,580	33,550	0	28.8	(36)	55.33	(23)
浜崎商店	〃	〃		483	(19)	41,470	(20)	3,015	38,455	0	7.3	(56)	55.08	(49)
大阪屋商店	〃	〃		796	(10)	127,010	(7)	51,535	75,475	0	40.6	(27)	55.13	(43)
大阪商事	〃	〃		638	(13)	216,810	(4)	88,430	128,260	120	40.8	(26)	55.13	(44)
高木商店	〃	〃		1,367	(3)	113,095	(9)	18,705	94,390	0	16.5	(48)	55.14	(42)
黒川商店	〃	〃		587	(15)	110,680	(10)	76,015	34,665	0	68.7	(6)	55.18	(34)
後藤證券	名古屋	〃		503	(17)	12,745	(35)	7,425	5,320	0	58.3	(11)	55.31	(26)
安藤竹次郎商店	〃	〃		939	(7)	132,525	(6)	77,760	54,735	30	58.7	(10)	55.16	(37)
満鉄東京支社	東京	満鉄		42	(64)	201,295	(5)	1,020	200,275	0	0.5	(64)	55.47	(18)

出典）「第二新株式（公募）募集成績表」閉鎖機関資料，満鉄，前：17A-125。「広告：南満州鉄道株式会社増資株式募集」『朝日新聞』1933年8月1日，朝刊。
注）「申込口数」「申込株数」「落札率」「平均落札価格」欄の（　）は順位を表す。

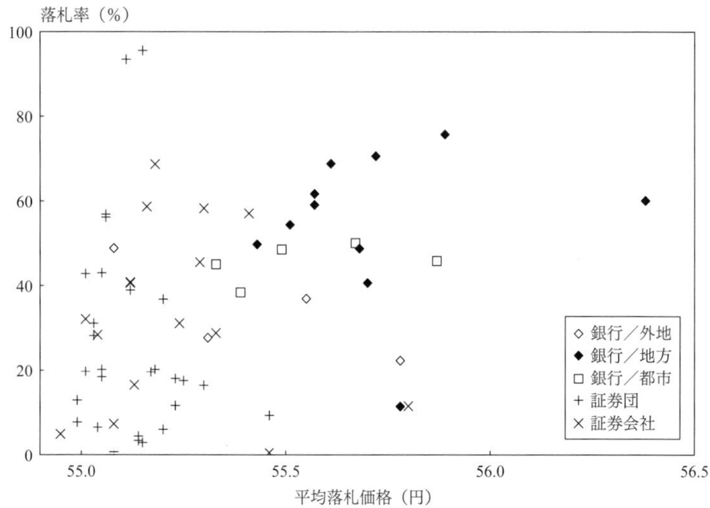

図 4-3　落札率と平均落札価格

出典）前掲「第二新株式（公募）募集成績表」閉鎖機関資料，満鉄，前：17A-125。「広告 南満州鉄道株式会社増資株式募集」『朝日新聞』1933 年 8 月 1 日，朝刊。
注 1）「銀行」「証券団「証券会社」「外地」「地方」「都市」の分類は表 4-10 の分類①②に従う。
　2）満鉄東京支社は「証券会社」に分類。
　3）落札率 0％の上田辰卯商店を除外してある。

を通じた落札の価格は最低落札価格に限りなく近く，また，東京・大阪・名古屋の証券会社も，ほぼすべてが 55.4 円以下の価格で収まっていた。これに対して，地方の銀行を通じた平均落札価格は 55.4 円を超えており，場合によっては 56.5 円付近にまで達している。また落札率も，都市にある証券団・証券会社の中には地方の銀行より高い，または同水準のものもあるとはいえ，分布を見てみれば，証券会社・証券団は，地方の銀行よりも低いところに集中している。

東京・大阪・名古屋・横浜・神戸を除いた地方の都市では，申込取扱所はすべて銀行であったから（表 4-10），銀行と証券会社・証券団，都市と地方，それぞれの間に大きな差があったことが，図 4-3 で表現されていることになろう。落札率と平均落札価格が高くなっているという点で，都市よりも地方において，第二新株の公募における需要は強かったということになる。逆にまた，証券団・証券会社を通じた申込者は，高い価格を付けてまで，この民間公募で落札しようとはしていなかったということになろう。申込口数で最少，申込株数で最大でありながら，落札率 4.9 %，落札平均価格が 54.95 円であった共同証券もまた，そのようなケースのひとつと考えられる。

しかし，府県別の募入実績をまとめた資料によれば，申込と落札の株数で見た場合の都市の需要は圧倒的であった[59]。申込株数は，都市 280 万 9445 株（構成比 80 %，以下同），地方 44 万 8020 株（13 %），外地 26 万 755 株（7 %）であり，落札株数は，都市 93 万 685 株（77 %），地方 17 万 5520 株（15 %），外地 9 万 3795 株（8 %）となっている。試みに単純に算術平均を求めれば，1 口あたりの申込株数が，都市 224 株，地方 50 株，外地 111 株となり，恵まれない応募環境の中で，都市よりも少ない株をより高値で申し込む地方の投資家の存在が浮かび上がる。

第二新株の民間公募は，このような需要構造に支えられていた。

おわりに

本章では，満鉄の設立以来の資金調達と 1933 年増資について，満鉄と株主との関係を中心に考察してきた。以下，明らかになった事柄をまとめてみよう。

満鉄の定款は，民間株主への配当を厚くする方向で，つまり，第二配当率を引き上げる方向で改正がなされてきた。第二配当を実施する条件となる政府配当率も，最初に 2 % まで引き下げられたものの，その後は 3.5 % → 4.3 % と引き上げられ，政府への配当も民間株主と同様に厚くなる傾向にあった。そして，政府配当率が 4.3 % を超えることを条件として，さらに第二配当を増額できるように，定款は改正されてきた。そうした増配傾向のピーク（1929 年，民間配当率 11 %，政府配当率 5.3 %）に，政府保証の撤廃が正式に株主総会で決議された[60]。政府による 6 % の配当保証という「優遇措置」は発動されることも，また，改正・強化されることもなかったのである。

59　「第二新株式募入総計表，他」閉鎖機関資料，満鉄，前：17A-226。
60　『営業報告書』第 29 回，南満州鉄道株式会社，5 頁。

社債の元利支払に対する政府保証もまた，同様の面をもっていた。政府保証の付いた社債は外債に限定されており，国内市場での社債発行において，政府保証が付与されることはなかった。加えて，外債の元利支払の肩代わりは，1920 年増資および 1933 年増資の政府払込と引き換えで実施されたものであったから，外債についても実質的には満鉄が負債を免除されたことにはなっていない。社債利子についても，政府から補給金を受けることはなく，満鉄自身が支払っていた。定款に明記された「優遇措置」は，社債についても，実質的に機能することはなかったのである。

このように，満鉄の民間株主や債権者に対する政府保証は，満鉄の高収益体質ゆえに「形骸化」していたといえよう。とくに，設立以来の株主と満鉄は，半官半民会社としての「優遇措置」の下ではなく，株式会社としての営利追求の下で，「良好な関係」を築いてきた。政府による配当保証のもつ意義が後景に退くほどに，満鉄は自らの経営努力で株主を満足させることができていたともいえる。株主もまた，そうした高配当を受ける一方で，不規則で高額な払込に応じてきた。政府は現金を全く出資していなかったことをふまえれば，政府配当より民間配当が優先されたとも言いがたい。

1933 年増資は，このような満鉄と株主の関係を活かしつつ，より民間株主に依存するかたちで成り立っていた。政府による 1 回目の払込は，1920 年増資と同様に外債の元利支払の肩代わりであり，かつ，2 回目以降の政府払込は予定されていなかったため民間株主による 1 億 8000 万円の払込が実質的な増資額とみなされていたといえる。この巨額の払込は，民間配当率が 8 % まで下がり，さらには，赤字を出して 6 % の配当を確保した経験の後に計画されたという点でも，民間株主への依存度をより高めていたということができよう。

それゆえに，臨時株主総会で増資理由を説明する立場にあった副総裁・八田嘉明は，民間株主，とくに設立以来の株主に対する配慮を欠かさなかった。投資計画や営業収支予想について具体的な数値を提示することで，満鉄の新規事業への参入と急激な投資に対して，株主が負担感を覚えることがないように，あいまいな表現で好成績をイメージさせようとした。払込計画を公表しなかったこともまた，同様の見地からの判断であろう。

これに対して，衆議院委員会の政友会議員は，総じて，満鉄株主ではない投資家，または，満鉄株を手にする機会に恵まれない人々の立場を代弁していた。政友会議員の認識では，満鉄株主はこれまで高い配当率を享受してきた，恵まれすぎた存在であった。多くの人々が満鉄株主に羨望のまなざしを送るがゆえに，民間公募も成功すると政友会議員は考えていた。そして，民間公募の成功は満鉄の巨大化，ひいては，満州経済における満鉄の独占体制へとつながり，他の経済主体の利益が抑圧されるのではないかと彼らは懸念していた。そうした点からも，また，満鉄株主の恵まれすぎた状態を是正する意味でも，経済統制の必要を主張し，満鉄が営利会社から脱却することを求めていた。

最終的に満鉄の 1933 年増資が順調に第二新株の発行と 1 回目の払込を終えたことは，副総裁・八田の配慮が功を奏し，また，衆議院委員会の政友会議員の予想が正しかったことを示しているといえよう。ただし確認しておきたいのは，満鉄と民間株主にとって，1933 年増資はこれで完了したわけではないということである。1 回目の払込金額は 10 円/株だから，当初の計画の 5 分の 1 が実行されただけであった。そこで，次章では，第二新株発行以後の払込期間における満鉄と株主について分析してみよう。

付表 4-1　満鉄の増資と株式の発行・払込

年	月日	種別	民間株主	日本政府
			事項	事項
1906	8. 1	設立命令書	第一回株式発行 （発行総額：2000 万円，発行株式数：10 万株，1 株：200 円） →全株を公募（ただし，1,000 株は重役持株）	1 億円引受，全額現物出資
	9.10	設立委員決定	第一回株式(1)払込 （総額：200 万円，20.0 円/株，締切：10.5）	
1912	3.26	認可	第一回株式(2)払込 （総額：600 万円，60.0 円/株，締切：6.1）	
	7.12	認可	第一回株式(3)払込 （総額：400 万円，40.0 円/株，締切：10.1）	
1913	3.20	認可	第一回株式(4)払込 （総額：400 万円，40.0 円/株，締切：6.1）	
	6.14	総会決議	第二回株式発行 （総額：4000 万円，発行株式数：20 万株，1 株：200 円） →全株を株主に割当（持株 1 につき 2 株を割当）	
	6.14	認可	第二回株式(1)払込 （総額：400 万円，20.0 円/株，締切：9.1）	
1914	2.27	認可	第一回株式(5)払込 （総額：400 万円，40.0 円/株，締切：5.1） ＊第一回株式払込完了	
1915	6.19	認可	第二回株式(2)払込 （総額：400 万円，20.0 円/株，締切：10.1）	
	6.19	総会決議	＊ 1 株を 200 円から 100 円に変更（額面 200 円の株券 1 枚を，額面 100 円の株券 2 枚に分割）	
1916	7. 3	認可	第二回株式(3)払込 （総額：400 万円，10.0 円/株，締切：10.1）	
1917	3.24	認可	第二回株式(4)払込 （総額：800 万円，20.0 円/株，締切：6.1）	
	6.16	総会決議	第三回株式発行 （総額：2000 万円，発行株式数：20 万株，1 株：100 円） →全株を株主に割当（持株 3 につき 1 株を割当）	
	6.16	認可	第三回株式(1)払込 （総額：200 万円，10.0 円/株，締切：10.1）	
1918	3.29	認可	第二回株式(5)払込 （総額：800 万円，20.0 円/株，締切：6.1）	
		認可	第三回株式(2)払込 （総額：400 万円，20.0 円/株，締切：6.1）	
1919	3.27	認可	第二回株式(6)払込 （総額：600 万円，15.0 円/株，締切：6.1）	

1919	3.27	認可	第三回株式(3)払込 (総額：400 万円，20.0 円/株，締切：6.1)	
	9.29	認可	第二回株式(7)払込 (総額：600 万円，15.0 円/株，締切：12.1) ＊第二回株式払込完了	
		認可	第三回株式(4)払込 (総額：400 万円，20.0 円/株，締切：12.1)	
	12.22	認可	第三回株式(5)払込 (総額：600 万円，30.0 円/株，締切：3.1) ＊第三回株式払込完了	
1920	4.16	総会決議	公称資本金を 2 億円から 4 億 4000 万円に変更 (1920 年増資)	
		総会決議	第四回株式発行 (総額：8000 万円，発行株式数：80 万株，1 株：100 円) →全株を株主に割当（持株 1 につき 1 株を割当）	
	5. 5	認可	第四回株式(1)払込 (総額：1200 万円，15.0 円/株，締切：7.5)	
	8. 2	法律公布		1 億 2000 万円引受の内，1 億 1715 万 6000 円払込 (英貨社債 1200 万ポンドの元利支払に充当)
1921	3.22	認可	第四回株式(2)払込 (総額：1200 万円，15.0 円/株，締切：6.1)	
1925	11.21	認可	第四回株式(3)払込 (総額：1600 万円，20.0 円/株，締切：2.1)	
1927	6.20	総会決議	第五回株式発行 (総額：6000 万円，発行株式数：60 万株，1 株：100 円) → 40 万株を株主に割当（持株 4 につき 1 株を割当） → 10 万株を社員に割当 → 10 万株を公募	
	8.19	認可	第五回株式(1)払込 (総額：1800 万円，30.0 円/株，締切：10.1)	
1928	12.14	認可	第四回株式(4)払込 (総額：2000 万円，25.0 円/株，締切：2.20) 第五回株式(2)払込 (総額：1200 万円，20.0 円/株，締切：2.20)	
1929	6.20	総会決議	＊ 1 株を 100 円から 50 円に変更（額面 100 円の株券 1 枚を，額面 50 円の株券 2 枚に分割） →第四回株式は，50 円払込株 1 枚と 25 円払込株 1 枚に →第五回株式は，25 円払込株 2 枚に	
	9.10		＊全額（50 円）払込済株式を旧株，25 円払込済株式を新株として，株券を発行することに変更	
1932	5.13	認可	新株(2)払込	

年	月日	種別	民間株主	日本政府
			事項	事項
1932	5.13		(総額：2500万円，12.5円/株，締切：8.1)	
1933	2.24	認可	新株(3)払込 (総額：2500万円，12.5円/株，締切：5.1) ＊新株払込完了	
	3. 6	総会決議	公称資本金を4億4000万円から8億円に変更 (1933年増資)	
		総会決議	第二新株発行 (総額：1億8000万円，発行株式数：360万株，1株：50円) →220万株を株主に割当 (持株2につき1株を割当) →20万株を社員に割当 →120万株を公募	
	3.28	法律公布		1億2000万円引受 (1920年増資) の内，284万4000円払込 1億8000万円引受 (1933年増資の内，3620万8000円払込 (両払込を英貨社債400万ポンドの元利支払に充当)
	6.20	認可	第二新株(1)払込 (総額：3600万円，10.0円/株，締切：10.2)	
1934	7.19	認可	第二新株(2)払込 (総額：3600万円，10.0円/株，締切：10.1)	
1935	7.18	認可	第二新株(3)払込 (総額：3600万円，10.0円/株，締切：10.1)	
1936	7.22	認可	第二新株(4)払込 (総額：3600万円，10.0円/株，締切：10.1)	
1937	6.16	認可		第二新株(2)払込 (総額：2000万円，締切：8.16)
	7.15	認可	第二新株(5)払込 (総額：3600万円，10.0円/株，締切：10.1) ＊第二新株払込完了	
1938	4.20	認可		第二新株(3)払込 (総額：2000万円，締切：7.1)
1939	4.10	認可		第二新株(4)払込 (総額：4000万円，締切：7.1)
1940	1.20	総会決議	公称資本金を8億円から14億円に変更 (1940年増資)	
		総会決議	第三新株発行 (総額:3億円，発行株式数:600万株，1株:50円) →400万株を株主に割当 (持株2につき1株を割当) →40万株を社員に割当 →60万株を満州国で公募 →100万株を満州国が引受	
	4.30	認可		第二新株(5)払込

1940	4.30			第二新株(5)払込
	6.25	認可		第三新株(1)払込 （総額：3000 万円，締切：7.1）
	8.14	認可	第三新株(1)払込 （総額：6000 万円，10.0 円/株，締切：10.1）	
1941	4.30	認可		第二新株(6)払込 （総額：2000 万円，締切：7.1）
		認可		第三新株(2)払込 （総額：2000 万円，締切：7.1）
	7.24	認可	第三新株(2)払込 （総額：6000 万円，10.0 円/株，締切：10.1）	
1942	4.30	認可		払込 （総額：7000 万円，締切：7.1）
	7.25	認可	第三新株(3)払込 （総額：6000 万円，10.0 円/株，締切：10.1）	
1943	7. ?	（報告）		払込 （総額：7000 万円）
	10. ?	（報告）	第三新株(4)払込 （総額：6000 万円，10.0 円/株，締切：10.1）	
1944	7. 1	（報告）		払込 （総額：1 億 2379 万 2000 円）
	10. 1	（報告）	第三新株(5)払込 （総額：6000 万円，10.0 円/株，締切：10.1） ＊第三新株払込完了	

出典）前掲『営業報告書』各回，南満州鉄道株式会社。『南満州鉄道株式会社十年史』南満州鉄道株式会社，1919 年（復刻版：原書房，1974 年）。『南満州鉄道株式会社第二次十年史』南満州鉄道株式会社，1928 年（復刻版：原書房，1974 年）。

注 1）各種株の後の（　）の数字は，払込の回次を意味する。

2）第一回株式(1)の「締切」は公募の締切を意味する。

3）認可はいずれも，日本政府による認可。

4）「(報告)」は，株主総会での報告ではなく，営業報告書における記載を通じた株主への「報告」を意味している。

5）1919 年 12 月 22 日の項目は，営業報告書では 1920 年となっているが，前後の記述に鑑みて，1919 年に修正した。

付表 4-2　払込・配当の標準モデル

	年度	1906	07	08	09	10	11	12	13	14	15	16	17
第一回株式	持株　（株）	1	1	1	1	1	1	1	1	1	2	2	2
	払込　（円）	20						100	40	40			
	払込済（円）	20	20	20	20	20	20	120	160	200	200	200	200
第二回株式	持株　（株）								2	2	4	4	4
	払込　（円）								40		40	40	80
	払込済（円）								40		80	120	200
第三回株式	持株　（株）												2
	払込　（円）												20
	払込済（円）												20
第四回株式	持株　（株）												
	払込　（円）												
	払込済（円）												
第五回株式	持株　（株）												
	払込　（円）												
	払込済（円）												
旧株	持株　（株）												
	払込　（円）												
	払込済（円）												
新株	持株　（株）												
	払込　（円）												
	払込済（円）												
第二新株	持株　（株）												
	払込　（円）												
	払込済（円）												
第三新株	持株　（株）												
	払込　（円）												
	払込済（円）												
払込合計　（円）		20.0	0.0	0.0	0.0	0.0	0.0	100.0	80.0	40.0	40.0	40.0	100.0
払込済合計（円）		20.0	20.0	20.0	20.0	20.0	20.0	120.0	200.0	200.0	280.0	320.0	420.0
民間配当率　（%）		6.0	6.0	6.0	6.0	6.0	6.0	6.0	7.0	8.0	8.0	8.0	8.0
	第一	6.0	6.0	6.0	6.0	6.0	6.0	6.0	6.0	6.0	6.0	6.0	6.0
	第二								1.0	2.0	2.0	2.0	2.0
配当（円）		1.2	1.2	1.2	1.2	1.2	1.2	7.2	14.0	16.0	22.4	25.6	33.6
配当－払込合計（円）		−18.8	1.2	1.2	1.2	1.2	1.2	−92.8	−66.0	−24.0	−17.6	−14.4	−66.4
政府配当率		0.00	0.00	0.00	2.50	1.00	1.50	2.00	2.50	2.50	2.50	2.50	2.50

18	19	20	21	22	23	24	25	26	27	28	29	30	31	32
2	2	2	2	2	2	2	2	2	2	2				
200	200	200	200	200	200	200	200	200	200	200				
4	4	4	4	4	4	4	4	4	4	4				
80	120													
280	400	400	400	400	400	400	400	400	400	400				
2	2	2	2	2	2	2	2	2	2	2				
40	140													
60	200	200	200	200	200	200	200	200	200	200				
		8	8	8	8	8	8	8	8	8				
		120	120				160			200				
		120	240	240	240	240	400	400	400	600				
									4	4				
									120	80				
									120	200				
											24	24	24	24
											1200	1200	1200	1200
											16	16	16	16
														200
											400	400	400	600
120.0	260.0	120.0	120.0	0.0	0.0	0.0	160.0	0.0	120.0	280.0	0.0	0.0	0.0	200.0
540.0	800.0	920.0	1040.0	1040.0	1040.0	1040.0	1200.0	1200.0	1320.0	1600.0	1600.0	1600.0	1600.0	1800.0
10.0	10.0	10.0	10.0	10.0	10.0	10.0	10.0	10.0	10.0	11.0	11.0	8.0	6.0	8.0
6.0	6.0	6.0	6.0	6.0	6.0	6.0	6.0	6.0	6.0	6.0	6.0	6.0	6.0	6.0
4.0	4.0	4.0	4.0	4.0	4.0	4.0	4.0	4.0	4.0	5.0	5.0	2.0	0.0	2.0
54.0	80.0	92.0	104.0	104.0	104.0	104.0	120.0	120.0	132.0	176.0	176.0	128.0	96.0	144.0
-66.0	-180.0	-28.0	-16.0	104.0	104.0	104.0	-40.0	120.0	12.0	-104.0	176.0	128.0	96.0	-56.0
3.50	3.50	2.51	4.30	4.30	4.30	4.30	4.30	4.30	4.30	5.30	5.30	4.30	2.00	4.30

	年度	33	34	35	36	37	38	39	40	41	42	43	44
第一回株式	持株　（株）												
	払込　（円）												
	払込済（円）												
第二回株式	持株　（株）												
	払込　（円）												
	払込済（円）												
第三回株式	持株　（株）												
	払込　（円）												
	払込済（円）												
第四回株式	持株　（株）												
	払込　（円）												
	払込済（円）												
第五回株式	持株　（株）												
	払込　（円）												
	払込済（円）												
旧株	持株　（株）	24	24	24	24	24	24	24	24	24	24	24	24
	払込　（円）												
	払込済（円）	1200	1200	1200	1200	1200	1200	1200	1200	1200	1200	1200	1200
新株	持株　（株）	16	16	16	16	16	16	16	16	16	16	16	16
	払込　（円）	200											
	払込済（円）	800	800	800	800	800	800	800	800	800	800	800	800
第二新株	持株　（株）	20	20	20	20	20	20	20	20	20	20	20	20
	払込　（円）	200	200	200	200	200							
	払込済（円）	200	400	600	800	1000	1000	1000	1000	1000	1000	1000	1000
第三新株	持株　（株）								30	30	30	30	30
	払込　（円）								300	300	300	300	300
	払込済（円）								300	600	900	1200	1500
払込合計　（円）		400.0	200.0	200.0	200.0	200.0	0.0	0.0	300.0	300.0	300.0	300.0	300.0
払込済合計（円）		2200.0	2400.0	2600.0	2800.0	3000.0	3000.0	3000.0	3300.0	3600.0	3900.0	4200.0	4500.0
民間配当率　（%）		8.0	8.0	8.0	8.0	8.0	8.0	8.0	8.0	8.0	8.0	8.0	8.0
	第一	6.0	6.0	6.0	6.0	6.0	6.0	6.0	6.0	6.0	6.0	6.0	6.0
	第二	2.0	2.0	2.0	2.0	2.0	2.0	2.0	2.0	2.0	2.0	2.0	2.0
配当（円）		176.0	192.0	208.0	224.0	240.0	240.0	240.0	264.0	288.0	312.0	336.0	360.0
配当－払込合計（円）		-224.0	-8.0	8.0	24.0	40.0	240.0	240.0	-36.0	-12.0	12.0	36.0	60.0
政府配当率		4.20	4.43	4.43	4.43	4.43	4.43	4.43	4.43	4.43	4.43	4.43	4.43

出典）付表 4-1 より作成。
注 1）本表は，満鉄設立時に第一回株式を 1 株購入し，それ以降に割り当てられた株式を所有しつづけた株主を想定している。
2）払込・払込合計は，締切日に払い込んだとして，年度中を合計したもの。持株・払込済・払込済合計は年度末現在の数値。
3）配当率は，年度末決算の営業成績を受けて決められたもの。
4）配当＝払込済合計×配当率÷100
5）1911 年度までの営業年度は半年間のため，1 年間（3 月 31 日〆）を年度として計算してある。
6）第三新株は 1940 年増資による新規発行株式。

第5章

満鉄改組と株式市場

——変動する民間株主と満鉄の対応——

はじめに

前章では，満州事変後にさらなる資金を必要とした満鉄が，1933年増資の実施に踏み切り，順調に第二新株の発行と最初の株金払込を終えたのを見た。本章が留意する点の第一は，この事実があくまで「引受の承認」に過ぎないということである。つまり，臨時株主総会で増資反対を勝ち取ることのできなかった民間株主も，第三者への譲渡を通じて，実質的に総会決議とは反対の行動（＝引受の拒否）を取ることが可能なのである。その結果，売り圧力が働いて株価が額面割れを引き起こせば，新株は払込額に満たない資産となり，それは満鉄にとって安定的な資金調達を脅かす事態にほかならなかった。

この点に関わる株式市場の性質を理解するために，まず，市場で売買される「商品」に注目してみよう。

一般的に財市場では，生産者がある財を供給すると，それを消費者が需要することで，取引が完結する。消費者は文字通り，その財（たとえば，米や野菜）を消費して，効用水準を高める。そしてまた，新しい財を生産者が供給して，消費者がそれを需要する，ということが繰り返される。つまり財市場では，取引される「商品」が，生産者から消費者へと，一方通行的に1回きり「移動」してすべてが完結する[1)]。

1　むろん，中古品市場のように，財市場で一度取引された財が，再び市場に現れることも考えられるものの，半永久的にその財が転売買されることは，きわめて例外的なことであろう。

財市場では，この需要と供給の一致が，殊更に意識されることはない。農家が生産した米を労働者などが消費することに，疑問の余地はないだろう。つまり，供給と需要が一定の安定性をもっているために，財市場における「商品」については，生産者か消費者のどちらかに分析対象を絞ることができたし，また，それを仲介する流通業者の研究も深化してきた。

他方，株式市場で取引される株式は，それが発行された時点では，つまり，株式会社の設立時や増資時では，財市場の「商品」と同様に，発行者から株主へと 1 回きりの「移動」が起きる。しかし，株式は，生産されて，消費されて，また，新たに生産されて……という類のものではない。一度生産されれば，すなわち，企業が株式を発行すれば，株式はその企業が存続する限り，半永久的に残りつづける。そして，発行された株式は，それを手にした株主に，永久に所有されつづける保証もない。つまり，いつでも株主から「再供給」される可能性がある一方で，いつでも誰かが需要する可能性がある。そのような形で「株式市場」は成り立っており，そこで株式は常時やりとりされている。株式をめぐって，市場参加者は，供給側にも需要側にもなれる，それが「株式市場」の特質である。

株式は，それが株主の手を離れて供給されるときに，それを需要する者が存在しなければ，取引されることはない。逆に，株式を需要するときに，それを供給する株主が存在しなければ取引は成立しない。このことのもつ意味は大きい。仮に，すべての株式市場参加者が「同質」であるとすれば，株式市場での取引は成立しなくなる。ある者がある銘柄の株価が上昇すると予想すれば，参加者全員が同じタイミングで，同じ上昇幅を予想していることになるから，誰もその銘柄を手放さなくなり，誰も買うことができなくなる。逆に，ある者がその銘柄に見切りをつければ，参加者全員が同じ判断をしていることになるから，誰もがその銘柄を一斉に拒絶する状態，買い手がつかない状態になる。

このように考えてみると，株式市場での取引が成立するには，市場参加者の間に「格差」が存在しなくてはならないということになる。先行研究には，このような分析視角が決定的に欠落している。株式市場での取引，とくに，名義書換のもつ意味を，社会的資金の動員の「拡大」＝「成功」として把握する傾向をもつために，遅れてきた市場参加者のもつ性質に対する認識が希薄である。

本章では，このような株式市場の理解を下敷きに，1933 年増資の払込期間における株主の変動を分析することを通じて，満鉄改組を満鉄と株主との関係から再構築する。

1　第二新株発行後の民間株主の動態

1）株式の名義書換

図 5-1 は，1933 年 1 月から 38 年 5 月までの，名義書換株数と件数を図示したものである。この期間は，1933 年増資が臨時株主総会で決議された直前から，払込完了後までに相当している。

この図によれば，旧株と新株をあわせた全体（以下，旧株＋新株）において，臨時株主総会のあった 1933 年 3 月から名義書換株数が上昇している。6 月と 12 月の減少は，配当を受ける株主を確定するために，また，9〜10 月の減少は

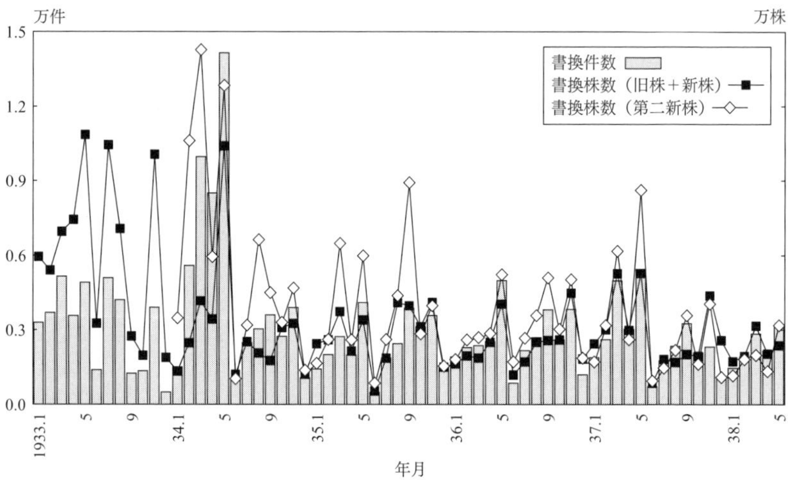

図 5-1　名義書換の推移(1)

出典）「株数及人員前月末との比較表」閉鎖機関資料，満鉄，前：17A-229。
注 1）1933 年 6〜12 月については，グラフ値を使用。
　2）6 月と 12 月にいずれの数値も落ち込んでいるのは，配当のために書換停止期間が設けられるため。

第二新株を割り当てる株主を確定するために，名義書換の停止期間が設けられたことが原因だから，旧株＋新株の名義書換は盛んであったといえよう。また，月別平均の名義書換株数で見ても，1932 年末までの 10 万 3603 株（4〜12 月）に対して，1933 年のそれは 14 万 4280 株（1〜12 月）と増加していることがわかる[2)]。

第二新株は，1933 年 12 月の臨時株主総会後に登記年月日が株券に記載され，翌 34 年 1 月に株主のもとへ届けられた[3)]。そのため，この図でも，第二新株の名義書換株数については 1934 年 1 月以降のデータを掲げている。実際に第二新株が出回ると，名義書換件数とともに，その名義書換株数は急増した。1934 年 4 月には，再び旧株＋新株でも急増を見ており，5 月までに名義書換件数と株数が集中して増加している。そして，以後の名義書換株数は，おおむね，第二新株が旧株＋新株を上回るようにして推移した。旧株＋新株の民間発行株数が 440 万株（前掲付表 4-2），第二新株が 360 万株であることをふまえると，第二新株の名義書換株数が増大している点には一定の注意が必要であろう。

2）株主と株式の推移

こうした名義書換によって，株主数と持株数には，変化が生じることになる。それをまとめたものが表 5-1 である。

表 5-1 の元となる資料では，内地を各道府県に，外地を台湾・朝鮮・樺太・関東州・中華民国・満州国・英米領などに分けて，株主数と旧株＋新株・第二新株の持株数を集計している[4)]。このうち，東京府・大阪府・愛知県・神奈川県・兵庫県を第 4 章にあわせて「都市」とし，残りの道府県を「地方」としてまとめてある。外地は上述の台湾以下を一括してまとめた。ただし，社員持株を意味する寄託株は別にしてある。また，当該時期に民間発行株式数（旧株＋新株＝440 万株，第二新株＝360 万株）に変動がないため，持株数ではなく持株

2　『営業報告書』（第 32 回，南満州鉄道株式会社），ならびに「株数及人員前月末との比較表」（閉鎖機関資料，満鉄，前：17A-229）より算出。

3　「〔8.12.20 臨時株主総会 第二新株式募集ニ関スル質問応答資料〕」八田文書，No. 0324，1933 年 12 月 20 日，8 頁。

4　これは現住所にもとづいた集計である。満鉄が株主管理のために作成していた「株主カード」には現住所が明記されており，これに準ずるものと考えられる。

表 5-1　株主と株式の推移(1)

（人，%）

年月	株主（人）					旧株＋新株（%）				第二新株（%）			
	内地		外地		計	内地		外地		内地		外地	
	都市	地方	寄託株	その他		都市	地方	寄託株	その他	都市	地方	寄託株	その他
1933 6	11,941	14,784	—	3,941	30,666	54.5	34.5	—	11.0	—	—	—	—
12	16,768	21,222	16,650	4,316	58,956	55.0	35.1	0.9	9.0	58.9	26.6	5.3	9.2
1934 1	16,971	21,425	17,238	8,520	64,154	54.9	35.2	0.9	9.0	58.6	26.8	4.4	10.2
5	18,140	23,818	9,254	3,445	54,657	53.6	35.2	0.6	10.6	57.1	32.5	2.5	8.0
9	18,509	24,545	8,232	3,316	54,602	53.3	35.7	0.5	10.4	56.0	33.6	2.3	8.0
1935 1	18,830	25,188	8,175	3,103	55,296	52.8	36.3	0.5	10.4	54.4	34.4	2.8	8.4
6	19,311	25,983	7,819	3,057	56,170	53.0	36.9	0.5	9.6	54.6	36.3	2.8	6.3
9	19,765	26,845	7,568	3,187	57,365	52.6	37.4	0.4	9.5	51.1	38.3	2.7	7.9
1936 1	20,355	28,192	7,469	3,182	59,198	51.8	38.2	0.4	9.6	49.9	39.7	2.7	7.7
5	20,814	29,308	7,280	3,167	60,569	51.4	38.6	0.4	9.6	49.6	40.3	2.5	7.6
9	21,082	29,929	6,727	3,234	60,972	51.5	38.8	0.4	9.4	50.1	41.1	2.0	6.9
1937 1	21,507	30,694	6,501	3,165	61,867	51.3	39.0	0.3	9.4	49.5	42.0	1.8	6.7
5	22,169	32,421	6,288	3,180	64,058	50.6	39.9	0.3	9.2	48.6	42.8	1.8	6.9
9	22,164	32,968	6,410	3,735	65,277	50.5	39.8	0.4	9.3	47.0	42.7	2.5	7.7
1938 1	22,505	33,971	6,466	3,667	66,609	49.9	40.3	0.4	9.4	46.4	43.1	2.9	7.7

出典）前掲「株数及人員前月末との比較表」。『株主姓名表』1933 年 6 月 1 日現在，南満州鉄道株式会社。
注 1）「都市」は東京府・大阪府・愛知県・神奈川県・兵庫県，「地方」は「都市」以外の道府県，「その他」は台湾・朝鮮・樺太・関東州・中華民国・満州国・英米領など，「寄託株」は社員持株。
2）株式に政府持株を含まない。よって合計株式数は，「旧株＋新株」が 440 万株，「第二新株」が 360 万株。
3）1933 年 6 月と 1935 年 6 月は 1 日，その他は月末現在の数値。

比率を採用した[5)]。

最初に株主数を細かく見ると，1933 年増資を決議した臨時株主総会の時点（1933 年 3 月 6 日）で 2 万 9553 人[6)]，年度末には 3 万 391 人（3 月 31 日）[7)]，1932 年度の配当受取株主を確定した時点で 3 万 666 人（6 月 1 日）[8)]，そして，第二新株の割当株主を確定した時点では 3 万 2110 人（8 月 10 日）[9)]と，株主数

5　なお，株主名簿を使っても同様の集計が可能であるが，その場合の集計は年 1 回となるのに対して，この資料での集計は毎月となっている。ここでは，煩雑さを避けるために 4ヶ月おきの集計データを示した。より細かい変化を見出すことができよう。

6　「〔満鉄株主数・昭和 8 年 3 月 6 日現在〕」八田文書，No. 0325。

7　『南満州鉄道株式会社第三次十年史』南満州鉄道株式会社，1938 年（復刻版：原書房，1974 年），2694 頁。

8　『株主姓名表』1933 年 6 月 1 日現在，南満州鉄道株式会社。

9　「増資新株式引受並払込ノ概要」八田文書，No. 0327，1933 年 12 月 20 日，2 頁。

は少しずつ増加していた。そして，第二新株の株主が確定すると，株主数は5万8956人（12月31日）へと2万6846人も急増した（表5-1）。

いささか粗略な計算になるが，第4章で示したように，民間公募による落札者が9,910人あり，表5-1の1933年12月末に寄託株の割当を受けた社員株主が1万6650人で，あわせて2万6560人となるから，急増した2万6846人のほとんどを，民間公募による新規の株主と社員株主が占めていたことになろう[10]。なお，第二新株が株主に出回りはじめた1934年1月末までに，株主数は6万4154人へとさらに5,198人増えている。

そして，表5-1は，株主がこの社員株主から変化しはじめることも示している。1934年1月から5月にかけて，社員株主は1万7238人から9,254人へと9,497人減少し，持株比率も旧株＋新株で0.9％から0.6％へ，第二新株で4.4％から2.5％へと下がった。ほぼ同じように，外地のその他の株主数も減少している（ただし，旧株＋新株の持株比率は上昇を示している）[11]。

一方，内地の株主数は，都市・地方ともに堅調に増加していた。都市の株主数が1937年9月に微減を示すものの，いずれも1938年1月までつねに上昇傾向にあった。注意したいのは，持株比率の方である。都市の持株比率は新株＋旧株・第二新株のいずれも，1935年6月にわずかに上昇するものの，1938年1月まで一貫して低下を続け，ついには50％を割り込む。これに対して地方では，1937年9月の微減を除き，旧株＋新株・第二新株のいずれも，その持株比率を上昇させていた。

社員の持株比率も外地（その他）のそれも，低下またはほぼ変化しない状況にあったから，表5-1からは，放出された株式を地方が受け入れていたことがうかがえる。むろん，都市の株主数が増加しているということからは，増加した株主もまた放出された株式を引き受けていたと考えられるが，表5-1の数字は都市の持株の再分配先が彼らだけにとどまらなかったことも意味している。

10　寄託株制度とは，満鉄社員が満鉄株を取得して，その配当金を身元保証金に充当する制度のこと（「株式書類関係」CID，満鉄，前：17A-91）。

11　似たような株主数の増減を，1927年に発行された第五回株式にも見ることができる(図4-2)。しかしながら，第五回株式における民間公募の応募者数は664名，割当を受けた株主数は1万7103名であり，その比率から，1933年増資とは分けて考察すべきであろう。

つまり，都市から溢れ出た株式があり，それを地方の株主が引き受けていたということになる。

3）満鉄株の「需要」と「供給」

では，都市・外地から地方への株式の譲受渡は，需要側（買い手）と供給側（売り手）のどちらが強く望んだのであろうか。これを考えるには，株価の動向を見る必要がある。株価が上昇していれば「需要」の方が強く，逆に下落していれば「供給」の方が強いという判断が可能となろう。しかしながら，株式取引所から発表される株価を，株式の名義書換をともなう譲受渡との連関で分析するには，一定の注意が必要となる。

当時の株式取引所では，長期・短期・実物の3種類の取引が扱われており，長期取引では翌々月末までに，短期取引では当月末までに，実物取引では当日中に，株券と現金を交換することになっていた。つまり，長期・短期取引の場合，取引の発生時点で株券現物をやりとりする必要はなく，売買を行った記録だけをその時々に残しておいて，それぞれの締切日に清算して，株券現物と現金の交換をすることになっていた。この記録に残った株数を「売買高」といい，清算されて譲受渡された株数を「受渡高」という。通常，売買高が受渡高を上回ることになる。また，実物取引の場合には，売買高と受渡高が一致する。

株式取引所では，売買高によってそれぞれの株価が決まるとともに，売買注文と清算にラグがあるために，投機的取引が可能となっている。たとえば，長期取引において，満鉄株を大量に買って，その株価を上昇させる。この上昇に便乗する別の買い手が現れることによって，さらに株価が上がる。そして，あるときに買った満鉄株をすべて売る。結果的に，売値は買値よりも高くなるから，清算時には「売買益」が生じることになる。この場合，株券現物は1枚として譲受渡されておらず，「受渡高」は「0」ということになる。それでも，満鉄の株価は動いている。株式取引所の株価には，このような投機的な取引に規定されているものもある。

また当時は，株式取引所の「外」で売買が行われることも多かった。図5-2・5-3は，満鉄株について，東京株式取引所における取引株数と名義書換株数を月別に比較したものである[12]。これらの図によれば，名義書換株数は，東

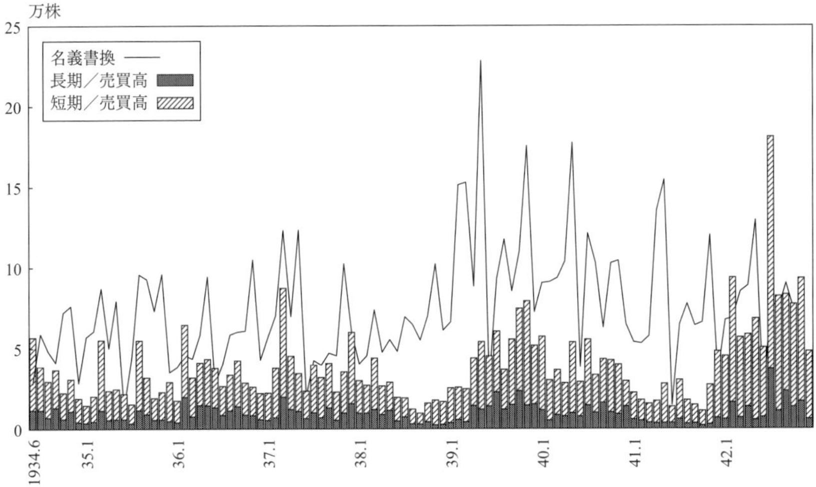

図 5-2　東京株式取引所における満鉄株の売買高と名義書換株数

出典）『東京株式取引所統計月報』各月版，東京株式取引所。前掲「株数及人員前月末との比較表」。
注）1938年5月までが旧株＋新株（発行株数440万株），同年6月以降が旧株＋新株＋第二新株（800万株）。

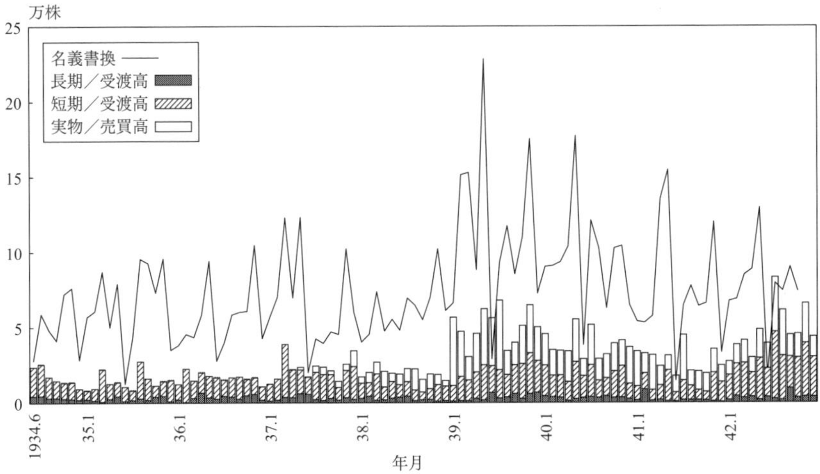

図 5-3　東京株式取引所における満鉄株の受渡高と名義書換株数

出典）図5-2に同じ。

表 5-2　名義書換株数と売買高・受渡高の相関（1）

	旧株＋新株		第二新株	
長期取引				
売買高	0.289*	(48)	0.286*	(48)
受渡高	0.285*	(48)	0.164	(48)
短期取引				
売買高	0.339*	(48)	0.286*	(48)
受渡高	0.400**	(48)	0.317*	(48)
実物取引				
売買高	−0.061	(48)	−0.226	(48)

出典）前掲『東京株式取引所統計月報』各月版。前掲「株数及人員前月末との比較表」。
注 1）「*」は有意水準 5%,「**」は有意水準 1%。（　）はサンプル数。
2）実物取引は配当落・配当付の売買高を含む。
3）対象とした期間は，1934 年 6 月～38 年 5 月まで。

京株式取引所内の売買高の合計を，ほとんどの月で上回っている。当然のことながら，受渡高の合計が名義書換株数を上回ることもない。このことは，満鉄株の名義書換のすべてが，株式取引所での株価形成に寄与したわけではなかったことを意味する。そして，上述のように取引所内で決まる満鉄の株価は，往々にして，投機的な取引によっても決まっていた。それゆえに，満鉄の株価を，名義書換における「需要」と「供給」の強さを測る指標とするのは難しいということになる。

しかしながら，株式取引所の株価が参考指標となって，取引所の外で売買がなされ，それが名義書換につながっていることも否定できない。また，名義書換の一定の割合は，株式取引所の売買高・受渡高となって表れていることも事実である。そうであるなら，仮に投機的な取引が少なければ，名義書換株数と売買高・受渡高の間には，一定の相関関係を見出すことができよう。それをまとめたものが表 5-2 である。

表 5-2 は，名義書換株数と，東京株式取引所の売買高・受渡高の株数との相関を，月別（1934 年 6 月～38 年 5 月）で見たものである。ここでは株式を，旧株＋新株と第二新株の 2 つに，市場取引を長期・短期・実物の 3 つに分けてある。これによれば，名義書換株数と短期取引の売買高・受渡高との間の相関係数では，一定の有意水準が安定的に満たされていることがわかる[13]。他方で，

12　大阪株式取引所など他の取引所の売買高・受渡高との合計を算出する必要があるが，この時期の取引規模は，東京の 5 に対して，大阪・その他は 1 となっており，この比率を勘案しても，取引所内での売買高・受渡高が，名義書換株数を安定的に上回ることは難しい。

13　この時期の短期取引を小林和子は，投機性と簡便性を兼ね備えた株式市場全体のバロメーターと位置づけている（『株式会社の世紀――証券市場の 120 年』日本経済評論社，1995 年，139 頁）。名義書換を配当目的の投資的行動とすれば，「簡便性」とは投資的行動を支える株券現物の受渡を性格づけるものであろう。

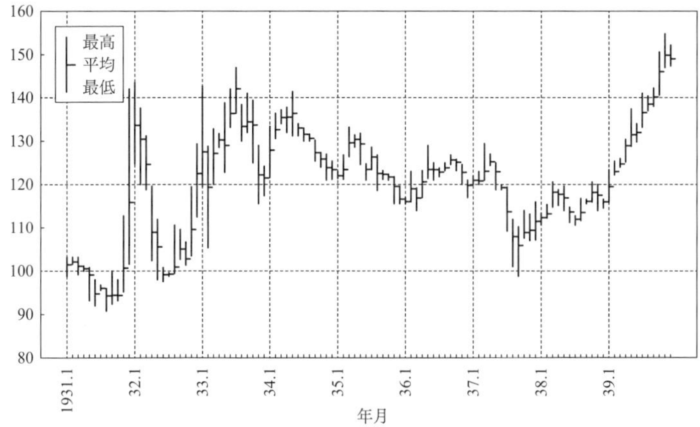

図 5-4　満鉄の株価指数

出典）前掲『東京株式取引所統計月報』各月版。
注 1 ）株価は東京株式取引所の短期取引のもので，払込額を 100 とする。
　2 ）1934 年 5 月までは新株，1934 年 6 月からは旧株＋新株，1938 年 4 月からは旧株＋新株＋第二新株。

名義書換株数と実物取引の売買高の間には有意な相関を見出すことはできない。実際，『東京株式取引所統計月報』によれば，1934 年 1 月から始まった第二新株の実物取引は，5 月から短期取引での売買が始まると，月平均売買高が 3 万 6522 株（1934 年 1～4 月）から 92 株（1934 年 5 月～37 年 7 月）へと激減している[14]。そこで以下，本章では，短期取引の株価を名義書換に連動した指標として採用する。

図 5-4 は，払込額を 100 として，短期取引の株価指数をまとめたものである。この図が示しているのは，名義書換株数と短期取引の売買高・受渡高の間に有意な相関関係を見出すことのできた 1934 年 6 月から 38 年 5 月までの株価が，ところどころで上昇することもあるものの，全般的に低下傾向にあるということである[15]。1937 年 9 月には，最低価格が 100 を切り，額面価格を割り込む

14　配当落，配当付の売買高を含む。
15　この時期の満鉄株価が改組報道によって急落し，逆に報道が控えられると回復したことは，従来の研究でも指摘されている。しかし，回復したのは 1934 年の初めまでであり，それ以降は長期的に下落している。また，社債発行の不調も，満州事変以降，慢性的な

にいたっている。社員株主数と寄託株の持株比率が急落した1934年5月を境に，満鉄の株価は長期的な低下傾向に入っていたといえよう[16)]。

このことは，上述の都市・外地から地方への株式の譲受渡では，「需要」よりも「供給」の方が強い，つまり，売り圧力が強かったことを示唆している。この構図は，第二新株において顕著であった。第二新株は，1933年増資で発行された株式であるから，増資の払込を支える株式でもある。それゆえに，地方株主こそが，1933年増資の株金払込を安定的に支えていたのである。同時にまた，旧株＋新株でも，同様の構図があった。すなわち，とくに都市の株主が放出したものを，地方の株主が引き受けていた。このような意味で，満鉄株主の中で，地方株主の相対的な地位が上昇していたのである。

2　満鉄株の放出と引受の要因

第1節で見たような株主の変動は，なぜ起こったのだろうか。本節では，満州事変から1933年増資の実施までの間に株価が乱高下した原因をふまえたうえで，変動が顕著であった都市と地方に絞って，放出と引受の要因を分析してみよう。

1）株主変動の背景――株価の乱高下

先の図5-4では，満州事変前の1931年5月から，満鉄株は額面割れを続けている。平均・最高・最低の全価格が額面割れから回復するのは同年12月のことであり，最高価格は142.0（払込額＝100）にまで跳ね上がった。ここから乱高下が始まるようになり，1932年5月に最低価格が額面割れ（98.00）を引き起こすと，さらに，7月には平均・最高・最低の全価格が額面割れとなって

問題として伝えられていた。加えて，鉄道専業といった組織再編をめぐる報道もたびたびなされている。満鉄組織の維持・拡張が株価の回復に及ぼした影響を高く評価することは早計であろう。

16　このピークには，1934年6月以降，旧株と新株が統合されたことが影響しているかもしれない。しかし，株価の低下は長期的に持続しており，本章ではこの長期的な傾向に重きをおく。

いる。そして，翌8月からは再び急上昇局面を迎えた。

このような株式市場の「乱れ」を分析するうえで，R. J. シラーが興味深い示唆を与えてくれる[17]。彼によれば，投資家全般を動かす要因のひとつは，受け入れやすい「物語」，つまり，わかりやすい情報である。情報のわかりやすさゆえに，同じような思考と判断が引き出され，全体としての行動にひとつの方向性を与える。逆にいえば，わかりにくい情報は，全体としての安定的な行動を乱すことになる。そこで，一般投資家に伝わった情報について，「わかりやすさ」という観点から分析してみたい[18]。

まず，専門性の高い経済雑誌から見てみよう。『ダイヤモンド』(1932年5月）では，竹中政一満鉄理事の談話（4月18日）を16頁にわたって掲載する特集を組んだ。これは，1931年度の赤字決算が不可避的となった段階で，満鉄重役が株主や一般投資家を意識して展開した大規模なメディア戦略でもあった。この特集の中で，竹中は「増資は必然」としながらも，増資は「社債を得るための手段」とも明言した[19]。それは，増資と社債による事業資金の調達，つまり，株主と銀行団の双方からバランスよく資金を調達することを意味していた。換言すれば，株主や一般投資家に，過度な追加負担＝株金払込を強いるつもりはない，ということであった。

竹中理事の談話は，株主や一般投資家にとって理解しやすいものであった。というのも，営業収支の実績をまとめた表5-3（後掲）にもあるように，1931年度は「臨時収入」がなければ赤字決算であったにもかかわらず，同年6月の株主総会では，社員退職金の積立金などを切り崩してまで，6％の民間配当を

17　R. J. シラー『投機バブル 根拠なき熱狂――アメリカ株式市場，暴落の必然』(植草一秀監訳／沢崎冬日訳）ダイヤモンド社，2001年，168-171頁。ただし，「適正株価水準」は「量的な次元」を伴うものとして，受け入れやすい「物語」から外されている。

18　たしかに，情報の経済学が示すように，取引において重要となるのは，情報の非対称性である。株式取引に関していえば，誰も知りえない内部情報などを入手してこそ，売買における優位性を確保できる。しかし，こうした情報を分析することはきわめて困難であるし，全株主を分析対象とする場合に，何が非対称的な情報であったのかを追究しても，一定の方向性をもった株主行動全般を説明することはできない。誰も知りえない情報にもとづいた売買は，全体に与える影響が表面化しないからこそ，価値があるはずであろう。

19　竹中政一「満鉄に就て」『ダイヤモンド』20-14，1932年5月1日，82頁。

断行したからである。通常の株式会社では，経営不振がそのまま「ゼロ配当」につながっていたことを考えると，このような配当は株主を重んじる態度に他ならなかった。問題は，社員退職金・特別積立金・繰越金の戻入によって断行できた「赤字配当」を，毎年度繰り返すわけにはいかないことであった[20)]。この時期の満鉄に対する評価のポイントは，創業以来初の赤字からの回復見込みにあったのである。

営業成績の不振の原因については，銀安による円建収入の減少と世界恐慌による満州特産物の出回不足の2点にあるとして，各誌で共通認識が形成されていた。そして，当然のことながら，満鉄による直接投資（社内事業）・間接投資（系列会社事業）の収益にも，各誌の評価は及んでいる。間接投資では，電気・ガスなどのインフラ独占事業が配当をもたらすだけで，その他の事業は全く見込みがないことが指摘され[21)]，直接投資ではとくに地方部が「不生産的部門」として名指しされた[22)]。また，満州事変の影響として，人件費などを含む「総体費」の膨張も指摘されている[23)]。各誌は，満鉄の業績回復の阻害要因をそれぞれ指摘しながら，満鉄の収入源が鉄道事業にあることについては，足並みを揃えた見解を示していた。そして，1932年の夏の終わりになって業績の回復が伝えられるようになると[24)]，1933年の年頭よりいよいよ「第二新株」発行による増資に報道が集中してきた。

しかし，この段階で各誌の評価は大きく割れた。『東洋経済新報』は，間接投資の変わらぬ不経済性と，初期投資（建設ラッシュ）が収益を上げるまでにかかる時間が長すぎる点を悲観材料として挙げた。また，大きな評価材料となる1932年度の配当については，政治的判断を無視できない経営となるために，減配もない反面，増配も期待できないとした[25)]。加えて，委託鉄道経営の負担

20　「概算された満鉄六年度決算」『ダイヤモンド』20-17，1932年6月1日，77頁。なお，前章で見たように，政府による配当保証はすでに受けられなくなっていた。
21　「南満州鉄道」『東洋経済新報』1500，1932年5月21日，151頁。
22　「満鉄の組織改造と其の投資価値」『財政経済時報』19-7，1932年7月，70頁。
23　前掲「概算された満鉄六年度決算」77頁。「満鉄の本年度成績好転す」『エコノミスト』10-17，1932年9月1日，48頁。
24　前掲「満鉄の本年度成績好転す」49頁。
25　「満鉄の増資と前途」『東洋経済新報』1533，1933年1月21日，30頁。

も8％への増配を困難にすると予測した[26]。

その一方で，『エコノミスト』と『ダイヤモンド』は満鉄に好意的であった。『エコノミスト』は，熱河作戦の完了と張学良の失脚が追い風となり，増資のタイミングとしても良いという指摘を行っている[27]。また，『ダイヤモンド』も，1932年度の成績が「記者の想像以上に良好」としたうえで，とくに，石炭販売の好転にあわせて鉄道収入も回復し，さらには，委託鉄道の経営を通じて，これまでの借款の元本が滞納された利子とともに「完全に生き返ってくる」ことを，何よりの好材料として挙げた[28]。

ところが，一般公募の申込期間が近くなると，『ダイヤモンド』の評価が一転して厳しくなる。1932年度決算で，これまでの「未収金」「欠損」が委託経営のおかげで「貸付金に振替復活」したが，純営業益が約1800万円に過ぎず，それに対して，社外分配金が2467万円となっていることを指摘した。この純営業益規模では配当率8％を維持することはできないという「事実」を報道したのである[29]。

このように，同じ経済雑誌においても，満鉄への評価が大きく割れていた。それゆえに，株主や一般投資家には，満州事変後の満鉄はわかりにくい存在になりつつあった[30]。同じような状況が，広く一般的に読まれていた『朝日新聞』の報道にも現れている。

1926年12月から45年12月までを網羅する『朝日新聞戦前紙面データベース』によれば，満鉄が見出しになること2033件（総見出件数），そのうち朝夕

26　「満州国鉄道委任経営と南満鉄の将来」『東洋経済新報』1544，1933年4月8日，57頁。
27　「満蒙経営の現状と前途」『エコノミスト』11-7，1933年4月1日，86頁。
28　「著しく好転した満鉄の七年度」『ダイヤモンド』21-12，1933年4月11日，51-52頁。
29　「満鉄は今回も遣繰決算」『ダイヤモンド』21-20，1933年7月1日，75頁。
30　もっとも，ストレートに伝わった情報もある。1933年増資の一般公募の直前になって，『ダイヤモンド』が提示した適正価格がそれである（「満鉄の増資と其株価」『ダイヤモンド』21-22，1933年7月21日，73頁）。これは，満鉄が「資金調達の必要から八分配当を強行する」としたうえで，民間配当・社債利息の増加と鉄道の営業成績とを突きあわせた結果，現在の市場価格が割高であることを示し，「大体，四五円位と見るのが至当」と，54.0～55.0円を適切な申込価格としていた。前掲表4-9に見えるように，この価格帯に申込口数8,759口（36.6％），申込株数177万5990株（50.5％）が集中したことは，具体的な数値の方がかえって「わかりやすい」情報として作用したことを意味するといえよう。

刊のトップ紙面を飾ったものが754件（見出件数A）で，さらにこのうちの243件が満州の「政治・軍事・外交」関係の見出し（見出件数B）が付された記事と同紙面で報じられた[31)]。

図5-5は，こうした『朝日新聞』における満鉄報道を，1930年1月から39年12月まで月別に図示したものである。これによれば，1930年代を通じて満鉄が絶えず見出しとなって報道されたことがわかる。とくに満州事変から1934年4月にかけて総見出件数および見出件数A・Bが集中している。1933年に報道の急増がいったん収まっているのは，「北満鉄路」関係の見出し65件を除去したためで，これらを含めるともっと多く出ることになる。つまり，図5-4に表れた株価が乱高下した時期に，満鉄の報道もまた集中的になされていたのである。以下，新規事業計画をめぐる資金調達（増資）と組織改編について，報道を追いかけてみよう。

満州事変以後，資金不足に陥った満鉄は，当初，事業範囲の縮小を報じられていた。満鉄首脳が資金繰りに東奔西走するなかで，内田康哉総裁の「将来は鉄道専業で」という談話が載せられている[32)]。年が明けて，内田総裁が増資の可能性に言及しても[33)]，満鉄から地方部を分離する交渉が政府と進行中と報じられた[34)]。英国外債の借換えが困難となり，現金償還の必要に迫られた後にも[35)]，江口定条副総裁が，満鉄の鉄道専業化と傍系会社の管理会社の設立を理想とする談話を出している[36)]。その結果，満鉄は1933年度の新規事業につい

31　試みに，同時期の他社の見出件数を見ると，鐘紡が245件，日本郵船が598件，東京電燈が909件，日産（満州重工業含む）が330件で，満鉄についての報道量が突出して多いことがわかる。なお，検索語は，鐘紡が「鐘淵紡績 or 鐘紡」，郵船が「日本郵船 or 郵船」，東電が「東京電燈 or 東電」，日産が「日本産業 or 日産 or 満州重工業 or 満業 or 満重」で，ヒット件数をそのまま挙げている。

32　「将来の満鉄 鉄道専業へ 内田総裁は語る」『朝日新聞』1931年12月29日，朝刊，4面。

33　「満鉄の新経営策 首相と会見後内田総裁語る」『朝日新聞』1932年1月7日，朝刊，4面。

34　「満鉄更生策 地方事業の独立 具体案は政府と折衝　内田総裁は六月まで留任か」『朝日新聞』1932年1月17日，朝刊，4面。

35　「満鉄英貨債 全額を償還か 情勢借換を許さず」『朝日新聞』1932年2月5日，朝刊，4面。

36　「国民の積極的投資を待望 新満蒙の経済的建設を 江口満鉄副総裁語る」『朝日新聞』1932年3月16日，朝刊，4面。

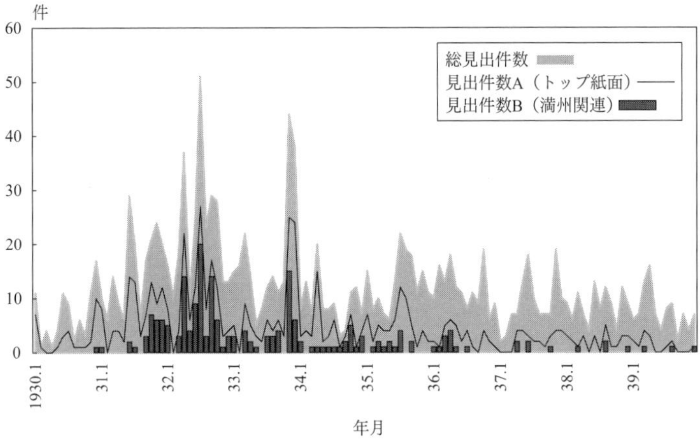

図5-5　『朝日新聞』における満鉄報道

出典）『朝日新聞戦前紙面データベース』1926年〜1945年編，CD-ROM版，Ver. 1，朝日新聞社，2002年

注）検索手順は次の通り。
①『朝日新聞戦前紙面データベース』の見出しを，「満鉄 or 南満州鉄道」で検索（ただし広告は除く）→ 2199件。②①の結果をダウンロードして，Database A を作成。③Database A のうち，スポーツ・社会事件（火災，殺傷など）を除去。また，北満鉄路・日満鉄鋼販売など，厳密には満鉄を意味しないものを除去→ 2033件（総見出件数）。④Database A の紙面種別を，「朝刊1面 or 朝刊2面 or 夕刊1面」で検索→ 815件。⑤④のうち，1940年9月1日以降の朝刊2面を除去→ 754件（見出件数A）。⑥『朝日新聞戦前紙面データベース』の見出しを「満州 or 在満 or 北満 or 南満」で，同時に（and検索），大分類を「政治 or 外交・軍事」として検索（ただし広告は除く）→ 4901件。⑦⑥の結果をダウンロードして，Database B を作成。⑧Database A に Database B をリレーショナル機能で連結する。連結項目は，年月日・朝夕別・紙面数→連結データ：371件。⑨⑤のうち，Database B と連結しているものを検索→ 262件。⑩⑨のうち，同じ見出しが連結しているデータを除去。ただし，Database A の見出しが Database B の複数の見出しと連結している場合は除去せず→ 243件（見出件数B）。

て，鉄道関係に限定した資金計画を立て，江口副総裁が拓務省からの認可を取り付けようとした[37]。

しかし，拓務省との交渉以降，政治的な介入が満鉄経営の見通しをきわめて不透明なものとしていく。まず，拓務省はこの計画を受け入れなかった。それどころか，秦豊助拓相が江口副総裁に辞任を求める事態となっている[38]。江口

37　「政府の諒解 ほとんど成らず きのふ資金計画協議」『朝日新聞』1932年3月25日，朝刊，2面。
38　「政府ひた押しに 満鉄の幹部を更迭 江口副総裁近く辞任の模様」『朝日新聞』1932年3

は，政府による6％配当保証の付いた3億6000万円増資を満鉄案[39]としてまとめたところで辞任した[40]。江口に代わった八田嘉明は増資案継承を表明したが[41]，すぐに銀行からの資金調達へと路線を変更し，増資は慎重に協議するとした[42]。先に見たように，この時期には竹中政一理事が，『ダイヤモンド』で「増資は必然」としていたことにも留意したい。さらには，銀行団が融資に対して難色を示し続け[43]，とうとう創業以来初の赤字決算が明るみに出る[44]。

資金不足問題は，八田副総裁の方針通り，銀行からの調達で解決されることとなり，社債の発行も認可された[45]。増資は，満州国の国際的承認をめぐる動きを背景に時期尚早とされていた[46]。しかし，今度は事業範囲の縮小が変更された。林博太郎総裁が事業の拡大を表明し，鉄道専業を放棄する談話を出すと[47]，さらに，銑鉄・アルミニウム・オイルシェールの3事業に乗り出すことが発表された[48]。そして，新事業の資金を社債で調達し，増資は見送ることが再び確認されたのである[49]。

ところが，年の瀬が近くなると，増資が実現に向けて動きはじめる[50]。年明

月25日，朝刊，2面。

39 「満鉄側の増資案 三億六千万円」『朝日新聞』1932年4月1日，朝刊，4面。

40 「満鉄副総裁 更迭に決す 江口氏辞表を提出し 後任は八田嘉明氏」『朝日新聞』1932年4月14日，朝刊，2面。

41 「満鉄増資は 江口案を踏襲 八田副総裁廿日頃に渡満」『朝日新聞』1932年4月14日，朝刊，4面。

42 「満鉄の資金計画 差当り四千万円を調達」『朝日新聞』1932年4月19日，朝刊，4面。

43 「満鉄融資難色」『朝日新聞』1932年5月10日，朝刊，4面。

44 「六年度の満鉄決算 赤字三百四十万円 創立以来の事」『朝日新聞』1932年5月22日，朝刊，4面。

45 「満鉄五千万円の社債条件定る 二十二日協議の結果」『朝日新聞』1932年7月23日，夕刊，4面。

46 「満鉄の増資 時期尚早 滿州国未承認で当分預り」『朝日新聞』1932年7月21日，朝刊，4面。

47 「満鉄の仕事は拡大された 東上の林総裁語る」『朝日新聞』1932年8月23日，夕刊，2面。

48 「満州新経営の先駆 三事業の新設拡大 銑鉄，軽銀，オイル・シエル工業 満鉄の新方針決定」『朝日新聞』1932年9月8日，朝刊，4面。

49 「満鉄の新事業計画 社債で資金調達 来年度九千七百万円を起債」『朝日新聞』1932年10月13日，朝刊，4面。

50 「満鉄の新事業に内地資本参加か 八田副総裁の奔走で具体化 増資問題は持越し」『朝日

けに今国会での増資案の成立見込みが報じられ[51]，拓務省も3億6000万円以上での増資を認可する見込みとされた[52]。そして，高橋是清蔵相が満鉄の原案通りの3億6000万円増資に同意することで決着がつく[53]。

増資を含めた長期的な資金調達がどうなるのか，また，それと連動する事業計画ならびに組織改編がどうなるのか。『朝日新聞』で報道された満鉄も，きわめてわかりにくい存在であった。満鉄に干渉する政治勢力が，突然，その経営を180度転換させるような可能性を，読者である株主は否定することができなくなっていたのである。

このように，経済雑誌や新聞といったマスメディアは，株主や一般投資家に対して，満州事変後の満鉄をわかりやすく伝えることがなかった。それゆえに，株主や一般投資家は，それぞれに，さまざまな判断をするようになった。その結果，全体としてまとまりのある行動が現れなくなり，満鉄株価の乱高下が起こったのである。

そして，こうした乱高下の中で，売却益の獲得をもくろむ行動が準備された。図5-1に表れたように，1934年1月から5月までの間に，名義書換件数と株数（旧株＋新株，第二新株のいずれも）が集中的に増加しているのは，準備された行動が実行に移されたということであろう。つまり，この時期の名義書換は，それ以降の長期的な低下傾向とは，異なる動機にもとづいていると考えられる。旧株＋新株の株主や公募で落札した株主など，さまざまな株主が売却による差益の獲得に走っただけでなく，第二新株を平価で割り当てられた株主もまた，より確実な第二新株の売却益の確保に出たのであった。

社員株主による放出もまた，このような流れの中で捉えることができよう。彼らが割り当られた株式を所有しつづけることで「愛社精神」を示そうとしなかった理由のひとつは，上述のように満鉄の経営不振にあった。そして，満州事変前から営業成績が悪化していくのを目の当たりにするなかで，1931年度

新聞』1932年12月21日，朝刊，4面。

51　「満州増資案 今会議に提出されん」『朝日新聞』1933年1月14日，朝刊，4面。

52　「満鉄増資の拓務会議」『朝日新聞』1933年1月17日，朝刊，4面。

53　「満鉄八億円増資に 高橋蔵相同意す 割当外を一部公募の予定」『朝日新聞』1933年2月15日，朝刊，4面。

の民間配当率6％を実現するために，彼らのための退職積立金が削られたことは，彼らの行動にさらなる影響を与えたに違いない。社員からすれば，心許ない方法によって配当が確保される株式は，所有しつづけるよりも，売却によって現金化した方がよいものであった。

社員株主による放出を促した要因のもうひとつには，1933年12月の臨時株主総会における満鉄社員会代表の態度があると思われる。現場では，日々の経営方針にも関東軍の意向が強く反映され，「満鉄改組問題」も大きく取沙汰されるようになっていた。そして，社員会を通じて改組案を正副総裁に提出するだけでなく，臨時株主総会に社員株主を送り込んで，経営陣を「糾弾」するよう求めていた。だが，社員会代表は第2章で見たように何ら発言をしなかったのである。

2）都市株主による放出の要因

では次に，1934年6月以降の，株価の低下傾向の中で，都市の株主が放出に乗り出した要因について分析してみよう。

株式放出の問題は，資産運用における選好の問題として把握することが経済学的には可能であろう。たとえば，①満鉄株を所有する，②他社株を所有する，③現金で保有する，④銀行預金に切り替える，⑤国債を購入する，⑥不動産投資をする，といった選択肢の中で，①が嫌悪されて，②〜⑥などのうちのどれかが「選好」されるようになったと考える。

そこで，②について検討するために，この時期の他社株との比較を示したものが図5-6である。表5-2をふまえて，東京株式取引所の短期取引を対象として，代表的な銘柄である鐘淵紡績・日本郵船・東京電燈・日本産業（以下，鐘紡・郵船・東電・日産）を選び，月別平均株価を採用した（払込額＝100）。

この図を見ると，1934年5月以降に満鉄の株価が低下していたときに，鐘紡・郵船・日産もまた低下する傾向にあった。東電だけが上昇しているものの，それは額面割れした株価からの回復過程にすぎない。郵船の株価が上昇に転じるのは1935年7月，鐘紡と日産の株価が上昇するのは翌36年以降のことだから，短く見積もっても1年2ヶ月の間，満鉄と鐘紡・郵船・日産の株価は低下傾向にあった。つまり，株価の傾向で比較した場合，満鉄株主にとって，他社

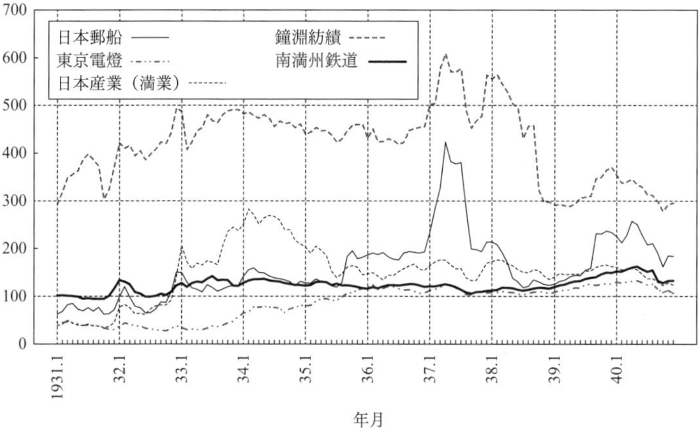

図 5-6　満鉄株と他社株

出典）『東洋経済株界二十年』1941 年版，東洋経済新報社。
注 1）株価は東京株式取引所における短期取引の平均値で，払込額を 100 とする。
　2）日本郵船は新株。

株が乗り換えに値するほどの「勢い」を示していたとは言いがたい。

配当率で見ると，鐘紡と比べて満鉄は明らかに劣位であった。1933 年 1 月以降，鐘紡は 25 % 配当を毎期実現していた[54]。また，日産と比べても満鉄は劣位であり，1934 年前後の配当（年率換算）では，日産は 10 %（1933 年 12 月），12 %（1934 年 6 月），12 %（同年 12 月）で，年 8 % の満鉄よりも高い配当率だった[55]。

しかし，配当率と同じように株価も高い場合には，利回りが悪くなってしまう。事実，1934 年は，満鉄が 5.9〜6.5 %，鐘紡は 5.1〜5.5 %，日産は 3.5〜5.7 % で推移しており，利回りで見ればどちらかといえば満鉄の方が優位であった[56]。また，郵船と東電はともに 1933 年 11 月は無配当であり[57]，とくに郵船

54　『鐘淵紡績株式会社 報告書』第 92〜101 回，営業報告書集成：1-39，雄松堂出版。（ ）の年月は役員による署名年月であり，以下の記述における配当年月も同様。
55　『日本産業株式会社 営業報告書』第 43〜45 回，同上集成：1-47。
56　利回り＝額面価格×前期配当率÷各月平均価格×100。
57　『日本郵船株式会社 営業報告書・損益計算書・貸借対照表・財産目録・利益金処分案』第 48 期後半年度，前掲集成：1-261。『東京電燈株式会社 報告』第 95 回，同：1-274。

は1930年11月から無配当だった[58)]。

このように見てみると，1934年1月以降の株式市場において，満鉄株が他社の株より著しく劣っていたために，都市の株主が満鉄株を放出したとは考えにくい。他社の株が満鉄株よりも魅力的になるのは，どんなに早くても，郵船株価が上昇に転じた1935年7月以降であろう。無配当だった郵船と東電も，1936年11月にはそれぞれ5％と8％の配当を出すまでに業績を回復している[59)]。

このことは，満鉄株の「外」に何らかの強い誘引があって，都市の株主が満鉄株を放出したわけではないということを意味する。⑤国債を購入する，⑥不動産投資をする，といった選択肢もまた，満鉄株の「外」に強い誘引をもつことで選好されるものであるが，株式とは異なる対象への投資となり，もうひとつ別の「機会」に恵まれる必要がある。やはり，満鉄株主が「最大公約数」的に共有できるものにもとづいて考察することが不可欠であろう。

その際に留意したいことは，満鉄の株価が乱高下している最中や，第二新株が手元に届いたときに，満鉄株を放出しなかった都市の株主が存在したと考えられる点である。むろん，表5-1は月末現在の数値だから，実際の増減数は判別しない。ただ，名義書換に要する時間はおおよそ2週間とされ，また，譲り受けた株式の名義を自分のものとした直後，それをすぐに譲渡して名義書換するという行動は，株主カードからはほとんど見られない。つまり，表5-1に表れた株式の流れは，一定の方向性をもっていたと考えることが妥当である。とすれば，株価が低下傾向に入る1934年6月までは満鉄株を所有しつづけた都市の株主が，徐々に放出するようになったということになるだろう。

別言すれば，満鉄の株価が乱高下していた期間は，売買益を稼げる機会に最も恵まれた期間でもあった。これを静観した後に，経済雑誌や新聞の過剰な報道も収まりつつあるなかで，都市の株主は放出を始めるようになったのである。このような行動の背後には，満州事変前までの満鉄と事変後・増資後の満鉄を

58　『日本郵船株式会社 営業報告書』第45期後半年度～第48期後半年度，同上集成：1-261。

59　前掲『日本郵船株式会社 営業報告書』第51期後半年度，同上集成：5-695。前掲『東京電燈株式会社 報告』第101回同上集成：1-274。

表 5-3　営業収支の実績

（万円）

	年度	鉄道	港湾	旅館	鉱業	製油	製鉄	地方	勧業	総務	雑	臨時収入	利息	償却	計
収入	1927	11,324	1,028	100	8,279		922	610			248		545		23,056
	1928	11,864	1,079		8,717		974	623			162		624		24,043
	1929	12,210	1,228		8,436		894	469			150		712		24,100
	1930	9,533	856	0	6,244	262	664	459			257		536		18,810
	1931	8,548	836	130	5,273	336	771	449			263	2,378	500		19,483
	1932	10,385	1,141	184	5,509	419	1,071	482		180			5,224		24,594
	1933	11,968	1,303	254	7,098	528	304	618		1,087			1,641		24,800
	1934	12,653	1,573	290	8,553	388		727		274			2,609		27,067
	1935	13,469	1,439	322	9,256	696		941		667			3,427		30,216
	1936	13,348	1,523	218	8,794	796		947		1,130			3,148		29,904
	1937	15,105	1,772	218	9,118	852		906	95	4,065			3,373		35,505
	1938	19,275	2,308		10,579	1,119				956			4,505		38,741
	1939	22,983	2,897		9,135	1,038				2,155			5,882		44,091
支出	1927	3,911	814	114	6,651		881	1,721		1,121	150		2,057	2,009	19,428
	1928	3,692	729		6,888		809	1,783		1,458	186		2,171	2,072	19,787
	1929	3,979	779		6,852		773	1,676		1,484	74		2,221	1,711	19,549
	1930	3,426	614		5,780	231	656	1,505		1,079	73		2,386	890	16,643
	1931	3,148	612	139	5,271	307	1,069	1,403		1,844	105		2,542	1,006	17,446
	1932	3,341	711	180	5,495	365	1,461	1,497		1,106			3,253	1,057	18,465
	1933	3,807	869	242	6,590	445	358	1,522		1,871			2,856	1,948	20,508
	1934	4,334	1,048	270	7,500	341		1,818		1,670			3,120	2,318	22,420
	1935	4,473	948	316	7,985	591		2,095		2,084			4,071	2,692	25,253
	1936	4,818	1,026	207	7,569	703		2,461		2,188			4,376	1,540	24,887
	1937	5,396	1,149	204	8,067	703		1,849	806	3,348			4,784	1,806	28,112
	1938	8,295	1,584		8,921	893				3,862			5,085	2,815	31,454
	1939	11,040	2,452		8,009	911				4,574			6,106	3,214	36,306
損益	1927	7,413	213	−13	1,628		41	−1,111		−1,121	98		−1,512	−2,009	3,627
	1928	8,172	349		1,829		165	−1,160		−1,458	−24		−1,547	−2,072	4,255
	1929	8,231	449		1,584		121	−1,207		−1,484	76		−1,509	−1,711	4,551
	1930	6,107	242		465	30	8	−1,046		−1,079	184		−1,851	−890	2,167
	1931	5,400	224	−9	3	29	−298	−954		−1,844	158	2,378	−2,042	−1,006	2,038
	1932	7,044	430	3	14	54	−390	−1,014		−927			1,972	−1,057	6,129
	1933	8,161	434	12	508	83	−54	−903		−784			−1,215	−1,948	4,292
	1934	8,318	525	20	1,052	47		−1,091		−1,396			−511	−2,318	4,647
	1935	8,996	491	6	1,271	105		−1,154		−1,417			−644	−2,692	4,962
	1936	8,530	497	11	1,226	92		−1,513		−1,058			−1,228	−1,540	5,017
	1937	9,710	624	14	1,051	149		−943	−710	717			−1,412	−1,806	7,393
	1938	10,980	724		1,658	226				−2,906			−580	−2,815	7,288
	1939	11,943	445		1,126	127				−2,419			−224	−3,214	7,785

出典）『営業報告書』各回，南満州鉄道株式会社。
注 1）「臨時収入」は，「前年度繰越金」「社員退職給与積立金戻入」「特別積立金戻入」の合計。
2）「償却」は「資産償却及除却費」の略。
3）「総務」は，1931 年度まで「総体費」。

比較する態度を見出すことができよう。そして，彼らにそのような行動をさせていたのは，満鉄が株主総会に際して配布する『営業報告書』であった。

表 5-3 は，営業収支の実績を，満州事変前の 1927 年度から 39 年度までについてまとめたものである。収入・支出とそれらを差し引きした損益の 3 つを示してある。『営業報告書』に記載された「損益計算書」にならって，それぞれ

の事業の収入・支出は名目額で記し，減価償却などは全事業分を一括して「償却」としてまとめてある。つまり，損益における「計」が「差引利益金」になっており，ここから民間株主と日本政府への配当金が捻出される。

まず，1933年増資における副総裁・八田嘉明の説明資料から作成した前掲の表4-7と比較すれば，鉄道と港湾が予想以上の好実績を収めていることがわかる。撫順炭鉱を中心とする鉱業・製油も同様に，実績は予想よりも好調であった。これに対して，付属地行政を中心とする地方は，業績が予想以上に悪化していた。1937年度の勧業は，「満洲ニ於ケル農牧林業ノ改良増殖，鉱産資源ノ開発利用等ニ関スル各種調査研究並諸産業ノ助成及奨励等」で構成されているから[60]，本来は地方に含まれるものと思われる。また，総務の赤字も，改組による資産売却益を計上した1937年度こそ黒字となったものの，予想以上の赤字が続いた。そして何より，利息における損失が酷かった。利息の収入は鉄道借款の利子や特別事業からの利益，支出は社債の利子支払いが主となっている。総じて，1933年増資直前の臨時株主総会において利益を見込んでいた事業は予想以上に好調，損失を見込んでいた事業は予想以上に低調，といった二極化した実績となっていた。

これを株主の立場から分析してみよう。表5-4は，民間株主と日本政府の株金払込済額と最終利益をまとめたものである。満州事変前から満鉄株を所有していた株主にとって，民間配当率が最も高かった1928・29年度と比較すると，1933年増資後の満鉄の営業成績は決して芳しくなかった。

1927年度末で民間株式の払込総額は1億3800万円，日本政府のそれは2億1716万円で，最終利益は3627万円だった。翌28年度中に第四回株式4回目と第五回株式2回目の払込が実施されて，年度末の払込総額は1億7000万円となり，最終利益も4255万円へと増加した。翌29年度末は払込総額はそのままで，最終利益4551万円を計上した。民間配当率は11％に，政府配当率は5.3％にまで上昇している。

これに対して，1933年増資後を見てみると，1回目の払込を終えた1933年度末に民間株式の払込総額は2億5600万円となり，日本政府のそれは2億

60　『営業報告書』第37回，南満州鉄道株式会社，13頁。

表 5-4　株金払込済額と最終利益

（万円，%）

年度	民間株式		日本政府		最終利益
	払込済額	配当率	払込済額	配当率	
1927	13,800	10.0	21,716	4.300	3,627
1928	17,000	11.0	〃	5.300	4,255
1929	〃	〃	〃	〃	4,551
1930	〃	8.0	〃	4.300	2,167
1931	〃	6.0	〃	2.000	2,038
1932	19,500	8.0	〃	4.300	6,129
1933	25,600	〃	25,621	4.202	4,292
1934	29,200	〃	〃	4.430	4,647
1935	32,800	〃	〃	〃	4,962
1936	36,400	〃	〃	〃	5,017
1937	40,000	〃	27,621	〃	7,393
1938	〃	〃	29,621	〃	7,288
1939	〃	〃	33,621	〃	7,785

出典）表 4-1，表 5-3 より作成。

5621 万円となっている。この後，毎年 10 月に 10 円/株の払込が実施されたため，民間株式の払込総額は 1937 年度末まで 3600 万円ずつ増加した。これに対して，最終利益は 1933 年度が 4292 万円で，翌年度以降も，4647 万円，4962 万円，5017 万円と，緩やかにしか上昇しておらず，1928，29 年度とほとんど差のない水準にあった。

株式の払込総額が増える一方で，最終利益がそれほど伸びないということは，配当率の下落を意味する。別言すれば，1933 年増資後の最終利益を確保するのに，かつての満鉄であれば，半分以下の民間株式払込金で十分であり，株主の負担もそれだけ小さく済んでいた。増資後の満鉄は，株主に追加負担を要請して，株金払込を通じて追加出資をしてもらっているにもかかわらず，利益を思うように伸ばせずにいたのである。

都市の株主は，株価が乱高下するなかでも，満鉄株を根気よく所有しつづけていた。しかし，第二新株の払込という「追加投資」を受けても，満鉄の営業成績は低調であった。それゆえに，乱高下を抜けた後に株式を放出した彼らは，これ以上の払込，つまり，1933 年増資を通じた追加投資を拒否した株主でもあった。それは，第二新株の放出だけでなく，それを所有しつづけながらも，旧株＋新株を放出することによって，満鉄への投資＝払込金額を一定に保とうとした行動としても表れている。そのようにして放出された株を，地方の株主が引き受けていたのであった。

3）地方株主の受入要因

では，地方株主はなぜ，都市の株主が放出した満鉄株を受け入れたのだろうか。

ひとつの理由としては，満鉄株はこれから上昇する，という期待を形成していたことがあろう。つまり，満鉄株を購入し，株価が回復・上昇した後に売却することで利益を獲得できると目論んでいた株主が多かったという可能性がある。

実際，投機的取引のための「環境」は地方でも整いつつあった[61)]。必要とされる株式市場の情報（経済市況）は，新聞だけでなくラジオでも伝えられるようになっていた[62)]。ラジオでは，放送開始当初より頻繁に経済市況が流されており[63)]，1930 年代には各中央放送局が，1 日に 9〜12 回の経済市況を放送していた。1937 年の時点では，東京中央放送局の経済市況の全放送（2566 回）が全国中継されていたことも確認できる[64)]。株価や売買高などの情報が，東京・大阪・名古屋・博多・長崎などの株式取引所から提供されていた[65)]。ラジオ登

61　本書では，株券を入手した後に，自分名義に書き換えたものを投資，書き換えなかったものを投機とする。つまり，名義書換＝配当取得の権利確保，という面を重視して分類する。

62　具体的には，綿花・期米・砂糖・生糸などと並んで「株式の相場」が伝えられた（「報道放送に就いて」『ラジオ年鑑』1931 年版，213 頁，復刻版：大空社。以下，復刻版の書誌情報を省略する）。

63　東京放送局のプログラム（1925 年 9 月 2 日）では，「株式」が 8 回伝えられている。放送時間は 5〜10 分/回で，1925 年度の「経済市況」は全 1,970 回の放送だった（「放送時刻に就いて」『ラジオ年鑑』1931 年版，202 頁）。

64　「局別全中及ローカル番組の自局編成回数」『ラジオ年鑑』1938 年版，66 頁。また，同年 11 月の平日放送プログラムでは経済市況の全国中継は 1 日に 7 回，ローカル中継は 12 回であった（「聴取者の嗜好及聴取状況調査」『ラジオ年鑑』同年版，58-59 頁）。

65　「放送資料提供先一覧」『ラジオ年鑑』1935 年版，373-374 頁。同，1936 年版，318 頁。同，1937 年版，325-326 頁。また，この時期の東京株式取引所の観覧席には「放送局直通電話」が設置されており，速報性の高さがうかがえる（『東京株式取引所ノ概要』日

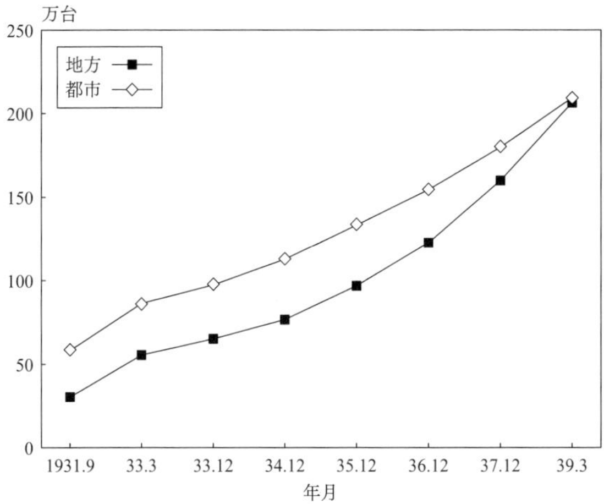

図 5-7　ラジオ登録数の推移

出典）『ラジオ年鑑』各年版，日本放送協会。
注）「都市」と「地方」の分類は表 5-1 に同じ。

録数の推移を示した図 5-7 からは，経済市況を放送するラジオが，都市だけでなく，地方でも普及していたことがわかる[66]。

ラジオによる経済市況の放送は，株式の投機的取引と密接な関係をもっていた[67]。そこで，地方のラジオ登録数と満鉄株主数ならびに満鉄株式数（旧株＋新株，第二新株）との相関関係を見ることで，このことを確認してみよう。表 5-5 は，地方に分類された 42 の道府県，すなわち，東京府・大阪府・愛知県・神奈川県・兵庫県以外の道府県を対象に，それぞれの実数値を世帯数で除したうえで，相関係数を一覧にしたもので，表から明らかなとおり，経時的な変化を読み解くために，1934，36，38 年についても示している。また，満鉄株主だけでなく，一般的な株主の動向を見るために，大蔵省の『主税局統計年報

本銀行調査局，1932 年，50 頁）。
66　当時のラジオ聴取者には登録が課せられている（「聴取規約と其解説及び弁済手続事項」『ラジオ年鑑』1931 年版，788 頁）。また，ラジオは大型で家屋に設置されたため，登録地で定置的に利用されていた可能性がきわめて高い。
67　「有価証券業取締法の解説」『日本金融史資料　昭和編』32，大蔵省，1972 年，248 頁。

表 5-5　ラジオ登録数との相関

	1934 年	1936 年	1938 年
満鉄株主	0.581**	0.493**	0.417**
旧株＋新株	0.454**	0.429**	—
第二新株	0.558**	0.493**	—
所得者数	0.636**	0.656**	—
所得金額	0.677**	0.699**	—

出典）前掲「株数及人員前月末との比較表」。前掲『ラジオ年鑑』各年版。『主税局統計年報書』各年版，大蔵省。『国勢調査報告』1935 年版，第 1 巻，内閣統計局。
注 1）対象となる「地方」は表 5-1 に同じ。
2）いずれも有意水準 1％，サンプル数 42。
3）ラジオ登録数は 12 月末現在。ただし，1938 年は 1939 年 3 月末現在。
4）満鉄株主・旧株＋新株・第二新株は翌年 1 月末現在。
5）配当所得の集計期間は 3 月 1 日から翌年 2 月末日まで。

書』を使って，第三種所得（個人所得）のうちの「配当」から「所得者数」「所得金額」との相関も示してある[68]。

いずれの年でもきわめて有意な相関関係が示されている。ラジオで放送された経済市況の「聴取率」がおおむね 5〜8％だったことを考えれば[69]，投機のための環境が地方でも整うなか，満鉄の株価の回復・上昇を期待して，都市の株主が放出した満鉄株を引き受けて株主となった者が地方にあったと考えられよう。

しかしながら，このような投機的な取引には，必ず取引のためのコストが発生する。第一に，ラジオを設置する費用がかかるし，株価が上昇したのを見計らって売却するには，証券業者などに電話や電信で注文するコストもかかる。さらにいえば，ラジオから流れてくる最新の情報をキャッチするには，経済市況を定期的かつ安定的に聴くための時間を確保できなければならない。

このように考えると，表 5-5 は，資産と時間に余裕のある株主や一般投資家の行動を説明するものにはなりえても，そのような水準にない株主などの説明としては不十分ということになる。上述したように，1 人あたりの持株数が減少する傾向にあったということからは，増加した満鉄株主の中にはより資産力の弱い者がいた面を否定できないため，そのような者も満鉄株を引き受けるよ

68　ここでいう「配当」には，株式の配当所得に加えて，株式売却による所得が含まれており（「所得税法 第 14 条」『法令全書』1920 年 7 月，法律，17 頁），府県別でデータを得ることができる。なお，第三種所得の納税地は，「住所地」または「居所地」とされている（「所得税法第 72 条」同上，25 頁）。

69　前掲「聴取者の嗜好及聴取状況調査」55-60 頁。なお，「聴取率」は「一〇〇世帯中幾世帯がその放送種目を聴取してゐたかを示す」とされている。また，1932 年の関東支部管内の「聴取状況調査」でも，約 7,000 人のうち 1,606 人が経済市況を聴取している（「ラヂオ調査」『ラジオ年鑑』1933 年版，67-68 頁）。

うになったことを説明する必要がある。

さらに，放出する株主とは異なる期待が形成されなくては，地方における株式の引受は成立しない。経済雑誌や新聞などから得られる情報に，日本国内の都市と地方で大きな格差があったと考えることは難しい。また，細かな点での差異があったとしても，片方で満鉄をネガティブに伝え，もう片方で満鉄をポジティブに伝えるというような，真逆の報道がなされつづけたと考えることにも無理があるだろう。むしろ，ラジオの全国放送は，情報格差を埋める方向に作用したと考えられる。

このように考えると，情報の非対称性（都市と地方での情報格差）に起因する異なる期待形成（満鉄に対するネガティブな評価とポジティブな評価）によって，地方の株主による引受を説明することには，あまり有効性がないといえる。同様の条件からは同様の期待が形成されるために，株式の譲受渡の成立を説明することができないはずである。となると，条件そのものに，株式の譲受渡を説明するカギがあることになろう。

一般的に，この時期の中央株（東京で発行される有名会社の株式）は，あまり地方で流通することがなかった。志村嘉一によれば，1919年の時点で大株主1万5449人のうちの58.1％が，東京・神奈川・愛知・大阪・兵庫の府県にあり，また大株主が所有する株式4954万4600株の75.9％が府県の持株であった[70]。大株主ほど中央株を手にする機会が多かったことを考えると，地方には中央株がなかなか出回らなかったことがうかがえる。

満鉄株もまた，よく知られた中央株であった。表5-1でも，1933年6月の時点で，満鉄株主は都市（1万1941人）よりも地方（1万4784人）の方がやや多かったものの，旧株＋新株の持株比率は都市（54.5％）が地方（34.5％）を圧倒していた。また，第二新株の持株比率も，一般公募の申込取扱所が都市に集中していたことも相まって，同年12月の時点で，都市（58.9％）が地方（26.6％）を大きく上回っていた。

このように，地方に居住する株主・一般投資家は，中央の有力な株式を所有する機会に恵まれておらず，名義書換をして株主となって，その配当を受け取

70　志村嘉一『日本資本市場分析』東京大学出版会，1969年，402頁。

るという投資機会を渇望していた。

また，地方に住む人々が，中央株を買い求める際に，証券業者との間でトラブルが続発していたことにも注意したい。大地主のような資産家が大手の証券会社などを通じて行っていた「普通の」株式取引が[71]，一般的には不可能であることが多かったのである。具体的には，証券業者に株券購入代金を送ったものの株券現物が届かない事例[72]や，証券業者に預けた取引代金が清算・返金されない事例[73]などがあり，いわゆる「不良取引員」による詐欺行為がつねに問題となっていた[74]。つまり，地方の株主や一般投資家は，株式投資を行う前提となる条件において，都市との間に大きな格差を抱えていたのである。

そのような状況であったところに，中央の株が出回るようになった。都市から放出された株式が，株券の現物流通の安定化によって，地方に出回るようになったのである。注文しても入手することが難しかった中央株が，自然と彼らの前に現れたともいえる。

こうした株券現物の流通の安定度について定量的に見てみよう。表5-6は，司法省による民事訴訟統計（第一審）[75]について，「訴訟の種類」[76]のうち「株金」[77]「株券」などを株式関係訴訟として取り上げてまとめたものである。あ

71　資産家による株式取引の安定性については，大石嘉一郎編著『近代日本における地主経営の展開』（御茶の水書房，1985年），石井寛治・中西聡編『産業化と商家経営――米穀肥料商廣海家の近世・近代』（名古屋大学出版会，2006年）などを参照のこと。

72　株式調査会編『株屋のからくり』農芸社，1934年，47-48頁。

73　「投資相談」『エコノミスト』9-13，1931年7月，45-46頁。

74　有沢広巳監修『日本証券史』1，日経文庫715，1995年，95頁。

75　司法省による統計は，「事件類型」による集計に特徴があり，この類型によれば，第一審民事訴訟のほとんどが金銭関連の訴訟である（C. ヴォルシュレーガー「民事訴訟の比較歴史分析――司法統計からみた日本の法文化」⑴（佐藤岩夫訳）『法学雑誌』（大阪市立大学）48-2，2001年11月，526頁）。

76　「司法省記甲第2546号」（1891年12月）の「地方・区裁判所民事統計年表調製規程」では，「訴訟事件の性質」「督促事件の種類」ともに数例しか挙げられていない。性質・種類の分類は各裁判所に委ねられており，最終的にそれらを司法省で統一したと考えられる（『裁判所統計材料様式』1891年12月26日現在，総務省統計図書館所蔵古資料）。

77　「株金」は「株金払込金」と表記されることもあり（図5-8注5参照），企業が払込に応じない株主や前株主を訴えたケースなどが考えられる。しかし実際には，株価が付かない場合を除き，払込拒否の連鎖が起こることは珍しく，競売での落札が多かったとされる（勝部武雄『株主』ダイヤモンド社，1936年，69-80頁）。むしろ，「株金」は株屋か

表5-6　株式関係訴訟の推移(1)

（件）

年	督促			第一審訴訟			
	株金	株券	株券売買代金	株金	株券	株券売買代金	株式名義書換
1894	19	5	15	59	57		
1899	651	11		419	79	50	
1904	373	16		473	84	2	
1909	268	4		183	89		
1914	246	3		302	104		
1919	600	3		291	125		
1924	4,331	8		2,762	115		
1929	3,709			2,952	329		
1934	1,815	3		1,878	255		74
1939	555			450	202		47

出典）『民事統計年報』各年版，司法省。
注1）第一審訴訟は地方裁判所と区裁判所の合計。樺太を含む。
2）1929年までは申請結果・訴訟結果。1934年以降は新受件数のみ。
3）1929年の第一審訴訟は，改正民事訴訟法による訴訟結果を含む。

る株式を注文したにもかかわらず，それが届かなかったり，代金が返却されない場合，証券業者を訴えることが多くなるため，このようなトラブルが多発する傾向があれば，本表の数値にそれは反映されるはずである。全国に約280箇所あった区裁判所では，訴訟の前に督促手続が多く利用されたので[78]，これを付け加えてある。

表5-6によれば，株金関係が督促・第一審訴訟いずれにおいても，1920年代になって急増していることがわかる。1934年以降は集計方法が変更された（新受件数だけをカウントするようになった）ために，ここに表れた経過は純粋に連続的なものとはいえないが，1930年代に入って督促・第一審訴訟ともに株金・株券関係が減少しているのは確かである。株式関係の第一審訴訟を都市と

ら株券現物を購入する際の分割払込金などを指しており（前掲「投資相談」9-13，45頁），最終的に司法省は，株券売却による代金などと総称して「株金」と分類したと思われる。

78　林真貴子「訴訟法制」山中永之佑編『新・日本近代法論』法律文化社，2002年，209-210頁。また，1891年施行の民事訴訟法では，弁護士を立てることは強制されず，準備書面の記載事項も制限され，口頭主義による「集中的審理」が目指された（同上，209頁）。

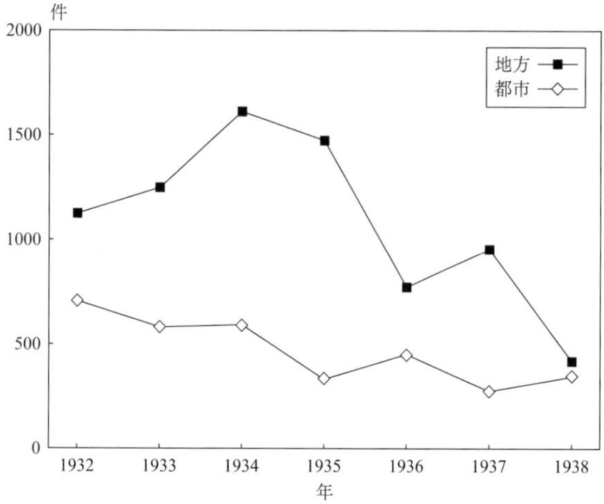

図 5-8　株式関係訴訟の推移 (2)

出典）前掲『民事統計年報』各年版。
注 1）区裁判所と地方裁判所における第一審訴訟の新受件数。
　2）対象とした訴訟の種類は，株金・株券・株式名義書換。
　3）「都市」と「地方」の分類は表 5-1 に同じ。
　4）樺太の裁判所を地方に含めてある。
　5）1933 年の区裁判所訴訟件数（株金）の合計は，全国値よりも 406 件少ないが，ここでは加算していない。

地方に分けた図 5-8 でも，地方と都市ともに減少傾向を示し，とくに地方での減少が著しいことがわかる[79)]。つまり，株券現物の流通において，トラブルが減少していたと見ることができるだろう。

加えて，この時期の地方では，先行研究が明らかにしているように，地方銀行に対する信用不安があった。金融恐慌以降の銀行破綻や休業は，1930 年代になると地方の金融市場で寡占的な地位を占めていた銀行に波及し，預金払戻が十分になされない事例が相次いで発生した[80)]。そのような状況にあった地方の株主にとって，満鉄株の引受によって手にすることのできる配当は，銀行預

79　試みに，地方について満鉄株主の増加率（1934 年 1 月末〜38 年 1 月末）と株式関係訴訟の累計（1933〜37 年分）の相関を見ると，相関係数は −0.317，有意水準は 5 % であった（サンプル数：41。訴訟累計が 1,000 件を超える鳥取県と樺太を除く）。

80　伊牟田敏充「銀行整理と預金支払」『地方金融史研究』27，1996 年 3 月，82-87 頁。

金に代替しうるものでもあった。

このように，地方の株主が都市から放出された満鉄株を引き受けたのは，投機的取引の環境が整備されるなかで，都市の株主とは異なる期待を形成したためとは考えにくい。地方の株主が引き受けた最大の要因は，中央株への投資機会の格差にあった。中央株の現物が地方になかなか出回らず，それを入手して名義書換を行い，株主となって，配当を受け取れる機会が絶対的に不足していたことが，株価が低下するなかでも，地方の株主が満鉄株を引き受けつづけた最大の理由である。投機的取引，すなわち，短期的な売買による利益ではなく，配当を望んでいた彼らの存在が満鉄の資金調達を支えていた。

3　株主の声と経営の合理化

株主の変動と株式の移動が進むなかで，満鉄の経営陣と主だった大株主の間の関係も変質するようになった。以下では，株価の下落と株主の増加が続く状況の中で，株主からの圧力が，どのように満鉄の経営に反映されたのかを見てみよう。

1）松岡洋右の総裁就任と大株主の行動

1935 年 8 月，松岡洋右が総裁に就任した。前掲表 5-3 で営業実績を確認してみると，利息の損失が 1215 万円（33 年度）から 511 万円（34 年度）へと圧縮される好転がある一方で，地方の損失が 903 万円（33 年度）から 1091 万円（34 年度）に，総務の損失も 784 万（33 年度）円から 1396 万円（34 年度）へと悪化していた。上述のように，最終利益は 4292 万円（33 年度）から 4647 万円（34 年度）とほとんど変わりがなく，これが増加することを希望しながら，株主は松岡の経営を注視していたのである。

就任後の松岡は，国策的な事業への出資が増加するなかで，そのさらなる拡張を企図して内地資金を導入しようとした。松岡は，満鉄の経営情報を全面的に公開することで，株主と一般投資家から「信任」を獲得し，株金の払込と社債の発行を安定させようとしたのである。『エコノミスト』と『東洋経済新報』

は，松岡の目論見に一役買うことになった。

『エコノミスト』（1935 年 9 月）の特集では，「儲かる事業」の鉄道を筆頭に，石炭と港湾の好調が指摘され，委託鉄道の新線建設も事業として有利とされた[81]。その一方で，関係会社への投資成績は「極めて不良」と赤裸々に書かれ，満鉄がその持株の解放を準備していることが確認されている[82]。そして，国策遂行のために，社債発行限度額の拡張と金融資本家の「大悟徹底」が必要とする[83]。『東洋経済新報』（1935 年 9 月）の特集も，『エコノミスト』と同様に，資金調達の問題を訴えており，また，そこに至るまでの分析が実に詳細であった。とくに，「傍系事業」の分析では，「満鉄関係会社一覧表」（総務部監理課）として，71 社の資金と業績を一覧化するとともに，現況情報も大々的に公開した[84]。

しかし，結果は大失敗であった。『エコノミスト』『東洋経済新報』の特集以後，満鉄の株価はさらに低下した（図 5-4）。また，表 5-1 によれば，1935 年 6 月には，都市の旧株＋新株の持株比率が 53.0 % へ，第二新株のそれが 54.6 % へと，それまでの低下傾向に歯止めをかけて上昇に転じていたが，同年 9 月には，第二新株の名義書換株数が急増して 20 万株を突破し（図 5-1），旧株＋持株が 52.6 %，第二新株が 51.1 % と，都市株主の株式放出も再び始まった。特集は「正直」であったが，情報が多すぎ，満鉄があらゆることをやろうとしている印象を読者に与えたといえる。そして何よりも，膨大な傍系事業を支える，つまり，国策遂行のための資金調達を，都市の株主は支持しなくなっていたのである。

国策遂行のための資金調達を拒否する行動は大株主にも表れた。1935 年 11 月から 38 年 5 月まで，持株数（旧株・新株・第二新株の合計）5,000 株以上の大株主の動向が「大株主表」として残されている[85]。それによれば，この期間中

81　「満鉄の国家的使命と其の実體」『エコノミスト』13-26，1935 年 9 月 11 日，17 頁。
82　同上，20 頁。
83　同上，25 頁。
84　「南満州鉄道の解剖」『東洋経済新報』1673，1935 年 9 月 28 日，79-84 頁。
85　「大株主表」閉鎖機関資料，満鉄，前：17A-196。「大株主表」閉鎖機関資料，満鉄，前：17A-23。これらの「大株主表」は松岡の総裁就任直後からの記録となっており，株主カードから持株数（旧株，新株，第二新株の合計）が 5,000 株以上の株主の月末現

に持株数が 5,000 株を超えた株主は 217 名となる。

月末現在で 5,000 株以上を維持した株主数から確認してみると，1935 年 11 月末で 179 名であったものが，徐々に減少して，1938 年 5 月には 154 名となっている。これらの株主による持株数の合計も同様に，旧株＋新株が 158 万 1625 株から 132 万 9101 株へ，第二新株が 118 万 5937 株から 104 万 7257 株へと減少する傾向にあった。

こうした減少傾向を細かく見てみると，期間中に 5,000 株以上を維持した株主 124 名に対して，この期間の途中から 5,000 株以上になったり，逆に期間中に 5,000 株未満となるなどした株主は 93 名になる。まず，期間中に 5,000 株以上を維持した株主 124 名から類型化をしてみよう。この株主を「安定大株主」と称する。安定大株主 124 名のうち，持株数に何の変化もなかった株主（I）は 41 名となる。また，期間中に旧株＋新株か第二新株のうち，どちらか一方を増加させ，もう一方を減少させた株主（II）は 23 名となる（このうち，合計持株数を増加させた株主は 9 名，不変は 4 名，減少させた株主は 10 名）。そして，持株数を増加させた株主（III）は 24 名，持株数を減少させた株主（IV）は 36 名であった。安定大株主でも，持株数を増加させた株主（9＋24）よりも，減少させた株主（10＋36）の方が多い。次に，期間中に 5,000 株未満になるなどした 93 名を類型化すると，期間中に 5,000 株以上となり最後（38 年 5 月）までこれを維持した株主（V）が 31 名，逆に，期間当初（35 年 11 月）に 5,000 株以上であったものの途中で 5,000 株未満になった株主（VI）が 52 名，期間中に 5,000 株前後を行き来した株主（VII）が 10 名になる。5,000 株以上を大株主とする満鉄の基準に従えば，大株主に成った株主（31 名）よりも，大株主から脱落した株主（52 名）の方が多い。

表 5-7 は持株数の変化類型（I～VII）と，株主の属性とをクロス集計したものである。これによれば，個人株主では，IV が 11 名，VI が 27 名となっており，この数値からは個人の大株主による放出が際立つ。満鉄との関係が深い朝鮮銀行・安田財閥でも株の放出が起きており，安田生命は大株主から脱落している。この時期の株式市場を買い支えたとされる生命保険会社の中で，安田生

在の持株数を一覧表にしており，その変動を追跡できるようになっている。5,000 株未満となった場合には，原則的に一覧表への記入がなされなくなる。

表 5-7　大株主の類型

	I	II	III	IV	V	VI	VII	計
個人株主	15	3		11	9	27	1	66
朝鮮銀行				1				1
安田財閥	2	1				1		4
銀行	13	13	15	11	13	16	5	86
生命保険	3	3	4	6		1		17
その他	8	3	5	7	9	7	4	43
計	41	23	24	36	31	52	10	217

出典）「大株主表」閉鎖機関資料，満鉄，前：17A-196。「大株主表」閉鎖機関資料，満鉄，前：17A-23。
注 1）ローマ数字は，以下のような分類を意味する。
I …全期間で持株の変動なし
II …「旧株＋新株」「第二進株」のどちらかが増加，もう一方の株が減少（＝持株数が，増加・不変・減少のいずれか）
III…「旧株＋新株」「第二進株」の両方が増加，または，一方が増加でもう一方は一定（＝持株数が増加）
IV…「旧株＋新株」「第二進株」の両方が減少，または，一方が減少でもう一方は一定（＝持株数が減少）
V …期間中に合計 5,000 株以上になった
VI…期間中に合計 5,000 株未満になった
VII…V と VI をともに満たすもの
2）「その他」は，「信託会社」「無尽会社」「証券会社」「合資会社・合名会社」「恩賜財団・財団法人・社団法人」など。

命の行動は例外ではなく，生命保険会社のうち持株を減少させた株主は 7 名（IV が 6 名，VI が 1 名）になる。

すべての類型に分布した銀行では，正隆銀行のように，統廃合によって資産処分に迫られて，満鉄株を放出したと考えられるところもある。しかし，その株式をそのまま引き受けた大株主の存在を「大株主表」からは見つけることができない。VI に分類される他の銀行の場合も同様で，大株主であった銀行による満鉄株の放出を，別の大株主が引き受けるようなかたちになっていない。

さらにいえば，安定大株主もまた，満鉄への出資に全面的に「賛成」していたとは言いがたい。表 5-8 は，安定大株主 124 名だけを抽出して，持株数の変化をまとめたものである。これによれば，彼らは第二新株の持株数を増加させた一方で，旧株＋新株を減少させていた。具体的には，この期間に保有されて

表 5-8　安定大株主の持株数の推移(1)

（株）

	名称	1935年	1936年			1937年			1938年	
		11月	1月	5月	9月	1月	5月	9月	1月	5月
旧株＋新株	個人株主	184,236	182,236	181,236	180,316	176,136	175,266	173,606	171,656	169,772
	朝鮮銀行	200,691	200,691	200,691	200,691	200,691	200,691	200,691	200,691	200,691
	安田財閥	143,780	143,780	143,420	143,420	143,420	136,440	133,440	125,840	121,240
	銀行	395,949	392,779	392,766	399,146	401,116	398,536	394,746	385,996	375,532
	生命保険	193,329	191,179	169,359	163,579	161,189	152,099	152,100	152,100	151,150
	その他	192,945	192,835	191,983	192,743	188,423	191,693	192,619	189,233	183,135
	計	1,310,930	1,303,500	1,279,455	1,279,895	1,270,975	1,254,725	1,247,202	1,225,516	1,201,520
第二新株	個人株主	98,148	99,148	100,148	99,848	98,198	97,328	97,328	97,728	97,736
	朝鮮銀行	50,000	50,000	50,000	40,000	40,000	40,000	40,000	40,000	40,000
	安田財閥	66,975	66,975	66,975	66,975	66,975	66,975	63,125	67,875	68,205
	銀行	270,946	272,406	271,046	279,146	283,696	287,541	297,321	298,496	314,388
	生命保険	128,864	127,894	134,184	135,299	142,489	143,819	162,819	159,669	157,319
	その他	203,431	202,431	207,421	201,571	193,071	189,511	183,591	178,721	176,346
	計	818,364	818,854	829,774	822,839	824,429	825,174	844,184	842,489	853,994

出典）表 5-8 に同じ。
注）対象となる安定大株主は，表 5-8 の I〜IV の 124 名。

いた第二新株が，81 万 8364 株（1935 年 11 月）から 85 万 3994 株（38 年 5 月）へ 4 万 630 株の増加だったのに対して，旧株＋新株は 131 万 930 株から 120 万 1520 株へ 10 万 8690 株減少した。発行比率（旧株＋新株：第二新株＝440 万株：360 万株＝11：9）から見ても，旧株＋新株の減少は大きい。

とくに，安田財閥・生命保険・銀行では，第二新株の保有数を増加させる一方で，旧株＋新株を減少させていたことがはっきりとわかる。安定大株主は，株金払込に応じつつも，旧株＋新株を放出することで，満鉄への投資を一定以下の水準に抑えていた。1933 年増資を通じた追加的な出資を，実質的には拒否していたのである。

満鉄からすれば，第二新株への払込という追加的な資金調達においては，安定大株主からの協力を得られたものの，彼らに旧株＋新株を放出されたことで，新しい株主の存在に直面することになった。上述のように，放出された株式を別の大株主が引き受けた形跡がほとんどないということは，大株主よりも持株規模の小さい，新しい，異質な株主が誕生しつつあったことを示唆する。すなわち，放出された株式の引受問題は，大株主と中小株主という，持株規模で見た株主の間でも起きていたのである。

2）株主からの圧力と東京支社

このようななか，資金調達の「窓口」である東京支社資金係からは，「満鉄の使命」としての国策的な事業に必要とされる急激な投資は，そもそも「資本家の要求」に相反するという声が上がるようになった[86)]。そして，1936 年度予算において，満鉄は緊縮財政へと方針を転換した。この転換は「注目すべき変化」と評価され[87)]，情報公開ではなく，収支のバランスによって「信用を確保」するものとみなされた[88)]。具体的には，社内事業費は約 3500 万円，特別事業費は 1 億 1000 万円とされ，1935 年度と比較して 5000 万円減少した。とくに直接事業費は「利益保留金の限度内」とされ，これにより社債発行が抑制され，最終的には安定配当につながるとされた[89)]。この緊縮・健全財政は，資金調達の 5ヶ年計画としてシンジケード団に提示され，好感をもって受け入れられた。新線建設・葫蘆島築港・オイルシェール事業拡大・石炭液化事業・曹達工業・アルミニウム工業などの特別事業も，採算を度外視しない方針がとられたのである[90)]。

しかしながら，社債発行を引き受けるシンジケート団による満鉄への「不安」は，なかなか払拭されなかった。発行された社債が市場で売れ残る状況が 1936 年の年頭より問題となっており，第 48 次社債の「消化難」として報じられている[91)]。また，大蔵省預金部が満鉄社債を引き受けない，つまり，大蔵省による救済策が実現不可能であることが判明すると[92)]，政府・シンジケート団・大蔵省への「積極的運動」が展開され[93)]，「満鉄十年度業績 未曾有の増収

86　東京支社「対満投資ノ問題化ト起債界ノ現勢」吉林省社会科学院満鉄資料館蔵書，No. 06174，1935 年 9 月。

87　「満鉄は緊縮方針へ転換」『東洋経済新報』1679，1935 年 11 月 2 日，30 頁。

88　「満鉄予算緊縮と資金調達」『エコノミスト』13–31，1935 年 11 月 1 日，41 頁。

89　前掲「満鉄は緊縮方針へ転換」31 頁。

90　「板挟みになった満鉄」『エコノミスト』13–36，1935 年 12 月 21 日，37–38 頁。

91　「消化難の満鉄社債 預金部に引受懇請 結局は一部実現せん」『朝日新聞』1936 年 2 月 1 日，朝刊，5 面。

92　「満鉄社債引受けに 預金部は出動せず 興銀との懇談会で大蔵当局言明」『朝日新聞』1936 年 2 月 14 日，朝刊，5 面。

鉄道後半に盛返す」という見出しで，最終利益が4900万円から5000万円になるというような報道も出された[94]。それでも，シンジケート団の懸念が根本的に解消されることはなく，資金調達の5ヶ年計画の建て直しが必至となり[95]，「政府所有株の払込徴収が当然」というシンジケート団からの強い意見が紙面に踊るようになる[96]。この間に（1936年6月），社債発行限度額が総資本額を超えることができるようにもなったが[97]，それも満鉄の資金不足の解消に即座にはつながらなかった。

11月には，1937年度予算において日本政府による2回目の払込が決まったことが報道された[98]。副総裁・八田嘉明が，1933年増資直前の臨時株主総会において，2回目以降の政府払込がなくても，「今後十箇年間会社の計画事業の投資に充当することが出来る次第」と述べていたが[99]，この発言がわずか3年半で否定されたことになる。実際に，表4-1にあるように，1937年度中に2000万円，38年度中に2000万円，39年度中に4000万円の払込が日本政府によってなされた。

満鉄の設立以来，日本政府による現金での払込は，一度もないことであった。前章で確認したように，日本政府の引受分は，設立時は現物出資，1920年増資では外債の元利償還の肩代わり，1933年増資の1回目でも外債の肩代わりをもって支払われたものとされた。そうした意味では，この払込は，国策的な事業を担う満鉄を，日本政府が資金面から真剣に支援する態度の表れのようにも受け取ることができる。シンジケート団だけでなく，民間株主の眼にもその

---

93 「満鉄側資金調達に 積極的運動を起す 新内閣の援助を待望」『朝日新聞』1936年3月12日，朝刊，5面。

94 「満鉄十年度業績 未曾有の増収 鉄道後半に盛返す」『朝日新聞』1936年3月15日，朝刊，5面。

95 「満鉄資金五年計画 建直しの必要迫る 国策事業の負担激増」『朝日新聞』1936年10月1日，朝刊，4面。

96 「先づ政府所有株の 払込徴収が当然 満鉄資金計画更改にシ団側の意向」『朝日新聞』1936年10月10日，朝刊，4面。

97 前掲『南満州鉄道株式会社第三次十年史』2715頁。

98 「政府満鉄株払込 二千万円を承認 不足分・預金部引受か」『朝日新聞』1936年11月23日，朝刊，2面。

99 「〔臨時株主総会〕副総裁説明」八田文書，No. 0310，1933年3月6日，5頁。引用文には，八田による書込を加えてある。

ように映り，満鉄株の放出を止め，所有しつづけることを選好する良い契機となるようにも思われた。

しかし，1937年4月以降，満鉄株価は大きく下がった。前掲の図5-1，表5-1にあるように，この年5月には，再び第二新株の名義書換が20万株を突破し，1月から5月にかけて，株主数が6万1867人から6万4058人へと2,191人増加した。さらに，日中戦争の勃発がこれに拍車をかけ，9月には満鉄の株価は額面割れを引き起こしている。

1回目の払込以降，毎年10円/株の払込をしてきた民間株主は，こうした状況を看過することができず，満鉄への圧力を本格化するようになった。個人大株主による民間株主の組織化，すなわち，満鉄株主会（以下，株主会）を通じた圧力を強めるようになったのである[100]。

この株主会は大株主のための組織のように見えるが，そもそも大株主の組織化は満鉄自身が行っていた。満鉄は彼らを「大株主会」としてかなり以前から組織しており[101]，1933年増資以後では，大株主は「営業状態」や「満鉄業績」について問いただすことができた。むしろ株主会は，放出された株式を受け入れた新規の中小株主の組織化に力点をおいていたと考えられる。結成時のパンフレットでは，株主の責任（経営批判）を果たし，提携・結束して株主の権利を確保することを訴えていた[102]。つまり，この訴えは，1933年増資以前からの株主から，新たに加わった中小株主への啓蒙的な意味合いが強い。株主会への入会費も無料であった[103]。

株主会にとって大きな問題は，長期的な株価下落の中で，株主が増えていることにあった。これは，設立理念を共有する中核的な大株主が，株価が下落す

100　1934年8月に株主有志によって設立された満鉄株主会は，設立時点で民間株式800万株のうち200万株の参加を得ると，1937年12月までに，銀行・保険会社などの法人株主からも賛同を得て，330万株まで増やしていた（梅田潔「株主会の使命に就て」『満鉄株主会々報』1号，1937年12月，6頁）。中心となる幹事は梅田潔と高広次平で，評議員には築島信司・田村羊三・貝瀬謹吾など元満鉄社員が名を連ね，顧問を永井柳太郎と山本条太郎が務めていた。

101　1915年時点で，大株主会と満鉄との協議を確認することができる（『讀賣新聞』1915年6月11日，18日，19日）。

102　『株主各位に訴ふ』満鉄有志株主会，1934年，8-11頁。

103　「入会証」同上。

るのを承知しつつ買い支えるような構造とは異なる。そのような場合には，株式の放出とともに，株主もまた減少するであろう。これに対して，満鉄の場合，満鉄株を新たに手にした株主は，譲受の時点よりも低い株価を容認していたということになる。さらにいえば，そのような株主が，とくに地方を中心に増加していた。そうした地方の株主の意識の中は，株価の値上がりを期待する以前に，満鉄株という安定した投資機会＝配当の源泉を得たことで，一定の満足感が芽生えていたにちがいない。株主会は，新たに株主となった者たちの満足感に，従来の株主とは異質なものを認め，これを「正常化」しようと考えたのである。それが，大株主に限定されない民間株主の組織化であり，株主会を通じた活動であった。そして，1937年には『満鉄株主会々報』を創刊して，その活動を本格化させた。

1937年4月に，株主会は株価低迷の原因分析を行っており，保険・信託などの法人のほかに，「重なる」，すなわち主要な個人株主約200名に対して意見を求め，その回答をまとめて満鉄へ提供した[104]。11の選択肢のうち（重複回答可），最も回答の多かったものは，減配の懸念（93％），すなわち，民間配当率の低下であった。次に，国策的な不採算事業への支出増加と配当制限（89％）が並び，以下，社外増資の急増（84％），「満州国」線の不経済性と社内経費の膨大（64％）と続いた。株主会はこれらの回答を，「満鉄が漸次自主的機能を喪失しつゝありと云ふ懸念が濃厚である」と解釈していた[105]。

株主会は，満鉄株の額面割れという事態を，日本政府から国策的事業を担わされることで，満鉄としての最終利益が縮小するようになり，ひいては民間配当率の低下につながるという「期待」の中に位置づけていた。このような位置づけ方からすれば，日本政府による2回目の払込が現金でなされたことは，必ずしも好材料として作用するものではなく，場合によっては，国策への服従と利益の放棄がいっそう促進されるのではないかという懸念の材料として作用していた。

また，満州事変以前からの株主にとっても，現金による払込をするようになったからといって，日本政府は民間株主の先頭に立って投資リスクを請け負

104　「創立以来の経過報告」『満鉄株主会々報』1号，1937年12月，3頁。
105　「満鉄株価の昏迷理由」同上，22頁。

う存在でもなかった。表 5-3 にあるように，1933 年増資によって営業収支実績が良くなったとは考えにくいうえ，設立以来の株主にしてみれば，高配当率が実現されるからこそ，日本政府による 6 % の配当保証も不要になったのであった。そのような状況での日本政府による払込は，一株主として民間株主と同じような負担をしたにすぎないもので，日本政府は所詮，民間株主の後から付いてくる，払込金額も少ない，頼りない「最大株主」であった。日中戦争の勃発は，こうした日本政府に対する不信感を増大させた。

それゆえに，株主会は，日本政府に対してではなく満鉄自身に対して，株主のために行動することを望んだ。それは，最大株主である大蔵大臣を通じた株式市場への介入，すなわち，株価対策などではなく，満鉄の最終利益を圧迫する国策的な事業を拒否することであった。それが「満鉄改組」であり，国策的な事業を押しつける政治的介入の排除と，株主の配当を守る合理的経営の確立を，同時に満たすものであった。このことは，付属地行政部門の移管と重工業部門の分離に対して，株主会の態度が冷静だったことからもうかがえる。1937 年 11 月に株主会は，株主の満鉄を通じた傍系会社投資が，昭和製鋼所などの譲渡価格に適切に反映されることを，満鉄・対満事務局・満州国産業部などに冷静に求めていた[106)]。同時に満鉄改組は，不採算事業への支出増加を解消するものでもあった。

満鉄としては，このような民間株主からの圧力を，無視することができなかった。1933 年増資に関していえば，1937 年 10 月に民間株式の払込が完了するのに対して（前掲付表 4-1），日本政府によるそれは約 6300 万円，政府引受全体の 1 億 8000 万円の約 3 分の 1 にも上る金額は未払込となっていた。必然的に，民間株主の位置づけは重く，大株主の協力も不可欠であった。大株主によって，あるいは都市の株主によって放出された株式のたどり着く先は，地方のより持株規模の小さい，零細な株主の手元であった。当然のことながら，シンジケート団による社債発行がスムーズに行かない状況下では，資金調達をさらなる増資に求めることになる。そのような満鉄にとって，この「株主の変動」がもつ意味は小さくなかった。満鉄から逃げていく従来からの株主を放置

106　「評価々格の公正を要望」同上，15-17 頁。

し，零細な株主に依存せざるをえなくなりつつある流れに任せることは，資金調達の安定性を損なう可能性を内包するものであった。

満鉄の資金調達部門は，このような現実を冷静に把握していた。東京支社経理課では，満鉄の資金調達がすでに「民主官従」の状態にあり，新たな増資を困難にする株価下落を改善するには，イデオロギーを払拭することが必要であるとまで述べている[107)]。つまり，改組だけにとどまらず，経済統制の中心的な役割の放棄までもが，彼らの視野に入ってきていた。

実際に，満鉄改組によって不採算事業を手放すと，満鉄の株価は急激に回復し，1939年に入ると株価指数で140を突破する（図5-4）。他社の株式と比較してみると，満鉄改組のもつ意味の大きさがわかる。図5-4によれば，満鉄改組後の1938年に入って，鐘紡・郵船・日産（満業）が株価を大きく下げるなか，満鉄は一定の水準を保っていた。鐘紡は25％配当を維持し（1938年1月，7月）[108)]，郵船は着実に配当率を上げながら6％を保ち（1938年5月，11月）[109)]，日産は10％の配当に特別配当2％をつけ（1937年12月）[110)]，1938年も10％配当を維持していた。それにもかかわらず，1938年の株価はいずれも低下しており，その一方で満鉄は，8％配当のままで株価の下落を回避することができていた。満鉄改組が，いかに株主と一般投資家から支持されていたかがわかるだろう。

おわりに

1933年増資による第二新株が株主のもとに届くと，名義書換件数・株数ともに急増した。寄託株が放出されて社員株主が減少するだけでなく，都市の株も放出された。これらを受け入れることで都市株主数も増加を示したものの，

107　東京支社経理課「満鉄将来ノ資金対策如何」吉林省社会科学院満鉄資料館蔵書，No. 20015，1938年5月。
108　前掲『鐘淵紡績株式会社 報告書』第102～103回，前掲集成：1-39。
109　前掲『日本郵船株式会社 営業報告書』第53期前半～後半年度，前掲集成：5-95。
110　前掲『日本産業株式会社 営業報告書』第51回，前掲集成：5-13。

大半を支えていたのは地方株主であった。株主が増加した地方では，第二新株だけでなく，旧株＋新株をも引き受けていた。こうした株主の変動と株式の移動においては，需要よりも供給の方が大きかった。

満鉄株の放出の理由のひとつは，株主による売買差益の確保にあった。1931年から1933年増資まで，満鉄の株価は額面割れをともなう乱高下を見せていた。『ダイヤモンド』『東洋経済新報』『エコノミスト』などの経済雑誌で満鉄の評価が割れただけでなく，『朝日新聞』などの全国紙でも，満鉄をめぐっては報道の振れ幅が大きかった。そこから株主や一般投資家がさまざまな判断を下すなかで，満鉄の株価は大きく上下したのである。それを受けて，株主は売却による利益確保を図った。

また，株価の乱高下が収まり，持続的な下落傾向に入ってからも放出は生じたが，その理由は，満鉄の最終利益が伸び悩んだことにあった。増資が行われたにもかかわらず，利益の水準が増資前とほぼ横並びを保ち，減配が予想されたことは，既存の株主の期待を大きく裏切るものだったといえる。

一方で，放出された満鉄株を地方株主が買い支えた理由は，ひとつには，ラジオを通じて経済市況の放送を聴取できるようになるなど，投機的な取引を可能にする環境が整ってきたことにある。また，出回りの悪かった中央株としての満鉄の株券現物が，ようやく安全・確実に地方にも届くようになったという要因もあった。株式関係の訴訟，とくに，株金・株券に関するものが地方で減少傾向にあったことは，地方でも投資のための環境が整ってきたことを示唆している。それまで，都市株主は増資以前の満鉄に満足していたのに対し，地方株主は満鉄に投資する機会にそもそも恵まれていなかったのである。1933年増資の払込は，このような株式市場における「格差」によって支えられていた。

株主の変動と株式の移動が進むなか，松岡洋右が総裁に就任した。松岡は，メディアを通じて満鉄の経営情報を全面的に公開し，株主と一般投資家からの「信任」を獲得しようするものの，これは大失敗に終わり，収束しかけていた都市株主による放出が再び始まった。「安定大株主」は持株を減らすなどの動きを見せ，実質的に満鉄への追加投資を拒絶していた。また，社債発行を引き受けるシンジケート団も，満鉄の資金調達とは距離を取るようになっていた。

このようななかで，個人大株主によって満鉄株主会が結成された。満鉄株を長らく所有してきた彼らは，放出された株式を受け入れた中小株主を組織化すると同時に，株価の回復と 8％配当の厳守を要求した。そこでは，国策にしばられない満鉄独自の経営努力が望まれ，その要求の先には満鉄改組があった。満鉄自身も，増加する地方株主を取り込んだ株主会の要求を無視できなかった。満鉄改組は，資金調達を担う「もの言う」株主からの圧力に対応したという意味において，株式会社としての合理性を満たすものであった。同時にまた満鉄は，新しい，異質な株主の存在にも直面するようになっていた。それは，株価の低下が続いても配当取得という投資機会を甘受する，持株規模がより小さい「もの言わぬ」株主であった。次章では，この新しい株主について詳しく見てみよう。

第6章
株式市場の拡大と零細株主の参入
——満鉄株をめぐる訴訟の分析——

はじめに

第5章では，1933年増資の払込期間において，都市から，または，大株主から満鉄株が放出され，これを地方が引き受けるという，株主の変動が起きているのを見た。では，放出された株を引き受けた株主，または，新規株主はどのような株主であったのであろうか。本章では，満鉄の「株主」の間で起こった訴訟を取り上げて，この点を明らかにしたい。

まず，判決に至るまでの訴訟書類，具体的には，告訴状・聴取書・答弁書・準備書面・準備手続調書・口頭弁論調書・証人訊問調書・公判調書など，一連の経過を記録した資料を使って事件を再構成するところから始めたい。管見の限りでは，訴訟を分析対象とした研究は多いものの，訴訟書類にもとづく再構成をふまえたものはないと思われる。しかしながら，この再構成のもつ意味は小さくない。訴訟の過程では，事実を確定するためにさまざまな情報が残されており，たとえば，原告・被告の個人情報（氏名・住所・年齢などといった基本情報）の他に，取調べや訊問からは雇用関係や業務内容なども判明するからである。これらに加えて，資産規模などの定量面と手紙などに記された心情などの定性面から，原告・被告に分かれた満鉄「株主」について明らかにする。最後に，この訴訟資料の株券の名義書換に関する記録を中心に，株式市場の拡大の内実について分析を行い，この訴訟が満鉄，とりわけ，東京支社（資金調達部門）に与えた影響を考察したい。

本論に入る前に，分析対象となる訴訟（以下，小泉訴訟）について概略を述べておこう。まず，呉服店を営む小泉家当主・小泉新七が，使用人の上林伝七に満鉄株 1,450 株を盗まれたことから，この「事件」は始まる。その株券は，株式市場で売買される過程で分割され，70 名の「株主」のものとなった。小泉新七は原告として，まず上林を刑事告訴して，上林の有罪を勝ち取った。次いで小泉は，70 名の「株主」と満鉄を民事告訴して，「株主」には株券の返還を求め，満鉄には小泉が盗まれた株式の正当な株主であることを認めさせようとした。そして，この民事訴訟でも小泉が勝訴した。

小泉と 70 名の「株主」の間の争点は，「善意無過失」による株券の取得が認められるか否か，という点にあった。この場合の善意無過失とは，ある株券の取得者が，取得時に譲渡人が無権利者（たとえば，正当な権利者から盗んだ者）であることを知らないために過失が無い，ということを意味する。善意無過失が適用されれば，正当な権利者が，取得者に対して返還を請求しても，取得者には返還の義務が生じることはない[1)]。つまり，盗まれた株であれ，紛失した株であれ，名義書換をして新たに株主になった者の権利が保護された。しかし，株式の名義書換に付される白紙委任状が[2)]，偽造・変造・盗難されたりして，正当の権利者の任意に基づかない場合には，換言すれば，自己の意思に反して株券・白紙委任状の占有を失った場合には，「取得者」はこの株券を取得することが認められなかった[3)]。小泉訴訟は，この善意無過失をめぐる訴訟であった。

1　千野国丸『株式譲渡法論』商工財務研究会，1948 年，200 頁。

2　通常，株式の名義書換に際しては，譲渡人と譲受人が連名で，名義書換を申請する。ただ，譲渡人（元の株主）から譲受人（新しい株主）へと名義書換がなされるまでに，株式は名義書換されずに転売されることが多い。転売するごとに名義書換の申請が行われては，株式取引を停滞させることになるため，慣習として白紙委任状が付されるようになった。この白紙委任状は，譲渡人の名前と印が押されており，最終的に名義書換をして譲受人になる者の箇所が「白紙」となっている。

3　前掲千野国丸『株式譲渡法論』206 頁。

1　事件と訴訟の経過

1）刑事事件での有罪確定

表 6-1 は，「小泉訴訟」の経過についてまとめたものである。

事件の発端は京都・川端警察署（以下，川端署）の内偵にあった。川端署の警察吏 5 人による署長宛の捜査報告書によれば，1933 年正月頃から 1 年余りにわたって先斗町で「豪遊」している者がいることを知り，内偵したところ「肩書被疑」であることがわかり，内査した資産状態と遊興費の乖離に不正行為が「潜在する」のを認めたとのことである[4)]。この豪遊していた者が上林伝七であり，1934 年 1 月 27 日に初めて川端署への出頭が命じられ，取調べが始まっている[5)]。翌 28 日には小泉か津（原告・三代目新七の母，親権者）によって川端署に告訴状が出され[6)]，2 月 3 日付で川端署・島津六三四警部補から京都区裁判所・鈴木庄太郎検事に意見書が送られた。

この意見書によれば，前科のない上林による「犯罪の動機情状」は，自己資金を証拠金にして京都取引所での株式取引で相当の利益を上げ，さらに大量の取引で巨利を狙ったものの失敗に終わったため，「本犯を敢行したるものなり」とされた。そして，「被疑者の供述及其他一件記録に依り証憑十分なり」として，表 6-2 にまとめたように犯罪が列挙された[7)]。

この表によれば，1930 年 11 月 19 日に浅野セメントの旧株と新株を，京都の榊田株式店と山内株式店へ代用証拠金として入れたのを皮切りに，1934 年 1 月 31 日に京都電燈新株を担保に滋賀銀行草津支店から借入をするまで，上林は 23 件の犯行（窃盗・詐欺・横領）に及んでいる。その被害金額は，株券など

4　飯野畔助他「文書偽造行使窃盗詐欺横領被疑事件捜査報告書」（甲三号証），閉鎖機関資料，満鉄，前：17A-77，1934 年 2 月 25 日。

5　「聴取書」（上林伝七，京都区裁判所，甲第六号証），閉鎖機関資料，満鉄，前：17A-77，1934 年 3 月 13 日。

6　小泉か津「告訴状」（甲第四号証ノ一），閉鎖機関資料，満鉄，前：17A-77，1934 年 1 月 28 日。

7　島津六三四「意見書」（甲第五号証），閉鎖機関資料，満鉄，前：17A-77，1934 年 2 月 3 日。

の時価総額が 24 万 5334 円（No. 1～14），預金証書による借入総額が 2 万円（No. 15～18），預金払戻総額が 5,600 円（No. 19～21），その他が 2 万 6725 円（No. 22～23）であり，合計では 29 万 7659 円となる。これらすべてが，上林伝七ひとりによって，小泉家の金庫から持ち出されたことになる。

意見書と報告書は，この持出しが上林による窃盗行為であり，とくに株券を譲渡した際に名義書換を認める白紙委任状が，「小泉新七の実印を盗用」して「偽造」されたものであるとする[8)]。報告書は意見書よりも詳しく，上林が，白紙委任状を罫紙用紙商または株式取引員などから入手したうえで，定期預金証書の書換や株主総会欠席による委任状に押印する際に，小泉か津の「立会の間隙」をうかがって，実印を盗用して白紙委任状を作成したと報告した[9)]。つまり，株主である小泉新七の意思とは無関係に株券が盗まれ，かつ，白紙委任状が偽造されて株券が譲渡されたと報告したのである。

意見書と報告書の日付の間に実施された小泉か津の聴取（川端署）では，彼女の夫（二代目小泉新七）の遺言にもとづいて，上林伝七を「小泉家の主要なる使用人として優遇」するとともに，小泉新商店の監査役の地位を与え，使用人と監査役の月給で合わせて 120 円を与えていたとされる。ただし，金庫の鍵と実印はか津自身が管理しており，金庫内の証券や預金証書などの出し入れを，上林に包括的に委ねてはいないと明言している。にもかかわらず，今回のような事件が起こったのは，か津による現場監視が「建前」であり，多忙なときなどは，「悪いことをする人でないと信じて」鍵などを渡したためであった。実印の盗用も，満期の定期預金を受け取るために銀行へ持参させたときに実行されたのだろうと述べている[10)]。

翌月の 3 月 1 日には，上林伝七の供述も聴取書（川端署）としてまとめられた。この供述で上林は，「小泉家の財産の保管を委されて居るのとは違います」と明言したうえで，初代新七の頃より「相当の信用を受けて」いたために，金庫の出入りは比較的簡単で，「一々現場に来て数量等の調を受ける様なことは

8　同上。
9　前掲飯野畊助他「文書偽造行使窃盗詐欺横領被疑事件捜査報告書」。
10　「聴取書」（小泉か津，川端警察署，甲第四号証ノ二），閉鎖機関資料，満鉄，前：17A-77，1934 年 2 月 6 日。

表 6-1　小泉訴訟の経過

年	月	日	事項
1934	1	28	小泉か津，川端警察署に上林伝七を告訴
	2	3	上林伝七，川端警察署に任意出頭のうえ，自供
			川端警察署司法警察官から京都区裁判所検事へ，上林伝七について意見書
		6	小泉か津，井上治兵衛の聴取（川端警察署）
		20	『京都日日新聞』による事件報道
		25	川端警察署の警察吏 5 人による捜査報告
	3	1	矢部寛一の聴取（川端警察署）
			上林伝七の聴取（川端警察署）
		12	小泉か津の聴取（京都区裁判所）
		13	上林伝七の聴取（京都区裁判所）
		20	新免峰彦，梅影馨の紹介で，上林伝七より弁護人として選定される
		24	上林伝七の第二回公判（京都区裁判所）
		26	小泉新七の戸籍謄本発行（京都市下京区）
	4	7	上林伝七の第三回公判（京都区裁判所）
		12	上林伝七の判決（京都区裁判所）
		17	上林伝七，保釈
	5	3	上林伝七，控訴審の弁護人として，新免峰彦を選定
		10	上林伝七，控訴審の弁護人として，新免峰彦を解任
		31	上林伝七の第一回公判（京都地方裁判所）
	6	14	上林伝七の判決（京都地方裁判所）
	8	8	小泉新七，東京地方裁判所に訴状提出（2614 号，1615 号）
		16	東京地方裁判所，仮処分命令（2614 号，1615 号）
	9	21	小泉新七，東京地方裁判所に訴状提出（3085 号，3086 号）
			東京地方裁判所，仮処分命令（3085 号，3086 号）
	10	8	満鉄より答弁（3086 号）
		10	上林伝七の上告棄却＝刑事判決確定（大審院検事局）
		31	満鉄より答弁（2614 号，2615 号，3085 号）
			準備手続（2614 号①）
	11	8	準備手続（2615 号①，3086 号①）
			小泉新七，訴訟の一部を取下げ（2615 号）
		17	青山正四郎の異議申立却下（2614 号）
	12	12	小泉新七，準備書面を提出（2614 号，3085 号）
			準備手続（2614 号②，3085 号①）
			小泉新七，第二訴状訂正の申立て（2614 号）
1935	1	14	小泉新七，準備書面を提出（2615 号）
		17	準備手続（2615 号②，3086 号②）
		17	上林伝七，京都地方裁判所に陳述書提出

	2	13	小泉新七，第二準備書面を提出（2614 号）
			準備手続（2614 号③，3085 号②）
		21	準備手続（2615 号③，3086 号③）
		23	東京地方裁判所，仮処分命令（2615 号）の一部取消
		28	東京地方裁判所，仮処分命令（2614 号）の一部取消
	3	20	満鉄，準備書面を提出（2614 号）
			準備手続（2614 号④＝終結，3085 号③＝終結）
			満鉄，酒井末蔵・岡村隆雄の証人訊問を申出（2614 号，3085 号）
	4	05	小泉新七，準備書面を提出（3086 号）
			小泉新七，第二準備書面を提出（2615 号）
			満鉄，準備書面を提出（2615 号）
			準備手続（2615 号④，3086 号④）
	5	07	小泉新七，第三準備書面を提出（2614 号）
			小泉新七，準備書面を提出（3085 号）
			口頭弁論（2614 号①，3085 号①）
		17	準備手続（2615 号⑤＝終結，3086 号⑤＝終結）
	6	26	新免峰彦，川端祥介，熊木弥太郎，白井卯三郎，井上治兵衛，証人訊問（京都区裁判所）
	7	01	口頭弁論（2615 号①，3086 号①）
			広瀬弥一郎に対する有罪判決（京都区裁判所，朝鮮殖産銀行株関係）
	9	20	西村重次郎，証人訊問（京都区裁判所），上林やすは出頭せず
		27	口頭弁論（2615 号②，3086 号②）
		28	口頭弁論（2614 号＋3085 号②）
	11	28	口頭弁論（2614 号＋3085 号③）
		29	口頭弁論（2615 号③，3086 号③）
1936	02	?	上林伝七の訊問（京都区裁判所）
		?	小泉か津，井上治兵衛，川端祥介の訊問（京都区裁判所？）
		13	口頭弁論（2614 号＋3085 号④）
		14	口頭弁論（2615 号④，3086 号④）
	04	10	口頭弁論（2615 号＋3086 号⑤）
	06	24	口頭弁論（2614 号＋3085 号⑤）
1937			
1938	12	17	小泉か津，証人訊問（東京地方裁判所）
1939	06	10	東京地方裁判所より満鉄へ書類送付の嘱託
		22	東京地方裁判所，酒井末蔵を証人として呼出（全号）
1940	04	30	東京地方裁判所，判決（2614 号，3085 号）
			東京地方裁判所，判決（2615 号，3086 号）

出典）「小泉訴訟関係」閉鎖機関資料，満鉄，前：17A-52・74・77〜80・82・86〜89・93・96〜98。「小泉訴訟関係」閉鎖機関資料，満鉄，前：17F-28〜30。

表 6-2 小泉家の被害

No.	持ち出された小泉家の資産						店入・担保・売却など①						店入・担保・売却など②
	年月日	銘柄		株数	時価（円）		年月日			株数			
1		浅野セメント	新株	100	3,860	→	1930.11.19	榊田株式店へ代用証拠金	京都	100			
			第二新株	60	1,526	→	1930.11.19	山内株式店へ代用証拠金	京都	60			
2	1932.02.25	南満州鉄道	旧株＋新株	1,580	104,280	→	1932.03.04	工藤商店へ代用証拠金	大阪	100			
						→		工藤商店へ代用証拠金	大阪	1,382	（1933.02.07 までの 9 回で）		
						→	1932.06.21	田中株式取引店へ代用証拠金	大阪	50	（1933.02.18 までの 2 回で）		
						→	1933.02.17	小河株式取引店へ代用証拠金	大阪	40			
						→	1932.07.02	美濃商店へ代用証拠金	京都	8			
3	1932.05.10	日本毛織	新株	50	2,690	→	1932.11.12	中林株式店へ代用証拠金	京都	50			
4	1932.05.28	京都電燈		250	15,175	→	1932.10.08	工藤商店へ代用証拠金	大阪	200			
						→	1933.01.18	田中株式取引店へ代用証拠金	大阪	50			
5	1932.09.25	日本産業	新株	50	650	→	1932.09.28	名和株式店へ代用証拠金	京都	50			
6	1932.12.10	横浜正金銀行		100	20,600	→	1932.12.10	工藤商店へ代用証拠金	大阪	100			
7	1932.12.10	朝鮮殖産銀行	旧株	100	7,050	→	1932.12.10	工藤商店へ代用証拠金	大阪	100			
			新株	200	7,000	→	1932.12.16	小河株式取引店へ代用証拠金	大阪	200			
8	1933.01.15	台湾電力	新株	40	1,660	→	1933.10.20	美濃商店	京都	40			
9	1933.01.20	日本電力		650	33,020	→	1934.01.09	第一證券へ代用証拠金	大阪	300			
						→	1934.01.09	小河株式取引店へ代用証拠金	大阪	100			
						→	1934.01.09	中林株式店へ代用証拠金	京都	50			
						→	1934.01.10	山添株式店へ代用証拠金		50			
						→	1934.01.10	美濃商店	京都	150			
10	1933.07.25	鴻池信託		300	3,450	→	1933.07.29	名和株式店へ代用証拠金	京都				
11	1933.10.15	王子製紙	新株	200	14,760	→	1933.10.19	滋賀銀行草津支店	滋賀	200	株式担保で 8,000 円を借入	→	広瀬取引店へ証拠金 2,000 円
												→	名和取引店へ証拠金 500 円
												→	国防協会へ寄付 1,000 円
												→	遊興費 4,500 円
12	1934.01.05	日本銀行	新株	50	18,650	→	不明	第一證券へ代用証拠金	大阪	50			
13	1934.01.15	京都電燈	新株	203	8,363	→	1934.01.22	滋賀銀行草津支店	滋賀	203	株式担保で 5,000 円を借入	→	小泉家の税金 1,200 円
						→	1934.01.31	滋賀銀行草津支店	滋賀		王子製紙株と共同で 2,000 円借入	→	遊興費 500 円
													芸者身受代 5,000 円
14	1932.07.25	甲号五分利公債 第一四分利公債 第二四分利公債			2,600	→	1932.07.20	角丸商店へ代用証拠金	京都				

	年月日	持ち出された小泉家の資産	満期額面（円）	借入	金額（円）	使途	金額（円）
15	1933.05.01	昭和銀行京都支店定期預金証書	10,000	昭和銀行京都支店	7,000	満鉄新株の残りに払込	1,650
						栗野取引店へ証拠金	1,700
						山内株式店へ証拠金	500
						遊興費	3,150
16	1933.07.13	三十四銀行川原町支店定期預金証書	9,318	三十四銀行河原町支店	5,000	同行同支店へ預金	3,060
						小泉家の所得税払	1,700
17	1933.09.21	山口銀行京都支店定期預金証書	4,565	山口銀行京都支店	4,000	小泉家の月末払	1,500
						小泉家の税金など	2,500
18	1933.12.31	野村銀行京都支店定期預金証書	4,543	野村銀行京都支店	4,000	小泉家の月末払	1,500
						小河商店へ証拠金	1,000
						名和株式店へ証拠金	500
					20,000	中林株式店へ証拠金	500
				払戻			
19	1932.10.10	東京貯蔵銀行京都支店三利普通預金		東京貯蔵銀行京都支店	1,400	小泉家の金庫に	
20	1932.10.29	東京貯蔵銀行京都支店普通預金／小泉か津名義		東京貯蔵銀行京都支店	3,000	新七の活動影写機代支払	
						榊田株式店へ証拠金	400
						田中株式取引店へ証拠金	2,000
21	1933.04.15	東京貯蔵銀行京都支店三利普通預金		東京貯蔵銀行京都支店	1,200	小泉家の税金支払に	
			金額（円）				
22	1932.03～33.09.05	萬仁堂：西村重次郎からの返済金	1,800			山口株式店へ証拠金	300
						名和株式店へ証拠金	150
						栗野取引店へ証拠金	300
23	1933.08.18	小泉新商店配当金	21,925			店舗改修費	900
	不明	小泉新商店家賃	3,000			税金立替費	1,700
						第一證券へ証拠金	1000
						栗野取引店へ証拠金	1818
	不明	同上	26,725			田中株式取引店へ証拠金	2000
						名和株式店へ証拠金	1000
						美濃商店へ証拠金	3000
						美濃商店へ証拠金	1000
						山内株式店へ証拠金	100
						山内株式店へ証拠金	2765
						第一證券へ証拠金	1000
						中島弘次郎遺族へ扶助料	2000
						遊興費	6,642

出典）島津六三四「意見書」（甲第五号証），閉鎖機関資料，満鉄，前：17A-77，1934 年 2 月 3 日。飯野畊助他「文書偽造行使窃盗詐欺横領被疑事件捜査報告書」（甲三号証），閉鎖機関資料，満鉄，前：17A-77，1934 年 2 月 25 日。「聴取書」（上林伝七，川端警察署，甲第二号証），閉鎖機関資料，満鉄，前：17A-77，1934 年 3 月 1 日。「聴取書」（上林伝七，京都区裁判所，甲第六号証），閉鎖機関資料，満鉄，前：17A-77，1934 年 3 月 13 日。「第二回公判調書」（上林伝七，京都区裁判所，乙第六号証），閉鎖機関資料，満鉄，前：17F-29，1934 年 3 月 24 日。「判決」（上林伝七，京都区裁判所，甲第七号証），閉鎖機関資料，満鉄，前：17A-77，1934 年 4 月 12 日。「第一回公判調書」（上林伝七，京都地方裁判所，乙第八号証），閉鎖機関資料，満鉄，前：17F-29，1934 年 5 月 31 日。「判決」（上林伝七，京都地方裁判所，甲第八号証），閉鎖機関資料，満鉄，前：17A-77，1934 年 6 月 14 日。

注）陳述・供述が一致しない場合には，原則として「第二回公判調書」での陳述に従っている。

ありませぬ」と発言しており，「上林＝使用人≠財産管理人」という点で小泉か津の陳述ときれいに整合していた[11]。

川端署での取調べを経て，京都区裁判所での公判が始まると，3月13日の最初の公判で上林は，「悪い事をしたことは相違ありませぬ」と全面的に容疑を認め，白紙委任状についても，「全く未亡人の知らぬ間に相言う委任状を造って利用して居った」と自身の単独犯行であることを重ねて陳述している[12]。その後，同月20日には新免峰彦が上林の弁護人として選ばれて，24日の第二回公判が新免出廷のもとで実施された[13]。翌4月7日の第三回公判で検事より懲役2年が求刑され，新免より「寛大なる判決」が求められるも[14]，結果的に，4月12日に懲役2年の判決が下された[15]。保釈された上林は，「犯行として認められたる事情に付多少相違するところあるにより」として，新免に替えて樫村信雄と若林福之助を弁護人として，5月31日に京都地方裁判所に控訴したが[16]，最終的な判決に変わりはなく[17]，上告も棄却されて10月10日には判決が確定した[18]。

2）小泉新七による民事訴訟とその争点

上林伝七の第二審判決が確定した後，小泉新七（以下，原告）は盗まれた満

11　「聴取書」（上林伝七，川端警察署，甲第二号証），閉鎖機関資料，満鉄，前：17A-77，1934年3月1日。
12　「聴取書」（上林伝七，京都区裁判所，甲第六号証），閉鎖機関資料，満鉄，前：17A-77，1934年3月13日。
13　「第二回公判調書」（上林伝七，京都区裁判所，乙第六号証），閉鎖機関資料，満鉄，前：17F-29，1934年3月24日。
14　「第三回公判調書」（上林伝七，京都区裁判所，乙第七号証），閉鎖機関資料，満鉄，前：17F-29，1934年4月7日。
15　「判決」（上林伝七，京都区裁判所，甲第七号証），閉鎖機関資料，満鉄，前：17A-77，1934年4月12日。
16　「第一回公判調書」（上林伝七，京都地方裁判所，乙第八号証），閉鎖機関資料，満鉄，前：17F-29，1934年5月31日。
17　「判決」（上林伝七，京都地方裁判所，甲第八号証），閉鎖機関資料，満鉄，前：17A-77，1934年6月14日。
18　「日記記録」（上林伝七，大審院検事局，甲第十五号証），閉鎖機関資料，満鉄，前：17A-88，1934年10月10日。

表 6-3　株券の店入と名義書換

年	月	日	店入		旧株の名義書換				新株の名義書換			
				株	譲受渡人	受	渡	現在株	譲受渡人	受	渡	現在株
1929	09	01						948				632
1932	03	04	工藤商店へ代用証拠金	100								
	06	21	田中株式取引店へ代用証拠金									
	07	02	美濃商店へ代用証拠金	8								
		19			前田芳雄		100	848				
		23			木内利幸		50	798				
	08	30			前田芳雄		300	498				
	09	26			梶原政雄		50	448				
	10	15			工藤九郎		200	248				
		28			前田芳雄		100	148				
	11	08							鈴木道之助		500	132
1933	02	07	(9 回に分けて)	1,382								
		17	小河株式取引店へ代用証拠金	40								
		18	(2 回に分けて)	50								
	05	20			宮後久吉		50	98				
	07	20							工藤九郎		50	82
		24							山上粂吉		50	32
1934	05	21			家督相続：小泉新七		98	0				
	06	02			新株式を併合	32		32	旧株式に併合		32	0
									第二新株			
									第二号名簿より転記	65		65
1936	10	10			家督相続：小泉新七		32	0	家督相続：小泉新七		65	0

出典）前掲「第二回公判調書」(上林伝七，京都区裁判所，乙第六号証)。「株主カード」(小泉新七)，閉鎖機関資料，満鉄，前：17F-30。

鉄株について，株主名義の回復と株券返還を求めて，民事訴訟を東京地裁に提起した。1934 年 8 月 8 日のことである[19]。

表 6-3 は，表 6-2 の満鉄株の部分と，満鉄が管理する小泉新七の株主カードから作成したもので，株式店への「店入」(≒売却) などを左に，「旧株の名義書換」を中央に，「新株の名義書換」を右に示してある。これによれば，旧株 850 株，新株 600 株が名義書換されて，前田芳雄・木内利幸・梶原政雄・工藤九郎・鈴木道之助・山上粂吉・宮後久吉の 7 名が「譲受」けている。これらの株券の株主権が小泉新七にあることを認め，被告たちは名義書換をやりなおしたうえで小泉に対して株券を返還することが，訴状における請求の趣旨であった。

19　「訴状」(2614 号)，閉鎖機関資料，満鉄，前：17A-97，1934 年 8 月 8 日。「訴状」(2615 号)，閉鎖機関資料，満鉄，前：17A-88，1934 年 8 月 8 日。なお，弁護人は刑事訴訟と同じ梅影馨。

請求の原因は，上林伝七が盗んだ株券が「意外にも売却分割せられて」被告たちの名義となったものであり，「原告は勿論親権者に於ては，未嘗て前掲株券を他に譲渡したる事なし。本件株券は全く盗難に罹り占有を失ひたるものにして，添付せる原告の白紙委任状は偽造なるに付，原告は被告南満州鉄道株式会社に対し前掲株に基く株主権は依然保有するものなり」とされた。同月16日には仮処分命令が東京地裁より出され，本件株券について，譲渡・質入などの処分と名義書換が禁じられた[20]。

表6-4は，それぞれの訴状に挙げられた被告を一覧にしたものである（満鉄を除く。以下，満鉄を除いた被告を，単に「被告」とする）。本件株券を小泉新七から「譲受」けた7名だけが被告ではないことに注意されたい。被告の数は73名になる。表中の「No.」は訴状の中で付された番号である（No. 1はいずれも満鉄）。「準備手続」「口頭弁論」の欄は，被告本人またはその代理人の出廷状況を示している。また，「代理人」は判決時のもので，おおむね準備手続・口頭弁論の段階から変わりはない。なお，満鉄の代理人は顧問弁護士の仁井田益太郎が務めた[21]。

訴状を受けて最初に提出した答弁書で満鉄は，原告が1929年9月現在で旧株948株と新株632株を所有したことと，原告の株主権を否認した[22]。その理由は，原告が家督相続にともなう名義書換をしていないからであった。つまり，原告と満鉄との間の争点は，家督相続による原告の株主権を認めるか否かにあった。これに対して原告は，5項目からなる準備書面（2614号）において反論した[23]。初代新七が1907年に初めて満鉄株を所有してからの持株の増加と

20　「昭和九年（ヨ）第1365号」（東京地方裁判所），閉鎖機関資料，満鉄，前：17A-79，1934年8月16日。「昭和九年（ヨ）第1366号」（東京地方裁判所），閉鎖機関資料，満鉄，前：17A-79，1934年8月16日。なお，訴訟は，旧株と新株に分けて提起された。事件番号は旧株が「昭和9年（ワ）2614号」，新株が「昭和9年（ワ）2615号」である。また，訴状が出された時点で名義書換が進んでいた分については，9月21日に被告を修正したうえで再度訴状が出され，旧株に「昭和9年（ワ）3085号」，新株に「昭和9年（ワ）3086号」とあらためて事件番号を付している。以下，「昭和9年（ワ）」を省略するとともに，とくに大きな差異が認められない限り，答弁書・準備書面・準手続調書・口頭弁論調書についてまとめて記述する。

21　実際の出廷などは仁井田の事務所の山田嘉穂弁護士が務めた。

22　満鉄「答弁書」（3086号），閉鎖機関資料，満鉄，前：17A-88，1934年10月8日。

相続について述べたうえで，二代目も三代目も家督相続による名義書換を行っていないが，「同会社は原告等の家督相続を承認して」，本件株券を発行・交付しているために，その必要はないと主張した。

これに対する満鉄の主張は明白であった。満鉄による準備書面（2614号）は，まず，満鉄株の募集日時に誤りがあり，原告の主張するような順序で初代・二代目・三代目が引受・払込をしていないことを指摘する。その上で，本件株券のうち，原告が引き受けた株券が存在しないことは「明白」とした。そして，満鉄としては，原告の家督相続も二代目のそれも知らされておらず，それゆえに，株主名簿に記載された初代新七に株券を交付したものであって，原告の家督相続を承認して交付したものではないと主張したのである[24]。原告は，同日の準備手続（2614号④）において，前者の誤りを認めざるをえなかったものの，家督相続をめぐる主張に関しては一歩も譲らなかった[25]。2615号の第二準備書面においても，満鉄が家督相続の事実を知らなくても，株券の発行・交付は「法律上有効」であると重ねて主張する。加えて，「若し右昭和4年10月4日交付の株券〔旧株・新株の再発行〕に，原告の家督相続の事実を記載せんとせば，株券発行の日以前の相続を記載せざるべからざるに至り，事実上不合理の結果を生ずる次第なり」という，いささか苦しい主張をするまでにいたっている[26]。原告にすれば，家督相続による株主権の継承が認められなければ，自身の所有する株券の返還請求をするこの訴えが成立しないことになる。ゆえに，どうしても譲れない主張であった。

では，満鉄以外の被告と原告の争点はどこにあったのであろうか。表6-4に示されたように，多くの被告が判決時に宍戸元・佐藤博を代理人としている。実際の出廷は宍戸によって行われており，被告からの陳述などの大部分を彼が占めている。残念ながら，彼による答弁書・準備書面が残されていないため，準備手続調書をもとに，他の被告・代理人の陳述とあわせて，原告との争点を明らかにしよう。

23　「原告の準備書面」（2614号），閉鎖機関資料，満鉄，前：17A-77，1934年12月12日。
24　満鉄「準備書面」（2614号），閉鎖機関資料，満鉄，前：17A-97，1935年3月20日。
25　「準備手続調書」（2614号），閉鎖機関資料，満鉄，前：17A-97，1935年3月20日。
26　原告「第二準備書面」（2615号），閉鎖機関資料，満鉄，前：17A-88，1935年4月5日。

表 6-4　被告一覧

号	No.	株主名	住所		株数	準備手続					口頭弁論					控訴	代理人（判決時）
			府県	郡市		1	2	3	4	5	1	2	3	4	5		
2614	2	株式会社紀陽銀行	和歌山県	和歌山市	100	★	★	★	?		★	★	★	★	?	×	島本哲郎
	3	神田源太郎	岐阜県	羽島郡	50	☆	☆	☆	☆		☆	☆	☆	☆	☆	○	佐藤博・宍戸元
	4	松田甚吉	大阪府	大阪市	50	☆	☆	☆	☆		☆	☆	☆	☆	☆	○	佐藤博・宍戸元
	5	斉藤のぶ	京都府	何鹿郡	20	☆	☆	☆	☆		☆	☆	☆	☆	☆	○	佐藤博・宍戸元
	6	小島キクヨ	大阪府	三島郡	20	☆	☆	☆	☆		☆	☆	☆	☆	☆	○	佐藤博・宍戸元
	7	出田敬七郎	熊本県	熊本市	10	☆	☆	☆	☆		☆	☆	☆	☆	☆	○	佐藤博・宍戸元
	8	萩原康悠	広島県	高田郡	10	●					●	●	●	☆	☆	○	佐藤博・宍戸元
	9	和田謹爾	広島県	芦品郡	20	☆	☆	☆	☆		☆	☆	☆	☆	☆	○	佐藤博・宍戸元
	10	小坂信孝	和歌山県	和歌山市	20	☆	☆	☆	☆		☆	☆	☆	☆	☆	○	佐藤博・宍戸元
	11	伊東武司郎	兵庫県	神戸市	20	★	★	★	?		★	★	★	★	?	×	大白慎三
	12	三木弘憲	岡山県	岡山市	10	☆	☆	☆	☆		☆	☆	☆	☆	☆	○	佐藤博・宍戸元
	13	松田貞二	愛媛県	西宇和郡	20	●					●	●	●	●	?	○	
	14	株式会社中越銀行	富山県	東砺波郡	10	●	☆	☆	☆		☆	☆	☆	☆	☆	○	佐藤博・宍戸元
	15	西村四郎	山口県		50	☆	☆	☆	☆		☆	☆	☆	☆	☆	○	佐藤博・宍戸元
	16	小田重作	兵庫県	神戸市	10	☆	☆	☆	☆		☆	☆	☆	☆	☆	○	佐藤博・宍戸元
	17	青山正四郎	富山県	下新川郡	10	○	●	★	?		●	●	●	●	?	×	
	18	国谷朝造	京都府	京都市	10	☆	☆	☆	☆		☆	☆	☆	☆	☆	○	佐藤博・宍戸元
	19	宗田新次郎	京都府	京都市	10	☆	☆	☆	☆		☆	☆	☆	☆	☆	○	佐藤博・宍戸元
	20	中村くら	京都府	京都市	10	☆	☆	☆	☆		☆	☆	☆	☆	☆	○	佐藤博・宍戸元
	21	武田覚	広島県	広島市	10	☆	☆	☆	☆		☆	☆	☆	☆	☆	○	佐藤博・宍戸元
	22	殿村箭之助	大阪府	大阪市	40	★	※	★	?		☆	☆	☆	☆	☆	○	佐藤博・宍戸元
	23	水谷忠彦	香川県	綾歌郡	10	●					●	●	●	●	?	×	
	24	田辺清太郎	滋賀県	伊香郡	10	☆	☆	☆	☆		☆	☆	☆	☆	☆	○	佐藤博・宍戸元
	25	有田仙之助	大阪府	大阪市	20	●					●	●	●	●	?	×	
	26	逸見忠三郎	香川県	仲多渡郡	10	☆	☆	☆	☆		☆	☆	☆	☆	☆	○	佐藤博・宍戸元
	27	後藤正五郎	石川県	金沢市	10	●					●	●	●	●	?	×	
	28	佐野外男	石川県	石川郡	10	☆	☆	☆	☆		☆	☆	☆	☆	☆	○	佐藤博・宍戸元
	29	小泉繁蔵	京都府	京都市	10	☆	☆	☆	☆		☆	☆	☆	☆	☆	○	佐藤博・宍戸元
	30	成相一里	島根県	シ川郡	10	●					●	●	?	●	?	×	
	31	小川与市	滋賀県	坂田郡	20	☆	☆	☆	☆		☆	☆	☆	☆	☆	○	佐藤博・宍戸元
	32	吉田長敬	大阪府	大阪市	50	☆	☆	☆	☆		☆	☆	☆	☆	☆	○	佐藤博・宍戸元
	34	正田基太郎	香川県	三豊郡	10	☆	☆	☆	☆		☆	☆	☆	☆	☆	○	佐藤博・宍戸元
	35	丸尾正孝	大分県	大分郡	10	●					●	●	●	●	?	×	
	36	松井ツ子	満州国		20	☆	☆	☆	☆		☆	☆	?	★	?	×	山根悟
	37	谷江敏男	兵庫県	神戸市	30	☆	★	★	?		★	★	★	★	?	×	林田菊治
	38	梶原政雄	和歌山県	有田郡	50	★	★	★	?		★	★	★	★	?	×	島本哲郎

2614	39	岩井瀬一	広島県	深安郡	20	●					●	●	●	☆	☆	○	佐藤博・宍戸元
	40	黒木織恵	山口県	玖珂郡	20	☆	☆	☆	☆		☆	☆	☆	☆	☆	○	佐藤博・宍戸元
	41	小畠正	山口県	玖珂郡	10	●					●	●	●	☆	☆	○	佐藤博・宍戸元
2615	2	加藤しず江	愛知県	名古屋市	10	☆	☆	☆	☆	☆	☆	☆	☆	☆	?	○	佐藤博・宍戸元
	3	榊原久一郎	愛知県		20	☆	☆	☆	☆	☆	☆	☆	☆	☆	?	○	佐藤博・宍戸元
	4	高橋吉澄	福岡県	久留米市	20	?	☆	★	☆	☆	☆	●	☆	☆	?	×	高野弦雄
	5	越智義市郎	京都府	京都市	10	?	☆	☆	●	☆	●	●	●	●	?	○	
	6	富岡胎二郎	神奈川県		50	?	☆	★	☆	☆	☆	●	☆	☆	?	○	渡部喜十郎
	7	神国海上火災保険株式会社	大阪府	大阪市	50	☆	☆	☆	☆	☆	☆	☆	☆	☆	?	○	佐藤博・宍戸元
	8	村田三郎	新潟県	新潟市	40	?	☆	☆	☆	☆	☆	?	●	☆	?	○	松田次郎
	9	坪井勧吉	東京府	東京市	30	?	★	★	☆	☆	☆	?	●	☆	?	×	佐々木文平
	10	東株代行株式会社	東京府	東京市	10	?	☆	☆	☆	☆	☆	?	●	?	?	○	松田次郎
	11	大昌興業株式会社	朝鮮国	京城府	10	☆	☆	☆	☆	☆	☆	☆	☆	☆	?	×	佐藤博・宍戸元
	12	池田利作	埼玉県	入間郡	10	?	●	●	☆	●	☆	☆	☆	☆	?	○	佐藤博・宍戸元
	13	仙洞田繁蔵	山梨県	中巨摩郡	20	?	☆	☆	☆	☆	☆	☆	☆	☆	?	○	佐藤博・宍戸元
	14	株式会社大分貯蓄銀行	大分県	大分市	20	?	☆	★	☆	☆	☆	●	☆	☆	?	○	渡部喜十郎
	15	早藤甚四郎	滋賀県	坂田郡	10	☆	☆	☆	☆	☆	☆	☆	☆	☆	?	○	佐藤博・宍戸元
	16	吉田政吉	大阪府	泉南郡	30	☆	☆	☆	☆	☆	☆	☆	☆	☆	?	○	佐藤博・宍戸元
	17	大谷鯉三郎	愛知県	名古屋市	20	?	☆	☆	☆	☆	☆	?	●	?	?	○	松田次郎
	18	大洋商工株式会社	愛知県	名古屋市	10	?	☆	☆	☆	☆	☆	?	●	?	?	○	松田次郎
	19	西早一	台湾高雄州	潮州郡	10	?	●	●	●	●	●	●	●	●	?	○	佐藤博・宍戸元
	22	森田信雄	新潟県	刈羽郡	40	?	☆	☆	☆	☆	☆	?	●	?	?	○	松田次郎
	23	山本甚兵衛	東京府	東京市	10	?	☆	☆	☆	☆	☆	?	●	?	?	○	松田次郎
	24	町田あさ	埼玉県	北埼玉郡	10	?	☆	☆	☆	☆	☆	?	●	?	?	○	松田次郎
	25	高橋保次郎	埼玉県	北埼玉郡	20	?	☆	☆	☆	☆	☆	?	●	?	?	○	松田次郎
	26	永松慶蔵	大分県	宇佐郡	10	?	●	●	●	●	●	●	●	●	?	×	
	27	西原梅	岡山県	児島郡	10	?	●	●	☆	☆	☆	☆	☆	☆	?	○	佐藤博・宍戸元
	28	中山義男	佐賀県	杵島郡	20	?	☆	☆	☆	☆	☆	☆	☆	☆	?	○	佐藤博・宍戸元
	29	株式会社七十四銀行	神奈川県	横浜市	30	?	☆	☆	☆	☆	☆	☆	☆	☆	?	×	高野弦雄
	30	山上条吉	岡山県	岡山市	50	?	☆	★	☆	☆	☆	●	●	☆	?	○	赤堀亀雄・頼信藤四郎・頼信白正
3085	2	上田初次郎	山口県	佐波郡	10	☆	☆	☆			☆	☆	★	★	?	×	
	3	田中鉄道	山口県	吉敷郡	10	☆	☆	☆			☆	☆	☆	☆	?	×	深沢巳代吉・植木昇
3086	2	伊木常彦	東京府	東京市	10	☆	☆	☆	☆	☆	☆	☆	●	☆	?	○	松田次郎
	3	株式会社柏崎銀行	新潟県	刈羽郡	10	☆	☆	☆	☆	☆	☆	☆	☆	☆	?	○	細川潤一郎・伊藤福市

出典）「準備手続調書」各号，閉鎖機関資料，満鉄，前：17A-88・96・97。「口頭弁論調書」各号，閉鎖機関資料，満鉄，前：17A-82・88・96・97。「判決」（2614号，3085号），閉鎖機関資料，満鉄，前：17A-93，1940年4月30日。「判決」（2615号，3086号），閉鎖機関資料，満鉄，前：17A-93，1940年4月30日。

注1）準備手続・口頭弁論の欄のうち，「○」は本人出頭を，「●」は本人不出頭を，「☆」は代理人出頭を，「★」は代理人不出頭を，「※」は呼出手続未了を，「？」は不明を意味する。

2）控訴欄のうち，「○」は控訴を，「×」は控訴せずを意味する。

言うまでもなく，被告ならびにその代理人は，全員，「請求棄却の判決」を求めた。宍戸は，上林伝七が小泉か津の「承諾を得て為したるもの」として「株券の取得は有効なり」と主張した。そして，仮にそうではないとしても，上林に株券売却の「代理権」があり，さらに，「代理人」ではないとしても，「代理権ありと信ずべき正当の理由」があると述べた。また，松井ツ子代理人・山根悟は，株式売買業・株式会社徳泰公司から本件株券を「善意無過失」で取得したゆえに，「株券返還の請求」はできないと述べた。

善意無過失が適用されないことを主張する原告は，被告と上林伝七の関係に力点をおいた証拠を提出した。その準備書面（2614 号）では，用事がある際に上林を呼びつけて「使丁の如く雑用を為さしめ」ており，「財産の管理若くは金銭出納を一任」することはなく，ただ，「使用人の関係に依りこれ等金品の発送事務を取扱たるのみ」と，上林に代理権がないことが主張されている[27]。さらには，これ以降に被告が提出する乙号証を見越してであろう，「窃取」「偽造」を自白しながら，公判では預ったものを横領したと上林が供述したのは，「窃盗の罪名を嫌ひて為したる一の遁辞なり」と批判している。

続く 2615 号の準備書面でも，上林の自白についてさらなる主張がなされ，1934 年 1 月 27 日に川端署で取調べを受けて「一時放還」されたにもかかわらず（表 6-1）「毫も改悛の情なく」，4 日後の 31 日には，滋賀銀行草津支店に京都電燈株と王子製紙株を持ち込んで「借増の名に於て更に金 2000 円を詐取」しており（表 6-2 の No. 13），川端署はこれを「探知」すると「猶予すべからざるもの」として，上林伝七を拘束し取調べを続行，公判・判決に至ったことを指摘した。その上で，「従て同人が第一審公判に至る迄に為したる供述は，何人の介在なく任意の自白にして，第二審の供述は保釈出所後考慮を廻らしたる結果に出たるもの」と，刑事判決での証拠を強く主張する[28]。

原告による上林との関係についての供述を受けて，被告はかなり強く反論したようである。とくに 2615 号と 3086 号の準備手続では，宍戸元以外の代理人が，それぞれの答弁書にもとづいて陳述したことがわかる[29]。使用人としての

27　「原告の準備書面」（2614 号），閉鎖機関資料，満鉄，前：17A-77，1934 年 12 月 12 日。

28　「原告の準備書面」（2615 号），閉鎖機関資料，満鉄，前：17A-96，1935 年 1 月 14 日。

29　1935 年 1 月 17 日の 2615 号と 3086 号の準備手続では，宍戸元が 1934 年 10 月 31 日付

上林伝七による株券の「窃盗」なのか，代権者としての上林による株券の「処分」なのか，この点に争点が集中したのであろう。最終回の準備手続調書（2615号，3086号）にまとめられたそれぞれの主張によれば，宍戸が1935年10月31日付答弁書記載抗弁の要旨として，上林が小泉家の支配者的な地位にあって，資産管理や金銭出納などを一任されていたために，「原告は訴外人の本株式処分行為に付其の責に任ずべきものなり」と主張しており，高野弦雄・頼信藤四郎・恒遠終と佐々木文平（坪井勧吉代理人）もまた，これと同様の抗弁をした。他にも渡部喜十郎（富岡胎二郎代理人）が，株式会社小泉新商店の設立に際して，全株式を持つ小泉が現物出資として本件株券を提供したのであれば，「株主権者に非ざるを以て本訴請求は失当なり」と仮定抗弁をした[30]。原告はこれをその場で否認しているが，こうした仮定抗弁がそれまでにもなされ，準備手続が荒れたとも推測される。

3）甲号証・乙号証の提出と証人訊問の申請

裁判の準備手続において争点を明らかにする過程で，原告・被告はそれぞれ証拠方法を提出する。一般的に，原告のものは甲号証，被告のものは乙号証と呼ばれ，これを一覧にしたものが表6-5である。乙号証は宍戸元が提出したもので，彼以外の代理人もまた提出したことまでは判明するが，資料が残っていないためにこの表には含まれていない。また，甲号証・乙号証ともに，各号に共通するものまでを一覧にしてある。以下，これらについて分析を加えよう。

原告による立証趣旨によれば，第二号証（上林伝七の聴取書）・第三号証（小泉事件捜査報告書）・第四号証ノ二（小泉か津の聴取書）・第五号証（島津六三四

答弁書に，高野弦雄（七十四銀行代理人）が当日付答弁書に，頼信藤四郎（山上条吉代理人）が1934年10月22日付答弁書に，恒遠終（高橋吉澄代理人）が1934年10月16日付本人提出の答弁書に，伊藤福市（柏崎銀行代理人）が当日付答弁書にもとづいて陳述している（「準備手続調書」（2615号），閉鎖機関資料，満鉄，前：17A-96，1935年1月17日。「準備手続調書」（3086号），閉鎖機関資料，満鉄，前：17A-96，1935年1月17日）。また，同年4月5日の2615号準備手続では，高野弦雄と頼信藤四郎がそれぞれ，同日付準備書面にもとづいて陳述している（「準備手続調書」（2615号），閉鎖機関資料，満鉄，前：17A-88，1935年4月5日）。

30 「準備手続調書」（2615号），閉鎖機関資料，満鉄，前：17A-88，1935年5月17日。「準備手続調書」（3086号），閉鎖機関資料，満鉄，前：17A-88，1935年5月17日。

表 6-5　甲号証・乙号証とその利益援用

			訴訟	2614 号，3085 号			2615 号，3086 号					
			代理人	宍戸元	山根悟	吉田秀吉	宍戸元	高野弦雄	渡部喜十郎	恒藤終	頼信藤四郎	山田嘉穂
			被告		松井ツ子	上田初次郎		七十四銀行	富岡胎二郎	高橋吉澄	山上粂吉	満鉄
甲号証	第一号証	小泉新七の戸籍謄本										
	第二号証	上林伝七の聴取書（於：川端警察署）		③			⑤		⑤			
	第三号証	小泉事件捜査報告書（川端警察署内）		③			⑤		⑤			
	第四号証ノ一	小泉か津の告訴状（宛：川端警察署）								⑤		
	ノ二	小泉か津の聴取書（於：川端警察署）		③			⑤		⑤	⑤		
	第五号証	島津六三四の意見書（川端警察署，京都区裁検事宛）		③			⑤		⑤			
	第六号証	上林伝七の聴取書（於：京都区裁判所）		③			⑤		⑤	⑤		
	第七号証	上林伝七の判決文（京都区裁判所）		③	③		⑤	③	⑤	⑤	⑤	
	第八号証	上林伝七の判決文（京都地方裁判所）		③	③		⑤	③	⑤	⑤	⑤	
	第九号証	満鉄株式の割当表（1929 年 6 月，額面変更）										
	第十号証ノ一	新免峰彦の封筒										
	ノ二	新免峰彦の書状										
	第十一号証ノ一	満鉄の書状										
	ノ二	株式異動表										
	第十二号証ノ一	満鉄の書状										
	ノ二	株式異動表										
	ノ三	株式異動表										
	第十三号証	先代小泉新七の除籍抄本										
乙号証	第一号証	『京都日日新聞』（1934 年 2 月 20 日）			④	(2)						(1)
	第二号証	小泉新七の承諾証書			④	(2)						(1)
	第三号証	井上治兵衛の聴取書（於：川端警察署）			④	(2)						(1)
	第四号証	矢部寛一の聴取書（於：川端警察署）			④	(2)						(1)
	第五号証	小泉か津の聴取書（於：京都区裁判所）			④	(2)						(1)
	第六号証	上林伝七の第二回公判調書（京都区裁判所）			④	(2)						(1)
	第七号証	上林伝七の第三回公判調書（京都区裁判所）			④	(2)						(1)
	第八号証	上林伝七の第一回公判調書（京都地方裁判所）			④	(2)						(1)
	第九号証	上林伝七の陳述書			④	(2)						(1)

出典）「甲号証」各号，閉鎖機関資料，満鉄，前：17A-77・82・88・97。「乙号証」各号，閉鎖機関資料，満鉄，前：17F-29。前掲「準備手続調書」各号。前掲「口頭弁論調書」各号。

注 1）○は準備手続での，（　）は口頭弁論での利益援用申請。また，それぞれの数字は，準備手続・口頭弁論の回次を意味する。

2）満鉄の利益援用申請は 2614 号。

の意見）・第六号証（上林伝七の聴取書）が，上林伝七によって本件株券が「窃取」され，かつまた，白紙委任状も「偽造」されたことを証明するものとして挙げられている。そして，第七号証（上林伝七の判決文）と第八号証（上林伝七の判決文）は，刑事訴訟で上林が原告の株券を「横領したるもの」と認定された証拠となっている[31)]。つまり，本件株券が善意無過失による取得には該当しないことを，原告が強い気持ちで立証しようとしていることがわかる。

一方，家督相続については，第一号証（小泉新七の戸籍謄本）で，原告が家督相続のうえで 1928 年 5 月に「新七」を襲名したことを，第十三号証（先代小泉新七の除籍抄本）で，二代目新七についても，家督相続のうえで 1920 年 9 月に「新七」を襲名していたことを証明するだけであった。

善意無過失については，表 6–5 の後に提出された甲号証でも，かなり重点的に否定されている。2614 号の第十四号証（名和助市の判決文）には，上林による鴻池信託株（表 6–2 の No. 10）の窃取と白紙委任状の偽造を認めて，被告・名和助市に原告・小泉新七への株券返還を命じる判決が記録されている[32)]。2615 号の第十五号証ノ一（広瀬弥一郎の判決文）もまた，朝鮮殖産銀行株（表 6–2 の No. 7）について，被告・広瀬弥一郎に同様の株券返還を命じている[33)]。原告は，満鉄株の返還訴訟だけでなく，他の株券についても訴訟を起こしており，それぞれの有罪判決を，甲号証として追加的に提出できる状況にあった。つまり，刑事訴訟での判決と他の株券をめぐる訴訟の判決によって，上林による株券の窃取と白紙委任状の偽造を「事実」として確定する点に原告の戦術的な特徴があった。

原告は，訴状（1934 年 8 月 8 日）の中で第一，第二号証を挙げていた[34)]。そして，同年 12 月 12 日の準備手続（2614 号②）で，第九号証までを一気に提出している。これに対して被告は，第一号証を提出した後[35)]，翌 1935 年 2 月 13

31　原告「立証趣旨」閉鎖機関資料，満鉄，前：17A–88，1935 年 4 月 5 日。

32　「判決」（名和助市，京都地方裁判所，甲第十四号証），閉鎖機関資料，満鉄，前：17A–77，1934 年 9 月 11 日。

33　「判決」（広瀬弥一郎，京都区裁判所，甲第十五号証ノ一），閉鎖機関資料，満鉄，前：17A–82，1935 年 7 月 1 日。

34　前掲「訴状」（2614 号），1934 年 8 月 8 日など。

35　「準備手続調書」（2614 号），閉鎖機関資料，満鉄，前：17A–97，1934 年 12 月 12 日。

日の準備手続（2614号③）で，第九号証までを提出する。原告はこの場で，第十三号証までをさらに提出した[36]。

被告による乙号証は，刑事訴訟における上林に対する聴取書と公判調書がそのほとんどを占めた。言うまでもなく，聴取書・公判調書のいずれも，原告がすでに入手しているものである。また，表6-5にあるように，宍戸元をはじめ他の被告代理人は，原告が提出した甲号証を自らの主張のために「利益援用」することを申請している。おそらく，原告が初めて目にしたのは，第九号証（上林伝七の陳述書）だけであろう。翌3月20日の準備手続（2614号④）では，乙号証の成立認否において，この第九号証を「不知」と述べている[37]。被告は，刑事訴訟で確定した「事実」を覆すための新しい証拠を用意することがほとんどできず，原告以上に，証人訊問の申請を重ねた。表6-6は，被告と原告によって申請された証人を一覧にしたものである。

これによれば，被告代理人が申請した証人は24名になる。これに対して，原告は7名，満鉄は2名である。身元の判明する者について見ると，原告による申請は，井上治兵衛・川端祥介・熊木弥太郎・白井卯三郎・西村重次郎・新免峰彦だけで，いずれも小泉家外の関係者である。これに対して，被告によるそれは，上林伝七・上林やす・小泉か津といった小泉家の内部の人々になっている。その他，身元の判明しない証人としては，被告が株券を購入した証券業者など，善意無過失による取得を証言しうる人々が多く含まれていると思われる。満鉄は，株式係の酒井末蔵と岡村隆雄のみを申請した。

証人訊問は，1935年5月7日の口頭弁論（2614号①）において，原告の申請による井上治兵衛・川端祥介・熊木弥太郎・白井卯三郎・西村重次郎・新免峰彦から認められた[38]。翌1936年2月13日の口頭弁論（2614号＋3086号④）では，被告の申請による直次治三郎・足立（名は不明）・木村修六・長谷川利一郎・金子菊次郎の訊問が認められた[39]。翌14日の口頭弁論（2615号④）で

36　「準備手続調書」（2614号），閉鎖機関資料，満鉄，前：17A-97，1935年2月13日。
37　「準備手続調書」（2614号），閉鎖機関資料，満鉄，前：17A-97，1935年3月20日。
38　「口頭弁論調書」（2614号），閉鎖機関資料，満鉄，前：17A-97，1935年5月7日。
39　「口頭弁論調書」（2614号，3085号），閉鎖機関資料，満鉄，前：17A-82，1936年2月13日。

表6-6　証人訊問申請の状況

申請者／被申請者	2614号				2615号				3085号				3086号				備考
	原告	宍戸元	宍戸以外の弁護人	満鉄	原告	宍戸元	宍戸以外の弁護人	満鉄	原告	宍戸元	宍戸以外の弁護人	満鉄	原告	宍戸元	宍戸以外の弁護人	満鉄	
井上治兵衛	○	○			○	○	○		○				○				酒商，小泉か津実兄
熊木弥太郎	○				○				○				○				小泉新商店店員
川端祥介	○				○				○				○				小泉新商店取締役
白井卯三郎	○				○				○				○				蒲団商，原告貸家の賃料取立代行
西村重次郎	○	○			○	○	○		○				○				萬仁堂代表社員，小泉か津から借入
新免峰彦	○				○				○				○				弁護士，上林伝七元代理人
上林伝七		○				○	○										小泉新商店監査役
上林やす		○				○	○										上林伝七妻
小泉か津		○				○	○			○							三代目小泉新七の母，親権者
矢部寛一		○				○	○										滋賀銀行草津支店長
工藤九郎		○				○	○										工藤商店
安達太三郎		○				○	○										
足立		○								○							
荒野利吉		○				○	○										
小布施新三郎															○		
金子菊次郎		○				○	○			○							
木村修六		○				○	○			○							
呉継治三郎		○															
杉本義広		○															
辻与平		○				○	○										
直次治三郎		○								○							
名和野秀雄		○				○	○										
長谷川利一郎		○				○	○			○							
伴五郎		○				○	○										
真継治三郎						○	○										
松本義弘						○	○										
山口郁二郎			○														
渡辺弘		○				○	○										
酒井末蔵	○			○	○			○	○			○	○				満鉄東京支社経理課株式係
岡村隆雄				○				○				○					〃

出典）前掲「準備手続調書」各号。前掲「口頭弁論調書」各号。
注）足立の名は不明。

も，辻与平・松本義弘・渡辺弘・伴五郎・名和野秀雄・矢部寛一について認められている[40)]。さらに，山口郁二郎の認可も確認でき[41)]，いずれも，「各所轄裁判所に嘱託して訊問する」かたちで，いわゆる訊問調書が東京地裁に届く仕組みとなっている。

早々に認められた原告側の証人訊問は，1935年6月26日に，新免峰彦，川端祥介，熊木弥太郎，白井卯三郎，井上治兵衛について京都区裁判所が済ませており[42)]，また，9月20日には残る西村重次郎の訊問も終わっている[43)]。しかし，この間に開催された2614号と3085号の口頭弁論（②③）も，2615号と3086号のそれ（①②③）も，すべて訊問調書未着で延期された。西村と同日になされるはずであった上林やすの証人訊問は，本人が出廷しなかったために行われなかった[44)]。さらにいえば，2615号と3086号の①を除き，原告代理人は出廷すらしていない。

次に原告・被告ともに代理人が出廷したのは，翌1936年2月13日の口頭弁論（2614号＋3086号④）で，結局，この際に上林やすの訊問は被告より「抛棄」の申立てがあり中止されている[45)]。ただし，この間に，上林伝七と小泉か津の訊問と，井上治兵衛と川端祥介のそれがもう一度実施されており[46)]，この口頭弁論において，原告は井上と川端の証言の利益援用を申請している[47)]。

40　「口頭弁論調書」（2615号），閉鎖機関資料，満鉄，前：17A-96，1936年2月14日。

41　「口頭弁論調書」（2614号，3085号），閉鎖機関資料，満鉄，前：17A-82，1936年6月24日。

42　「証人訊問調書」（新免峰彦，川端祥介，熊木弥太郎，白井卯三郎，井上治兵衛：2614号，3085号），閉鎖機関資料，満鉄，前：17A-97，1935年6月25日。

43　「証人訊問調書」（西村重次郎：2614号，3085号），閉鎖機関資料，満鉄，前：17A-97，1935年9月20日。

44　「証人訊問調書」（上林やす：2614号，3085号），閉鎖機関資料，満鉄，前：17A-82，1935年9月20日。

45　「口頭弁論調書」（2614号，3085号），閉鎖機関資料，満鉄，前：17A-82，1936年2月13日。

46　「調書」（上林伝七，京都区裁判所）1936年2月。「調書」（小泉か津）1936年2月。「調書」（井上治兵衛）1936年2月。「調書」（川端祥介）1936年2月。これらの「調書」には年月日の記述がないが，東京支社の文書番号「東経株35第6号50」が付されており，「小泉新七提起訴訟事件本社関係目録（一）」によれば，本社への発送年月日が1936年2月17日とあるため，同年同月に実施されたと判断した（いずれも，閉鎖機関資料，満鉄，前：17A-78）。

この間の経緯は詳らかではない。被告の申請した証人訊問は困難を極めたようで，1937年6月の時点で，証人訊問が遅れていることが報告されている[48]。被告が望む証言を得る以前の問題として，上林やすのように証人の非出頭と訊問申請の放棄があったように推測される。その後，東京地裁による小泉か津の訊問が1938年12月17日に実施されたものの，それはか津の体調の問題で，法廷ではなく麹町区内にある旅館に東京地裁判事が赴いて実施された[49]。なお，満鉄が申請した株式係の証人訊問が実施されたのは，1939年6月のことである。

仁井田益太郎から満鉄への報告によれば，2614号と3086号の口頭弁論7回，2615号と3086号の口頭弁論7回，その後，全号が一括されてからの口頭弁論16回に，彼の事務所の弁護士が出廷したことがわかる。表6-4にまとめた準備手続と口頭弁論には，仁井田事務所の弁護士が必ず出廷しており，その後も変わりないとすれば，全部で30回の口頭弁論が開かれたことになる。残念ながら，以後の口頭弁論調書が残されていないため，この間の法廷闘争の内実はわからない。ただ，被告申請の証人訊問は不調に終わったものの，そこに至るまでに，被告が乙号証として上林伝七の公判調書（乙第六～八号証）や陳述書（乙九号証）を選び，さらに，上林の聴取書（甲二・甲六）の利益援用を申請したのには，相応の理由，すなわち，上林の供述・陳述の変化があると考えられる。その内容を見ておこう。

4）上林伝七の供述・陳述の変化

上述のように，上林伝七は，1934年2月3日に任意出頭して自供しており，これにもとづいて，取調べをした警察官から京都区裁判所判事へ意見書が送られた[50]。また，同月25日には，内偵などをした警察吏による捜査報告書が川

47　「口頭弁論調書」(2614号，3085号)，閉鎖機関資料，満鉄，前：17A-82，1936年2月13日。

48　「小泉新七提起訴訟事件に関する件」(東経一株37第1号21)，閉鎖機関資料，満鉄，前：17A-80，1937年6月16日。

49　「調書」(小泉か津，東京地方裁判所)，閉鎖機関資料，満鉄，前：17A-77，1938年12月17日。

50　前掲島津六三四「意見書」。

端署長に出されている[51]。意見書は，盗み出された株券や公債証書などはすべて代用証拠金と遊興費に使われたとし，それは報告書上では，別表において「費消」と記された（別表未見）。白紙委任状も「偽造」とされている。つまり，警察署の書類では，株券の「窃取」と白紙委任状の「偽造」が明白となっている。

翌3月1日に実施された川端署での聴取でも，株券の「窃取」と白紙委任状の「偽造」に変わりはなかった。しかし，代用証拠金と遊興費だけであった使途に変化が表れた。具体的には，小泉家の「税金」や「月末払い」といったものが出てくる。ただし，必ず残金が生じており，それが代用証拠金と遊興費のいずれかに当てられていた。また，毎年一回，金庫内の現物照合を上林と井上治兵衛（小泉か津実兄）が行うことになっているところを，事態の発覚を恐れて，上林自らの進言で現物照合を「省略」して「時価算定」だけで済ませたとしている[52]。

同3月13日の京都地裁での聴取も，株券の「窃取」，白紙委任状の「偽造」，現物照合の「省略」の点で川端署の聴取と変わることがなかった。ただし，株券の持出しについて，少しニュアンスが変わっている。払込や新旧交換などで株券を当該会社に送る必要があるためとして，「窃取」するために持ち出したのではないとしたのである。つまり，「必要以外の株券」をか津に気づかれないように持ち出したことは認めるものの，払込手続などが済んで各社から戻ってきたところで自分のものにしたこともあったとした[53]。

同3月24日に開かれた京都区裁の第二回公判になると，陳述の内容はいっそう大きく変わった。まず，日本毛織株（表6-2のNo. 3）のように，明確に「窃取」を否定する株券が出てくるようになった。満鉄株（表6-2のNo. 2）もまた，第一回～第五回株式を旧株・新株に交換する必要があって金庫から出したとしている。甲号五分利公債など（表6-2のNo. 14）についても，「窃かに盗りだしたのではないか如何」との問いに「違います。利札を切るため出して貰ったのであります」とはっきり答えている。さらには，必ずか津に「これだ

51　前掲飯野等「文書偽造行使窃盗詐欺横領被疑事件捜査報告書」。
52　前掲「聴取書」（上林伝七，川端警察署）。
53　前掲「聴取書」（上林伝七，京都区裁判所）。

け持っていきます」と確認を取るものの，払込の済んだ株券がどうなったかなど訊かれたこともないと，か津による資産管理についても具体的に述べた。また，白紙委任状も，か津自身は何に委任状が使われるのか知らないと思うとしながらも，「か津の前で新七の印を押して」「か津の方で押す場合もあります」と，上林単独の偽造ではないとも述べている。そして，今ひとつ留意したいことは，23 件すべてにおいて使途として挙がっていた代用証拠金と遊興費が修正された点である。具体的には，三十四銀行預金証書と野村銀行預金証書（表 6-2 の No. 16，17）の使途が小泉家のための支出に限定された[54]。

翌 4 月 7 日の京都区裁第三回公判は，第二回の内容を簡単に確認するだけであったが[55]，有罪判決後に上林が控訴すると，京都地裁の第一回公判（5 月 31 日）では，供述はさらに変化した。株券の「窃取」と白紙委任状の「偽造」を否定しながら，今度は，毎年一回の現物照会の理由を，暑い時期であったので，話合いで「やめとこーか」ということになったと変えた。警察での取調べとの差異についても，か津から「兎に角罪に陥るようなことはせぬから行ってくれ」と言われ，早く帰りたい一心で「問はるる侭にヘイヘイそうですそうです」と答えたと述べている。さらに，「小泉家の財産をきちんとしたい心」で，「二代目に将来を戒められて居たので小泉家を思ったことが却て横道にそれた結果となった」と述べた。つまり，自身の利益のために株券を「窃取」したのではなく，小泉家のためにやったことと陳述を変えたのである。具体的に，小泉家の収入が家賃・配当などで月額 1,500 円ほどで，支出もほぼ同額であるものの，納税の分だけ収入が不足していることも指摘している[56]。

小泉新七が民事訴訟を提起した後，翌 1935 年 1 月 30 日付の陳述書でも，上林はこの小泉家の収入不足と株式相場の関係について陳述している。それによれば，上林が管理するようになってから小泉家の収支が均衡せず，毎年赤字になっていたために，「何とか殖産の方法を」ということで，小泉家のために株式の取引を行ったというのであった。つまり，上林自身の利益のために株券の「窃取」と白紙委任状の「偽造」がなされたのではないということをはっきり

54　前掲「第二回公判調書」（上林伝七，京都区裁判所）。
55　前掲「第三回公判調書」（上林伝七，京都区裁判所）。
56　前掲「第一回公判調書」（上林伝七，京都地方裁判所）。

と陳述した[57]。

そして，翌1936年2月頃に実施されたと思われる京都区裁の証人訊問では，満鉄株を小泉か津が「融通」して，処分承諾書ならびに白紙委任状を上林に交付しており，さらに，か津自身が印を押したとしている。預金を引き出すときに預かった原告の印を使って白紙委任状を「偽造」したのではない，とはっきり否認している。また，小泉家のためにしたことと弁明しても，警察では信用してもらえず，叱られる有様であったと述べたのである[58]。

このように，上林の供述・陳述は，最終的に小泉か津の関与を認め，刑事訴訟での判決を否定するものへと変化した。この変化が，被告を証人訊問の申請へと動かし，その不調が裁判を長引かせたと思われる。判決が出たのは，1940年4月のことであった。

2　法廷の外の原告と被告

このように法廷で争った原告と被告は，どのような「株主」であったのだろうか。訴訟書類以外の資料も使いつつ，見てみよう。

1）小泉新七

まず，初代新七からの由来について見てみよう。初代新七は，滋賀県愛知郡秦川村字岩倉の出身で，年少より滋賀県神崎郡の呉服卸商・小泉伊兵衛に仕えた。やがて，小泉家の養子（小泉姓）となるものの，1877年に円満退店（分家）して本業を開始する。1920年に初代新七が死亡すると，店員であり親戚の幸助を養子として二代目新七を襲名させた[59]。二代目新七は「業容の進展に」努めるも，1928年に死亡。長男・信造（原告）が新七を相続襲名するとと

57　「陳述書」（上林伝七，京都地方裁判所，乙第九号証），閉鎖機関資料，満鉄，前：17F-29，1935年1月30日。

58　前掲「調書」（上林伝七，京都地区裁判所）。

59　『京都商工大鑑』帝国興信所京都支所，1928年，67-68頁。『京都織物問屋総覧』東京信用交換所京都支局，1933年，266-267頁。

表 6-7 『京都商工人名録』の中の小泉家

（円）

年版	分類	住所	兼業	商号	営業税
1903	記載なし				
1907	染呉服	四条室町東	金貸	崇屋	170
1920	染呉服	四条烏丸西			1,300
1921	染呉服	四条烏丸西			1,651
1924	呉服太物	四条烏丸西			1,327
1926	関東織物	四条烏丸西		泉屋	1,300
1928	関東織物	四条烏丸西	卸		980
1930	記載なし				
1932	関東織物	四条烏丸西			165
1934	関東織物	四条烏丸西			566
1936	関東織物	四条烏丸西			1,304
1938	関東織物	四条烏丸西			720

出典）『京都商工人名録』各年版。
注 1 ）1928 年版までの氏名は「小泉新七」，1932 年版以降は「小泉新商店」。
2 ）1932 年版以降の営業税は収益税。
3 ）1903 年版には欠落頁あり。

もに，資本金 50 万円の株式会社小泉新商店として組織変更がなされた[60)]。

このように，商人としての小泉新七の名は，1877 年にまで遡ることができる。そこで，『京都商工人名録』の各年版を使って，その経営的趨勢をまとめてみた。それが表 6-7 である。これによれば，二代目新七が跡を継いだ 1920 年の前後での違いが顕著である。四条室町東から四条烏丸西へと店舗を移転すると，営業税の納税額が 1,000 円を超えるようになり，1926 年からは商店の分類も「染呉服」「呉服太物」から「関東織物」へと変わっている。もう少し資料を補足して検討を加えると，1912 年発行の『京都実業界』には，「関東織物卸問屋　小泉新七の店」として掲載されている[61)]。この記事は，1 頁 4 段の最下段で，8 ブロックのうち 7 ブロックを占拠したもので，頁のほぼ 4 分の 1 を占める大きなものである。また，1924 年の『商工家必携 京都実業界全』には，「呉服　小泉新七」と記載されている[62)]。二代目新七が相続・襲名をする少し前，つまり，初代の晩期あたりから，呉服の他に関東織物も扱うようになり，店を

60 『京都織物問屋総覧』東京信用交換所京都支局，1933 年，266–267 頁。
61 『京都実業界』博信社，1912 年，22 頁。
62 『商工家必携 京都実業界全』博信社，1924 年，12 頁。

大きくしてきたようである。

二代目新七が亡くなった直後に出された『京都商工大鑑』によれば，別家店員7名，その他店員30名が従事しており，仕入先は桐生・足利・八王子・米沢・伊勢崎など，販路は京都市内・京都府下一円・伊賀・江州・神戸・四国・山陰・九州とかなり広域にわたる[63]。1933年に出された『京都織物問屋総覧』によれば，株式会社となった小泉新商店では，常務取締役・川端祥介（別家店員）の下に，小泉か津が取締役，上林伝七は監査役として名を連ねている[64]。また，取締役兼仕入監督に田原義治郎，営業部長に田中英一の名前が挙げられ，その他にも，仕入部では両毛・甲武・沢越・尾西・市内・山陽・山陰・九州北部・九州南部・四国・鮮満海外のそれぞれに主任の名前があり，庶務部・会計部・記帳部にも各主任が置かれている。店員数は50名，販路は全国一円および鮮満，海外と，いっそう拡大しており，株式会社組織としての規模の大きさがうかがえる。また，『京都織物界紳士録』には小泉新七商店の「重なる出身者」として，市原亀之助と西山松次郎という関東織物卸の名前が挙がっており，分家独立を認めるほどの規模であったことがわかる[65]。

店の規模だけなく，取扱商品もまた多岐にわたり，全関東織物・尾西織物・金鳳及ナイトセル・辰巳染中形・スタイルコート・紬織を扱っている。『京都織物問屋総覧』によれば，「同店独創品たる「金鳳セル」「ナイトセル」スタイルコート地，辰巳染中形，更正紬織，金星，銀星本糸織等々の製品は品質優秀，技術の卓絶斬新は一般需要家の好評を博しつつあり。これが販路は内地全土は言を俟たざる処にして，遠く鮮満，台湾，海外方面に亘り，各地デパートは勿論一，二流前売商を網羅し尽せる多年の地盤あり」とあり，業界内でかなり高い評価を受けていた様子がうかがえる。加えて，機関誌『小泉新商報』を田中英一の編集で発行しており，これは「記事正確，迅速，意匠の卓絶，特に宣伝文の健筆に至りては業界機関中の白眉たり」とのことで，かなり活発な宣伝・営業を繰り広げていたようである。

一方，小泉新七個人の資産状況もすこぶる良好であったと見てよい。京都市

63　前掲『京都商工大鑑』67-68頁。
64　前掲『京都織物問屋総覧』266-267頁。
65　『京都織物界紳士録』東京信用交換所京都支局，1936年，187頁。

内の宅地所有者を対象に，所有する土地の時価評価額を割り出した（1925年6月現在）『大京都市宅地人名録』によれば，市内所有総坪数が1,387坪，評価額は18万6100円，宅地地価が2,659円となっている[66]。また，『貴族院多額納税者名鑑』（1925年）によれば，直接国税総額を7,983円18銭納めており，多額納税者議員互選人に名を連ねている[67]。ちなみに，『京都市会議員選挙有権者名簿 下京一級』（1921年3月22日現在）でも，「第十一組 四条室町東入　函谷鉾町 小泉新七」との記載があり，高収入であったことがうかがえる[68]。さらにいえば，『職業別電話名簿 京都・伏見・大津』からは，小泉新七商店に2本，小泉新七西宅に1本，同東宅に1本の電話回線が引かれていたことがわかり，これは同業の商店と比較しても突出して多かった[69]。

このような「栄華」の中で，小泉新七名義の満鉄株は増加していた。そして，二代目新七が亡くなり，株式会社小泉新商店が立ち上がると，その満鉄株が流出した。小泉新七の個人資産もまた，凋落傾向にあったようで，1939年に出された『京都市年収五千円以上有産家調査名簿』には小泉新七の名前は記載されていない[70]。

2）被　告

小泉新七から訴えられた被告は，これらの株券について，どのような心情を抱いていたのだろうか。

まず，青山正四郎（2614号No. 17）が，東京地裁による仮処分に対して異議申立てをしている[71]。彼は，前田芳雄名義の白紙委任状が添付された状態で株

66 『大京都市宅地人名録』実業興信所京都出張所，1925年，107頁。また，税務署において，土地賃貸価格調査法（1926年法律第45号）に依拠して土地の賃貸と売買の実例を調査した『京都市土地賃貸価格表』（第2編，下京之部，京都土地協会，1929年，81頁）によれば，小泉新七宅のある函谷鉾町（地番77～103まで）の等級幅は78～89，賃貸価格は16.00～42.00円/坪となっており，かなり高い水準にあったことがわかる。

67 『貴族院多額納税者名鑑』（1925年），渋谷隆一編『大正昭和 日本全国資産家・地主資料集成』IV，1985年，35頁。

68 『京都市会議員選挙有権者名簿 下京一級』1921年3月22日現在，4頁。

69 『職業別電話名簿 京都・伏見・大津』都通信社，1930年，71頁。

70 『京都市年収五千円以上有産家調査名簿』（謄写印刷）1939年。

71 「判決」（青山正四郎），閉鎖機関資料，満鉄，前：17A-82，1934年11月17日。

券を購入したうえで名義書換をしており，「適法に右株式の権利を取得せる」として，「小泉訴状による仮処分」を禁止する仮処分を申請した。これに対して東京地裁は，盗難・遺失など所持人の意思にもとづかずに株式を喪失した場合，または，白紙委任状が「真正」ではない場合には，「第三者は該株式に付権利を所得することなきものと解する」として，青山の申立てを退けるものであった。

この申立ての前，青山は，第一回準備手続に自ら出廷している（1934年10月31日）。この場で青山は，株券が原告から青山の手に渡ったことは認めているものの，上林による窃取と白紙委任状の偽造など，それ以外の事実は否認していた。つまり，原告と全面的に争うつもりでいた。しかし，翌11月17日に上記のように異議申立てが却下されると，12月12日の第二回準備手続には代理人が出席するのみで，以後の準備手続・口頭弁論には代理人も本人も出頭した形跡が見られなくなる（表6-4）。おそらくは，異議申立ての却下という結果から，この訴訟の判決を察したのであろう。無駄な費用をかけることはないと見て訴訟を放置し，最終的な判決を受け入れている。

同様の判断をして代理人費用を全くかけず，判決を受け入れて控訴をしなかった被告として，水谷忠彦・有田仙之助・後藤正五郎・成相一里・丸尾正孝（以上，表6-4の2614号No. 23，25，27，30，35）・永松慶蔵（同2615号No. 26）の6名を挙げることができる。しかし，これらは例外的な人々であって，多くの被告は自分が手にした持株を手放そうとはしなかった。被告から満鉄に送られた手紙が残っているので，そこから彼らの心情を汲み取ってみよう。

最初の準備手続が始まった1934年10月には，「裁判所よりの通知非常に驚入」りて，「どう云ふ訳で債務者になってかかる有様になったか委細詳しくお知らせください」と，いきなり訴訟に巻き込まれたことに戸惑う書簡が残されている[72]。また，株券は「正当の者より求めた」もので，原告とは何ら関係がなく，「一時も早く正確の株券たらしめん事を御願ひする次第」と満鉄に頼る心情をつづるものもある[73]。

72　上田一史（上田初次郎代）からの満鉄宛書簡，閉鎖機関資料，満鉄，前：17A-87，1934年10月。

73　黒木織恵からの満鉄宛書簡，閉鎖機関資料，満鉄，前：17A-80，1937年6月7日。

少し技術的なものでは，株券の表面名義は前田芳雄，裏面の譲渡経過名義は板野正義・大阪商事となっており，「一度も右原告小泉新七の名義はこれなく不思議に存居候」と，そもそも小泉新七に訴えられる道理がわからないというものもある[74)]。これは，小泉新七名義の株券がもともと百株券で，これを前田芳雄が名義書換すると同時に，十株券10枚に変換したために起こったことで，新たに発行された十株券の最初の株主として，前田の名前が表面に記載されたために起こった現象である。いずれも，訴訟という事実に戸惑う気持ちが滲み出ている。それは，株券の譲受渡に不慣れな零細株主としての悲哀のようにも見える。

小泉からの訴状と仮処分命令の効力をそれほど認識していなかった，または，認識することができなかった被告にとって，配当金の差押えと転売・譲渡の禁止は，かなり応えたようである。仮処分命令後の最初の配当は1934年12月に実施されたが，この配当金は被告には振り込まれずに，司法省の東京供託局に預けられた。その結果，「如何なる事情が小泉なるものに存在するかは知らねども，拙者に於ては関知する処にあらず，故に利益配当も貴社には差控へ保有せらるる理由もな」いと怒りの書簡が届くようになる[75)]。その後も，「売買もならず配当金は受領不能等にて困」っていると，手元の株券が何の価値も生まない状況に耐えかねる様子を伝える書簡も届くようになり[76)]，なかには，何とか売り抜けようと名義書換手続を試みて満鉄に断られている者もある。松田甚吉は，仮処分命令の翌月（1934年9月）に，持株を吉塚音太郎名義に書き換えようとして，中国銀行丸亀支店にその手続を依頼したが[77)]，満鉄はこれを拒否している[78)]。資金的な余力が十分ではないなかで，株式投資をしている様子がうかがえよう。

74　水谷家一（水谷忠彦代）からの満鉄宛書簡，閉鎖機関資料，満鉄，前：17A-87，1934年10月2日。

75　小畠正から満鉄宛書簡，閉鎖機関資料，満鉄，前：17A-87，1934年12月14日。

76　殿村箭之助からの満鉄宛書簡，閉鎖機関資料，満鉄，前：17A-87，1935年4月11日。

77　中国銀行からの満鉄宛書簡，閉鎖機関資料，満鉄，前：17A-87，1934年9月26日。ただし，中国銀行が，松田からの依頼をすみやかに実施していなかったことも考えられる。

78　「仮処分中の株券名義書換請求の件」東経株34第6号51，閉鎖機関資料，満鉄，前：17A-87，1934年10月2日。

こうした被告の他に，満鉄（とくに，東京支社経理課株式係）の責任を問う被告による書簡も残されている。田中鉄道からの書簡は，小泉新七から直接買い取った者と，白紙委任状の「偽印」を知らずに名義書換をした満鉄の責任を問うているほか[79]，西原梅は，本件株券は「何人の所有なりと認むるや」と準備手続（2615号①）で裁判長が満鉄代理人に回答を求めたことを記して，あらためてこれを問うている[80]。また，榊原久一郎は弁護士・森田久治郎を通じて，株主印鑑簿の印影と白紙委任状の印影が同一であった場合には責任を負わない約款があるのか，盗用された白紙委任状によって名義書換された場合には株式譲渡の効力についてどのような取扱いをしているのかと詰問している[81]。

3）満　鉄

では，本件株券をめぐって，満鉄はどのような対応をしていたのであろうか。

小泉からの訴状が届いた翌月には，顧問弁護士の仁井田益太郎から「意見書」が満鉄に送られた[82]。この意見書では，訴状にある原告主張が正しいとすればとの留保をつけながら，本件株式が原告の意思にもとづかずに他人に占有され，それだけにとどまらず「添付の委任状は偽造のもの」であるために，満鉄以外の被告が善意無過失で入手したとしても，「該株式に付権利を取得するに由なきもの」と，訴訟の行方がはっきりと見抜かれていた。つまり，仁井田を通じて満鉄は，本件株券の株主権が原株券所有者（初代新七）の家督相続人である原告にあることを把握していた。

ただし，原告が家督相続による名義書換をしていないため，かつ，満鉄自身が家督相続の事実を知らないために，原告が家督相続を通じた正当なる所有者であると認めることはできないとしている。そして，これが応訴の理由であった。応訴せずに訴訟を放棄することも提案されているものの，それによって満鉄が敗訴（＝原告の株主権を認める）して，さらにまた，仮に被告が原告に勝訴

79　田中鉄道からの満鉄宛書簡，閉鎖機関資料，満鉄，前：17A-87，1934年12月15日。
80　西原梅からの満鉄宛書簡，閉鎖機関資料，満鉄，前：17A-87，1934年11月19日。
81　森田久治郎（榊原久一郎代理人）からの満鉄宛書簡，閉鎖機関資料，満鉄，前：17A-79，1934年9月16日。
82　仁井田益太郎「意見書」閉鎖機関資料，満鉄，前：17A-89，1934年9月8日。

した場合には，「同一の株式に付二重の株主の存ずることを是認せざるを得ざる」として，この点からも応訴の必要性を説いている。

訴訟の中で満鉄は，被告代理人の宍戸元が提出した乙号証のうち，第一～第九までを利益援用しており（表6-5），他の被告と「共闘」しているようにも見える。しかし，善意無過失が適用されないことを，満鉄が他の被告に伝えた形跡は残されていない。他の被告との書簡のやりとりにおいて，仁井田の意見書にもとづいた見解も示していない。たとえば，松田貞二からは，「事件に関する貴社御見込如何なるや。買受人に交渉する都合も有之為，何等の御回答相煩し度」との問い合わせがあったものの[83]，これに対して「今以て全然其の結果を予測することができず」と返信している[84]。つまり，満鉄は，どちらかに味方するような態度を取っておらず，被告の戦術に影響を与えそうなこともせずに，裁判の行方を見守ろうとしていた。

同時にまた，満鉄自身の非を認めることもなかった。前述の森田久治郎からの質問に対しては，委任状の印影が印鑑簿のものと同形でなければ名義書換は受理しないが，印鑑照合の結果そのものについてはその責任を規定した約款はないと返した。また，名義書換手続の前に株主から盗難届が出ていない限り，会社は欠陥のない書類によって書換請求がなされればそれを受理するとも答えている[85]。つまり，実際に，法的に問題のない譲受渡がなされたのかを確認することはできず，事務処理において満鉄に非はないことを主張しているのである。

裁判の過程で満鉄が証人訊問を申し出たのは，この点を明らかにするためであった。訊問を求められたのは，東京支社経理課株式係の酒井末蔵・岡村隆雄であり，彼らが名義書換手続を行っている。満鉄（仁井田）が用意した訊問事項には，彼らの答弁が手書きで書き込まれている[86]。これによれば，まず，

83　松田貞二（松田医院）からの満鉄宛書簡，閉鎖機関資料，満鉄，前：17A-87，1935年3月27日。

84　「小泉新七提起訴訟事件に関する件」（東経株34第4号127），閉鎖機関資料，満鉄，前：17A-87，1935年3月30日。

85　「小泉新七提起株式名義回復訴訟事件に付照会の件」（東経株34第6号50），閉鎖機関資料，満鉄，前：17A-87，1934年9月28日。

86　「証人呼出状」（酒井末蔵，東京民事地方裁判所），閉鎖機関資料，満鉄，前：17A-82，

1929年に旧株948株・新株632株を交付したのは，株主名簿に記載された初代新七に対してであり，二代目または三代目新七（原告）の家督相続を承認して原告に交付したものかとの訊問には，「株主名簿記載の株主に交付せしものにて先代及原告の相続を認めず」と答え，次に，初代新七が届け出た印鑑と書換申請書の印鑑とを照合・確認したうえで名義書換をしたのかとの訊問には「先々代の印鑑と対照し，真正なるものと認め，名義書換を為したり」としている。また，二代目および三代目新七（原告）から家督相続による名義書換の請求はあったのかとの訊問には「請求なし」と返し，最後に，原告が1934年5月21日に本件外の株券について家督相続による名義書換の請求を受けるまでに三代目新七の家督相続を，また，原告からの訴状を受けるまでに二代目新七の家督相続を知らなかったのかに対しては「知らず」と答えている。いずれも，家督相続を理由とする原告株主権の回復を否定するだけでなく，他の被告から問い詰められていた，名義書換手続上の満鉄の責任を認めないものであった。

このように，この裁判を通じて，満鉄は終始一歩引いた立場を保っていた。前述の西原梅からの質問，つまり，満鉄としては誰を株主として認めるのかに対しても，「裁判確定迄は現在の名義人の所有なり」と冷徹に返している[87)]。

3　株式市場の拡大の「実態」

最後に，この小泉訴訟を通じて，株式市場の拡大の「実態」について分析してみよう。

1）転々とする株券と「経過株主」

章末付表6-1は，本件株券の譲受渡の流れを一覧にしたものである。それぞ

1939年6月22日。「訊問事項」（証人：酒井末蔵），閉鎖機関資料，満鉄，前：17A-82，1939年6月22日。

87　「小泉新七訴訟事件に関する件」（東経株34第4号101），閉鎖機関資料，満鉄，前：17A-87，1934年12月3日。

れの株券は，小泉新七から株主①へと譲渡され，さらにまた，株主①から株主②へ……と譲渡されている。つまり，被告の所有となるまでの「経過株主」が記されており，株券の側から，それを持株とした株主の変化を見ていることになる。これによれば，小泉新七というたった一名の株主のものであった満鉄株が，56人の経過株主をへて，最終的には73名の「株主」のものになっていることがわかる。ここに「株式市場の拡大」を見て取れよう。

この拡大において指摘されるべき点は，小泉新七が所有していた7枚の百株券（株式数＝100）が，すべて十株券に変換されていることである（結局のところ，訴訟の対象となった株は，すべて十株券であった）。言い換えれば，「株券の両替」ともいうべき手続がなされており，それによって資産力の乏しい小株主でも満鉄株を入手することができるようになった点に，株式市場の拡大の本質がある。とくに留意したいことは，百株券を十株券に変換した工藤九郎・前田芳雄・鈴木道之助の存在である。このうち，工藤は大阪・工藤商店，前田は第一證券の者であり[88]，二人とも，名義書換を行うのと同時に十株券に変換している。これは，新たな買い手を求めるための営業努力といえよう。株券の放出，つまり，株券の供給が増加しただけで，株式市場が拡大するわけではない。供給と需要をつなぐ証券業者の工夫があって，株式市場は拡大していたのである。

また，工藤・前田・鈴木による名義書換は，上林伝七の刑事訴訟第一審判決（1934年4月）より前のことになる。それゆえに，仮にその判決から小泉新七名義の株が「危険」という情報を入手していても，変換された十株券の表書の株主は工藤・前田・鈴木になっていて，小泉新七の名前は残っていないため，手元にある株券が当該株券かどうか判別することが難しいということになる。つまり，百株券から十株券に変換されたものを入手する段階で，それが善意無過失による取得に該当しないことが表面化しにくくなっている。株式市場の拡大において，小株主はこうした「譲受のリスク」に直面していた。

では，それぞれの株券が転々とした理由，つまり，経過株主や被告となった「株主」が満鉄株を購入した理由はどこにあったのであろうか。売買による収益と配当による収益の点から考えてみよう。表6-8は，それぞれの株券につい

88　満鉄からの山本哲蔵宛書簡，閉鎖機関資料，満鉄，前：17F-28，1939年6月22日。1940年12月19日。

表 6-8　配当機会と延株主数

（枚）

配当機会 ＼ のべ株主数		0	1	2	3	4	5	6	計
2614 号，3085 号	3			3	2				5
	4	5	31	32	10	2			80
2615 号，3086 号	2	5		5					10
	4			25	11	11	2	1	50
計		10	31	65	23	13	2	1	145

出典）前掲「判決」（2614 号，3085 号）。前掲「判決」（2615 号，3086 号）。
注 1 ）単位は十株件の枚数。
2 ）配当機会は，小泉新七からの譲受年月日から仮処分命令による書換停止までに実施された満鉄からの配当の合計回数。
3 ）のべ株主数に小泉新七からの譲受人は含まない。

表 6-9　名義書換の年月日

株券番号：イ 122048

年	月	日	株主名
1932	10	28	前田芳雄
	11	24	中村俊平
1933	2	9	井上次郎
1934	5	3	吉武真蔵
	7	18	上田初次郎

株券番号：き 25778

年	月	日	株主名
1932	11	8	鈴木道之助
	11	24	東株代行
1933	3	6	西原梅

株券番号：き 117356〜7

年	月	日	株主名
1932	11	8	鈴木道之助
	11	24	東株代行
1933	5	12	河端英一
	7	25	榊原久一郎

出典）「小泉新七提起株式名義回復訴訟事件に付照会の件」（東経株 34 第 6 号 50），閉鎖機関資料，満鉄，前：17A-87，1934 年 9 月 28 日。中国銀行から東京支社経理課宛書簡，閉鎖機関資料，満鉄，前：17A-87，1941 年 6 月 15 日。東京支社経理課からの中村俊平宛書簡，閉鎖機関資料，満鉄，前：17F-28，1941 年 10 月 15 日。
注）株券番号イ 122048，き 25778，き 117356〜7 は，それぞれ本書付表 6-1 の No. 33，No. 95，No. 107〜108 に対応する。

て，配当機会とのべ株主数をまとめたものである。小泉新七所有であった株券が名義書換された日から東京地裁の仮処分命令までの間に，満鉄が配当（中間配当と本配当）を実施した回数を算出したものが「配当機会」である。また，それぞれの株券について，小泉新七から株券を「譲受」た 7 名の株主（前田芳雄・木内利幸・梶原政雄・工藤九郎・宮後久吉・鈴木道之助・山上粂吉）を除いて，経過株主ののべ人数を算出したものが「のべ株主数」である。最初の 7 名を除いたのは，証券業者による転売を目的とした名義書換を除去するためである。表 6-8 によれば，十株券 145 枚のうち 142 枚で，のべ株主数が配当機会以内の値に収まっている。つまり，株券一枚一枚について見れば，名義書換をして配当権を確定した人数と，配当を受ける機会が釣り合っていることになる。

もう少し具体的に見てみよう。表 6-9 は，ある株券について，経過株主が名義書換をした年月日を判明する限りで挙げている。これによれば，満鉄は，6 月に本配当，12 月に中間配当を実施していたから，小泉新七から「譲受」けた前田芳雄・鈴木道之助を除いて，経過株主と被告が配当を受ける機会があったことがわかる。とくに，東株代行株式会社（以下，東株代行）のような会社であっても配当を受け取っていたことは興味深い。つまり，株主の選好として，売買による収益を否定することはできないものの，配当による収益の確保はつねに意識されており，そのために名義書換がなされていたといえよう。

2）株券の地域的分散

次に，株券の地域的な拡散について考えてみよう。表 6-10 は，それぞれの株券の所在を被告住所にもとづいて一覧にしたものである。経過株主の現住所は訴訟書類に掲載されていないため，付表 6-1 で確認した譲受渡の過程がどの地域にまで及んでいたのかはわからない。しかし，表 6-10 を見ると，十株券 145 枚のうち 116 枚が，中部地方から西の地域に留まっていることがわかる。表 6-3 によれば，上林伝七が満鉄株を代用証拠金として

表 6-10　株券の地域的拡散

（枚）

府県など	2614 号, 3085 号	2615 号, 3086 号	計
埼玉		4 (4)	4
東京		6 (6)	6
神奈川		8 (5)	8
新潟		9 (9)	9
富山	2		2
石川	2		2
山梨		2 (2)	2
岐阜	5		5
愛知		6 (5)	6
滋賀	3	1 (1)	4
京都	6	1 (1)	7
大阪	17	8 (8)	25
兵庫	6		6
和歌山	17		17
島根	1		1
岡山	1	6 (1)	7
広島	6		6
山口	10		10
香川	3		3
愛媛	2		2
福岡		2 (2)	2
佐賀		2	2
熊本	1		1
大分	1	3 (3)	4
台湾		1 (1)	1
朝鮮		1 (1)	1
満州	2		2
計	85	60 (49)	145

出典）前掲「判決」(2614 号，3085 号)。
前掲「判決」(2615 号，3086 号)。
注 1）単位は十株件の枚数。
2）（　）は東株代行が経過株主になっている株券の枚数。

入れた工藤商店・田中株式取引店・小河株式取引店は大阪・北浜に，美濃商店は京都にあり，美濃商店に入れた株券はわずか 8 株であったから，そのほとんどが大阪株式取引所のある北浜から西日本へ流れたと考えられる。つまり，株券現物は，それぞれの株式取引所とその周辺に集まる証券業者を介して，一定の地域に限定されて流通していたようである。

一方，埼玉・東京・神奈川・新潟の各府県には 27 枚の株券が届いている。注目されるのは，そのうちの 24 枚の経過株主に東株代行が名を連ねていることであろう。東株代行とは，東京株式取引所の長期取引と短期取引での清算のために，株券現物を供給することを目的とした会社である。つまり，大阪株式取引所とその周辺の証券業者に流れ込んだ株券現物は，東株代行によって東京株式取引所を経由して，そこからさらに拡散していたのである。ちなみに，付表 6-1 にあるように，鈴木道之助が小泉新七から「譲渡」された株券は，1 枚を除いてすべて東株代行に譲渡されており，鈴木と東株の間には一定の関係があったようである。

このように株券現物は，一定の地域に限られながらも，東京株式取引所のような一大センターを経由することで広域的に流通していた。

おわりに

小泉新七による株券返還訴訟に，最終的に被告は敗れた。1940 年 4 月 30 日の判決は，原告の主張を全面的に認めるもので，満鉄以外の被告 70 名は原告への株券返還を命じられた。満鉄との争点であった家督相続の届出不備も，1929 年 10 月の旧株と新株の再発行において，「原告及原告先代の家督相続に因る株式の承継を承認した」という理由で，三代目小泉新七に株主権が認められた[89]。

多くの被告は，この判決を受け入れなかった。表 6-4 に示したように，被告 70 名のうち 52 名が控訴している。満鉄「株主」の間で発生した「経済問題」

89　前掲「判決」(2614 号，3085 号)。前掲「判決」(2615 号，3086 号)。

は，司法の力によって双方が納得するような円満な解決に至ることはなかった。控訴した被告の立場に寄り添えば，それは「憤慨」の一言に尽きるように思われる。一方で，控訴をしなかった被告にしてみれば，本件株券の「喪失」は，株式投資における取引費用の一部として，想定の内に入っていたのかもしれない。

最後に，この訴訟を，株式市場の拡大と満鉄の資金調達の中に位置づけてみよう。

小泉訴訟が浮かび上がらせたことは，株式の分散化とともに株主が増加していく，株式市場の拡大の「実態」であった。京都の大資産家であった小泉新七から，『株式年鑑』などの資料で身元を確定することが不可能な者を多く含む，資産規模の小さい株主70名へ，株式が分散していく過程が詳らかとなった。

この分散を地域的に見ると，2614号と3085号の対象株（旧株）のように，東株代行のような証券関係機関を経由しない場合には，地域的な分散は緩やかで，おおむね西日本に限定された。これに対して，2915号と3086号の対象株（新株）は，東株代行経由でより遠隔地へ拡散する傾向を示した（表6-10）。大阪株式取引所以外に，西日本には大きな株式取引所がないことを考えると，前者は，取引所外における，銀行や証券業者を媒介とした取引を通じた拡散であったと考えられる。逆に，東株代行経由の場合，東京株式取引所という日本最大の株券現物の「集配センター」を通ることで，より全国的に株式の分散が進んだといえよう。株式取引所の外と内，つまり，制度化された取引の外縁と内縁，その双方において株式の分散が進展したことが，小泉訴訟の再構成からはわかる。

こうした株式の分散が，証券業者の工夫と努力に支えられていたことも注目される。小泉新七の持株を最初に手にした工藤九郎・前田芳雄・鈴木道之助は，百株券を十株券に「両替」した。これは，百株券のままでは買い手を見つけることが困難であり，より資産規模の小さな者への売却を可能にする必要があったためである。この「両替」のために，彼らが名義を自身の名に書き換えた行動は，第5章の名義書換株数・件数にも含まれている。名義書換株数・件数の増加は，株式の譲受渡の頻度が高くなっていることを単に示すだけでなく，そこにはより資産規模の小さな株主を誕生させやすくするための名義書換も含まれていた。

いまひとつ明らかになったことは，株券の譲受渡における危険性，より詳しくいえば，大株主から小株主への譲受渡における，陰鬱でネガティブな側面であろう。小泉訴訟の判決は，満鉄の顧問弁護士・仁井田益太郎が予見したことからもわかるように，決して異例の判決ではなかった。むしろ，多くの判例を得ている，株券の譲受渡に慣れた者であれば，「お決まり」の判決であった。この裁判過程で多くの証人訊問を請求し，さらには控訴を提起した被告の態度からは，彼らが第三者の株式取得における善意無過失についての法的な知識を欠いていたことがうかがえる。小泉訴訟は，株券の譲受渡に関する知識格差を露にしたともいえよう。

このような小泉訴訟が，満鉄東京支社株式係，すなわち，資金調達部門に与えた影響は小さくなかったであろう。というのも，仮に小泉新七の持株が盗まれたものではなく，純粋に売却されたものとした場合，絶好の株式分散のシミュレーションとなるからだ。原告と被告のどちらにも肩入れせずに対応した満鉄の態度からは，冷静な観察者としての眼を感じずにはいられまい。

初代小泉新七は，満鉄の設立時の公募で，40 株を落札した株主であった[90)]。その後，民間株主への割当を忠実に受け入れて，上林に持ち出されるまでに，旧株 948 株，新株 632 株を保有することになった。つまり，満鉄にとって小泉新七は，多額納税者として名を連ね，電話帳にも掲載されるような，豊かな資産をもつ設立以来の安定株主に他ならなかった。そのような安定株主から放出された株式は，最終的に，持株規模のきわめて少ない，零細な株主の手元に届いた。1934 年 8〜9 月の仮処分命令による名義書換の停止がなくても（表 6-1），零細株主たちは株券を手元に留めつづけると，満鉄の東京支社は予想したであろう。前章で見たように，1933 年増資による株主の変動は，放出された株式が大株主のもとへ逆流せずに，零細株主の手元に留まったという予想を支持したはずだからである。

控訴した「株主」が 70 名中 52 名であったという事実は，ある意味で，満鉄の資金調達部門に嘆息をもたらすものであっただろう。わずか 10〜30 株，多

90　『株主姓名表』1907 年 6 月現在，南満州鉄道株式会社。

くても 50 株程度の株式を放棄できないということは，資産的余裕のないところで満鉄株を持とうとしている姿として映ったにちがいない。そのような経済的基盤の脆弱な，株券の譲受渡にも熟達していない，「異質」な株主に，増資による払込を依存せざるをえなくなりつつあることが，厳然たる事実として満鉄の東京支社の眼前にあった。東京支社が大株主からの放出を防ぐことを考えるようになった契機のひとつは，まさに小泉訴訟のような，現場レベルで把握される事実にあった。こうした事実は，同時にまた，満鉄株を新たに手にした零細株主への対策の契機ともなった。彼らに株金払込を滞りなく行わせるための施策，つまり，満鉄からの配当と零細株主からの株金払込を循環させることを考えるようになったのである。

このように，満鉄の東京支社は，1933 年増資の払込期間において，小泉訴訟のような事件からも株式市場の拡大の実態を把握し，満鉄の資金調達が受ける影響を冷静に分析していた。そして，慢性的な資金不足を解消するために，1940 年増資が計画され，その払込を円滑なものとするために，その分析結果を生かしている。その点を次章で見てみよう。

付表 6-1　株券の譲受渡の流れ

No.	株券番号	名義書換年月日	株主①	変換後の株券番号	株主②	株主③	株主④	株主⑤	株主⑥	株主⑦
1	イ 29275 (10)	1933.5.20	宮後久吉		上田為春	岩井瀬一				
2	イ 29276 (10)	1933.5.20	宮後久吉		上田為春	岩井瀬一				
3	イ 29277 (10)	1933.5.20	宮後久吉		上田為春	小畠正	黒木織恵			
4	イ 29278 (10)	1933.5.20	宮後久吉		上田為春	小畠正	黒木織恵			
5	イ 29279 (10)	1933.5.20	宮後久吉		上田為春	小畠正				
6	イ 29287 (10)	1932.7.23	木内利幸		松井ツ子					
7	イ 29288 (10)	1932.7.23	木内利幸		松井ツ子					
8	イ 29289 (10)	1932.7.23	木内利幸		田中秀一	谷江敏男				
9	イ 29290 (10)	1932.7.23	木内利幸		田中秀一	谷江敏男				
10	イ 29291 (10)	1932.7.23	木内利幸		田中秀一	谷江敏男				
11	イ 29292 (10)	1932.9.26	梶原政雄							
12	イ 29293 (10)	1932.9.26	梶原政雄							
13	イ 29294 (10)	1932.9.26	梶原政雄							
14	イ 29295 (10)	1932.9.26	梶原政雄							
15	イ 29296 (10)	1932.9.26	梶原政雄							
16				イ 121971 (10)	株式会社紀陽銀行					
17				イ 121972 (10)	株式会社紀陽銀行					
18				イ 121973 (10)	株式会社紀陽銀行					
19				イ 121974 (10)	株式会社紀陽銀行					
20	ウ 4794 (100)	1932.10.15	工藤九郎	イ 121975 (10)	株式会社紀陽銀行					
21				イ 121976 (10)	株式会社紀陽銀行					
22				イ 121977 (10)	株式会社紀陽銀行					
23				イ 121978 (10)	株式会社紀陽銀行					
24				イ 121979 (10)	株式会社紀陽銀行					
25				イ 121980 (10)	株式会社紀陽銀行					
26	ウ 4795 (100)	1932.10.28	前田芳雄	イ 122041 (10)	住吉商会	小川与市				

27				イ　122042　(10)	住吉商会	小川与市				
28				イ　122043　(10)	牧喜之助	吉田長敬				
29				イ　122044　(10)	牧喜之助	吉田長敬				
30				イ　122045　(10)	牧喜之助	吉田長敬				
31				イ　122046　(10)	牧喜之助	吉田長敬				
32				イ　122047　(10)	牧喜之助	吉田長敬				
33				イ　122048　(10)	中村俊平	井上次郎	吉武真蔵	上田初次郎		
34				イ　122049　(10)	中村俊平	正田基太郎				
35				イ　122050　(10)	丸尾孝正					
36				イ　121981　(10)	佐野秀一	神田源太郎				
37				イ　121982　(10)	佐野秀一	神田源太郎				
38				イ　121983　(10)	佐野秀一	神田源太郎				
39				イ　121984　(10)	佐野秀一	神田源太郎				
40	ウ　4796　(100)	1932.10.15	工藤九郎	イ　121985　(10)	佐野秀一	神田源太郎				
41				イ　121986　(10)	佐野秀一	松田甚吉	田中鉄道			
42				イ　121987　(10)	佐野秀一	松田甚吉				
43				イ　121988　(10)	佐野秀一	松田甚吉				
44				イ　121989　(10)	佐野秀一	松田甚吉				
45				イ　121990　(10)	佐野秀一	松田甚吉				
46				イ　121341　(10)	山下宗恵	伊東武司郎				
47				イ　121342　(10)	山下宗恵	伊東武司郎				
48				イ　121343　(10)	三木弘憲					
49				イ　121344　(10)	松田貞二					
50	ウ　4797　(100)	1932.8.30	前田芳雄	イ　121345　(10)	鈴木金之丞	株式会社中越銀行				
51				イ　121346　(10)	西村四郎					
52				イ　121347　(10)	西村四郎					
53				イ　121348　(10)	西村四郎					
54				イ　121349　(10)	西村四郎					

No.	株券番号	名義書換年月日	株主①	変換後の株券番号	株主②	株主③	株主④	株主⑤	株主⑥	株主⑦
55				イ 121350 (10)	西村四郎					
56	ウ 4798 (100)	1932.8.30	前田芳雄	イ 121351 (10)	小田重作					
57				イ 121352 (10)	青山正四郎					
58				イ 121353 (10)	松田貞二					
59				イ 121354 (10)	奥本重定	京都証券合資会社	国谷朝造			
60				イ 121355 (10)	奥本重定	京都証券合資会社	田村伝且	宗田新次郎		
61				イ 121356 (10)	奥本重定	京都証券合資会社	中村くら			
62				イ 121357 (10)	武田聖子	武田覚				
63				イ 121358 (10)	宮崎圧松	藤原万吉	殿村箭之助			
64				イ 121359 (10)	宮崎圧松	藤原万吉	殿村箭之助			
65				イ 121360 (10)	宮崎圧松	藤原万吉	殿村箭之助			
66	ウ 4799 (100)	1932.8.30	前田芳雄	イ 121361 (10)	宮崎圧松	藤原万吉	殿村箭之助			
67				イ 121362 (10)	板野正義	大阪商事株式会社	水谷忠彦			
68				イ 121363 (10)	岩崎長蔵	田辺清太郎				
69				イ 121364 (10)	有田仙之助					
70				イ 121365 (10)	有田仙之助					
71				イ 121366 (10)	逸見忠三郎					
72				イ 121367 (10)	山本哲蔵	橋本正雄	後藤正五郎			
73				イ 121368 (10)	大阪屋商店	佐野外男				
74				イ 121369 (10)	大阪屋商店	荒木良造	小泉繁蔵			
75				イ 121370 (10)	成相一里					
76	ウ 4800 (100)	1932.7.19	前田芳雄	イ 121011 (10)	斉藤のぶ					
77				イ 121012 (10)	斉藤のぶ					
78				イ 121013 (10)	小島キクヨ					
79				イ 121014 (10)	小島キクヨ					
80				イ 121015 (10)	秋山虎吉	出田敬七郎				
81				イ 121016 (10)	野村定一	萩原康悠				

82				イ　121017　(10)	井上松二郎	和田謹爾				
83				イ　121018　(10)	井上松二郎	和田謹爾				
84				イ　121019　(10)	山村千代子	小坂信孝				
85				イ　121020　(10)	山村千代子	小坂信孝				
86	き　25769　(10)	1932.11.8	鈴木道之助		東株代行株式会社	吉田常松	東株代行株式会社	森田信雄		
87	き　25770　(10)	1932.11.8	鈴木道之助		東株代行株式会社	吉田常松	東株代行株式会社	斯波鉄次郎	山本甚兵衛	
88	き　25771　(10)	1932.11.8	鈴木道之助		東株代行株式会社	吉田常松	東株代行株式会社	森田信雄		
89	き　25772　(10)	1932.11.8	鈴木道之助		東株代行株式会社	吉田常松	東株代行株式会社	森田信雄		
90	き　25773　(10)	1932.11.8	鈴木道之助		東株代行株式会社	吉田常松	東株代行株式会社	森田信雄		
91	き　25774　(10)	1932.11.8	鈴木道之助		東株代行株式会社	町田あさ				
92	き　25775　(10)	1932.11.8	鈴木道之助		東株代行株式会社	高橋保次郎				
93	き　25776　(10)	1932.11.8	鈴木道之助		東株代行株式会社	高橋保次郎				
94	き　25777　(10)	1932.11.8	鈴木道之助		東株代行株式会社	井上春一	渡辺修平	永松慶蔵		
95	き　25778　(10)	1932.11.8	鈴木道之助		東株代行株式会社	西原梅				
96	き　25779　(10)	1933.7.20	工藤九郎		朝田源造	中山義男				
97	き　25780　(10)	1933.7.20	工藤九郎		朝田源造	中山義男				
98	き　25781　(10)	1933.7.20	工藤九郎		朝田源造	株式会社七十四銀行				
99	き　25782　(10)	1933.7.20	工藤九郎		朝田源造	株式会社七十四銀行				
100	き　25783　(10)	1933.7.20	工藤九郎		朝田源造	株式会社七十四銀行				
101	き　25784　(10)	1933.7.24	山上粂吉							
102	き　25785　(10)	1933.7.24	山上粂吉							
103	き　25786　(10)	1933.7.24	山上粂吉							
104	き　25787　(10)	1933.7.24	山上粂吉							
105	き　25788　(10)	1933.7.24	山上粂吉							
106	く　4879　(100)	1932.11.8	鈴木道之助	き　117355　(10)	名古屋取引所	加藤しず江				
107				き　117356　(10)	東株代行株式会社	河端英一	榊原久一郎			
108				き　117357　(10)	東株代行株式会社	河端英一	榊原久一郎			
109				き　117358　(10)	東株代行株式会社	丸山虎蔵	高橋吉澄			

No.	株券番号	名義書換年月日	株主①	変換後の株券番号	株主②	株主③	株主④	株主⑤	株主⑥	株主⑦
110				き　117359　(10)	東株代行株式会社	丸山虎蔵	高橋吉澄			
111				き　117360　(10)	東株代行株式会社	中田亀一	越智義市郎			
112				き　117361　(10)	東株代行株式会社	富岡胎二郎				
113				き　117362　(10)	東株代行株式会社	富岡胎二郎				
114				き　117363　(10)	東株代行株式会社	富岡胎二郎				
115				き　117364　(10)	東株代行株式会社	富岡胎二郎				
116				き　117365　(10)	東株代行株式会社	富岡胎二郎				
117				き　117366　(10)	東株代行株式会社	中井興平	神国海上火災保険株式会社			
118				き　117367　(10)	東株代行株式会社	中井興平	神国海上火災保険株式会社			
119				き　117368　(10)	東株代行株式会社	中井興平	神国海上火災保険株式会社			
120	く　4880　(100)	1932.11.8	鈴木道之助	き　117369　(10)	東株代行株式会社	中井興平	神国海上火災保険株式会社			
121				き　117370　(10)	東株代行株式会社	中井興平	神国海上火災保険株式会社			
122				き　117371　(10)	東株代行株式会社	村田三郎				
123				き　117372　(10)	東株代行株式会社	村田三郎				
124				き　117373　(10)	東株代行株式会社	村田三郎				
125				き　117374　(10)	東株代行株式会社	村田三郎				
126				き　117375　(10)	東株代行株式会社	坪井勧吉				
127				き　117376　(10)	東株代行株式会社	坪井勧吉				
128				き　117377　(10)	東株代行株式会社	坪井勧吉				
129				き　117378　(10)	東株代行株式会社	岡本直成	鈴木清治	古橋ふじゑ	東株代行株式会社	
130	く　4881　(100)	1932.11.8	鈴木道之助	き　117379　(10)	東株代行株式会社	川西藤三	神原茂英	大昌興業株式会社		
131				き　117380　(10)	東株代行株式会社	池田利作				
132				き　117381　(10)	東株代行株式会社	仙洞田繁蔵				
133				き　117382　(10)	東株代行株式会社	仙洞田繁蔵				
134				き　117383　(10)	東株代行株式会社	渡辺八十	高岡謹一郎	株式会社大分貯蓄銀行		
135				き　117384　(10)	東株代行株式会社	渡辺八十	高岡謹一郎	株式会社大分貯蓄銀行		
136	く　4882　(100)	1932.11.8	鈴木道之助	き　117385　(10)	東株代行株式会社	早藤甚四郎				

137				き	117386	(10)	東株代行株式会社	吉田政吉			
138				き	117387	(10)	東株代行株式会社	吉田政吉			
139				き	117388	(10)	東株代行株式会社	吉田政吉			
140				き	117389	(10)	東株代行株式会社	池田亀五郎	苅谷兼吉	大谷鯉三郎	
141				き	117390	(10)	東株代行株式会社	池田亀五郎	苅谷兼吉	大谷鯉三郎	
142				き	117391	(10)	東株代行株式会社	池田亀五郎	苅谷兼吉	大洋商工株式会社	
143				き	117392	(10)	東株代行株式会社	西早一			
144				き	117393	(10)	東株代行株式会社	及川竹次郎	伊木常彦		
145				き	117394	(10)	東株代行株式会社	関口庄作	丸二商店	内田佐平次	蛭間源吾 | 株式会社柏崎銀行

出典）前掲「判決」(2614 号，3085 号)。前掲「判決」(2615 号，3086 号)。前掲「株主カード」(小泉新七)。
注）株券番号の後の（　）は株式数。

第7章
経済統制下の満鉄経営
——1940年増資と株式市場からの反応——

はじめに

1933年増資の払込期間に，株主の変動と株価の変動というかたちで株式市場のメカニズムからの制約を受けた満鉄は，改組を通じて株式会社として再生した。この再生までのプロセスにおいて満鉄は，「もの言わぬ」株主，すなわち株式取引にも未達な零細株主を抱えるようになった。本章の課題は，こうした零細株主への対応を含めた再生の成果を，経済統制下で実施された1940年増資を通じて明らかにすることにある。

日本の植民地史研究者の間では，戦時経済における株主と株式をめぐる統制とその効果について，実証研究が深められている。鈴木邦夫は，臨時資金調整法以来の統制によって，会社の新設・増資・設備投資は厳しく規制されたものの，株式の取得についての規制は緩やかであったことを明らかにした。鈴木は，税制改正にも眼を配りながら，個人株主に比べて会社（法人株主）は投資資金の調達が容易であり，それが戦時下の企業結合につながったとする[1)]。また，柴田善雅は，会社経理統制令の政策的効果の分析をふまえて，臨時資金調整法と銀行等資金運用令による統制の下でも，株金払込・株式取得への資金割当が多額だったことを明らかにしている[2)]。

1　鈴木邦夫「戦時統制と企業」石井寛治・原朗・武田晴人編『日本経済史』4，東京大学出版会，2007年。

2　柴田善雅「戦時会社経理統制体制の展開」『社会経済史学』58-3，1992年9月。柴田善雅「日中戦争期日本の資金割当」『大東文化大学紀要』社会科学46，2008年3月。

柴田には，日本証券投資・日本共同証券・戦時金融金庫・日本証券取引所へと引き継がれていく，株式市場への介入についての研究もある。柴田は，日本共同証券に継承された株式の買付・売却を一覧化したうえで，戦時金融金庫による株式市場の活性化などをふまえて，株価への直接介入の困難さを浮き彫りにした[3)]。また，山崎志郎は，閉鎖機関資料にもとづいて，戦時金融金庫の活動を実証した[4)]。この研究では，株式市場に介入する証券部だけでなく，投資部による高リスクな戦略的業種への投資についても，認可事例と拒否事例の多くが明らかにされている。

一方で，戦時期の「国策会社」，なかでも台湾拓殖株式会社（以下，台拓）について，株式会社としての側面＝「営利性」に注目した研究が厚みを増している。湊照宏は，台拓の金融構造分析において，株式配当などの資本コストを根底で支えた事業が「営利性」を追求していたことを主張した[5)]。谷ヶ城秀吉もまた，台拓の華南事業に切り込んで，水道・電気などの公共部門における事業でも，「営利性」が重視されていたとする[6)]。これらの研究をふまえて齊藤直は，設立時の台拓と出資者の関係を検討した[7)]。齊藤は出資者の持株が売却されつづけ，株主数が減少したことを明らかにしたうえで，こうした株主行動ゆえに，台拓が収益性の向上を意識せざるをえなかったと結論する。

台拓のような会社であっても，純粋に国策だけに没頭することは許されず，収益性を高めることが求められたものの，最終的な赤字は避けられなかった。そうした会社を支えたのが，経済統制によって株式取得・株金払込を後押しされた法人株主であり，また，資金統制の中心にいた金融機関であった。株式市場への介入はそれを側面から支えるものであり，そうしたセーフティネットからも零れ落ちる会社に対して，戦時金融金庫は投資の可否を判断していた。先

3　柴田善雅「戦時日本の株式市場統制」『東洋研究』166，2007年12月。なお，注2・3に挙げた柴田論文はいずれも，柴田善雅『戦時日本の金融統制――資金市場と会社経理』（日本経済評論社，2011年）に収録されている。

4　山崎志郎『戦時金融金庫の研究』日本経済評論社，2009年。

5　湊照宏「日中戦争期における台湾拓殖会社の金融構造」『日本台湾学会年報』7，2005年5月。

6　谷ヶ城秀吉「戦時経済下における国策会社の企業行動」『東アジア近代史』10，2007年3月。

7　齊藤直「戦時経済下における資本市場と国策会社」『経営史学』43-4，2009年3月。

行研究は，そうした株式市場からの資金調達における，「負のスパイラル」を浮き彫りにしている。

これに対して，本章で明らかにしたいのは，経済統制に対応した会社と株主の動態である。統制政策を実施・展開する立場からの把握ではなく，それを受け止めた経済主体の立場から，すなわち，各経済主体の「理解力」をふまえて，統制政策の結果を再構築することに本章のねらいがある。とくに，株主の行動について，売却が困難なために仕方なく株式を保有したのか，それとも，資産選好の結果として保有したのか，という点に本章の問題関心は寄せられている。

前章までに，満鉄の1933年増資の分析を通じて，株価が下落傾向にあるなかで，満鉄株主が「変動」を伴いながら増加したために，日本国内での資金調達が安定しなかったことを明らかにした。そして，満鉄は改組を通じて利潤追求を推し進めることで，株価回復と配当維持を果たし，株主からの支持を取り戻しつつ，株式会社として「再生」されたと評価した。本章では，再生後の満鉄と株主の関係の分析と，経済統制下の株式市場における競争の分析とを通じて，満鉄の1940年増資の結果とそれを受けた株主の行動を明らかにする。

1　統制の展開と満鉄の増資

1）株主をめぐる統制の展開

先行研究に依拠しながら，本章の課題と関連する株主をめぐる統制について，法人株主に焦点を当ててまとめることから始めよう。

まず，戦時に不要不急な産業への設備資金の流入を防ぐために，臨時資金調整法が制定された（1937年9月施行）。その制定過程では事業設備の新設・拡張のための長期資金を統制することが検討されたものの[8]，最終的には，資本金50万円以上の会社を対象に，新設・増資・合併・目的変更等を統制した。また，その後の改正を通じて，対象となる資本金の金額を引き下げるなどして統制の範囲を拡大している。

8　前掲柴田善雅「日中戦争期日本の資金割当」124頁。

同時にこの法令では，金融機関による 10 万円以上の貸付なども統制した。しかし，設備資金という名目で貸付を受けた会社は，自社および関係会社の合併増資・株金払込などにこの資金を充てており，その金額は相当なものであった。つまり，会社の新設・増資・合併そのものは統制されたものの，金融機関からの貸付を通じた株式投資は強く統制されていなかったのである[9]。

次いで，銀行等資金運用令（1941 年 1 月施行）は，設備資金のほかに流動資金にも統制を加えた。これにより，銀行・信託・保険などの金融機関は，主務大臣の認可のもとで資金運用を行うことになった。この流動資金には，株式払込金や株式取得資金が含まれる。しかし，統制の範囲は臨時資金調整法での設備資金の定義よりも限定的であった。銀行等資金運用令による統制が加わった後でも，財閥の大口資金調達，買収目的の株式取得，投資先の株金払込に多額の資金が投入されたことが確認されている[10]。

銀行等資金運用令と並行して，会社経理統制令（1940 年 10 月施行）では，会社による株式の取得・処分に関する統制を定めた。具体的には，資本金 20 万以上の会社を対象に，2 万株以上の株式を取得する場合や，ある会社の発行株式の 3 分の 1 以上を取得する場合には，主務大臣の許可を必要とした。

次に，個人株主の株式取得や株金払込に影響を与えた，この時期の諸制度についてまとめてみよう。

大株主の投資資金調達については，相続税と所得税の負担の観点から分析がある。相続税の改正は，相続額が高くなるほど税率も高くなるように，つまり，累進度が高まるように実施されてきた。所得税も改正にともなって累進度が高まっており，1940 年の改正ではさらに，勤労所得に軽く，資産所得に重く課税するようになっている。これらの点から，経常的な収入からは，株式取得のための資金を捻出しにくいことが指摘されている[11]。

一方，中小株主の場合，恒常所得と変動所得ともに統制の対象となった。会社職員給与臨時措置令と賃金臨時措置令（1939 年 10 月施行）は，いずれも国家総動員法にもとづくもので，1939 年 9 月 18 日を基準として，報酬・給料・賃

9　前掲鈴木邦夫「戦時統制と企業」78 頁。
10　前掲柴田善雅「日中戦争期日本の資金割当」140 頁。
11　前掲鈴木邦夫「戦時統制と企業」102-106 頁。

金・手当・賞与などが固定化された。翌1940年には，改正賃金統制令によって，統制の範囲が拡大され，強化された。この時期の物価上昇は顕著であったから，固定化された所得から株式投資の資金を捻出することは容易ではなかったと思われる。

同時に，国債の消化を実現するために，金利平準化と国民貯蓄運動が展開されたことにも留意したい。軍事費調達のために大量の国債を発行した日本政府は，それを販売＝消化する必要があり，金融機関に引き受けさせせようとした。このとき，国債利回りよりも金利の方が低くないと，金融機関は安定的に国債を引き受けることができない。そこで，1939年度末には，信用組合と普通銀行の間で協定が成立し，地域間・業態間で金利の平準化が達成された。低金利での安定的な構造が創出され，「預金獲得競争」が封じ込められたのである[12]。あわせて，「100億貯蓄」のスローガンの下で，貯蓄と国債の購入が奨励された。中小株主にしてみれば，預金からの利子収入が減少するだけでなく，追加的な貯蓄と国債購入を迫られてもいたのである。

このように，臨時資金調整法・銀行等資金運用令・会社経理統制令は，法人株主としての会社を統制したものの，会社を通じた株式投資はほとんど統制されていなかった。一方，個人株主は，大株主から中小株主に至るまで，税制改正や金融政策などによって，株式投資のための資金捻出に制約が生じるようになっていた。

2）配当統制

こうした株主をめぐる統制の一方で，株式投資の「見返り」そのものにも統制が加えられた。会社経理統制令による配当統制である。

そもそもは，会社利益の社外流出の防止と内部蓄積の増加による経営健全化のために，会社利益配当及資金融通令（1939年4月施行）が制定されたことが始まりで，1938年11月30日以前の直近配当率（有配の場合）を基準配当率として設定し，これを超えて配当することを禁じた。配当率を上げる場合には，1ポイント以上の増配には許可が必要となり，上限配当率は10％とされた。

12　山崎志郎「戦時金融統制と金融市場」『土地制度史学』112，1986年7月，24頁。

しかし，逆にいえば，配当率が10％に達するまでは，1ポイント未満の増配を自由に行うことができた。また，基準配当率が10％を超える高水準にあっても，これを引き下げるような統制は実施されてなかった。そうした意味では緩い統制であった。

これを強化したものが会社経理統制令による配当統制である。資本金20万円以上の会社を対象とし，配当率が10％に達するまで1ポイント未満の増配を自由とする点では，会社利益配当及資金融通令と変わりがない。しかし，会社経理統制令では，直前事業年度の配当率が基準となった。同時に，新たに「自己資本」を定義して，この8％に相当する配当率も基準として加えた。そして，どちらかを超えて配当する場合には主務大臣の許可を必要としたのである。

この自己資本の8％という数値によって，配当金の上限が明確に設定された。上限の基準となる自己資本は，①払込資本金，②諸積立金（退職積立金・税金引当金を除く），③時価発行株式差益積立金，④合併減資差益積立金，によって主に構成された。その他に，①〜④の日割平均の合計から繰越欠損日割平均を控除したものと，前事業年度末固定資産償却累計額中課税上損金に算入されていない金額で，税務署証明額を加算することが可能とされている。通常，払込資本金に配当率を乗じたものが配当金となるから，この配当統制のポイントは，この配当金が自己資本の8％以内に収まっているかにあった。もし収まっていない場合には，直前事業年度の配当率は統制の対象となる。

実際，配当率を引き下げられた会社が多かったことを，先行研究は明らかにしている。施行から翌1941年12月までの集計では，認可申請のうち，配当不変が70社なのに対し，配当が減少した会社は346社に上る[13)]。また，マクロ統計では，日本国内の会社における利益金に占める配当金は，1939年までは50％以上だったものが，1940年に41.1％に低下し，1944年の30.3％まで低下を続けている[14)]。つまり，自己資本の8％を超えていた配当金が削減されたのである。

13　前掲柴田善雅「戦時会社経理統制体制の展開」25頁。
14　前掲鈴木邦夫「戦時統制と企業」98頁。

3) 満鉄の1940年増資

このように，株主をめぐる統制と配当統制が進展するなか，満鉄の1940年増資は実施された。

『朝日新聞』によれば，松岡洋右が総裁を退任する際に増資の必要を認める発言をしたことで報道が本格化する[15]。それまでの資金計画では1941年度まで増資を行わないとしていたが，鉄道・港湾・採炭・人造石油製造への投資を主目的として，4〜8億円という増資額が明らかになった[16]。増資は，満州国の五ヶ年計画のためではなく，鉄道を中心とする営業成績の好調とその拡張のためとされている。

1940年増資をめぐる報道のポイントは2点に集約される。ひとつは満州国引受のもつ政治的な意味，もうひとつは具体的な増資額である。前者については，新規発行株式（以下，第三新株）の引受によって，満州国の発言権が強まる可能性が指摘されていた[17]。また，日本政府の払込が滞るようならば，その分を満州国政府で引き受けるといったような「積極的な態度」も報道されている[18]。

具体的な増資額については，当初の4〜8億円という報道を超えて，新京当局が12億円を希望し，これを受けた中央・財界との折衝で，満鉄当局が8億円という増資額を出している[19]。ただ，金融市場に与える影響から，金融界がこれに反対した。さらには，対満事務局でも[20]，物動の面から「異見」が出されている[21]。結局，青木一男蔵相と畑俊六対満事務局総裁による増資案承認のもと，増資額が修正されることとなった[22]。

15　「満鉄増資を断行　松岡総裁も愈々辞任」『朝日新聞』1939年3月22日，朝刊，2面。

16　「満鉄増資額　四億乃至八億円　修正資金計画に盛る」『朝日新聞』1939年3月24日，朝刊，4面。

17　「満州国の参加を繞り　満鉄増資の成行注目　国線の現物出資企図」『朝日新聞』1939年8月2日，朝刊，4面。

18　「満鉄倍額増資　佐々木副総裁　折衝を開始」『朝日新聞』1939年8月6日，夕刊，1面。

19　同上『朝日新聞』1939年8月6日。

20　「満鉄倍額増資案に　金融界側は慎重　市場への影響を注視」『朝日新聞』1939年8月8日，朝刊，4面。

21　「満鉄増資案　対満事務局　本格的に審議」『朝日新聞』1939年8月10日，朝刊，4面。

22　「満鉄増資最後決定　三，四日中に内容発表」『朝日新聞』1939年10月27日，朝刊，4

最終的に増資額は6億円とされた。うち，日本政府が3億円，満州国政府が0.5億円を引き受けることとなった[23]。翌12月9日の報道は，この増資問題の最終的決着を伝える特集的なものとなっている。満州国による引受は，満鉄との緊密な関係を構築するためで，満鉄接収の野望を示すものではないと報じられた。つまり，満鉄の監督官庁に変更はなく，日本法人としての満鉄にも変更はないことが確認されたといえる。そして，鉄道とその他事業の好調が予想されるために，「政府並に民間株主に対し従来通りの配当を続行することに何等不安はない」という大村総裁の談話も発表された[24]。

1933年増資と比較すると，日本政府に増資額の半分を，民間株主に持株2株につき1株を割り当てた点で変わりがない。大きく異なるのは，満州国政府への割当がなされたことと，満州国公募も全額を満州国貯金部が引き受けたことによって，実質的に民間公募が実施されなかった点にある。その代わりに，民間株主割当が1.8倍に膨らんだ。また，インフレ傾向にあるなかとはいえ，増資額そのものも約1.7倍に膨らんだ。

しかし，こうした金額的な違い以上に異なる点は，経済統制が進展するなかで，新聞による赤裸々な報道に満鉄自身が曝されなかったことにある。上述の満州国引受も政治問題として報道が過熱することはなかった。満鉄が見出しとなってトップ紙面を飾ることも，満州の「政治・軍事・外交」関係とあわせて報じられることもほとんどなかった。静かに1940年増資の実施が決定されたのである。

2　株主と東京支社の認識

1）名義書換と株主・株式の推移

こうした静かな報道の下で，第三新株を引き受けることになった満鉄の民間

面。
23 「満鉄の増資六億 日本政府半額引受 閣議で承認す」『朝日新聞』1939年12月9日，夕刊，1面。
24 「満鉄関係緊密化 滿洲国政府出資の意義」『朝日新聞』1939年12月9日，朝刊，4面。

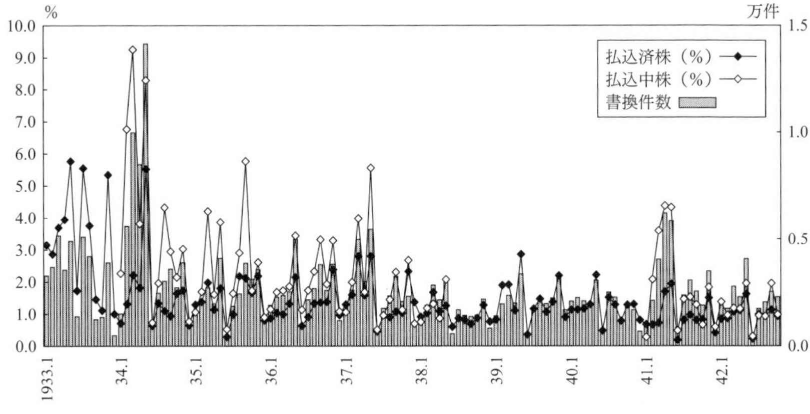

図 7-1　名義書換の推移 (2)

出典）「株数及人員前月末との比較表」閉鎖機関資料，満鉄，前：17A-229。
注 1）払込済株は，1938 年 5 月までが旧株＋新株，38 年 6 月以降は旧株＋新株＋第二新株。
2）払込中株は，1938 年 5 月までが第二新株，41 年 1 月以降は第三新株。
3）民間株数は，旧株＋新株が 440 万株，第二新株が 360 万株，第三新株が 440 万株。
4）それぞれの比率は，名義書換株数を民間株数で除したもの。

株主は，どのような反応をしたのであろうか。1933 年増資と比較して把握してみよう。図 7-1 は名義書換の件数と株数（比率）を，表 7-1 は株主と株式の構成をまとめたものである。

図 7-1 によれば，1933 年増資の名義書換件数は，第二新株が流通すると大きく上昇し，月に 1 万件を超えていた。これに対して，1940 年増資ではそこまで上昇していない。また，その後の推移を比べても，1933 年増資の方がやや多く出ている。名義書換を行いうる株主が増加していた点を考えると，1940 年増資での名義書換件数は落ち着いていたといえる。

また，名義書換株数を民間株数で除した率で見ても，1940 年増資の方で落ち着いているのが見て取れる。これは株式の実数での比較でも同様である。払込中株（＝新規発行株式）について見ると，民間株式のうち株式市場で流通する部分（民間株主割当・社員割当・民間公募）は，1933 年増資の 360 万株に対し 1940 年増資の方が 440 万株と多い。にもかかわらず，名義書換株数は，ほとんどの月で，1940 年増資の方が少なくなっている[25)]。

前掲の表 5-1 とあわせて表 7-1 を見ると，払込期間においては，株主数が増

表 7-1　株主と株式の推移(2)

（人，%）

	株主（人）					払込済株（%）				第三新株（%）			
	内地		外地		計	内地		外地		内地		外地	
年　月	都市	地方	寄託株	その他		都市	地方	寄託株	その他	都市	地方	寄託株	その他
1940　1	23,941	37,846		8,683	70,471	48.6	43.2		8.2				
5	24,009	37,777		8,600	70,387	48.3	43.2		8.5				
9	24,193	37,989	4,437	4,259	70,879	47.9	43.5	0.6	8.1				
1941　1	25,034	39,324	4,402	4,587	73,350	48.1	43.3	0.6	8.1	44.2	39.0	9.6	7.2
5	25,753	41,224	4,241	5,779	77,000	48.0	43.2	0.5	8.3	41.1	39.8	9.9	9.2
9	26,105	42,342	4,104	6,767	79,321	47.7	43.4	0.5	8.4	40.5	40.2	9.6	9.7
1942　1	26,311	43,125	4,062	6,876	80,377	47.9	43.2	0.4	8.4	39.9	40.6	9.5	10.0
5	26,637	43,783	4,026	6,971	81,420	48.1	43.2	0.4	8.3	39.6	41.1	9.3	10.0
9	26,829	44,082	3,999	7,040	81,953	48.0	43.2	0.4	8.3	39.1	41.5	9.2	10.2
1943　1	26,859	44,274	3,985	7,102	82,223	48.1	43.2	0.4	8.3	38.9	41.7	9.1	10.2
5	26,616	44,222	3,967	7,190	81,998	48.6	42.7	0.4	8.3	38.9	41.9	9.0	10.2
9	26,459	44,190	3,940	7,433	82,025	48.9	42.5	0.4	8.2	39.1	41.7	8.9	10.3
1944　1	26,315	44,319	3,903	7,912	82,452	49.2	42.2	0.4	8.2	39.2	42.3	8.8	9.8
5	25,831	44,815	3,869	7,968	82,486	49.0	42.3	0.4	8.3	38.7	42.6	8.6	10.0
10	25,248	45,523	3,791	8,388	82,953	48.2	43.1	0.4	8.4	37.9	43.2	8.5	10.4

出典）前掲「株数及人員前月末との比較表」。
注 1）「都市」は東京府・大阪府・愛知県・神奈川県・兵庫県，「地方」は都市以外の道府県，「その他」は台湾・朝鮮・樺太・関東州・中華民国・満州国・英米領など，「寄託株」は社員持株。
2）株式に日本政府と満州国政府の持株を含まない。
3）満州国預金部は 1943 年 10 月から 45 年 5 月にかけて，持株を 60 万株から 50 万 30 株に減少させている。しかし，株式の流出先が判明しないため，満州国に留まったと仮定して，民間株式には加算していない。

加を見せ，払込中株の持株比率を都市株主が下げて地方株主が上げている，という点で共通している。しかし，1933 年増資では，3 万 666 人（1933 年 6 月）から 6 万 4154 人（1934 年 1 月）に急増した後，1 万人ほど減少してから，6 万 5277 人（1937 年 9 月）まで増加した。これに対して 1940 年増資では緩やかに増加するのみである。

1933 年増資の急増には民間公募による株主増が含まれ，また，払込期間が等しくても，政治的・経済的環境が異なるため，単純な比較は禁物かもしれな

[25] 払込中株（増資新株）の名義書換が開始されてからの 1 年 10ヶ月について比較している。すなわち，1934 年 1 月～35 年 10 月（1933 年増資）と 1941 年 1 月～42 年 10 月（1940 年増資）を月次で比較しており，1940 年増資が 1933 年増資の上回ったのは 2 回のみである。

い。しかし，1933年増資における民間公募の落札口数9,910をそのまま株主の増加数と考えて差し引いたとしても，その株主数の増加は著しい。また，内地の都市株主と地方株主の増加を見ても，1940年増資の方が緩やかである。

払込中株の構成比（持株比率）でも，1933年増資よりも1940年増資の方が，その変化が小さい。また，払込済株を見ると，1933年増資で持株比率に変化があったものの，1940年増資ではほとんど変化がない。

このような数量的な把握からは，1933年増資と比べて1940年増資では，株式の名義書換が落ち着いていたことが明らかとなる。つまり，1940年増資の払込期間において，株主の増加と株式の分散化は緩慢であったといえよう。

2）株主の「声」

では，なぜ，株主の増加・株式の分散化は緩やかになったのだろうか。配当統制の強化に対する嫌悪感が広がったからであろうか。それとも，改組によって満州経営の中心から切り捨てられた満鉄は，報道されることもなくなり，株主や投資家から忘れ去られた存在になってしまったからであろうか。

その理由を分析するには，株価が参考指標となる。しかし，表7-2が示すように，この時期の満鉄株は，名義書換と市場取引の間に有意な相関関係を見出すことが難しい。株価を決める売買高との相関がほとんどなく，実物取引では相関があってもその係数は低い。1940年・41年の東京株式取引所の取引は増加傾向にあり[26]，先行研究が指摘するように，1942年に長期取引と実物取引の売買高は過去最高を記録した[27]。満鉄の払込済株でも，1942年2月以降，東京株式取引所での長期取引と短期取引の売買高の合計が，名義書換株数を上回るという逆転現象が起こっている（前掲図5-2）。それゆえ，満鉄株の名義書換の理由を探る指標として，株式取引所の株価は参考としにくい。そこで，満鉄株主会（以下，株主会）が発行する『会報』を通じて，1940年増資に対する株主の「声」を集めてみよう。

1938年10月に株主会は，1941年度に民間株主割当4億円を最低額とする増資が実施されるという見込みのもと，会員にアンケート調査を実施している。

26　『昭和国勢総覧』2，東洋経済新報社，1991年，423頁。
27　前掲齊藤直「戦時経済下における資本市場と国策会社」52頁。

対象となった会員は，銀行・信託・保険などの法人株主と，各府県の産業界関係者・学識者などの個人株主であった。質問事項は，「増資を円滑に遂行するには会社として如何なる方法を講ずるべきか」「増資に際し株主として注文」「其他之れに関連して御気付の点」の 3 つで，回答率は「93 %」とされた[28]。

表 7-2　名義書換株数と売買高・受渡高の相関 (2)

	払込済株	第三新株
長期取引		
売買高	0.098　(53)	0.089 (11)
受渡高	−0.085　(53)	0.451 (11)
短期取引		
売買高	0.168　(53)	—
受渡高	0.386** (53)	—
実物取引		
売買高	0.267　(53)	0.095 (22)

出典)『東京株式取引所統計月報』各月版。前掲「株数及人員前月末との比較表」。
注 1)「*」は有意水準 5 %,「**」は有意水準 1 %。(　) はサンプル数。
2) 実物取引は配当落・配当付の売買高を含む。
3) 対象とした期間は，1938 年 6 月〜42 年 10 月まで。

これによれば，増資に賛成が 50.3 %，反対が 40.7 % であった。この賛成を 100 とすると，無条件賛成は 8.2 % にすぎず，条件付賛成は 91.8 % になる。増資賛成の条件としては，①増資後の減配阻止，②株価対策の実施，③増配の実施，④記念配当の実施，⑤満業と同様の配当の政府保証，⑥不安全般の除去，⑦満鉄株の日銀見返担保への追加，⑧満鉄株と国債の貸出担保の同利率化，⑨中間配当の均等化，の 9 点が列挙されている。なかでも，①②③⑨が多く，とくに①については，ほぼすべての回答に記されていた[29]。

一方，反対を 100 とすると，絶対反対が 10.4 %，できれば回避が 80.6 % となっている[30]。反対の理由は大きく分けて 2 つあった。ひとつは，増資が株主として「苦痛」であること，もうひとつは，払込済株の株価が低迷するなかでの増資成績が「不良」と予想されることである。反対する株主は，増資という株主負担による資金調達ではなく，社債・借入金によるそれを望んでいた。こうした反対は個人株主で多数であり，全体としても「出来得れば避けたいと云ふ気分」にあると株主会は認識していた。つまり，アンケート調査からは，1938 年末の時点で増資に消極的な株主像が浮かび上がる[31]。

28　「満鉄増資問題」『満鉄株主会々報』4，1938 年 12 月，2-3 頁。
29　同上，4-5 頁。
30　同上，4 頁。

増資に対する消極的な態度は根強かった。株主会幹事の高広次平自身が論説を載せている。高広は，株主のうち銀行が310行あり，このうち社債引受シンジケート団6行の持株が約50万7000株，シンジケート団外304行のそれが約94万6000株であることを理由に，後者によるシンジケート団新設を通じた社債による資金調達を提案している[32]。その後も，増資額4億円が「最も無難な所」という意見などが続いた[33]。

また，株価対策の要望も多かった。「国策会社」・「特殊会社」であることが強味だった時代から「財界へ何かしら一つの重壓を与へる」時代へと変わったことを指摘しながら，同じ8％配当の鉄道会社よりも株価が低いことへの不満が寄せられている[34]。さらには，満鉄直属の証券会社を創設して「市場に於ける満鉄株を統制する」ことで株価対策をするべしとの意見もあった[35]。

結局，株主会として重視したのは，①増資後の減配禁止，③増配の実施，⑨中間配当の均等化の方で，要するに配当をめぐる要求を優先した。これは，配当維持・増配が株価の維持に効果的と考えられたからで，総裁・大村卓一と関係各庁に，満鉄経営の鉄道路線の総距離1万km突破を受けての「記念配当」を要求することを決めている[36]。

同時にここで留意したいことは，増資に消極的な株主の態度を伝えながらも，株主会が満鉄首脳との協調関係を崩していないことである。増資額についての政府発表がなされると，株主会は株主割当を要求して，第三新株を積極的に引き受ける姿勢を示している[37]。また，1940年増資を決める臨時株主総会（1940年1月20日）では，株主会幹事の車谷馬太郎が賛成の演説をした[38]。この際，大村総裁は，「鉄道網の拡充，輸送力の増強，港湾設備，石炭，製油事業の拡大」などを増資理由として説明した。これは，改組後の社業に特化した利潤追

31　同上，7-8頁。
32　高広次平「満鉄資金ルートの新局面打開」『満鉄株主会々報』4，1938年12月，21頁。
33　「増資額はいくらか」『満鉄株主会々報』6，1939年5月，8頁。
34　「満鉄の資金計画に対する要望」『満鉄株主会々報』5，1939年3月，5-6頁。
35　早川芳太郎「証券会社設立の重要性」『満鉄株主会々報』5，1939年3月，20頁。
36　「新総裁と関係官庁に要望」『満鉄株主会々報』6，1939年5月，2-3頁。
37　「増資に関する株主会の要望」『満鉄株主会々報』8，1939年12月，5-6頁。
38　「増資案付議の臨時株主総会」『満鉄株主会々報』9，1940年5月，7-8頁。

求をさらに推進することを宣言するもので，上述の『朝日新聞』の報道とも符合する。そして，会報もまたこれを支援するように，「満鉄社業の解剖」というシリーズを掲載した。シリーズは，鉄道，撫順炭鉱，港湾，製油事業，調査機関，利益金処分，組織，財政という順で続いた。内容的には，鉄道を中心とする社業の成績が好調であり[39]，調査機関の支出も微々たるもので[40]，財政的にも健全であることを伝えるものであった[41]。

3）東京支社の認識

1940年増資に株主が消極的であることに対して，満鉄内部の認識は必ずしも統一されていなかった。

調査部理材係による「満鉄事業資金ノ還流ニ就テ」は，対満州・中国投資の巨額さが内地金融市場を逼迫しているという批判に対して，満鉄への流入資金（払込株金や社債など）とほぼ同額が何らかの形で日本内地に還流しており，配当金が少なくないことを婉曲的に主張する[42]。また，「満鉄財政近況」は，営利会社と満鉄を比較することの意義を否定しつつ[43]，「国策会社」として非営利事業を抱えながら，平均すると年8.0％以上の配当を実施し，政府から配当補助を受けていないことを，「吾が満鉄の誇り」としている[44]。その他にも，「満鉄ノ資金調達機構，満州国特殊法人ノ資金調達状況ニ関スル研究」では，営利と国策を追求するバランスが良いために，満鉄社債は「一流債のトップ」であるとの認識のもと[45]，さらなる資金調達のために，社債引受シンジケート団の改組・拡張，元利払いの政府保証などを主張する[46]。

これらの主張の根拠となる統計は机上調査によるものであり，その正確さと

39　「満鉄の社業解剖」(1),『満鉄株主会々報』5，1939年3月，13-14頁など。

40　「満鉄の社業解剖」(5),『満鉄株主会々報』9，1940年5月，17頁。

41　「満鉄の社業解剖」(9),『満鉄株主会々報』14，1941年12月，19-20頁など。

42　満鉄調査部理財係「満鉄事業資金ノ還流ニ就テ」吉林省社会科学院満鉄資料館蔵書（以下，JAS），No. 20017，1939年3月，1頁，37頁。

43　「満鉄財政近況」JAS/No. 20038，1940年10月，44頁。

44　同上，58-59頁。

45　満鉄調査部「満鉄ノ資金調達機構，満州国特殊法人ノ資金調達状況ニ関スル研究」JAS/No. 20037，1939年12月，17頁。

46　同上，28-29頁。

有用性には疑問が残るものの，ここで確認したいことはその認識の体系にある。いずれもマクロ経済の視点から問題を把握しており，満鉄が「国策会社」である点と，社債による資金調達を支える金融機関や保証を付与する政府との親和性に力点をおく。これに対して東京支社の認識は，全く異なるものであった。「満鉄将来ノ資金対策如何」には，端的にそれが表れている。

まず，満鉄の資金調達が「民主官従」にあるという認識から分析が始まる。ここでの「民」とは民間株主のことであり，社債は確実性の乏しい調達方法として退けられる。資金調達は社債から株式へ，つまり，「金融資本」から「大衆資本」へとシフトとしているとして，「大衆資本」の重要性を前面に出す[47]。同時に，民間株主の心理に立ち入り，彼らが「臆病」かつ「弱腰」であるのは「お金の番人」としての忠実な態度ゆえと評価する。それゆえ，国策のための減配を主張することは「感情論」として否定される[48]。

また，他の鉄道会社より株価が低いことも問題視した。改組を通じて満州の鉄道事業をほぼ独占し，大増収を実現している満鉄は，その前途が有望にもかかわらず，株価にそれが反映されていないとする[49]。もはや，改組前の株主会が糾弾していた，株価の額面割れが問題なのではなかった。東京支社は，鉄道を中心とする収益体質に自信をもっていた。だからこそ，株価が上昇しない原因を，国策的要求のために利潤が犠牲になるかもしれないという，市場の「不安心理」に求めることができたのである[50]。

こうした東京支社の認識は，株主会のそれと実によく重なりあう。すでに述べたように，「国策会社」であることが弱みとなり，他の鉄道会社よりも株価が低いことを，会報の論説も指摘している[51]。また，満鉄の事業が前途有望であることが，正しく伝わっていないと考える点でも共通していた[52]。さらにいえば，東京支社は株主との窓口となっており，彼らの意見を集約し，その心理を理解しやすい立場にあった。同時に増資理由などを説明する役割も担ってお

47　東京支社経理課「満鉄将来ノ資金対策如何」JAS/No. 20015，1938年3月，2-3頁。
48　同上，5-6頁。
49　同上，11頁。
50　前掲東京支社経理課「満鉄将来ノ資金対策如何」14頁。
51　前掲「満鉄の資金計画に対する要望」5-6頁。
52　前掲早川芳太郎「証券会社設立の重要性」22頁。

り，株主会との認識の共有をさらに強固にしていた。前述の「満鉄の社業解剖」も，そうした関係の上に立った，株主会による満鉄を後押しするための連載であろう[53)]。調達された資金を使用するだけの大連本社とは，東京支社の認識・発想・行動様式は大きく異なっていたのである。

このような東京支社による会社経理統制令の分析は，株主の選好を的確に把握できていたと思われる。東京支社調査室の「会社経理統制令ニ就テ」によれば，自己資本を法令に即して厳密に定義するのではなく，「払込資本金＋積立金」と大まかに把握した。その上で，積立金がしっかりとなされていれば，払込資本金の10％まで配当が可能としている。そして，1940年3月末において満鉄の自己資本を10億6030万円（払込資本金：7億3620万円，積立金＋前年度繰越金：3億2410万円）と計算したうえで，その8％の配当金が8482万円であり，許可を得れば払込資本金の11％の配当が可能としていた[54)]。株主の配当統制についての確実な理解をふまえ，また，1939年に計上された配当平均準備積立金（2000万円）の存在とあわせて，株式市場における満鉄の相対的優位性を展望していた。まさに，会社経理統制令による配当統制を，「追い風」と認識していたのである[55)]。

53　もちろん，一株主「満鉄業績の再検討」（上）～（下）（『満鉄株主会々報』12～13，1941年4～7月）のように，「満鉄の社業解剖」シリーズのような楽観とは反対に，悲観的展望を示す論説もある。会報は満鉄に対して全面的に協力するだけでなく，業績の「内実」を批判的に把握しようともしている。また，林采成「満鉄における鉄道業の展開――効率性と収益性の視点より」（『歴史と経済』55-4，2013年7月）では，鉄道部門の労働生産性の低下が明らかにされている。しかし，物価水準の把握を含めて株主がどこまで正確に知ることができたのか，という視点から株主の行動を把握することが重要であろう。

54　満鉄東京支社調査室「会社経理統制令ニ就テ」満鉄調査部資料米国議会図書館所蔵分，MOJ/2331，1940年12月，7-8頁。

55　なお，減価償却については何ら言及されていない。

3　満鉄の相対的位置の変化

1）「株式市場」の中の満鉄

会社経理統制令によって積立金がポイントとなることを指摘していたのは，当時の経済雑誌も同様であった。当初，『東洋経済新報』は，三菱社・日本ニッケル・弘中商工・ラサ鉱業が増資認可とあわせて減配させられたことを取り上げ，大蔵省の引下げ基準をつかみあぐねていた[56)]。それが，会社経理統制令の内容が発表される直前になると，商工省の「利潤率専門委員会」の中間報告に注目して，基準配当率 8％ という数値を示すようになる。あわせて，経営の健全化の観点から，積立金の多少によって配当が決まることの合理性を説く。その結果，「長い歴史を持った平和産業」である紡績・毛織・製糖などが有望となり，積立金の薄い機械工作などは減配になると伝えた[57)]。そして，会社経理統制令が実施されると，配当率を高くするためには「積立金を多く積立てる必要がある」とした[58)]。また，自己資本の 8％ を超えた配当には毎期の許可が必要であり，減配が段階的に実施されることも伝えられている[59)]。

では，東京支社の分析と経済雑誌の報道に従って，配当統制下の株式市場における満鉄の位置を検討してみよう。表 7-3 は，会社経理統制令の実施直後に刊行された『株式会社年鑑』を使って[60)]，積立金の規模を加味しつつ，満鉄を株式市場の中に位置づけたものである。指標としては，直前事業年度の「配当率」と，自己資本の 8％ に対する配当の「余地率」を採用した[61)]。

56　「配当引下げの基準と限界」『東洋経済新報』1932，1940 年 8 月 3 日，36-37 頁。

57　「配当制限方法の改訂と影響」『東洋経済新報』1936，1940 年 8 月 31 日，32 頁。

58　「会社経理統制令実施さる」『東洋経済新報』1944，1940 年 10 月 26 日，34 頁。

59　「経理統制令の前進」『エコノミスト』18-41，1940 年 11 月 4 日，35 頁。もっとも，『ダイヤモンド』は自己資本の定義を深く掘り下げる立場を取っており，「自己資本の計算」に不備があるとして，会社経理審査委員会によるさらに詳細な「取極め」を求めている（「経理統制令の解説」『ダイヤモンド』28-32，1940 年 11 月 1 日，15 頁）。

60　証券引受会社協会編『株式会社年鑑』1941 年版，同会，1941 年 1 月。

61　ただし，積立金の把握方法には注意が必要である。『株式会社年鑑』では，法定積立金の他に，「特別積立金」「別途積立金」など，さまざまな名称で積立金が記載されている。これらを具体的に把握するには，各社の『営業報告書』に当たるよりほかない。しかし，

表 7-3　余地率と配当率

(%)

配当率：d ＼ 余地率：i	d＝0.0	0.0＜d≦6.0	6.0＜d≦7.0	7.0＜d＜8.0	d＝8.0	8.0＜d≦9.0	9.0＜d＜10.0	10.0≦d≦11.0	11.0＜d≦12.0	12.0＜d≦15.0	15.0＜d	計
i＜0.0		1			1	29		155	50	23	16	275
0.0≦i≦10.0				1	79	20	1	36	9	2	1	149
10.0＜i≦20.0		2	47	1	53	8		35	2		1	149
20.0＜i≦30.0		35	26	2	22	7	1	5	3		2	103
30.0＜i≦40.0		30	13		8			9	2	1		63
40.0＜i＜42.7		18	5	1	4			1				29
i＝42.7					1							1
42.7＜i≦50.0		21	6		6	2		4	1		1	41
50.0＜i≦60.0		38	3		7			2	1	1		52
60.0＜i＜100.0		28	4		5			1		1	1	40
i＝100.0	84											84
計	84	173	104	5	186	66	2	248	68	28	22	986

出典）証券引受会社協会編『株式会社年鑑』1941 年版，1941 年。
注 1 ）配当率は直前事業年度のもの。政府配当と民間配当が異なる場合は民間配当を対象とする。
2 ）余地率は，「(自己資本×0.08－株主配当金)÷自己資本×0.08」で算出。株主配当金に政府配当金を含む。
3 ）自己資本は払込資本金と積立金の合計。積立金には，法定積立金の他に，特別積立金・別途積立金・特別準備金・配当平均積立金などを含む。ただし，退職準備積立金・配当準備金（保険会社）など，目的化されたものを含まない。
4 ）生命保険会社のうち，相互会社を含まない。

この集計によれば，生命保険相互会社 4 社を除いた 986 社が比較対象となり，満鉄は配当率 8 %，余地率 42.7 % のところに位置する[62)]。一見してわかるこ

当時の株主にそのような「完全比較」は不可能である。そこで，『株式会社年鑑』のうち，退職準備積立金や保険会社の契約利益配当準備金などのように目的化されたものを除いて，「積立金」「特別積立金」「別途積立金」「配当平均積立金」や「特別準備金」などを積立金として算出した。つまり，満鉄よりも他社の積立金が多くなるように，いわば他社がより魅力的となるように集計してある。

62 『営業報告書』第 39 回，南満州鉄道株式会社（復刻版：龍渓書舎，1977 年)。なお，余地率は，『株式会社年鑑』による算出でも同率となる。つまり，『株式会社年鑑』での

とは，満鉄の配当率の低さであろう。8％を超える会社は434社，8％の会社が186社で計620社となり，この点で満鉄が魅力的な投資対象だったとは言いがたい。

しかし，自己資本の8％という配当制限が加えられると，この620社の中での満鉄の相対的な位置が大きく変わってくる。まず，配当金の余地率が0％より低い（＝配当金が自己資本の8％を超える）会社が274社あり，これらはいずれも，会社経理統制令によって，減配を余儀なくされる。さらに，余地率が0％以上（＝配当金が自己資本の8％以下に収まっている）で配当率が8％以上の345社のうち，312社は満鉄よりも余地率が低いために，つまり，自己資本が薄いために，配当の安定性という点で満鉄の方が優位となる。

最終的に，配当率・余地率ともに満鉄以上の会社として33社が残る。具体的には，日本銀行・横浜正金・三井銀行・住友銀行，明治生命・福寿生命，大正海上・東京火災など，『株式会社年鑑』の分類でいう銀行・生保・損保が27社を占める。残る6社は，大連汽船・朝鮮無煙炭・旭電気工業・日本鋳造・東洋産業・麒麟麦酒である。

『株式会社年鑑』付録の「各取引所上場株式一覧表」によれば，これら33社のうち，長期取引・短期取引のいずれかで株式を購入できるのは，横浜正金・日本海上・朝鮮無煙炭・麒麟麦酒の4社にすぎなかった[63]。つまり，ほとんどの株式は入手経路が実物取引のみに限られ，それだけ取得ルートが限定されていた。加えて留意したいことは，配当率10％を超えてからの増配には認可が必要となることである。この点でいえば，認可なしに増配可能な会社として20社が残るものの，実物取引以外で入手できるのは朝鮮無煙炭（配当率9％）のみであった。

また，今後の業績向上に期待するとして，満鉄よりも配当率が低く余地率が高い会社を見れば100社となる（配当率0％の84社を除く）。いずれも認可な

「各種積立金」は，『営業報告書』の「法定積立金」「特別積立金」「配当平均準備積立金」の合計と一致する。

63　この一覧表によって読者は，東京・大阪・横浜・名古屋・神戸・京都・広島・博多・長崎・新潟・長岡・朝鮮・大連・満州の各種取引所で，長期取引・短期取引で扱われる287銘柄について情報を得ることができる。

しに増配する可能性を有している。しかし，単純に払込資本金に対する「当期純益金」の割合で業績を確認すれば[64]，満鉄が 10.6 % であるのに対して，これを超える会社は 36 社まで絞られる。この 36 社のうち 32 社を銀行・信託・生保・損保が占め，残る 4 社は摂津製油・日満製粉・千日土地建物・日本特殊鋼材工業となるものの，日満製粉だけが長期取引で取得できるにすぎない。配当率・余地率ともに満鉄よりも低い会社に対して，触手を伸ばすことは難しいと考えるのが妥当であろう。

このように，直前事業年度の「配当率」と配当金の「余地率」を指標に比較してみると，満鉄は銀行・生保・損保よりも不利な銘柄だったことがわかる。また，業績向上を見込める会社に比較対象を広げた場合でも，銀行・信託・生保・損保よりも満鉄は分が悪かった。

しかし，他業種で満鉄よりも優位となる会社はほとんどなかった。また，銀行・信託・生保・損保などの満鉄よりも優位な会社であっても，そのほとんどが株式を取引所の実物取引でしか取得できないものであった。つまり，株券現物を手にした売り手の存在なしには，入手することができなかった。満鉄株主にすれば，会社経理統制令によって，他社の株式を購入するインセンティブはかなり限定されたのである。

2）株主の期待

株式の購入にあたり，他社との比較と並んで満鉄の民間株主にとって大きな判断材料となったのは，毎期に発表される『営業報告書』であろう。これにもとづいて，株主配当金と配当金余地，当期純益金などを経年で示したものが図 7-2 および表 7-4 である。

これによれば，満鉄の法定積立金と特別積立金はきわめて堅調に伸びている。この堅調さは創業以来のものであった。自己資本を決める積立金は一朝一夕に増えたわけではなく，長期的な蓄積によって漸増したのであった。別の言い方

64　当期純益金÷払込資本金×100 で算出。当期純益金は，利益金処分のうちの「当期純益金」「当期利益金」を採用した。つまり，税金引当金と減価償却費については統一されていない。また，当期純益金は前期からの繰越金を含まない。なお，配当率との相関係数は 0.79 であり，5 % 水準で有意である。

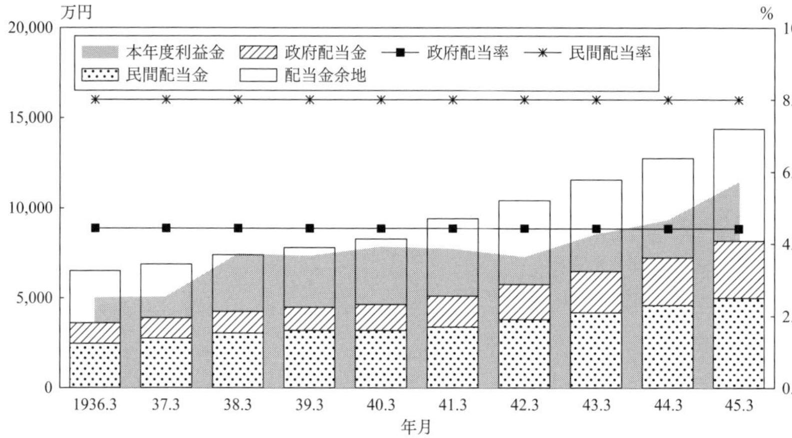

図 7-2　満鉄の利益金と配当金

出典）『営業報告書』各回，南満州鉄道株式会社（復刻版：龍渓書舎，1977 年）。
注 1）配当金余地は，「自己資本×0.08－(民間配当金＋政府配当金)」で算出。
2）政府配当金は，1941 年 3 月以降，満州国政府配当金を含む。
3）政府配当率は日本・満州とも同率。

表 7-4　満鉄の公称資本金・「自己資本」・翌年度繰越金

（万円）

回次	35	36	37	38	39	40	41	42	43	44
年月	1936.3	37.3	38.3	39.3	40.3	41.3	42.3	43.3	44.3	45.3
公称資本金	80,000	80,000	80,000	80,000	80,000	140,000	140,000	140,000	140,000	140,000
自己資本	81,340	85,889	92,440	97,510	103,375	117,765	130,219	144,580	159,505	179,849
払込資本金	58,421	62,021	67,621	69,621	73,621	85,621	95,621	108,621	121,621	140,000
法定積立金	3,929	4,178	4,429	4,799	5,164	5,554	6,508	6,869	7,294	7,759
特別積立金	18,990	19,690	20,390	21,090	22,590	24,590	26,090	27,090	28,590	30,090
配当平均準備積立金				2,000	2,000	2,000	2,000	2,000	2,000	2,000
翌年度繰越金	1,623	1,747	1,773	2,656	3,355	3,412	3,459	3,497	3,543	3,585

出典）前掲『営業報告書』各回，南満州鉄道株式会社。
注）いずれも，末日現在での数値。

をすれば，商法の定めに忠実に従って法定積立金を増やしながら，株主への配当を実施してきたのであり，その意味では満鉄は「吝嗇」であった。そうした満鉄と株主の間で培われてきた企業文化が，会社経理統制令下でポジティブに作用していた。

もちろん個別事情として，古くからの株主は，1925 年度に社債償還積立金が廃止され，また，1931 年度には赤字配当に連動して社員退職積立金も廃止されて，いずれも特別積立金に統合されたことを知っている[65]。また，1927 年度には，総資産の整理・再評価が，総額を増価させない範囲で行われたことも了承している。これは，建物・船舶・車輌などの資産を 1 億 4560 万円減価させ，それと同額分を土地資産として増価させたもので[66]，あまり透明度の高いものではなかった。

しかし，特別積立金に統合された社員退職積立金は 850 万円にすぎない。社債償還積立金の 5600 万円はそれまでの特別積立金 6340 万円に比して巨額ではあるものの，第 4 章でも確認したように，1924 年 10 月の第 21 次社債より，社債の借換えが実施されるようになっていた[67]。総資産の整理・再評価も，事業別に見れば，鉄道で 280 万円，港湾で 580 万円，地方施設で 8770 万円の増加になっており，改組後の主力事業である鉄道・港湾の増加分はわずかであった[68]。つまり，これらの事情は，1940 年の時点で，特別積立金が大きく切り崩される「予感」を与えるものではなかったであろう。

また，会社経理統制令施行の時点でそれまでの満鉄の業績を見直してみれば，配当金余地が安定的に確保されていたことがわかる。加えて注目したいことは，改組が実施された後，すなわち 1938 年 3 月以降，当年度利益金が急増しただけでなく，各年度で維持されていることである。つまり，配当金の余地が自己資本の厚さから確保されているだけでなく，その実現を裏づけるだけの営業成績を満鉄はもっていた。『株主会々報』でも鉄道部門の好調さを，「増収」「旅客収入の激増」などの表現で伝えている[69]。いずれも，名目値を使いながら，

65　『南満州鉄道株式会社第三次十年史』南満州鉄道株式会社，1938 年（復刻版：原書房，1974 年），2717 頁。

66　『営業報告書』第 27 回，南満州鉄道株式会社，10–11 頁。

67　『南満州鉄道株式会社第二次十年史』南満州鉄道株式会社，1928 年（復刻版：原書房，1974 年），1303–1304 頁。

68　『営業報告書』第 27 回，南満州鉄道株式会社，10–11 頁。

69　「鉄道増収で社業頗る好調」（『満鉄株主会々報』4，1938 年 12 月），「国線の増収 社線を壓す」（同上），「鉄道増収九千万円」（『満鉄株主会々報』6，1939 年 5 月），「堅実なる社業の発展」（『満鉄株主会々報』8，1939 年 12 月），「鉄道収入五億円に達す」（『満鉄株主会々報』9，1940 年 5 月）など。

前年比較や経年での比較，または，予算と実績の比較を通じて，満鉄の業績を高く評価していた。

実際の配当に眼を向ければ，1932 年度以降，民間配当率 8 %，政府配当率 4.43 % が維持されている。また，1938 年度より配当平均準備積立金が 2000 万円計上された。この時点での民間配当金が 3200 万円，政府配当金が 1290 万円だから，その大きさがわかるだろう。また，翌年度繰越金も，1939 年度以降は 3000 万円を超えている。つまり，株主の立場からは，直前事業年度と同じ配当率を素朴に期待することができた。仮に 1931 年度のような赤字決算を織り込んだとしても，特別積立金・配当平均準備積立金と膨大な繰越金によって，8 % 配当が維持されると期待することもできたのである[70]。

さらにいえば，満鉄の定款は，民間配当率が 10 % に達するまで，政府配当率は 4.43 % に据え置くとしていた[71]。また，会社経理統制令においても，10 % までの配当に認可は不要であった。つまり，改組以降，「国策会社」としての色彩を弱めることによって業績を回復させた満鉄を支持してきた民間株主は，政府に干渉されずに，満鉄との直接交渉によって，増配の実現を展望することもできたのである。

3）払込株金と配当金のバランス

配当率が 8 % で維持されるという状態は，満鉄・株主の双方にとってバランスの取れたものであった。

表 7-5 は 1933 年増資と同様の条件の下で，標準的な株主を想定して，払込額と配当金を算出したものである。1933 年増資と同様の条件とは，毎年 10 月に 10 円/株の株金払込が実施され，配当率に変化がないことを指す。また，

70　飯田泰之・岡田靖「昭和恐慌と予想インフレ率の集計」（岩田規久男編著『昭和恐慌の研究』東洋経済新報社，2004 年）や鎮目雅人『世界恐慌と経済政策』（日本経済新聞出版社，2009 年）のように，高橋財政の効果をインフレ率の「予想」から分析する研究もある。しかし，当時の経済主体がもっていた情報収集能力や経済分析の技能を考えると，これらの研究が想定しているモデルに合致するのは，ごく限られた層の人々にとどまると考えられる。本章における満鉄株主による配当率の予想は，全員がもつことのできる情報によって，素朴に導き出されるものとなっている点に注意されたい。つまり，満鉄の配当率を 8 % と予想することは，多くの株主にとって難しくなかったのである。

71　山崎定雄『特殊会社法規の研究』交通研究所，1943 年，445 頁。

表 7-5　払込株金と配当の標準モデル

（円，株）

払込株金			第 1 回	第 2 回	第 3 回	第 4 回	第 5 回
		年月	1940.10	41.10	42.10	43.10	44.10
	払込済株	株数	20	20	20	20	20
		払込額	0.0	0.0	0.0	0.0	0.0
		払込済額	1000.0	1000.0	1000.0	1000.0	1000.0
	第三新株	株数	10	10	10	10	10
		払込額	100.0	100.0	100.0	100.0	100.0
		払込済額	100.0	200.0	300.0	400.0	500.0
配当金		回次	第 40 回	第 41 回	第 42 回	第 43 回	第 44 回
	配当率	年月	1941.6	42.6	43.6	44.6	45.6
	6 %	払込済株	60.0	60.0	60.0	60.0	60.0
		第三新株	3.0	9.0	15.0	21.0	27.0
		計	63.0	69.0	75.0	81.0	87.0
	7 %	払込済株	70.0	70.0	70.0	70.0	70.0
		第三新株	3.5	10.5	17.5	21.5	28.5
		計	73.5	80.5	87.5	91.5	98.5
	8 %	払込済株	80.0	80.0	80.0	80.0	80.0
		第三新株	4.0	12.0	20.0	28.0	36.0
		計	84.0	92.0	100.0	108.0	116.0
	9 %	払込済株	90.0	90.0	90.0	90.0	90.0
		第三新株	4.5	13.5	22.5	31.5	40.5
		計	94.5	103.5	112.5	121.5	130.5
	10 %	払込済株	100.0	100.0	100.0	100.0	100.0
		第三新株	5.0	15.0	25.0	35.0	45.0
		計	105.0	115.0	125.0	135.0	145.0

出典）「株主名簿（零カード）」閉鎖機関資料，満鉄，前：12-20。
注 1 ）額面価格が 50 円の払込済株を 20 株有し，第三新株を 10 株割り当てられた株主を想定している。
2 ）第三新株の最初の配当（第 40 回）は，半年度分の配当として算出した。
3 ）12 月の中間配当を，翌年 6 月に受ける配当金にまとめて計算してある。

標準的な株主とは，1940 年増資の割当によって持株数が変動しない株主，具体的な数値としては，払込済株（旧株＋新株＋第二新株）を 20 株所有しており，第三新株 10 株を割り当てられた「安定株主」を指す。その上で，配当率を 6～10 % の間で 1 ポイント刻みで設定し，それぞれの場合について配当額を算定した。

まず，払込済株の払込額は 50 円×20 株＝1,000 円で変化がなく，第三新株では毎年 10 月に 10 円×10 株＝100 円ずつ払い込まれ，第 5 回で払込完了となる。配当額は払込済株 1,000 円分と第三新株の払込済額に配当率を乗じたものとなり，それぞれの配当率について一覧にした。なお，第三新株の払込は 10 月であるため，払込額に対する最初の配当金は半年分，すなわち，配当率の半分ということになる。

払込金と配当金のバランスを見るために，「払込額」と配当金の「計」の欄に網掛けをした。これによれば，配当率が 7％以下の場合では，つねに，株主の毎年の払込額が，毎年の配当金を上回ることとなる。払込期間中，株主が一方的に負担をおう構図となっている。これとは逆に，配当率が 10％以上であれば，つねに，配当金が払込金を上回ることとなり，満鉄としては，安定株主から資金を調達できていないということになる。

残された配当率は 8％または 9％ということになる。満鉄が実際に選択したのは，1933 年増資の場合と全く同じように，8％の配当率であった。この場合，1942 年 10 月（第 3 回払込）に満鉄が受け取る払込額と，翌 43 年 6 月に株主が受け取る配当金が等しくなる。別言すれば，満鉄の立場からは，株主から払込株金を取りすぎず，また，配当金を与えすぎず，株主の立場からは，負担＝払込金が大きすぎず，利益＝配当も小さすぎずといったバランスのとれた数値となった。

4）株金払込の安定

このように，株式市場における満鉄の競争優位の源泉は 2 つあった。ひとつは，積立金の蓄積であり，もうひとつは，改組による利益金の増加と維持である。いずれも，会社経理統制令が実施されるなかでも，株主に対して 8％配当の維持を期待させるに十分な「実績」であった。アンケート調査では 1940 年増資に消極的だった株主が，割り当てられた第三新株をむやみに放出せずに，発行済株を含めて保有した理由がここにある。

別の見方をすれば，表 7-2 で名義書換と市場取引の間に有意な相関関係が表れなかった理由は，民間株主が，会社経理統制令によって思いのほか優良な銘柄になった満鉄株を持ちつづけたからであった。表 7-3 で明らかにしたように，株式市場において満鉄が他社よりも魅力的になると，これを取得しようとする投資家が増加したにちがいない。しかし，満鉄株主は，第三新株も発行済株もほとんど放出せずに保有したままであった。つまり，満鉄の株券現物の出回りが悪くなった。この場合，満鉄株を取得するには，長期取引・短期取引によって「予約注文」をするより他にない。その結果，株式取引所での売買高・受渡高と名義書換株数が乖離するようになり，投機的な取引も誘発して，有意な相関関係が表れなくなったのである[72)]。

もっとも，図 7-1 に示したように，1942 年 11 月以降の名義書換に関する資料は残されていない。そこで，払込期間について，大株主の持株数の動向を見てみよう。1941 年 1 月から 45 年 5 月までの間に，持株が 1 万株を超えた大株主は 139 人を数える。このうち，この期間を通じて 1 万株以上を維持した安定大株主は 55 人になる。この安定大株主の動向をまとめたものが表 7-6 である。

これによれば，個人株主が一貫して払込済株・払込中株を減らし，その他の株主もまた払込中株を減らしている。しかし，朝鮮銀行の持株は終始一貫して維持されている。銀行・生命保険・安田財閥・郵便年金積立は，期間中一時的に減らすことがあったとしても，全般的に維持・増加傾向にある。こうした動向からは，臨時資金調整法・銀行等資金運用令による統制が，銀行・生保による満鉄株の取得・維持を後押ししていたことがうかがえる。全体としては，払込済株で 18 万 4000 株増加したのに対して，第三新株は 10 万 6000 株減少した。もっとも，第三新株の減少のうち，1944 年 1 月以降の分には，満州国公募をすべて引き受けた満州国預金部の 10 万株が含まれている。これは預金部が満鉄を忌避した行動というよりは，満州の株式市場における需要増にあわせて供給したものと考えることができるため，それほどの減少ではないということになろう。

いま少し，比較対象を厳密にして，つまり，1940 年増資の割当によって持株が 1 万株になる 6,670 株以上を維持した大株主を対象としたうえで，払込完

72　なお，東京株式取引所の短期取引における満鉄の払込済株（額面 50 円）の株価は，1941 年は 61.4〜73.0 円，1942 年は 67.4〜77.6 円で推移している（『東京株式取引所統計年報』1941〜42 年版）。

表 7-6　安定大株主の持株数の推移(2)

（千株）

	年月	個人株主	銀行	生命保険	朝鮮銀行	安田財閥	郵便年金積立	満州国	その他	計
払込済株	1941 1	92	379	213	100	28	23		364	1,198
	5	89	383	214	100	50	33		345	1,213
	9	89	374	200	100	50	49		333	1,195
	1942 1	87	373	200	100	50	67		334	1,211
	5	85	381	203	100	51	67		319	1,205
	9	85	375	204	100	63	67		318	1,212
	1943 1	84	373	224	100	72	67		324	1,244
	5	84	376	256	100	73	67		320	1,275
	9	84	373	286	100	79	67		320	1,310
	1944 1	84	380	298	100	79	67		359	1,367
	5	81	369	330	100	77	67		364	1,389
	9	81	380	330	100	77	67		355	1,390
	1945 1	80	410	309	100	77	67		363	1,407
	5	80	410	321	100	77	67		326	1,382
第三新株	1941 1	46	188	91	50	14	0	600	177	1,166
	5	32	156	82	50	12	0	600	162	1,093
	9	32	156	73	50	15	2	600	153	1,080
	1942 1	27	155	71	50	15	4	600	150	1,072
	5	27	155	73	50	15	4	600	149	1,072
	9	27	155	71	50	15	4	600	149	1,071
	1943 1	27	156	76	50	15	4	600	149	1,075
	5	27	156	92	50	15	4	600	151	1,093
	9	27	152	97	50	15	4	600	151	1,095
	1944 1	26	154	97	50	15	4	504	156	1,005
	5	26	158	120	50	15	4	501	148	1,021
	9	26	158	120	50	15	4	500	149	1,021
	1945 1	26	145	120	50	15	4	500	149	1,008
	5	26	191	126	50	15	4	500	150	1,060

出典）「大株主及事故名簿（カード）」閉鎖機関資料，前：12-22。
注 1）対象としたのは，1941 年 1 月〜45 年 5 月に持株 1 万株以上を維持した株主。
2）株主数の内訳は，個人株主（7），銀行（20），生命保険（7），その他（16）。
3）「安田財閥」は，安田保善社・安田貯蓄銀行。「満州国」は経済部預金部。
4）いずれも月末現在。
5）大阪無尽の株主カードは 2 種類あり，記録期間に重複があるため，「削除」と記されたカードを対象外とした。

了の翌年 5 月までの約 3 年間も考えあわせて，1933 年増資と 1940 年増資を比較してみよう。1935 年 11 月から 38 年 5 月の間に，持株数 6,670 株を維持した株主は 84 人となる。払込済株（旧株＋新株）が 116 万 7000 株から 109 万 7000

株へ 7 万株減少する一方で，払込中株（第二新株）は 67 万 1000 株から 71 万 1000 株へ 4 万株増加した[73]。これに対して，1942 年 9 月から 45 年 5 月では，払込済株（旧株＋新株＋第二新株）が 121 万 2000 株から 138 万 2000 株へ 17 万株増加する一方で，払込中株（第三新株）は 107 万 1000 株から 106 万株へ 1 万 1000 株の減少にとどまっている。

払込済株と払込中株の増減が逆になっているものの，発行比率から考えても，1940 年増資の方が大株主による持株の維持・増加傾向が顕著である。つまり，満鉄の業績に対して，大株主の満鉄株保有は安定していたのである。もちろん，満鉄の業績に反応して，株主が弾力的に持株数を増減させることを，無条件に想定することはできない。株券現物の流通が確保されていないために，持株を処分できなかった可能性がある。戦争末期になるほど，そうした可能性は濃厚になるものであろう。そこで，最後に満鉄株主としての野村證券について，株式の譲受渡を記録した株主カードを使って，満鉄の株券現物の動きを確認しよう（図 7-3）。

野村證券にとって，株券の譲受は顧客からの買取を，逆に譲渡は顧客への販売を意味する。よって，前者を「＋」，後者を「－」として，月別の売買の動きをまとめたのが上の面グラフであり，月末現在での持株残高を集計したのが下の棒グラフである。1941 年 11 月から持株残高が急増しているのは，それまで名義書換をせずにいたものを，野村證券の方で変更したからだと思われる。

これによれば，野村證券を通じた満鉄株の取引は，安定的に維持されていたことがわかる。とくに，1943 年 9 月までは持株残高も安定しており，顧客からの注文にも十分に応じることができていた。それ以後，持株残高が減少するなかで，1944 年 5 月には顧客からの買取が急増するが，これは翌月の株主総会で決まる配当率などを見越した株主からの放出に対応した動きであろう。また，1945 年 3 月以降の急増は，1945 年増資に対する反応と思われる。

もう少し掘り下げてみれば，期間中の名義書換件数は 915 件となり，そのうち，211 件は法人株主からの譲受（買取），または，それへの譲渡（販売）となっており，残る 704 件は個人株主との間で譲受渡がなされていた。また，期

73　「大株主表」閉鎖機関資料，満鉄，前：17A-23。「大株主表」閉鎖機関資料，前：17A-196。

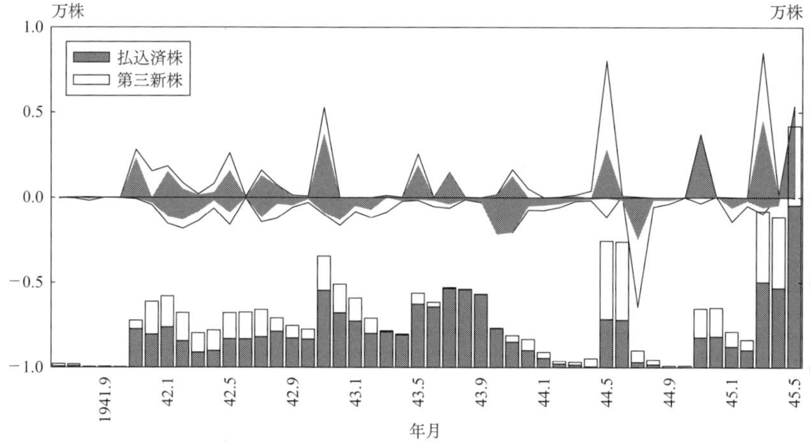

図 7-3　野村證券を通じた満鉄株取引

出典）「株主カード」（富山・大阪）閉鎖機関資料，満鉄，前：12-5。
注 1 ）面グラフは月別の名義書換株数（左目盛），棒グラフは月末現在での残高数（右目盛）を表す。
　2 ）毎月の名義書換株数のうち，譲受（≒顧客からの買取）を「＋」，譲渡（≒顧客への販売）を「－」で表示している。

間中の最後に持株残高が急増する（1945 年 2 月）までの書換株数を見てみれば，法人株主からの譲受株数は 1 万 9070 株，譲渡株数は 2 万 640 株となり，個人株主からの譲受株数は 1 万 8687 株，譲渡株数は 1 万 5792 株となっている。つまり，法人株主であれ，個人株主であれ，満鉄株の売買がほぼ均衡している。個人株主による放出を，法人株主が一方的に受け入れるというような構図にはなっていないのである。

むろん，野村證券による取引が，名義書換全体のどこまでをカバーできていたのかという問題は残る。また，野村證券自身の「営業努力」も考慮に入れる必要もあろう。しかし，この期間の集計と傾向からは，満鉄株取引が機能不全を引き起こしていたとは思われない。戦争末期にあっても，一定の株式取引が維持されたなかで，株主は満鉄株の保有を選好していた。それゆえに，安定した株金払込が実現していたのである。

おわりに

臨時資金調整法・銀行等資金運用令・会社経理統制令など株主をめぐる経済統制が進展するなかで，会社を通じた株式投資は自由度が保たれていた。その一方で個人株主に対しては，直接的に株式投資を統制することはなかったものの，所得税・相続税の改正や賃金統制，金利平準化・貯蓄奨励といったかたちで，株式投資を制約するようになっていた。満鉄の1940年増資は，そうしたなかで実施された。

当初，満鉄株主はこの増資に対して消極的であった。株主会によるアンケート結果は，無条件で増資に賛成する者がほとんどいないことを示している。実際のところ，たしかに，割り当てられた第三新株が手元に届くと，早速，株式の名義書換が行われた。しかし，その程度は1933年増資に比べて落ち着いていた。その後の払込期間を通じても，株主の増加と株式の分散化は緩慢であった。

それは，会社経理統制令による配当統制によって，満鉄株が他の銘柄よりも魅力的になったからであった。創業以来，配当金を抑制しつつ，特別積立金を着々と増やしてきたために，配当統制による減配懸念が満鉄にはなかった。また，改組後の利益金の増加・維持によって，増資後もつつがなく8％配当がなされるという期待を株主はもつこともできた。株主に，満鉄株を保有させるインセンティブが強く働いていたのである。払込期間中の大株主もまた，同様の行動を取っていた。

その結果，株式保有が安定化し，株金払込もまた無事に実施された。つまり，満鉄は，株式市場からの資金調達において，株主に忌避されることなく，他社との競争に勝つことができたのである。敗戦時に，戦時金融金庫の所有した満鉄株が，払込済株2万7950株，払込中株5,515株と，発行株式数に対してきわめて少数であったことは，それを裏づけるものであろう[74]。

このように満鉄は，「国策会社」として株主から支持されたのではなかった。

74　「在外株式調査表」閉鎖機関資料，戦時金融金庫，後：258。

対象となる会社すべてに適用された会社経理統制令に，一株式会社として対応し，そして，新しいルールの下での競争に勝ったのである。満鉄株主もまた，満鉄株の保有を強制されたのではなかった。彼らは，経済主体として合理的かつ自律的な投資行動を選択した結果，満鉄株を持ちつづけたのである。

見方を変えれば，満鉄は，株式会社として安定した配当を実現することで，資産規模の大きい株主だけでなく，零細な株主を保護することにも成功していた。つまり，毎年 10 円/株ずつを 5 年間で徴収しつつ，8 % 配当を維持することで，配当を与えすぎることなく，また，過度な株金払込を要求することもなく，株主との関係を保っていた。1940 年増資の払込期間における株主の安定化によって，株式会社としての経営に成功したことが，満鉄が企業組織として継続していくことを可能としたのである。

終　章

「調査部史観」を超えて

満州支配史研究と中国東北地域史研究という2つの研究潮流の中に満鉄史研究を位置づけるとき，植民地支配の側に立つ満鉄は最終的な帝国日本の「敗北」の体現者であり，中国東北の地域経済はそうした満鉄の政治的・経済的行為と「遺産」を受けとめつつ「成長」を続けてきた，という「歴史像」が私たちの前に提示される。この「歴史像」を満鉄史研究の側から捉え返せば，以下のような歴史の過程を容易に描くことができる。すなわち，植民地支配を担う中心的な存在として，巨大で絶対的に安定していた満鉄は，調査活動を通じて経済統制政策の立案を担っていたが，次第に支配者内部の権力争いの中で動揺し，最終的には満鉄改組によって多くの事業を分離することとなった。そして，この改組によって切り離された重工業部門は，先導的・直接的に働きかけるかたちで満州経済の「開発」を牽引し，以後の中国東北経済の成長の礎となった，という過程である。

本書は，こうした満鉄の「歴史像」に2つの「前提」が暗黙のうちに内包されていることに問題関心を寄せてきた。すなわちその前提とは，第一に，満鉄には上層部による経営管理・組織運営が末端まで貫徹するという，「上意下達」的な意思決定メカニズムが存在するというもの，第二に，満鉄の経営は市場からの制約を受けずに展開されるというものである。

以下，これまでの満鉄史研究の歴史学的アプローチそのものを対象化していくことをも射程に入れた本書において，各章が明らかにしたことを，相互の関連に留意しつつ簡潔にまとめ，達成された研究史上の成果を示すことで，結論の章としたい。

1　各章の概要

第 1 章では，満鉄重役と課長級以上社員の在籍期間の定量分析を通じて，満鉄経営における「主体性」を検討することから始めた。満鉄の総裁・副総裁・理事は外部から起用されることが多く，1920 年代後半からは任期を満了することが少なくなった。その一方で，課長級以上社員は 1920 年代に平均在籍期間を上昇させたのみならず，1930 年代には，10 年以上の在籍を経た後に理事に昇進する者も出るようになった。職制改正などによって断絶させられることなく，課長級以上社員としての職歴を重ねた彼らこそが，満鉄経営における「主体性」を担っていたのである。1927 年に設立された満鉄社員会は，まさに彼らの「主体性」を体現するものであった。社員会の運営は，会員の投票によって選出された評議員を基礎として，幹事長・常任幹事などで構成される本部役員が担い，この本部役員の約 70 % が課長級以上社員としての職歴をもつ者だった。社員会の活動は多岐にわたったが，つねに支出の最上位にあったのは機関誌『協和』の刊行費であった。本部役員，そして，課長級以上社員は，『協和』の巻頭言での発言などを通じて，「もうひとつのマネジメント」を展開していた。

第 2 章では，この『協和』にもとづいて，社員会の活動を通じて発揮された満鉄経営の「主体性」の内実とその変遷を明らかにした。1920 年代半ばより満鉄社員の中から，国内の政権交代に連動して満鉄重役が交代することへの異議申し立てが起こったが，社員会の設立もまたこの流れの中にあり，満州での実務経験を誇る社員たちは彼ら自身で理事職を担うことをつねに求めた。その一方で，社員会は傭員からの待遇改善要求に抑圧的な対応をとっていた。これを一変させたのが総裁・仙石貢の 1930 年職制改正で，仙石は課長級以上社員（社員会の現職幹事長も含む）の罷免に踏み切っただけでなく，社員の理事昇進も完全に拒絶した。同時に，仙石の下での「能率増進」は，生産性の向上と傭員の待遇改善を志向しつつ，産業合理化の先に経済統制を見据えてもいた。仙石の総裁就任をきっかけとした課長級以上社員の「世代交代」により，産業合理化という構想と，社員会の思想的中核たる奥村慎次の唱えた「産業の国家的統整」というアイデアが，方向性を同じくするものとして受け入れられるにいたった。

社員会は経営不振による待遇悪化を甘受しつつも，満州の経済統制のための活動に着手し，満鉄を中心とした「満蒙国策」の研究・立案を目的とする特別調査委員会を設置した。満州事変は，この委員会を経済調査会へスライドさせる契機となる。また，満州事変による殉職者の増加を受けて待遇改善の声が大きくなると，雇員・傭員の昇格が進むようになった。1933 年の満鉄改組問題への「反対」運動はこのようななかで起こっている。鉄道部門での中途採用者をはじめとして社員が急増すると，彼らをひとつにまとめるべく精神作興運動が毎年実施され，これが「満鉄魂」の作興運動へと発展して，社員会青年部で次世代の育成が進んだ。これを推進した社員会幹事長が，会社の総務部長・総務部人事課長を兼任していたことは，「もうひとつのマネジメント」が会社経営に浸透していたことをうかがわせる。最終的に，経済調査会による膨大な調査・立案と伴走するように待遇復活が実現した。社員会は，物質面・精神面の両面での社員管理によって，満州の経済統制の中心としての，すなわち「国策会社」としての満鉄経営を推し進めたのである。松岡洋右はこのようななかで総裁に就いており，その下でなされた職制改正では大連本社の課長職に社員会本部役員の経歴をもつ者が集中的に配置され，また，理事の大多数を社員理事が占めるようにもなった。しかし，傘下会社を切り離す満鉄改組が断行され，満業の設立にいたると，社員会は「もうひとつのマネジメント」を発揮する場としての機能を失っていくこととなる。

第 3 章では，社員たちが満鉄改組を静かに受け入れた要因を，「国策会社」の核心である調査活動に焦点をあてて分析した。すなわち，帝国日本の経済統制のプロトタイプとして高い評価を得てきた満鉄の調査活動の内実を，その慣習的方法，とくに，統計調査の手法に着目して検討した。満鉄調査組織は，その「生みの親」である初代総裁・後藤新平による「選択」と「不選択」，すなわち，台湾旧慣調査からの方法面における連続と，臨時台湾戸口調査との方法面における断絶によって，調査方法を規定されていた。個票から集計する統計調査ではなく，「既存資料に依拠した迅速なまとめ」という調査のあり方が，慣習的方法として確立されたのである。このスタイルは，東亜経済調査局や本社調査課において，とくに石川鉄雄をオーガナイザーとする調査活動に継承された。石川は，『満蒙全書』の制作や臨時経済調査委員会での調査を通じて，「既存資料に依拠した迅速なまとめ」を展開したのである。満鉄は，全国経済調査機関連合会を通じて民間調査機関の要として自らのこうした調査活動の有用性を対外的にアピールしていった。

こうした調査方法は，経済調査会での調査・政策立案において全面的に開花した。しかし，資料課統計係から問題提起がなされたように，満鉄の統計調査は，統計の作成過程を辿ることができない点で限界を有するものであった。公開性・透明性の低い，統計としてはきわめて不十分な基礎の上に立っていたために，最終的に経済調査会の調査・政策立案は，日本国内の官庁から拒絶されたのである。

国内官庁による拒絶を受けた後，『満鉄調査機関要覧』『満鉄資料彙報』において，机上調査と現地調査を区別するなど，満鉄では調査過程の透明性を高めるための努力が進められた。事実，満鉄外の調査機関との共同調査でしか，満鉄はその調査過程を明確にすることができず，統計調査員もまた冷徹に満鉄の統計調査の杜撰さを批判していた。こうした問題点をふまえて，社内では第一回社内統計講習会が開催され，統計係による啓蒙的な論説の発表がこれに続いた。これらの論説は，具体的な統計業務が広く理解されるように，個票の集計によって統計表が作成される過程を詳細・丁寧に解説し，また，統計作成の過程の透明化がどのように図られているかを具体的な事例を通して示すものであった。しかしながら，「既存資料に依拠した迅速なまとめ」に依存する調査部・大調査部の総合調査は，個票を用いる手法を取り入れることができなかった。そのために，この総合調査の中核をなすはずの日満支インフレ調査は成果を残すことができず，戦時経済調査も見た目は華やかな論争を繰り広げるだけで終わったのである。このような満鉄の調査活動の歴史的特質は，戦後日本において批判的に検討されることなく，むしろ「満鉄調査部」の過大評価として現象したこと留意したい。

以上，第 1 章から第 3 章で構成される第 I 部では，満鉄において，社員会の設立による自主的な社員の組織化と，経済調査会における調査・政策立案活動を通じて，「国策会社」としての自己像が内発的に立ち上がってくる経緯を明らかにしたうえで，彼らの能力・技能，すなわち，統計調査の方法が不十分であったために，「国策会社」としての満鉄の経営が不可能となっていったことを示した。換言すれば，先行研究において，満州経済統制の中心的役割を担う「国策会社」としての地位を，政治権力をめぐる争いの中で外圧的に追われたとされてきた満鉄について，満鉄社員の視点から，「国策会社」としての経営が「挫折」したものとしてその歴史を再構成した。第4章から第7章で構成される第II部は，自らの能力・技能ゆえに「国策会社」として満鉄を経営することができない事実を，満鉄社員が「挫折」として認識し，さらにその認識を共有することによって，株式会社として株主のために満鉄を経営する方向にシフトしていった実態を明らかにした。具体的には，満州事変後の逼迫する資金需要を満たすべく大規模な増資を実施する過程で，株主の変動という事象に象徴される株式市場のメカニズムに直面して，満鉄社員はあらためて「何のための，誰のための満鉄か」という問いをもち，経営の舵を切るにいたった。

第4章は，満鉄と民間株主の関係を，先行研究で踏襲されてきた資金需要サイドの視点ではなく，資金供給サイド＝株主の視点を重視して再構築したものである。満鉄の定款は，民間配当率とそれを規定する政府配当率を引き上げる方向で何度か改正がなされており，さらに，増配傾向のピーク時には日本政府による配当保証が正式に撤廃された。社債の元利支払に関する政府保証と同様に，日本政府による「優遇措置」が発動されることはなく，満鉄は自らの経営努力で株主の配当要求を満たすことができていた。しかし，世界恐慌を機に民間配当率は8％に下がり，さらに満州事変後には赤字配当で6％をようやく確保するという状況に満鉄は陥った。このようななかで実施された1933年増資は，民間株主に配慮せざるをえず，臨時株主総会で増資理由を説明した副総裁・八田嘉明は，具体的な数値の提示を控えることで，株主が負担感を覚えることを回避しようとしている。最終的に，民間株主への割当では極少の拒絶を出すにとどまり，満鉄の1933年増資は，ひとまず順調に，第二新株の発行と1回目の払込を終えたのである。

第4章の分析を前提として，第5章では，株金の払込という資金供給の過程で発生した民間株主の「変動」に注目して，それが満鉄経営に与えた影響を明らかにした。1933年増資による第二新株が出回り，第2回以降の株金払込が始まると，満鉄の株価が下落傾向を維持するなかで，株主数は増加していった。具体的には，社員株主（寄託株）と都市株主が満鉄株を放出し，地方株主がこれを引き受ける構図となっている。都市株主による放出の理由のひとつは，払込資本金に対して最終利益が低調だからであった。株金払込が追加的に継続しているにもかかわらず，満鉄が最終利益を伸ばすことができない状況から，彼らは減配を予見したのである。一方，地方株主は，以前より中央の有力株を所有して配当を受け取る投資機会を渇望していたために，株価の低下する満鉄株を受け入れた。都市株主に限らず大株主の一部も，満鉄株を放出していたが，新たに生じたこうした状況を改善するために満鉄株主会が設立され，8％配当の厳守と株価の回復が強く要求された。満鉄改組は，これに応じるかたちで実行されたのである。このような経緯は，満鉄の民間株主が一枚岩ではなく，都市株主と地方株主の間に投資機会の格差と満鉄株に対する評価の落差が存在していたこと，そして，都市株主・大株主が「国策会社」としての経営の強化を望んでいなかったことを示している。

第6章は，株式市場の拡大と株主の変動によって登場した「新しい株主」について，満鉄の東京支社株式係が対応した民事訴訟の訴訟資料にもとづいて具体的に考察したものである。小泉新七家保有の満鉄株は使用人・上林伝七の窃盗を経て放出されたものとされ，この株券を手にしていた「株主」は，善意無過失による取得を認められずに，小泉への株券返還を判決で命じられた。この小泉訴訟は，旧株と新株あわせて1,580株を所有する株主から放出された満鉄株が，10〜50株程度を所有する70人の株主へと分散していく，株式市場の拡大の「実態」を浮かび上がらせている。株式取引所の外と内，つまり，制度化された取引の外縁と内縁，その双方において株式の分散化は進展した。これは，証券業者の工夫と努力，つまり，百株券を十株券に「両替」するなどといった営業努力にも支えられており，その結果，より資産規模の小さな株主が誕生しやすくなっていた。株主の変動の果てに誕生した零細株主が，増資を通じた満鉄の資金調達を担うことになったのである。

第7章は，こうした零細株主への対応と大株主からの要求を同時に満たす措置が，経済統制下においてどのように作用したのかを明らかにしたものである。臨時資金調整法・銀行等資金運用令・会社経理統制令など株主をめぐる経済統制が進展するなかで満鉄の1940年増資は実施された。当初，満鉄株主はこの増資に対して消極的であったものの，1933年増資に比べて株主の増加と株式の分散化は緩慢であった。それは，会社経理統制令による配当統制によって，相対的に満鉄株が他の銘柄よりも魅力的になったからであった。満鉄が，設立より各種の積立金を厚く重ね，改組後に利益金を増加・維持するのを目の当たりにして，8％配当が維持されるという期待を株主はもったのである。その結果，株式保有が安定化し，株金払込もまた無事に実施された。零細株主の増加を抑制することができただけでなく，毎年10円の株金払込と8％の配当を継続することで，零細株主の払込負担と配当受取を適度に保ち，資金調達を確固たるものとするのにも成功したのである。

2　本書の成果

本書は，巨大で絶対的に安定していた「国策会社」としての満鉄が，付属地の満州国への移管や重工業部門の満業への移譲といった改組によって，株式会社としての経営パフォーマンスを改善させたことを，企業組織のマネジメントと市場メカニズムの因果関係の中で実証的に解明することを課題とした。別言すれば，「国策会社」でありながら株式会社でもあるという二面性を分裂させたままに把握されてきた満鉄を，統一的に把握することを志すものであった。

この課題のために，本書は，分析視角と研究対象を3つにしぼった。第一に，社員レベルの視点から満鉄の経営を解明することにより，経営上層部にとどまっていた満鉄経営史の枠組みを広げ，第二に，社員の技能・能力・認識・活動に光を当てて，社員が満鉄の経営において実現したこと，そして，実現できなかったことを解明し，第三に，株式市場のメカニズムが社員の認識と意思決定に与えた影響を明らかにしたうえで，満鉄の経営がどのように変化したのかを解明するというものである。

以下，これらの課題に対する本書の成果をまとめよう。

1)「国策会社」としての内在的契機

半官半民の株式会社として設立された満鉄は，制度的には日本政府（＝大蔵大臣）から半額の出資を受けつづけ，残りの半額を民間株主に頼っていた。日本政府が最大株主であることは，満鉄が帝国日本の国策に従って，営利の追求を第二義的としたとみなすうえでの制度的前提とされてきたが，その認識は改められる必要がある。実際には，満州事変期までの満鉄は，政府保証が形骸化するほどの高収益体質であり，満鉄と株主は，日本政府による「優遇措置」の下ではなく，株式会社としての営利の追求とその実現によって，「良好な関係」を築いてきた。

満鉄が「国策会社」として立ち現れてくるのは，「もの言う」社員の台頭とその経営参画という内在的契機にあった。そもそも 1920 年代の中頃から，重役人事の安定化を求めていた社員は，奥村慎次を中心とする課長級未満社員の世代になると，経済統制への展望を内包しながら，「国策会社」としての満鉄経営を志向していた。仙石貢による職制改正と人事断行，そして，彼が持ち込んだ経営理念は，経済統制を志向する社員に経営参画への道を開いた。

留意したいのは，社員の中に一定の主張・要求があっただけではなく，社員会活動を中心的に担った人材が，課級以上ポストをも占めるようになったことである。つまり，彼らは，社員会活動を通じて，さまざまな現業部門の橋渡し役を果たし，待遇改善問題に取り組む一方で，企業組織としての満鉄が拡大するなかで，課級以上ポストを担う人材の不足を自ら補うことで，満鉄「全体」を視野に収めるミドルマネジメントとして機能するようになっていったといえる。松岡洋右総裁の時代は，社員会が綱領に掲げた「自主独立」を「もうひとつのマネジメント」と社員理事によって，「使命擁護」を経済調査会による調査・立案を通じて，「福祉増進」を幹事長が総務部長・人事課長として解決することで達成した，主体的経営の最盛期だったといえよう。

2) 統計調査の能力――「国策会社」と株式会社の分水嶺

課級以上ポストの会社業務と社員会の活動の連動により，巨大化した企業組織を総合的にマネジメントできるようになったことは，関東軍による強い期待と相まって，経済調査会という満鉄の枠組みを超越した機構による調査活動を可能にした。そして，満州経済を統制する方策を追究するなかで，満鉄は自らをその中心的な役割を担う「国策会社」として，具体的に位置づけるようになったのである。

経済調査会の調査・立案の前段として，社員会が特別調査委員会を設置してことは，調査活動に主体性とそれにもとづく「情熱」を付与した。また，満州に限定せずに，日本と満州を包括した経済統制にまで立案の対象を広げた点では，満鉄から日本政府の中枢へ駆け上がっていこうする「野心」があったともいえる。「一業一社主義」のように行き詰まりを見せた方針もあったとはいえ，経済調査会が示した方向性そのものが全面的に否定されることはなく，その調査・立案の一部はたしかに満州国の軍・政・官の各界で受け入れられた。

しかしながら，調査・立案の統計的根拠を経済調査会は疑われた。満州，そして，日満という単位でマクロ経済を把握・認識する方法において，大きな問題点があることを，国内官庁から追及されたのである。つまり，個票からの集計ではなく，他の調査機関の統計資料の再集計という手法をとっていたことが，経済統制において必要不可欠である，定量的な把握と分析を不可能にしていた。もっとも，満鉄の統計調査員はこの問題を認識していた。そして，統計講習会を開催し，啓蒙的な論説を社内で発表することで，この透明性の低い統計調査を改善しようとした。それでも，満鉄の統計調査は変わることができなかった。社員会の幹事長も，会社の人事全般を掌る総務部人事課長の立場を活かして，統計調査員を養成する道をつけることができなかった。

満州の経済統制に向けた調査・立案を行い，「国策会社」として統制経済の中心的地位を占めるうえでの必須要件ともいえる統計調査の能力を，ごく一部の統計調査員を除いて，満鉄社員はもっていなかった。ある特定のテーマにおいて調査が不十分だったのではなく，調査活動全般の根幹たる統計調査において，多くの満鉄社員はその正確さを確保することができなかったのである。こうした能力・技能の不足は，社員の中で共有され広く認識された。社員会の設立という自主的な組織化を通じて，「国策会社」として経済統制を担う方向に満鉄は進んでいったが，統計調査における能力不足という客観的な事実によって，満鉄は「国策会社」としての役割から撤退を余儀なくされた。満鉄社員が，その活動と，技能・能力における限界のために，満州の経済統制を中心的に担う「国策会社」としての自社経営に挫折したことを示した点に，本書の成果のひとつがある。

3）株式会社としての覚醒

こうした挫折の後に，「何のための，誰のための満鉄なのか」という問いがあらためて定立されたとき，満鉄が株式会社であることは，制度的な意味以上にクローズアップされた。そうさせるような事態が，1933年増資の払込期間に起きていたのである。つまり，制度的な設定ではなく，満鉄に内在的な原因・理由・事由が，株式会社としての覚醒を促していた。

1933年増資による株主の変動は株主の増加をともなうものであった。この増加は，必要な資金を社会から広く調達するのに成功したことだけを意味するものではない。なぜならば，満鉄の株価は下落していたからである。地域的には都市の，資産規模的には5,000株以上の株主による満鉄株の放出が，この変動と増加の要因であった。つまり，満鉄株主の中に，満鉄の経営的現状を嫌う者が現れたのである。株式関係の業務を担当する社員はこの事態を認識していた。彼らの残した一次史料がそのことを証明している。

それゆえに，民間株主が満鉄株主会を設立して，「もの言う」株主として活動を始め，8％配当堅守と株価回復を要求してきたことを，株主の窓口となる資金調達部門の社員は無視できないものと判断した。民間株主の株金払込が日本政府に先行するだけでなく，日本政府のそれは満額に程遠く，最大株主としての日本政府は資金調達で機能しにくくなっていた。また，社債発行限度額を拡張しシンジゲート団を通じて社債を増発するにしても，すべては株金払込がなくては実行できないことであった。満鉄は，「もの言う」株主に替わる株主を見つけることも，株式増発を通じた増資に替わる資金調達方法を見つけることもできなかった。だからこそ，「もの言う」株主の要求を満たすために不採算事業を手放すという意味での，付属地移管に象徴される満鉄改組が実現した。この点で満鉄は，「もの言う」株主からのガバナンスを受けるようになったといえる。

4）株式市場のメカニズムが導くもの

このような改組を通じた株式会社としての営利追求は，満鉄史研究上においてどのように位置づけられるのであろうか。一見すると，国家独占資本主義論以来の「侵略と支配の歴史研究」が提示してきた，政治主体と経済主体の表裏一体的な協力関係に，企業統治という垂直的な関係が持ち込まれただけのようにも見える。また，資本の論理が強く表出しただけ，満鉄に即していえば，高収益を実現した満州事変前までの営利体質に回帰しただけのようにも見える。実際，社員会も株主総会に代表を派遣していたし，経済調査会の調査・立案を中心的に担った奥村慎次や北条秀一も，大株主を念頭に利益の確保に留意していた。

しかし，改組に至った株式会社としての満鉄は，株式市場のメカニズムにより持株規模の小さい「もの言わぬ」株主が誕生し，彼らが満鉄の資金調達を規定するようになるという，新しい局面を迎えていた。株価下落は，資金力の乏しい人々を新たに満鉄の株主にするかつてない機会を提供する一面をもっていたが，満鉄株の株価がさらに下落を続けるなか，それでもなお株主が増えつづけるという事態は，株価回復を求める「もの言う」株主とは別タイプの，「異質な」株主が誕生していることを意味した。そして，満鉄株主会はこのことを認識していた。

同時に満鉄社員は，小泉訴訟のような事例を通じて，放出された株式を引き受けた「もの言わぬ」株主が，わずか 10 株程度の持株をあきらめることのできない零細な株主であることも把握していた。換言すれば，満鉄設立以来の既存株主からの放出の過程を通して，株式の名義書換においてまま起こりうる「事故」のリスクを管理できない株主が増加しつつあることを理解していた。満鉄社員は，満鉄の株式がそのような者たちにも持たれるものになってしまったことを，危機意識とともに認識していたのである。

こうして，株式市場のメカニズムを通じて，市場への参入者，すなわち，株式を購入・売却する者が増加したことで，満鉄は，最大株主である日本政府やその他の大株主との交渉だけで，十分な資金調達を果たすことができなくなっていた。それほどまでに満鉄が発行した株式は多く，満鉄は必要とする資金の面でも巨大化していたのである。参入するそれぞれの経済主体の認識や期待にもとづく，「自由な売買」が貫かれる株式市場のメカニズムに規定される存在に，満鉄自身がなっていた。増加していく零細株主一人ひとりを相手にした対処ではなく，市場全体のメカニズムへの，企業組織としての対応を余儀なくされたのである。そして，その対応を適切に実行することができたからこそ，満鉄は，近代日本の他の「国策会社」とは異なり，敗戦までの経営を，財政資金の投入なしに継続させることができた。

満鉄は，その経営に「主体性」をもって参画した社員によって，「国策会社」たることを志されたが，いわば能力的な限界によって，最終的に国策への寄与は挫折を迎えた。そして，この限界を自覚させ，経営方針を転換させたのが，株式市場のメカニズムにほかならなかった。市場からのガバナンスを適切に受け止めたことで，満鉄は多くの民間株主をつなぎとめ，敗戦まで自立的に存続することができたのであった。

巻末付表 1　1924 年 7 月 8 日現在の課長級以上社員

箇所		役職	氏名	課級以上ポストの在籍期間	空白頻度・日数	重役歴			社員会本部役員歴		
						理事	副総裁	総裁	前年度まで	当該年度	次年度以降
社長室		参事	小倉釟二	1921.01.01～1925.11.25							
	文書課	課長	簗島信司	1919.02.07～1931.08.01	②1515 日						
		参事	山崎元幹	1923.11.26～1932.10.04	①12 日	○	○	○			
	人事課	課長	入江正太郎	1922.01.17～1931.08.01							
		参事	吉田清次郎	1921.05.23～1925.08.01							
		審査役	石川鉄雄	1919.07.16～1934.05.10							○
			貝瀬謹吾	1914.05.20～1930.06.14	①550 日						
			牧野虎次	1922.05.01～1925.04.30							
			中島亮作	1918.01.15～1925.07.15	①862 日						
		監査員	谷本金次郎	1922.01.30～1925.03.31							
			浜田信哉	1922.01.30～1930.06.14							
			大浜龍蔵	1922.01.30～1927.12.28							
			大内滑	1922.01.30～1927.06.30							
			小林清造	1923.04.21～1930.06.14							
			田所耕耘	1918.05.15～1938.09.18	①785 日						
			斉藤豊	1923.05.01～1924.09.11							
			山内昌一	1922.08.15～1924.09.11							
			羽田久之助	1924.01.12～1928.11.17	①1086 日						
			日野梅太郎	1924.03.08～1925.08.31							
		秘書役	伊藤真一	1924.07.04～1938.09.18	①1403 日						○
			上田恭輔	1922.01.17～1927.05.31							
			三宅恒永	1923.04.21～1924.08.01							
庶務部		部長	木部守一	1921.07.09～1929.12.21							○
	庶務課	課長	野村正	1921.01.01～1927.11.18							
		参事	新井信次	1922.03.18～1925.08.01	①10 日						
	社会課	課長	田村羊三	1918.02.23～1930.06.14	①588 日						○
		参事	工藤雄助	1922.01.30～1929.03.30	①219 日						○
	調査課	課長	佐田弘治郎	1922.01.17～1931.07.25							
	東亜経済調査局	主事	栗原広太	1923.04.21～1927.04.05							
		参事	永雄策郎	1919.11.07～1930.06.14	①292 日						
	東亜経済調査局 調査課	課長	大川周明	1919.11.07～1929.07.02	①551 日						
	紐育事務所	所長	小林絹治	1922.01.17～1929.08.13	①740 日						
	北京公所	〃	竹中政一	1919.07.16～1931.07.15		○					
		参事	牛島吉郎	1922.08.05～1931.05.22	①1053 日						
		〃	山路鉄雄	1924.01.22～1925.06.30							
	奉天公所	所長	鎌田弥助	1918.09.03～1929.08.03	①14 日						
	鄭家屯公所	所長事取	小川清	1921.01.11～1927.11.18	①14 日						
	洮南公所	〃	村田熊三	1924.06.23～1927.11.15							
	吉林公所	〃	土肥？	1924.01.09～1937.06.30	①372 日						

箇所			役職	氏名	課級以上ポストの在籍期間	空白頻度・日数	重役歴			社員会本部役員歴		
							理事	副総裁	総裁	前年度まで	当該年度	次年度以降
鉄道部			部長	藤根寿吉	1919.09.20～1927.04.05	①3 日	○					
	庶務課		課長	千秋寛	1922.08.18～1930.06.14							
			参事	丸山徳三郎	1923.08.25～1925.08.01							
			〃	足立直太郎	1924.05.26～1927.11.21	①331 日						
	旅客課		課長	岡田亮助	1924.03.03～1925.03.20							
	貨物課		〃	宇佐美寛爾	1920.04.18～1934.07.25	①563 日	○					○
			参事	酒井清兵衛	1922.01.17～1936.09.14	③837 日						
	運転課		課長	鈴木二郎	1922.07.08～1931.07.07							
			参事	猪子一到	1923.08.25～1938.09.18	①2191 日	○					
			〃	杉浦熊男	1923.08.25～1935.05.31	③1979 日						
	機械課		課長	佐藤恕一	1922.07.08～1930.06.14							
			参事	野中秀次	1923.08.25～1938.04.01	②1457 日						
	計画課		課長	根橋禎二	1919.11.29～1936.11.10	①845 日						
			参事	大西清	1919.11.28～1925.08.01							
			〃	堀親道	1922.07.08～1927.05.28	①254 日						
			〃	清水賢雄	1923.04.30～1937.04.30	④934 日						
	保線課		課長	牛島烝	1922.07.08～1930.06.14	①91 日						
			参事	田伴勉	1924.03.03～1925.08.01							
	経理課		課長	岩田熊治郎	1920.06.08～1927.02.01							
			参事	加藤友治	1923.05.03～1925.08.01							
	大連鉄道事務所		所長	和田九市	1919.09.28～1930.06.14							
			参事	小須田常三郎	1924.04.01～1932.12.01	①762 日						
	奉天鉄道事務所		所長	加賀種二	1919.11.28～1927.11.18	①331 日						
			次長	山口十助	1923.04.21～1938.09.18	①1278 日						
			参事	太田久作	1923.04.21～1938.09.18	②1421 日						
	長春鉄道事務所		所長	羽田公司	1920.07.15～1934.08.09							
			参事	田辺利男	1923.04.21～1938.09.18	①2595 日						
	安東鉄道事務所		所長	佐藤俊久	1923.04.21～1932.12.12	①179 日						
			参事	厨川正	1924.06.20～1925.04.01							
	埠頭事務所		所長	市川数造	1918.08.03～1931.08.01							○
			参事	関根四男吉	1923.08.25～1935.04.10	③1647 日						
		庶務課	課長	亀岡精二	1920.11.27～1937.04.30	②1408 日						○
		陸運課	〃	黒田秀麿	1919.07.16～1926.03.08	①455 日						
		海運課	〃	吉富金一	1919.07.16～1935.10.07	①1447 日						
		車務課	〃	高尾秀市	1920.07.10～1926.10.31							
		工務課	〃	鳥取末治郎	1920.04.28～1926.04.12							
	沙河口工場		場長	桜井実郎	1923.04.21～1924.11.30							

		会計課	課長	佐々木雄次郎	1918.09.28～1925.05.14	①394 日						
		設計課	〃	原正年	1918.09.28～1926.06.24							
		第一作業課	〃	松尾勘六	1918.09.28～1925.03.21							
	遼陽工場		参事	坂本鷹雄	1923.06.06～1927.11.15							
	上海事務所		所長	桜木俊一	1918.08.26～1927.11.18							
			参事	井川亮	1923.04.21～1926.08.23							
地方部			部長	田辺敏行	1918.01.15～1927.09.17		○					
			参事	高宮元三郎	1923.05.03～1929.03.19							
	庶務課		課長	山中繁雄	1918.01.15～1926.03.08	②676 日						
			参事	立石保福	1923.06.18～1925.03.20							
	地方課		〃	小数賀政市	1922.01.17～1925.04.20							
	土木課		課長	福田稔	1919.11.28～1930.06.14							
			参事	中島種吉	1923.06.18～1926.03.17							
			〃	長谷川貞三	1924.05.09～1930.06.14							
	建築課		課長	岡大路	1922.10.10～1938.09.18	①3716 日						
			参事	柳本直人	1923.05.04～1926.03.17							
	学務課		課長	保々隆矣	1920.01.08～1930.06.14							○
	衛生課		〃	金井章次	1924.03.14～1931.10.27							
	大石橋地方事務所		所長	横田多喜助	1918.05.15～1926.05.31	①14 日						
		遼陽地方区	区長	島田好	1921.11.07～1930.06.14	②310 日						
		瓦房店地方区	〃	畠野正庸	1922.07.31～1925.02.26							
		営口地方区	〃	太田雅夫	1923.10.01～1938.09.18	①345 日						
	奉天地方事務所		所長	山西恒郎	1918.01.15～1931.07.15		○					
			参事	土肥隆	1924.05.26～1925.04.01							
		鉄嶺地方区	区長	川上融	1923.05.26～1928.06.12							
		開原地方区	〃	堀磯右衛門	1923.06.20～1926.03.17							
		本渓湖地方区	〃	湯浅秀富	1923.11.14～1925.03.25							
	長春地方事務所		所長	井上信翁	1920.01.22～1931.08.01	①488 日						
		四平街地方区	区長	田崎義友	1922.07.31～1926.03.17							
		公主嶺地方区	〃	茶谷栄治郎	1920.01.13～1927.01.15							
	安東地方事務所		所長	井上到也	1922.01.17～1930.06.14							
			参事	西村佐人	1924.03.19～1925.08.01							
	大連医院		医院長	尾見薫	1922.01.17～1929.03.31							
			副医院長	戸谷銀三郎	1922.01.17～1925.09.02							
	南満医学堂		堂長	稲葉逸好	1920.08.11～1935.09.16							
	南満州工業学校		校長	今景彦	1922.01.17～1925.09.30							
	大連図書館		館長	神田城太郎	1920.02.02～1925.03.20							
興業部			部長	岡虎太郎	1918.01.15～1925.12.25		○					
	庶務課		課長	木村通	1922.03.17～1931.08.01							
			参事	永尾竜造	1922.01.17～1929.08.03	②1201 日						
	商工課		課長	向坊盛一郎	1918.01.15～1931.08.01							
			参事	五十嵐保司	1922.06.19～1931.08.01	①1778 日						○
			〃	谷川善次郎	1924.04.02～1937.04.30	②2025 日						

箇所		役職	氏名	課級以上ポストの在籍期間	空白頻度・日数	重役歴 理事	重役歴 副総裁	重役歴 総裁	社員会本部役員歴 前年度まで	社員会本部役員歴 当該年度	社員会本部役員歴 次年度以降
	農務課	課長	栃内壬五郎	1914.05.20～1927.10.31	①677 日						
		参事	入江一郎	1923.12.25～1925.03.20							
	販売課	課長	小川逸郎	1922.01.17～1931.09.21							
		参事	白浜巌	1923.06.21～1928.09.20	①507 日						
	農事試験場	場長	神田勝亥	1919.07.24～1930.06.14							
	地質調査所	所長	村上鈑蔵	1922.01.17～1931.08.01							
	中央試験所	〃	斉藤賢道	1920.06.03～1927.03.02							
	中央試験所 試験課	課長	中尾万三	1920.06.03～1926.07.26							
	中央試験所 研究課	〃	小林忠次郎	1922.07.15～1926.09.11							
	窯業試験工場	場長	平野耕輔	1918.09.26～1925.07.15							
		参事	村井昇一郎	1922.01.17～1925.03.20							
		〃	横山武	1923.04.21～1925.07.15							
	電気作業所	所長	出原佃	1918.12.06～1927.11.18							
		参事	亀井宝一	1922.01.17～1925.08.01							
		〃	今井栄量	1923.09.21～1925.08.01							
	瓦斯作業所	所長	富次素平	1918.01.12～1925.07.18							
経理部		部長	遠藤達	1923.02.16～1924.07.17							
	主計課	課長	市川健吉	1921.05.23～1938.09.18							○
	会計課	〃	白浜多次郎	1918.06.19～1931.08.01	①86 日						○
		参事	中山正三郎	1922.02.02～1931.08.01	③748 日						
	用度課	課長	富永能雄	1920.03.06～1933.05.31							○
		参事	西田猪之輔	1923.05.30～1933.09.06	①1354 日						○
東京支社	庶務課	課長	大淵三樹	1918.01.15～1932.10.04	②1353 日	○					
	経理課	〃	古仁所豊	1921.06.06～1930.06.14	①410 日						
京城管理局		次長	黒沢明九郎	1918.01.15～1925.04.01	①927 日						
	庶務課	課長	石崎頼久	1919.09.03～1925.04.01							
	営業課	〃	岡田亮之	1923.04.21～1930.06.14							
	運転課	〃	衛藤祐盛	1923.04.21～1925.04.01							
	保線課	〃	石川真三	1923.04.21～1930.06.14							
	機械課	〃	大沢次三郎	1918.09.28～1925.04.01	①336 日						
	経理課	〃	富田重平	1923.04.21～1925.04.01							
撫順炭鉱	庶務課	〃	大藪鉦太郎	1914.05.20～1925.08.13							
	会計課	〃	三宅亮三郎	1917.12.08～1931.08.01	①610 日						○
	用度課	〃	大垣研	1920.03.15～1938.09.18		○					
	運炭課	〃	桑原義三郎	1921.06.16～1925.12.28							
	鉱務課	〃	久保孚	1918.06.21～1937.06.02	①1052 日	○					
	機械課	〃	国松緑	1918.06.21～1931.08.01	①942 日						

	工業課	〃	岡村金蔵	1918.06.21～1934.11.30	①942日						
	土木課	〃	佐藤応次郎	1918.01.15～1935.07.25	②1182日	○					
	古城子採炭所	所長	小沼得四郎	1918.06.21～1927.05.20							
	大山採炭所	〃	鶴田亀二	1918.06.21～1927.11.15	①298日						
	東郷採炭所	〃	増永茂重郎	1918.06.21～1930.06.14							
	老虎台採炭所	〃	小泉禎次	1923.04.21～1927.10.24							
	竜鳳採炭所	〃	小玉源四郎	1918.06.21～1928.07.02	③348日						
	煙台採炭所	〃	奥沢集成	1918.06.21～1924.12.27							
鞍山製鉄所		次長	矢野端	1918.01.15～1927.11.18							
	庶務課	課長	長浜哲三郎	1923.05.30～1930.06.14	①829日						
	製造課	〃	梅根常三郎	1923.09.07～1933.05.31							
	工務課	〃	足立祐一	1920.01.10～1926.11.05							
		参事	矢野耕治	1923.04.21～1933.05.31	①461日						
	研究部	〃	斉藤三三	1923.09.07～1925.05.30							
哈爾浜事務所	庶務課	課長	古沢幸吉	1920.07.09～1929.06.17							
		参事	軍司義男	1923.04.21～1930.06.14							
		〃	佐々木盛	1923.04.21～1925.08.01							
	運輸課	課長	塩谷利済	1921.06.15～1927.11.18							
	調査課	〃	山内勝雄	1922.01.17～1925.05.07							
	斉々哈爾公所	所長	早川正雄	1923.04.21～1930.06.14							

出典）課長級以上社員データベース。
注1）専任のみを掲示してある。
2）空白頻度・日数の欄のうち，○数字が空白頻度。

巻末付表 2　1930 年 6 月職制改正と課長級以上社員

箇所			役職	氏名	課級以上ポストの在籍期間	空白頻度・日数	重役歴 理事	重役歴 副総裁	重役歴 総裁	社員会本部役員歴 前年度まで	社員会本部役員歴 当該年度	社員会本部役員歴 次年度以降
総務部			次長	木村通	1922.03.17～1931.08.01							
総務部	文書課		課長	岡田卓雄	1930.06.14～1938.09.18	①299 日	○					
総務部	人事課		〃	中西敏憲	1928.06.19～1936.10.01		○			○	○	○
総務部	労務課		〃	二村光三	1929.12.16～1931.08.01					○	○	
総務部	調査課		〃	佐田弘治郎	1922.01.17～1931.07.25							
総務部	検査課		〃	市川健吉	1921.05.23～1938.09.18							
総務部	考査課		〃	中山正三郎	1922.02.02～1931.08.01	③748 日						
総務部	東京支社		支社長	大淵三樹	1918.01.15～1932.10.04	②1353 日	○					
総務部	東京支社	庶務課	課長	平山敬三	1929.03.14～1936.01.09					○		
総務部	東京支社	経理課	〃	橋本戊子郎	1921.06.06～1937.08.16	①2402 日						
総務部	哈爾浜事務所		所長	宇佐美寛爾	1920.04.18～1934.07.25	①563 日	○			○		
総務部	哈爾浜事務所	庶務課	課長	前田孝義	1930.06.14～1933.06.20							
総務部	哈爾浜事務所	運輸課	〃	石原重高	1927.11.21～1938.05.01	①1134 日				○		○
計画部			次長	向坊盛一郎	1918.01.15～1931.08.01							
計画部	業務課		課長	小沢宣義	1919.07.16～1938.09.18	④2438 日						
計画部	技術課		〃	根橋禎二	1919.11.29～1936.11.10	①845 日						
計画部	能率課		〃	田所耕耘	1918.05.15～1938.09.18	①785 日						
計画部	理学試験所		所長	渡辺猪之助	1927.12.01～1938.09.18	①716 日	○					
交渉部			次長	石川鉄雄	1919.07.16～1934.05.10					○		
交渉部	渉外課		課長	山崎元幹	1923.11.26～1932.10.04	①12 日	○	○	○			
交渉部	資料課		〃	石井成一	1920.06.05～1936.08.20	①100 日						
交渉部	上海事務所		所長	石本憲治	1925.09.24～1935.07.25	②1010 日	○					
交渉部	紐育事務所		〃	郷敏	1930.06.14～1933.08.07							
交渉部	北京公所		〃	牛島吉郎	1922.08.05～1931.05.22	①1053 日						
交渉部	奉天公所		〃	入江正太郎	1922.01.17～1931.08.01							
交渉部	鄭家屯公所		〃	菊竹実蔵	1927.11.18～1932.05.30							
交渉部	吉林公所		〃	浜田有一	1930.06.14～1938.09.18	②14 日						○
交渉部	洮南公所		〃	河野正直	1930.06.14～1938.09.18	①1730 日						
交渉部	斉々哈爾公所		〃	中川喜久松	1930.06.14～1938.09.18	①2014 日						
経理部			次長	竹中政一	1919.07.16～1931.07.15		○					
経理部	主計課		課長	三宅亮三郎	1917.12.08～1931.08.01	①610 日					○	
経理部	会計課		〃	長山七治	1927.12.02～1936.03.22					○		
鉄道部			次長	鈴木二郎	1922.07.08～1931.07.07							
鉄道部	庶務課		課長	酒井清兵衛	1922.01.17～1936.09.14	③837 日						
鉄道部	庶務課	大連運輸事務所	所長	迫喜平次	1930.06.14～1932.01.16							
鉄道部	庶務課	奉天運輸事務所	〃	波田吉太郎	1927.04.05～1931.03.31	①936 日				○	○	
鉄道部	庶務課	長春運輸事務所	〃	古川達四郎	1927.05.01～1938.09.18	②511 日						
鉄道部	庶務課	鉄道教習所	〃	髙倉義雄	1930.06.14～1937.04.30							

	旅客課		課長	下津春五郎	1925.07.10～1938.09.18	②1739 日						
	貨物課		〃	伊沢道雄	1927.04.05～1938.01.22					○		
	連運課		〃	伊藤太郎	1930.06.14～1938.09.18	①11 日						○
	運転課		〃	太田久作	1923.04.21～1938.09.18	②1421 日						
		大連車輌事務所	所長	木村知彦	1926.01.22～1937.12.01	②1654 日						
		奉天車輌事務所	〃	青木信一	1930.06.14～1933.11.07	①472 日						
		長春車輌事務所	〃	子安甚平	1930.06.14～1931.02.20							
	工務課		課長	山嶺貞二	1930.06.14～1938.09.18	②516 日						
		大連保線事務所	所長	石村長七	1930.06.14～1937.04.30	①578 日						
		奉天保線事務所		奥田周	1930.06.14～1935.05.18	①578 日						
		長春保線事務所		村山末男	1930.06.14～1931.08.01							
	保安課		課長	山岡信夫	1927.04.05～1934.11.10					○	○	○
		大連電気修繕場	場長	黒住恒太	1930.06.14～1931.05.30							
	経理課		課長	市川数造	1918.08.03～1931.08.01					○		
	埠頭事務所		所長	羽田公司	1920.07.15～1934.08.09							
			庶務長	白井喜一	1926.06.28～1935.12.04	①936 日						○
			営業長	吉富金一	1919.07.16～1935.10.07	①1447 日						
			海運長	関根四男吉	1923.08.25～1935.04.10	③1647 日						
			陸運長	秋山卯八	1926.11.09～1931.08.01							
		大連甘井子埠頭	埠頭長	阿部義忠	1930.06.14～1931.08.01							
	鉄道工場		場長	野中秀次	1923.08.25～1938.04.01	②1457 日						
			作業長	杉浦熊男	1923.08.25～1935.05.31	③1979 日						
			設計長	田島豊治	1926.06.24～1931.08.01							
炭鉱部			次長	築島信司	1919.02.07～1931.08.01	②1515 日						
	庶務課		課長	大垣研	1920.03.15～1938.09.18		○					
	採炭課		〃	久保孚	1918.06.21～1937.06.02	①1052 日	○					
	電気課		〃	大橋頼三	1927.10.24～1938.09.18							
	機械課		〃	国松緑	1918.06.21～1931.08.01	①942 日						
	化学課		〃	岡村金蔵	1918.06.21～1934.11.30	①942 日						
	経理課		〃	石橋米一	1927.11.16～1932.04.23	①364 日						
	古城子採炭所		所長	佐藤応次郎	1918.01.15～1935.07.25	②1182 日	○					
	大山採炭所		〃	坂口兌	1927.10.24～1938.09.18	①282 日						
	東郷採炭所		〃	前島呉一	1924.12.27～1934.12.01	①374 日						
	楊柏堡採炭所		〃	馬場彰	1928.09.01～1938.09.18							
	東ヶ岡採炭所		〃	志岐武一郎	1927.10.24～1931.08.01							
	老虎台採炭所		〃	高畑信三郎	1925.02.01～1934.03.10	①697 日						
	竜鳳採炭所		〃	平石栄一郎	1927.10.24～1936.10.01	①535 日						
	煙台採炭所		〃	中島亀吉	1928.08.16～1938.09.18	①261 日						
	運輸事務所		〃	渡辺寛一	1925.12.28～1932.09.16							
	工事事務所		〃	宇木甫	1930.06.14～1938.09.18							○
	機械工場		場長	今泉卯吉	1927.10.24～1937.04.30	①1726 日						
	製油工場		〃	長谷川清治	1929.11.01～1933.02.01							
製鉄部			次長	富永能雄	1920.03.06～1933.05.31					○	○	○
	採鉱課		課長	久留島秀三郎	1927.10.18～1933.05.31							
	製造課		〃	梅根常三郎	1923.09.07～1933.05.31							

	箇所	役職	氏名	課級以上ポストの在籍期間	空白頻度・日数	重役歴			社員会本部役員歴		
						理事	副総裁	総裁	前年度まで	当該年度	次年度以降
	工作課	〃	矢野耕治	1923.04.21～1933.05.31	①461 日						
	銑鉄工場	場長	浅輪三郎	1930.06.14～1933.05.31							
	選鉱工場	〃	古江茂橘	1930.06.14～1933.05.31							
	化学工場	〃	深山達蔵	1930.06.14～1938.09.18	①1465 日						
	工作工場	〃	楠田喜久二	1930.06.14～1933.05.31							
販売部		次長	小川逸郎	1922.01.17～1931.09.21							
	庶務課	課長	金田純一	1930.06.14～1931.08.01							
	石炭課	〃	林正春	1930.06.14～1931.09.04							
	銑鉄課	〃	三溝又三	1930.06.14～1936.10.01							○
殖産部		次長	武部治右衛門	1919.11.19～1936.10.01	①1473 日						
	庶務課	課長	小須田常三郎	1924.04.01～1932.12.01	①762 日						
	商工課	〃	五十嵐保司	1922.06.19～1931.08.01	①1778 日				○		
	農務課	〃	松島鑑	1927.10.31～1932.02.06					○		
	中央試験所	所長	世良正一	1927.03.02～1937.12.26	①28 日						
	地質調査所	〃	村上鈑蔵	1922.01.17～1931.08.01							
地方部		次長	山西恒郎	1918.01.15～1931.07.15		○					
	庶務課	課長	土肥顓	1924.01.09～1937.06.30	①372 日						
	地方課	〃	粟野俊一	1926.03.17～1934.03.02							○
	衛生課	〃	金井章次	1924.03.14～1931.10.27							
	瓦房店地方事務所	所長	小野寺清雄	1930.06.14～1933.05.06							
	大石橋地方事務所	〃	河内由蔵	1927.11.16～1931.08.01							
	営口地方事務所	〃	関本庄松	1929.08.03～1931.02.05							
	鞍山地方事務所	〃	林清勝	1926.03.17～1931.02.27							
	遼陽地方事務所	〃	見坊田鶴雄	1925.04.01～1931.08.01							
	奉天地方事務所	〃	小倉鐸二	1925.12.25～1931.09.11					○		
	鉄嶺地方事務所	〃	藻寄準次郎	1927.11.16～1931.08.01							
	開原地方事務所	〃	川崎亥之吉	1927.11.24～1931.11.26							
	四平街地方事務所	〃	三浦秀次	1928.06.12～1931.02.27							
	公主嶺地方事務所	〃	西村秀治	1930.02.08～1931.08.01							
	長春地方事務所	〃	大岩峯吉	1925.03.30～1931.08.01	②1175 日						
	本渓湖地方事務所	〃	栗屋秀夫	1930.04.15～1936.10.01							○
	安東地方事務所	〃	井上信翁	1920.01.22～1931.08.01	①488 日						
	瓦房店医院	院長	小野村米吉	1927.11.16～1938.09.18							
	大石橋医院	〃	新井泱	1928.03.16～1933.12.09	①800 日						
	営口医院	〃	前田利実	1927.12.08～1932.06.20							
	鞍山医院	〃	間野山松	1925.04.01～1937.04.30	①1116 日						
	遼陽医院	〃	飯田博	1925.04.01～1938.09.18	①553 日						
	奉天婦人医院	〃	亀山正雄	1930.04.01～1936.10.01							
	鉄嶺医院	〃	小野健治	1927.08.27～1938.09.18							
	開原医院	〃	三田泰三	1930.06.14～1938.09.18	①749 日						
	四平街医院	〃	三井修策	1925.04.01～1931.03.23	①993 日						
	公主嶺医院	〃	新井巳千雄	1929.10.30～1934.03.31							

	長春医院	〃	塚本良禎	1926.05.23～1938.09.18							
	本渓湖医院	〃	大橋芳彦	1925.04.01～1938.09.18	①823 日						
	安東医院	〃	梅田嘉四郎	1925.04.01～1933.01.10							
	撫順医院	〃	内野捨一	1925.08.11～1937.04.30							
	吉林東洋医院	〃	大西三郎	1925.04.01～1938.09.18	②3630 日						
	満州教育専門学校	校長	前波仲尾	1929.01.16～1931.02.02							
	南満州工業専門学校	〃	小山朝佐	1925.09.30～1935.04.30							
	鞍山中学校	〃	矢沢邦彦	1925.04.01～1937.12.01							
	奉天中学校	〃	名和長生	1927.05.31～1934.03.31							
	安東中学校	〃	伊東善吉	1926.05.01～1932.06.29							
	撫順中学校	〃	寺田嘉治郎	1930.04.26～1937.12.01							
	南満中学堂	堂長	安藤基平	1925.03.01～1938.09.18							
	奉天高等女学校	校長	八木寿治	1930.04.26～1937.12.01							
	長春高等女学校	〃	大久保鹿次郎	1927.04.30～1931.04.11							
	安東高等女学校	〃	戸塚巍	1927.06.09～1934.03.31							
	撫順高等女学校	〃	植村良男	1930.06.14～1937.12.01							
	遼陽商業学校	〃	若林兵吉	1925.04.01～1936.04.01	①123 日						
	営口商業学校	〃	三田村源次	1928.06.13～1931.08.01							
	長春商業学校	〃	森川勉	1925.04.01～1931.04.11							
	公主嶺農業学校	〃	宗光彦	1925.04.01～1933.04.30	①123 日						
	大連図書館	館長	柿沼介	1926.05.15～1938.09.18							
	奉天図書館	〃	衛藤利夫	1930.06.14～1938.09.18							
	満州医科大学	学長	稲葉逸好	1920.08.11～1935.09.16							
工事部		次長	佐藤俊久	1923.04.21～1932.12.12	①179 日						
	庶務課	課長	由利元吉	1930.06.14～1934.02.22							
	土木課	〃	郡新一郎	1927.05.20～1938.09.18	①463 日						○
	建築課	〃	青木菊治郎	1925.02.25～1931.08.01							
	築港課	〃	桑原利英	1928.08.01～1938.09.18	②587 日						
	大連第一工事区事務所	所長	清岡巳九思	1927.05.28～1936.04.01	①578 日						
	大連第二工事区事務所	〃	植木茂	1925.05.29～1937.04.01	②1675 日						
	奉天工事区事務所	〃	鈴木正雄	1930.06.14～1937.04.30	①511 日						○
	長春工事区事務所	〃	小林広次	1930.06.14～1931.08.01							
	安東工事区事務所	〃	小味淵肇	1930.06.14～1938.09.18	①1888 日						
用度部		次長	白浜多次郎	1918.06.19～1931.08.01	①86 日				○		
	購買課	課長	鹿野千代槌	1927.11.16～1938.09.18							○
	倉庫課	〃	佐久間章	1929.06.15～1934.03.30	①488 日						

出典）課長級以上社員データベース。
注１）専任のみを掲示してある。
　２）空白頻度・日数の欄のうち，○数字が空白頻度。

巻末付表 3　1931 年 8 月職制改正と課長級以上社員

箇所			役職	氏名	課級以上ポストの在籍期間	空白頻度・日数	重役歴			社員会本部役員歴		
							理事	副総裁	総裁	前年度まで	当該年度	次年度以降
総務部			次長	石川鉄雄	1919.07.16～1934.05.10					○		
				山崎元幹	1923.11.26～1932.10.04	①12 日	○					
	庶務課		課長	土肥顓	1924.01.09～1937.06.30	①372 日						
	文書課		〃	中西敏憲	1928.06.19～1936.10.01		○			○		○
	人事課		〃	石本憲治	1925.09.24～1935.07.25	②1010 日	○					
	外事課		〃	奥村慎次	1922.10.14～1937.12.26	①2761 日				○	○	○
	上海事務所		所長	伊沢道雄	1927.04.05～1938.01.22		○					
	紐育事務所		〃	郷敏	1930.06.14～1933.08.07							
	北京公所		〃	石井成一	1920.06.05～1936.08.20	①100 日						
	鄭家屯公所		〃	菊竹実蔵	1927.11.18～1932.05.30							
	吉林公所		〃	浜田有一	1930.06.14～1938.09.18	②14 日						○
	洮南公所		〃	河野正直	1930.06.14～1938.09.18	①1730 日						
監理部			次長	田所耕耘	1918.05.15～1938.09.18	①785 日						
	考査課		課長	西田猪之輔	1923.05.30～1933.09.06	①1354 日				○		
	管理課		〃	広崎浩一	1929.12.16～1937.09.17	①413 日				○		
経理部			次長	市川健吉	1921.05.23～1938.09.18					○		
	主計課		課長	大垣研	1920.03.15～1938.09.18		○					
	会計課		〃	長山七治	1927.12.02～1936.03.22					○		
鉄道部			次長	羽田公司	1920.07.15～1934.08.09							
				佐藤応次郎	1918.01.15～1935.07.25	②1182 日	○					
	庶務課		課長	酒井清兵衛	1922.01.17～1936.09.14	③837 日						
		鉄道教習所	所長	高倉義雄	1930.06.14～1937.04.30							
	経理課		課長	佐藤達三	1931.08.01～1935.05.30							
	営業課		〃	山口十助	1923.04.21～1938.09.18	①1278 日						
	連運課		〃	伊藤太郎	1930.06.14～1938.09.18	①11 日						○
	車務課		〃	太田久作	1923.04.21～1938.09.18	②1421 日						
	工務課		〃	山嶺貞二	1930.06.14～1938.09.18	②516 日						
	港湾課		〃	小沢宣義	1919.07.16～1938.09.18	④2438 日						
	電気課		〃	山岡信夫	1927.04.05～1934.11.10					○	○	
		電気修繕場	場長	堀憲一郎	1931.05.30～1936.10.01							
	大連鉄道事務所		所長	猪子一到	1923.08.25～1938.09.18	①2191 日	○					
	長春鉄道事務所		〃	白井喜一	1926.06.28～1935.12.04	①936 日					○	
	埠頭事務所		〃	吉富金一	1919.07.16～1935.10.07	①1447 日						
		工務区	区長	佐藤純之	1931.08.01～1932.12.01							
		築港区	〃	福島三七治	1931.08.01～1932.12.01							
		甘井子埠頭	埠頭長	渡辺通業	1931.08.01～1932.12.01							

	旅館事務所	所長	大坪正	1931.04.01～1934.11.17							
	鉄道工場	場長	野中秀次	1923.08.25～1938.04.01	②1457 日						
地方部		次長	武部治右衛門	1919.11.19～1936.10.01	①1473 日	○					
	庶務課	課長	岡田卓雄	1930.06.14～1938.09.18	①299 日	○					
	地方課	〃	粟屋秀夫	1930.04.15～1936.10.01							○
	学務課	〃	太田雅夫	1923.10.01～1938.09.18	①345 日						
	商工課	〃	小須田常三郎	1924.04.01～1932.12.01	①762 日						
	農務課	〃	松島鑑	1927.10.31～1932.02.06					○		
	衛生課	〃	金井章次	1924.03.14～1931.10.27							
	工事課	〃	清水賢雄	1923.04.30～1937.04.30	④934 日						
	工事課　大連工事事務所	所長	湯本三郎	1931.08.01～1934.07.01							
	瓦房店地方事務所	〃	小野寺清雄	1930.06.14～1933.05.06							
	大石橋地方事務所	〃	平尾康雄	1931.08.01～1937.12.01	①1369 日						
	営口地方事務所	〃	門間堅一	1931.08.01～1938.09.18	①1016 日						
	鞍山地方事務所	〃	川崎亥之吉	1927.11.24～1931.11.26							
	遼陽地方事務所	〃	有賀庫吉	1931.02.27～1938.09.18		○					○
	鉄嶺地方事務所	〃	前田鉞雄	1931.08.01～1936.06.16							
	開原地方事務所	〃	小川卓馬	1931.08.01～1933.09.06							
	四平街地方事務所	〃	荒木章	1931.02.27～1936.05.29					○		
	公主嶺地方事務所	〃	森景樹	1931.08.01～1938.09.18	①118 日						○
	長春地方事務所	〃	楢岡茂	1931.08.01～1932.12.01							
	本渓湖地方事務所	〃	大岩銀象	1931.02.27～1938.02.10	①1135 日						
	安東地方事務所	〃	多田晃	1931.08.01～1937.12.01					○		
	満州医科大学	学長	稲葉逸好	1920.08.11～1935.09.16							
	南満州工業専門学校	校長	小山朝佐	1925.09.30～1935.04.30							
	鞍山中学校	〃	矢沢邦彦	1925.04.01～1937.12.01							
	奉天中学校	〃	名和長生	1927.05.31～1934.03.31							
	安東中学校	〃	伊東善吉	1926.05.01～1932.06.29							
	撫順中学校	〃	寺田嘉治郎	1930.04.26～1937.12.01							
	南満中学堂	堂長	安藤基平	1925.03.01～1938.09.18							
	奉天高等女学校	校長	八木寿治	1930.04.26～1937.12.01							
	長春高等女学校	〃	江部易開	1931.04.11～1937.12.01							
	安東高等女学校	〃	戸塚巍	1927.06.09～1934.03.31							
	撫順高等女学校	〃	植村良男	1930.06.14～1937.12.01							
	長春商業学校	〃	東一郎	1931.04.11～1934.09.18							
	営口商業学校	〃	関野惣平	1931.08.01～1937.12.01							
	遼陽商業実習所	所長	若林兵吉	1925.04.01～1936.04.01	①123 日						
	熊岳城農業実習所	〃	石原正規	1931.08.01～1938.09.18							
	公主嶺農業実習所	〃	宗光彦	1925.04.01～1933.04.30	①123 日						
	撫順工業実習所	〃	棟久蔵	1931.08.01～1937.12.01							
	大連図書館	館長	柿沼介	1926.05.15～1938.09.18							
	奉天図書館	〃	衛藤利夫	1930.06.14～1938.09.18							
	農事試験場　熊岳城分場	場長	渡辺柳蔵	1931.08.01～1932.12.01							
	瓦房店医院	院長	小野村米吉	1927.11.16～1938.09.18							
	大石橋医院	〃	仁科泰	1931.08.01～1938.09.18	②924 日						
	営口医院	〃	鈴木主税	1931.08.01～1935.05.11							
	鞍山医院	〃	間野山松	1925.04.01～1937.04.30	①1116 日						
	遼陽医院	〃	飯田博	1925.04.01～1938.09.18	①553 日						
	鉄嶺医院	〃	小野健治	1927.08.27～1938.09.18							
	開原医院	〃	大橋芳彦	1925.04.01～1938.09.18	①823 日						

箇所		役職	氏名	課級以上ポストの在籍期間	空白頻度・日数	重役歴 理事	副総裁	総裁	社員会本部役員歴 前年度まで	当該年度	次年度以降
	四平街医院	〃	降矢泰甫	1925.11.18～1938.09.18	①1813 日						
	公主嶺医院	〃	新井巳千雄	1929.10.30～1934.03.31							
	長春医院	〃	塚本良禎	1926.05.23～1938.09.18							
	吉林東洋医院	〃	前田利実	1927.12.08～1932.06.20							
	本渓湖医院	〃	佐藤良治	1925.04.01～1938.09.18	①759 日						
	安東医院	〃	梅田嘉四郎	1925.04.01～1933.01.10							
	撫順医院	〃	内野捨一	1925.08.11～1937.04.30							
	哈爾浜医院	〃	国分信雄	1930.11.01～1938.09.18							
	奉天婦人医院	〃	亀山正雄	1930.04.01～1936.10.01							
商事部		次長	小川逸郎	1922.01.17～1931.09.21							
商事部	庶務課	課長	林正春	1930.06.14～1931.09.04							
商事部	石炭課	〃	弟子丸相造	1931.08.01～1935.07.05							
商事部	銑鉄課	〃	三溝又三	1930.06.14～1936.10.01							○
商事部	用度課	〃	鹿野千代槌	1927.11.16～1938.09.18						○	
商事部	四平街販売事務所	所長	上野一郎	1931.08.01～1935.07.11							
商事部	安東販売事務所	〃	渡辺義雄	1931.08.01～1936.10.01	①199 日						
商事部	大連販売事務所	〃	磯野治作	1930.10.01～1934.05.31							
商事部	長春販売事務所	所長心得	森田秀雄	1931.08.01～1931.10.24							
商事部	京城販売事務所	所長	大藤義夫	1930.10.01～1934.05.26							
商事部	大連受渡事務所	〃	前田寛伍	1930.10.01～1936.10.01							
商事部	撫順受渡事務所	〃	大屋幾久雄	1930.10.01～1936.10.01							
技術局		局長	斯波忠三郎	1931.08.01～1932.06.16							
技術局		次長	根橋禎二	1919.11.29～1936.11.10	①845 日						
技術局	庶務課	課長	由利元吉	1930.06.14～1934.02.22							
技術局		審査役	岡村金蔵	1918.06.21～1934.11.30	①942 日						
技術局		審査役	深水寿	1931.08.01～1933.05.31							
技術局		審査役	郡新一郎	1927.05.20～1938.09.18	①463 日						○
技術局	中央試験所	所長	世良正一	1927.03.02～1937.12.26	①28 日						
技術局	理学試験所	〃	渡辺猪之助	1927.12.01～1938.09.18	①716 日	○					
東京支社		支社長	大淵三樹	1918.01.15～1932.10.04	②1353 日	○					
東京支社	庶務課	課長	平山敬三	1929.03.14～1936.01.09					○		
東京支社	庶務課 東京鮮満案内所	所長	坂本政五郎	1931.08.01～1936.10.01							
東京支社	庶務課 下関鮮満案内所	〃	貝塚新作	1931.08.01～1932.12.01							
東京支社	庶務課 大阪鮮満案内所	〃	伊藤真一	1924.07.04～1938.09.18	①1403 日				○		
東京支社	経理課	課長	橋本戊子郎	1921.06.06～1937.08.16	①2402 日						
奉天事務所	庶務課	〃	迫喜平次	1930.06.14～1932.01.16							
奉天事務所	鉄道課	〃	古川達四郎	1927.05.01～1938.09.18	②511 日						
奉天事務所	地方課	〃	小倉鐸二	1925.12.25～1931.09.11					○		
奉天事務所	公所	所長	粟野俊一	1926.03.17～1934.03.02						○	
奉天事務所	奉天販売事務所	〃	竹内徳三郎	1930.10.01～1932.12.01							

哈爾浜事務所		所長	宇佐美寛爾	1920.04.18～1934.07.25	①563 日	○			○		
	庶務課	課長	前田孝義	1930.06.14～1933.06.20							
	運輸課	〃	高畑誠一	1930.07.01～1936.04.01							
撫順炭鉱		次長	久保孚	1918.06.21～1937.06.02	①1052 日	○					
	庶務課	課長	宮沢惟重	1931.08.01～1937.06.30							
	経理課	〃	石橋米一	1927.11.16～1932.04.23	①364 日						
	採炭課	〃	坂口兌	1927.10.24～1938.09.18	①282 日						
	工作課	〃	大橋頼三	1927.10.24～1938.09.18							
	古城子採炭所	所長	宇木甫	1930.06.14～1938.09.18							○
	大山採炭所	〃	中島亀吉	1928.08.16～1938.09.18	①261 日						
	東郷採炭所	〃	前島呉一	1924.12.27～1934.12.01	①374 日						
	楊柏堡採炭所	〃	渡辺寛一	1925.12.28～1932.09.16							
	老虎台採炭所	〃	高畑信三郎	1925.02.01～1934.03.10	①697 日						
	竜鳳採炭所	〃	平石栄一郎	1927.10.24～1936.10.01	①535 日						
	煙台採炭所	〃	粟屋東一	1931.08.01～1938.09.18	①81 日						
	運輸事務所	所長	人見雄三郎	1931.08.01～1938.09.18	①1015 日						○
	工事事務所	〃	馬場彰	1928.09.01～1938.09.18							
	発電所	〃	岡雄一郎	1930.07.10～1935.10.01							
	機械工場	場長	今泉卯吉	1927.10.24～1937.04.30	①1726 日						
	製油工場	〃	長谷川清治	1929.11.01～1933.02.01							
鞍山製鉄所		次長	富永能雄	1920.03.06～1933.05.31					○		
	庶務課	課長	右近又雄	1930.08.05～1933.05.31							
	採鉱課	〃	久留島秀三郎	1927.10.18～1933.05.31							
	製造課	〃	梅根常三郎	1923.09.07～1933.05.31							
	工作課	〃	矢野耕治	1923.04.21～1933.05.31	①461 日						
	選鉱工場	場長	古江茂橘	1930.06.14～1933.05.31							
	銑鉄工場	〃	浅輪三郎	1930.06.14～1933.05.31							
	化学工場	〃	深山達蔵	1930.06.14～1938.09.18	①1465 日						
	動力水道工場	〃	久米哲夫	1931.04.21～1933.05.31							
	工作工場	〃	楠田喜久二	1930.06.14～1933.05.31							

出典）課長級以上社員データベース。
注１）専任のみを掲示してある。
２）空白頻度・日数の欄のうち，○数字が空白頻度。

巻末付表 4　1932 年 12 月職制改正と課長級以上社員

箇所			役職	氏名	課級以上ポストの在籍期間	空白頻度・日数	重役歴			社員会本部役員歴		
							理事	副総裁	総裁	前年度まで	当該年度	次年度以降
総務部			部長	石本憲治	1925.09.24～1935.07.25	②1010 日	○					
総務部	庶務課		課長	林顕蔵	1932.12.01～1937.08.21							
総務部	文書課		〃	中野忠夫	1927.11.12～1938.09.18	①592 日						
総務部	人事課		〃	土肥顓	1924.01.09～1937.06.30	①372 日						
総務部	資料課		〃	宮本通治	1931.03.04～1938.09.18	②886 日						
総務部	監理課		〃	広崎浩一	1929.12.16～1937.09.17	①413 日				○		
総務部			審査役	西田猪之輔	1923.05.30～1933.09.06	①1354 日				○		
総務部			審査役	粟屋秀夫	1930.04.15～1936.10.01						○	
総務部			審査役	伊藤武雄	1931.05.22～1938.09.18	②397 日				○		○
総務部			審査役	田所耕耘	1918.05.15～1938.09.18	①785 日						
総務部			審査役	谷川善次郎	1924.04.02～1937.04.30	②2025 日						
総務部			審査役	由利元吉	1930.06.14～1934.02.22							
総務部			審査役	佐藤達三	1931.08.01～1935.05.30							
総務部			審査役	山鳥登	1924.09.03～1938.09.18	①1840 日						
総務部			監査役	林田精一	1925.12.10～1935.07.01	①901 日						
総務部			監査役	三輪環	1932.12.01～1938.09.18	①563 日						
総務部			監査役	佐久間章	1929.06.15～1934.03.30	①488 日						
総務部			秘書役	西脇豊造	1932.12.01～1935.08.31							
総務部	吉林事務所		所長	浜田有一	1930.06.14～1938.09.18	②14 日						○
総務部	鄭家屯事務所		〃	小島憲市	1932.05.30～1938.08.26	①880 日						
総務部	洮南事務所		〃	河野正直	1930.06.14～1938.09.18	①1730 日						
総務部	斉々哈爾事務所		〃	太田雅夫	1923.10.01～1938.09.18	①345 日						
総務部	北平事務所		〃	石井成一	1920.06.05～1936.08.20	①100 日						
総務部	紐育事務所		〃	郷敏	1930.06.14～1933.08.07							
計画部			部長	根橋禎二	1919.11.29～1936.11.10	①845 日						
計画部	業務課		課長	右近又雄	1930.08.05～1933.05.31							
計画部			審査役	岡村金蔵	1918.06.21～1934.11.30	①942 日						
計画部			審査役	深水寿	1931.08.01～1933.05.31							
計画部	中央試験所		所長事取	栗原鑑司	1932.12.01～1934.08.25							
計画部	中央試験所	無機化学科	科長	内野正夫	1932.06.04～1936.11.10							
計画部	中央試験所	有機化学科	〃	佐藤正典	1931.12.29～1938.09.18							
計画部	中央試験所	燃料科	〃	阿部良之助	1932.12.01～1938.09.18							
計画部	中央試験所	機械研究科	〃	井上愛仁	1932.12.01～1938.09.18							
計画部	中央試験所	電気研究科	〃	岩竹松之助	1932.12.01～1938.09.18							
計画部	地質調査所		所長	木村六郎	1931.09.11～1937.04.30							
経理部			部長	市川健吉	1921.05.23～1938.09.18					○		
経理部	主計課		課長	橋本戊子郎	1921.06.06～1937.08.16	①2402 日						
経理部	会計課		〃	長山七治	1927.12.02～1936.03.22					○		

鉄道部			部長	羽田公司	1920.07.15～1934.08.09							
			次長	清水賢雄	1923.04.30～1937.04.30	④934 日						
	庶務課		課長	白井喜一	1926.06.28～1935.12.04	①936 日				○		
		鉄道教習所	所長	高倉義雄	1930.06.14～1937.04.30							
	経理課		課長	伊藤成章	1932.12.01～1938.09.18					○		
	営業課		〃	山口十助	1923.04.21～1938.09.18	①1278 日						
	輸送課		〃	猪子一到	1923.08.25～1938.09.18	①2191 日	○					
	工作課		〃	野中秀次	1923.08.25～1938.04.01	②1457 日						
	工務課		〃	郡新一郎	1927.05.20～1938.09.18	①463 日					○	
	港湾課		〃	吉富金一	1919.07.16～1935.10.07	①1447 日						
	電気課		〃	山岡信夫	1927.04.05～1934.11.10					○		
		電気修繕場	場長	堀憲一郎	1931.05.30～1936.10.01							
	大連鉄道事務所		所長	江崎重吉	1932.12.01～1938.09.18					○		○
	奉天鉄道事務所		〃	古川達四郎	1927.05.01～1938.09.18	②511 日						
	新京鉄道事務所		〃	青木信一	1930.06.14～1933.11.07	①472 日						
	埠頭事務所		〃	関根四男吉	1923.08.25～1935.04.10	③1647 日						
	旅館事務所		〃	大坪正	1931.04.01～1934.11.17							
	鉄道工場		場長	杉浦熊男	1923.08.25～1935.05.31	③1979 日						
地方部			部長	中西敏憲	1928.06.19～1936.10.01		○			○		○
	庶務課		課長	富田租	1932.12.01～1938.09.18							
	地方課		〃	多田晃	1931.08.01～1937.12.01					○		
	学務課		〃	有賀庫吉	1931.02.27～1938.09.18		○				○	○
	商工課		〃	星野龍男	1932.12.01～1938.09.18	①181 日						
	農務課		〃	香村岱二	1932.01.27～1938.03.31							
	衛生課		〃	千種峯蔵	1931.10.27～1938.09.18							○
	工事課		〃	植木茂	1925.05.29～1937.04.01	②1675 日						
		大連工事事務所	所長	湯本三郎	1931.08.01～1934.07.01							
	瓦房店地方事務所		〃	越智通明	1932.04.08～1934.05.31							
	大石橋地方事務所		〃	平尾康雄	1931.08.01～1937.12.01	①1369 日						
	営口地方事務所		〃	門間堅一	1931.08.01～1938.09.18	①1016 日						
	鞍山地方事務所		〃	小野寺清雄	1930.06.14～1933.05.06							
	遼陽地方事務所		〃	石岡武	1932.12.01～1937.03.31	②369 日						
	奉天地方事務所		〃	粟野俊一	1926.03.17～1934.03.02					○		
	鉄嶺地方事務所		〃	前田鉞雄	1931.08.01～1936.06.16							
	開原地方事務所		〃	小川卓馬	1931.08.01～1933.09.06							
	四平街地方事務所		〃	山岸守永	1932.02.06～1938.09.18	①790 日						○
	公主嶺地方事務所		〃	森景樹	1931.08.01～1938.09.18	①118 日						○
	新京地方事務所		〃	荒木章	1931.02.27～1936.05.29					○		
	本渓湖地方事務所		〃	大岩銀象	1931.02.27～1938.02.10	①1135 日						
	安東地方事務所		〃	関屋悌蔵	1931.09.11～1937.06.30							
	満州医科大学		学長	稲葉逸好	1920.08.11～1935.09.16							
	南満州工業専門学校		校長	小山朝佐	1925.09.30～1935.04.30							
	鞍山中学校		〃	矢沢邦彦	1925.04.01～1937.12.01							
	奉天中学校		〃	名和長生	1927.05.31～1934.03.31							
	安東中学校		〃	柚原益樹	1932.06.29～1937.04.01							
	撫順中学校		〃	寺田嘉治郎	1930.04.26～1937.12.01							
	南満中学堂		堂長	安藤基平	1925.03.01～1938.09.18							

	箇所	役職	氏名	課級以上ポストの在籍期間	空白頻度・日数	重役歴			社員会本部役員歴		
						理事	副総裁	総裁	前年度まで	当該年度	次年度以降
	奉天浪速高等女学校	校長	八木寿治	1930.04.26～1937.12.01							
	新京敷島高等女学校	〃	江部易開	1931.04.11～1937.12.01							
	安東高等女学校	〃	戸塚巍	1927.06.09～1934.03.31							
	撫順高等女学校	〃	植村良男	1930.06.14～1937.12.01							
	新京商業学校	〃	東一郎	1931.04.11～1934.09.18							
	営口商業実習所	所長	関野惣平	1931.08.01～1937.12.01							
	遼陽商業実習所	〃	若林兵吉	1925.04.01～1936.04.01	①123 日						
	熊岳城農業実習所	〃	石原正規	1931.08.01～1938.09.18							
	公主嶺農業実習所	〃	宗光彦	1925.04.01～1933.04.30	①123 日						
	撫順工業実習所	〃	棟久蔵	1931.08.01～1937.12.01							
	大連図書館	館長	柿沼介	1926.05.15～1938.09.18							
	奉天図書館	〃	衛藤利夫	1930.06.14～1938.09.18							
	農事試験場	場長	中本保三	1932.01.27～1937.12.01							
	衛生研究所	所長心得	児玉誠	1931.12.13～1933.03.20							
	南満州保養院	院長	遠藤繁清	1932.05.05～1937.12.01							
	瓦房店医院	〃	小野村米吉	1927.11.16～1938.09.18							
	大石橋医院	〃	中山通治	1925.04.01～1938.04.01	①833 日						
	営口医院	〃	鈴木主税	1931.08.01～1935.05.11							
	鞍山医院	〃	間野山松	1925.04.01～1937.04.30	①1116 日						
	遼陽医院	〃	飯田博	1925.04.01～1938.09.18	①553 日						
	蘇家屯医院	〃	新井巳千雄	1929.10.30～1934.03.31							
	鉄嶺医院	〃	小野健治	1927.08.27～1938.09.18							
	開原医院	〃	大橋芳彦	1925.04.01～1938.09.18	①823 日						
	四平街医院	〃	降矢泰甫	1925.11.18～1938.09.18	①1813 日						
	新京医院	〃	塚本良禎	1926.05.23～1938.09.18							
	吉林東洋医院	〃	斉藤源次郎	1926.04.26～1938.09.18	②1221 日						
	本渓湖医院	〃	佐藤良治	1925.04.01～1938.09.18	①759 日						
	安東医院	〃	梅田嘉四郎	1925.04.01～1933.01.10							
	撫順医院	〃	内野捨一	1925.08.11～1937.04.30							
	哈爾浜医院	〃	国分信雄	1930.11.01～1938.09.18							
	奉天婦人医院	〃	亀山正雄	1930.04.01～1936.10.01							
商事部		部長	武部治右衛門	1919.11.19～1936.10.01	①1473 日	○					
	庶務課	課長	清水豊太郎	1931.09.04～1933.11.13							○
	地売課	〃	前田寛伍	1930.10.01～1936.10.01							
	輸出課	〃	弟子丸相造	1931.08.01～1935.07.05							
	銑鉄課	〃	三溝又三	1930.06.14～1936.10.01						○	
	用度課	〃	鹿野千代槌	1927.11.16～1938.09.18					○		
	大連販売事務所	所長	加藤栄之助	1931.10.24～1936.10.01							
	営口販売事務所	〃	衛藤亥吉	1932.10.01～1936.10.01							
	奉天販売事務所	〃	岩田保次郎	1932.12.01～1936.10.01							
	四平街販売事務所	所長心得	上野一郎	1931.08.01～1935.07.11							
	新京販売事務所	所長	磯野治作	1930.10.01～1934.05.31							
	安東販売事務所	所長心得	渡辺義雄	1931.08.01～1936.10.01	①199 日						
	京城販売事務所	所長	大藤義夫	1930.10.01～1934.05.26							
	大連受渡事務所	〃	大屋幾久雄	1930.10.01～1936.10.01							

	撫順受渡事務所		〃	大部二郎	1932.07.18～1936.10.01							
東京支社			次長	平山敬三	1929.03.14～1936.01.09					○		
			課長	角田不二男	1932.12.01～1938.09.18							
	庶務課	東京鮮満案内所	主任	坂本政五郎	1931.08.01～1936.10.01							
		大阪鮮満案内所	〃	伊藤真一	1924.07.04～1938.09.18	①1403 日				○		
		下関鮮満案内所	〃	石田芳雄	1932.12.01～1936.10.01							
哈爾浜事務所			所長	宇佐美寛爾	1920.04.18～1934.07.25	①563 日	○			○		
	庶務課		課長	押川一郎	1932.12.01～1937.05.19							○
	運輸課		〃	高畑誠一	1930.07.01～1936.04.01							
上海事務所			所長	前田孝義	1930.06.14～1933.06.20							
撫順炭鉱			炭鉱長	久保孚	1918.06.21～1937.06.02	①1052 日	○					
			次長	大垣研	1920.03.15～1938.09.18		○					
	庶務課		課長	宮沢惟重	1931.08.01～1937.06.30							
	経理課		〃	藤飯三郎右衛門	1932.04.23～1936.11.10							
	採炭課		〃	坂口兊	1927.10.24～1938.09.18	①282 日						
	工作課		〃	大橋頼三	1927.10.24～1938.09.18							
	古城子採炭所		所長	宇木甫	1930.06.14～1938.09.18							○
	大山採炭所		〃	中島亀吉	1928.08.16～1938.09.18	①261 日						
	東郷採炭所		〃	前島呉一	1924.12.27～1934.12.01	①374 日						
	楊柏堡採炭所		〃	南家碩次	1932.09.16～1938.09.18							
	老虎台採炭所		〃	高畑信三郎	1925.02.01～1934.03.10	①697 日						
	竜鳳採炭所		〃	平石栄一郎	1927.10.24～1936.10.01	①535 日						
	煙台採炭所		〃	粟屋東一	1931.08.01～1938.09.18	①81 日						
	運輸事務所		〃	人見雄三郎	1931.08.01～1938.09.18	①1015 日						○
	工事事務所		〃	馬場彰	1928.09.01～1938.09.18							
	発電所		〃	岡雄一郎	1930.07.10～1935.10.01							
	機械工場		場長	高妻猛夫	1932.01.10～1935.07.01							
	製油工場		〃	長谷川清治	1929.11.01～1933.02.01							
	研究所		所長事取	岡新六	1932.12.01～1936.10.01							
鞍山製鉄所			所長	富永能雄	1920.03.06～1933.05.31					○		
	庶務課		課長	長井次郎	1932.12.01～1933.05.31							
	採鉱課		〃	久留島秀三郎	1927.10.18～1933.05.31							
	製造課		〃	梅根常三郎	1923.09.07～1933.05.31							
	工作課		〃	矢野耕治	1923.04.21～1933.05.31	①461 日						
	選鉱工場		場長	古江茂橘	1930.06.14～1933.05.31							
	銑鉄工場		〃	浅輪三郎	1930.06.14～1933.05.31							
	化学工場		〃	深山達蔵	1930.06.14～1938.09.18	①1465 日						
	動力水道工場		〃	久米哲夫	1931.04.21～1933.05.31							
	工作工場		〃	楠田喜久二	1930.06.14～1933.05.31							
経済調査会			副委員長	石川鉄雄	1919.07.16～1934.05.10					○		
	第一部		主査	宮崎正義	1932.01.27～1936.10.01	①86 日				○		
	第二部		〃	奥村慎次	1922.10.14～1937.12.26	①2761 日				○	○	
	第三部		〃	佐藤俊久	1923.04.21～1932.12.12	①179 日						
	第四部		〃	中島宗一	1932.01.27～1938.09.18					○		○
	第五部		〃	岡田卓雄	1930.06.14～1938.09.18	①299 日	○					

箇所	役職	氏名	課級以上ポストの在籍期間	空白頻度・日数	重役歴			社員会本部役員歴		
					理事	副総裁	総裁	前年度まで	当該年度	次年度以降
	幹事	貴島克己	1932.01.27～1936.10.01	①11 日				○		

出典）課長級以上社員データベース。
注 1）専任のみを掲示してある。
　2）空白頻度・日数の欄のうち，○数字が空白頻度。

巻末付表 5　1936 年 10 月職制改正と課長級以上社員

箇所		役職	氏名	課級以上ポストの在籍期間	空白頻度・日数	重役歴			社員会本部役員歴		
						理事	副総裁	総裁	前年度まで	当該年度	次年度以降
総裁室	庶務課	課長	林顕蔵	1932.12.01～1937.08.21							
	文書課	〃	佐藤晴雄	1933.10.27～1938.09.18					○		○
	人事課	〃	石原重高	1927.11.21～1938.05.01	①1134 日				○	○	○
	福祉課	〃	上村哲彌	1935.03.30～1938.09.18					○		
	監理課	〃	谷川善次郎	1924.04.02～1937.04.30	②2025 日						
	弘報課	〃	松本豊三	1936.01.09～1938.09.18						○	○
	東亜課	〃	内海治一	1933.09.01～1936.12.01					○		
		監査役	堀義雄	1933.12.19～1937.09.19					○		
			星野龍男	1932.12.01～1938.09.18	①181 日				○		
			山田直之介	1936.09.12～1938.03.31							
			山鳥登	1924.09.03～1938.09.18	①1840 日						
			隅田虎二郎	1933.09.25～1938.09.18							
			富田租	1932.12.01～1938.09.18							
		秘書役	藤井十四三	1927.09.28～1938.07.27	①1875 日						
			石本秀二	1935.10.01～1938.09.18							
	紐育事務所	所長	長倉親義	1933.08.07～1938.09.18	①338 日						
	巴里事務所	〃	坂本直道	1934.06.07～1938.09.18							
経理部		部長	大垣研	1920.03.15～1938.09.18		○					
	庶務課	課長	藤飯三郎右衛門	1932.04.23～1936.11.10							
	主計課	〃	木村常次郎	1935.03.23～1938.09.18							○
	会計課	〃	伊ヶ崎卓三	1935.07.01～1937.11.08					○		○
用度部		部長	鹿野千代槌	1927.11.16～1938.09.18					○		
	庶務課	課長	亀山巌	1936.10.01～1936.11.21							
	購買課	〃	奥田直	1935.04.13～1938.09.18						○	
	倉庫課	〃	細海栄治郎	1933.12.30～1938.09.18							
	奉天用度事務所	所長	大迫元光	1935.06.25～1938.09.18							
	新京用度事務所	〃	香西角三郎	1936.10.01～1938.09.18							
	哈爾浜用度事務所	〃	亀山浅吉	1936.10.01～1938.09.18							
鉄道総局	庶務課	課長	門野昌二	1936.10.01～1938.09.18							
	文書課	〃	人見雄三郎	1931.08.01～1938.09.18	①1015 日						○
	人事課	〃	沖田迅雄	1934.11.02～1938.09.18					○		
	福祉課	〃	古賀叶	1936.10.01～1938.09.18					○		○
	産業課	〃	江崎重吉	1932.12.01～1938.09.18					○	○	○
	資料課	〃	加藤新吉	1936.10.01～1938.09.18					○		
	北満鉄路残務整理事務所	所長	有田宗義	1932.12.01～1938.09.18							
	経理局	局長	市川健吉	1921.05.23～1938.09.18					○		
	経理局　第一経理課	課長	山崎善次	1933.03.01～1938.09.18					○	○	○

箇所		役職	氏名	課級以上ポストの在籍期間	空白頻度・日数	重役歴			社員会本部役員歴		
						理事	副総裁	総裁	前年度まで	当該年度	次年度以降
	第二経理課	〃	三堀辰五郎	1936.10.01～1938.09.18							
	会計課	〃	上田水足	1932.12.01～1938.09.18							
	調度課	〃	伊藤成章	1932.12.01～1938.09.18					○		
営業局		局長	佐原憲次	1934.06.26～1938.09.18	①16日						
	旅客課	課長	宇佐美喬爾	1934.11.18～1938.09.18							
	貨物課	〃	諸富鹿四郎	1933.10.07～1938.09.18							
	水運課	〃	西村実造	1936.10.01～1938.09.18							
	自動車課	〃	田中孝平	1935.11.10～1938.09.18	①16日						
	混保検査所	所長心得	柳沢弥吉	1936.10.01～1937.10.01							
輸送局		局長	猪子一到	1923.08.25～1938.09.18	①2191日	○					
	配車課	課長	山口外二	1936.10.01～1938.09.18							
	運転課	〃	園田一房	1936.10.01～1938.09.18							○
	車輛課	〃	扇田健治	1936.10.01～1938.09.18							
工作局		局長	野中秀次	1923.08.25～1938.04.01	②1457日						
	工作課	課長	久保田正次	1936.10.01～1938.09.18							
	工場課	〃	高橋恭二	1932.12.01～1938.09.18							
	機械課	〃	赤松喬三	1936.10.01～1938.09.18							
	大連鉄道工場	工場長	加藤仲二	1936.10.01～1938.09.18							
	皇姑屯鉄道工場	〃	倉永毅志夫	1936.10.01～1938.09.18							
	新京鉄道工場	〃	今泉卯吉	1927.10.24～1937.04.30	①1726日						
	哈爾浜鉄道工場	〃	一宮章	1936.10.01～1938.09.18					○		
	〃	副工場長	江濬	1936.10.01～1937.12.01							
	松浦鉄道工場	工場長	荒巻実	1936.10.01～1938.09.18							
	斉々哈爾鉄道工場	〃	栗山勝治	1936.10.01～1938.09.18							
工務局		局長	西川総一	1933.03.01～1938.09.18	①16日						
	保線課	課長	中村英城	1933.12.15～1938.09.18							
	改良課	〃	鈴木長明	1933.03.01～1938.09.18	②366日	○					○
	建築課	〃	鈴木正雄	1930.06.14～1937.04.30	①511日				○		
	電気課	〃	山本広	1932.03.09～1938.09.18							
	水道課	〃	大野巌	1934.01.04～1938.09.18							
建設局		局長	田辺利男	1923.04.21～1938.09.18	①2595日						
	計画課	課長	宇木甫	1930.06.14～1938.09.18							○
	工事課	〃	河辺義郎	1933.03.01～1938.09.18	①389日						
	築港課	〃	桑原利英	1928.08.01～1938.09.18	②587日						
	牡丹江建設事務所	所長	青木金作	1934.04.01～1938.09.18							
	白城子建設事務所	〃	佐藤周吉	1936.06.22～1938.09.18							
	錦州建設事務所	〃	小柳健吉	1935.04.10～1938.09.18							
	四平街建設事務所	〃	高山安吉	1935.04.10～1938.09.18							
	羅津建設事務所	〃	古賀亮一	1935.08.18～1938.09.18							
輸送委員会		委員長	杉広三郎	1934.08.08～1938.09.18							
		幹事	遠藤貞次郎	1931.03.31～1938.09.18	①1205日						
		参賛	平田驥一郎	1923.04.21～1937.04.30	②4324日						
			崔春煦	1933.03.01～1937.04.30							

		監察	亀岡精二	1920.11.27～1937.04.30	②1408日				○		
			木村知彦	1926.01.22～1937.12.01	②1654日						
			芳賀千代太	1933.11.07～1938.09.18	①10日						
			韓景堂	1934.05.01～1938.09.18							
鉄道警務局		局長	三浦恵一	1935.11.10～1937.12.31							
		警務参与	富永順太郎	1932.12.01～1938.09.18							
		〃	飯村憲五	1933.03.01～1937.04.30	①326日						
錦県鉄路局		局長	太田久作	1923.04.21～1938.09.18	②1421日						
		副局長	趙心哲	1933.03.01～1938.09.18							
	総務処	処長	九里正蔵	1935.04.10～1938.09.18					○		
	経理処	〃	田村道堅	1936.09.15～1938.09.18							
	運輸処	〃	金田詮造	1936.09.15～1938.09.18							
	機務処	〃	福田又司	1933.03.01～1938.09.18							
	工務処	副処長	高野与作	1936.09.15～1938.09.18							○
	産業処	〃	平尾康雄	1931.08.01～1937.12.01	①1369日						
	警務処	処長	柯澄	1933.03.01～1938.09.18							
	〃	副処長	若山七三郎	1936.10.01～1937.12.31							
	奉天鉄路監理所	所長	安原瀧次郎	1935.11.10～1938.09.18							
	大虎山鉄路監理所	〃	韓行修	1935.11.10～1938.09.18							
	錦県鉄路監理所	〃	大津勇	1935.11.10～1938.09.18							
	朝陽鉄路監理所	〃	小笠原安	1935.11.10～1938.09.18							
	錦県鉄路医院	医院長	渡辺朱一	1936.10.01～1938.09.18							
	奉天営繕所	所長	近藤兵太	1936.10.01～1938.09.18							
吉林鉄路局		局長	張恕	1933.03.01～1938.09.18							
		副局長	秋田豊作	1931.04.01～1938.09.18	②990日						
	総務処	処長	袁嵩瑞	1933.03.01～1938.09.18							
	〃	副処長	池原義見	1936.09.05～1938.09.18							
	経理処	処長	山本勇治	1933.03.01～1938.09.18	①542日						
	運輸処	〃	田中末治	1933.03.01～1938.09.18							
	機務処	〃	中川正	1933.03.01～1938.09.18							
	工務処	〃	中村信次郎	1935.11.10～1937.09.11							
	産業処	〃	杉浦平八	1935.03.23～1938.02.10							
	〃	副処長	孫孝思	1936.10.01～1938.09.18							
	警務処	〃	清水助太郎	1935.11.10～1937.12.31							
	朝陽鎮鉄路監理所	所長	剣万凱	1936.10.01～1938.09.18							
	吉林鉄路監理所	〃	大関鉄夫	1935.11.10～1938.09.18							
	新站鉄路監理所	〃	孫有慶	1935.11.10～1938.04.07							
	新京鉄路医院	医院長	袁瀛年	1936.10.01～1938.03.31							
牡丹江鉄路局		局長	斉藤固	1933.10.01～1937.04.30	①540日						
		副局長	足立長三	1932.12.01～1938.09.18		○					
	総務処	処長	折田有信	1933.03.01～1937.04.30							
	経理処	〃	渡辺正太郎	1933.03.01～1938.09.18	①16日						
	運輸処	〃	向野元生	1935.11.10～1937.04.30	①16日						
	機務処	〃	榊原正一	1936.03.01～1938.09.18							
	工務処	〃	松尾正二	1935.04.10～1938.09.18	①16日						
	産業処	〃	石岡武	1932.12.01～1937.03.31	②369日						
	〃	副処長	陳章	1936.10.01～1938.09.18							
	警務処	処長	園山光蔵	1936.10.01～1937.12.31							
	図們鉄路監理所	所長	野村富喜	1936.09.15～1938.09.18							
	牡丹江鉄路監理所	〃	山本司	1936.09.15～1937.12.01							
	横道河子鉄路管理所	〃	岩永唯一	1936.01.31～1937.12.01							

箇所		役職	氏名	課級以上ポストの在籍期間	空白頻度・日数	重役歴			社員会本部役員歴		
						理事	副総裁	総裁	前年度まで	当該年度	次年度以降
	牡丹江鉄路医院	医院長	有村正勝	1936.10.01～1937.04.30							
哈爾浜鉄路局		局長	周培炳	1933.03.01～1938.09.18							
		副局長	郡新一郎	1927.05.20～1938.09.18	①463 日				○		
	総務処	処長	高沢公太郎	1935.04.10～1938.09.18							
	〃	副処長	楊策	1935.11.10～1938.09.18							
	経理処	処長	小住功	1933.03.01～1938.09.18	①261 日						
	〃	副処長	崔鴻元	1933.03.01～1938.09.18	①232 日						
	運輸処	処長	小池文雄	1936.09.15～1938.09.18							○
	水運処	〃	中川四朗	1934.11.01～1937.09.25							
	機務処	〃	七田積	1935.04.10～1938.09.18							
	〃	副処長	田錫富	1935.11.10～1938.09.18							
	工務処	処長	武井外一	1934.05.12～1938.09.18	①2 日						
	〃	副処長	徐餘賓	1935.03.23～1938.09.18							
	産業処	〃	小川一郎	1936.09.15～1938.09.18							
	警務処	処長	岩田文男	1934.08.07～1938.09.18							
	哈爾浜鉄路監理所	所長	神代新市	1935.04.26～1938.09.18	①10 日						
	北安鉄路監理所	〃	後藤進一	1935.11.10～1938.09.18							
	哈爾浜営繕所	〃	土方義正	1936.10.01～1937.08.28							
	哈爾浜鉄路学院	学院長	呉英元	1933.03.01～1938.09.18							
	哈爾浜造船所	所長	成瀬武	1936.10.01～1938.09.18							
斉々哈爾鉄路局		局長	古川達四郎	1927.05.01～1938.09.18	②511 日						
		副局長	□青林	1935.03.23～1938.09.18							
	総務処	処長	青柳亮	1933.10.01～1938.09.18					○		
	〃	副処長	孫幼丹	1935.10.10～1938.09.18							
	経理処	処長	木村一恵	1936.09.15～1938.09.18	①28 日						
	運輸処	〃	孫華封	1933.03.01～1938.09.18							
	〃	副処長	後藤雅	1935.04.26～1938.09.18							
	機務処	処長	片瀬晋	1933.03.01～1938.09.18							
	工務処	〃	山口申七	1933.03.01～1937.03.25							
	産業処	〃	劉元嵦	1933.03.01～1938.09.18							
	〃	副処長	山内敬二	1936.09.15～1937.04.30							
	警務処	処長	楊寿鏞	1935.03.23～1936.11.30							
	〃	副処長	大塚英雄	1936.10.01～1937.07.01							
	斉々哈爾鉄路監理所	所長	中村謙治	1936.05.19～1938.09.18							
	博克図鉄路監理所	〃	市瀬亮	1935.11.10～1937.04.30							
	洮南鉄路監理所	〃	大森太郎	1935.11.10～1938.09.18							
	四平街鉄路監理所	〃	矢口健男	1936.10.01～1937.09.20							
	斉々哈爾鉄路医院	医院長	桐原三郎	1936.10.01～1938.09.18							
大連鉄道事務所		所長	下津春五郎	1925.07.10～1938.09.18	②1739 日						
		副所長	川口達郎	1936.02.15～1937.04.30							
	庶務課	課長	菊田直次	1935.04.10～1938.09.18					○	○	
	営業課	〃	関弘	1935.04.10～1938.09.18					○		○
	車務課	〃	森田進	1935.04.10～1938.09.18							
	工務課	〃	竹村勝清	1936.10.01～1938.09.18							○
	鉄道教習所	所長	高倉義雄	1930.06.14～1937.04.30							

			〃	石村長七	1930.06.14～1937.04.30	①578 日						
			副所長	大橋正己	1933.10.01～1938.09.18	①2 日						
	奉天鉄道事務所	営業課	課長	寺坂亮一	1933.03.01～1937.04.30	①558 日						
		車務課	〃	大西正弘	1936.09.15～1938.09.18							
		工務課	〃	堀江元一	1935.03.23～1938.09.18							
	北鮮鉄道事務所		所長	小沢宣義	1919.07.16～1938.09.18	④2438 日						
		庶務課	課長	中山恕世	1935.04.10～1938.09.18							
		経理課	〃	佐藤哲雄	1936.09.13～1938.09.18							
		運輸課	〃	星野栄五郎	1932.12.01～1938.09.18							
	鉄道研究所		所長	渡辺猪之助	1927.12.01～1938.09.18	①716 日	○					
		業務課	課長	大里甚三郎	1932.12.01～1938.09.18							
産業部			次長	奥村慎次	1922.10.14～1937.12.26	①2761 日				○		
				世良正一	1927.03.02～1937.12.26	①28 日						
	庶務課		課長	押川一郎	1932.12.01～1937.05.19						○	
	商工課		〃	門間堅一	1931.08.01～1938.09.18	①1016 日						
	農林課		〃	佐藤義胤	1935.10.30～1938.03.31							
	鉱業課		〃	大岩銀象	1931.02.27～1938.02.10	①1135 日						
	交通課		〃	古山勝夫	1933.03.01～1938.09.18		○				○	○
	資料室		主事	中島宗一	1932.01.27～1938.09.18					○		
			調査役	落合兼行	1934.12.01～1938.09.18					○		
				黒田修三	1935.07.26～1938.02.10							
				小林五郎	1934.11.17～1938.02.03							
				永井三郎	1928.09.03～1938.09.18	①1351 日						
				渡辺成二	1936.08.04～1938.02.10							
				足立啓次	1936.10.01～1938.09.18							
				小味淵肇	1930.06.14～1938.09.18	①1888 日						
				大竹章	1936.10.01～1938.09.18							
	地質調査所		所長	木村六郎	1931.09.11～1937.04.30							
	獣疫研究所		〃	実吉吉郎	1935.02.26～1938.03.31							
	農事試験場		場長	香村岱二	1932.01.27～1938.03.31							
撫順炭鉱			炭鉱長	久保孚	1918.06.21～1937.06.02	①1052 日	○					
	庶務課		課長	山岸守永	1932.02.06～1938.09.18	①790 日						○
	経理課		〃	角田一雄	1936.05.29～1938.09.18							○
	採炭課		〃	中島亀吉	1928.08.16～1938.09.18	①261 日						
	製油課		〃	大橋頼三	1927.10.24～1938.09.18							
	工作課		〃	後藤俊二郎	1934.12.01～1938.09.18							○
	古城子採炭所		所長	宮本慎平	1934.04.01～1938.09.18		○					
	〃			梅本正倫	1936.10.01～1938.09.18							○
	〃		副長	坪田祐一郎	1936.10.01～1938.09.18							
	〃			伊藤清	1936.10.01～1938.09.18	①60 日						
	大山採炭所		所長	荒賀直彦	1933.04.24～1938.09.18							
	東郷採炭所		〃	朝比奈敬三	1936.10.01～1938.09.18							
	楊柏堡採炭所		〃	南家碩次	1932.09.16～1938.09.18							
	老虎台採炭所		〃	向井善勝	1934.03.10～1938.09.18							
	竜鳳採炭所		〃	粟屋東一	1931.08.01～1938.09.18	①81 日						
	竜鳳採炭所		副長	杉野雄二	1936.10.01～1938.09.18							
	煙台採炭所		所長	山田高	1936.10.01～1937.03.25							

	箇所	役職	氏名	課級以上ポストの在籍期間	空白頻度・日数	重役歴 理事	重役歴 副総裁	重役歴 総裁	社員会本部役員歴 前年度まで	社員会本部役員歴 当該年度	社員会本部役員歴 次年度以降
	蛟河採炭所	〃	川村元弘	1936.08.05～1938.09.18							
	運輸事務所	〃	児玉八郎	1932.12.10～1938.09.18							
	工事事務所	〃	馬場彰	1928.09.01～1938.09.18							
	発電所	〃	白石竹市	1933.02.01～1938.09.18							
	機械工場	工場長	武田勝利	1935.07.01～1938.09.18							
	臨時石炭液化工場建設事務所	所長	千石真雄	1933.01.06～1937.06.04							
地方部		部長	宮沢惟重	1931.08.01～1937.06.30							
地方部	庶務課	課長	神守源一郎	1933.09.06～1938.09.18					○		
地方部	地方課	〃	多田晃	1931.08.01～1937.12.01					○		
地方部	学務課	〃	武田胤雄	1932.12.16～1938.09.18					○		○
地方部	衛生課	〃	千種峯蔵	1931.10.27～1938.09.18					○		○
地方部	工事課	〃	植木茂	1925.05.29～1937.04.01	②1675 日						
地方部	工事課 大連工事事務所	所長	原正五郎	1936.10.01～1937.01.15							
地方部	地方行政権調整移譲準備委員会	常任委員	松尾四郎	1936.10.01～1938.09.18	①468 日					○	
地方部	瓦房店地方事務所	所長	中根信豊	1934.05.31～1937.08.05							
地方部	大石橋地方事務所	〃	阿川幸寿	1936.10.01～1937.06.30							
地方部	営口地方事務所	〃	高野忠雄	1936.06.16～1937.08.05							
地方部	鞍山地方事務所	〃	下田一夫	1934.09.19～1937.12.01							
地方部	遼陽地方事務所	〃	沖弥作	1933.08.19～1937.12.01							
地方部	奉天地方事務所	〃	関屋悌蔵	1931.09.11～1937.06.30							
地方部	〃	副所長	倉橋泰彦	1932.12.16～1937.06.30							○
地方部	鉄嶺地方事務所	所長	山田湊	1933.05.06～1938.09.18	①118 日						
地方部	開原地方事務所	〃	古館尚也	1935.06.01～1937.12.01							
地方部	四平街地方事務所	〃	増田増太郎	1933.03.01～1937.12.01							
地方部	公主嶺地方事務所	〃	阿部常就	1936.10.01～1937.06.30							
地方部	本渓湖地方事務所	〃	三重野勝	1936.01.09～1937.12.01							
地方部	安東地方事務所	〃	森景樹	1931.08.01～1938.09.18	①118 日						○
地方部	撫順地方事務所	〃	篠原吉丸	1935.01.08～1937.06.30	①68 日				○		
地方部	満州医科大学	大学長	久保田晴光	1936.10.01～1937.06.29							
地方部	南満州工業専門学校	校長	岡大路	1922.10.10～1938.09.18	①3716 日						
地方部	教育研究所	所長	八木寿治	1930.04.26～1937.12.01							
地方部	鞍山中学校	校長	牧島金三郎	1934.03.31～1937.12.01	①183 日						
地方部	奉天第一中学校	〃	寺田嘉治郎	1930.04.26～1937.12.01							
地方部	奉天第二中学校	〃	堀越喜博	1933.04.01～1937.12.01							
地方部	新京中学校	〃	矢沢邦彦	1925.04.01～1937.12.01							
地方部	安東中学校	〃	柚原益樹	1932.06.29～1937.04.01							
地方部	撫順中学校	〃	畑中幸之輔	1934.03.31～1937.12.01							
地方部	鞍山高等女学校	〃	小野久七	1934.04.01～1937.04.01							
地方部	奉天浪速高等女学校	〃	植村良男	1930.06.14～1937.12.01							
地方部	奉天朝日高等女学校	〃	朝香四郎	1935.04.01～1937.04.01							
地方部	新京敷島高等女学校	〃	江部易開	1931.04.11～1937.12.01							
地方部	新京錦ヶ丘高等女学校	〃	青木昌	1936.10.01～1937.12.01							
地方部	安東高等女学校	〃	大浦留市	1936.04.01～1937.12.01							
地方部	撫順高等女学校	〃	大久保準一	1934.03.31～1937.12.01							

	新京商業学校	〃	赤塚吉次郎	1934.09.18～1937.12.01							
	遼陽商業学校	〃	関野惣平	1931.08.01～1937.12.01							
	公主嶺農業学校	〃	中本保三	1932.01.27～1937.12.01							
	撫順工業学校	〃	棟久蔵	1931.08.01～1937.12.01							
	南満中学堂	堂長	安藤基平	1925.03.01～1938.09.18							
	営口商業実習所	所長	秋庭久嘉	1936.10.01～1938.09.18							
	熊岳城農業実習所	〃	石原正規	1931.08.01～1938.09.18							
	本渓湖工業実習所	〃	山下寛	1934.04.01～1937.12.01							
	大連図書館	館長	柿沼介	1926.05.15～1938.09.18							
	奉天図書館	〃	衛藤利夫	1930.06.14～1938.09.18							
	衛生研究所	所長	安東洪次	1933.03.20～1938.04.01							
	南満州保養院	院長	遠藤繁清	1932.05.05～1937.12.01							
	瓦房店医院	医院長	前田翠	1930.03.20～1938.09.18	①1855日						
	大石橋医院	〃	仁科泰	1931.08.01～1938.09.18	②924日						
	営口医院	〃	佐藤良治	1925.04.01～1938.09.18	①759日						
	鞍山医院	〃	間野山松	1925.04.01～1937.04.30	①1116日						
	遼陽医院	〃	小野村米吉	1927.11.16～1938.09.18							
	蘇家屯医院	〃	松島茂	1934.03.31～1938.09.18							
	奉天婦人医院	〃	本多嘉則	1936.10.01～1937.12.01							
	鉄嶺医院	〃	小野健治	1927.08.27～1938.09.18							
	開原医院	〃	大橋芳彦	1925.04.01～1938.09.18	①823日						
	四平街医院	〃	降矢泰甫	1925.11.18～1938.09.18	①1813日						
	公主嶺医院	〃	三田泰三	1930.06.14～1938.09.18	①749日						
	新京医院	〃	塚本良禎	1926.05.23～1938.09.18							
	吉林東洋医院	〃	斉藤源次郎	1926.04.26～1938.09.18	②1221日						
	本渓湖医院	〃	大沼貞蔵	1935.07.20～1938.09.18							
	安東医院	〃	飯田博	1925.04.01～1938.09.18	①553日						
	撫順医院	〃	内野捨一	1925.08.11～1937.04.30							
	哈爾浜医院	〃	国分信雄	1930.11.01～1938.09.18							
	斉々哈爾医院	〃	中山通治	1925.04.01～1938.04.01	①833日						
	図們医院	〃	伊藤幸雄	1933.12.09～1938.09.18	①73日						
	通遼医院	〃	月野正流	1935.11.11～1938.09.18							
	赤峰医院	〃	洲崎正俊	1936.03.17～1938.09.18							
	扎蘭屯医院	〃	篠塚房次	1936.02.28～1938.09.18							
	黒河医院	〃	笹尾長	1936.03.25～1938.09.18							
中央試験所		(顧問)所長事取	丸沢常哉	1936.10.01～1937.12.01							
	庶務課	課長	金森英一	1935.01.08～1938.09.18							
	無機化学科	科長	吉村倫之助	1936.10.01～1938.09.18							
	有機化学科	〃	佐藤正典	1931.12.29～1938.09.18							
	燃料科	〃	阿部良之助	1932.12.01～1938.09.18							
	農産化学科	〃	加藤二郎	1935.03.15～1937.09.14							
	機械研究科	〃	井上愛仁	1932.12.01～1938.09.18							
	車輌研究科	〃	石尾茂	1935.07.03～1938.09.18							
	電気研究科	〃	岩竹松之助	1932.12.01～1938.09.18							
	土木研究科	〃	高木小二郎	1931.12.29～1938.09.18	①557日						
	臨時撫順アルミニウム試験工場	工場長	内野正夫	1932.06.04～1936.11.10							
東京支社		支社長	伊沢道雄	1927.04.05～1938.01.22		○					
		次長	岡田卓雄	1930.06.14～1938.09.18	①299日	○					
	庶務課	課長	角田不二男	1932.12.01～1938.09.18							
	経理課	〃	橋本戊子郎	1921.06.06～1937.08.16	①2402日						
	鉄道課	〃	石関信助	1936.10.01～1938.09.18							

箇所		役職	氏名	課級以上ポストの在籍期間	空白頻度・日数	重役歴			社員会本部役員歴		
						理事	副総裁	総裁	前年度まで	当該年度	次年度以降
	大阪事務所	所長	伊藤真一	1924.07.04～1938.09.18	①1403 日						
新京事務局		局長	山口十助	1923.04.21～1938.09.18	①1278 日						
	庶務課	課長	菅野誠	1936.10.01～1938.09.18							
	業務課	〃	高田精作	1934.08.27～1938.09.18	①689 日						
	鉄道課	〃	浜田有一	1930.06.14～1938.09.18	②14 日						
	地方課	〃	田中弘之	1936.10.01～1937.06.30							
天津事務所		所長	太田雅夫	1923.10.01～1938.09.18	①345 日						
	庶務課	課長	神崎登	1934.05.02～1938.09.18	①55 日						
	調査課	〃	野中時雄	1933.02.17～1938.09.18	①156 日						
	北平事務所	所長	有賀庫吉	1931.02.27～1938.09.18		○					
上海事務所		〃	土肥顓	1924.01.09～1937.06.30	①372 日						
	調査課	課長	安盛松之助	1936.10.01～1938.09.18							
		参与	伊藤太郎	1930.06.14～1938.09.18	①11 日						
		〃	根橋禎二	1919.11.29～1936.11.10	①845 日						
		〃	田所耕耘	1918.05.15～1938.09.18	①785 日						
		〃	中野忠夫	1927.11.12～1938.09.18	①592 日						
		〃	八木聞一	1933.06.15～1937.06.29							
		監察役	広崎浩一	1929.12.16～1937.09.17	①413 日						
		〃	金井清	1933.03.01～1937.04.30							
		〃	清水賢雄	1923.04.30～1937.04.30	④934 日						
		〃	坂口発	1927.10.24～1938.09.18	①282 日						
技術委員会		幹事	高野気次郎	1934.06.11～1938.06.01							

出典）課長級以上社員データベース。
注1）専任のみを掲示してある。
2）空白頻度・日数の欄のうち，○数字が空白頻度。

参考文献

①一次史料

閉鎖機関資料／満鉄（機関番号：19）

前：6-1～13，7-1～6，8-1～19，9-29～35・63～68，11-1～12，13-43・44，15-1～8，17A-1～5・22・23・28～167・186～192・194～213・222～235・261～272・298～305，17B-162～212・231～254，17C-6～13・24～38・51～63・65・97～101・126～131・139～161，17D-1～17・19～38・40～124，17E-1～66・1～19・22～24・26～49

後：7-7～11，8-113～130・148～185，12-21，13-1，14-2・17～32，15-1～5，17A-1～10，17B-1・6・9，17D-1～15，17H-31・32，17I-1～7，17J-1～6，17K-158～180

②マイクロフィルム資料・資料館資料

吉林省社会科学院満鉄資料館蔵書（JAS）

中国科学院図書館館蔵 原南満州鉄道株式会社大連資料館蔵書 MT 類＝社内刊行物（MT）

東京市政調査会市政専門図書館蔵書（TML）

米国議会図書館所蔵満鉄調査部資料（MOJ）

早稲田大学現代政治経済研究所所蔵八田嘉明文書

③満鉄刊行資料

『営業報告書』（復刻版：龍渓書舎，1977 年）

『株主姓名表』1907 年 6 月 1 日現在

『株主姓名表』1933 年 6 月 1 日現在

『社報』（マイクロフィルム版：柏書房，1994 年）

『逐次出版物並叢書目録』1937 年（復刻版：『経済調査会立案調査書目録』2，本の友社，1996 年）

『帝国議会説明資料』（復刻版：龍渓書舎，1986 年）

『統計年報』（復刻版：龍渓書舎，1991～92 年）

『奉天商業実態調査経緯報告』1937 年 10 月

『満鉄資料彙報』

『満州政治経済事情』1929 年版，1930 年

『満鉄調査彙報』（復刻版：本の友社，1998 年）

『満鉄調査機関要覧』1935 年度版，1936 年（復刻版，龍溪書舎，1979 年）

『満鉄調査機関要覧』1936 年度版，1937 年（復刻版，龍溪書舎，1979 年）

『満鉄調査部報』『調査部報』『部報』（復刻版：龍渓書舎，2000 年）

『満鉄と調査』1940年版，1940年
『南満州鉄道株式会社十年史』1919年（復刻版：原書房，1974年）
『南満州鉄道株式会社第二次十年史』1928年（復刻版：原書房，1974年）
『南満州鉄道株式会社第三次十年史』1938年（復刻版：龍渓書舎，1976年）
『立案調査書類及逐次出版物並叢書分類目録』1937年（復刻版：『経済調査会立案調査書目録』3，本の友社，1996年）
『立案調査書類文献目録』1937年（復刻版：『経済調査会立案調査書目録』1，本の友社，1996年）

④統計資料

『国勢調査報告』1935年版，内閣統計局
『主税局統計年報書』大蔵省
『東京株式取引所統計月報』東京株式取引所
『民事統計年報』司法省

⑤定期刊行物

『朝日新聞』
『エコノミスト』
『協和』満鉄社員会（復刻版：龍渓書舎，1983～84年）
『ダイヤモンド』
『調査及資料彙報』全国経済調査機関連合会
『統計学雑誌』統計学社
『統計集誌』東京統計協会（復刻版：雄松堂書店：1982～87年）
『東洋経済新報』
『読書会雑誌』満鉄読書会
『日本経済年誌』1931年版，全国経済調査機関連合会
『満鉄株主会々報』満鉄株主会
『讀賣新聞』
『ラジオ年鑑』日本放送協会（復刻版：大空社，1989年）

⑥営業報告書

『鐘淵紡績株式会社 報告書』
『東京電燈株式会社 報告』
『日本産業株式会社 営業報告書』
『日本郵船株式会社 営業報告書・損益計算書・貸借対照表・財産目録・利益金処分案』

⑦京都資産家関係資料

『貴族院多額納税者名鑑』1925年（渋谷隆一編『大正昭和　日本全国資産家・地主資料集成』IV，1985年，所収）

『京都織物界紳士録』東京信用交換所京都支局，1936 年
『京都織物問屋総覧』東京信用交換所京都支局，1933 年
『京都市会議員選挙有権者名簿　下京一級』1921 年 3 月 22 日現在
『京都実業界』博信社，1912 年
『京都市土地賃貸価格表』第 2 編，下京之部，京都土地協会，1929 年
『京都市年収五千円以上有産家調査名簿』（謄写印刷）1939 年
『京都商工人名録』各年版
『京都商工大鑑』帝国興信所京都支所，1928 年
『商工家必携 京都実業界全』博信社，1924 年
『職業別電話名簿 京都・伏見・大津』都通信社，1930 年
『大京都市宅地人名録』実業興信所京都出張所，1925 年

⑧その他

伊藤武雄『満鉄に生きて』勁草書房，1964 年（新装版：1982 年）
勝部武雄『株主』ダイヤモンド社，1936 年
株式調査会編『株屋のからくり』農芸社，1934 年
関東庁編『関東庁施政二十年史』1926 年（復刻版：原書房，1974 年）
『昭和二年 関東庁業態調査結果表』関東長官官房文書課，1929 年
経済調査会編『満州経済年報』1933 年版，改造社，1933 年
神戸大学百年史編集委員会編『神戸大学百年史』通史 I，神戸大学，2002 年
国務院実業部臨時産業調査局『康徳元年度　農村実態調査　個別調査の部』産調資料 1，1935 年
「在外株式調査表」閉鎖機関資料，戦時金融金庫，後：258
『裁判所統計材料様式』1891 年 12 月 26 日現在（総務省統計図書館所蔵古資料）
『坂西先生随筆集』神戸大学社会系図書館所蔵，坂西/ 14/ 79
産業部大臣官房資料科『農村実態調査（総合・個別）調査項目』1939 年
信夫清三郎『後藤新平――科学的政治家の生涯』博文館，1941 年
「南満州鉄道株式会社ノ株式引受ニ関スル法律案委員会議録（筆記）」第 1～5 回，衆議院，1933 年 3 月 13～18 日
証券引受会社協会編『株式会社年鑑』1941 年版，1941 年
『昭和国勢総覧』2，東洋経済新報社，1991 年
『満鉄ノ使命ニ鑑ミテ吾人ノ衷情ヲ披瀝ス』大連南満州鉄道株式会社社員幹部一同，1924 年 7 月 8 日
千野国丸『株式譲渡法論』商工財務研究会，1948 年
『東京市政調査会――その組織と事業』東京市政調査会，1927 年
東京市政調査会編『東京市政調査会四十年史』東京市政調査会，1962 年
『東洋経済株界二十年』1941 年版，東洋経済新報社
『日本金融史資料 昭和編』32，大蔵省，1972 年
野間清・下條英男・三輪武・宮西義雄編『満鉄調査部・綜合調査報告集』亜紀書房，1982

年
『農村実態調査関係調査要綱一式』満州国〔事業部産業調査局〕，1935 年 1 月（一橋大学経済研究所社会科学統計情報センター所蔵）
満鉄会監修『南満州鉄道株式会社課級以上組織機構変遷並に人事異動一覧表』満鉄史料叢書 12，龍渓書舎，1992 年
満鉄社員会宣伝部編『社員会概要』満鉄社員会，1936 年
『株主各位に訴ふ』満鉄有志株主会，1934 年
山崎定雄『特殊会社法規の研究』交通研究所，1943 年
遼寧省档案館・小林英夫編『満鉄経済調査会史料』1〜6，柏書房，1998 年
『明治三十八年 臨時台湾戸口調査記述報文』臨時台湾戸口調査部，1908 年

⑨研究文献

浅田喬二『日本帝国主義と旧植民地地主制——台湾・朝鮮・満州における日本人大土地所有の史的分析』御茶の水書房，1968 年（増補版：龍渓書舎，1989 年）
浅田喬二「日本植民史研究の現状と問題点」『歴史評論』300，1975 年 4 月
浅田喬二・小林英夫編『日本帝国主義の満州支配——一五年戦争期を中心に』時潮社，1986 年
荒武達朗『近代満洲の開発と移民——渤海を渡った人びと』汲古書院，2008 年
有沢広巳監修『日本証券史』1，日経文庫 715，1995 年
安藤彦太郎編『満鉄——日本帝国主義と中国』御茶の水書房，1965 年
飯田泰之・岡田靖「昭和恐慌と予想インフレ率の集計」岩田規久男編著『昭和恐慌の研究』東洋経済新報社，2004 年
飯塚靖・風間秀人「農業資源の収奪」浅田喬二・小林英夫編『日本帝国主義の満州支配——一五年戦争期を中心に』時潮社，1986 年
飯塚靖「満鉄撫順オイルシェール事業の企業化とその展開」『アジア経済』44-8，2003 年 8 月
井口治夫『鮎川義介と経済的国際主義——満洲問題から戦後日米関係へ』名古屋大学出版会，2012 年
石井寛治・中西聡編『産業化と商家経営——米穀肥料商廣海家の近世・近代』名古屋大学出版会，2006 年
石川亮太『近代アジア市場と朝鮮——開港・華商・帝国』名古屋大学出版会，2016 年
石田興平『満洲における植民地経済の史的展開』ミネルヴァ書房，1964 年
石堂清倫・野々村一雄・野間清・小林庄一『十五年戦争と満鉄調査部』原書房，1986 年
伊藤一彦「満鉄労働者と労務体制」松村高夫・解学詩・江田憲治編著『満鉄労働史の研究』日本経済評論社，2002 年
井上晴丸・宇佐美誠次郎『危機における日本資本主義の構造』岩波書店，1951 年
伊牟田敏充「銀行整理と預金支払」『地方金融史研究』27，1996 年 3 月
井村哲郎編『満鉄調査部——関係者の証言』アジア経済研究所，1996 年
井村哲郎「満鉄調査関係者人名録」同編『満鉄調査部——関係者の証言』アジア経済研究所，

1996 年
井村哲郎「『満鉄調査彙報』解題」『満鉄調査彙報』1-1，復刻版，本の友社，1998 年
井村哲郎「解題」『満鉄調査部報』1，復刻版，龍渓書舎，2000 年
井村哲郎「拡充前後の満鉄調査組織——日中戦争下の満鉄調査活動をめぐる諸問題」(I)(II)，『アジア経済』42-8・9 号，2001 年 8〜9 月
井村哲郎「「日満支インフレ調査」と満鉄調査組織」『アジア経済』44-5・6，2003 年 5・6 月
井村哲郎「日本の中国調査機関——国策調査機関設置問題と満鉄調査組織を中心に」末廣昭編『地域研究としてのアジア』岩波講座「帝国」日本の学知 6，2006 年
上田貴子「東北アジアにおける中国人移民の変遷 一八六〇〜一九四五」蘭信三編著『日本帝国をめぐる人口移動の国際社会学』不二出版，2008 年
宇田正「日本資本主義の満州経営——南満州鉄道株式会社の役割を中心に」『社会経済史学』39-2，1973 年 6 月
宇田川勝「日産財閥の満州進出」『経営史学』11-1，1976 年 7 月
ヴォルシュレーガー，C.「民事訴訟の比較歴史分析——司法統計からみた日本の法文化」(1)（佐藤岩夫訳）『法学雑誌』（大阪市立大学）48-2，2001 年 11 月
江夏由樹「清朝の時代，東三省における八旗荘園の荘頭についての一考察——帯地投充荘頭を中心に」『社会経済史学』46-1，1980 年 6 月
江夏由樹「関東都督府，及び関東庁の土地調査事業について——伝統的土地慣習法を廃棄する試みとその失敗」『一橋論叢』557，1987 年 3 月
江夏由樹「辛亥革命後，旧奉天省における官有地の払い下げについて」『一橋論叢』98-6，1987 年 12 月
江夏由樹「旧錦州官荘の荘頭と永佃戸」『社会経済史学』54-6，1989 年 3 月
江夏由樹「満洲国の地籍整理事業について——「蒙地」と「皇産」の問題からみる」『経済学研究』一橋大学，37，1996 年 3 月
江夏由樹『中国東北地方における農村実態調査——康徳三（1936）年度，満州国農村実態調査報告書にある統計資料について』一橋大学経済研究所，Discussion Paper No. D97-23，1998 年 2 月
江夏由樹「東亜勧業株式会社の歴史からみた近代中国東北地域——日本の大陸進出にみる「国策」と「営利」」江夏由樹・中見立夫・西村成雄・山本有造編『近代中国東北地域史研究の新視角』山川出版社，2005 年
及川章夫『日本農業統計調査史』農林統計協会，1993 年
大石嘉一郎編著『近代日本における地主経営の展開』御茶の水書房，1985 年
大竹愼一「鉄鋼増産計画と企業金融——産業開発五ケ年計画期の昭和製鋼所」『経営史学』12-3，1978 年 6 月
大野太幹「満鉄附属地華商商務会の活動——開原と長春を例として」『アジア経済』45-10，2004 年 10 月
大野太幹「満鉄附属地華商と沿線都市中国商人——開原・長春・奉天各地の状況について」『アジア経済』47-6，2006 年 6 月

岡崎哲二「長期経済計画と産業開発――「生産力拡充計画」から「経済自立五ヵ年計画」へ」末廣昭編『地域研究としてのアジア』岩波講座「帝国」日本の学知 6，岩波書店，2006 年

Okazaki, Tetsuji, 'Development and Management of the Manchurian Economy under Japan's Empire,' Marcel Boldorf and Tetsuji Okazaki eds., *Economies under Occupation : The Hegemony of Nazi Germany and Imperial Japan in World War II*, London : Routledge, 2015

岡部牧夫「日本帝国主義と満鉄――一五年戦争期を中心に」『日本史研究』195，1978 年 11 月

岡部牧夫「南満州鉄道会社の四〇年」同編『南満州鉄道会社の研究』日本経済評論社，2008 年

岡部牧夫「帝国主義論と植民地研究」日本植民地研究会編『日本植民地研究の現状と課題』アテネ社，2008 年

O'Dwyer, Emer, *Significant Soil : Settler Colonialism and Japan's Urban Empire in Manchuria*, Harvard University Asia Center, 2015

解学詩「鞍山製鉄所の変遷」1・2（松野周治訳）『立命館経済学』37-6・38-1，1989 年 2・4 月

郭洪茂「鉄道運輸」（江田いづみ訳）松村高夫・解学詩・江田憲治編著『満鉄労働史の研究』日本経済評論社，2002 年

風間秀人「農村行政支配」浅田喬二・小林英夫編『日本帝国主義の満州支配――一五年戦争期を中心に』時潮社，1986 年

風間秀人『満州民族資本の研究――日本帝国主義と土着流通資本』緑蔭書房，1993 年

風間秀人「1930 年代における「満洲国」の工業――土着資本と日本資本の動向」『アジア経済』48-12，2007 年 12 月

風間秀人「1930 年代における「満洲国」工業の地域的展開」『日本植民地研究』20，2008 年 6 月

加藤聖文「松岡洋右と満鉄――ワシントン体制への挑戦」小林英夫編『近代日本と満鉄』吉川弘文館，2000 年

加藤聖文『満鉄全史――「国策会社」の全貌』講談社選書メチエ，2006 年

金子治平『近代統計形成過程の研究――日英の国勢調査と作物統計』法律文化社，1998 年

金子文夫「満州における大倉財閥」大倉財閥研究会編『大倉財閥の研究――大倉と大陸』近藤出版社，1982 年

金子文夫『近代日本における対満州投資の研究』近藤出版社，1991 年

北岡伸一『後藤新平――外交とビジョン』中公新書，4 版，2002 年

倉橋正直「営口の公議会」『歴史学研究』481，1980 年 6 月

倉橋正直「営口の巨商東盛和の倒産」『東洋学報』63-1・2，1981 年 12 月

兒嶋俊郎「在満鉄道に対する軍事的支配をめぐる葛藤――満州国線の満鉄への経営委託をめぐって」上『生涯学習研究年報』長岡大学，11，2008 年 3 月

兒嶋俊郎「在満鉄道に対する軍事的支配をめぐる葛藤――満州国線の満鉄への経営委託をめぐって」中・下『長岡大学研究論叢』6・8，2008 年 7 月・2010 年 8 月

小林和子『株式会社の世紀――証券市場の 120 年』日本経済評論社，1995 年
小林英夫・風間秀人「解題」満州国実業部臨時産業調査局編『農村実態調査報告書』復刻版，龍渓書舎，1989 年
小林英夫『超官僚――日本株式会社をグランドデザインした男たち 宮崎正義・石原莞爾・岸信介』徳間書店，1995 年
小林英夫『「日本株式会社」を創った男――宮崎正義の生涯』小学館，1995 年
小林英夫『満鉄――「知の集団」の誕生と死』吉川弘文館，1996 年
小林英夫「満鉄経済調査会小史」遼寧省档案館・小林英夫編『満鉄経済調査会史料』1，柏書房，1998 年
小林英夫「満鉄調査部と旧ソ連調査」多賀秀敏編『国際社会の変容と行為体』成文堂，1999 年
小林英夫『満鉄調査部――「元祖シンクタンク」の誕生と崩壊』平凡社新書，2005 年
小林英夫『満鉄調査部の軌跡 1907～1945』藤原書店，2006 年
齊藤直「戦時経済下における資本市場と国策会社――台湾拓殖が直面した株式市場からの制約」『経営史学』43-4，2009 年 3 月
桜井徹「南満州鉄道の経営と財閥」藤井光男・中瀬寿一・丸山恵也・池田正孝編『日本多国籍企業の史的展開』上，大月書店，1979 年
佐藤正広『国勢調査と日本近代』岩波書店，2002 年
佐藤正広「調査統計の系譜――植民地における統計調査システム」末廣昭編『地域研究としてのアジア』岩波講座「帝国」日本の学知 6，岩波書店，2006 年
佐藤正広『帝国日本と統計調査――統治初期台湾の専門家集団』岩波書店，2012 年
柴田善雅「戦時会社経理統制体制の展開」『社会経済史学』58-3，1992 年 9 月
柴田善雅『占領地通貨金融政策の展開』日本経済評論社，1999 年
柴田善雅「戦時日本の株式市場統制」『東洋研究』166，2007 年 12 月
柴田善雅「日中戦争期日本の資金割当」『大東文化大学紀要』社会科学 46，2008 年 3 月
柴田善雅『戦時日本の金融統制――資金市場と会社経理』日本経済評論社，2011 年
柴田善雅『満洲における政府系企業集団』日本経済評論社，2017 年
志村嘉一『日本資本市場分析』東京大学出版会，1969 年
シラー，R. J.『投機バブル 根拠なき熱狂――アメリカ株式市場，暴落の必然』（植草一秀監訳／沢崎冬日訳）ダイヤモンド社，2001 年
鈴木邦夫編著『満州企業史研究』日本経済評論社，2007 年
鈴木邦夫「戦時統制と企業」石井寛治・原朗・武田晴人編『日本経済史』4，東京大学出版会，2007 年
須永徳武「満洲における電力事業」『立教経済学研究』59-2，2005 年
高橋泰隆『日本植民地鉄道史論――台湾，朝鮮，満州，華北，華中鉄道の経営史的研究』日本経済評論社，1995 年
田島俊男「中国化学工業の源流――永利化工・天原電化・満洲化学・満洲電化」『中国研究月報』57-10，2003 年 10 月
張暁紅『近代中国東北地域の綿業――奉天市の中国人綿織物業を中心として』大学教育出版，

2017年
趙光鋭「昭和製鋼所」（伊藤一彦・王紅艶訳）松村高夫・解学詩・江田憲治編著『満鉄労働史の研究』日本経済評論社，2002年
張声振「土木建築」（李旭・江田いづみ訳）松村高夫・解学詩・江田憲治編著『満鉄労働史の研究』日本経済評論社，2002年
塚瀬進『中国近代東北経済史研究——鉄道敷設と中国東北経済の変化』東方書店，1993年
塚瀬進「奉天における日本商人と奉天商業会議所」波形昭一編著『近代アジアの日本人経済団体』同文舘，1997年
塚瀬進『満洲国——「民族協和」の実像』吉川弘文館，1998年
塚瀬進『満洲の日本人』吉川弘文館，2004年
中兼和津次『旧満州農村社会構造の分析』アジア政経学会，1981年
中西勝彦「中国国民革命期における在満日本人の意識——橘樸の「方向転換」との係わりで」『法学雑誌』（大阪市立大学）25巻2号，1978年12月
奈倉文二『日本鉄鋼業史の研究——1910年代から30年代前半の構造的特徴』近藤出版社，1984年
西村成雄『中国近代東北地域史研究』法律文化社，1984年
西村成雄「日本政府の中華民国認識と張学良政権——民族主義的凝集性の再評価」山本有造編『「満洲国」の研究』京都大学人文科学研究所，1993年
野間清「満鉄調査部改組・拡充の意義とその統一調査企画」『愛知大学国際問題研究所紀要』66，1980年1月
野間清「解説」『満鉄調査部　綜合調査報告集』亜紀書房，1982年
波多野澄雄「満州国建国前後の鉄道問題——鉄道処理をめぐる関東軍・満鉄・満州国」『軍事史学』12-2，1976年9月
花井俊介「南満州鉄道系企業」鈴木邦夫編著『満州企業史研究』日本経済評論社，2007年
浜口裕子「満鉄改組問題をめぐる政治的攻防——1930年代半ばを中心として」『法学研究』慶應義塾大学，73-1，2000年1月
林真貴子「訴訟法制」山中永之佑編『新・日本近代法論』法律文化社，2002年
速水融『歴史人口学で見た日本』文春新書，2001年
原朗「1930年代の満州経済統制政策」満州史研究会編『日本帝国主義下の満州——「満州国」成立前後の経済研究』御茶の水書房，1972年
原朗「「満州」における経済統制政策の展開——満鉄改組と満業設立をめぐって」安藤良雄編『日本経済政策史論』下，東京大学出版会，1976年
原覚天『現代アジア研究成立史論——満鉄調査部・東亜研究所・IPRの研究』勁草書房，1984年
一橋大学経済研究所『明治期における府県総括統計書書誌——「勧業年報」によるデータベース編成事業報告書(6)』（統計資料シリーズ25，一橋大学経済研究所日本経済統計文献センター，1982年）
平井廣一「日中戦争期の満鉄の貨物輸送」『北星学園大学経済学部論集』42，2002年9月
平井廣一「満州国における治外法権撤廃及び満鉄附属地行政権移譲と満州国財政」『北星学

園大学経済学部北星論集』48-2，2009 年 3 月
平井廣一「満鉄「附属地経営」の財政収支」『經濟學研究』北海道大学，59-4，2010 年 3 月
平山勉「満鉄社員会の設立と活動――会社経営への参画問題を中心に」『三田学会雑誌』93 巻 2 号，2000 年 7 月
平山勉「日本における満鉄調査部論」田中明編著『近代日中関係史再考』日本経済評論社，2002 年
平山勉「「閉鎖機関関係資料」をめぐって」『日本植民地研究』14 号，2002 年 6 月
平山勉「日本植民地研究の回顧――満州研究 2000～2002」『日本植民地研究』15 号，2003 年 6 月
平山勉「満鉄調査の慣習的方法――統計調査を中心として」松村高夫・柳沢遊・江田憲治編『満鉄の調査と研究――その「神話」と実像』青木書店，2008 年
平山勉「満鉄の増資と株主の変動――1933 年増資の払込期間を中心として」『歴史と経済』202 号，2009 年 1 月
平山勉「満鉄調査における志向と制約――株式会社制度の観点から」『環東アジア研究センター年報』（新潟大学）4 号，2009 年 3 月
平山勉「戦時経済統制下の株式市場における競争の変質――満鉄の 1940 年増資と株主の安定」『日本植民地研究』22 号，2010 年 7 月
平山勉『株式市場の拡大と株券譲渡の「正当性」――満鉄株主訴訟（1934 年）を事例として』Graduate School of Film Producing；Working Paper Series No. 12-02，2012 年 10 月
Hirayama, Tsutomu, 'Management of the South Manchuria Railway Company,' Marcel Boldorf and Tetsuji Okazaki eds., *Economies under Occupation : The Hegemony of Nazi Germany and Imperial Japan in World War II*, London : Routledge, 2015
平山勉「「国策会社」における社員団体の分析――満鉄のミドルマネジメントと満鉄社員会をめぐって」『東洋文化研究』（学習院大学）18 号，2016 年 3 月
平山勉「鉄道附属地の「地域化」と満鉄日本人社員の「外部効果」」柳沢遊・倉沢愛子編著『日本帝国の崩壊――人の移動と地域社会の変動』慶應義塾大学出版会，2017 年
広川佐保『蒙地奉上――「満州国」の土地政策』汲古書院，2005 年
藤原豊四郎・野間清「解題」満鉄会監修『南満州鉄道株式会社課級以上組織機構変遷並に人事異動一覧表』満鉄史料叢書 12，龍渓書舎，1992 年
細谷新治『明治前期日本経済統計解題書誌 富国強兵篇』上の 1・2・3・下・補遺（統計資料シリーズ 3・4・8・11・14，一橋大学経済研究所日本経済統計文献センター，1974～1980 年）
堀和生「「満州国」における電力業と統制政策」『歴史学研究』564，1987 年 2 月
槇田健介「1930 年代における満鉄改組問題」『歴史評論』289，1974 年 5 月
松沢哲成『日本ファシズムの対外侵略』三一書房，1983 年
松重充浩「植民地大連における華人社会の展開――一九二〇年代初頭大連華商団体の活動を中心に」曽田三郎編著『近代中国と日本――提携と敵対の半世紀』御茶の水書房，2001 年
松重充浩「第一次大戦前後における大連の「山東幇」中国人商人」本庄比佐子編『日本の青

島占領と山東の社会経済 1914–22 年』東洋文庫，2006 年
松重充浩「営口」安冨歩・深尾葉子『「満洲」の成立——森林の消尽と近代空間の形成』名古屋大学出版会，2009 年
松田芳郎『データの理論——統計調査のデータ構造の歴史的展開』岩波書店，1978 年
松田芳郎編『明治期府県の総括統計書解題——「勧業年報」によるデータベース編成事業報告書(1)』統計資料シリーズ 15，一橋大学経済研究所日本経済統計文献センター，1980 年
松村高夫「撫順炭鉱」松村高夫・解学詩・江田憲治編著『満鉄労働史の研究』日本経済評論社，2002 年
松村高夫・解学詩・江田憲治編著『満鉄労働史の研究』日本経済評論社，2002 年
松村高夫・柳沢遊・江田憲治編『満鉄の調査と研究——その「神話」と実像』青木書店，2008 年
松本俊郎『侵略と開発——日本資本主義と中国植民地化』御茶の水書房，1992 年
松本俊郎『「満洲国」から新中国へ——鞍山鉄鋼業からみた中国東北の再編過程 1940～1954』名古屋大学出版会，2000 年
満州移民史研究会編『日本帝国主義下の満州移民』龍渓書舎，1976 年
満州史研究会編『日本帝国主義下の満州——「満州国」成立前後の経済研究』御茶の水書房，1972 年
御厨貴編『時代の先覚者 後藤新平 1857–1929』藤原書店，2004 年
湊照宏「日中戦争期における台湾拓殖会社の金融構造」『日本台湾学会年報』7，2005 年 5 月
峰毅『化学工業を中心にみた継承の実態——中国に継承された「満洲国」の産業』御茶の水書房，2009 年
宮坂宏「満鉄調査部」安藤彦太郎編『満鉄——日本帝国主義と満鉄』御茶の水書房，1965 年
村上勝彦「本渓湖煤鉄公司と大倉財閥」大倉財閥研究会編『大倉財閥の研究——大倉と大陸』近藤出版社，1982 年
谷ヶ城秀吉「戦時経済下における国策会社の企業行動」『東アジア近代史』10，2007 年 3 月
安冨歩『「満洲国」の金融』創文社，1997 年
安冨歩「定期市と県城経済——1930 年前後における満洲農村市場の特徴」『アジア経済』43–10，2002 年 10 月
安冨歩・福井千衣「満洲の県流通券——県城中心の支払共同体の満州事変への対応」『アジア経済』44–1，2003 年 1 月
安冨歩・深尾葉子編『「満洲」の成立——森林の消尽と近代空間の形成』名古屋大学出版会，2009 年
柳沢遊「「満州」における商業会議所連合会の活動」波形昭一編著『近代アジアの日本人経済団体』同文舘，1997 年
柳沢遊・平山勉・巫碧秀・山本裕『慶應義塾図書館「満鉄」関係蔵書に関する資料紹介』Keio Economic Society Discussion Paper Series, No. 9708，1997 年 12 月

柳沢遊『日本人の植民地経験——大連日本人商工業者の歴史』青木書店，1999 年
柳沢遊・岡部牧夫「解説・帝国主義と植民地」同編『帝国主義と植民地』展望日本歴史 20，東京堂出版，2001 年
柳沢遊「大連埠頭」松村高夫・解学詩・江田憲治編著『満鉄労働史の研究』日本経済評論社，2002 年
柳沢遊「大連商工会議所から関東州経済会へ」柳沢遊・木村健二編著『戦時下アジアの日本経済団体』日本経済評論社，2004 年
柳沢遊「満鉄傘下企業の設立——一九二〇～三〇年代を中心に」岡部牧夫編『南満洲鉄道会社の研究』日本経済評論社，2008 年
藪内武司『日本統計発達史研究』法律文化社，1995 年
山崎志郎「戦時金融統制と金融市場」『土地制度史学』112，1986 年 7 月
山崎志郎『戦時金融金庫の研究』日本経済評論社，2009 年
山崎志郎『物資動員計画と共栄圏構想の形成』日本経済評論社，2012 年
山崎志郎『太平洋戦争期の物資動員計画』日本経済評論社，2016 年
山田豪一「満州における反満抗日運動と農業移民」上・中・下・下の 2『歴史評論』142・143・145・146，1962 年 6～10 月
山室信一「「満州国」統治過程論」山本有造編『「満洲国」の研究』京都大学人文科学研究所，1993 年
山室信一『ユーラシアの岸辺から——同時代としてのアジアへ』岩波書店，2003 年
山室信一『キメラ——満洲国の肖像』増補版，中公新書，2004 年
山本進『環渤海交易圏の形成と変容——清末民国期華北・東北の市場構造』東方書店，2009 年
山本裕「「満州国」における鉱産物流通組織の再編過程——日満商事の設立経緯 1932～1936 年」『歴史と経済』178，2003 年 1 月
山本有造「「満洲国」をめぐる対外経済関係の展開——国際収支分析を中心として」，山本有造編『「満洲国」の研究』京都大学人文科学研究所，1993 年
山本有造編『「満洲国」の研究』京都大学人文科学研究所，1993 年
山本有造『「満洲国」経済史研究』名古屋大学出版会，2003 年
芳井研一『環日本海地域社会の変容——「満蒙」・「間島」と「裏日本」』青木書店，2000 年

あとがき

本書は,「社員」と「民間株主」に着目して満鉄の経営史を描くという，筆者の20年来の試みをまとめたものである。前半の章では，課長級以上社員の一件一件の人事異動をまとめ上げたデータベースを分析するとともに，彼ら自身が執筆した論説をひもとくことで，社員によるマネジメントがいかに担われていたかを明らかにした。また，後半の章では，業務関係の一次史料（閉鎖機関資料）を全面的に活用して，民間株主の行動を跡づけた。総裁や理事といった重役や政治権力ではなく，社員や民間株主に着目することで，満鉄経営の失敗と挫折を描き出すとともに，それらがどのように克服され，敗戦まで続く経営が可能となったのかを解明することを，本書は目指した。満鉄調査部に象徴される「絶対的巨人」としてではなく，株式市場への対応を機敏かつ的確に行った株式会社としての植民地企業・満鉄の姿を，浮き彫りにすることができていたなら幸いである。

本書の刊行にいたるまでには，多くの方々にお世話になった。

研究者を目指すようになったのは，慶應義塾大学経済学部で白井厚先生のゼミナールに入れていただいてからのことだった。「太平洋戦争と慶應義塾」というテーマでゼミ生と共同研究を進めていた白井先生は，個人研究室とは別に共同研究用の部屋を持たれていた。私はその部屋の常連の一人で，先生は私を研究の世界へと誘ってくださった。白井先生には，本当に多くのことを一から教えていただいた。そのなかでもとりわけ，他人と同じことをしないというオリジナリティの大切さを説かれていたことが思い起こされる。

大学院では，修士課程から田中明先生が，後期博士課程から松村高夫先生と柳沢遊先生が指導教授を引き受けてくださった。先生方は「満州の社会と経済」という新規講座を共同で担当されていて，吉林省社会科学院満鉄資料館と共同研究を進めておられた。この講座には，満鉄資料館の解学詩先生だけでなく，原朗先生をはじめ，伊藤一彦，江田憲治，江田いづみ，故兒嶋俊郎らの先生方も参加されており，今振り返っても，とても贅沢な講座だったと思う。開講時に修士2年だった私は，ここから満鉄史研究を始めた。先生方の濃密な議論を拝聴して，ひたすらにメモを取っていたことを思い出す。また，夏と春の休暇期間には満鉄資料館での資料調査と研究会にも加えていただいた。このような恵まれた環境で，私は膨大な満鉄資料と格闘しながら研究を進める基礎体力をつけることができたように思う。修士論文は柳沢先生のご助言で『協和』を使い，データベースを作成しながら何とか書き上げた。

統計調査史の観点から満鉄の調査活動を相対化する着想を得た契機は，データベース担当として参加した友部謙一先生の共同研究プロジェクトであった。そのタスクのひとつが近代日本の統計調査史のサーベイ報告で，私はその内容を満鉄史研究にフィードバックすることで，「慣習的方法」に焦点をあてることができた。友部先生には，国際学会での報告や国内での一次史料の収集などを通じて，さまざまな経験をさせていただいたことも忘れられない。

原朗先生からは閉鎖機関資料を調査する機会を与えていただいた。また，原先生のご紹介で，武田晴人先生と山崎志郎先生からも多くのご配慮をいただいた。閉鎖機関資料には，満鉄東京支社の一次史料が段ボール箱で170以上もあった。ただ，専門家が整理・保存したものではなかったゆえに，文書のつながりが見えにくく，全体像を把握するのにも多大な時間が必要だった。それゆえ，保存倉庫から持ち出した資料を取り置きしつつ，調べ，学び，考える時間を取りながら，調査を進めざるをえなかった。そのようななか山崎先生は，一介の若手研究者のために，先回りして最初から十分な時間と環境を用意してくださっていた。また，満鉄資料の全体像が見えてきた後の東大での調査では，マイクロフィルムの撮影機材を貸与していただくなど，武田先生にもさまざまなご支援をいただいた。

閉鎖機関資料の調査・収集が進み，民間株主のモノグラフを出すようになった筆者の背中を押してくださったのは飯田裕康先生だった。映画専門大学院大学でご一緒した飯田先生は，拙稿のなかから筆者の問題関心を汲み取ってくださり，博士論文としてまとめることを勧めてくださった。また，夕食にもよく誘っていただき，さまざまなお話を聴き，そして，聴いていただいた。飯田先生との楽しい時間を通じて，自由に自らの研究に向き合えることのありがたさを噛みしめるとともに，研究者としての自己肯定感を培うことができたように思う。

岡崎哲二先生に European Business History Association の Annual Conference のセッションでの報告にお声がけをいただいたことも，本書の成立に欠かせない契機だった。ちょうど民間株主の間の訴訟についてまとめた頃のことで，私は満鉄経営の歴史像を立体化する報告をしたいと思い，これまでの研究をまとめた報告論文を提出した。私の拙い英語力もあって，その報告がセッションのコンセプトにどこまで応じられたかは自信がないが，準備と報告，そしてその後のモノグラフの執筆は，博士論文をまとめるためのプロセスともなり，本書の構成の土台づくりに直結した。

慶應義塾大学から博士号を授与され，博士論文が本書としてまとまったのは，ひとえに名古屋大学出版会の三木信吾氏のおかげである。三木氏に初めてお会いしたのは，政治経済学・経済史学会の博士論文発表会で，それ以来，追加原稿の書き下ろしを辛抱強く待ち，時に叱咤激励もしてくださった。また，校正の段階になってからは，山口真幸氏にもたいへんお世話になった。記して感謝申し上げたい。

本書に含まれる研究には，鈴渓学術財団研究助成（2001 年度），日本科学協会笹川科学研究助成（2002 年度），石井記念証券研究振興財団研究助成（2011 年度），文部科学省科学研究費補助金（若手研究 B，2011～13 年度）から支援を受けた。また，本書の出版については，日本証券奨学財団研究出版助成金（2018 年度）を受けた。

2019 年 3 月　辻堂にて，妻と息子に感謝の気持ちを込めて

筆　者

図表一覧

索　引

ア 行

カ 行

サ　行

タ　行

ナ　行

ハ　行

マ　行

ヤ・ラ行

《著者略歴》

平山 勉（ひらやま つとむ）

1971年生まれ
2003年　慶應義塾大学大学院経済学研究科博士課程単位取得退学
映画専門大学院大学映画プロデュース研究科准教授，慶應義塾大学経済学部研究助手などを経て
現　在　湘南工科大学工学部総合文化教育センター教授，博士（経済学）

満鉄経営史

2019年3月31日　初版第1刷発行

定価はカバーに
表示しています

著　者　平山　勉
発行者　金山弥平

発行所　一般財団法人　名古屋大学出版会
〒464-0814　名古屋市千種区不老町1名古屋大学構内
電話(052)781-5027 / FAX(052)781-0697

印刷・製本　亜細亜印刷㈱　ISBN978-4-8158-0945-4